L'HOTEL DE VILLE

DE PARIS

A TRAVERS LES SIÈCLES

L'HOTEL DE VILLE DE PARIS

A TRAVERS LES SIÈCLES

PAR

Louis d'HAUCOUR

Sous-chef de bureau du Ministère de la Marine, en retraite,
Chevalier de la Légion d'honneur,
Officier d'académie.

PARIS
V. GIARD & E. BRIÈRE
LIBRAIRES-ÉDITEURS
16, rue Soufflot, 16

1900
DROITS RÉSERVÉS

Frontispice de l'Armorial des Prévôts des marchands et Echevins de la Ville de Paris gravé par Beaumont en 1740.

ARTICLES PRÉLIMINAIRES

Lutèce. — Le Parloir aux Bourgeois

LES PREMIERS MAGISTRATS DE PARIS

ITUÉE dans l'île de la Cité, sur les rives d'un des fleuves les plus beaux et les plus capricieux de la France et de l'Europe, l'antique Lutèce, était la capitale de la province des Parisiens, l'une des soixante-quatre qui composaient la nation des Gaules. Elle fut, dès son origine, une de ces villes qui, par la position géographique du pays, devait tout naturellement attirer la population s'adonnant au commerce et à la navigation. Ces premiers commerçants navigateurs, originaires de la Phénicie, après avoir remonté d'abord le Rhône, puis ensuite la Seine, se fixèrent dans l'île de la Cité qui leur semblait propice au développement de leur trafic. Ils prirent le nom de « Nautæ Parisii », et obtinrent de nombreux privilèges dès le règne de Tibère (14-37 de l'ère chrétienne). A cette époque, ses maisons étaient de forme ronde, bâties de bois et de terre, couvertes de roseaux et sans cheminée. Camulogène en était le premier magistrat, lorsque les Romains en firent la conquête 56 ans avant J.-C. (1).

Bien avant l'installation définitive de ces navigateurs fluviaux dans l'île de la Cité, Lutèce était habitée par des naturels du pays qui avaient établi leur demeure sur les flancs de la colline, appelée plus tard montagne Sainte-Geneviève, et qui vivaient du produit de leurs récoltes, de leur chasse et de leur pêche (2).

Deux corporations dès lors se formèrent, l'une appelée la « Marchandise d'eau », faisant le commerce extérieur, l'autre surnommée la « Marchandise terrienne », ayant pour objet la vente des productions du pays.

Ces deux corporations échangèrent bientôt leurs produits ; leurs membres les plus influents prirent le nom de Bourgeois et se réunirent d'abord séparément pour défendre leurs intérêts réciproques.

---

(1) Delamarre, *Traité de la police*, tome I.
(2) Veyrat, *Statues de l'Hôtel de Ville*.

Les marchands d'eau, qui avaient établi les ports de Saint-Landry, au Nord-Est de la Cité, de Saint-Nicolas et de Saint-Paul, s'assemblaient dans une maison appelée le « Parloër aux Bourgeois », située dans l'endroit de l'île de la Cité, où se trouve de nos jours le numéro 18 de la rue Chanoinesse.

« Ce bâtiment, dit Sauval, consistait en un gros édifice pavé sur la couverture, « qui avançait de neuf toises dans les fossés, et de plus en deux tours ronde et « carrée, l'une avec un comble, l'autre terrassée en pierres de liais. »

Les marchands terriens se réunissaient en une autre maison qui se trouvait placée sur le versant Nord de la montagne Sainte-Geneviève, à hauteur des rues actuelles Soufflot et Victor-Cousin.

Mais ces derniers trouvant le lieu de leur réunion trop éloigné du Parloër aux Bourgeois et du centre de leurs opérations, le fixèrent dans un bâtiment situé près du Châtelet et de l'église Saint-Leufroy, et qui reçut le nom de maison de la Marchandise.

Ces deux corporations, dont les affaires devinrent simultanément florissantes, s'assemblèrent bientôt en une seule confrérie, établirent leur lieu de réunion mutuelle au Parloër aux Bourgeois, qui devint leur maison commune, et se donnèrent des chefs qui furent les premiers défenseurs de leurs intérêts commerciaux et de la Cité elle-même.

Telle fut l'origine de cette ville par excellence qui compte actuellement deux millions et demi d'habitants, et des premiers magistrats de cette grande cité, Lutèce ou Paris; nous allons essayer de suivre les différentes phases de leur histoire, autant que cela sera possible, depuis le premier prévôt des marchands de Paris dont l'histoire nous transmet le nom, jusqu'au dernier de ces magistrats.

. . . .

On rencontre pour la première fois le nom de « Scabini » (Echevins), dans les capitulaires rédigés par Charlemagne en 883. Ces magistrats, alors conseillers du souverain, signèrent d'ailleurs cet important recueil des ordonnances de ce monarque; ils peuvent être considérés dès cette époque comme faisant partie d'un corps constitué pour la défense des intérêts communs de la ville.

Il existait, du reste, à cette époque, dans la plupart des villes de la Gaule, comme à Rome et dans les principaux centres de l'Empire Romain, une sorte de municipalité (on l'appelait curie), dont les prérogatives n'ont pas été établies d'une façon précise par l'histoire, mais dont les membres ont été, en réalité, les ancêtres de nos édiles modernes.

. . . .

Plus tard, en 1121, la confrérie des Marchands d'eau, dont l'importance devint considérable, obtint de Louis VI, un droit de soixante sols prélevés sur chaque bateau de vin. Son fils et successeur, Louis VII, lui accorda de nombreux privilèges, et la faculté d'acheter divers terrains place de Grève. Dans une de ses chartes, le roi s'exprimait, en outre, comme il suit :

« Ces coutumes sont telles de *toute ancienneté*, personne ne peut amener dans
« Paris de la marchandise par eau, s'il n'est Parisien, marchand de l'eau, ou s'il
« n'a pour associé de son commerce quelque Parisien, marchand d'eau. »

Nul ne pouvait, en conséquence, jouir des privilèges accordés à la marchandise d'eau, qui fut appelée la « Hanse parisienne », s'il n'était natif de Paris ou associé à un Parisien.

Par une charte de l'an 1141, Louis VII, dit le Jeune, vendit aux Bourgeois de Paris la place de Grève et du Monceau. Cette concession fut faite moyennant une somme de 72 livres, aux Bourgeois, qui étaient alors les représentants de la marchandise de l'eau.

« De Grevia et de Montcello planitiem illam prope Secanam, que Grevia
« dicitur, ubi vetus forum extitit. Totam ab omni edificio vacuam, nullisque
« occupationibus impeditam vel impedimentis occupatam, sic in perpetuum
« manere concessimus. » (1).

L'émancipation de la bourgeoisie commença sous le règne de Louis VI. Une toile, due au pinceau de J.-P. Laurens, et représentant ce roi accordant des franchises au peuple, figure dans la salle Lobau de l'Hôtel de Ville actuel.

La Hanse parisienne obtint en 1192, de Philippe Auguste, fils de Louis VII, entre autres privilèges, le droit exclusif de naviguer sur la Seine, d'une part, depuis Auxerre jusqu'au grand pont de Paris (aujourd'hui pont au Change), et, d'autre part, de Mantes jusqu'au même pont. Ce roi, dont le règne fut si important et qui dota Paris d'une enceinte fortifiée, en 1190 (2), autorisa la confrérie des Marchands d'eau, en 1213, à toucher un droit de 2 à 10 sous sur tous les bateaux arrivant au pont au Change, dans le but d'y construire un port d'embarquement et de débarquement de la marchandise. Les Bourgeois exigèrent que ce port devint la propriété de la ville, ce qui fait supposer que, dès cette époque, ils formaient un corps ou conseil susceptible de défendre les intérêts de leur cité, même près de l'autorité royale intéressée au développement d'un commerce, dont elle espérait recueillir elle-même les avantages.

Ce corps fut composé des principaux bourgeois « hansés », qui prirent d'abord le nom de « jurés » de la confrérie, puis celui d'échevins (les scabini du temps de Charlemagne), et élirent un des leurs pour être le premier d'entre eux, auquel fut dévolue la présidence de leurs réunions, et qui reçut le nom de Prévôt des marchands de Paris.

Dès cette époque, le Prévôt des marchands de Paris et les Echevins, choisirent un sceau qui porta successivement les diverses inscriptions suivantes :

« Scel de la marchandise de l'eau de Paris. »
« Scel de la ville de Paris. »
« Scel de la prévôté des marchands. »

---

(1) Merruau, *Souvenirs de l'Hôtel de Ville de Paris*, p. 6.
(2) Rigord, *De gestis Augusti Philippi*. Anno 1190.

Ce sceau, qui représentait en outre un bateau avec un seul mât soutenu par six cordages, constitue les premières armoiries de la ville de Paris.

L'histoire nous apprend, en outre, que Philippe Auguste, se trouvant à Paris quatre ans après son avènement au trône, c'est-à-dire en 1184, se mit à une des fenêtres du château de la Cité, et fut fortement incommodé par l'odeur fétide qui s'était répandue dans l'air, lors du passage d'une voiture dont les roues avaient remué les boues de la rue. Il voulut remédier immédiatement à cet inconvénient dans l'intérêt de l'hygiène des habitants, rassembla à cet effet les bourgeois de la Cité, et leur donna l'ordre de faire paver les rues. « Convocatis burgensibus cum « preposito ipsius civitatis, regia auctoritate precepit quid omnes vici et vie totius « civitatis Parisii duris et fortibus lapidibus sternerentur. » On peut donc dire que Philippe Auguste, qui avait dans les magistrats de la Cité une confiance telle, qu'il leur avait donné le soin de veiller sur son fils, lorsqu'il partit pour la troisième croisade, fut le premier agent-voyer de Paris.

Philippe Auguste ordonna, que es magistrats porteraient pour armes un « escu « de gueulles, où seroit dépeinte vne nef d'argent, dont le chef seroit d'azur semé de « fleurs de lys d'or, pour signifier que la ville de Paris, capitale du Royaume, qui « représente le corps de l'Estat, n'a qu'un seul patron et gouverneur qui est le Roy. » Si l'institution de ces magistrats date des temps les plus reculés, ainsi qu'il a été dit plus haut, on peut toutefois affirmer qu'elle est antérieure au règne de Louis IX, bien que le nom d'aucun d'entre eux ne soit parvenu jusqu'à nous. Philippe Auguste permit aux Prévôts des marchands et aux Echevins de s'adjoindre dix sergents, dont six pour le service du parloër, et quatre pour celui de la marchandise.

Une des plus belles et des plus nobles institutions administratives est certainement celle des Prévôts et Echevins de la ville de Paris ; elle se perpétua jusqu'à la Révolution française de 1789, et fut l'aïeule de la municipalité moderne, qui a fait de Paris la plus belle cité du monde.

SCEAU DE MCC.

Sigillvm mercatorvm aqvæ Parisivs
Sigillum mercatorum aquæ Parisius

Etienne Boileau et les Corporations

Elections et Fonctions des divers magistrats de Paris
Division de Paris en Quartiers

Louis IX, généralement connu sous le nom de saint Louis, rendit les plus grands services à son royaume et à son peuple. Il fonda la Sorbonne, sous l'inspiration de son chapelain Robert de Sorbon, bâtit l'hôpital des Quinze-Vingts pour servir d'asile aux aveugles revenus de la Palestine, et chargea son architecte Pierre de Montreuil de construire un des édifices les plus élégants de Paris, la Sainte-Chapelle. Une des plus belles œuvres de son règne fut, en outre, celle qu'il élabora avec Etienne Boileau, concernant l'organisation des corporations, et qui a été transmise aux siècles futurs dans un ouvrage intitulé le « Livre des Métiers ». Ce précieux document, rédigé vers 1261, fut malheureusement détruit dans l'incendie de la Chambre des comptes le 27 octobre 1737, et il n'en reste que des extraits.

Etienne Boileau, issu d'une famille noble, naquit vers 1200 ; il eut deux frères, Geoffroy et Robert, et un fils nommé Foulques. Il accompagna le Roi à la croisade de 1248, et partagea sa captivité à Damiette. Louis IX, ayant apprécié les qualités et l'intelligence d'Etienne Boileau pendant cette croisade, lui confia en 1261, les fonctions de Prévôt de Paris, et lui assigna certains devoirs à remplir à l'égard du peuple. Cette charge avait été jusqu'à cette époque héréditaire et vénale, et avait été pour ce motif une source d'abus, que le sage monarque voulut réformer. Etienne Boileau se montra digne du choix dont il fut l'objet et mourut en 1269.

. . . .

Le manuscrit d'Etienne Boileau, réglant les statuts des corporations et métiers au XIIIe siècle, était divisé en trois parties ; les deux premières étaient intitulées, l'une « Premier livre des métiers » ; l'autre « libre blanc » ; la troisième partie comprenait les privilèges des justices seigneuriales. Ce précieux ouvrage contenait les ordonnances rendues par les Prévôts de Paris de 1270 à 1300, énumérait les droits et devoirs de chaque corps de métiers, contenait les statuts de chacun d'eux, fixait l'impôt à payer sur le sel, déterminait la vente du pain et du vin, le produit du hâlage de Paris, la vente aux halles, les droits de la foire de Saint-Ladre, ceux affectés aux criages de Paris ; il stipulait en outre les sentences de confiscation de marchandises prononcées pour contraventions aux privilèges des marchands de Paris. Jusqu'au règne de saint Louis, c'est-à-dire avant le XIIIe siècle, le seigneur, possesseur de la terre, était le maître des métiers ; pour avoir le droit d'en exercer un, il fallait lui remettre une somme d'argent ou lui verser une redevance annuelle, il avait aussi le droit d'en faire don. Saint Louis et Etienne Boileau donnèrent des règles et des statuts aux corps de métiers.

Enfin cet intéressant ouvrage, qui contenait les réglements de police, indiquait encore les fonctions des premiers magistrats de la ville, c'est-à-dire du Prévôt des marchands de Paris, et des Echevins.

Avant d'énumérer le personnel proprement dit composant la municipalité parisienne, et à la tête de laquelle était le Prévôt des marchands de Paris, il paraît utile de faire connaître ce qu'était un Prévôt, dans le sens général du mot, et combien de sorte de Prévôts, il y avait à Paris et en France.

Les Prévôts étaient primitivement les juges royaux, appelés à rendre la justice sur les affaires civiles en première instance ; ils prenaient parfois le nom de Châtelains, celui de Vicomtes en Normandie, de Viguiers en Provence ; ils ne jugeaient que les affaires des roturiers.

Il y avait plusieurs autres Prévôts dont les attributions différaient les unes des autres, savoir :

1° Le Prévôt de Paris, magistrat d'épée, qui avait la juridiction de la ville et siégeait au grand Châtelet ; avant saint Louis, cette charge, ainsi qu'il a été dit précédemment était vénale ;

2° Le Grand Prévôt de la connétablie, magistrat d'épée, qui jugeait les procès des gens de guerre à l'armée ; il avait sous ses ordres quatre lieutenants ;

3° Le Prévôt de l'armée, qui était un officier chargé de juger les délits commis par les gens d'armes ; il prenait le nom de Prévôt des bandes, dans les régiments de gardes ;

4° Le Grand Prévôt de l'hôtel ou Grand Prévôt de France, magistrat d'épée, qui avait la juridiction de la maison du Roi ; il était chargé de la police et du prix des vivres de la Cour ;

5° Le Prévôt de l'Ile, auquel était confié le soin de veiller à la sûreté des chemins dans l'Ile de France et de connaître les délits qui s'y commettaient ;

6° Les Prévôts des maréchaux, officiers royaux, qui étaient chargés de la sûreté des campagnes contre les vagabonds et les voleurs ;

7° Le Prévôt général de la marine, qui instruisait les procès des gens de mer ; il y avait, en outre, dans chacun des ports ou à bord des bâtiments, un Prévôt marinier ;

8° Le Prévôt, garde des monnaies, qui instruisait les procès des faux monnayeurs ;

Saint-Louis rend la Justice, abolit les combats judiciaires, fonde les Institutions qui ont fait sa gloire.

Il établit les Quinze-Vingts, fixe les corporations des métiers de Paris, fonde la Sorbonne.

9° Enfin le Prévôt des marchands, magistrat, qui présidait au bureau de la ville, avait la charge de la police municipale, la taxe des marchandises arrivant par la Seine. Il jugeait les causes des marchands, s'occupait des rentes de l'Hôtel de Ville, et des intérêts communs de la cité (1).

Le Prévôt des marchands de Paris était élu par le suffrage des bourgeois de la ville, les plus riches et les plus influents ; il ne pouvait occuper sa charge que pendant deux années consécutives, mais il était rééligible. L'élection avait généralement lieu le lendemain de la fête de l'Assomption de Notre-Dame, c'est-à-dire le 16 août. Il avait pour le seconder dans sa charge, les Echevins, qui, au nombre de quatre, étaient élus dans les mêmes conditions, mais deux à la fois, de deux ans en deux ans. Le père et le fils, les deux frères, l'oncle et le neveu, et les deux cousins germains ne pouvaient en même temps occuper l'un la charge de Prévôt des marchands, l'autre celle d'Echevin. Il fallait en outre que ces officiers municipaux fussent nés à Paris ou dans les faubourgs. Leurs fonctions consistaient dans l'administration de la ville, dans l'inspection des remparts, des portes, des rues, des quais, des ponts et des fontaines ; ils étaient chargés de la police des hôpitaux, et percevaient les impôts. Ils devaient tenir la main à ce que le pain, le blé, le vin, le bois et le charbon fussent vendus à des prix raisonnables, veiller à ce qu'aucune entreprise ne se fît contre le Roi ou l'Etat. Enfin parmi les attributions qui incombaient à ces magistrats, une des plus importantes était celle de la répartition de l'impôt. Le roi, comme tout seigneur du reste, avait droit, suivant les lois du régime féodal, de lever sur ses sujets une aide extraordinaire, lorsque son fils aîné était armé chevalier, quand sa fille se mariait, lorsqu'il partait en guerre ou qu'il fallait payer sa rançon, après avoir été fait prisonnier.

Après le Prévôt des marchands, venaient les Echevins ; dans les assemblées générales et publiques, ces magistrats étaient revêtus de robes mi-partie de rouge et tanné ; la robe du Prévôt était en satin, celle des Echevins en drap.

A côté du Prévôt des marchands de Paris et des quatre Echevins furent placés vingt-quatre conseillers de ville jouissant de la même considération. Cette charge fut établie, par une sentence du mois de juillet 1296, insérée au livre d'Etienne Boileau, de la manière suivante :

« Il fut accordé que l'on éliroit vingt-quatre prudhommes de Paris, qui sur
« le mandement du Prévôt des marchands et des Echevins seront tenus de se ren-
« dre au parloër ; ils donneront leurs conseils et se rendront avec le Prévôt des
« marchands et les Echevins devant la Cour du roy, ou ailleurs, dans Paris, ou
« en dehors, pour les affaires de la ville et à ses dépens. Ils prêteront le serment,
« de ne jamais s'y refuser, à moins qu'ils n'aient une excuse valable. »

L'administration de la ville fut dès lors partagée en trois parties :

---

(1) Etienne Boileau, dans son *Livre des métiers*, donne à ce magistrat tantôt le nom de Prévôt des marchands, tantôt celui de Prévôt de la confrérie des marchands, enfin celui de Prévôt des marchands de l'eau, et quelquefois celui de maître des Echevins.

1° Le personnel siégeant au parloër aux bourgeois, transformé plus tard en la maison aux piliers et en l'Hôtel-de-Ville, qui avait à proprement parler la direction de la centralisation des affaires de la cité. Il avait à sa tête le Prévôt des marchands de Paris, et était composé des Echevins, des conseillers, des clercs, du greffier, du receveur, du procureur du Roi, des procureurs de la ville et des lieutenants civils de la prévôté et de l'échevinage.

2° Les administrateurs des différents quartiers de la ville, qui avaient pour mission de faire exécuter les ordres du Prévôt des marchands, et qui prirent le nom de quarteniers, cinquanteniers, dizeniers, ayant sous leurs ordres la milice, les archers et les arquebusiers.

3° Les employés chargés de l'exécution des règlements relatifs au commerce, à la police et à la défense des intérêts locaux de la cité. Ils s'appelèrent les sergents du parloër aux bourgeois et de la marchandise de l'eau, les maîtres des œuvres, les mariniers, les chableurs, les mesureurs, les jaugeurs, les crieurs et les porteurs.

Après les charges de Prévôt des marchands et des Echevins, celle de quartenier était la plus importante ; elle remonte au XII° siècle, époque où Paris fut divisé en quatre quartiers, savoir :

    L'Ile du Palais,
    L'Université,
    La Grève,
    Saint-Jacques La Boucherie.

Au commencement du XIII° siècle, en 1211, la ville, dont la population et l'étendue augmentaient chaque jour, était composée de huit quartiers ; les quatre nouveaux quartiers furent ceux de :

    Sainte-Opportune,
    Saint-Germain l'Auxerrois,
    Saint-André des Arcs,
    place Maubert.

Enfin en 1383, sous Charles VI, huit nouveaux quartiers furent créés par suite de l'accroissement de la ville ; ils prirent le nom de quartier :

    Saint-Antoine,
    Saint-Gervais,
    Sainte-Avoye,
    Saint-Martin,
    Saint-Denis,
    Halles,
    Saint-Eustache,
    Saint-Honoré.

Un poëte du temps disait à leur sujet :

> A chacun le sien, c'est justice,
> A Paris seize quarteniers,
> A Monfaucon seize piliers,
> C'est à chacun son bénéfice.

Cette division en seize quartiers exista jusqu'au 13 avril 1789, date à laquelle Paris fût partagé en soixante districts.

Le quartenier, officier de ville, avait la direction d'un quartier ; il y faisait exécuter les ordonnances de la ville, assemblait les Bourgeois et avait le soin de fermer et de garder les portes ; il veillait, en outre, sur le peuple et sur les étrangers, dans le but d'empêcher toute conspiration ou monopole, susceptible de porter atteinte au bien ou au repos public. Il était chargé de recevoir et de communiquer les mandements du Prévôt et des Echevins ; en temps de trouble ou de guerre, il donnait des ordres pour le guet et la garde des remparts. Il avait sous ses ordres les cinquanteniers et les diazeniers ; chaque quartenier avait sous ses ordres deux cinquanteniers. Cette charge était pour celui qui l'occupait, un acheminement vers l'échevinage.

Le cinquantenier était un officier qui, sous les ordres immédiats du quartenier, était tenu de faire faire les copies des mandements des Prévôts et Échevins à communiquer à chaque dizenier, et de veiller à ce qu'ils fussent promptement mis à exécution par ces derniers. Il remplaçait dans sa charge le quartenier, lorsque celui-ci était absent, ou jusqu'à l'élection, s'il était décédé. Chaque cinquantenier avait quatre dizeniers sous ses ordres. Il commandait à cinquante hommes de la milice de la ville.

Les dizeniers étaient chargés de faire exécuter les ordres émanant des premiers magistrats de la ville, et qui leur étaient transmis par la voie hiérarchique, ils faisaient des rapports sur les étrangers ou inconnus venant habiter leur dizaine. Il commandait à dix hommes de la milice de la ville.

Les sergents étaient au nombre de dix. Six d'entre eux étaient affectés au service du parloër aux Bourgeois, les quatre autres à celui de la marchandise. Ils étaient nommés par le Prévôt des marchands, et choisis parmi les hommes jouissant d'une bonne réputation, et capables de remplir convenablement cet emploi. Ils prêtaient serment le jour de leur réception et étaient spécialement chargés de faire les rapports concernant les arrêts, exécutions, contraintes et exploits dépendant de leur office.

Ils portaient une robe courte mi-partie de bleu et de rouge, et recevaient pour solde journalière ; les six sergents du Parloër, la somme d'un denier, soit 30 sols 5 deniers par an ; et les quatre sergents de la marchandise, la somme de 6 deniers, soit 9 livres 2 sols, 6 deniers en considération des « chevauchées » qu'ils étaient tenus de faire le long de la Seine.

Les sergents du parloir visitaient les maisons des taverniers, hôteliers, et autres, surveillaient les mesures qu'ils « estalonnaient au seing de la fleur de Lys », et saisissaient celles reconnues fausses, afin de les remettre au procureur, qui condamnait à l'amende les inculpés et faisait détruire les mesures forfaites.

Les archers, arbalestriers et arquebusiers, formaient un personnel quasi-militaire, chargé de quérir et d'assister les hauts fonctionnaires du corps de ville, lors des grandes solennités et des processions ; ils veillaient à ce qu'il ne se fît aucun trouble ou tumulte autour de ces magistrats.

Les autres offices qui dépendaient du Prévôt des marchands de Paris et des Échevins, étaient les suivants :

Les 54 mesureurs de grains ;
    60 vendeurs de vin ;
    60 courtiers de vin ;
    12 jaulgeurs de vin ;
    24 crieurs de vin ;
    2 pontonniers des ports dits « de Bourgougne et de France en Greve » ;
    2 courtiers loueurs de chevaux aux marchands ;
    40 jurés compteurs et mouleurs de buches ;
    18 mesureurs de charbon ;
    24 mesureurs de sel ;
    24 henouards ou porteurs de sel ;
    4 briseurs de sel ;
    4 courtiers de sel ;
    2 mesureurs de noix, pommes et châtaignes ;
    3 mesureurs de guesdes ;
    2 mesureurs de chaux ;
    2 courtiers de grains ;

Les 2 maîtres des ponts de Paris, ainsi que les maîtres des autres ponts des environs de Paris. « Poisy, Mante, Vernon, Pontoise, Isle-Adam, Beaumont-sur-Oise, Creel, Saint-Messance, Pertuis de Combarbes et de Poses. »

Enfin les chableurs des ponts de Corbeil, Melun, Montereau, Saint-Yonne, Pont-sur-Yonne, Sens, Villeneuve Le Rey.

Tous ces fonctionnaires étaient justiciables du Prévôt des marchands de Paris et tenus d'obéir à ses ordonnances (1). L'origine de la cession de ces derniers offices, faite à titre de fief par le Roi, peut être rattachée à celle des crieries, qui fut faite en 1220 par Philippe-Auguste (2).

Ainsi qu'on peut le voir, le Prévôt des marchands de Paris avait sous ses ordres un nombreux personnel. Ce magistrat jouissait d'une grande considération et possédait une influence notable qui ne fit que s'accroître avec le temps.

---

(1) Jacques du Breuil, p. 101, *Théâtre des antiquités de Paris*. Livre 3, page 1010.
(2) Félibien, *Histoire de Paris* (T. Ier). René de Lespinasse et François Bonnardot. *Histoire de Paris, Les métiers et corporations de la ville de Paris, XIIIe siècle. Livre des métiers* d'Etienne Boileau.

Bien que ses fonctions ne fussent qu'administratives, il se crut souvent obligé dans certaines circonstances de s'intéresser aux questions politiques. Jusque vers le milieu du XIIIe siècle, les Prévôts des marchands furent des hommes débonnaires, ne s'occupant que des intérêts commerciaux de la cité, de ses approvisionnements, de sa police. Les Bourgeois les plus riches sollicitaient la charge de Prévôt des marchands et regardaient comme un grand honneur de l'obtenir.

Nous allons faire passer sous les yeux du lecteur, la nomenclature des Prévôts et Echevins de la ville de Paris depuis saint Louis (1263) jusqu'au 14 juillet 1789, date à laquelle ces charges furent supprimées par la Révolution française, en les plaçant sous chacun des règnes pendant lesquels ils remplirent successivement leurs fonctions.

Le premier Prévôt des marchands, dont l'histoire nous ait transmis le nom, fut Evreux de Valenciennes, ainsi que le témoigne un acte dont il est parlé plus loin.

Le dernier Prévôt des marchands fut de Flesselles, tué le 14 juillet 1789, le jour de la prise de la Bastille.

Les Armoiries et la Devise de la ville de Paris

JUSQU'A LA RÉVOLUTION DE 1789

Bien que l'emploi du sceau (ou scel), nom qui vient du mot latin *sigillum*, date de l'occupation romaine qui l'a implanté dans les Gaules, son apparition dans les municipalités n'eut lieu que dans le treizième siècle, époque des libertés communales. On le rencontre en effet dans un acte de vente établi en 1222, et dans un bail des moulins du Roi édicté en 1262 (1).

Malgré l'assertion de Corrozet qui ne fait remonter les armoiries de Paris qu'à Philippe Auguste en 1190, leur origine, d'après André Favyn, daterait d'une époque beaucoup plus reculée. Voici comment ce dernier auteur s'exprime à cet égard dans son *Théâtre de la chevalerie :*

« La ville de Paris, dit-il, bastie l'an du monde deux mille neuf cent quatre
« vingt et un, le premier d'Abezan, de Bethléem, juge d'Israël, successeur de
« Jephté, treize cent vingt-cinq ans après le Déluge, cent quatre vingt dix neuf
« ans devant la fondation de Rome, selon le tesmoignage du docte Génébrard,
« archevesque d'Aix en Provence, livre premier de sa chronologie, a retenu pour
« ses armoiries le navire d'argent fretté et armé en champ de gueules, comme la
« métropolitaine de la monarchie française.

« Quelques uns ont écrit, ajoute-t-il, que Philippe-Auguste, fut le premier
« instituteur du Prévôt des marchands et des Echevins de Paris, à quoy il n'y a
« raison ny apparence quelconque, car seroit-il croyable que ceste belle ville, le
« domicile de nos Roys, aye esté sans corps de ville et officiers d'icelle ? Veu que
« dans les capitulaires de Charlemagne, il est fait mention en plusieurs endroits
« des *scabini*.

« Semblable erreur à ceux qui rapportent les armes du navire avoir esté
« données à la dicte ville de Paris par Philippe-Auguste. Veu que, dès le temps
« des Druides, le navire estoit l'enseigne de la cité des Parisiens, peut estre par
« la raison rapportée par le docte Etienne Pasquier, traictant ce subject, que les

---

(1) *Histoire générale de Paris. Les armoiries*, tome Ier, p. 5 et 6, note 3.

Fac-similé de la première page du Recueil des Ordonnances, Règlements et Arrêts de la Ville de Paris de 1371 a 1547.

« premières limites de ceste grande ville représentent la forme et la figure d'un
« navire. Paris, de son commencement n'estoit qu'un chasteau de plaisance,
« basty pour le deduict de la chasse par les premiers Roys Gaulois, où de présent
« est le Palais. Depuis, les habitants esleurent leurs demeures dans ceste isle que
« faict la Seine, laquelle en son assiette représente la forme d'un navire, estant
« large en façon de pouppe, où est bastie l'Eglise Cathédrale, son cloytre, l'Evesché
« avec l'Hostel-Dieu ».

Le choix « du navire » a été diversement commenté. Marion, avocat général au parlement, dans son plaidoyer lors de la réception du duc d'Epernon en qualité d'amiral de France (11 janvier 1588), attribue ce choix d'un navire à la prospérité, à la richesse de la grande cité soumise aux tempêtes et aux agitations des passions populaires.

D'autre part, ainsi que le font remarquer MM. le comte de Coëtlogon et Tisserand, dans l'histoire générale de Paris, le titre de Prévôt des marchands de Paris a été substitué à celui de la marchandise de l'eau ; il y a identité entre la marchandise de l'eau et la municipalité parisienne et les marchands de l'eau sont les successeurs des *Nautae parisii* (navigateurs parisiens), société semblable à celle du « splendidissimum corpus nautarum Rhodanicorum et Araricorum » qui existait sur le Rhône et la Saône (1).

Or, l'emblème du commerce de ces corporations était une barque de rivière. La conclusion serait que la prévôté et l'échevinage, autrement dit la municipalité parisienne, descendrait des « Nautae parisii » du temps de Tibère, et aurait conservé pour emblème, la barque de rivière. Il existe aux Archives nationales (J 152 n° 30) un cyrographe de l'an MCC, auquel est appendu le plus ancien sceau connu de la marchandise de l'eau. La barque représentée est simple, elle possède un mât dans le milieu et six cordages, trois de chaque côté (2).

L'origine du bateau dans les armoiries de la ville de Paris provient donc de l'emploi de cet emblème fait par les *Mercatores aquae parisienci*, appelés également *Nautae parisiaci*.

Le chef fleurdelysé, qui apparut dès l'année 1358, fut introduit dans les armes de la ville de Paris en 1415, ainsi que le prouve une ordonnance de Charles VI dont l'original existe aux Archives nationales (Section historique carton K. 61). Il se trouve, d'autre part, à la première page du recueil des ordonnances de la Ville de Paris de 1371 à 1547, dont un fac-simile est reproduit ci-après.

La légende « Sigillum mercatorum aquae parisienci » qui ne varie pas de 1430 à 1472, subit à cette dernière époque la modification suivante : « sigillum prepositure mercatorum aquae parisienci » ainsi que l'indique le sceau appendu à un acte du 3 mars 1472 du prévôt des marchands Denis Hesselin écuyer, pannetier maître d'hôtel du Roi Louis XI et capitaine de la Bastille, portant « l'ensaisinement

---

(1) *Histoire générale de Paris. Les armoiries*, tome 1er, page **47**.
(2) Une reproduction de ce sceau figure à la fin de l'article précédent.

d'une maison sise au carrefour de Barres en faveur des religieux du couvent des Célestins (Archives nationales n° d'inventaire des sceaux 5587 et cote S 3743).

Sous François Ier, la barque devient vaisseau, et les Echevins font mentionner la part qu'ils prennent à l'administration de la ville. La légende devient dès lors : « scel de la prévôté et échevinage de la « ville de Paris », qui est celle employée jusqu'en 1789 ».

Quant à la forme du navire, elle varie selon les époques.

Les armoiries de la ville de Paris furent en principe abolies, ainsi que les titres nobiliaires, par un décret de l'assemblée nationale du 20 juin 1790, et le corps municipal, sur la proposition du maire Bailly, décida dans sa séance du 17 novembre suivant, l'enlèvement des emblèmes héraldiques placés sur les hôtels, édifices et maisons de la ville.

Néanmoins, Paris conserva ses armoiries jusqu'en 1792 ; on supprima la légende, mais on conserva le navire. On le surmonta d'un bonnet dit « de la Liberté » planté sur une pique, et on lui donna pour exergue « Mairie de Paris ».

Le sceau de la ville de Paris subit pendant la commune de 1792 de nombreuses modifications ; chacun des soixante districts avait son sceau particulier, dont un certain nombre se trouvent au musée Carnavalet.

La devise de la ville de Paris consistait seulement, jusqu'en 1789, dans le navire lui-même, qui était regardé comme l'emblème du salut, dit Dupuy Desportes, dans son « *Traité historique du blason* ». Les jetons municipaux frappés par les Prévôts des marchands et les Echevins portaient des devises variant selon les époques. Les premiers jetons qui portèrent la devise « Fluctuat nec mergitur », qui est actuellement la devise de la ville de Paris, datent des années 1582, 1584 et 1585 ; ils furent frappés par les Echevins Jean de Loynes, Pierre Le Goix, et Louis de Saintyon. Cette devise ne fut alors que passagère. On la rencontre en outre, ainsi que le dit Leroux de Lincy dans les vers suivants présentés à François Miron le 1er janvier 1605 :

> « Je le voy, c'est Myron, cette illustre Pallas,
> « Cette rare faveur par le ciel présentée,
> « Je le voy, trainant la fortune en ses las.
> « Conduit le gouvernail de nef argentée.
> « Vostre belle devise est ores à son puinct,
> « Toujours sans submerger vostre navire flotte,
> « Vous naviguez au port...Non, non, ne craignez point,
> « Tant que vous retiendrez avec vous ce Pilote ».

Plus tard par une décision du 22 novembre 1852, le Préfet de la Seine, Baron Haussmann, consacra d'une manière officielle la devise « Fluctuat nec mergitur », qui fut désormais celle de la grande cité parisienne.

L'Hôtel de Ville de Paris

SOUS

le règne de Louis IX

(de 1263 à 1270)

LOUIS IX, né à Poissy le 25 avril 1215, fils de **Louis VIII**. — Roi de France le 8 novembre 1226, sous la régence de sa mère Blanche de Castille. — Marié en 1234 à Marguerite, fille de Raimond, comte de Provence. — Mort le 25 août 1270.

Régna du 8 novembre 1226 au 25 août 1270.

Liste des Prévôts des marchands et Échevins
SOUS LE RÈGNE DE LOUIS IX
(de 1263 à 1270)

Notes historiques et biographiques relatives a ces magistrats.

PRÉVÔTS DES MARCHANDS	ÉCHEVINS
Evreux de Valenciennes 1263	Jehan Barbette, Henri de Navibus, Nicolas le Flamand, Adam Bourbon.
Jehan Augier 1268	Cochin, Martin Poitevin, Jehan Popin, de Chastiau Festu, Jehan Popin du Porche, Guillaume Pisdoé.

C'est à partir de l'année 1260 qu'apparaît la hiérarchie municipale. On trouve, en effet dans le livre d'Etienne Boileau, la sentence suivante :

« Nus ne puest estre mesureres de blé, ne de nul autre manire de grain, se il
« n'a le conjiet du Prévost des Marcheans et des Jurez de la confraerie. Nus ne
« puet estre crieur à Paris, se il n'en a empetré le congié au Prevost des Mar-
« cheans et as eschevins de la marchandise. Et convient qu'il doinst au Prevost
« des marcheans et aus eschevins de la marchandise seurté de LX^s et 1 d. — et
« quant il va en pelerinages, il doit prendre congié au parloir aus Bourgeois.
« Li prevoz de la confrerie des marchanz et li eschevins ont la joustice de touz les
« crieurs. Se li crieurs mesprent es choses de leur mestier, le Prevost des mar-
« chands le fet mettre el ceps. — Nus ne puet estre jaugeur à Paris, se il ne l'a
« empetré du Prevots et des jurez de la confrerie des marchands de Paris. Il doit
« jurer par devant le devant dit que il le mestier de jaugerie fera bien et loiau-
« ment à son poor. »

ÉVREUX DE VALENCIENNES

PRÉVÔT DES MARCHANDS

Il a été dit plus haut que le premier des Prévôts des marchands de Paris, dont le nom soit parvenu jusqu'à nous, fut Evreux de Valenciennes. Une convention fut, en effet, en avril 1263, souscrite, d'une part, par Evreux de Valenciennes, Prévôt des marchands, et par Jehan Barbette, Henry de Navibus, Nicholas Flamengus et Adam Bourdon, échevins ; et, d'autre part, par le curé de Saint-Nicolas-du-Chardonneret, Bernard, clerc de la confrérie de Notre-Dame, et Gilbert de Salneria, doyen de cette confrérie.

Il est stipulé dans cette convention que :

« Les confrères de Notre-Dame tiendront quitte à perpétuité les marchands de « Paris des cinq sous parisis de rente. »

Et que de leur côté « les confrères marchands renonceront à tout jamais à une « somme de vingt sous parisis qui appartenait jadis à Henry le Teuton, et qui devait « être prise sur la maison de Guillaume de Sas, laquelle maison faisait le coin de la « rue Richard-le-Harpeur. »

Et enfin que : « De plus, les confrères de la marchandise remettront à perpé-« tuité, aux confrères de Notre-Dame, les sept deniers et oboles parisis de rente. »

Cet acte prouve que Evreux de Valenciennes fut Prévôt des marchands de Paris en 1263 (1).

Cet acte est ainsi conçu :

Ad hoc scriptum institutum est, ut hec que fuerint in tempore in decessu temporis non labantur. Unde tam presentes sciant quam posteri, quod cum fratres magne confratrie Beate Marie parisiensis haberent et perciperent annis singulis a confratribus Confratrie Mercatorum parisiensium, quinque solidos parisienses annui census, sitos in *Plastaria sita retro cimiterium Judeorum Parisius* ; et confratres magne confratrie parisiensis tenentur reddere confratribus confratrie Mercatorum parisiensium annuatim septem denarios et obolum parisienses, pro quinque quarteriis vinee sitis a latere *Vallis Viridis* ; que vinea vocatur Edelina. Partibus vero unanimiter de predictis componentibus, inter ipsas partes in hunc modum extitit ordinatum, videlicet quod confratres magne confratrie Beate Marie Parisiensis, quitaverunt imperpetuum ipsis confratribus mercatorum parisiensium, ac eorum confratrie dictos quinque solidos parisienses annui census ; et confratres confratrie mercatorum parisiensium, in recompensatione quitationis dictorum quinque solidorum parisiensium admortificaverunt imperpetuum confratribus magne confratrie Beate Marie parisiensis predicte ac

(1) *Recueil des mémoires de la Société royale des antiquaires de France*, t. XVII, page 273.

eorum confratrie viginti solidos parisienses, qui quondam fuerunt domini Henrici dicti Teutonici, sitos super domo Guilhelmi de Sas, que domus facit cuneum Vici Richardi le Harpeur. Preterea confratres Mercatorum parisiensium predictos septem denarios et obolum parisienses annui redditus ipsis confratribus magne confratrie Beate Marie parisiensis, ac eorum confratrie imperpetuum penitus quitaverunt, promittentes predicte partes utraque pars pro parte sua, bona fide, quod contra premissa jure aliquo, per se vel per alios, non venient in futurum. et quod altera pars alteram partem super premissis conservabit indempnem. Ad hec autem facienda et componenda pro parte confratrie Mercatorum fuerunt presentes :

Evroinus de Vallencenis, prepositus mercatorum parisiensium,

Johannes Barbette,
Henricus de Navibus,
Nicholaus Flamingus,
Adam Bordoun,
} Eschevini.

et pro parte Magne confratrie Beate Marie Parisiensis fuerunt presentes:

Dominus Girardus, Archipresbiter beate Marie Magdalene, abbas ejusdem Magne confratrie Beate Marie Parisiensis,

Dominus Bernadus, presbiter Sancti Nicolai de Cardineto, clericus ejusdem confratrie.

Petrus Thiboudi, prepositus ejusdem confratrie,

et magister Gilebertus de Salneria, decanus ejusdem confratrie Beate Marie Parisiensis prelibate.

Actum Anno Domini M° CC° sexagesimo tercio, Mense aprilis (1).

JEHAN AUGIER

PRÉVÔT DES MARCHANDS

Jehan Augier fut prévôt des marchands de Paris en 1268 ; il occupa cette place jusqu'en 1276, époque à laquelle il fut remplacé par Guillaume Pisdoé.

Le *Livre des Métiers* d'Etienne Boileau, qui reproduit les sentences du Parloër aux Bourgeois, énonce qu'à l'occasion d'une contravention commise au préjudice des marchands de Paris, Jehan Augier prononça la sentence suivante :

« Le mardi devant Pasques en cele incarnacion pardi Denise de Badouille y
« batiaus nuès qu'il amenait sanz compagnon hansé de Paris. Ce set Cochin, Martin
« Poitevin, Jehan Popin, de Chastiau Festu, et celui du Porche — Jehan Augier,
« Prévôt des marchanz, Robert le Courtier, M° Thierri, Robert la Guiète, et les
« mesureurs Alart, qui ot les batiaus et Symon l'Aumonier. »

(1) Le Roux de Lincy.— *Recueil des Mémoires de la Société royale des antiquaires de France*, t. XVII, page 273.

L'Hôtel de Ville de Paris

sous

le règne de Philippe III le Hardi

PHILIPPE III le Hardi, né en 1245, fils de Louis IX. — Roi de France le 25 août 1270. — Marié, en 1262, à Isabelle d'Aragon. — Mort le 7 janvier 1285.

Régna du 25 août 1270 au 7 janvier 1285.

Liste des Prévôts des marchands et Échevins
SOUS LE RÈGNE DE PHILIPPE III LE HARDI
(de 1270 à 1285)

Notes historiques et biographiques relatives a ces magistrats

PRÉVÔTS DES MARCHANDS	ÉCHEVINS
Guillaume Pisdoé, 1276.	Les noms des Echevins pendant la prévôté de Guillaume Pisdoé sont inconnus.
Guillaume Bourdon, 1280.	Jean Augier, neveu du Prévôt, Jehan Barbette, Jehan Arrode, Jean Bigues.

GUILLAUME PISDOÉ

PRÉVÔT DES MARCHANDS

Guillaume Pisdoé habitait rue des Lavandières-Sainte-Opportune ; il fut d'abord échevin, remplaça Jehan Augier dans la charge de Prévôt des marchands en 1276 et occupa cette place pendant quatre ans. Il eut pour successeur Guillaume Bourdon.

Il fut élu de nouveau Prévôt des marchands en 1304, sous le règne de Philippe IV le Bel.

GUILLAUME BOURDON

PRÉVÔT DES MARCHANDS

Guillaume Bourdon, qui a laissé son nom à une des rues actuelles de Paris, la rue des Bourdonnais, succéda, en 1280, à Guillaume Pisdoé. Il vendit en 1281, aux Frères prêcheurs, dont l'établissement était situé rue Saint-Jacques, divers droits de propriété sur des maisons appartenant en seigneurie à la ville, ce qui prouve l'autorité du Prévôt des marchands sur l'administration des biens communaux. Il fut remplacé en 1289 par Jehan Popin.

Il reprit les fonctions de Prévôt des marchands en 1296, sous le règne de Philippe IV le Bel, et les conserva jusqu'en 1298.

L'Hôtel de Ville de Paris

SOUS

le règne de Philippe IV le Bel

PHILIPPE IV LE BEL, né en 1268, fils de Philippe III le Hardi. — Roi de France le 7 janvier 1285. — Marié en 1284 à Jeanne de Navarre. — Mort le 29 novembre 1314.

Régna du 7 janvier 1285 au 29 novembre 1314.

Liste des Prévôts des marchands et Échevins

SOUS LE RÈGNE DE PHILIPPE IV LE BEL

(de 1285 à 1314)

Notes historiques et biographiques relatives a ces magistrats
Les trois Gentiens, bourgeois de Paris

PRÉVÔTS DES MARCHANDS	ÉCHEVINS
Jehan Arrode, 1282.	Les noms des échevins sous la prévôté de Jehan Arrode sont inconnus.
Jehan Popin, 1293, décédé le 18 juillet 1296, est remplacé par **Guillaume Bourdon,** 1296.	Adam Paon, Guillaume Pizdoé, Thomas de Saint-Benoit, Etienne Barbette.
Etienne Barbette, 1298.	Jean Sarrazin, Thomas de Saint-Benoit, Guillaume Pizdoé, Adam Paon,
Guillaume Pisdoé, 1304 à 1314.	Etienne Bourdon, Jean Gentien, Renier Bourdon, Etienne Haudri.

JEHAN ARRODE

PRÉVÔT DES MARCHANDS

La famille Arrode habitait rue de la Poterie ; le plus ancien de ses membres était Eudes Arrode, panetier de Philippe-Auguste, mort en 1217. Après avoir été échevin sous la prévôté de Guillaume Bourdon, Jehan Arrode le remplaça dans la charge de Prévôt des marchands en 1289. Il exempta les tameliers de l'impôt établi sur le blé arrivant par eau, ce qui eut pour conséquence l'abaissement du prix du pain. En effet, il est dit dans le *Livre des Métiers* d'Etienne Boileau que « l'an de « grace deus cenz quatre vinz et dix fut regardé par le temoignage de bones gens ou « Parlouër-au-Borjois, par Jehan Arrode, lors Prevost des marchanz, que li tameliers « de Paris estoient et sunt quite de la fauce coutume du blé qui venoit par yaue à « Paris, si ces tameliers por leur user, et pour vendre le pain fet dudit blé. »

Cette ordonnance, datant de 1290, prouve que Jehan Arrode était Prévôt des marchands à cette date.

Jehan Arrode fit paver à ses frais diverses voies de communication ; ce fut sous la magistrature de ce Prévot, en 1292, que fut établi un Parloër, le budget des revenus de la ville et la nomenclature des propriétés communales.

JEHAN POPIN

PRÉVÔT DES MARCHANDS

Jehan Popin, pendant sa magistrature, c'est-à-dire de 1293 à 1296, régla le service des porteurs de sel et de poissons de mer appelés « henouars », dans les termes suivants : « Quant aucun des henouars seront cheue en vellesse ou maladie, que ne

« porra son pain gaanier à lever harenc, porra mectre, en lieu de li, personne suf-
« fisant qui fera le service du harenc, tant comme le henouar vivra seulement, et le
« henouar mort, cil qui aura esté por li ne porra plus fere le service ; ainçois les
« prevosts et eschevins mectront tel comme il leur plaira. »

Cette ordonnance prouve que les magistrats municipaux avaient, dès cette époque, dans leurs attributions, la surveillance des approvisionnements de la ville.

Jehan Popin régla, en outre, les vacations des maçons et des charpentiers ; il possédait une grande influence au Parloër.

Le 21 août 1293, un marché fut passé entre les magistrats du Parloër et le fontainier de Paris pour la construction de la fontaine des Saints-Innocents.

Le livre d'Etienne Boileau contenait plusieurs sentences édictées par Jehan Popin, au nombre desquelles étaient les suivantes :

« L'an de grace mil CC$_{IIII}$xx et XV, le lundi devant la feste saint Lorens, fut
« jugé en Parloüer par Jehan Popin, Prevost des marchands, que XI tonniaus et
« V queues de vin que Gile de Septmars, clerc, et son frere avoient mis de l'iaue en
« celier en la Cité, lequel celier est mestre Renaud borjois et clerc, estoient forfès
« au Roy, par la teneur du privilege du Roy, et par la coutume de Paris, parce que
« ils estoient mis de l'iaue en celier, lequel chose il ne pouvait faire, parce qu'ils
« n'étoient pas borjois residens et stationeres. »

. . . .

« L'an de grace mil CC$_{IIII}$xx et seize, le lundi devant la feste saint George,
« pardi Elye Belleuc, borjois de Hereflou (Harfleur), XVIIj tonniaus de vin de la
« somme de LXXIIj tonniaus de vin, qu'il avoit acheté en la Compagnie Ausiau d'Ar-
« genteul, borjois de Paris, parce qu'il les avait mis de terre en l'iaue du Louvre en
« une nef par ses, et le ramenant en une autre nef, laquèle chose il ne pouvoit
« fere par l'usage et la coustance (sic) de la Seine, et le sainga (assigna à comparaî-
« tre) Jeh. Popin, Prevost des marcheans, par sentence comme forfès, par conseil
« de bones gens. A ceste sentence donner furent presens li dit Prevost, Estiene Bar-
« bete, Alain Paen, Guillaume Pizdoé, eschevins ; Nicolas de Rosai, mestre Nicolas
« de Montmor, clerc du Roi, Guibert d'Argenteul, Gefroi de Vitri. »

Jean Popin mourut le mercredi 18 juillet 1296, la veille de la fête de la Magdeleine ; il fut enterré le lendemain, jour de saint Antoine. Jehan Popin a laissé son nom à la rue portant actuellement le nom de Popincourt.

GUILLAUME BOURDON

PRÉVÔT DES MARCHANDS

Pendant sa seconde magistrature, qui dura de 1296 à 1298, Guillaume Bourdon, dont la compétence en matière d'administration fut appréciée de ses contemporains, constitua un conseil de « Preudomes », composé de vingt-quatre membres ; il s'occupa d'une manière toute particulière du pavage des rues de la ville, nomma des inspecteurs chargés de surveiller les ouvriers, « por prendre garde que ceuz qui ferunt les « chauciées facent bones jornées et souffisanz. » Il fut l'organisateur du service des rues et des chaussées qui s'est perpétué jusqu'à nos jours, sous le nom de Direction des travaux de voirie. Il fut remplacé par Etienne Barbette.

ÉTIENNE BARBETTE

PRÉVÔT DES MARCHANDS

Etienne Barbette, maître des monnaies, qui a donné son nom à une des rues de Paris et à l'hôtel qui fut habité plus tard par Isabeau de Bavière, femme de Charles VI, après avoir été échevin sous la prévôté de Jehan Popin, fut élu prévôt des marchands, en remplacement de Guillaume Bourdon, décédé. Ce prévôt possédait l'estime et la confiance de ses concitoyens. Les sergents du Châtelet essayèrent en vain d'enlever à ce magistrat la prérogative de nommer les mesureurs de toute la marchandise ; mais ils ne purent y parvenir et le prévôt conserva ce droit.

L'arrêté suivant fut pris par le Conseil de ville, assemblé le 28 février 1298, dans le but de modérer, pour l'avenir, les droits de réception des mesureurs de sel :

« L'an de grace MCC$_{IIII}^{XX}$ et dis huit, le vendredi après les Brandons, fut
« ordoné par Estienne Barbette, Prevot des marcheans de Paris, et par les eschevins
« du conseil des bonnes gens de Paris, que cil qui sera fet mesureur de sel paiera
« pour son abuvrement, (action de boire pour fêter son entrée en office), et par son

« past, (droit de bienvenue), VIII livres parisis tant seulement, et firent retenue les
« devant diz prevost et eschevins d'amenuisier les dites VIII livres ou temps à venir,
« se le tems alors s'i ofret ou povet offrir. »

Il était écrit en outre au *Livre des Métiers* que : « L'an de grâce mil CC_{IIII}^{xx} et dis-
« huit, le lundi devant la Tifene, vint par devant Estienne Barbette, prevost des mar-
« cheans, Jehan le Page, sergent à cheval en Chastelet, et promist que il feroit venir
« en nostre main une leittres de deuz VIII jors, scellées du scel de l'abbé et du cou-
« vent du Val Nostre Dame, de une grace que nous leur avons fete de huit toniaus
« de vin ; ou, se le dit Jehan ne nouseut les dites leittres, le dit Jehan est tenuz à
« nous rendre, au Roy et à nous, XXIIII livres parisis pour les diz vins.— Tesmoins :
Jh. Villain, Denis de Senlis, Gautier L'Escot, Sanson le Breton et plusieurs autres. »

Etienne Barbette s'occupa d'une façon spéciale des finances de la ville ; il paya au roi Philippe IV le Bel la cinquantième partie des revenus de la ville, moyennant la dispense de le suivre à la guerre et répartit entre les habitants une taille de cent mille livres.

Il fut deux fois Prévôt des marchands de Paris, une première fois de 1298 à 1304, sous le règne de Philippe ; la seconde fois, sous le règne de Louis X le Hutin, de 1312 à 1321.

Dans l'intervalle de ces deux périodes, il fut remplacé par Guillaume Pisdoé.

GUILLAUME PISDOÉ

PRÉVÔT DES MARCHANDS

Guillaume Pisdoé, qui avait été une première fois Prévôt des marchands de Paris en 1276, sous Philippe III le Hardi, succéda dans cette charge à Etienne Barbette en 1304. Il fit, pendant sa magistrature, de nombreuses nominations de hénouards, de mesureurs de blé et de sel, chargea messire Rogier Pastorel de défendre les intérêts de la ville au Parloër, confisqua à Foulgues le « harengier, quatre cenz de morues et ung tonnel d'annoncelles amenés à Paris sans avoir de compagnon hansé. » Il eut pour successeur Etienne Barbette en 1312.

Les Trois Gentiens

(JACQUES, PIERRE DIT LE GRAND ET JEAN), BOURGEOIS DE PARIS

u nombre des Echevins élus à Paris en 1301, fut Jean Gentien, qui devint plus tard, à la fin du règne de Philippe V, Prévôt des marchands de cette ville. La famille Gentien joua, au commencement du xiiie siècle, un rôle important, non seulement dans les affaires administratives de la ville de Paris, mais encore à la cour et pendant la guerre entreprise en Flandre par Philippe IV, dit le Bel, fils de Philippe III le Hardi, et petit-fils de saint Louis.

La Flandre, dont les trois grandes cités étaient Bruges, Ypres et Gand, se gouvernait alors elle-même, sous l'autorité de Gui de Dampierre, comte de Flandre. Ce dernier voulut enlever à ces villes les privilèges dont elles jouissaient, ce qui fut une cause de révolte et de réclamations près de Philippe III, roi de France, dont Gui de Dampierre était le vassal.

Lorsque Philippe IV, dit le Bel, succéda à son père, mort le 7 janvier 1285, il songea à exploiter cette situation à son profit, établit en Flandre les lois somptuaires, se fit livrer par la tradition du gant, les principales villes de ce pays et empêcha le mariage de Philippine, fille de Gui de Dampierre, avec Edouard, fils du roi d'Angleterre. La guerre fut dès lors déclarée entre le roi de France et son vassal, soutenu par l'Angleterre ; soixante mille Français partirent pour la Flandre et gagnèrent la bataille de Balscamp, le 20 août 1297. Une trêve de deux ans fut alors signée entre les rois de France et d'Angleterre, pendant laquelle Philippe IV, accompagné de sa femme Jeanne de Navarre, se rendit en Flandre, visitant les villes qui se soumirent bientôt à son autorité. Après ce voyage triomphal, le roi de France revint à Paris, laissant entre les mains du connétable de Châtillon le gouvernement de la Flandre.

Dans le courant du mois de mai 1302, on apprit à Paris que 1.500 chevaliers français avaient été égorgés pendant la nuit du 17 au 18 mai par des bourgeois de Bruges, à l'instigation du nommé Pierre Koninck, vieux tisserand qui s'était mis à la tête d'un mouvement révolutionnaire.

Philippe IV partit aussitôt pour la Flandre avec un nouveau corps d'armée de soixante mille hommes ; les Brugeois ne purent en réunir que vingt mille et furent attaqués devant Courtrai le 11 juillet 1302. Malgré l'infériorité du nombre, les Flamands remportèrent la victoire, et Robert II, comte d'Artois, fils de Robert Ier frère de Louis IX, fut tué à la tête de ses chevaliers. On put, le lendemain, mesurer au boisseau sur le champ de bataille, les éperons dorés des nobles français morts pour leur roi.

Malgré cette défaite, Philippe IV ne se laissa pas décourager; il se mit lui-même à la tête de son armée, rencontra les Flamands au camp de Mons-en-Puelle et leur livra bataille, le 18 août 1304. Le choc fut terrible; le roi de France eut un cheval tué sous lui; on lui enleva son vêtement fleurdelisé pour qu'il ne fût pas reconnu des ennemis qui l'entouraient; il fut foulé aux pieds des combattants, et ne fut enfin sauvé que grâce au courage de deux bourgeois de Paris, Pierre et Jacques Gentien, qui se sacrifièrent pour lui, et furent tous les deux tués à ses côtés. En leur qualité d'écuyers du roi de France, ils l'avaient accompagné à la guerre; ils étaient chargés de porter ses armes, de le mettre en selle et, enfin, de combattre près de lui, à pied, à hauteur des étriers. Ils s'acquittèrent de leur charge et de leur devoir avec une bravoure qui fait honneur à la bourgeoisie de l'époque et méritent d'avoir une page dans l'histoire de Paris.

La généalogie de la famille Gentien peut d'ailleurs s'établir de la manière suivante :

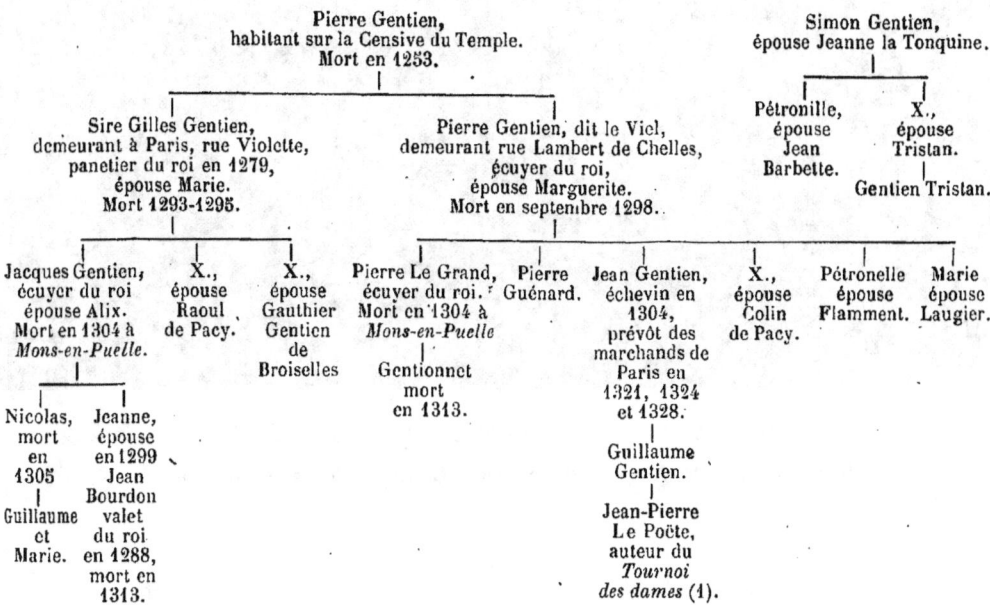

Diverses versions ont été émises au sujet de l'identité des deux Gentien tués à la bataille de Mons-en-Puelle; d'après l'une de ces versions, l'un d'eux aurait été

(1) La filiation de Jean Pierre Le Poëte n'est pas nettement établie.

Bataille de Mons-en-Puelle (18 août 1304)
Mort glorieuse de Jacques et de Pierre Gentien, Bourgeois de Paris.

Jean-Pierre Gentien, l'auteur du *Tournoi des dames*. Or, il a été établi d'une façon péremptoire que ces deux bourgeois étaient, l'un Jacques, l'aîné des enfants de sire Gentien, l'autre Pierre, dit Le Grand, fils aîné de Pierre Gentien, dit le Vieil, et frère de l'échevin et du prévôt des marchands de Paris, Jean Gentien (1).

En conséquence, les deux Gentien, bourgeois de Paris, tués à Mons-en-Puelle, étaient cousins germains ; Jacques était en outre cousin germain de Jean, le prévôt des marchands de Paris, et Pierre (le Grand) était le frère aîné de ce dernier.

Il existe au musée du château de Versailles, galerie des batailles, une très belle toile peinte par M. Larivière, et représentant la bataille de Mons-en-Puelle. Philippe le Bel est à cheval, au centre de l'action ; après avoir renversé d'un coup de son épée un officier flamand, il la lève de nouveau au-dessus de la tête d'un autre officier, qu'il menace de son arme. L'un des Gentien, celui qui combattait à sa droite, est déjà tombé mort aux pieds du cheval du roi ; l'autre, l'œil en feu, continue de combattre à sa gauche, et est entouré de nombreux ennemis.

(1) Colonel Borelli de Serres, *Recherches sur divers services publics.*

L'Hôtel de Ville de Paris

sous

le règne de Louis X le Hutin

LOUIS X le Hutin, né en 1289, fils de Philippe IV le Bel, roi de France le 29 novembre 1314. — Marié en premières noces en 1305 à Marguerite, fille de Robert, duc de Bourgogne, et en secondes noces, en 1315, à Clémence de Hongrie. — Mort le 5 juin 1316.

Régna du 29 novembre 1314 au 5 juin 1316.

Liste des Prévôts des marchands et Échevins
SOUS LE RÈGNE DE LOUIS X LE HUTIN
(de 1314 à 1316)

Notes historiques et biographiques relatives a ces magistrats

PRÉVÔTS DES MARCHANDS	ÉCHEVINS
Etienne Barbette, de 1314 à 1321.	Renauz Pizdoe, Jean Barbette, Jacques Bourdon, Nicolas Arrode.

ÉTIENNE BARBETTE

PRÉVÔT DES MARCHANDS (deuxième fois).

Dans la deuxième année de sa seconde magistrature, qui dura de 1314 à 1321, Etienne Barbette, qui avait tous les talents d'un véritable financier, eut à s'occuper spécialement de la taille de 1313, à l'occasion de la chevalerie de Louis, fils aîné de Philippe IV le Bel. Il eut d'autant plus de peine à faire rentrer cette taille que certains habitants, en dehors du clergé et de la noblesse, se montrèrent récalcitrants, sous le prétexte que leurs biens attenaient à celui de certaines églises exemptes d'impôts. Il fallut faire une nouvelle répartition de la taxe, ce qui occasionna un surcroit de travail pour les administrateurs de la ville.

Etienne Barbette fit, en outre, de grands travaux dans Paris ; il ordonna, sur la demande du roi Philippe le Bel, la construction d'un quai allant de la tour de Nesle à l'hôtel de l'évêque de Chartres, sur la rive gauche de la Seine. Ces travaux continuèrent sous le règne suivant.

Lorsque Louis X, le Hutin, entreprit la guerre de Flandre en 1314, il eut, en outre, recours aux bourgeois de Paris pour leur demander des aides en hommes et en argent, et ordonna que l'impôt qui devait en résulter fut recouvré par les soins d'Etienne Barbette, prévôt des marchands et de ses échevins.

L'Hôtel de Ville de Paris

SOUS

les règnes de Philippe V, dit le Long et de Charles IV.

PHILIPPE V, dit le Long, né en 1293, deuxième fils de Philippe IV le Bel, succéda à son frère Louis X le Hutin, le 5 juin 1316. — Marié en 1306, à Jeanne, comtesse de Bourgogne. — Mort le 3 janvier 1322.

Régna du 5 juin 1316 au 3 janvier 1322.

CHARLES IV, né en 1296, troisième fils de Philippe IV le Bel, succéda à son frère Philippe V, dit le Long, le 3 janvier 1322. — Marié : 1° à Blanche de Bourgogne, en 1307; 2° à Marie de Luxembourg, en 1322, 3° à Jeanne, fille de Louis, comte d'Evreux, en 1325. — Mort le 1er février 1328.

Régna du 3 janvier 1322 au 1er février 1328.

Liste des Prévôts des marchands et Échevins

SOUS LES RÈGNES DE PHILIPPE V, DIT DE LONG ET CHARLES IV (de 1316 à 1328)

Notes historiques et biographiques relatives a ces magistrats

PRÉVÔTS DES MARCHANDS   ÉCHEVINS

Jehan Gentien, de 1321 à 1328.   Les noms des Echevins sous la Prévôté de Jehan Gentien sont inconnus.

JEAN GENTIEN

PRÉVÔT DES MARCHANDS

Jean Gentien, fils de Pierre Gentien, dit le Vieil, et de Marguerite Gentien, vivait à la cour du roi Philippe IV, dit le Bel, et y recevait des gages en octobre 1301 ; il accompagna ce roi en Flandre et fut élu échevin de la ville de Paris pour deux ans en 1304. Il remplit les fonctions de prévôt des marchands, sous trois règnes :

Une première fois, en 1321, à la fin du règne de Philippe V, dit le Long.

Puis, en 1324, sous Charles IV, dit le Bel.

Et en 1328, au commencement du règne de Philippe VI.

Jean Gentien eut un fils, Guillaume Gentien, qui fut choisi pour champion de la ville dans le tournoi de 1330.

Les armes des Gentien étaient : écu d'argent aux trois fasces givrées de gueules, à bande d'azur fleurdelisée brodant le tout.

La famille Gentien avait rendu d'assez grands services au roi pour que, non seulement elle fut annoblie, mais encore pour qu'elle portât dans ses armes la bande fleurdelisée de France qui fut attribuée au prévôt Jean Gentien.

Sur la demande de Jean Gentien, Charles IV accorda, en 1324, aux bourgeois de Paris que les procès relatifs aux privilèges de la marchandise et aux intérêts de la cité, ne pussent être jugés à l'avenir que devant le Parlement, comme l'étaient ceux de la noblesse. Si les rois accordaient quelques avantages à leur bonne ville de Paris, ils ne cessaient, d'autre part, d'en recevoir eux-mêmes. Ce fut ainsi que Philippe VI obtint d'elle, en 1329, 800 hommes à cheval ; puis, en 1343, après la bataille de l'Écluse, 500 hommes d'armes, qu'elle équipa à ses frais, et enfin, en 1346, après la funeste bataille de Crécy, elle lui donna 1.500 chevaux.

L'Hôtel de Ville de Paris

SOUS

le règne de Philippe VI, de Valois

PHILIPPE VI, né en 1293, fils de Charles de Valois, troisième fils de Philippe le Hardi et frère de Philippe le Bel. — Roi de France le 1er février 1328. — Marié : 1° à Jeanne de Bourgogne, en 1313 ; 2° à Blanche, fille de Philippe, comte d'Evreux, en 1349. — Mort le 23 août 1350.

Régna du 1er février 1328 au 23 août 1350.

Liste des Prévôts des marchands

SOUS LE RÈGNE DE PHILIPPE VI, DE VALOIS
(de 1328 à 1350)

PRÉVÔTS DES MARCHANDS
—

Jehan Gentien,
de 1321 à 1328.
Adam Loncel,
1330.
Jean Pizdoue,
1345.

L'histoire des premiers magistrats de Paris est très obscure sous le règne de Philippe VI.

Le 11 juin 1350, le Prévôt des marchands et les Echevins déclarèrent que le bourgeois Coquatrix était venu les trouver, ainsi que les commissaires des dernières tailles de guerre, en l'hôtel des religieux de Sainte-Croix de la Bretonnerie, et qu'il avait obtenu quittance de toutes les taxes des années précédentes, moyennant la somme de 28 livres. A cette déclaration fut annexée la quittance (Archives nationales, K. 950, n°s 7 et 7 *bis*).

Entre Jehan Gentien, Prévôt des marchands de 1321 à 1328, et Etienne Marcel, Prévôt des marchands en 1354, il y a lieu de placer dans la liste chronologique de ces magistrats les noms suivants :

1° En 1330, Adam Loncel, dont le nom figure avec ce titre dans la relation du tournoi des 20-21 août 1330, reproduite plus loin et donnée dans la chronique parisienne de M. Hellot, livre II, page 135, *Mémoires de la Société de l'Histoire de France* ;

2° En 1345, Jean Pizdoue (Pidoux), qui fut annobli en qualité de Prévôt des marchands, au mois de juillet 1345. Ce magistrat fit un prêt à la reine Jeanne de Bourgogne, en la même qualité, au mois de mars 1346, c'est-à-dire quelques mois avant la funeste bataille de Crécy (26 août 1346). (*Journaux du trésor de Philippe de Valois*, de M. Viard, archiviste, n° 2679, Prêt à la reine.)

Quant à Hugues le Coq dont Le Roux de Lincy fait figurer le nom dans son livre sur l'*Histoire de l'Hôtel de ville de Paris*, en lui attribuant l'acte ci-dessus relaté concernant le bourgeois Coquatrix, rien ne prouve qu'un Prévôt des marchands ait porté ce nom entre Jehan Gentien et Etienne Marcel, puisque les noms des magistrats, qui sont les auteurs de cet acte, n'y figurent pas.

Tournoi donné par les bourgeois de Paris

SOUS PHILIPPE VI DE VALOIS

(20-21 août 1330).

ES bourgeois de Paris possédaient, sous le règne de Philippe VI de Valois, une grande influence, non seulement près du peuple parisien, mais encore à la cour. Plusieurs d'entre eux occupèrent des places considérables confiées par le roi, et quelques-uns lui prêtèrent des sommes importantes. Ils formaient, en même temps que l'aristocratie de la finance, une société prépondérante aussi puissante que la noblesse de l'époque. Les bourgois des autres villes du royaume en prirent quelque ombrage et demandèrent à ceux de Paris à entrer en lices avec eux dans un tournoi qui eut lieu le 20 août 1330.

M. Hellot, dans sa Chronique parisienne (livre II, page 135, art. 12), donne la relation de ce tournoi ainsi qu'il suit (1) :

« Après ce que aucunes des villez de France par plusieurs foiz eurent appellez ceux de Paris pour jouster à eux et à ceux qui y estoient de Paris le pris de leurs festez donnés, et qui mout de grandez parollez disoient que ceux de Paris feste publique n'osoient faire, les gouverneurs et les menistres et ceux de Paris, qui mout désiroient à la ville de Paris faire honneur et essaucier en toutes seigneuries par dessus toutes les villes du royaulme, come soleil corporé, emprainte et ymaginacion des trois fleurs de liz au royaulme de France essaucié par dessus tous aultres royaulmes, et à qui les parolles des gens d'estranges nacions estoient souvent rapportées, Jehan Gencien, Jehan Barbeite, filz jadis sire Estienne Barbeite, *Adam Loncel, Prévôt des marchands,* Jehan Billouart et Martin des Essars, maistre des comptez, a eux aliez tous les bourgeois de Paris, supplièrent au Roy que, de sa grâce, il voulsist donner congié aux bourgeois de Paris de faire jouste contre les bourgeois du royaume. Adonc, le roy de France, Philippe de Valoiz, considérant la noblesse et la valeur de Paris, comment les bourgoiz et tout le peuple de Paris de leur auctorité le rechurent à seigneur, par la proiere de son frère le

---

(1) *Mémoires de la Société de l'Histoire de Paris* (II), Bibliothèque nationale, L 21 C, 2815.

conte d'Alenchon, Louys de Clermont, duc de Bourbon, et Robert d'Artoiz, conte de Beaumont, leur octroia leur feste à faire sans esmouvoir le peuple. Lorz les diz bourgoiz, à l'exemple jadiz du roy Priant, soulz qui jadiz Troye la grant fut destruite, et de ses XXX fils ordenerent que ung des bourgoiz de Paris appellé Renier Le Flamenc seroit le roy Priant, et XXXV des jeunes gens enffans de bourgeoiz de Paris, dont l'en appelloit l'un, qui estoit en lieu de Hector le filz au roy Priant, Jaque des Essars, l'autre Jehan Bourdon, de Nelle, Jehan Pazdoe, Symon Pazdoe, Hue de Dampmartin, Denis Sebillebauch, Pierre Le Flamenc, Guillaume Gentien, Pierres de Pacy, Robert Miete, Jehan de La Fontaine, Robert La Pye, Jehan Maupas et plusieurs autres fils de bourgoiz de Paris. Et ce fait, le dessus dist roy Priant, pour l'amour et honneur des dames de Paris, manda par ses lettres à touz ceux des bonnes villes du royaulme cy-après nommées, qui, pour l'amour des dames joustez et fait d'armes hantoient, que, en l'onneur de Pallas, jadiz amoureuse dame de Troye, noble cité et de la nobleté d'amours soustenir, comme à feste ronde que Artus, le roy de Bretaigne, voulloit maintenir, feussent à Paris, chacun pour troiz foiz à courir à lances briser contre nostre roy Priant et ses filz, le lundi et le mardi ensuivant aprez la feste de Nostre Seigneur M.CCC.XXX (20 et 21 août 1330). Et pour ce lez devans nommez bourgoiz de Paris, les diz jours, delez Paris en un champ (culture Saint-Martin) qui est entre l'église Saint-Martin des Champs et l'ostel du temple jadiz le manoir des Templiers, par devant toutes les nobles dames et bourgoises de Paris mout très noblement et richement apparelés et la gregneur partie de elles couronnées, qui sur grans eschauffaux, en iceluy champ faiz et sur maisons prouchaines d'illec sur aultrez eschauffaux estoient, le dit roy Priant et ses filz vindrent noblement en champ, et contre tous les sourvenans asprement coururent et joustèrent, c'est à savoir contre les bourgoiz de la ville d'Amiens, de la ville de Saint-Quentin en Vermandoiz, de Rains, de Compiengne et de Verdeloy en Berry, de Miaux, de Mante, de Corbeul, de Ponthoise, de Rouen en Normandie, de Saint-Pourcein, contre un bourgoiz de Valenciennes et contre ses ij fils et contre un bourgoiz de la ville d'Ypre. Et comme au dit champ les diz sourvenans des dictes villes noblement entrassent, et à courir à pleine lance contre ceux de Paris se adrechassent, comme ceux qui cuidoient les enffans de Paris trouver non saichans du fait de jouste, et entre les aultres bourgoiz ung bourgoiz de Compiengne que l'on appelloit Cordelier Poillet, vestu illec en habit de cordelier, qui de ceux de Paris se moquoit, et portoit en sa main ung rainceau d'une verge, et en feroit des foiz un aultre ung de ses compaignons, demonstrant qu'il chastiroit les enffans de Paris que il appeloit « pastez » ; toutefoiz nulle lance ne brisa, et du plus heingre de ceux de Paris fut geté de son cheval à terre, son oultrecuidance abessant, et inglorieux du dit champ s'en alla. Et comme au dit champ, par les diz jours, ceux de Paris noblement courans et brisant lances contre tous venans du dist champ, à la haultesse et franchise d'amours, en emporterent victoire. Et lendemain, qui fut jour du mercredy aprez la dicte feste Nostre-Dame d'aoust, les diz bourgoiz des dictes bonnes villes, avec les bourgoiz et les nobles dames et bourgoises de Paris, en l'ostel jadiz du Temple, le manoir des Templiers, dessoubz pavillons à ce apparellez, à trompes, timbres, tabours et nacaires, grant joie illec demenant, en la présence de Mons. Robert d'Artoiz, conte de Beaumont, de Mons. Guy Chevrier, et des seigneurs et maistres de la court, en la présence du Prévost de Paris Hugues de Crusi, le chevalier du gueit de Paris, et la gregneur partie des sergens de Paris à pié et à cheval, tous vestus d'un drap, disnèrent. Et quant de ceste grande feste, quant à ceux de dehors Paris attendans, comme dessus est dict, à ung bourgois de Compiengne qui estoit appelé Simon de Saint-Omer, qui en joustant eust une de ses jambes brisées, le prix donnèrent ; et en l'ostel où le dict Simon estoit hébergié, en la grant rue de Paris, jouxte le nouvel hospital de Saint-Jasques, en la maison que l'en dist d'Ardoise, à grant compagnie de nobles bourgoiz de Paris, par une pucelle de Paris, jadiz fille d'un drappier et bourgoiz de Paris, jadiz appellé Jehan de Chevreuse, laquelle chevauchoit ung cheval blanc, ceinte d'une riche cheinture à laquelle pendoit une noble aumosnière, et tenoit la dicte pucelle sur sa main ung esmerillon, le dict cheval, ceinture, aumosniere et esmerillon, à grant joye et louange de Paris, come à celuy de dehors des attendans qui mieux c'estoit à la feste porté si comme l'on disoit, les dis joyaux la dite pucelle présenta et donna. Et au dessus dict Jaquez des Essarts, quant pour ceux de Paris qui mieux s'estoit porté à ceste feste, si comme l'en disoit, les diz bourgoiz de Paris, le prix donnèrent. Et ainsi ceste feste des bourgoiz de Paris faicte au très grand honneur de Paris, tant de ceux de Paris comme de ceux de dehors, chacun en son lieu paisiblement se retraist, XXV ans après les joustes que Renier Le Flamenc et Pierre son frère, et les aultres bourgoiz de Paris firent à Paris en la place de Grève ».

L'Hôtel de Ville de Paris

SOUS

les règnes de Jean II, dit le Bon et de Charles V

JEAN II, dit le Bon, né en 1319, fils de Philippe VI. — Roi de France le 23 août 1350. — Marié : 1° à Bonne de Luxembourg, en 1332 ; 2° à Jeanne, fille de Guillaume, comte de Boulogne, en 1349. — Mort le 8 avril 1364, à Londres, dans le palais qui lui avait servi de prison, et qui est aujourd'hui appelé *Chapel Royal Savoy*.

Régna du 23 août 1350 au 8 avril 1364

CHARLES V, né le 21 janvier 1337, fils de Jean le Bon. — Roi de France, le 19 mai 1364. — Marié à Jeanne, fille de Pierre, duc de Bourbon, en 1349. — Mort le 16 septembre 1380.

Régna du 19 mai 1364 au 16 septembre 1380.

Liste des Prévôts des marchands et Échevins

SOUS LES RÈGNES DE JEAN LE BON ET DE CHARLES V

(de 1350 à 1380)

PRÉVÔTS DES MARCHANDS — ÉCHEVINS

Pierre Bourdon,	1355
Charles Toussac, décapité le 3 août 1358 sur la place de Grève,	1355
Bernard Cocatrix,	1355
Jean Belot,	1355

Etienne Marcel,
tué le 31 juillet 1358.
De 1354 au 31 juillet 1358.

Philippe Giffart, tué le 31 juillet 1358,	1356
Jean de Lisle, tué dans la nuit du 31 juillet au 1ᵉʳ août 1358,	1358
Joseran de Macon, décapité sur la place de Grève le 3 août 1358,	1358
Jean Maillard,	1358

Jean Culdoe,
1358.

Gentien Tristan,
1358.

Jean Desmarets,
1359.

Jean Fleury,
1371.

Nouvelle Guerre entre la France et l'Angleterre

BATAILLE DE POITIERS (19 septembre 1356)

Captivité du roi Jean II. — Nouvelles fortifications de Paris baties par Etienne Marcel. — Etats Généraux de 1356

Une trève fut conclue entre la France et l'Angleterre à la suite de la bataille de Crécy (25 août 1346) ; elle ne fut pas de longue durée. Edouard III, voulant profiter de la captivité du roi de Navarre et des troubles de la France, envoya son fils Edouard, prince de Galles, appelé le prince Noir, à cause de la couleur de son armure, avec une armée de huit mille hommes, dans le Berri, la Touraine et le Maine. De son côté, à cette nouvelle, Jean II, roi de France, se mit à la tête de cinquante mille hommes, presque tous cavaliers, essaya de couper la marche des Anglais, et enfin les rencontra à Maupertuis près de Poitiers ; plein de confiance dans ses troupes presque en totalité composées de nobles et de seigneurs, il voulut immédiatement engager la bataille.

Les Français étaient divisés en trois corps ; le roi avait pris le commandement de l'un d'eux, et avait mis à la tête des deux autres, le duc d'Orléans, son frère, âgé de 20 ans, et le duc de Normandie, son fils aîné, âgé de 19 ; ses autres enfants, Louis, Jean et Philippe, étaient en outre, présents sous les armes.

Malgré la supériorité du nombre, le sort fut encore fatal aux Français. Lorsque le roi Jean II vit que la victoire lui échappait, il donna l'ordre à ses fils, et notamment au duc de Normandie, de quitter le champ de bataille ; ils obéirent à l'ordre paternel et se retirèrent avec huit cents lances. Tout fut dès lors perdu.... Le roi, s'était comporté en bon chevalier, et avait combattu avec vaillance (il fut pour cela surnommé le Bon) (1). Blessé à la figure, il fut-fait prisonnier par le prince de Galles, et fut emmené d'abord à Bordeaux, et de là en Angleterre.

Dès que ce désastre fut connu, la consternation devint générale ; la France avait mis sa confiance dans ses nobles chevaliers et comptait cette fois sur la victoire ; trois mille d'entre eux s'étaient bien battus, il est vrai, et étaient restés dans la mêlée, mais trente mille autres revinrent dans leurs châteaux après la défaite, reprirent leur chaperon couvert de pierreries ou leur chapeau à plumes

---

(1) Dans le sens du mot grec agathos « bon, brave à la guerre ».

d'autruche, et finalement voulurent faire payer à leurs serfs les frais de la guerre.

La France n'avait plus de roi, le dauphin, dont on ne soupçonnait pas les capacités, offrait peu de garantie, et le roi de Navarre, qui s'était sauvé de sa prison, allait reparaître sur la scène, tout prêt à s'emparer de la couronne.

Telle était la situation périlleuse du royaume, lorsque les bourgeois de Paris, pleins de confiance dans leur Prévôt des marchands, Etienne Marcel, vinrent le prier de chercher un remède à tant de calamités, de trouver un moyen de donner à la France, pendant la captivité du roi, un gouvernement au mieux de son honneur et ses intérêts, et enfin de mettre leur ville à l'abri d'un coup de main des Anglais qui s'avançaient vers Paris.

Etienne Marcel accepta et se mit aussitôt à l'œuvre. Reconnaissant d'abord que l'enceinte de Paris, bâtie par Philippe-Auguste (1190), était devenue trop petite pour contenir la population, il résolut de l'élargir. Les travaux d'agrandissement et de protection commencèrent aussitôt ; ils durèrent quatre ans, coûtèrent 182.520 livres parisis (environ 800.000 francs), et ne furent achevés qu'après la mort d'Etienne Marcel. Du côté du Nord, c'est-à-dire sur la rive droite de la Seine où se portait de préférence la population, une muraille flanquée de tours fut construite ; elle commençait à la tour de Billy, située à l'extrémité orientale du quai des Ormes, continuait par l'Arsenal, la rue Saint-Antoine, où fut construite une porte qui devint plus tard la Bastille, la rue Jean-Beaussire, la rue du Temple, la rue Meslay, la rue Saint-Martin, où fut bâtie la porte Sainte-Apolline, la rue Saint-Denis, où s'éleva la bastille Saint-Denis, la rue Bourbon-le-Villeneuve, la rue Neuve-Saint-Eustache, où fut construite la porte Montmartre, la rue des Fossés-Montmartre, la place des Victoires, l'hôtel de Toulouse, où se trouve de nos jours la banque, le jardin du Palais-Royal, la rue Richelieu actuelle, la porte Saint-Honoré, où fut blessée Jeanne d'Arc, et de là à la Seine. Sur la rive droite de la Seine, les murs furent reculés de quelques mètres dans divers endroits et réparés dans d'autres.

Pour l'exécution de ces travaux, « il réunit, dit Froissard, le plus grand
« nombre d'ouvriers qu'il put trouver, fist faire grands fossés autour de Paris;
« murs portes, et y eut, le terme d'un an et, tous les jours 300 ouvriers, dont ce fut
« grand fait que environner de toute défense une telle cité comme Paris ; et vous
« dis que ce fait le plus grand bien qu'oncques Prévôt des marchands fist, car
« autrement, elle eust été depuis gastée et robée par moult de fois et par plusieurs
« actions. »

Etienne Marcel, craignant une attaque des Anglais, organisa, en outre, pour la défense de Paris, une armée de vingt mille hommes, composée des citoyens de la ville, leur fit monter des gardes sur les murs, leur fit faire les rondes du guet, et les accoutuma au métier des armes. Ce fut à partir de ce jour que fut, en réalité, créée la garde nationale parisienne.

Les services rendus par le Prévôt des marchands furent d'autant plus appréciés que le Dauphin, qui avait pris par ordonnance du 2 octobre 1356, la lieutenance du royaume, ne songeait qu'à ses plaisirs, et devenait de plus en plus impopulaire.

En raison d'une situation aussi grave, il fut décidé que les Etats généraux seraient convoqués. Les députés du tiers état répondirent à cette convocation avec un empressement inaccoutumé ; parmi les plus éminents se trouvaient Etienne Marcel, Prévôt des marchands de Paris, Toussac, échevin, et Robert de Corbie, député d'Amiens. La noblesse était représentée par le duc d'Orléans et le comte d'Etampes. Le clergé avait à sa tête Jean de Craon, archevêque de Reims, et Robert Le Coq, évêque de Laon. Ce dernier, qui joua en cette circonstance un rôle prépondérant, avait été chargé, en 1354, par le roi Jean II, de traiter en son nom avec Charles de Navarre, et avait été pour ce motif à même d'apprécier certaines qualités que possédait ce prince ; il avait conçu de lui une idée toute autre que celle que lui inspiraient les folies du roi et de son fils, et noua par suite des relations avec lui. Partisan des réformes reconnues nécessaires, il était, en outre, devenu ami d'Etienne Marcel.

Les Etats généraux ouvrirent le 17 octobre 1356. Le chancelier de La Forest prononça le discours d'ouverture en demandant les subsides nécessaires pour la délivrance du roi et pour la guerre. Etienne Marcel et Robert le Coq proposèrent de décréter la périodicité des Etats et de nommer une commission prise dans les trois ordres, qui serait chargée d'examiner cette demande. Cette commission délibéra et le résultat de la résolution prise par elle fut communiquée au Dauphin. Les Etats généraux accordèrent le subside demandé et l'entretien de trente mille hommes à raison d'un demi-florin d'écu par jour et par homme ; mais les représentants ne voulurent pas se reconnaître le droit d'engager leurs commettants. Les Etats demandèrent, en outre, des réformes dans l'administration et le gouvernement du royaume, ainsi que la mise en accusation et le renvoi devant les élus de la nation d'un certain nombre d'officier du Roi, et notamment des désignés ci-après, savoir : le chancelier de La Forest, Simon de Buci, chargé de la justice, Robert de Lorris, accusé de malversation, Nicolas Braque, maître de l'hôtel du roi, Enguerrand du Petit Cellier, trésorier de France, Jean Chauveau, trésorier des guerres, et Jean Poillevilain, maître des comptes du roi ; ils proposèrent, en outre, de rendre la liberté au roi de Navarre. (1)

De tout temps, les rois eurent leur conseil près duquel ils prenaient avis sur la conduite à tenir ; le duc de Normandie, au lieu de s'inspirer des propositions faites par les États généraux, hésita d'abord, demanda un délai pour répondre, et finalement promit de donner sa réponse à la première séance. Mais le Dauphin, suivant les avis d'un certain nombre des membres de son conseil, ne parut pas à la séance, chargea le sire de Hangest d'annoncer aux députés la clôture des Etats généraux, et se retira à Metz.

(1) Paul Robiquet. *Histoire municipale de Paris depuis les origines jusqu'à l'avènement*, pages 67 et 82.

Cette attitude déplut aux représentants et la commission des quatre-vingts se réunit le 3 novembre aux Cordeliers, où Robert le Coq prononça un discours remarquable, dans lequel il prouva la nécessité des réformes demandées, proposa de donner lecture des représentations que les trois ordres devaient adresser au Dauphin, afin que chaque député pût en prendre copie et les communiquer à leurs commettants. Ces propositions furent accueillies avec empressement et furent exécutées.

Les Etats généraux de 1356 n'eurent, en définitive, d'autre résultat que celui de mécontenter les députés du tiers état et du clergé, et le Dauphin lui-même, qui se vit dans la nécessité d'implorer ses bonnes villes pour trouver les subsides qui lui étaient nécessaires, et de s'adresser à Etienne Marcel lui-même et aux échevins de Paris pour obtenir l'argent indispensable à ses dépenses.

Réunion des États généraux de 1357

ARMEMENT DE PARIS. — RÉSISTANCE D'ETIENNE MARCEL. — DISSENTIMENTS, RÉCONCILIATION ET RUPTURE ENTRE LE DUC DE NORMANDIE ET LE ROI DE NAVARRE. — AGITATION DANS PARIS.

Le dauphin Charles, duc de Normandie, fils aîné de Jean II, avant de partir pour Metz, le 5 décembre 1356, pour assister aux fêtes qui devaient y avoir lieu à l'occasion du mariage du jeune duc de Bourgogne avec sa fiancée Marguerite de France, âgée de sept ans, remit le pouvoir entre les mains de son frère Louis, duc d'Anjou. La première préoccupation du duc d'Anjou fut d'aviser au moyen de se procurer l'argent qui avait été refusé à son frère ; il promulgua dans ce but, le 10 décembre 1356, une ordonnance en vertu de laquelle la valeur du marc d'argent était portée à douze livres au lieu de six qu'il devait seulement avoir. Mais Etienne Marcel, dont l'influence augmentait chaque jour, après avoir demandé la suspension de cette ordonnance, engagea les habitants de Paris à ne pas accepter les nouvelles monnaies dans le commerce, se rendit lui-même au Louvre pour obtenir du duc d'Anjou le retrait de son ordonnance, et obtint que cette mesure ne serait pas mise à exécution avant le retour du duc de Normandie.

Ce dernier rentra à Paris le 14 janvier 1357 et demanda une entrevue à Etienne Marcel au cloître de Saint-Germain-l'Auxerrois, afin de l'entretenir de l'émission de la nouvelle monnaie proposée par son frère et l'engager à la faire accepter par le peuple. Le Prévôt des marchands, se méfiant des conseillers du duc de Normandie, se rendit au rendez-vous, accompagné d'un certain nombre de bourgeois, rejeta, au nom du bien public, toute proposition concernant la mise en cours de nouvelles monnaies et se retira ; puis, en raison de l'attitude menaçante des gardes et des conseillers, il engagea les corps de métiers à se mettre en grève et à s'armer.

Le duc de Normandie, dans la crainte de voir le mécontentement général augmenter, réunit les principaux officiers municipaux, le 20 janvier 1357, et leur fit connaître qu'il était disposé à réunir les Etats généraux, à suspendre le cours de la nouvelle monnaie et à changer de conseillers. Enfin, la date de la première réunion des Etats fut fixée d'un commun accord, et, sur la demande d'Etienne

Marcel, au 5 février suivant (1). Mais la misère publique était telle que peu de députés purent se rendre à cette convocation ; le dauphin et le duc d'Anjou assistèrent à cette assemblée qui eut lieu aux Cordeliers.

Robert le Coq, évêque de Laon, prononça, à cette séance, un discours véhément, par lequel il proposa la destitution des magistrats accusés d'être les auteurs des malheurs de la France, et qualifia les rois qui faisaient remanier les monnaies, du nom de « Faux-Monnayeurs ».

En outre du chancelier de La Forest, du président de Buci, de Nicolas Braque, de Jean Poillevilain, d'Enguerrand du Petit Cellier, de Robert de Lorris et de Jean Chauveau, dont la révocation et la condamnation avaient été déjà demandées aux Etats généraux de 1356. Robert le Coq proposa de prononcer également celles des seize autres officiers ou magistrats dont les noms suivent, savoir (2) :

Jean Chamelart,
Pierre d'Orgemont, président au Parlement,
Bernard de Fréman, trésorier de France,
Jacques Lempereur, trésorier des guerres,
Etienne de Paris, maître des requêtes de l'hôtel du Roi,
Pierre de La Charité, maître des requêtes de l'hôtel du Roi,
Ancel Chocquart, maître des requêtes de l'hôtel du Roi,
Jean Turpin, de la chambre des requêtes,
Robert de Préaux, notaire du Roi,
Regnaud d'Acy, avocat du Roi au Parlement,
Jean d'Auxerre, maître de la chambre des comptes,
Jean de Brehaigne, valet de chambre du duc de Normandie,
Leborgne de Beausse, maître de l'écurie du duc,
L'abbé de Faloise, président de la chambre des enquêtes,
Et Geoffroy le Masurier, échanson du duc.

Les subsides d'ailleurs furent accordés et la première réunion fut fixée au lundi de la Quasimodo. Le duc de Normandie paraissait disposé à accepter tout ce qui avait été proposé, lorsque, pendant une trêve qui fut signée le 23 mars à Bordeaux avec les Anglais, le roi Jean II envoya des commissaires à son fils Charles pour défendre l'exécution des décisions des Etats généraux, ainsi que leur prochaine réunion.

A cette nouvelle, le peuple de Paris se souleva et le duc Charles ne put exécuter les ordres de son père ; d'autre part, les provinces se soulevèrent, ainsi que les environs de Paris qui étaient, à cette époque, envahis par des bandes de pillards et de voleurs. Etienne Marcel, en sa qualité de premier magistrat de la capitale, dut, par suite, prendre toutes les mesures nécessaires en cas d'attaque.

---

(1) Paul Robiquet. *Histoire municipale de Paris depuis les origines jusqu'à l'avènement de Henri III*, page 71.

(2) De Ménorval. *Histoire de Paris*, page 383.

Les chaînes furent tendues le soir dans les rues, les portes de la ville furent soigneusement fermées pendant la nuit, et les milices bourgeoises montèrent la garde sous les ordres des quarteniers, des cinquantainiers et des dizainiers, qui formèrent l'état-major et le corps des officiers militaires.

Le duc de Normandie, de son côté, leva une armée, sous prétexte, lui aussi, de défendre la capitale contre les brigands qui ravageaient la campagne, mais, en réalité, afin d'avoir des troupes à sa disposition pour pouvoir, le cas échéant, les opposer au peuple parisien dont le véritable chef était Etienne Marcel.

Les Etats généraux ne purent avoir lieu que vers la fin d'avril 1357. Le Prévôt des marchands, Etienne Marcel, et les quatre Echevins, Charles Toussac, Philippe Giffart, Pierre Bourdon et Jean Belot, formèrent, avec les bourgeois Jean de l'Isle, Joceron de Macon, Pierre Gile et Jean Prévot, le conseil de la ville de Paris ; ils se réunissaient fréquemment et furent bientôt soupçonnés de conspiration. Le duc de Normandie les fit appeler, leur adressa des paroles de récrimination, leur déclara qu'il voulait désormais être seul à gouverner le pays, et se rendit aussitôt après dans les provinces pour en tirer l'argent qui lui était nécessaire. Le premier acte de son autorité fut de publier, le 4 septembre 1357, une ordonnance par laquelle il se reconnaissait le droit de vendre les différentes charges du royaume ; c'était un expédient pour trouver l'argent qui lui manquait pour continuer ses dépenses ; mais il ne tarda pas à comprendre que cette manœuvre ne pouvait qu'exciter les esprits déjà mal disposés en sa faveur et qu'il faisait fausse route pour arriver au résultat qu'il voulait obtenir. Il résolut donc de revenir à Paris et demanda par écrit à Etienne Marcel s'il rencontrerait en y rentrant la déférence qui lui était due. Il lui fut répondu qu'il lui serait fait bon accueil, à la condition qu'il autorisât une assemblée des députés de trente villes pour voter et obtenir l'argent qui lui était nécessaire.

Le duc de Normandie accepta et rentra dans sa bonne ville de Paris.

Les députés de trente villes furent convoqués et s'assemblèrent, mais ils déclarèrent qu'ils ne pouvaient rien voter que dans une réunion des Etats généraux dont ils demandèrent la périodicité. La réunion de ces Etats fut, par suite, fixée au 7 novembre 1357. Etienne Marcel rassembla préalablement, dans une conférence secrète, quelques députés favorables à son dessein de seconder la cause du roi de Navarre, les quatre échevins, ainsi que Robert le Coq et Jean de Picquigny ; il fut décidé, à cette conférence, que la délivrance de Charles, le Mauvais, enfermé dans le château d'Arleux, en Cambrésis, par le roi Jean II, serait demandée au au duc de Normandie.

Jean de Picquigny, gouverneur de l'Artois et ami intime du roi de Navarre, avait formé, dans son dévouement pour lui, le projet de l'opposer au duc de Normandie et de le soutenir dans ses prétentions au trône.

La demande de rendre la liberté au roi de Navarre fut, en conséquence, remise au duc de Normandie dès le lendemain, 8 novembre 1357. Celui-ci répondit d'abord que son beau-frère était détenu par la volonté de son père, qu'il n'en connaissait pas le motif et qu'il n'y pouvait contrevenir, puis il finit par céder sur les instances de Picquigny, qui fut chargé d'aller lui-même donner la liberté au roi de Navarre.

Mais le gouverneur du château d'Arleux reçut, d'autre part, l'ordre de s'opposer à la délivrance du prisonnier. De Picquigny, ayant eu des soupçons à cet égard, résolut de donner la liberté à son ami en favorisant son escalade au moyen d'échelles et de cordes, et s'abstint de présenter au gouverneur l'ordre de laisser passer dont il était porteur. Ce plan réussit complètement, grâce à l'adresse avec laquelle il fut conçu par de Picquigny et par ses amis Robert de Mouchi et Pierre de Manmonnes. Une fois libre, le roi de Navarre partit pour Amiens. Dès son évasion, Etienne Marcel voulut le réconcilier avec son beau-frère, mais il ne put y parvenir qu'en usant de l'influence de sa sœur Jeanne de Navarre. Le duc de Normandie autorisa enfin Charles le Mauvais, à revenir à Paris, où il rentra le 29 novembre 1357 à la tête de ses hommes et avec les honneurs dus à son rang.

Le lendemain 30 novembre, le roi de Navarre se rendit au Pré aux Clercs et prononça, en présence de dix mille Parisiens, un discours très applaudi et défendit sa cause, mais sans parler de son désir de monter sur le trône de France. Cette démonstration déplut au duc de Normandie, dont la réconciliation n'était qu'apparente. Leur première entrevue fut froide ; les bourgeois de Paris, déjà surexcités par les misères de l'époque dont ils attribuaient la cause au duc de Normandie et à son père, en conçurent un mécontentement tel qu'Etienne se rendit près de lui pour le prier de conserver, ainsi qu'il l'avait promis, son amitié à son beau-frère. Le duc de Normandie, comme toujours, céda. Il fut, par suite, convenu que le pardon serait accordé au roi de Navarre, ainsi qu'à ses amis, que ses biens lui seraient restitués, que les corps de ses amis pendus à Rouen, par ordre du roi Jean, seraient mis en terre sainte, que leurs biens seraient restitués à leurs héritiers, qu'en outre, le paiement des sommes dues au duc Charles serait ajourné jusqu'à la première assemblée des Etats généraux, enfin, que la liberté serait rendue à tous les prisonniers sous les verrous.

Cette réconciliation plut aux Parisiens qui furent témoins des marques d'amitié que se donnèrent publiquement les deux beaux-frères ; mais elle fut de courte durée. Le roi de Navarre partit pour Mantes le 13 décembre 1357. afin d'y régler ses affaires concernant la reddition de ses forteresses et la désignation de leurs gouverneurs, et se rendit de là à Rouen, le 10 janvier 1358, afin d'assister à la cérémonie funèbre des restes de ses amis de Graville, de Maubué et d'Harcourt, pendus par ordre du roi Jean. Le roi de Navarre marcha à pied derrière les cercueils et prononça le lendemain leur oraison funèbre avec une grande éloquence.

Le duc de Normandie s'en émut, rompit le premier ses engagements et ordonna à ses capitaines de conserver le commandement des forteresses de la Normandie qui, d'après leur contrat, devenait revenir au roi de Navarre. Charles le Mauvais, s'en offensa, et chargea son frère Philippe, comte de Longueville, de s'approcher de Paris à la tête de douze mille hommes.

La situation devenait de plus en plus critique ; l'excitation du peuple, fatigué de tant de misères et d'intrigues, était à son comble ; les uns, les plus nombreux, favorisaient le roi de Navarre ; les autres, le duc de Normandie ; les deux partis se préparaient à en venir aux mains.

Pour se reconnaître, Etienne Marcel et les bourgeois de Paris, favorables à la cause du roi de Navarre, adoptèrent, sur l'invitation du Prévôt des marchands, un signe de ralliement qui consistait dans le port d' « un chaperon mi-partie bleu foncé et de rouge, en une agraffe en argent, émaillée de vermeil et d'azur, et portant l'inscription suivante :

« En signe d'alience de vivre et morir avec le Prévost contre toutes personnes. »

Ces couleurs furent dès lors considérés comme étant celles de la ville de Paris elle-même (1).

(1) Paul Robiquet. *Histoire de Paris depuis les origines jusqu'à l'avènement de Henri III*, page 85.

États généraux de 1358

LE DUC DE NORMANDIE EST NOMMÉ RÉGENT. — RÉVOLTE DU PEUPLE
MORT DES MARÉCHAUX DE NORMANDIE ET DE CHAMPAGNE.

ALOUX de l'influence qu'exerçaient sur les esprits l'attitude et l'éloquence du roi de Navarre, le duc de Normandie voulut, lui aussi, haranguer le peuple. Dans ce but, il se rendit aux Halles à cheval, le 11 janvier 1358, accompagné de quelques seigneurs, et exposa publiquement son opinion sur la situation du royaume, s'appitoya sur les malheurs du peuple de France qui, disait-il, « moult avoit à souffrir, car les ennemis « étoient épandus parmi le royaume » ; déclara « que de toute la finance qui avait « été levée depuis que les trois états avoient eu le gouvernement, il n'en avait ni « denier ni maille, et que ceux qui l'avait reçue en rendroient bien compte », et rejeta toutes les fautes commises sur les Etats généraux.

Son discours obtint quelque succès près de la multitude, parmi laquelle il y avait peu de bourgeois de la ville.

Le corps municipal, ayant à sa tête Etienne Marcel, ne put admettre l'accusation ainsi faite publiquement par le duc de Normandie contre les Etats, et convoqua, de son côté, le lendemain 12 janvier, en manière de protestation, un grand nombre d'habitants à Saint-Jacques de l'Hôpital, afin de s'entretenir de la situation. Le duc l'ayant appris, voulut assister à cette réunion, à laquelle il se rendit avec Jean de Dormans, chancelier, qui prit le premier la parole.

Charles Toussac, échevin et ami d'Etienne Marcel, et dont l'éloquence était connue, avait reçu mission de parler au nom du corps de la ville, et au moment où il allait commencer son discours, le duc de Normandie se leva et sortit.

Cette inconvenance étonna et mécontenta l'assemblée. Charles Toussac exposa alors, avec une verve toute méridionale et dans un langage précis, la conduite du duc de Normandie et rappela que le jugement des officiers dont les Etats avaient demandé la destitution n'avait pas encore eu lieu, parce qu'on voulait les y soustraire. Après lui, Etienne Marcel réfuta l'accusation dont il avait été l'objet ainsi que plusieurs autres députés relativement au recouvrement et à l'emploi des subsides accordés. Ensuite, Jean de Sainte-Haude dénonça nominativement

plusieurs chevaliers comme coupables d'avoir détourné une somme considérable destinée à la défense du pays. Enfin, Charles Toussac, reprenant la parole, et se tournant vers Etienne Marcel, s'écria : « Vous le voyez, notre Prévost est pru-
« dhomme ; ce qu'il a fait, il l'a fait pour le bien et le sauvement et le profit de
« tout le peuple. Si vous ne le soutenez cependant, il ne lui restera qu'à quérir
« son sauvement là ou il pourra le trouver, car sur lui règne haine et il le sait bien » (1).

Les Parisiens présents applaudirent à ces paroles et promirent de soutenir leur Prévôt des marchands contre tous.

Le duc de Normandie, en raison de l'attitude énergique du peuple, appela au Louvre, le lendemain 13 janvier, un certain nombre de notables qu'il savait lui être favorables et obtint d'eux le serment de fidélité ; il s'entoura, en outre, de nobles qui, avec les deux mille hommes qu'il avait à sa solde, formèrent la garde de sa personne.

Le même jour, 13 janvier 1358, eut lieu la réunion des Etats généraux. Cette assemblée décida cette fois qu'une monnaie plus faible serait fabriquée, que le duc recevrait la cinquième partie du gain, et que les autres quatre cinquièmes serviraient aux dépenses de la guerre. Les Anglais, en effet, s'avançaient vers Paris et menaçaient la capitale, et il était urgent de se préparer à les en repousser. Mais le duc de Normandie, au lieu d'opérer une sortie, se confinait dans son palais et paraissait plus craindre les Parisiens que les Anglais, ces ennemis séculaires de la France, lorsqu'un incident vint augmenter le mécontentement général. Le duc avait acheté deux chevaux à un nommé Perrin Marc ; Jean Baillet, trésorier du prince, prétendant que son maître avait droit de prise sur ces chevaux, refusa à diverses reprises de les payer. Le vendeur résolut de se venger, il guetta le trésorier, le rencontra dans la rue, le tua d'un coup de couteau, et put se rendre sans être pris à l'église Saint-Merri, qui était à cette époque un lieu d'asile pour les malfaiteurs et les meurtriers.

Le duc de Normandie, irrité contre l'assassin de son trésorier, le fit saisir dans son lieu de refuge par Robert de Clermont, maréchal de Normandie, et le fit pendre le lendemain à Montfaucon.

Le clergé, mécontent de l'offense faite à ses institutions, prit parti contre le duc, se mit du côté de la bourgeoisie, excommunia Robert de Clermont et exigea que le corps de Perrin Marc fût ramené à Saint-Merri, où on lui fit un magnifique enterrement. Le même jour, le duc de Normandie faisait enterrer solennellement le corps de Jean Baillet.

Le roi de Navarre, profitant de tous ces désordres, fit réclamer, par Jean de Picquigny, à son beau-frère, ce que celui-ci lui devait en argent, ainsi que les forteresses qu'il devait lui rendre. Le duc de Normandie, au lieu d'acquiescer à

---

(1) De Ménorval. *Histoire de Paris*, Tome Ier, page 394.

sa demande, s'emporta et il fallut que Robert le Coq, évêque de Laon, qui faisait alors partie de son conseil, s'interposa pour le calmer.

Le États généraux se réunirent de nouveau le 11 février 1358, prirent certaines décisions importantes concernant les subsides et proposèrent, sur l'initiative d'Etienne Marcel, de donner au duc de Normandie le titre de régent, à l'occasion de l'achèvement de sa 21e année. Cette proposition fut acceptée et le duc Charles prit officiellement, à compter du 14 mars 1358 (1), ce titre qui lui donnait plus d'autorité pour gouverner le royaume de France en l'absence du roi son père.

Le nouveau régent, au lieu de suivre les avis de Robert le Coq, se laissa influencer par les conseils de Robert de Clermont, maréchal de Normandie, et de Jean de Conflans, maréchal de Champagne. A la misère du peuple, au pillage des environs de Paris, à l'approche des Anglais, venaient encore se joindre les dissensions gouvernementales et les désordres intérieurs de tout genre. Les esprits étaient tellement surexcités qu'Etienne Marcel, persuadé, comme le peuple, que tout le mal venait de l'entourage du régent crut devoir réunir en une assemblée secrète, Charles Toussac, Jean de l'Isle, Robert de Corbie, ainsi qu'un certain nombre de bourgeois, afin de prendre, de concert, une décision ferme pour faire cesser un tel état de choses. La mort des deux maréchaux que l'on soupçonnait être la cause des maux de la France fut-elle résolue et arrêtée dans cette conférence ? Certains historiens, tel que Jean de Venette, l'affirment. Michelet prétend qu'elle fut imposée par le roi de Navarre lui-même. Quoiqu'il en soit, le 22 février 1358, le tocsin retentit à l'église de Notre-Dame, et aussitôt, trois mille Parisiens parurent en armes sur la place Saint-Eloi, près de la demeure du Prévôt des marchands qui se mit à leur tête et les conduisit au palais du régent, où ils entrèrent sans rencontrer de résistance. Le duc de Normandie était en ce moment entouré de ses conseillers. Etienne Marcel, lui adressant alors la parole, lui rappela amèrement que les Anglais étaient sous les murs de Paris, et qu'il importait de prendre une décision favorable aux intérêts de la ville et du peuple.

Le régent répondit maladroitement, après avoir consulté du regard ses conseillers, que « c'étaient à ceux qui recevoient les profits, de pourvoir à la défense « du royaume » (2). A peine ces mots furent-ils prononcés, que la foule armée se précipita sur Jean de Conflans, maréchal de Champagne, et le tua sous les yeux même du régent qui, pâle de terreur, fut inondé du sang de la victime. Robert de Clermont, maréchal de Normandie, se retira dans une pièce voisine, où il fut poursuivi et menacé. Regnaud d'Acy, un des conseillers du régent put sortir et se réfugia dans la boutique d'un pâtissier, où les conjurés le mirent à mort. Le duc de Normandie, dont la vie elle-même fut menacée, implora la protection d'Etienne Marcel, qui, pour le soustraire à la fureur populaire, « lui bailla son chaperon qui

---

(1) Ce fut à cette date que le Dauphin prit ce titre pour la première fois. Paul Robiquet. *Histoire de Paris depuis les origines jusqu'à l'avènement de Henri III*, page 87.

(2) De Ménorval. *Histoire de Paris*, Tome Ier, pages 395-396.

J. P. Laurens, peintre.

Mort des Maréchaux de Normandie et de Champagne.
Etienne Marcel sauve le Dauphin de la fureur populaire.

(22 février 1358)

(Cette peinture orne la salle Lobau de l'Hôtel de Ville actuel).

« était parti de rouge et de pers (bleu foncé), le pers à droite, et prit le chaperon
« du duc qui était de brunette noir à orfrois d'or, et le porta celui jour », en
signe de réconciliation avec le régent ainsi débarrassé de ses conseillers. Ce
fut grâce à la présence d'esprit d'Etienne Marcel, que le duc de Normandie, le
futur Charles V, fut sauvé d'une mort certaine.

. . . .

Le pinceau a reproduit cette scène émouvante, où les maréchaux de Normandie
et de Champagne furent assassinés sous les yeux du régent, et où Etienne Marcel
s'empressa d'arracher aux coups des assassins celui qu'il devait considérer comme
son ennemi.

Le conseil municipal de Paris, dans son attachement aux franchises
de la grande cité dont il est le représentant, comme l'était jadis le Prévôt
des marchands, a tenu que cette scène fût représentée dans un des salons
de l'Hôtel de ville actuel, et en a confié la reproduction à un des artistes français
les plus éminents, M. Paul Laurens ; cette toile figure dans le salon Lobau (pavillon sud-est). Un autre peintre, M. Melingue (Lucien), a également reproduit
Etienne Marcel sauvant le dauphin de la fureur populaire, en le coiffant de son
chaperon aux couleurs de la ville de Paris ; ce tableau, exposé au salon de 1879,
a été acquis par l'Etat la même année et a longtemps figuré au musée du
Luxembourg.

. . . .

Le corps de Jean de Conflans fut mis en terre sainte. Quant à celui de Robert
de Clermont, qui avait été excommunié, il fut enterré par les soins d'Etienne
Marcel lui-même.

En sortant du palais du régent, le Prévôt des marchands se rendit à la maison
aux Piliers ; il annonça à la foule qui se pressait sur ses pas, qu'il avait agi dans
l'intérêt de ses concitoyens et reçut des marques d'approbation.

Une réunion des bourgeois de la ville, préparée par Etienne Marcel eut lieu
le 23 février 1358 au couvent des Augustins. Robert de Corbie y défendit la conduite du Prévôt des marchands et fut applaudi. Le régent, invité à se rendre à l'assemblée du lendemain, assista à la séance du 24, et accepta d'admettre dans son
conseil Etienne Marcel, Charles Toussac, Jean de l'Isle et Robert de Corbie.

D'autre part, le Roi de Navarre, rappelé à Paris, y arriva le 26 février et y fut
reçu avec les plus grands honneurs. Le régent, ne se croyant plus en sûreté dans
la capitale, s'enfuit par la Seine, la veille du retour de son beau-frère, grâce au
dévouement de Thomas Fougnant, magistrat chargé des rues de la ville, et de
Jean Perret, maître des eaux, et se rendit à Meaux.

CONDUITE DU RÉGENT EN PROVINCE ET D'ETIENNE MARCEL A PARIS. — LA JACQUERIE.
COMBATS ENTRE LES PARISIENS ET LES TROUPES DU RÉGENT.
MASSACRE DES PARISIENS PAR LES MERCENAIRES A LA SOLDE DU ROI DE NAVARRE.
ACCUSATION DIRIGÉE CONTRE ETIENNE MARCEL. — SA MORT.

ès que le duc de Normandie, régent de France, fut hors de Paris et loin de ceux qu'il considérait comme ses ennemis, il songea à obtenir de l'argent des Etats de province et les réunit d'abord à Senlis, le 25 mai 1358, puis à Provins, le 9 avril suivant. A ces derniers assistèrent, comme délégués de Paris, Robert de Corbie et Pierre de Rosny, qui invitèrent les députés de la Champagne à s'allier à leurs collègues de la capitale. Simon de Roussi, un des députés les plus influents du pays, demanda au régent si le maréchal Jean de Conflans avait réellement mérité son triste sort. Le duc de Normandie répondit, presque à voix basse, car il craignait l'ombre même d'Etienne Marcel dans la personne de chacun des deux délégués de Paris présents, que « messire Jean de Conflans l'avoit servi loyaument et n'avoit oncques su le « contraire. »

A ces mots, Simon de Roussi répondit : « Nous, Champenois qui sommes « ici, attendons que vous fassiez bonne justice de ceux qui nostre ami ont mis à « mort sans cause. »

Aussitôt après cette déclaration, Robert de Corbie et Pierre de Rosny s'empressèrent de rentrer à Paris et rapportèrent à Etienne Marcel les menaces dont il était particulièrement l'objet.

Les hostilités recommencèrent entre le Prévôt des marchands et le duc de Normandie qui s'empara de la citadelle de Meaux. Etienne Marcel, de son côté, activa les travaux de défense de Paris, fit transporter à la maison aux Piliers l'artillerie du Louvre qui avait été mise sous la garde de Gilles Caillard, et se prépara à soutenir la lutte. Malgré ces préparatifs, le Prévôt des marchands tenta une conciliation et écrivit dans ce but au Régent en l'invitant à rentrer dans sa bonne ville de Paris ; le roi de Navarre essaya lui-même de faire revenir son beau-frère sur le compte des Parisiens. Mais le duc ne répondit à aucune de ces avances et convoqua les Etats généraux de la langue d'Oil à Compiègne, le 4 mai 1358. A cette réunion, exclusivement composée de députés de la noblesse, le Régent fut invité à venger le meurtre des maréchaux de Normandie et de Champagne, à chasser de son conseil Robert le Coq qui en faisait partie.

Cependant, Etienne Marcel ne pouvait se résoudre à voir le pays ainsi divisé en deux partis, celui du Régent et celui du roi de Navarre. Il désirait vivement cimenter entre eux une alliance durable, mais il savait aussi qu'il fallait tout d'abord réconcilier le duc de Normandie avec la capitale du royaume, dont les habitants étaient disposés en ce moment à reconnaître leurs torts, s'il consentait lui-même à leur pardonner ; il envoya à cet effet un certain nombre des membres de l'Université à Meaux, afin d'obtenir une réconciliation avec les Parisiens.

Le Régent refusa, en disant qu'il ne rentrerait pas à Paris, à moins que douze des habitants de Paris, dont il donnerait les noms, ne fussent mis entre ses mains ; il s'engagea d'ailleurs à respecter leur vie. Etienne Marcel, n'ayant nulle confiance dans les paroles du prince dont il avait cependant sauvé la vie, dut continuer ses préparatifs de résistance, s'empara du Louvre et fit bâtir de nouvelles fortifications.

A cette époque de luttes intestines continuelles, le royaume de France était dans le plus lamentable état et la misère était extrême. Si les habitants des villes étaient malheureux, ceux des campagnes l'étaient encore davantage. Accablés sous le poids des redevances, ils étaient à la merci des seigneurs qui usaient et abusaient de leurs droits selon leurs désirs et leurs caprices. Ces droits étaient toujours durs pour ceux qui les payaient et devenaient quelquefois déshonorants pour ceux qui en profitaient. Les paysans, qui jusqu'alors s'étaient soumis à ces exigences auxquelles se joignait trop souvent la raillerie, étaient, vers le milieu du XIVe siècle, plus malheureux que jamais. Aux calamités publiques vinrent encore s'ajouter la famine, la peste, le brigandage et la guerre. En présence de tant d'exigences et de mépris, les habitants des campagnes ne purent contenir plus longtemps leur ressentiment et leur colère ; ils crièrent vengeance et se révoltèrent. Une occasion leur fut offerte par le régent lui-même, qui, en vertu de l'ordonnance des Etats du 14 mai 1358, força les seigneurs à mettre en état de défense à leurs frais les forteresses des environs de Paris ; les seigneurs obéirent, mais ce fut les serfs qui payèrent. La Jacquerie, qui tient sa dénomination du nom « Jacque Bonhomme », qualificatif donné par les seigneurs à leurs serfs, éclata le 21 mai 1358, jour de la Fête-Dieu. La révolte commença à Beauvais, se répandit dans les villes voisines, s'étendit vers Melun, Senlis, etc., et enfin dans presque toute l'Ile-de-France et une partie de la Champagne.

Guillaume Calle fut le capitaine général de la Jacquerie ; ses autres chefs furent Arnoul Guénelon, Colart Dufour, Jean Rose, etc. Leurs premiers excès furent terribles ; ils détruisirent les forteresses, dévastèrent les châteaux et pressurèrent à leur tour les nobles et leur famille, comme ceux-ci les avaient eux-mêmes pressurés pendant tant de siècles.

Plusieurs historiens ont soupçonné Etienne Marcel d'avoir été l'instigateur de cette révolte ; il resta cependant étranger au premier soulèvement, mais il accepta ensuite de la diriger afin d'en atténuer les effets ; puis, finalement, il la seconda en lui envoyant une troupe à la tête de laquelle il mit Pierre Gilles et Pierre des Barres. Le château du président Simon de Buci, à Viroflay, et du conseiller Jacques de La Vache, ainsi que ceux de Villers, de Palaiseau, etc., furent détruits par les Jacques. Le domaine du président Pierre d'Orgemont, à Gonesse, et celui de Robert de Lorris, à Ermenonville, furent pillés et mis à sac.

Ce mouvement révolutionnaire des campagnes ne dura que quelques semaines (du 21 mai au 9 juin 1358). Les nobles se défendirent, résistèrent et ne tardèrent pas à avoir raison des révoltés ; le Régent vint au secours des premiers, ainsi que le roi de Navarre ; Guillaume Calle fut fait prisonnier à Clermont et mis à mort. Les paysans, découragés, ne voulurent plus exposer leur vie sans avoir aucun profit et rentrèrent paisiblement chez eux.

Etienne Marcel, voyant que la Jacquerie n'avait fait qu'exciter davantage les nobles contre les paysans, résolut de diriger sur Meaux, occupé par le Régent, les troupes qu'il avait mises à la disposition des Jacques, et qui étaient alors commandées par Pierre Gilles et Jean Vaillant, Prévôt des monnaies. La forteresse de Meaux, qui avait donné refuge à un grand nombre de dames nobles, obligées de quitter leurs châteaux assiégés par les Jacques, fut attaqué. La troupe du Régent, commandée par Gaston, comte de Foix, mit les Parisiens en déroute sur le pont de la Marne. Les seigneurs se vengèrent des excès de la Jacquerie sur les Parisiens en leur faisant subir des cruautés de toutes sortes, les représailles furent terribles et ils ne pardonnèrent jamais à Etienne Marcel d'avoir secondé cette insurrection.

Le Prévôt des marchands, dont le caractère était aussi tenace qu'irritable, ne se laissa pas intimider par la défaite des Parisiens et la vengeance des seigneurs, il leur rendit coup pour coup et donna l'ordre, le 30 mai 1358, de mettre à mort Thomas Fouguant, maître des œuvres, et Jean Perret, maître des eaux, qui avaient collaboré à l'évasion du Régent. Il résolut, en outre, de donner aux Parisiens un chef capable de les mener à la victoire et songea à mettre à leur tête le Roi de Navarre lui-même, qui possédait d'ailleurs une cavalerie importante. Charles le Mauvais accepta, rentra à Paris à la tête de sa troupe, harangua le peuple à la maison aux Piliers, et lui fit connaître ses prétentions à la couronne de France en disant « qu'il aimoit moult le Royaume de France, car il était de fleurs de lys de tous « côtés, et eust sa mère roi de France, si elle avoit esté homme, car elle avoit été « seule fille du Roi de France ». Le Roi de Navarre prit immédiatement le commandement des volontaires parisiens, au nombre d'environ quinze mille, et se porta à leur tête à la rencontre des troupes du Régent ; mais, après s'être avancé courageusement vers les chefs ennemis, au lieu de combattre, il conversa avec eux, revint et ordonna la retraite. Cette conduite incompréhensible produisit le plus triste effet dans l'esprit des Parisiens, et le Roi de Navarre, tout en conservant son titre de capitaine, se retira à Saint-Denis.

Le régent, furieux de la confiance dont Charles le Mauvais avait été l'objet de la part d'Étienne Marcel, détruisit les derniers vestiges de la Jacquerie, massacra tous ceux qui avaient fait partie de la révolte et ravagea le pays compris entre Provins et Château-Thierry.

Le roi Jean II, toujours captif en Angleterre, ne songeait guère à son royaume de France, il menait une existence agréable et ne désirait pas son retour ; le roi de Navarre, son gendre, retiré à Saint-Denis, semblait vouloir prendre des ménagements avec tous, même avec le Régent ; enfin, le duc de Normandie était en guerre continuelle avec les Parisiens. Etienne Marcel, balloté entre ces deux princes se trompant l'un l'autre, et ayant, en raison de l'autorité dont il était revêtu, à défendre les intérêts de la capitale, ne croyait pas devoir rester inactif. Son rôle était difficile à remplir, et si sa politique peut paraître incohérente aux yeux des modernes, on est forcé de reconnaître, surtout en se reportant à cinq siècles en arrière, que son embarras devait être extrême.

Le Prévôt des marchands, à la suite de nouvelles déprédations des troupes du Régent, résolut de tenter encore une réconciliation entre le duc de Normandie et le roi de Navarre ; les deux princes se rencontrèrent à l'abbaye Saint-Antoine où la paix fut signée entre eux le 8 juillet 1358. Mais, le surlendemain, Charles le Mauvais se présenta à Paris, où il fut mal reçu parce qu'il avait traité avec le Régent, et pour se faire bien venir, rompit son contrat et déclara ne pas reconnaître cette alliance. Etienne Marcel donna connaissance de cette rupture subite au Régent et une nouvelle rencontre eut lieu entre les troupes des deux partis. Etienne Marcel fit une sortie le 14 juillet, prit Corbeil, détruisit le pont de Charenton construit quelque temps auparavant par le Régent, et fit prisonnier Rigaud de Fontaine, maréchal de Normandie. A la suite de cette victoire, Etienne Marcel proposa une nouvelle entrevue entre les deux princes, afin de faire une alliance définitive et durable. Il fut convenu que cette rencontre aurait lieu sur un bateau du pont de Charenton et que plusieurs bourgeois de Paris au nombre desquels fut Jean Belot, échevin, y assisteraient. On devait y débattre les conventions du traité et le sort des Parisiens ; une seconde entrevue devait également avoir lieu le 24 juillet à Lagny. Dans l'intervalle de ces deux dates, les Parisiens, toujours contraires à la cause du Régent, exprimèrent leur mécontentement au sujet des clauses du traité et maltraitèrent quelques officiers du duc de Normandie venus à Paris. Dans ce chaos politique, Etienne Marcel perdait chaque jour une partie de son influence ; les Parisiens savaient qu'il soutenait pécuniairement et de leurs deniers les troupes de Charles le Mauvais, qui ne parvenaient pas à rétablir la paix du royaume, et dans le rang desquelles on soupçonnait la présence des Anglais. Une rixe sanglante eut lieu, le 21 juillet, entre ces troupes et les Parisiens ; vingt-un Navarrais furent tués et l'armée du roi de Navarre, pour se venger, brûla le village de Saint-Laurent.

Etienne Marcel, accusé d'être la cause de ces désordres, voulait à tout prix rétablir la paix, mais une conjuration se forma contre lui. Il fit néanmoins un dernier appel au roi de Navarre qui se rendit, le 22 juillet, à la maison aux Piliers. Selon son habitude, Charles le Mauvais harangua encore le peuple ; mais, cette fois, il ne fut pas écouté. Les Parisiens le sommèrent, ainsi que le Prévôt des marchands, de marcher contre les mercenaires et les Anglais. Le Roi de Navarre et Etienne Marcel furent obligés de céder et de se mettre à la tête du flot populaire, qui se divisa en deux colonnes, l'une se dirigea vers la porte Saint-Denis, l'autre vers la porte Saint-Honoré.

Grâce à l'activité et à la prudence d'Etienne Marcel, on put éviter des chocs sérieux entre les partis ; mais, vers le soir, lorsque les Parisiens rentrèrent dans leur ville, ils furent attaqués par une troupe de mercenaires et deux cents d'entre eux furent tués. Le lendemain, ils voulurent aller chercher leurs morts, mais cent vingt autres furent massacrés. L'exaspération fut à son comble ; on accusa Etienne Marcel d'avoir laissé tuer ses concitoyens et il perdit dès lors tout son prestige.

Les Parisiens, après avoir fait d'Etienne Marcel leur défenseur et leur idole, l'abandonnèrent alors, ainsi que le roi de Navarre, et tournèrent leur regard vers le Régent avec lequel ils résolurent de faire la paix. La chute et la mort même d'Etienne Marcel et de ses amis ne pouvaient être que la conséquence de toute alliance avec le duc de Normandie qui ne voulait pas pardonner. Etienne Marcel le comprit et chercha une dernière planche de salut. Dans un conseil secret tenu par le Prévôt des marchands et ses fidèles amis, il fut arrêté, pour sauver la situation, que la couronne de France serait offerte au roi de Navarre, à la condition qu'il accepterait l'application des réformes proposées par les Etats généraux.

Cette proposition fut adressée à Charles le Mauvais qui était à Saint-Denis ; il fut convenu qu'on lui ouvrirait les portes de la ville et qu'il y entrerait incognito, avec ses troupes, pendant la nuit. Ce projet transpira et une ligue fut ourdie par Pépin des Essarts et Jean de Charny, dévoués à la cause du Régent, afin de l'empêcher de réussir. Pour mener leur projet à bonne fin, les amis du Régent y intéressèrent un des échevins, Jean Maillard, parent et ami d'Etienne Marcel, qui, jusqu'alors, avait été partisan du Prévôt des marchands, mais qui avait été laissé par lui à l'écart, en raison de son infériorité. Jean Maillard, qui avait dans ses attributions la garde d'une des portes de la ville, refusa d'abord, mais on lui promit de lui rendre ses biens qui avaient été confisqués et il finit par céder.

Ainsi qu'il avait été convenu d'autre part, dans le conciliabule secret, Jean Maillard et son frère Simon devaient, dans la nuit du 31 juillet au 1er août 1358, ouvrir la porte Saint-Denis au Roi de Navarre qui, une fois dans Paris, s'emparerait du trône de France.

Le moment était donc propice, non seulement pour déjouer le projet d'Etienne Marcel, mais encore pour le saisir et l'assassiner. Le Prévôt des marchands et soixante de ses amis se dirigèrent en armes, dans la soirée du 31 juillet 1385, à la porte Saint-Denis, y dînèrent pour ne laisser rien soupçonner de leurs intentions, et se rendirent ensuite près de Jean Maillard, auquel Etienne Marcel commanda d'éloigner ses hommes et de lui donner les clefs de la ville. Jean Maillard refusa d'obtempérer à ces ordres et demanda pour quel motif on exigeait la remise des clefs de la ville. Etienne Marcel s'emporta et une querelle s'éleva entre eux. Alors, Jean Maillard, saisissant la bannière du Dauphin, quitta son poste avec ses gens, parcourut les rues voisines et ameuta les habitants en criant : « Montjoie et Saint-Denis, au roi, au duc ! » Etienne Marcel, voyant son projet compromis à la porte Saint-Denis, se rendit avec sa troupe à la porte Saint-Antoine, où la nouvelle de la querelle entre Jean Maillard et lui était déjà connue. Une lutte terrible s'engagea entre les amis de Jean Maillard et ceux d'Etienne Marcel. Philippe Giffart, échevin, se défendit et périt le premier, Simon le Paumier fut tué le second, et Etienne Marcel tomba le troisième sous les coups de Jean de Charny et de Pierre Fouace; cinquante-quatre autres amis d'Etienne Marcel furent tués les uns après les autres par les gens de Maillard.

Le succès des conjurés fut complet; les portes Saint-Denis et Saint-Antoine étaient entre leurs mains ; ils marchèrent de là vers la maison aux Piliers et à l'hôtel de Joceran de Macon, échevin, avec l'intention de le tuer; en route, ils rencontrèrent quelque résistance à la place Baudoyer où furent massacrés Gilles Marcel, frère d'Etienne, et Jean de l'Isle, échevin.

Charles Toussac et Joceran de Macon, échevins, ainsi que la plupart des amis de Marcel, furent emprisonnés au Châtelet. On transporta les corps d'Etienne Marcel, de Philippe Giffart et de Jean de l'Isle devant l'église Sainte-Catherine du Val des Ecoliers, où précédemment avaient été exposés ceux des maréchaux de Normandie et de Champagne.

Le Régent rentra dans Paris le 2 août; on le fit passer devant l'église Sainte-Catherine du Val des Ecoliers, où il eut la triste satisfaction de voir les cadavres d'Etienne Marcel, ainsi que ceux de Charles Toussac, échevin, et de Joceran de Macon, trésorier du Roi de Navarre, qui avaient été décapités le matin sur la place de Grève.

Délivré de ses ennemis, le duc de Normandie s'installa au Louvre ; Jean Maillard, en récompense de ses services, entra dans son conseil, ainsi que Pépin des Essards, et obtint, en 1372, des lettres de noblesse. La maison d'Etienne Marcel, située rue de la Vieille-Draperie, fut concédée à l'Hospice des Quinze-Vingts, et les biens de ses amis furent confisqués et partagés entre les amis et conseillers du Régent.

Le lendemain de sa rentrée dans la capitale du royaume, le duc de Normandie ordonna la mise à mort de Pierre-Gilles qui avait commandé les troupes parisiennes contre lui à Meaux, et de Gilles Caillard, gouverneur du Louvre, qui avait laissé enlever son artillerie par Etienne Marcel. Enfin, quelques jours plus tard, Jean Prevost, Pierre Leblont, Jean Godard, et plusieurs autres, furent exécutés sur l'ordre du Régent. Les deux frères d'Etienne Marcel, Guillaume et Jean, furent seuls épargnés ; ils avaient été les amis d'enfance du dauphin et s'étaient tenus loin de la politique.

Etienne Marcel laissa plusieurs enfants qui, d'après certains chroniqueurs, se retirèrent en Bretagne, où naquit Claude Marcel qui devint, en 1570, Prévôt des marchands de Paris.

On ne saurait passer ici sous silence la conspiration d'un bourgeois estimé de Paris, Martin Pisdoé, qui avait formé le projet de venger la mort de Marcel. Il était d'une famille dont plusieurs membres avaient occupé des situations élevées. Un de ses aïeux, Guillaume Pisdoé, avait été Prévôt des marchands de Paris en 1276, sous le règne de Philippe III le Hardi ; un autre du même nom avait rempli les mêmes fonctions de 1304 à 1312 sous Philippe IV le Bel ; enfin, Renauz Pisdoé avait été échevin en 1314. Il fut trahi par Denys le Paumier, parent d'Etienne Marcel, auquel il confia son projet et fut exécuté aux Halles le 30 décembre 1359.

Quant au roi de Navarre, triste héros de l'époque et cause de la plupart des maux qui désolèrent la France, il traita avec les Anglais, revint à Paris après le traité de Brétigny, qui rendit, le 8 mai 1360, la liberté au roi Jean, se fit battre à Cocherel par Duguesclin et mourut brûlé dans son lit en 1386.

La Maison aux Piliers ou la Maison Commune

ACHETÉE PAR ETIENNE MARCEL EN 1357

LA MAISON AUX PILIERS

INSI qu'il a été dit précédemment, le rôle politique d'Etienne Marcel, Prévôt des marchands de Paris, de 1354 au 31 juillet 1358, a été considérable; il efface le rôle administratif, cependant important, qu'il eut à remplir comme premier magistrat de la ville.

L'acte principal de son administration consista dans l'acquisition qu'il fit pour la ville d'une maison, qui porta le nom de maison aux Piliers et devint d'autant plus célèbre que ce fut sur l'emplacement même sur lequel elle avait été bâtie que fut construit d'abord l'Hôtel de Ville, incendié en 1871, puis l'Hôtel de Ville actuel, qui fait par sa somptuosité et son élégance l'admiration du monde entier.

La maison aux Piliers, située sur la place de Grève, avait appartenu primitivement à un chanoine de Notre-Dame nommé Philippe Cluin, qui la vendit, en 1212, à Philippe-Auguste. Après la mort de Louis X le Hutin, sa veuve et seconde femme, Clémence de Hongrie, l'habita en 1317, et Philippe de Valois, qui devint roi de France en 1328, sous le nom de Philippe IV, la donna, en 1324, au dauphin Viennois Guigues; celui-ci la légua lui-même, à sa mort, à Humbert II, dont le dauphin Charles, qui monta sur le trône en 1364, sous le nom de Charles V, hérita.

Ce dauphin fit don de cette maison, en 1356, à un de ses amis Jean d'Auxerre, receveur des gabelles à la prévôté de Paris.

Ce fut à ce Jean d'Auxerre et à sa femme Marie qu'Etienne Marcel acheta cet immeuble, par contrat du 7 juillet 1357, moyennant la somme de 2.880 livres parisis, « pour et au nom de la ville de Paris et de toute la communauté d'icelle ».

Cette maison, appelée à cette époque « Hostel des Dauphins », en souvenir de ce qu'elle avait été donnée aux deux dauphins de Viennois, touchait à celle habitée par Gilles Marcel, clerc de la Marchandise, le plus jeune des frères d'Etienne Marcel; elle reçut d'abord le nom de *parloir aux bourgeois*, puis, peu de temps après, celui de la *maison aux piliers*, parce qu'elle formait une galerie comme la plupart des maisons situées sur la place de Grève. Cette dénomination, dès lors, lui resta jusqu'en 1529, époque à laquelle fut construit le premier Hôtel de Ville proprement dit.

La maison aux Piliers avait deux pignons par devant; elle aboutissait par derrière à la ruelle du Martroy de Saint-Jehan en Grève. Cet édifice était composé de plusieurs maisons bourgeoises attenant les unes aux autres et de deux cours; une des pièces principales était appelée le « Plaidoyer »; c'est dans cette salle que les magistrats se réunissaient. On y plaça, en 1424, au-dessus du bureau « un Dieu de pitié » (un christ). Le prix du papier, de la cire et des parchemins nécessaires aux Prévôt et Echevins s'élevait chaque année à la somme de 58 sous. En 1505, on y installa une horloge à sonnerie qui fut payée 8 sols parisis à l'« orlogeur Martin Benoist ».

Sauval fait de la Maison aux piliers la description suivante :

« Pour ce qui est du bâtiment, c'estoit un petit logis qui consistoit en deux « pigneons et qui tenoit à plusieurs maisons bourgeoises. Je ne m'amuserai point « à faire un long récit de tous ces appartements; il suffira de savoir qu'il y avoit « deux cours, un poulailler, des cuisines hautes et basses, grandes, petites, des « étuves ou bains, une chambre de parade, une autre appelé le Plaidoyer, une « chapelle lambrisée, une salle couverte d'ardoises, longue de cinq toises et large « de trois avec plusieurs autres commodités. Mahiet ou Mathieu Biterne peignit la « chambre qui tenait au bureau et l'embellit à la façon du temps de fleurs de lys et « de rosiers entrelacés et rehaussés des armes de France et de la ville. »

En 1429 et 1430, la Maison aux piliers subit quelques travaux, on y construisit une galerie dans la cour et on répara la charpente.

En 1470, la Maison aux piliers tombait en ruines et devint inhabitable; il fallut trouver ou bâtir un autre édifice pour servir de lieu de réunion aux magistrats municipaux. Enfin, par une délibération du 13 décembre 1529, prise par le bureau de la ville, il fut décidé qu'un Hôtel de Ville serait construit sur l'emplacement même de la Maison aux piliers, et qu'il serait fait acquisition des terrains nécessaires à son édification.

La Maison aux piliers était située sur la place de Grève, où se tenait le marché de la ville, faisant face à la place et au cours du fleuve. Derrière elle se trouvait l'église Saint-Jean : elle formait, avec cette église, l'Hôpital du Saint-Esprit et les maisons avoisinantes, qui furent achetées pour son agrandissement, un quadrilatère entouré par la place de Grève et la rue du Mouton, en avant, les rues du Martroy, à la gauche, de la Levrette, faisant le tour de la pointe de l'église Saint-Jean et la rue du Pet-du-Diable, derrière, et de la rue de la Tixanderie à sa droite.

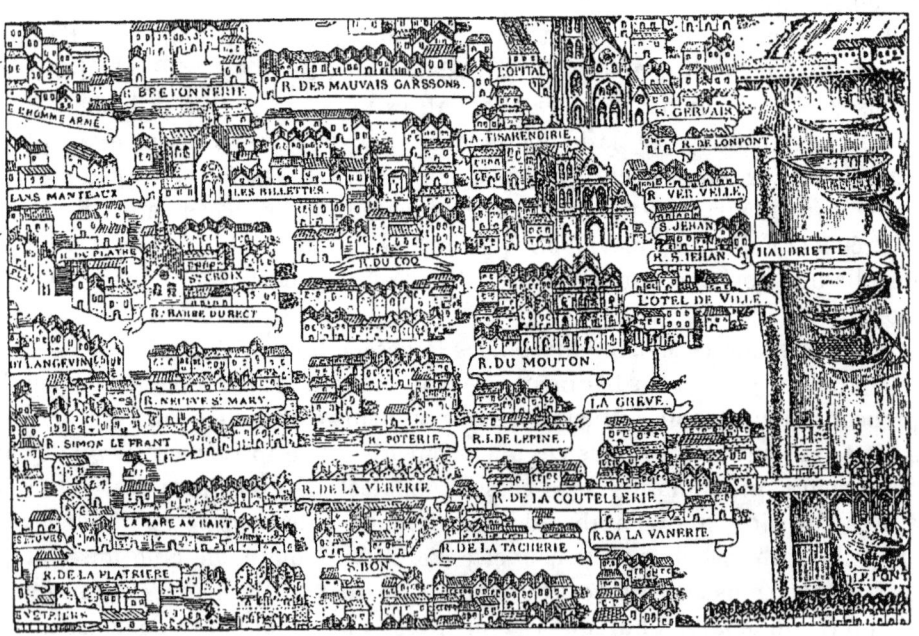

PARTIE D'UNE TAPISSERIE
REPRODUISANT LA GRÈVE ET L'HOTEL DE VILLE DE PARIS

Privilège accordé par le Roi Charles V aux Bourgeois de Paris

POUR TENIR FIEFS ET ARRIÈRE-FIEFS ET JOUIR DU FAIT DE LA NOBLESSE (1) (9 AOUT 1371).

CHARLES, par la grâce de Dieu, Roy de France, à tous ceux qui ces présentes lettres verront, salut.

Il appartient à la royale dignité eslever de plus grande et ample faveur et prééminence, ceux vers lesquels elle a institué et mis principalement le siège de sa majesté. Doncques puisqu'ainsi est que nos citoyens de Paris sont venuz à nostre bonté et clémence, desquels la supplication à nous baillée contenoit, que Paris nostre royale cité est le chef de tout nostre royaume ; pour lequel cas aux temps passez de noz antecesseurs et des nostres elle a resplendy deuant toutes autres en prérogative des dignitez et honeurs et doit à présent resplendir ; et que tous les citoyens d'icelle francs et en leur liberté ayent jouy et ont accoustumé de jouyr de gardes et bailles de leurs enfans et prochains parens, semblablement de l'acquisition des fiefz et arrière-fiefz, et terres en fiefz baillées en noz fiefz et arrière-fiefz en chacune partie de nostre royaume ; et iceux fiefs et arrière-fiefz et terres en fiefz baillées, leurs prédecesseurs ont tenu et possédé pacifiquement et sans inquietations, et ont usé semblablement selon les merites et facultez des personnes, de brides d'or, et austres accoustremens appartenant à l'estat de chevalerie ; et aussi ont eu droict de prendre les armes de chevalier, come nobles de gente et origine de nostre royaume ; et leur a esté permis, ou au moins à la manière devant dicte usitée de si long temps qu'il n'est mémoire du contraire. Néanmoins souz couleurs d'aucunes ordonnances par nous et noz gens nouvellement faictes, nostre Prevost de Paris a fait publier et crier par la dicte cité, que tous ceux qui depuis l'an mil trois cens vingt-quatre, ou en outre, ont acquis aucuns nobles fiefz, le facent à sçavoir à nostre receveur de Paris, dedans le mois après la dicte proclamation, et baillent par escrit : sur peine d'estre mis hors des choses acquises, et aussi que tous ceux qui avoient obtenu de nous lettres de noblesse les apportent audit receveur dedans le temps dessus nommé : autrement nous les déclarons de nulle valeur et effect, et que le dict receveur mette en nostre

(1) L'original de cette lettre de Charles V se trouve aux Archives nationales sous la rubrique : K 948, n°s 44 et 44 *bis*.

main realement et de fait les fiefz nobles par gens non nobles acquis, et les face regir et gouverner par personnes idoines, sans aucune retardance, jusques à ce que ceux qui les ont acquis ayent solu et payé la finance esdictes ordonnances contenue. Lesquelles choses seront au grief, prejudice et dommage des dicts supplians, s'ilz sont esdictes ordonnances comprins, comme ilz disoient : humblement supplians que nous eussions de nostre libéralité et grace favorablement sur cecy à pourvoir. Doncques, comme ainsi soit, que nostre noble cité et ville de Paris, chef de nostre royaume, et mere en congregation et pasture, soit cogneue estre à nostre empire subjecte, rememorans les agreables et louables services que les dicts supplians és temps passez nous ont faict et font à présent, nous estendons la force de nostre considération à icelle cité, et régime d'icelle, gloire et substantation, affin qu'elle soit bien et heureusement régie et honorée, et d'honneur et prérogative munie, soit de toutes choses nuysantes preservées, et toujours puisse profiter és accroissances appetées. Pour lesquelles causes ne voulons és commandements des dictes ordonnances, la dicte ville et les dessusdicts citoyens molester, ou en quelque maniere que ce soit inquieter : commandant par la teneur de ces présentes aux maistres de noz comtés, à noz tresoriers, aussi à nostre Prevost et Receveur de Paris, et à tous autres commissaires dessusdicts, deputez, ou à estre deputez, qu'ilz ne molestent ou inquietent contre la teneur de ces presentes iceux supplians, ou aucun d'iceux. Mais si aucun empeschement leur est opposé, ilz l'ayent à oster ou faire oster sans delayer. En tesmoignage de laquelle chose avons commandé nostre seau aux lettres presentes apposer. Donné en nostre Hostel près Sainct-Paul, le neufiesme jour d'aoust, en l'an mil trois cens septante et un, et de nostre regne le huitiesme. Et scellé de rechef du seau de Charles, Roy de France, le cinquiesme jour du moys d'aoust, en l'an mil trois cens quatre-vingt et dix et de nostre regne le dixiesme.

Ainsi signé,

Par le Roy,

DE REMIS.

En conséquence, les Prévôt, échevins et citoyens de la ville de Paris obtinrent, en vertu de la lettre ci-dessus du roi Charles V, des privilèges leur accordant, avec des titres de noblesse, le droit de tenir fiefs et arrière-fiefs et d'en jouir comme les nobles de naissance.

Officiers municipaux de la ville de Paris

DU 31 JUILLET 1358 A 1383

Quand le calme fut rétabli après les terribles événements qui amenèrent la chute et la mort d'Etienne Marcel, et que Paris fut rentré sous l'autorité du régent Charles, duc de Normandie, on procéda aux élections, afin de remplacer le Prévôt assassiné et les échevins décapités ou disparus. Etienne Marcel eut, par suite, pour successeurs immédiats, d'abord Jean Culdoé, qui refusa, par crainte de faire une démarche près du régent pour obtenir la liberté de plusieurs fonctionnaires compromis et emprisonnés le 25 octobre 1358, et dut se retirer pour ce motif; puis Gentien Tristan, serviteur dévoué à la cause du Régent.

Le Régent adressa à Gentien Tristan une lettre, en date du 16 novembre 1358, par laquelle il accordait à la ville de Paris le droit de nommer parmi les bourgeois et maîtres des métiers telle personne qu'elle voudrait pour vérifier les comptes de ses deniers communs, des octrois et emprunts faits pour les fortifications de la ville. Gentien Tristan convoqua par suite le conseil du Régent, les maîtres des huit principaux métiers et d'autres notables sur l'avis desquels il nomma, pour la vérification des comptes de la ville, Jean Belot, Geoffroi Laflame, Guillaume Rubsolles, Jean Favereau et Jacques de Lengles, qui reçurent leur commission le 1ᵉʳ décembre 1358.

Quant aux échevins qui succédèrent à Charles Toussac, Philippe Giffart, Jean de Lisle, Joceran de Macon et Jean Maillard, l'histoire n'en fait pas mention. Sous le règne de Charles V et pendant la régence de ce roi, le Prévôt des marchands de Paris et les échevins furent tellement effacés que les noms de la plupart de ces magistrats sont restés inconnus. Charles V conserva, du reste, toujours rancune au corps municipal des événements passés et faisait faire par son Prévôt, Hugues Aubriot, tout ce qu'il croyait devoir être utile à Paris. Ce fut ce Prévôt de Paris qui fut, en effet, chargé de terminer, à l'enceinte de Paris, les grandes réparations commencées par Etienne Marcel, de construire la Bastille dont la première pierre fut posée le 22 avril 1369 et qui fut terminée en 1383, d'élever une forteresse au Louvre, de rétablir le pont Saint-Michel et le petit Châtelet, et de poser les premiers égouts de Paris. Néanmoins, le Roi voulut, lors de l'enregistrement au parlement de l'édit fixant l'âge de la majorité des rois de France à 14 ans, que le Prévôt des marchands et les Echevins de la ville fussent présents.

Malgré l'incertitude qui existe concernant l'identité des officiers municipaux de Paris du 31 juillet 1358 à 1383, c'est-à-dire sous la fin de la régence et le règne de Charles V et le commencement du règne de Charles VI, jusqu'à l'ordonnance de ce dernier roi, qui supprima la prévoté des marchands et l'échevinage, les noms de Jean Desmaret (1359), de Jean Fleury (1371) et de Guillaume Bourdon (1381) figurant dans la liste des Prévôts des marchands donnés par Le Roux de Lincy; il n'existe aucun motif pour ne pas les admettre.

Guillaume Bourdon, d'ailleurs, s'était élevé, ainsi que les échevins et les conseillers de ville, contre les exactions du duc d'Anjou, et ce fut pour cela que Charles VI résolut de frapper un grand coup et confia au Prévôt de Paris, Audoyn Chauveron, successeur de Hugues Aubriot, la prévôté des marchands de Paris.

ÉTIENNE MARCEL

PRÉVÔT DES MARCHANDS DE PARIS

DE 1354 AU 31 JUILLET 1358

Etienne Marcel, dont la vie politique a été racontée plus haut, avait, d'après une miniature du temps, une figure belle et sévère, qui dénotait de la ténacité et devenait terrible dans le mécontentement. Bien que la plupart des historiens aient jugé sa conduite d'une manière défavorable, il est de toute justice de reconnaître que l'époque qu'il traversa pendant sa magistrature était hérissée de difficultés et qu'il lui a fallu un véritable courage pour oser résister au pouvoir royal. Tout en laissant au lecteur l'opinion que les faits historiques racontés ont pu lui suggérer, il est utile de rappeler ici que plus de cinq siècles après sa mort, Etienne Marcel a été jugé digne de posséder au centre même de Paris, sur l'ancienne place de Grève, et près de la maison aux Piliers où il élabora ses projets politiques, la plus belle statue équestre de la capitale moderne.

Issu d'une famille de bourgeois drapiers de Paris, peu connue avant lui, Etienne Marcel était fils de Simon et d'Isabelle Marcel, ainsi que l'a constaté M. Léon Le Grand, archiviste aux Archives nationales, dans une intéressante notice intitulée « La veuve d'Etienne Marcel » (1), et comme le prouve en outre un testament de Simon Marcel, cité par cet auteur, en vertu duquel Etienne, fils de Simon, versa, le 22 juillet 1348, à la grande confrérie de Notre-Dame, la somme de quarante sous de rente.

Etienne Marcel se maria deux fois :

1° A Jehanne Maheut de Dammartin qui mourut en 1344, après avoir fait, par un testament du 13 septembre de la même année, une rente de XL s. par. à la grande confrérie de Notre-Dame. Etienne Marcel eut de Jehanne une fille, morte en bas âge, et dut reconnaître, le 11 novembre 1344, à sa belle-mère Mathilde Maheut de Dammartin, la nue propriété de 852 l. 8 s. 9 d. représentant la dot de sa femme dont il resta l'usufruitier ;

2° A Marguerite des Essarts, fille de Pierre des Essarts, conseiller du Roi,

---

(1) M. Léon Le Grand, *La veuve d'Etienne Marcel*, Bibliothèque nationale, L 27, n. 45 364.

bourgeois de Paris et de Jeanne des Essarts (au commencement de l'année 1348). Cette seconde femme d'Etienne Marcel reçut en dot 3.000 écus d'or.

D'autre part, dans une notice intitulée « *Les enfants d'Etienne Marcel* » (1), et non moins intéressante que celle de M. Léon Le Grand, M. Eugène Desprez fait connaître que, conformément à la teneur de deux actes retrouvés aux Archives nationales, l'un daté du 3 janvier 1359 (nouveau style 1360), l'autre du 24 juillet 1359, Etienne Marcel aurait eu de sa seconde femme, Marguerite des Essarts, cinq enfants mineurs, savoir :

Perrin, Jehannette, Symon, Thévenin et Marguot, c'est-à-dire deux fils et trois filles.

En conséquence de ce qui précède et contrairement aux allégations d'ailleurs respectables de M. Secousse (2) et de M. Perrens (3), d'une part, qui attribuent tous les deux à Etienne Marcel six enfants de sa seconde femme Marguerite des Essars (quatre fils et deux filles, Béatrix et Marie), et, d'autre part, à celles de M. Siméon Luce (4), qui ne lui en reconnaît que deux (Robert et Marie), d'après un document cité par lui et daté du 3 novembre 1359, la généalogie, de ce célèbre Prévôt des marchands, semble devoir être établie définitivement de la manière suivante :

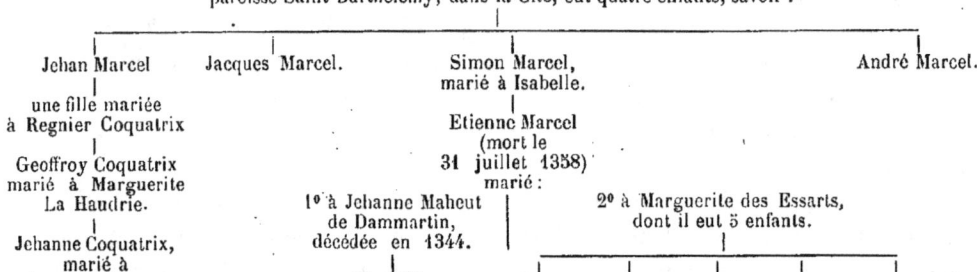

(1) M. Eugène Desprez, Les enfants d'Etienne Marcel, *Bulletin de la Société de l'histoire de Paris et de l'Ile-de-France*, année 1897, pages 83 à 90. Archives nationales, K 978, nos 48¹, 48², 48³, nos 11 et 111 (la pièce n° 48³ est un vidimus des deux autres actes donné le 29 octobre 1369 par le Prévôt de Paris Hugues Aubriot).

(2) M. Secousse, *Recueil de pièces sur Charles II, Roi de Navarre*, 1755, d'après un acte tiré du trésor des chartes. Archives nationales, JJ 90. n° 95, fol. 49 r° et v°.

(3) M. Perrens, *Etienne Marcel et le gouvernement de la Bourgeoisie au XIVe siècle, Etienne Marcel, Prévôt des marchands*.

(4) Siméon Luce, *Documents nouveaux sur Etienne Marcel* (*Mémoires de la Société de l'Histoire de Paris et de l'Ile-de-France*, t. VI (1879), pp. 305-324, Article réimprimé en 1890 dans *la France pendant la guerre de Cent ans. Episodes et vie privée aux XIVe et XVe siècles. La famille d'Etienne Marcel et les créanciers de sa succession*, pp. 49-58, d'après les Archives nationales, XIc 11 n.s 81. 82).

Etienne Marcel avait eu pour frères Gilles, Guillaume, Jean et une sœur Jeanne la Marcelle, mariée à Nicolas d'Amiens.

A la mort d'Etienne Marcel, sa veuve n'hérita pas de lui et n'obtint qu'une rente de soixante livres à prendre sur ses biens qui furent confisqués (1). Elle se remaria à Jean Jaquinet, ainsi que le prouve une quittance donnée par Etienne Renoit, procureur, au nom de Jean Jaquinet et sa femme Marguerite, veuve d'Etienne Marcel, pour les soins donnés aux affaires de Marie d'Amiens, mineure (2).

---

(1) Arrêt du Parlement du 1er avril 1360. Archives nationales, X^{1a} 14, fol. 407 v° (notice susmentionnée de M. Léon Le Grand).

(2) Archives des Quinze-Vingts, pièce n° 5459 de 1363.

Charles le Mauvais, roi de Navarre

HARLES le Mauvais, roi de Navarre, auquel Etienne Marcel proposa la couronne de France, à la condition d'accepter la charte, c'est-à-dire une nouvelle constitution, ne reconnaissait pas la loi salique et prétendait par suite être, par sa mère, l'héritier légitime de la couronne de France, comme il avait été l'héritier par son père de celle de la Navarre. Le royaume de Navarre existait depuis l'année 1234, époque à laquelle Blanche de Castille, mère de Louis IX, appela à ce trône Thibaut VI, comte de Champagne.

La généalogie de Charles d'Evreux, roi de Navarre, qui fut surnommé le Mauvais dès sa jeunesse à la suite de la manière excessive, dont il réprima une conspiration faite contre lui lors de son couronnement à Pampelune en 1350, s'établit ainsi qu'il suit :

Philippe III le Hardy, fils de Louis IX et de Blanche de Castille, né en 1245, marié à Isabelle d'Aragon en 1262, décédé le 7 janvier 1285. Régna du 25 août 1270 au 7 janvier 1285.

- Philippe IV le Bel, né en 1268, marié à Jeanne de Navarre, en 1284, mort le 29 novembre 1314. Régna du 7 janvier 1285 au 29 novembre 1314.
  - Louis X le Hutin, né en 1289, mort le 5 juin 1316. Régna du 29 novembre 1314 au 5 juin 1316.
  - Philippe V le Long, né en 1293, mort le 3 janvier 1322. Régna du 5 juin 1316 au 3 janvier 1322.
  - Charles IV le Bel, né en 1296, marié en troisièmes noces à Jeanne d'Evreux. Mort le 1er février 1328. Régna du 3 janvier 1322 au 1er février 1328.

  Ces trois rois ne laissèrent que des filles, et ce fut pour ce motif, et en vertu de la loi salique que Philippe VI de Valois, petit-fils de Philippe III le Hardi, fut désigné pour succéder à Charles IV dit le Bel.

- Charles, comte de Valois, né en 1270, mort en 1324.
  - Philippe VI de Valois, né en 1293, marié :
    1° à Jeanne de Bourgogne, en 1313 ;
    2° à Blanche, fille de Philippe, comte d'Evreux, en 1349.
    Mort le 23 août 1350. Régna du 1er février 1328 au 23 août 1350. De son second mariage naquit :
    - Jean II le Bon, né en 1319, mort le 8 avril 1364. Régna du 23 août 1350 au 8 avril 1364. Marié : 1° en 1313, à Bonne de Luxembourg, 2° en 1349, à Jeanne, fille de Guillaume, comte de Boulogne.

- Louis, comte d'Evreux.
  - Philippe de Navare, marié à Jeanne de France, fille unique de Louis X le Hutin.
    - Charles d'Evreux, dit le Mauvais, roi de Navarre, né en 1332, marié en 1352 à Jeanne, fille de Jean le Bon. Mort en 1387.
  - Jeanne d'Evreux, troisième femme de Charles IV le Bel.

- Philippe de Navarre, comte de Longueville.
- Louis de Navarre, comte de Beaumont le Roger.
- Blanche de Navarre, deuxième femme de Philippe VI de Valois.

Enfants de Jean II le Bon :
- Charles V (dauphin), né le 21 janvier 1337. Régna à la mort de son père Jean le Bon.
- Louis, duc d'Anjou. Otage en Angleterre à la suite de la bataille de Poitiers.
- Jean, duc de Berri.
- Philippe, duc de Bourgogne, né en 1342.
- Jeanne, mariée à Charles le Mauvais.
- Marie.
- Agnès.
- Marguerite.
- Isabelle, femme de Jean Galéas, duc de Milan.

Charles le Mauvais, roi de Navarre, était en conséquence :

1º L'arrière petit-fils de Philippe III, le Hardi, roi de France ;

2º Le petit-fils de Louis X, le Hutin, roi de France ;

3º Le cousin au deuxième degré de Jean le Bon, roi de France (dont il devint le gendre) ;

4º Le neveu de la reine Jeanne d'Evreux, veuve de Charles IV le Bel, roi de France ;

5º Le frère de la reine Blanche, veuve de Philippe VI, de Valois, roi de France.

Il croyait, en vertu de cette parenté, avoir des droits à la couronne de France, ce qui lui faisait dire « Si je voulais chalenger le royaume de France, je montre-« rais bien que j'en suis plus prochain que l'est le Roi d'Angleterre. » Le roi Jean II, le Bon, le comprit si bien qu'il lui donna sa fille Jeanne en mariage et l'accueillit à sa cour.

Charles le Mauvais n'était pas, en effet, le seul prétendant au trône de France ; quelques années avant son mariage, Edouard III, roi d'Angleterre, qui était petit-fils, par sa mère Isabelle, de Philippe IV le Bel, laquelle avait épousé son père Edouard II d'Angleterre, l'avait aussi réclamée, au nom de la légitimité. Ce fut là l'origine de la guerre que soutint avec l'Angleterre Philippe VI de Valois, lors de son avènement au trône, et la cause de la bataille de Crécy gagnée par les Anglais en 1346.

La passion de régner était, chez Charles le Mauvais, développée à l'extrême ; il passa même pour avoir voulu dans ce but empoisonner le dauphin dont la pâleur était excessive dès sa jeunesse. Il avait, du reste, le don de la parole et de la persuasion et savait par toutes sortes d'amabilités s'attirer des partisans.

Aussitôt après son mariage, il eut de nombreux démêlés avec son beau-père Jean II le Bon. Charles d'Espagne de la Cerda qui succéda, en qualité de connétable à Raoul comte d'Eu et de Guines, décapité en 1350 par ordre du Roi, devint le favori de ce dernier et dépouilla Charles le Mauvais d'une partie de sa dot. Ce connétable, qui était honni de la cour et de la noblesse, ayant insulté le roi de Navarre, celui-ci résolut de le faire périr.

Le bâtard de Mareuil, Philippe de Navarre, comte de Longueville, frère de Charles le Mauvais, le comte d'Harcourt et le sire de Graville se rendirent, sur l'invitation de Charles le Mauvais, à Laigle où se trouvait le connétable et l'égorgèrent dans son lit. Jean le Bon éprouva un grand ressentiment contre le coupable et résolut de venger son ami. Edouard III d'Angleterre, voulant profiter des discordes de la cour de France, envoya le duc de Lancaster à Mantes avec une armée, avec l'intention de se mettre à la disposition de Charles le Mauvais.

Enfin, la paix entre le beau-père et le gendre fut faite le 22 février 1354, et Charles de Navarre fit amende honorable. Mais, Jean le Bon ne lui avait pas sincèrement pardonné la mort de son favori, et le meurtrier dut se retirer à Avignon où il chercha à négocier avec l'Angleterre. Le Roi de France, soit par crainte, soit par faiblesse, renoua de nouvelles relations avec le roi de Navarre et un deuxième traité fut signé entre eux à Valognes, le 10 septembre 1355.

Cette paix, comme la première, fut de courte durée; une nouvelle querelle survint. Charles le Mauvais se lia avec le jeune Dauphin qui, d'une complexion aussi faible au moral qu'au physique, se laissa persuader par lui que son père le détestait, et mit la mésalliance entre eux. Jean pardonna bientôt à son fils dont il connaissait la faiblesse et lui donna en signe de réconciliation le duché de Normandie, mais il conserva toute sa haine envers son gendre qu'il saisit lui-même à Rouen, le 6 avril 1356, au moment où le dauphin, nouveau duc de Normandie, festoyait avec lui et nombreuse compagnie. Le Roi, soupçonnant un complot, fit mettre à mort le comte d'Harcourt, le seigneur de Graville, le seigneur de Maubué, et sous bonne garde le Roi de Navarre, qui fut conduit au Louvre, et de là au château d'Arleux, en Cambrésis.

Telle avait été, jusqu'à la bataille de Poitiers, la conduite de ce personnage, appelé Charles le Mauvais, roi de Navarre, auquel Etienne Marcel, Prévôt des marchands de Paris, tendit la main dans un moment où, en réalité, il n'y avait plus de roi de France, et où le roi d'Angleterre cherchait à devenir le maître du pays.

L'Hôtel de Ville de Paris

SOUS

le règne de Charles VI

CHARLES VI, né le 3 décembre 1368, fils de Charles V. — Roi de France le 16 septembre 1380. — Marié à Isabelle de Bavière en 1385. — Mort le 21 octobre 1422.

Régna du 16 septembre 1380 au 21 octobre 1422.
Régence du duc d'Anjou en 1380.

Liste des Prévôts des marchands et Échevins
SOUS LE RÈGNE DE CHARLES VI
(de 1380 à 1422)

PRÉVÔTS DES MARCHANDS	ÉCHEVINS
Guillaume Bourdon, Prévôt des marchands, 1381.	Les noms des Échevins sous la prévôté de Guillaume Bourdon sont inconnus.
Audoyn Chauveron, Prévôt de Paris, Chargé de la Prévôté des marchands de 1383 au lundi 25 janvier 1388, jour de sa mort, date à laquelle il fut remplacé par :	
Jean de Folleville, Prévôt de Paris, Chargé de la Prévôté des marchands, de 1388 à 1389.	
Jean Juvenel des Ursins, Garde de la Prévôté, de 1389 à 1404.	
Charles Culdoë, Garde de la Prévôté, de 1404 au 20 janvier 1411.	
Gierre Gentien, Prévôt des marchands, du 20 janvier 1411 au 16 mars 1412.	Jean de Troyes (Cabochien), Denis de Saintyon, Jean de Lolive, Robert de Belloy (Cabochien). } 20 février 1411.
Audry d'Espernon, du 16 mars 1412 au 9 septembre 1413.	Jean de Troyes (Cabochien), Jean de Lolive, Robert de Belloy (Cabochien), Garnier de Saintyon.

PRÉVÔTS DES MARCHANDS	ÉCHEVINS
Pierre Gentien, du 9 septembre 1413 au 10 octobre 1415.	Garnier de Sainct-Jon, Pierre Augier, } en remplacement de Jean de Guillaume Ciriasse, } Troyes et Robert de Belloy. Jean Marceau.
Philippe de Braban, du 10 octobre 1415 au 12 septembre 1417.	Jean de Louviers, Audry d'Espernon, Etienne de Bonpuis, Jean du Pré. Remplacés en août 1416 par : Guillaume Ciriase, Regnault Pisdoe, Pierre de Grant-Rue, Guillaume d'Auxerre.
Etienne de Bonpuis, élu le 12 septembre 1417, donna sa démission pour cause de santé.	
Guillaume Ciriasse, du 12 septembre 1417 au 6 juin 1418.	Simon Tarennes, en remplacement de Regnault Pizdoe, 1417. Henri Motoue, 1417.
Noël Prévost, du 6 juin 1418 au 26 décembre 1419. (mort le 26 décembre 1419).	Pierre Le Royer, 1419. Michel Thibert, 1419. Marcelet Testart, Jean de Louviers, Jean de Saintyon, 1419. Imbert des Champs, 1419.
Hugues le Coq, du 26 décembre 1419 au 12 juillet 1420.	Jean de Lolive, Jean de Dampmartin, Jean de Cerisy, Jean de Compens.
Sir Guillaume Sanguin, du 12 juillet 1420 à 1421.	Garnier de Saintyon, Jean de Belloy, Sir Raoul Dourdin, Jean de la Poterne.
Hugues Rapioult, 1421.	

Nota. — La dernière élection connue des magistrats de Paris eut lieu, en réalité le 12 juillet 1420 ; les bourgeois ne purent être convoqués de nouveau que le 23 juillet 1436,

Révolte des Maillotins. 1er mars 1382

SUPPRESSION DE LA PRÉVÔTÉ DES MARCHANDS DE PARIS, DE L'ÉCHEVINAGE, ETC., 27 JANVIER 1383
REDDITION A LA VILLE DE PARIS DE LA PRÉVÔTÉ DES MARCHANDS, DE L'ÉCHEVINAGE, ETC.
20 JANVIER 1411

ÈS le règne de Charles V, fils de Jean le Bon, le pouvoir dont jouissait le Prévôt des marchands de Paris reçut quelques atteintes et un certain nombre des attributions de ce magistrat passèrent entre les mains du Prévôt de Paris. L'énergique attitude d'Etienne Marcel, Prévôt des marchands, et des échevins Charles Toussac, Philippe Giffart, Jean l'Isle et Joceran de Macon, en fut la cause.

Sous le règne de Charles VI, fils de Charles V, la magistrature des Prévôt des marchands et Echevins fut entièrement supprimée et les fonctions de ces officiers municipaux furent confiées au Prévôt de Paris, du 27 janvier 1383 au 20 janvier 1411, c'est-à-dire pendant une période consécutive de 28 ans.

Cette suppression eut lieu à la suite des événements dont le détail suit :

Après la signature du honteux traité de Bretigny (8 mai 1360), qui fut la conséquence de la funeste bataille de Poitiers (19 septembre 1356), la France fut obligée, pour rendre la liberté à son roi prisonnier, de fournir une rançon fixée à trois millions d'or. Chaque ville du royaume dut, par suite, apporter son contingent en raison de son importance, et Paris se vit dans la nécessité de faire, le 22 juillet 1360, un emprunt de 1.000 royaux d'or pour subvenir au versement que cette cité avait à faire en la circonstance. En outre, une ordonnance du 5 décembre 1360 prescrivit pendant six ans un emprunt de 12 deniers par livre. Malgré les sacrifices faits par ses sujets, le bon roi Jean, une fois libre, retourna en Angleterre pour y remplacer son fils, Louis d'Anjou, qui s'était enfui de ce pays. La situation de la France devenait de plus en plus précaire, et le nombre des mécontents était de plus en plus grand. Un mouvement révolutionnaire se produisit par suite en 1359, mais il fut promptement réprimé, et Martin Pisdoé, bourgeois de Paris, qui en fut l'instigateur, paya de sa vie son insubordination aux exigences fiscales et royales ; il fut décapité au mois de septembre de la même année, et sa tête fut placée au pilori des Halles.

Lorsque Jean le Bon mourut, son fils Charles V, qui avait été lieutenant du royaume pendant sa captivité et son séjour à Londres, puis régent, lui succéda le 8 avril 1364. Pour continuer la guerre contre les Anglais, soutenir son luxe et accroître ses trésors, le nouveau Roi augmenta encore les impôts et ses sujets se virent obligés de vendre les objets les plus nécessaires à leur existence pour satisfaire au fisc. Le pays et les environs de Paris étaient, en outre, dévastés par des troupes de pillards qui paralysaient l'agriculture et le commerce. Les habitants des campagnes quittaient leurs demeures pour aller chercher un abri dans les villes. Ces brigands, nommés « Écorcheurs », dit le moine historien de Saint-Denis, répandaient partout la terreur, commettaient toutes sortes de crimes et poussaient l'inhumanité, quand on leur résistait, jusqu'à faire rôtir les enfants et les vieillards. La misère était profonde, le mécontentement était à son comble ; néanmoins, le roi de France ne songeait qu'à augmenter les impôts. Charles V prit, en outre, les mesures qu'il croyait nécessaires pour éviter toute révolte de la part de la municipalité et de la population parisienne, et afin de diminuer l'influence des bourgeois de Paris, il augmenta, par lettres patentes des 23 mai 1369 et 25 septembre 1372, les attributions de Hugues Aubriot, Prévôt de Paris, aux dépens de celles du Prévôt des marchands et des échevins qui devinrent dès lors des personnages effacés et auxquels il accorda divers honneurs personnels sans importance, en compensation de l'enlèvement de leur autorité. Hugues Aubriot posa, le 22 avril 1370, la première pierre de la forteresse de la Bastille qui devint ensuite la prison d'État et fut détruite le 14 juillet 1789.

Lorsque Charles V mourut (16 septembre 1380), son fils, Charles VI, âgé de douze ans, monta sur le trône ; le Prévôt de Paris, Hugues Aubriot, perdit aussitôt son autorité et son influence. La France se trouva gouvernée par les quatre oncles du jeune roi : Louis duc d'Anjou, Jean duc de Berry, Philippe duc de Bourgogne et Louis duc de Bourbon. Ces quatre personnages ne purent s'entendre ; le duc d'Anjou, nommé régent, s'empressa de s'emparer des richesses du roi et d'ordonner de nouveaux impôts. Les Parisiens se soulevèrent de nouveau, et 200 d'entre eux, de la classe la moins heureuse et pour laquelle le poids de ces impôts était le plus sensible, se rendirent à l'Hôtel de Ville, le 8 octobre 1380, et invitèrent Jean Culdoé, bourgeois de Paris, à se rendre avec eux au palais, afin d'adresser leurs réclamations au duc d'Anjou. Jean Culdoé conjura le régent de soulager le peuple, lui fit le tableau de la misère publique et demanda la suppression des nouveaux impôts. Le Roi se trouvait alors à Melun et devait se rendre à Reims pour y être sacré roi, le 4 novembre 1380 ; le duc d'Anjou répondit en donnant des espérances pour l'époque du retour du roi, et les bons bourgeois se retirèrent. Mais le duc d'Anjou, oubliant ses promesses, continua à faire toucher les impôts, et le peuple, impatient, s'attroupant de nouveau, fit entendre cette fois des cris de révolte et de liberté.

Le Prévôt des marchands de Paris (Guillaume Bourdon), convoqua les bourgeois au Parloër, et leur fit connaître qu'il convenait d'attendre la fin des fêtes du couronnement, avant de présenter leurs justes réclamations. Mais un cordonnier, plus mécontent et plus entreprenant que les autres, prononça une harangue véhémente contre le duc d'Anjou et ses procédés, et changea les dispositions primitivement pacifiques de l'assemblée. Trois cents bourgeois armés obligèrent le Prévôt des marchands à marcher avec eux au palais, afin d'être leur interprète près du Régent. Ce dernier, ayant près de lui le chancelier Dormans, évêque de Beauvais, répondit à la demande de l'abolition des derniers impôts faite par le Prévôt des marchands et promit tout ce qu'on lui demanda en disant : « Retirez-vous paisiblement chez vous, demain vous pourrez peut-être obtenir ce que vous désirez aujourd'hui. »

Mais le lendemain, le duc d'Anjou avait encore oublié ses promesses et le peuple, cette fois, se souleva en masse. A cette cause d'effervescence populaire vint se joindre un autre motif de mécontentement. Un grand nombre de juifs, auxquels les grands seigneurs devaient des sommes importantes prêtées avec usure, avaient sollicité la protection du Régent contre l'expulsion dont ils étaient menacés et qui était demandée par le peuple. Les Parisiens s'assemblèrent dans les rues en criant : « Mort aux juifs », pillèrent leurs maisons et en tuèrent un certain nombre.

Après ces événements, et en l'absence du Roi, le duc d'Anjou mit les impôts en litige aux enchères au Châtelet, à huis clos, et la ferme en fut adjugée.

Pour faire connaître au public ce procédé inusité, le duc d'Anjou employa un expédient qui ne fit qu'augmenter l'excitation publique ; il chargea, le 25 février 1382, un homme de se transporter à cheval aux halles et d'y publier que la vaisselle du Roi avait été volée pendant son absence, qu'on accorderait une récompense à celui qui la rapporterait, et que le lendemain on lèverait l'impôt de douze deniers par livre rétabli par l'ordonnance du mois de janvier 1382.

Cette annonce fut le signal de la révolte, alluma l'incendie dans les esprits, et « tantost par toute la ville le menu peuple s'esmut, prindrent armures et s'armèrent « tellement qu'ils firent une grande commotion et sédition de peuple, et couroient « et recouroient et s'assemblèrent plus de cinq cents, et ceux faisoient méchans « gens et viles personnes de pauvre et petit estat. »

Les rues retentirent de cris séditieux, la foule se précipita, le 1er mars 1382, vers l'Hôtel de Ville, en força les portes, y saisit des maillets de plomb fabriqués par ordre de Charles V, et s'en servit en guise d'armes, ce qui fit donner aux insurgés le nom de Maillotins. Les portes des prisons furent brisées, les détenus furent mis en liberté, les receveurs d'impôts furent massacrés, et le pillage suivit le massacre.

En apprenant la révolte des Maillotins, Charles VI partit de Rouen où il s'était rendu pour arrêter des désordres survenus dans cette ville. Les principaux bourgeois lui envoyèrent une députation pour lui dire que la dernière classe de la société était seule coupable des désordres et que la révolution s'était faite à l'insu des officiers municipaux de la ville. Le duc d'Anjou fit répondre que le roi pardonnerait à tous les habitants, excepté à ceux qui avaient forcé les prisons. Le Prévôt de Paris fit, par suite, arrêter les coupables qui furent décapités ou jetés à la Seine (1).

Lorsque l'ordre fut rétabli, le duc d'Anjou partit pour l'Italie et fut remplacé par le duc de Bourgogne, dont le gouvernement entraîna la France dans une guerre contre les Flamands qui s'étaient révoltés contre ce duc, héritier par sa femme du comté de Flandre. Charles VI gagna sur eux, le 27 novembre 1382, la bataille de Rosebecq et revint à Melun.

Le 10 janvier 1383, le Prévôt des marchands de Paris, accompagné d'un certain nombre de notables de la ville, se rendit près des princes, leur fit connaître que le Roi pouvait en toute sûreté revenir à Paris, et s'offrit même de les précéder. Mais le lendemain 11 janvier 1382, le Roi et les princes partirent de Saint-Denis à la tête de trois corps d'armée et se dirigèrent sur Paris. A cette nouvelle, le Prévôt des marchands, les Échevins, vinrent au devant d'eux et déposèrent leurs hommages aux pieds du Roi, ainsi que les présents d'usage et les clefs de la ville ; mais ces magistrats eurent l'humiliation de voir leurs offrandes rejetées. Les princes ne voulurent rien recevoir des Parisiens, refusèrent les clefs de la ville, y entrèrent en vainqueur et firent occuper les rues et les places par leurs troupes.

« Au devant du Roy vindrent à pied humblement le Prévôt des marchands
« et foison de ceux de la ville qui vindrent pour faire la révérence au Roi et aucune
« briefve proposition. Mais il les refusa et ne voulut qu'ils fussent ouys ne qu'ils
« fissent révérence et passa outre. »

Dès que le Roi fut ainsi rentré dans sa bonne ville de Paris, trois cents des plus riches bourgeois furent arrêtés par ordre des princes, et plusieurs d'entre eux, au nombre desquels étaient Jean Desmarets, Guillaume de Sens, Jean Filleul, Jacques du Chatel, Martin le Double, Jean Flamand, Jean le Noble, etc., furent décapités. Le Roi, furieux de la révolte des Maillotins, ordonna l'achèvement de la Bastille, fit construire une tour en face de la tour de Nesle et, par une ordonnance du 27 janvier 1383, supprima les charges de Prévôt des marchands de Paris, des échevins, des quarteniers, des dizainiers et des cinquanteniers.

Pour expliquer sa conduite qui abolissait ainsi la juridiction de l'Hôtel de Ville, Charles VI déclara :

« Que les aydes qui avoient cours ont été abattues de faict mises à néant pour certaine commotion de peuple faicte à Paris par plusieurs gens de mauvaise volonté et désordonné, et les boistes des fermiers abattues et depeciées. »

« Que plusieurs juifs et juives avaient été assassinés. »

---

(1) Une toile peinte par Jean-Paul Laurens et représentant la répression des Maillotins est placée dans le salon Lobau de l'Hôtel de Ville actuel.

« Que l'entrée de la ville avait été refusée à ses gens par le faict des chaînes et barrières dans les rues. »

« Que les chariots destinés à l'armée de Flandre avaient été arrêtés par les Parisiens. »

« Qu'enfin, rebellion et crimes avaient été commis depuis le premier jour de mars 1382 jusqu'au 21 du mois de janvier 1383. »

« Que, pour ces motifs, l'ordonnance édictait les mesures suivantes :

ORDONNANCE DU 27 JANVIER 1383

I. — « Nous avons prins et mis, prenons et mettons en nostre main la prevosté des marchands, eschevinage et clergie de nostre dite ville de Paris, avec toute la juridiction, cohercion et congnoissance, et tous autres droits quelconques que avoient et souloient avoir les Prevosts des marchans, eschevins et clerc d'icelle ville, en quelque maniere que ce soit, et aussi toutes les rentes et revenus appartenant à iceux Prevost, eschevins et clerc à la charge dessus dite. »

II. — « Voulons et ordonnons que notre Prevost de Paris qui à présent est et pour le temps à venir sera, ou son commis ou lieutenant ad ce, ait toute la juridiction ou congnoissance et cohercion que les susdits Prevost, eschevins et clerc avoient et pouvoient avoir en quelque maniere que ce fust et fasse et puisse faire, tant au faict de la riviere et de la marchandise comme en toutes autres choses, tout ce que iceux Prevost, eschevins et clercs faisoient ou pouvoient faire, excepté le faict de la recette des rentes et revenus de nostre dite ville tant seulement, laquelle nous voulons estre faicte par notre receveur ordinaire de Paris, qui ores est ou pour ce temps à venir sera. »

III. — « *Item*, que en nostre dite ville de Paris il n'y ait d'ores en avant aucuns maistres ne communautés quelconques, comme les maistres et communauté des bouchers, les maistres des mestiers des changes, d'orfèvre, de draperie, de mercerie, de pelleterie, mestier de foulon de drap et de tisserans, ne quelconques, de quelque mestier et estat que ils soient ; mais voulons et ordonnons que en chaque mestier soient eslevé par nostre dit Prévost, appellez ceux que bon lui semblera, certains prud'hommes du dit mestier, pour visiter icelui, afin que aucunes fraudes ne soient commises, lesquels y seront ordonnez et instituez par nostre dit Prevost de Paris ou son lieutenant ou autres commis à ce de par lui ; auront toute la connoissance et juridiction, et leur feront raison et justice, selon le cas, sans ce que nul autre en ait connaissance, juridiction et justice, fors que nostre dit Prevost tant seulement ; et leur deffendons que d'ores en avant ils ne fassent assemblée aucune par maniere de confrairie ou autrement, en quelque maniere que ce soit, excepté pour aller à l'eglise ou y revenir, si ce n'est par congé et licence de nous, si nous en la dite ville sommes, ou de nostre Prevost de Paris en nostre absence, et que lui ou aucuns de noz gens, à ce commis par icelui Prevost, y soient presens et non autrement, sur peine d'être reputez rebelles et desobeissans à la couronne de France, et de perdre corps et avoir. »

IV. — « *Item*, nous deffendons que d'ores en avant il n'ait en nostre dite ville aucuns quarteniers, cinquanteniers ou dizeniers establis pour la defense de la ville, ne austrement; car si aucun besoing ou nécessité y estoit, pour la puissance de noz ennemis ou autrement, nous y pourvoirons et ferons garder nostre dite ville et les bourgeois, manans et habitants d'icelle d'oppression, en sorte qu'il n'arriveroit aucun inconvenient à nostre dite ville ou habitants d'icelle. »

En outre, par des lettres du 27 janvier 1383, le Roi conféra au Prévôt de Paris la possession, propriété et saisine de l'ancienne maison de ville, sise place de Grève, et ordonna qu'à l'avenir elle serait nommée et appelée la maison de la Prévôté de Paris. Paris fut dès lors privé de ses franchises municipales jusqu'en 1411, année au commencement de laquelle la grande cité put enfin rentrer dans leur possession, par ordonnance du 20 janvier et lettres patentes du 27 du même mois (1411).

D'après cette ordonnance, la magistrature de l'Hôtel de Ville fut composée ainsi qu'il suit :

Un Prévôt des marchands,
Quatre Echevins,
Un Procureur,
Un Greffier,
Et un Receveur,

formant le bureau de la ville.

Il y eut, en outre, vingt-six conseillers et dix sergents ou huissiers. Les autres magistrats de la cité furent les quarteniers, au nombre de seize, les cinquanteniers, au nombre de quatre par quartiers, soit soixante-quatre, et les dizainiers, au nombre de seize par quartier, soit deux cent cinquante-six.

L'élection du Prévôt se faisait tous les deux ans, mais il pouvait être réélu quatre fois.

Tous les ans, les deux plus anciens des quatre echevins sortaient d'emploi et étaient remplacés par deux nouveaux.

L'élection se faisait ainsi qu'il suit :

Avant le 15 août, jour fixé pour l'élection, les quarteniers convoquaient une assemblée dans leur quartier pour choisir parmi les notables quatre électeurs pour se rendre à l'Hôtel de Ville et procéder à l'élection des scrutateurs, puis à celle des prévôt et échevins.

Le jour de l'Assemblée générale, le prévôt, les échevins, les conseillers et quarteniers, après avoir assisté à la messe du Saint-Esprit, se rendaient au grand bureau de l'Hôtel de Ville. Les quarteniers présentaient le procès-verbal de l'assemblée par eux tenue et les noms des quatre élus, chacun écrit à part sur un bulletin On mettait alors les quatre noms dans un chaperon mi-partie aux couleurs de la ville, et les deux premiers noms tirés au sort étaient enregistrés sur une liste ainsi que celui du quartenier. Une fois cette élection terminée, on faisait venir les élus par les sergents de la ville, et lorsque l'assemblée était au complet, le greffier donnait lecture des ordonnances régissant l'élection et faisait l'appel nominal des membres de la dite assemblée.

Ensuite, les échevins qu'il y avait lieu de remplacer remerciaient et on procédait alors à la prestation du serment pour l'élection des scrutateurs, en commençant par les conseillers de la ville, selon l'ordre de leurs séances, puis les quarteniers et leurs électeurs et enfin le Prévôt et les échevins.

L'élection devait tomber sur quatre personnes, dont l'une devait être officier du Roi, l'autre conseiller de ville, la troisième un quartenier et la quatrième un des bourgeois mandés. L'élection était faite de vive voix, après serment fait par les scrutateurs entre les mains du Prévôt des marchands et des échevins sur le tableau de la ville. Le Prévôt et les échevins quittaient leur place, allaient se placer au-dessus des conseillers de la ville, et étaient remplacés à leur siège par les quatre scrutateurs dont le premier tenait le tableau de ville pour les serments d'élection, et le second le chaperon mi-partie pour y recevoir les suffrages. Tous les assistants étaient alors appelés nominativement, le Prévôt des marchands le premier, puis les échevins, les conseillers de ville, les quarteniers et les bourgeois mandés, qui donnaient individuellement leur suffrage. Le scrutin, une fois fermé, les scrutateurs se rendaient au petit bureau où ils faisaient le dépouillement des bulletins, et dressaient le procès-verbal qui était ensuite présenté au Roi, en présence du Prévôt des marchands, des échevins, des procureur et greffier de la ville et de ceux qui avaient été élus à la pluralité des suffrages.

L'acte du scrutin était ouvert et lu en présence du Roi, qui confirmait la nomination des élus et recevait leur prestation de serment.

Les fonctions du Prévôt et des échevins furent, en outre, déterminées de la manière suivante. Indépendamment du commerce par eau, ils furent chargés des subsistances, des approvisionnements de la ville, de la perception et de l'emploi de ses revenus dont ils ne rendaient compte qu'au Roi. Ils avaient la surintendance des fontaines, le soin des ponts, des quais, des boues et des lanternes, et l'entretien des pavés.

Les quarteniers étaient chargés de veiller dans les quartiers de la ville à ce qu'il ne s'y passât rien qui pût nuire au repos public ; ils recevaient des ordres du Prévôt des marchands et des échevins et les transmettaient aux cinquanteniers qui, eux-mêmes, les faisaient parvenir aux dizainiers.

Le Prévôt des marchands, les échevins, le procureur et le greffier se réunissaient en assemblée à l'Hôtel de Ville, où étaient discutés les intérêts de la cité ; ils portaient pour costume de longues robes mi-parties aux couleurs de la ville.

Dans les cérémonies officielles, le Prévôt marchait à la droite du Gouverneur de la ville, et le corps de ville occupait une place parallèle à celle du Parlement.

Le Prévôt des marchands recevait le mot d'ordre directement de la bouche du Roi et donnait lui-même des ordres aux capitaines ; il faisait tendre, dans les circonstances critiques, les chaînes scellées au coin des rues.

La ville de Paris était divisée en seize quartiers, chacun sous le commandement d'un quartenier, qui avait lui-même sous ses ordres les dizainiers et les cinquanteniers, qui, au premier signal et en cas de besoin, réunissaient autour d'eux les bourgeois.

Ces divers magistrats municipaux, depuis le Prévôt des marchands jusqu'aux cinquanteniers, formaient une hiérarchie bien établie qui mettait entre les mains du premier une réelle influence et une grande puissance.

Cette constitution administrative dura, sans subir de modifications importantes, pendant quatre siècles, c'est-à-dire jusqu'en 1789, époque à laquelle elle disparut pour faire place à de nouvelles institutions plus en rapport avec les exigences du temps.

Entrée d'Isabeau de Bavière à Paris

20 juin 1389

A guerre entre la France et l'Angleterre venait de cesser d'un commun accord et une trêve de trois ans fut signée le 18 juin 1389 entre ces deux pays. Tout faisait espérer enfin une ère de tranquillité, et le peuple de Paris, depuis si longtemps malheureux, voulut fêter la cessation des hostilités par des réjouissances publiques.

La plus belle des fêtes qui eurent lieu à cette époque fut celle qui fut donnée à l'occasion de l'entrée de la Reine Isabeau à Paris.

Isabeau de Bavière, fille d'Etienne, duc de Bavière, s'était mariée à Amiens, le 17 juillet 1385, à Charles VI. Elle était, au moment de son mariage, âgée seulement de quatorze ans et était, en 1389, c'est-à-dire quatre ans après, dans toute sa beauté.

La jeune reine fit son entrée dans la capitale, le 20 juin 1389, par la porte Saint-Denis ; elle était portée dans une litière richement ornée ; à ses côtés marchaient les ducs de Touraine, de Bourbon, de Berry et de Bourgogne et de Pierre de Navarre. Elle était, en outre, précédée de la reine Jeanne, veuve de Philippe le Bel, de la duchesse d'Orléans et suivie des duchesses de Berry, de Bourgogne, de Touraine, de la comtesse de Nevers et de nombreuses dames nobles, les unes à cheval, les autres portées dans des litières.

Le cortège se mit en route et suivit la rue Saint-Denis. Dans cette rue, on avait établi une fontaine sur un reposoir sous un ciel d'azur aux fleurs de lys, dont les tentures portaient les armoiries des seigneurs faisant partie de la suite de la Reine. La fontaine était entourée de jeunes filles richement parées, qui chantaient et offraient dans des coupes de vermeil l'hypocras et les liqueurs qui s'échappaient de la fontaine.

Plus loin, sur le parcours, on simula une bataille entre les Français et les Sarrazins, dans laquelle les premiers remportaient la victoire. Le Roi Charles VI y était figuré sur son trône entouré de ses douze pairs et le roi Richard lui demandait respectueusement l'autorisation d'aller combattre contre le sultan Saladin.

A la seconde porte Saint-Denis, on avait établi un autre ciel encore plus richement orné que le premier, et au moment du passage de la reine Isabeau, des

Entrée d'Isabeau de Bavière a Paris
(20 juin 1389)

enfants habillés comme des anges posèrent sur sa tête une couronne d'or en chantant : « Noble dame des fleurs de lys, soyez reine du paradis de France. »

La rue Saint-Denis avait été, pour la circonstance, tapissée de drap dans toute sa longueur. Sur la terrasse du Châtelet, on avait dressé le lit de justice du Roi.

Le pont Notre-Dame avait été recouvert de riches tapisseries. Lorsque la Reine arriva sur ce pont, un habile acrobate génois descendit du haut des tours de Notre-Dame par une corde tendue, portant en main deux torches enflammées ; il déposa une couronne sur la tête d'Isabeau et s'en retourna par le même chemin.

Sur le parvis de la cathédrale, l'évêque de Paris, entouré de son clergé, reçut la Reine et alors eut lieu la cérémonie du couronnement.

Un banquet, égayé par les chants des menestrels, fut ensuite servi au palais sur la table de marbre, et un grand bal fut donné à l'hôtel Saint-Pol.

A cette fête assistaient les magistrats de Paris.

Assassinat du duc d'Orléans, frère du Roi Charles VI

(Nuit du 23-24 novembre 1407)

RÉVOLTE DES CABOCHIENS (AVRIL-MAI 1413)

N cette année de 1385, dans laquelle le Roi Charles VI se maria avec Isabeau, fille du duc de Bavière, il y eut, dit Juvenel des Ursins, grande mutation de monnoye, et disoit-on que le Roy y avait merveilleux profit et au grand dommage du peuple et de la chose publique du royaume de France, et y eut de grands murmures tant des gens d'Eglise que nobles, marchands et autres.

Le luxe déployé à la cour de Charles VI était, en effet, extrême, et les fêtes que le Roi ne cessait d'y donner depuis son mariage étaient aussi brillantes que nombreuses. Pour subvenir à toutes ces dépenses, il fallut créer de nouvelles ressources et augmenter les impôts.

D'autre part, à côté de ces prodigalités, le Roi prit, en 1388, une sage mesure; il enleva à Jean de Folleville, prévôt de Paris, une partie des attributions des anciens prévôts des marchands pour les confier à « un notable qui eust le gouver« nement de la prévosté des marchands de par le Roy ne plus ne moins que le « Prévost de Paris, pareillement celuy qui y serait commis s'appellerait garde de « la prévosté des marchands pour le Roy. »

Charles VI choisit Jean Juvenel (des Ursins) pour occuper ce poste important.

A l'augmentation incessante des impôts et à la misère publique qui en était la conséquence, vint se joindre une autre calamité qui devait entraîner la guerre civile quelques années plus tard. La rivalité des maisons de Bourgogne et d'Orléans, représentées la première par Philippe le Hardi, duc de Bourgogne, fils de Jean le Bon, la seconde par le duc d'Orléans, frère du Roi, était à son comble et les deux chefs de ces maisons paraissaient inconciliables; cette animosité ne fit qu'augmenter et bientôt les armées des deux ducs se trouvèrent en présence. Quant à Charles VI dont le premier accès de folie avait été déterminé par une vision dans la forêt du Mans, il était devenu complètement fou à la suite d'un bal masqué qui eut lieu le 29 janvier 1393 à la cour, pendant lequel il faillit être brûlé vif, et où quatre de ses compagnons périrent par le feu mis à leurs dangereux travestissements par la torche que portait le duc d'Orléans. Une réconciliation factice eut lieu néanmoins entre les deux ducs, le 14 janvier 1402, à la tour de Nesle. Mais, pour soutenir son luxe et celui de sa belle-sœur Isabeau de Bavière, le duc d'Orléans, qui avait l'administration des finances, imposa une nouvelle taxe en l'absence du duc de Bourgogne, en disant qu'elle avait été consentie par ce dernier, et, par le duc de Berry qui s'empressèrent de protester tous les deux. En 1404, le duc d'Orléans, qui faisait construire les châteaux de Pierrefonds et de la Ferté-Milon, fit voter, cette fois, par le conseil du Roi et avec le consentement des ducs de Bourgogne et de Berry, criblés de dettes, un impôt de dix-sept millions. Le peuple, indigné de tant de dépenses et du peu de souci que l'on prenait de sa misère, refusa de payer..., mais les récalcitrants furent promptement emprisonnés.

« Chacun faute de pouvoir se venger autrement, vomissait tout haut des « imprécations contre le duc d'Orléans et suppliait humblement Notre-Seigneur « Jésus-Christ d'envoyer quelqu'un qui délivrera le peuple de sa tyrannie. » (1).

A la mort de Philippe le Hardi, duc de Bourgogne, qui survint le 27 avril 1404, son fils Jean sans Peur, qui se trouva à la tête de la maison de Bourgogne, hérita de toute la haine paternelle contre la maison d'Orléans.

Dans la nuit du 23 au 24 novembre 1407, le duc d'Orléans, qui avait soupé chez Isabeau de Bavière, et avait passé une partie de la soirée à l'hôtel Barbette, fut assailli par des gens armés et assassiné par un gentilhomme nommé Raoul d'Ocquetonville, agent du duc de Bourgogne, au moment où il sortait de l'Hôtel habité par la Reine pour se rendre, par la vieille rue du Temple, à l'Hôtel Saint-Pol. « De cette mort fut le commun peuple moult joieux, car le dit duc d'Orléans « leur faisoit souffrir moult de maux par les grandes tailles et aides qu'il faisoit « souvent cueillir et mectre sus es nom du Roi. »

Une plaque de marbre blanc portant une inscription faisant mention de cet assassinat a été posée par les soins de la municipalité de Paris, à l'entrée du passage Barbette donnant dans la rue des Francs-Bourgeois en face de la rue des Hospitalières Saint-Gervais.

Malgré le crime commis par Jean sans Peur, le peuple parisien lui demeura favorable, et se montra opposé au parti de la Reine, du Dauphin et du garde de la prévôté des marchands. Isabeau et son fils se retirèrent, le 5 novembre, à Gien, et de là à Tours où le Roi, enlevé par son ordre, vint la rejoindre le 10 du même mois.

Jean sans Peur, après avoir vaincu les Liégeois, revint alors à Paris, et les Bourguignons pillèrent à leur tour les environs de la ville, comme les gens du duc d'Orléans et de la Reine l'avaient fait précédemment ; malgré cela, les Parisiens continuèrent à lui être fidèles parce qu'ils espéraient que « par ses moyens toutes tailles et subsides seroient mis en jus. »

---

(1) P. Robiquet, *Histoire municipale de Paris*. 1880, p. 164.

Les deux maisons, plus ennemies que jamais l'une de l'autre, continuèrent leurs querelles. Le parti Bourguignon était dirigé par le même Jean sans Peur, auquel s'associa Charles VI ; l'autre parti avait pour chefs le Dauphin, en guerre avec son père, les ducs de Berri, de Bourbon et le comte Bernard d'Armagnac, beau-père du jeune duc d'Orléans, et prit dès lors la dénomination « d'Armagnacs » du nom de ce dernier. Chacun d'eux aspirait au pouvoir et était composé de chevaliers et de gentilhommes dont les brigandages étaient continuels.

Le duc de Bourgogne, qui avait fait rendre à la ville de Paris et au garde de la prévôté des marchands, par une décision royale du 12 août 1405, sur la demande de Charles Culdoé, les droits et revenus appartenant à cette cité, avant la remise de cette prévôté entre les mains du Roi, fit, en outre, accorder, pour se rendre populaire, par lettre du 10 septembre 1409, d'autres privilèges au garde de la prévôté, sans toutefois consentir à l'élection d'un Prévôt des marchands. Il proposa même aux Parisiens de rétablir les centeniers, les soixanteniers et les cinquanteniers, mais les Bourgeois donnèrent mission à leur garde de la prévôté, Charles Culdoé, de répondre au duc qu'ils pouvaient s'en passer, qu'ils restaient fidèles à leur Roi, à leur Reine et à leurs enfants, et qu'ils ne voulaient en rien s'occuper des querelles des princes.

Enfin, les ducs se décidèrent à signer entre eux la paix à Bicêtre, le 2 novembre 1410. La principale clause de ce traité fut que tous ceux qui étaient du sang de France quitteraient Paris et se rendraient en province dans leurs terres et leurs seigneuries. Le conseil du Roi fut rétabli et le Prévôt de Paris, des Essarts, qui avait fait arrêter, le 7 octobre 1409, le sire de Montaigu, grand maître de l'Hôtel du Roi, et les conseillers de la Reine, Martin Gouge, évêque de Chartres, et Pierre de l'Esclat, fut remplacé dans sa charge par Bruneau de Saint-Clair. Mais cette réconciliation fut de courte durée ; le duc d'Orléans envoya, le 18 juillet 1411, un défi au duc de Bourgogne dont il ravagea les terres. En outre, le bruit se répandit que Charles Culdoé, garde de la prévôté, s'était rangé du parti de la Reine et avait formé le projet de faire entrer les Armagnacs dans Paris. Les Parisiens, mécontents de ce qui se passait autour d'eux, acceptèrent alors pour leur Gouverneur le comte de Saint-Paul, que leur proposa Jean sans Peur dans le but de poursuivre tous ceux qui n'étaient pas favorables à la cause bourguignonne. Ce gouverneur choisit à cet effet un certain nombre de bouchers dont la corporation était alors puissante, et les mit à la tête de 500 hommes qui reçurent le nom de Cabochien, du nom d'un de leurs chefs appelé Caboche. Cette troupe obéissait aux ordres supérieurs de Waleran de Luxembourg, connétable de France, ami et parent de Jean sans Peur, et avait pour autres chefs, Simon Caboche, « ecorcheurs de « bestes, qui estoit de la boucherie d'auprès l'hostel Dieu, devant Notre-Dame » (1), Capeluche, le bourreau, Legoin, Saint-Yon et Thibert, bouchers. Alors, la guerre

---

(1) P. Robiquet, *Histoire municipale de Paris*. 1880, p. 164.

civile éclata ; les Cabochiens se livrèrent aux meurtres et aux pillages ; il suffisait de dire : « Voilà un Armagnac », pour qu'il fût mis immédiatement à mort ; Caboche, le plus intrépide d'entre eux, s'empara de l'Hôtel de Ville, s'y installa avec sa troupe, se substitua au corps municipal et se fit nommer maire.

En présence de tant de malheurs, le Roi convoqua les Etats généraux, le 30 janvier 1413, à l'hôtel Saint-Pol. A cette assemblée, le docteur Eustache de Pavilly accusa de malversation le Prévôt de Paris, des Essarts, et le général de la justice, Jacques Le Hongre. A la suite de ces accusations, des Essarts s'enfuit, le trésorier Audry Giffart fut emprisonné et une ordonnance du 24 février 1413 interdit leurs fonctions au Prévôt de Paris et au Prévôt des marchands. Charles VI donna l'ordre de faire une enquête sur les anciens statuts relatifs à la juridiction du Prévôt des marchands et des échevins, et chargea Jean de l'Olive et Pierre Cauchon de s'occuper des réformes qu'il y aurait lieu de faire. Le duc de Guyenne, abandonnant le parti bourguignon, rappela Pierre des Essarts et lui fit donner le commandement de la bastille Saint-Antoine, le 27 avril 1413.

A cette nouvelle, Jean de Troyes et Caboche se mirent à la tête de leurs troupes, forcèrent André d'Epernon, qui avait succédé à Pierre Gentien dans la charge de Prévôt des marchands, le 16 mars 1412, à leur livrer la bannière de la ville et à adjoindre les cinquanteniers et les dizainiers, et se rendirent place de Grève.

Le lendemain, 28 avril 1413, vingt mille Parisiens se portèrent vers la Bastille, en vue d'empêcher des Essarts de s'enfuir. Les Cabochiens se rendirent de leur côté à l'hôtel Saint-Pol, où Jean de Troyes lut une liste des traîtres et fit amener à l'hôtel d'Artois, devant Jean sans Peur, le duc de Bar, Prévôt de Paris, le chancelier Vailly, Jacques de la Rivière, Regnaud d'Angennes, Gilet de Vitry et plusieurs autres, qui de là furent emmenés au Louvre. Raoul de Brissac, secrétaire du Roi, fut tué en route d'un coup de hache et jeté à la Seine avec plusieurs autres seigneurs de la cour. Le Dauphin ne dut lui-même la vie qu'à Tanneguy du Chastel qui l'enleva et le transporta à Melun. Les Cabochiens, vainqueurs, prirent dès lors pour signe de ralliement le chaperon blanc des Gantois.

L'hôtel Saint-Pol fut une deuxième fois envahi, le 20 mai 1413, par Jean de Troyes et Léon de Jacqueville, capitaine, qui y arrêtèrent le duc de Bavière, père de la reine Isabeau.

Les excès devinrent tels que le duc de Bourgogne, lui-même, qui soutenait les Cabochiens, ne fut plus maître de la situation. Jacqueville, capitaine de Paris, fit périr Jacques de la Rivière et Petitmesnil, écuyer du duc de Guyenne ; l'ancien Prévôt de Paris, des Essarts, fut également décapité le 1er juillet 1413. Les Cabochiens voulaient qu'on leur livrât également le sieur de la Trémouille, mais Jean sans Peur, enfin effrayé de tant de désordres, s'y opposa.

Enfin, le Prévôt des marchands de Paris, André d'Epernon, et les échevins, se réunirent à l'Hôtel-de-Ville pour prendre les mesures nécessaires pour faire cesser ces excès ; mais Simon Caboche et Léon de Jacqueville se présentèrent à la tête de leurs bouchers et intimidèrent l'assemblée des bourgeois. Néanmoins, le peuple, las de tant de misères, demanda la paix, mais les Cabochiens dressèrent une liste des bourgeois qui leur étaient opposés, afin de les faire périr.

Une deuxième assemblée des bourgeois eut lieu à l'Hôtel de Ville le 2 août 1413, afin de décider les ducs de Bourgogne et de Berry à signer un traité de paix. De leur côté, les Cabochiens se réunirent au quartier Saint-Eloi, où Jean de Troyes proposa, avant d'accepter aucune condition de paix, d'en référer au Roi. A cette réunion, Juvenel des Ursins obtint des applaudissements pour le discours qu'il prononça en faveur de la paix; il détermina, par son attitude, le revirement du peuple parisien, fut le véritable réformateur de l'ordre public, et montra la plus grande modération envers les Cabochiens eux-mêmes, qui quittèrent l'Hôtel de Ville et s'enfuirent dans les provinces.

Ainsi se termina la révolution cabochienne qui n'eut aucun but, aucune idée arrêtée et qui fut la cause de tant de malheurs. Tanneguy du Chatel fut nommé Prévôt de Paris à la place de Le Borgne de la Heuse; le duc de Bavière eut le commandement de la Bastille, et le duc de Bar, celui du Louvre. André d'Epernon fut maintenu par ordre du Roi dans la charge de Prévôt des marchands; Jean de Troyes et Robert de Bellay, échevins, représentant l'élément cabochien, furent remplacés par Guillaume Cirace et Pierre Augier.

Explications et Rectifications

RELATIVES A CERTAINS OFFICIERS MUNICIPAUX DE LA VILLE DE PARIS SOUS LES RÈGNES DE CHARLES VI ET CHARLES VII

ANS son *Histoire de la ville de Paris,* Le Roux de Lincy énonce que Charles Culdoé, garde de la prévôté en 1404, c'est-à-dire sous le règne de Charles VI, fut ensuite Prévôt des marchands de Paris.

Du Breul, dans son ouvrage sur *les Antiquités de Paris*, livre écrit en 1610, ne mentionne Charles Culdoé ni dans la nomenclature des Prévôts des marchands, ni dans celle des gardes de la prévôté.

Chevillard, dans sa *Chronologie des Prévôts des marchands de Paris*, omet, de son côté, Charles Culdoé comme Prévôt des marchands en 1404.

Charles Culdoé fut cependant en réalité, en 1404, non Prévôt des marchands, parce que l'ordonnance royale du 27 janvier 1383 avait son plein effet à cette époque, mais bien garde de la prévôté ; il succéda dans cette dernière fonction à Juvenel des Ursins, et eut pour successeur Pierre Gentien, dont l'élection normale en qualité de Prévôt eut lieu le 20 janvier 1411, après l'abrogation de l'ordonnance ci-dessus énoncée.

Pendant l'administration du garde de la prévôté, Charles Culdoé, Charles VI, en récompense du courage dont les Parisiens avaient fait preuve contre les Anglais, résolut de leur rendre l'exercice de leurs privilèges, et engagea les ducs de Berry et de Bourgogne à prendre une détermination en ce sens. Ceux-ci décidèrent, par suite, que « la ville de Paris serait remise en jouissance de ses anciennes prérogatives, qu'on lui rendrait son Prévôt, ses Echevins, ses Centeniers, ses Soixanteniers et ses Cinquanteniers et que les Bourgeois pourraient s'armer. » Mais Charles Culdoé refusa et déclara qu'il entendait s'en passer comme on l'avait fait depuis près de trente ans, et que les Parisiens se félicitaient d'avoir vécu ainsi en paix pendant cette période. Après cette étrange déclaration, Charles Culdoé fut obligé de se retirer.

Du Breul dit, d'autre part, que le Prévôt de Paris, Jean de Folleville, en 1389, « se sentant trop incommodé de gouverner les deux prévostez fit tant envers le Roy « Charles VI qu'à sa prière et requeste fut nommé et estably Prévost des marchands « Maistre Jean Juvenel des Ursins, lequel par le consentement du Roy gouverna « la dite prévôté des marchands jusqu'en l'an 1411, qu'icelle prévosté des mar- « chands et eschevinage fut restituée en son premier estat, où elles ont duré « jusqu'à présent. »

Cette version prouve que Juvenel des Ursins remplissait les fonctions de Prévôt des marchands de Paris par ordre du Roi, mais cette charge ne pouvant être donnée par le Roi qu'après l'élection, Juvenel des Ursins doit être considéré comme ayant été « garde de la prévôté », ce qui concorde du reste avec les termes de l'ordonnance royale du 27 janvier 1383, suspendant les charges des Prévôt des marchands et échevins, charges qui ne furent rétablies qu'en vertu des lettres patentes du 20 janvier 1411. Chevillard, dans sa *Généalogie des Prévôts* faite en 1703, donne ce titre de garde de la prévôté et non de Prévôt des marchands à Juvenel des Ursins.

En outre, Charles Culdoé fut, ainsi qu'il est dit plus haut, garde de la prévôté en 1404 ; en conséquence, Juvenel des Ursins cessa de remplir cette fonction à cette époque.

Le Roux de Lincy fait connaître que Guillaume Sanguin, Hugues Rapioult et Hugues Le Coq ont été Prévôts des marchands de Paris, le premier de 1419 à 1430, le deuxième de 1431 à 1433, et le troisième en 1434, c'est-à-dire sous le règne de Charles VII et sous l'occupation anglaise. Il donne, en outre, comme ayant rempli pendant la même période les fonctions d'échevins les noms des personnages ci-dessus indiqués, savoir :

Sous la prévôté de Guillaume Sanguin :
Sire Imbert Deschamps, en 1429.
Sire Jehan de Dampierre, en 1429.
Sire Renom Marc, Nicolas de Neufville, remplacés en 1430 par Sire Marcel Testart et Guillaume de Troyes.
Sous la prévôté de Hugues Rapioult :
Louis Gobert,
Jacques de Raye,
Sire Robert Clément, en 1433,
Sire Henri Anfroy, en 1433.
Sous la prévôté d'Hugues le Coq :
Louis Galet,
Hugues de Pleis.

Du Breul place, au contraire, l'élection de Hugues le Coq, le 26 décembre 1419 ; celle de Guillaume Sanguïn, le 12 juillet 1420 ; celle de Hugues Rapioult, en 1421.

D'autre part, Chevillard, dans sa *Chronologie des Prévôts et Echevins de la ville de Paris*, donne les mêmes dates à ces trois Prévôts, c'est-à-dire :

Hugues le Coq, 26 décembre 1419.
Guillaume Sanguin, 12 juillet 1420.
Hugues Rapioult, 1421.

Ces deux dernières versions semblent devoir être adoptées, parce que les Anglais ayant occupé Paris de 1421 à 1436, il n'a pu y avoir d'élections, ni de Prévôts, ni d'Echevins pendant près de seize ans, c'est à dire entre celle de Hugues Rapioult (1421) et celle de Michel Lallier (23 juillet 1436).

JEAN JUVENEL DES URSINS

GARDE DE LA PRÉVÔTÉ DES MARCHANDS DE PARIS POUR LE ROI
(1389)

Jean Juvenel naquit vers l'an 1360; il était fils d'un sieur Juvenel, né à Troyes (1), et petit-fils par sa mère de Thibault, baron d'Acenay, vicomte de Troyes. Il suivit d'abord les cours de l'Université d'Orléans, puis ceux de l'Université de Paris, devint conseiller au Châtelet le 8 janvier 1381 et avocat au Parlement; il se maria le 20 juin 1386 à Michelle de Vitry, nièce de Jean Le Mercier, seigneur de Noviant.

Lorsque Charles VI voulut, en 1388, réorganiser la prévôté des marchands de Paris, l'échevinage, etc., charges qu'il avait suspendues par ordonnance du 27 janvier 1383 à la suite de la révolte des Maillotins, il confia à Jean Juvenel le soin d'étudier les réformes qu'il y avait lieu d'y apporter. Ce dernier s'acquitta de cette mission avec autant d'intelligence que de zèle, et fut chargé par le Roi, en 1389, de diriger, avec le titre de garde, la prévôté des marchands de Paris en remplacement de Jean de Folleville, Prévôt de Paris, qui regardait comme une trop lourde charge de « gouverner les deux prévostés » (2). Jean Juvenel, pendant la durée des fonctions qu'il exerça comme garde de la prévôté des marchands de Paris, fit plusieurs procès aux habitants de Rouen qui s'étaient octroyés divers droits appartenant seulement aux marchands de l'eau de Paris, expropria sur les bords de la Marne plusieurs moulins pour cause d'utilité publique et reçut en don, en récompense de ses services, l'hôtel des Ursins, avec autorisation d'ajouter le nom « des Ursins » à celui de Juvenel.

Lorsque Charles VI devint fou, les princes, y compris le duc de Bourgogne,

---

(1) Bien que le nom de « Juvenal » ait été adopté par un certain nombre d'historiens dans la dénomination du garde la prévôté en 1389, celui de « Juvenel » lui est ici donné, comme étant celui de son père, que quelques auteurs ont d'autre part appelé « Jouvenel ».

(2) Bien que la charge de Prévôt des marchands ait été abolie par ordonnance royale du 27 janvier 1383, certains historiens ont attribué à Jean Juvenel le titre de Prévôt, parce qu'il avait été chargé de réorganiser la prévôté des marchands; mais comme ce titre était donné à l'élection, et qu'il n'y a pas eu d'élection en ce qui concerne Jean Juvenel, la dénomination de garde de la prévôté, pour le Roi, lui est reconnu dans cet ouvrage, conformément à l'opinion émise par M. Batiffol, dans sa thèse de l'Ecole des Chartes (1889).

prirent en main le gouvernement du pays, et firent enfermer à la Bastille, pour s'être montré hostile à l'augmentation des impôts, le seigneur de Noviant, parent de Juvenel des Ursins, qui défendit brillamment sa cause et le sauva de la mort dont il

Façade de l'Hôtel des Ursins au commencement du XVIII° siècle
(Cet hôtel aujourd'hui disparu fut élevé au commencement du xive siècle, et fut restauré au xvie siècle.

était menacé. Philippe de Bourgogne, mécontent de ce résultat, poursuivit Juvenel des Ursins comme ayant « faict plusieurs choses dignes de punition ». Menacé d'arrestation, il se rendit, avec un certain nombre de notables de la ville, à Vincennes, où il devait passer en jugement, et le Roi, dans un moment de lucidité, reconnut l'innocence de Juvenel des Ursins et dit : « Allez-vous en, mon amy, et vous mes bons bourgeois, je vous dis par sentence que mon prévost est prudhomme et que ceux qui ont fait proposer les choses sont mauvaises gens. »

En 1400, Jean Juvenel des Ursins quitta la direction des affaires de la ville et devint avocat, conseiller du Roi au Parlement.

L'assassinat du duc d'Orléans, frère du Roi, par Jean sans Peur, duc de Bourgogne, donna lieu à un procès au cours duquel Jean Juvenel des Ursins plaida en faveur de Valentine de Milan, femme du duc d'Orléans, contre les assassins de son mari.

Jean Juvenel des Ursins fut emprisonné comme se trouvant à la tête de la réaction avec le parlement et la bourgeoisie, c'est-à-dire du parti de la Reine et du Dauphin, lorsque la paix fut rétablie à la suite de la révolte des Cabochiens. Ce fut grâce à cette circonstance qu'il dut la liberté; il suivit le Dauphin en Berry et fut nommé président au parlement de Poitiers où il mourut le 1er avril 1431.

Jean Juvenel des Ursins fut une des grandes figures de son siècle, il rendit de grands services à la ville de Paris à une époque d'autant plus difficile qu'à la folie du Roi et à la rivalité des princes s'était jointe la révolte d'un peuple mal gouverné et accablé sous le poids des impôts. Il était, dit Voltaire, de ce petit nombre d'hommes qui doivent leur vertu à leur commerce et à leur raison et non aux opinions de leur siècle. Il eut seize enfants, au nombre desquels furent les onze suivants :

1° Messire Jean Juvenel des Ursins, né à Paris le 23 novembre 1388, docteur en lois, évêque de Beauvais en 1431, où il succéda à Pierre Cauchon qui présida, en 1456, le conseil des Evêques chargé de réviser le procès de Jeanne d'Arc, paire de France, conseiller du Roy, puis archevêque de Reims, par la résignation de cette dignité en sa faveur par son frère plus jeune que lui; mort à Reims le 14 juillet 1473. Ce fut lui qui sacra Louis XI à Reims, le 15 août 1461;

2° Jeanne Juvenel des Ursins, mariée à Maistre Nicolas Brulard, conseiller du Roi;

3° Messire Louis Juvenel des Ursins, chevalier, conseiller et chambellan du Roi, bailli de Troyes ;

4° Jeanne Juvenel des Ursins, mariée à Pierre de Chailli ;

5° Eude Juvenel des Ursins, mariée à Denis Desmares, escuyer, seigneur de Doué ;

6° Denis Juvenel des Ursins, écuyer, échanson de Louis, Dauphin de Viennois et duc de Guienne ;

7° Sœur Marie Juvenel des Ursins, religieuse à Poissy ;

8° Messire Guillaume Juvenel des Ursins, seigneur et baron de Trainel, conseiller du Roi, bailli de Sens, chancelier de France sous Charles VII et Louis XI; dont le portrait, peint par Foucquet, se trouve au musée du Louvre ;

9° Pierre Juvenel des Ursins, écuyer ;

10° Michel Juvenel des Ursins, écuyer et seigneur de la Chapelle-en-Brye ;

11° Jacques Juvenel des Ursins, archevêque de Reims, premier pair de France, conseiller du Roi, président en la chambre des comptes, trésorier de la Sainte-Chapelle, né à Paris le 14 octobre 1410, et mort à Poitiers le 12 mars 1457. Il se démit de la dignité d'archevêque de Reims en faveur de son frère aîné Jean, et devint évêque de Poitiers, puis de Fréjus, et enfin prieur de Saint-Martin-des-Champs à Paris.

Il existe au musée du Louvre un tableau représentant la famille Juvenel des Ursins; le père et la mère sont à genoux, et leurs onze enfants désignés ci-dessus sont placés derrière eux, par rang d'âge. Cette toile, qui n'est pas signée, est de l'école française du xvᵉ siècle ; elle est actuellement placée dans la travée C de la grande galerie, en tournant le dos à la Seine, et mesure 1 m. 63 sur 3 m. 50.

La bibliothèque de l'Hôtel-de Ville de Paris possédait, avant 1870, un livre aussi

LA PROCESSION DE LA FÊTE-DIEU DESCENDANT LA RUE MARTROY
PASSE SUR LA PLACE DE GRÈVE DEVANT LA MAISON AUX PILIERS ;
A GAUCHE JUVENEL DES URSINS SE TIENT A GENOUX.
(D'après une miniature du missel de Jacques des Ursins exécuté entre 1449 et 1456
et brûlé dans l'incendie de l'Hôtel de Ville en 1871)

rare que curieux, qui malheureusement fut la proie des flammes lors de l'incendie de ce bâtiment, le 24 mai 1871 ; c'était le missel de Jacques Juvenel des Ursins, qui fut exécuté de 1449 à 1457. A la mort de son premier possesseur, ce livre passa dans les mains de Raoul V du Faou, chevalier, gouverneur et sénéchal du Poitou, évêque d'Evreux en 1478, qui en fit cadeau à son chapitre. Il devint ensuite la propriété de Masson de Saint-Amand, conseiller du Roi en 1790, et préfet de l'Eure en 1800, qui le vendit à M. de Bruges. En 1849, il fut acquis par le prince Soltikof, au prix de

10.000 francs, et fut finalement acheté, en avril 1861, par Firmin-Didot au prix de 35.962 francs 50 (frais compris).

Dans les ornementations de chacune des pages de ce missel se trouvaient les armoieries des Ursins ; à la cent trente-cinquième page, Jacques Juvenel était représenté à genoux, élevant les yeux vers le Rédempteur, un ange soutenait l'écusson de ses armes. Ce manuscrit, grand in-folio, qui était un véritable chef-d'œuvre de l'art du xv° siècle, comprenait deux cent vingt-sept feuillets et cent quarante grandes miniatures de Guillaume de Bailly.

Par une délibération du 3 mai 1861, le Conseil municipal de Paris jugea que ce livre devait être acquis par la ville et conservé dans sa bibliothèque, et il en fit l'acquisition à M. Ambroise Firmin-Didot, qui voulut bien le céder au prix qu'il l'avait acheté lui-même.

Le musée de Versailles possède, en outre, deux statues en bois peint de Juvenel des Ursins et de sa femme; ils sont tous les deux à genoux, les mains jointes l'une contre l'autre, dans l'attitude de la prière. Juvenel des Ursins a l'épée au côté et est éperonné.

FAMILLE DE JEAN JUVENEL DES URSINS

TABLEAU DE L'ÉCOLE DU XVe SIÈCLE (MUSÉE DU LOUVRE)

L'Hôtel de Ville de Paris

sous

le règne de Charles VII

Charles VII, né le 22 février 1403, fils de Charles VI et d'Isabeau de Bavière. — Roi de France le 21 octobre 1422. — Marié, en 1416, à Marie d'Anjou, fille de Louis II, Roi de Naples. — Mort le 22 juillet 1461.

Régna du 21 octobre 1422 au 22 juillet 1461.

Liste des Prévôts des marchands et Échevins

SOUS LE RÈGNE DE CHARLES VII

(de 1422 à 1461)

Nota. — Pendant l'occupation anglaise, c'est-à-dire de 1421 à 1436, il n'y a eu à Paris aucune élection de Prévôts des marchands, ni d'échevins; le premier élu après le départ des Anglais fut Michel de Lallier.

PRÉVÔTS DES MARCHANDS	ÉCHEVINS	
	Jean de Belloy,	1436
Sire Michel de Lallier,	Pierre des Landes,	1436
du 23 juillet 1436	Nicolas de Neufville,	1436
au 23 juillet 1438.	Jean de Grant-Rue,	1436
	Simon de Martray,	1437
	Jean Lhuillier,	1437
	Jean des Rues,	1438
	Jean Augier,	1438
	Jean Thiessart,	1438
	Jacques de La Fontaine,	1438
	Nicaise de Bailly,	1439
	Jean de la Porte,	1439
Pierre des Landes,	Michel Culdoé,	1440
du 23 juillet 1438	Jean de Calais,	1440
au 23 juillet 1444.	Guillaume Nicolas,	1441
	Jean de Livres,	1441
	Nicolas de Neufville,	1442
	Jean de Marles,	1442
	Jean Lhuillier,	1443
	Jacques de la Fontaine,	1443

	Nicolas de Louviers,	1444
	Jean de Chanteprine,	1444
	Jean Lhuillier,	1445
	Jacques de la Fontaine,	1445
	Pierre de Vaudetare,	1446
Jean Baillet,	Jacques de Couleurs,	1446
Conseiller au Parlement,	Jean Lhuillier,	1447
du 23 juillet 1444	Remplacé par :	
au 18 août 1450.	Germain de Bracque,	1447
	Michel Culdoé,	1447
	Guillaume Nicolas,	1448
	Jean de Marle,	1449
	Nicolas de Louviers,	1449
Jean Bureau, (1)	Nicaise de Bailly,	1450
Trésorier de France,	Jean Chesnard,	1450
du 18 août 1450	Henry de la Cloche,	1451
au 19 août 1452.	Germain Bracques,	1451
	Hugues Féret,	1452 à 1454
	Jean le Riche,	1452
Dreux Budé,	Henri de la Cloche,	1453
Audiencier de France,	Arnault Luillier,	1453
du 19 août 1452	Jean Clerbout,	1454
au 16 août 1456.	Pierre Galye,	1455
	Philippe Lalement,	1455
	Sire Jacques de Hacqueville,	1456
	Michel de la Grange,	1456
Matthieu de Nanterre,	Pierre Galye,	1456
Président des requêtes	Michel Laisié,	1457
du Palais,	Guillaume le Maçon,	1458
du 16 août 1456 à 1460.	Jacques d'Eupy,	1458
	Jean Clarebout,	1459
	Pierre Mesnard,	1459
Henri de Livres,	Jacques de la Fontaine,	1460
16 août 1460.	Antoine de Vauboulon,	1460
Ce Prévôt continua sa charge	Hugues Ferret,	1461
jusqu'à 1466 par ordre du Roi.	Henri de Gregy,	1461

(1) Dans une assemblée tenue à l'Hôtel de Ville le 18 août 1450, en présence de Arnault de Marle, président au Parlement, il fut reconnu que l'ancien usage était de n'élire pour Prévôt des marchands et Echevins que des personnes nées dans la ville de Paris, et que le jour destiné à l'élection était le 16 août (Félibien).

Constitution du guet sous le règne de Charles VII

(18 février 1424)

ES manans et habitants de la ville de Paris, tant pour leur sûreté personnelle que pour la garde de leurs biens, demandèrent au roi Charles VII de les autoriser à faire chaque nuit le guet de leur ville. Le Roi leur accorda ce privilège qui porte, en réalité, création de la première police en France.

L'ordonnance royale accordait les privilèges suivants :

Les gens des métiers de la ville se chargeaient de faire le guet à leurs dépens les uns après les autres, de trois semaines en trois semaines, à tour de rôle.

Deux notaires, appelés clercs du guet, furent créés au Châtelet, ayant pour gages chacun douze deniers parisis par jour. Ces clercs étaient tenus de faire prévenir, par deux sergents « à verge », qui recevaient eux-mêmes douze deniers parisis par jour, les personnes qui devaient faire le guet. Les désignés devaient comparaître en personne à neuf heures du soir au Châtelet, devant les clercs, pour y faire inscrire leur nom et la désignation des places et lieux où ils devaient faire le guet. Ces lieux étaient la geôle du Châtelet pour surveiller les prisonniers et la cour du Palais, pour la garde des saintes reliques ; six d'entre eux devaient, en outre, parcourir la ville pour subvenir aux bourgeois et au besoin au guet royal.

Toute personne désignée pour faire le guet ne pouvait s'y soustraire qu'en payant douze deniers.

On désigna à chaque corps de métier le jour où le guet devait être fait par lui.

Le Roi ordonna, en outre, qu'il serait créé « à ses gages et despens » un autre guet composé de vingt sergents à cheval et de quarante à pied sous les ordres d'un chevalier, dit chevalier du guet, pour « chevaucher ou parcourir la ville la nuit ».

Les exempts du guet étaient les suivants :

Les quarteniers, cinquanteniers et dizainiers de la ville ;

Les six vingt archers, les soixante arbalétriers et les cent arquebusiers ;

---

(1) Ordonnances royaux sur le faict de la prévosté des marchands (Bibliothèque nationale, Lk⁷, 6767).

Les messagers et bedeaux de l'Université de Paris ;
Les dix-huit messagers de la chambre des comptes ;
Les personnes de la lignée Charlot Sainct-Mas ;
Les ouvriers de la monnoye ;
Les onze vingt sergents à cheval du Roy ;
Les onze vingt sergents à verge du Roy ;
Les douze sergents du Prévôt de Paris ;
Tous ceux du grand guet du Roi à pied et à cheval ;
Les douze sergents de la grande chambre de France ;
Les sergens et bedeaux de l'église de Notre-Dame de Paris ;
La terre Sainct-Eloy ;
La terre du Temple ;
Les gardes des clefs de portes ;
Les gardes des clefs des chaînes de la ville ;
Tous ceux qui ont plus de soixante ans ;
Les femmes veuves ;
Les laugeurs ;
Les apprentis laugeurs ;
Les jurés et gardes des dix-sept corps de métiers.

Suspension de la Juridiction municipale à Paris

PENDANT L'OCCUPATION ANGLAISE (DE 1421 AU 23 JUILLET 1436)

ES rois d'Angleterre contemporains de Charles VI et de Charles VII, rois de France, jouèrent un grand rôle dans les tristes événements qui se passèrent sous les règnes de ces derniers.

A Richard II d'Angleterre, qui mourut sans postérité, assassiné au château de Pontefract, en 1399, succédèrent, d'abord Henri IV, duc d'Herefond, fils du duc de Lancastre (1399 à 1413), puis Henri V, fils de Henri IV (1413 à 1422).

L'histoire de la France et celle de l'Angleterre se trouvent à cette époque si étroitement liées l'une à l'autre, qu'il est nécessaire ici, pour prouver l'absence de toute juridiction municipale à Paris, de 1421 à 1436, d'exposer les événements qui se passèrent sous la fin du règne de Charles VI et sous le règne de Charles VII.

Dès que Henri V, d'Angleterre, monta sur le trône, il réclama l'exécution du traité de Brétigny, signé au mois de mai 1359, traité par lequel le roi Jean, fait prisonnier à la bataille de Poitiers, recouvra sa liberté, à la condition que la France abandonnerait en toute suzeraineté, au roi d'Angleterre et à ses héritiers, toutes les conquêtes faites sur les Plantagenets, c'est-à-dire toutes les provinces du centre et presque toutes les côtes du royaume, et qu'une somme de quatre millions d'écus d'or serait en outre payée comme rançon. Mais Charles VI s'opposa à l'exécution de la première clause de ce traité, et l'Angleterre, l'ancienne et constante ennemie, continua la guerre. Les Anglais, après avoir été vainqueurs à la terrible bataille d'Azincourt (25 octobre 1415), remportèrent sur mer celle d'Harfleur et s'emparèrent de Rouen.

A la suite de ces succès, Henri V signa à Troyes, le 21 mai 1420, avec Charles VI, qui fut assez dépourvu de sens pour l'accepter, un traité, qui fut d'ailleurs l'œuvre d'Isabeau de Bavière, et par lequel il fut convenu que le roi d'Angleterre épouserait Catherine, fille du roi et de la reine de France, et qu'après la mort de Charles VI, la couronne de France passerait sur la tête de Henri V d'Angleterre qui se maria un mois après, en prenant le titre de régent et d'héritier du royaume de France.

Jean sans Peur, fils de Philippe le Hardi, duc de Bourgogne, et petit-fils de

Jean II, voyant la puissance de Henri V d'Angleterre s'aggrandir en France, se ligua avec le Dauphin (Charles VII). Ces deux princes se donnèrent, par suite, rendez-vous et se rencontrèrent près du pont de Montereau. Jean sans Peur mourut assassiné dans cette entrevue, à la suite de laquelle Isabeau se tourna contre le Dauphin, avec Philippe le Bon, fils et successeur de Jean sans Peur, et ennemi de son mari.

La situation du beau royaume de France devenait donc de plus en plus critique. La France n'avait plus de Roi, son gouvernement était entre les mains des Anglais et la guerre civile éclatait de toute part. Charles VI avait quitté Paris, et tenait sa cour à Poitiers; Isabeau, sa femme, tenait la sienne à Amiens, et Henri V d'Angleterre régnait en maître à Paris.

Henri V, roi d'Angleterre, après de nouveaux succès, mourut le 31 août 1422, au moment où il allait mettre le siège devant Meaux; il ne put donc recueillir l'héritage de Charles VI qui devait lui revenir en vertu du traité de Troyes. Mais Charles VI le suivit dans la tombe quelques mois après et expira le 21 octobre de la même année.

A Henri V succéda son fils Henri VI, qui fut couronné roi de France et d'Angleterre à l'âge de six mois, et le duc de Bedford, frère d'Henri V et oncle du jeune roi, fut nommé régent de France.

A Charles VI succéda, en France, son fils Charles VII qui se fit couronner à Poitiers.

Les Anglais continuèrent la guerre à la France, sous les ordres du duc de Bedford. Pour leur résister, Dunois, La Hire et Xaintrailles se retirèrent dans la ville d'Orléans, devant laquelle les Anglais mirent le siège. Alors apparaît la noble et belle figure de Jeanne d'Arc qui délivra Orléans et fit sacrer le roi Charles VII à Reims, le 17 juillet 1429.

La guerre entre les deux royaumes dura néanmoins encore pendant quatre ans; mais la paix signée à Arras le 22 septembre 1435 entre Charles VII et Philippe le Bon, duc de Bourgogne, qui en dicta les conditions, vint diminuer les forces des Anglais qui se retirèrent peu à peu, et le Parlement revint à Paris, ainsi que le Roi et la Cour en 1437.

En conséquence des événements qui précèdent, il fut impossible de s'occuper, de 1421 à 1436, des élections des Prévôts et des échevins de la ville de Paris qui devaient avoir lieu tous les deux ans, et c'est ce qui explique que, pendant ce laps de temps, Paris fut privé de ses officiers municipaux. Michel de Lallier, qui contribua à l'expulsion des Anglais de la capitale, fut le premier Prévôt qui fut élu, le 23 juillet 1436, sous le règne de Charles VII. Il eut pour échevins Jean de Belloy, Pierre des Landes, Nicolas de Neufville et Jean de Grand-Rue, également élus en 1436.

Ordonnance relative aux Élections des Prévôts des Marchands, Échevins et Conseillers

(25 juillet 1450)

E Prévôt des marchands de Paris, Jean Baillet, conseiller du Roi, et les échevins, sire Guillaume Nicolas, Nicolas de Louviers et Jean de Marle, ainsi qu'un certain nombre de bourgeois, se réunirent le 23 juillet 1450, afin de se concerter au sujet du mode d'élection des magistrats de la ville de Paris. Ils décidèrent qu'il y avait lieu de rectifier certaines ordonnances antérieures qui avaient été édictées pendant les temps de guerres ou divisions.

Ces magistrats établirent en conséquence une nouvelle ordonnance qui porte la date du 25 juillet 1450 et qui fut suivie pour les élections postérieures.

Cette ordonnance est ainsi conçue (1) :

Article premier.

Premièrement, que les dicts Prevost et eschevins seront esdits offices chacun par l'espace de deux ans continuels, ainsi qu'il est accoutumé. Et se fera la mutation des dicts offices en cette manière : c'est à sçavoir, de deux ans en deux ans, et de deus eschevins nouueaux chacun an, à l'eslection des vingt-quatre conseillers de la dicte ville, et des quarteniers et bourgeois d'icelle, jusqu'au nombre cy après déclaré. Et sera faicte d'oresnavant l'élection des dicts offices le lendemain de la Nostre-Dame de la my-aoust.

Que deux prochains parens ne doivent estre ensemble aux dicts offices.

II. — *Item*, et ne pourront estre pourvus ni esleuz esdicts offices de Prévost et eschevins ensemble en un mesme temps, le père et le fils, deux frères, l'oncle et le neveu, soit qu'ils soient conjoints esdits degrez par sanguinité ou affinité, ny aussi les deux cousins germains conjoints en iceluy degré par sanguinité.

(1) Ordonnances royaux sur le faict de la prévôté des marchands et eschevinages de la ville de Paris.

Comment on doit procéder en la dicte élection.

III. — *Item*, sera procédé à la dicte élection en ceste manière : c'est à sçavoir que le Prévost des marchands et eschevins, qui en ce temps seront, manderont aux quarteniers de la dicte ville qu'ils assemblent chacun en droict soy leurs cinquanteniers et dixeniers, avec six hommes notables de leur quartier : et iceux assemblez, les dicts quarteniers leur enjoindront par serment, qu'ils eslisent quatre personnes notables les plus convenables qu'ils sçauront, pour estre à la dicte élection.

Du rapport que les quarteniers doivent faire.

IV. — *Item*. Et la dicte élection faicte des dictes quatre personnes, les dicts quarteniers le rapporteront par escrits devers les dicts Prévost et eschevins : ensemble les noms des cinquanteniers, dixeniers et six hommes notables. Lequel rapport sera clos, signé et scellé par les dicts quarteniers.

Que les dicts seigneurs prendront de chacun quartier deux personnages.

V. — *Item*. Et ces choses ainsi faites, les dicts Prévost et eschevins, et les dicts vingt-quatre conseillers prendront et esliront deux personnes de chacun nombre des dicts quatre personnes esleues en chacun quartier : c'est à sçavoir, les deux plus convenables ; lesquels seront en nombre trente deux personnes, qui seront avec les dicts Prévost et eschevins, pour faire la dicte élection.

Le jour que se doit faire la dicte eslection.

VI. — *Item*. Et au jour de la dicte élection, c'est à sçavoir : le lendemain de la Nostre-Dame de my-aoust, les dicts Prévost et échevins, ensemble les dicts conseillers, quarteniers et trente-deux personnes esleuz, qui sont en nombre total de soixante et dix-sept personnes (1) procèderont à la dicte eslection de Prévost et eschevins, ainsi qu'il sera expediant, le serment premièrement prins de tous les dessusdicts, de bien et justement faite la dicte eslection, au bien du Roy et de la chose publique.

Que la dicte eslection se doit faire par voix.

VII. — *Item*. Laquelle eslection sera faicte par voix de scrutine, ainsi qu'il est accoustumé.

(1) Soit :
Le Prévôt des marchands	1
Echevins	4
Conseiller de ville	24
Quarteniers	16
Deux notables par quartier	32

Total : 77

Des quatre personnes esleuz pour recevoir les voix et les tenir secrètes.

VIII. — *Item.* Et pour tenir le dict scrutine et recevoir la voix des singuliers, tous les dessus nommez esliront préallablement quatre personnes, qui feront serment de tenir secrettes les dictes voix et nominations.

Que le scrutine doit estre porté par devers le Roy.

IX. — *Item.* Le dict scructine faict et parfaict sera clos et signé des seings des dicts Prévost et eschevins : et ce faict remis ès mains des dicts scutateurs, lesquels porteront le dict scrutine en la compagnie des dicts Prévost et eschevins, et de ceux qui auront esté à la dicte eslection, par devers le Roy nostre sire, Monsieur le chancelier, ou Messieurs du conseil du Roy : pour requérir la confirmation de la dicte élection, et prendre le serment des esleuz en la manière accoustumée.

Quand les offices vaqueront avant le temps expiré.

X. — *Item.* Et si aucun des dicts offices estoit vaquant avant les dits deux ans révolus : c'est à sçavoir, un an et demy avant la révolution desdits deux ans. En ce cas sera pourvu au dit office vaquant d'autre personne, qui passera le temps de celui ou ceux de qu'il sera pourveu. Semblablement et y pourvoiera l'on par manière d'eslection : ainsi que l'on a accoustumé eslire les dicts Prévost et eschevins.

Le nombre des conseillers de l'Hostel de Ville.

XI. — *Item.* Et pour conseiller les faicts et affaires de la dite ville, y aura dorénavant vingt-quatre conseillers, et non plus, qui feront serment de loyaument conseiller les faicts et affaires de la dite ville : et seront tenus de venir et comparaître au conseil de la dite ville toutes les fois qu'ils y seront appelez. Lesquels vingt-quatre conseillers seront enregistrez au greffe et registre de la dicte ville.

L'election d'un conseiller.

XII. — *Item.* Et quand le lieu d'aucun des dicts conseillers sera vaquant, l'on y pourvoira d'autre personne notable selon l'estat de la personne de celui au lieu de qui conviendra la dicte provision, à l'élection des dicts Prévost et des autres conseillers seulement.

Le serment que les Prévost des marchands et eschevins de la ville de Paris font quand ils sont créez.

XIII. — Premièrement, ils jurent ès mains du Roy nostre Sire, ou de son chancelier ou de messieurs du conseil, que bien et loyaument ils serviront le Roy en ses droits de la dicte prévosté et eschevinage, en faisant droict et justice au petit comme au grand, et au grand comme au petit, et feront faire bon guet et garde par ceux qui le doivent faire en la ville ès lieux ou faire le faudra. Et garderont les droits, franchises, juridiction et libertez de la dicte prévosté et les privilèges et ordonnances, de tout leur pouvoir.

MICHEL DE LALLIER

PRÉVÔT DES MARCHANDS

Michel de Lallier, fils de Richard de Lallier, riche bourgeois dont l'hôtel était situé près de Saint-Germain-l'Auxerrois, naquit à Paris à la fin du xiiie siècle. Nommé maître des comptes et trésorier de France, il fut un des plus fervents et des plus dévoués serviteurs des rois Charles VI et Charles VII.

Après le honteux traité de Troyes (21 mai 1420), qui livrait au Roi d'Angleterre la couronne et le royaume de France, Michel de Lallier résolut de chasser les Anglais de Paris. Dans ce but, il forma une armée et parvint, en 1436, à réunir plusieurs milliers d'hommes prêts à marcher contre eux. Il put ainsi faire ouvrir la porte Saint-Jacques au connétable comte de Richemond, Artus de Bretagne, et à ses chevaliers, et le 6 avril de la même année, il présenta sur le pont Notre-Dame à ce connétable l'étendard aux armes de France.

En récompense des services rendus à la ville de Paris et au Roi, Michel de Lallier fut nommé Prévôt des marchands en 1436, à l'élection, et occupa ce poste jusqu'en 1438.

Pendant un voyage qu'il avait entrepris à Saint-Omer, Michel de Lallier tomba malade et mourut le 10 septembre 1440.

Le Conseil municipal de Paris a compris cet homme de bien au nombre de ceux dont les statues ornent l'extérieur de notre Hôtel de Ville moderne ; cela lui était bien dû, car Michel de Lallier était Parisien de naissance et de cœur.

MICHEL CULDOÉ

ÉCHEVIN

Michel Culdoé, issu d'une ancienne famille de la bourgeoisie parisienne, fut élu échevin une première fois en 1440, sous la prévôté de Pierre des Landes et le règne de Charles VII, et une seconde fois sous la prévôté de Jean Baillet en 1447 ; il était fils de Charles Culdoé qui fut garde de la prévôté de 1404 au 20 janvier 1411, sous le règne de Charles VI.

JEAN LHUILLIER

ÉCHEVIN

Jean Lhuillier, qui fut une des gloires de l'échevinage parisien, fut élu échevin en 1437, sous la prévôté de Michel de Lallier et le règne de Charles VII, puis réélu en 1445 et 1447, sous celle de Jean Baillet ; il fut nommé receveur de la ville en 1447 en remplacement de Robert Louvel et remplacé comme échevin par Germain de Bracque.

JACQUES DE LA FONTAINE

ÉCHEVIN

Jacques de La Fontaine fut élu échevin en 1438 et en 1443, sous la prévôté de Pierre des Landes, il fut réélu une troisième fois sous la prévôté de Jean Baillet, et enfin une quatrième fois, en 1460 sous celle de Henri de Livres. Il fut, comme son collègue Jean Lhuillier, un des fidèles édiles de l'Hôtel de Ville.

JEAN BUREAU

PRÉVÔT DES MARCHANDS (DE 1450 A 1452)

JEAN BUREAU
Prévôt des Marchands de Paris (1450-1452)

Les frères Jean et Gaspard Bureau, fils de Simon, naquirent tous les deux à Paris. Jean, d'abord homme de robe, s'adonna, de concert avec Gaspard, au perfectionnement des engins de guerre et de l'artillerie. Il se signala, en 1440, à la prise de Meaux sur les Anglais par le connétable de Richemond, et à la reprise de Pontoise, en 1441.

Charles VII, en récompense de ses services, nomma Jean Bureau « maistre des comptes et trésorier de France », le 13 octobre 1440.

Gaspard Bureau, de son côté, fit de si grands progrès dans la science de l'artillerie qu'il fut nommé « maistre » de l'artillerie du Roi.

Les deux frères obtinrent à tel point la confiance de Charles VII, qu'ils ne tardèrent point à exciter la jalousie des grands de la cour. Ceux-ci, ne pouvant s'attaquer ni à leur conduite ni à leurs actions, résolurent de s'en prendre à leur naissance et prétendirent qu'ils n'étaient pas nobles, chose à leurs yeux nécessaire pour occuper les hautes et importantes fonctions qui leur avaient été confiées. On s'informa par suite de leur origine et un juge expert fut chargé de faire une enquête à ce sujet.

L'exposé que ce commissaire fit au Roi fut « qu'afin qu'on ne leur voulust et
« peust s'imputer la demeure de leur père à Paris, et la condition médiocre dans
« laquelle il y auroit vescu et pour cela, revoquer en doute leur noblesse, qu'ils étoient
« obligez de vérifier, comme ils le mettoient en faict, que Simon Bureau, leur père,
« pauvre cadet de sa famille, estoit venu de Champagne s'habituer à Paris, par le

« malheur des guerres ; néanmoins, qu'il estoit noble et sorty de devanciers qui
« estoient nobles de toute ancienneté » (1).

Il fut reconnu, en effet, que Simon Bureau, leur père, « estoit né à Sémoyne, en
« Champagne, au delà de la rivière d'Aube, proche Vertus ; qu'il estoit frère cadet
« de Thibaut et de Jean, escuyers, ayeul de Jean et de Gaspard, descendoit de masle
« en masle d'un autre Regnault qui, en l'an 1171, avoit été affranchi de condition
« serve, par Henry, comte de Champagne, et par luy annobli, en luy faisant
« ensuite chevalier du pays, appellez les seigneurs de Bergières. »

Charles VII fit, par suite, remettre aux frères Bureau, en octobre 1447, « des
lettres patentes en forme et déclaration », confirmant leur noblesse. Cette reconnaissance les encouragea encore dans les services qu'ils rendaient chaque jour à leur pays
et au Roi. Ils se signalèrent en 1449 pendant la guerre de Normandie contre les
Anglais et contribuèrent à la prise d'Harfleur.

Jean Bureau qui était, dit l'historien Monstrelet, « homme moult subtil et ingénieux en telles matières et en plusieurs autres », fut élu Prévôt des marchands de
Paris, le 18 août 1450 (2), ce qui ne l'empêcha pas de mettre le siège devant Falaise,
à la tête des francs-archers et de l'artillerie ; il se signala, en outre, à la prise de
Bayeux, de Domfront et assista à la capitulation de Caen.

Jean et Gaspard Bureau furent, en outre, envoyés par le Roi, en 1451, au secours
de la Guyenne ; là encore, ils se firent remarquer par leurs exploits. Jean fut nommé
lieutenant général, traita pour la reddition du château de Blaye, mit le siège devant
Libourne et Saint-Emilion, prit Fronsac et Bordeaux et battit à Castillon, en 1453, le
redoutable Talbot, qui fut tué dans le combat.

A la suite de ces succès, Jean Bureau fut nommé maire perpétuel de Bordeaux et
reçut le surnom de preneur de villes, auquel on pourrait ajouter celui de vengeur
d'Azincourt.

Jean Bureau mourut à Paris le samedi 5 juillet 1463, et fut enterré dans une des
chapelles de l'église Saint-Jacques-la-Boucherie.

Les armes de Jean Bureau étaient : « D'azur au chevron vuidé d'or remply de
« sable, potencé et contrepotencé de treize pièces aussi d'or, accompagné de trois
« phioles ou buires de mesme. » Autrement dit : « D'azur au chevron potencé et
« contrepotencé d'or rempli de sable, accompagné de trois buires d'or 2 et 1. »

(1) *Histoire du roi Charles VII*, par Jean Chartier, mise en lumière par Denys Godefroy, page 866, *Histoire de France*, du P. Daniel, tome VII, page 363.

(2) « Le 18 août 1450, dit M. de Beaumont dans son armorial de 1470, on tint à l'Hostel de Ville de Paris une assemblée solennelle, où présida Me Arnault de Marle, conseiller du Roy et président en sa cour de Parlement à ce commis et député par Sa Majesté, où il fut délibéré sur quelques difficultez ouvertes qu'aucuns maintenoient qu'on pouvait élire des gens d'autre nation que de Paris, pour Prévost des marchands et eschevins, et conclu que l'on éliroit point d'autre sujet, que des gens natifs de Paris, comme il s'estait toujours pratiqué et que l'élection s'en feroit d'ores en avant le lendemain de la feste de N.-Dame de la my-aoust comme il se pratiquoit anciennement, dont la preuve s'est trouvée dans les anciens registres : quoi on procéda à l'élection en la manière accoutumée d'un Prévost des marchands et de deux eschevins qui furent cy-après : Jean Bureau, trésorier de France, Prévost, Nicolas Bailly et Jean Chesnard, eschevins. »

Table généalogique descendante de Jean Bureau, Prévôt des marchands de Paris :

Jean Bureau eut de sa femme, Germaine Hessselin, 5 enfants :

- **Jean Bureau**, évêque de Béziers, enterré au couvent des Célestins, à Paris.
- **Pierre Bureau**, seigneur de Monglat, marié à Eudes Davet.
- **Simon**, seigneur de Goix et de Monglat.
- **Isabeau**, mariée à Geoffroy Cœur.
- **Philippes Bureau**, mariée à Nicolas Balue, chevalier de Villepreux, frère du cardinal Balue. De ce mariage naquirent 7 enfants, savoir :

De Philippes Bureau et Nicolas Balue :

- **Jean Balue**, protonotaire du Saint-Siège.
- **Jean**
- **Philippe**
- **Germain**
- **Germaine**
- **Marie Balue**, mariée à Guillaume de Villeneuve, seigneur de Clayes.
- **Estienne Balue**, mariée à Girard le Coq, seigneur d'Esgrenay.

De Marie Balue et Guillaume de Villeneuve :

Philippe de Villeneuve, mariée à Jacques Fournier, conseiller au Parlement de Paris.

Jacqueline Fournier, mariée à Raoul Moreau, chevalier, seigneur de Tremblay.

- **Marie Moreau**, mariée à Nicolas de Harlay, surintendant des finances, colonel des Suisses, gouverneur de Châlons.
- **Charlotte Moreau**, mariée à Claude Garrault, seigneur de Bellasisse.

Claude Garrault de Bellasisse, conseiller du roi, père de

Charlotte Garrault, mariée à François de Castille, conseiller du Roi.

Marie Magdelaine de Castille, mariée à Nicolas Fouquet, vicomte de Melun et de Vaux, ministre d'Etat, surintendant des finances et procureur général au Parlement de Paris (1615-1688).

- **Nicolas Louis Foucquet**, né le 13 janvier 1654.
- **Charles Armand Foucquet**, né en 1657, supérieur de Saint-Magloire.
- **Marie Madelaine** et **Marie Anne**.

Charles Louis Auguste Foucquet, ministre de Louis XV (1684-1761).

JEAN MATHIEU DE NANTERRE

PRÉVÔT DES MARCHANDS (1456-1460)

Jean Mathieu de Nanterre, président des requêtes du Palais, fut élu Prévôt des marchands de Paris le 16 août 1456, en remplacement de Dreux Budé, audiencier de France, et fut réélu dans les mêmes fonctions le 16 août 1458. Pendant les quatre années de sa magistrature, ce Prévôt des marchands s'occupa d'une manière toute particulière de la salubrité de la ville et de la question si importante de l'eau potable.

Les Prévôts des marchands et échevins qui avaient précédé Jean Mathieu de Nanterre, prenant souci de la santé de leurs concitoyens, firent rechercher les eaux de sources de la montagne de Belleville-sur-Sablon, et pour les recueillir, avaient fait construire des aqueducs ou canaux en maçonnerie d'une longueur de cinq cents toises. Ces conduits étaient hauts de six pieds sur trois de large ; ils possédaient de distance en distance, des auges et réceptacles destinés à la purification des eaux qu'ils amenaient ainsi de trois sources jusqu'aux diverses fontaines de la ville ; on pouvait cheminer le long de ces aqueducs avec une lumière à la main.

En 1457, Jean Mathieu de Nanterre « fit refaire de neuf environ quatre-vingt-
« seize toises de longueur de ces aqueducs, le surplus des dits aqueducs ou canaux
« basty de grande antiquité. A la liaison de la maçonnerie neuve avec l'ancienne est
« un escrit en pierre de lyaiz composé en rhime, selon que ce temps le pouvoit
« permettre, contenant ce qui en suit :

> « Entre les mois bien me remembre
> De may et celui de novembre
> Cinquante sept, mil quatre cents,
> Qu'estoit lors Prévost des marchands
> De Paris, honorable homme
> Maistre Mathieu qui en somme
> Estoit surnommé de Nanterre
> Et que Gallie maistre Pierre,
> Sire Michel qui en surnom
> Avoit d'une granche le nom,
> Sire Philippe aussi l'Alemant
> Le bien public fort aimant
> Et sire Jacques de Hacqueville
> Le bien désirant de la ville
> Estoient d'icelle eschevins,
> Firent trop plus de quatre-vingt
> Et seize toises de ceste œuvre,
> Refaire en bref temps et heure,
> Car si bresvement, on ne l'eust fait
> La fontaine tarie estoit. »

L'Hôtel de Ville de Paris

sous

le règne de Louis XI

Louis XI, né en 1423, fils de Charles VII. — Roi de France le 22 juillet 1461. — Marié : 1° à Marguerite d'Ecosse ; 2° à Charlotte de Savoie, en 1451. — Mort le 30 août 1483.

Régna du 22 juillet 1461 au 30 août 1483.

Liste des Prévôts des marchands et Échevins
SOUS LE RÈGNE DE LOUIS XI
(de 1461 à 1483)

PRÉVÔTS DES MARCHANDS	ÉCHEVINS	
	Germain de Braque,	1462
	Guillaume Longue Joue,	1462
Henri de Livres,	Jean Clerbout,	1463
1460 à 1466.	Audry d'Azy,	1463
	Jean de Harlay,	1464
	Denis Gibert,	1464

En 1465, il n'y eut point d'élections, à cause de la guerre du Bien Public, les anciens magistrats restèrent en place.

Sir Michel de la Grange,		
Maître de la chambre	Nicolas Potier,	1466
aux deniers	Gérard de Vauboulon,	1466
et général des monnaies,	Pierre Gallié,	1467
1466 à 1468.	Jacques de Hacqueville,	1467
Nicolas de Louviers,	Pierre Mesnard,	1468
Seigneur de Cannes,	Denis le Breton,	1468
Maître des comptes,	Jean de Harlay, chevalier du guet,	1469
du 16 août 1468 à 1470.	Arnault de Cambray,	1469
	Jean le Breton,	1470
	Simon de Gregy,	1470
	Jean Colletier,	de 1471 à 1473
Denis Hesselin,	Jean des Portes,	1471
Ecuyer panetier du Roi,	Jean de Breban,	1472
1470 à 1474.	Gaucher Hebert,	1472
	Jacques Le Maire,	1473
	Jean des Portes (en remplacement de Jacques Le Maire, décédé),	1473

PRÉVÔTS DES MARCHANDS	ÉCHEVINS	
Sire Guillaume le Comte, Grenetier de Paris, Conseiller du Roi, 1474 à 1476.	Germain de Marle,	1474
	Guillaume le Jay,	1474
	Jean Colletier,	1475
	Jean des Portes,	1475
	Germain de Marle,	1476
	Jean des Vignes,	de 1476 à 1480
	Jean Colletier,	de 1476 à 1483
Henri de Livres, Conseiller du Roi, 1476 à 1484.	Jean le Breton,	1477
	Germain de Marle,	1478
	Simon de Neufville,	de 1479 à 1483
	Imbert Lhuillier, clerc du Roi en la chambre des comptes,	1480
	Nicolas du Hamel,	1482

Entrée de Louis XI à Paris

(31 AOUT 1461)

ouis XI, après avoir été sacré roi à Reims, le 15 août 1461, par l'archevêque Jean Juvenal des Ursins, se rendit à Paris et y logea à l'hôtel des Porcherons, appartenant à messire Bureau, et situé près de la porte Saint-Honoré.

Le nouveau Roi de France fit son entrée solennelle dans sa bonne ville de Paris, le 31 août 1461, par la porte Saint-Denis. L'évêque de Paris, Chartier, l'Université, la cour de Parlement, le Prévôt de Paris Robert d'Estouteville, le Prévôt des marchands, Henry de Livres et les échevins, Jacques de La Fontaine, Antoine de Vauboulon, Hugues Ferret et Henry de Crégy, vêtus en robes de damas fourrées de martre, furent à sa rencontre et lui offrirent, selon la coutume, les clefs de la ville sur un plateau d'argent.

De grands préparatifs avaient été faits dans la grande cité pour faire au Roi la plus belle réception possible, et les habitants, en liesse, s'étaient répandus dès le matin dans les rues pour assister à la fête.

Louis XI, vêtu d'une tunique de couleur violette, recouvert d'une robe de satin blanc, sans manches, coiffé d'un petit chaperon loqueté, et monté sur un cheval blanc, était accompagné des ducs d'Orléans, de Bourgogne, de Charolais, de Bourbon et de Clèves, des comtes d'Angoulême, de Saint-Pol, de Dunois et de nombreux seigneurs en costumes éclatants de richesse et de beauté.

Le roi marchait en tête du cortège, sous un dais fleurdelysé; lorsqu'il arriva à l'église Saint-Lazare, un héraut à cheval, portant un costume aux armes de la ville, surnommé « Loyal-Cœur », s'avança vers Louis XI et lui présenta cinq dames richement vêtues et montées sur de magnifiques chevaux, caparaçonnés également aux armes de la ville. Chacune d'elles avait pour signe une des cinq lettres composant le mot « Paris ».

On avait dressé contre la porte Saint-Denis « une moult belle nef en figure « d'argent portée par hault contre la maçonnerie, en signifiance des armes de la « ville, dedans laquelle estoient les trois Etats, et aux chasteaulx de devant et « derrière d'icelle nef estoient Justice et Equité, qui avoient personnages pour ce

« à eulx ordonnez, et à la hune du mast de la dicte nef, qui estoit en façon d'un
« lis, yssoit ung roy habillé en habit royal que deux anges conduisoient. »

Tout le long du parcours, il y eut des réjouissances, mystères et fêtes.

LES ÉCHEVINS DE PARIS PORTANT LE DAIS LORS DE L'ENTRÉE DE LOUIS XI DANS PARIS
LE 31 AOUT 1461

(Fac similé d'une miniature des Chroniques de Monstrelet (Bibliothèque nationale).

A la fontaine du Ponceau Saint-Denis, où figuraient trois sirènes nues, eut lieu au moment du passage du Roi un combat de sauvages, et de cette fontaine jaillirent des flots de vin, de lait et d'hypocras, pour permettre aux gens du cortège et au peuple de se désaltérer.

« Et le Roi moult regarda en la fontaine du Ponceau trois belles filles faisans
« personnaiges de siraines toutes nues et lui disant motets et bergerettes. »

A l'hôpital de la Trinité, les confrères de la passion avaient construit un théâtre sur lequel fut représentée une scène muette du crucifiement.

A la fontaine des Innocents, on avait figuré une chasse ; à la boucherie du Grand-Châtelet, on avait représenté la bastille de Dieppe, en souvenir de la prise de cette ville sur les Anglais en 1443, à laquelle avait assisté Louis XI encore Dauphin.

Enfin, au pont au Change, on lâcha douze cents oiseaux de toutes sortes qui s'élevèrent dans les airs au passage du cortège royal.

Louis XI, après avoir ainsi traversé Paris, se rendit à Notre-Dame selon la coutume, et de là au Palais où il assista à un plantureux souper et où il coucha.

Le lendemain, le Roi vint loger à l'hôtel neuf d'Etampes, situé rue Saint-Antoine en face des Tournelles,

Un tableau représentant l'entrée de Louis XI à Paris, le 31 août 1461, et exécuté par le peintre Tattegrain, a été placé par les soins de l'administration municipale dans le salon de passage qui mène de la salle des Sciences au salon Lobau de l'Hôtel de Ville actuel.

Cette œuvre de grande dimension est une des plus belles toiles qui ornent les splendides salons de la maison commune moderne; elle donne une idée fidèle de Paris dans la deuxième partie du quinzième siècle, et des fêtes qui eurent lieu à l'occasion de l'entrée de Louis XI dans cette ville.

L'artiste a représenté le cortège royal au moment où il arrive à la fontaine du Ponceau Saint-Denis.

Entrée de Louis XI a Paris

Ce tableau du peintre Tattegrain orne un des salons de l'Hôtel de Ville actuel.

Privilèges accordés par le Roi Louis XI aux Bourgeois de Paris

EN RÉCOMPENSE DE LEURS BONS SERVICES

ORSQUE Charles le téméraire, duc de Bourgogne, fils de Philippe le Bon et d'Isabelle de Portugal, se mit à la tête du parti formé contre Louis XI, appelé « ligue du Bien public », il traversa la Flandre et l'Artois, s'avança vers la Somme à la tête de 26.000 combattants et arriva jusque sous les murs de Paris.

Louis XI, qui était alors à Poitiers, envoya aussitôt des ordres à Paris pour que l'on y fît bonne défense, entra dans le Berry avec 14.000 hommes, soumit cette province et se mit en route pour rentrer dans sa capitale.

Les officiers municipaux prouvèrent, en cette circonstance, leur obéissance et leur fidélité à leur Roi. Ils firent fermer les portes de la ville, tendre les chaînes, réparer les fortifications ; ils renforcèrent le guet pour « prendre garde à ce qui pourroit survenir et arriver de nuit », placèrent des sentinelles dans les carrefours et commandèrent aux habitants de « tenir les armes prestes et la chandelle allumée, pour sortir au premier ordre donné par les capitaines ». Le comte de Charolais demanda aux Parisiens le passage par leur ville « à faute de quoy faire il se déclaroit leur ennemy ». Ce jour là, la porte Saint-Denis était gardée par Pierre l'Orfèvre et Jean de Popincourt qui prévinrent aussitôt le capitaine de la ville, Joachim Rouant.

Le 16 juillet 1465, le Roi livra bataille à Montlhéry, et malgré la bravoure déployée de part et d'autre, la victoire demeura indécise.

Le Roi n'en fit pas moins une entrée triomphante dans sa capitale et fut reçu aux acclamations des Parisiens.

Il assista à un banquet donné à l'Hôtel de Ville et rendit grâce aux bourgeois de ce qu'ils « estoient demeurez si fermes et si asseurez en son service. » Il leur octroya, en outre, les privilèges suivants :

1° Que les bourgeois de Paris ne pourront être contraincts à loger par fourrier ;

2° Que nul ne peut empescher n'y retarder les vivres et marchandises qu'on amène à Paris, ni mettre subsides nouvelles ;

3° Que les bourgeois de Paris ayant fiefs et arrière-fiefs, sont exempts d'aller ou contribuer au ban et arrière-ban ;

4° Que les dits bourgeois de Paris ne seront tesnus respondre, et ne peuvent être tirés en jugement par devant autres juges que leur ordinaire, qui est le Prévost de Paris ou son lieutenant civil.

Quelque temps après, les Parisiens, pour faire voir leur puissance à leur Roi, réunirent à la porte Saint-Anthoine, avec les enseignes déployées, cent quatre mille hommes en armes.

Louis XI avait d'ailleurs confirmé, le 16 septembre 1461, les privilèges accordés aux Parisiens par Charles VII, en décembre 1460, et qui étaient les suivants :

Le Prévôt des marchands et les échevins de Paris « ne sont tenus de plaider
« ailleurs qu'en la cour de parlement, es causes et procez concernans leurs droits,
« franchises et privilèges ; plus lesdicts Prévost et eschevins et procureur de la
« ville ont droict de prendre par chacun an pour la provision et depense de leurs
« maisons un septier de sel ».

DENIS HESSELIN

PRÉVÔT DES MARCHANDS

Denis Hesselin, écuyer panetier du Roi, fut élu prévôt des marchands de Paris en 1470, sous le règne de Louis XI, en remplacement de Nicolas de Louviers. Ce fut à Denis Hesselin que le connétable Louis de Luxembourg, comte de Saint-Pol, accusé de trahison près de Louis XI par le duc de Bourgogne, après le traité de Vervins, remit son testament avant d'être exécuté en place de Grève, le 19 décembre 1475.

L'Hôtel de Ville de Paris

sous

le règne de Charles VIII

Charles VIII, né en 1470, fils de Louis XI. — Roi de France le 30 août 1483, sous la tutelle d'Anne de Beaujeu, fille de Louis XI. — Marié à Anne de Bretagne, le 6 décembre 1491. — Mort le 7 avril 1498.

Régna du 30 août 1483 au 7 avril 1498.

Régence d'Anne de Beaujeu en 1483.

Liste des Prévôts des marchands et Échevins
SOUS LE RÈGNE DE CHARLES VIII
(de 1483 à 1498)

PRÉVÔTS DES MARCHANDS	ÉCHEVINS	
Guillaume de la Haye, Président des requêtes du Palais, du 16 août 1484 au 16 août 1486	Sire Gaucher Herbert,	1484
	Jacques Nicolas, marchand,	1485
	Jean de Harlay, chevalier du guet de nuit,	1485
	Jean de Rueil, auditeur au Châtelet,	1485
	Guillaume de Hacqueville,	1486
	Jacques Vaulguier,	de 1486 à 1489
Jean du Drac, vicomte d'Ay, Seigneur de Mareuil, du 16 août 1486 au 16 août 1490	Denis de Thumery (mort en 1487),	1487
	Nicolas Féret,	1487
	Jacques Nicolas,	1488
	Louis de Montmirail,	1488
	Jacques Teste,	1488
	Gaucher Hébert,	1489
Pierre Poignnant, Conseiller au Parlement, du 16 août 1490 au 16 août 1492	Simon Malingre, clerc du Roi à la chambre des comptes,	1490
	Charles Lecoq, général des monnaies,	1490
	Pierre de la Poterne,	1491
	Jean le Lièvre,	1491
Jacques Piedefer, Avocat au Parlement, du 16 août 1492 au 16 août 1494	Jacques Vaulquier,	1492
	Raoul de Hacqueville,	1492
	Pierre Raoulin,	1493
	Jean Brulard,	1493
Nicolas Vide, Correcteur des comptes, du 16 août 1494 au 16 août 1496	Pierre de Rueil.	1494
	Jacques Nicolas,	1494
	Jean de Landes,	1495
	Audry Guyart,	1495
Jean de Montmiral, Avocat au Parlement, du 16 août 1496 au 16 août 1498	Jean le Jay,	1496
	Michel le Riche,	1496
	Estienne Boucher,	1497
	Simon Aymet,	1497

Conduite du Prévôt des Machands de Paris Jean du Drac

LORS DE LA RÉCLAMATION DE LA COURONNE DE FRANCE PAR MAXIMILIEN D'AUTRICHE, ROI DES ROMAINS (2 septembre 1486)

A la mort de Louis XI, qui avait désigné sa fille, Anne de Beaujeu, pour exercer la régence, des vengeances furent exercées contre les serviteurs du feu Roi. Jean II, duc de Bourbon et frère du sire de Beaujeu, fit fouetter dans les rues de Paris et à Clermont-Ferrand, et mutiler le sieur Jean Doyat qui s'était opposé à ses desseins aux Etats d'Auvergne ; Olivier le Dain, serviteur dévoué de Louis XI, fut pendu à Montfaucon, le 21 mai 1485 ; enfin, plusieurs autres furent victimes de vengeances personnelles.

Charles VIII, qui fut sacré roi à Reims, le 31 mai 1484, voulut réprimer ces excès ; il fit reviser le procès de Jean Doyat et le fit réhabiliter.

De son côté, le duc d'Orléans, mécontent, vint à Paris et adressa ses réclamations au Parlement, en janvier 1486. Son chambellan, Denis le Mercier fut chargé de sa défense. « Le duc d'Orléans voit avec peine, dit son défenseur, la
« désolation du royaume et le despotisme sous lequel gémit son bien aimé
« souverain ; il sait tout ce qu'on machine contre lui ; il est venu dans la capitale
« où les autres princes vont le rejoindre et s'entendre avec le Parlement pour y
« ramener le Roi. »

Le président Jean de la Vacquerie lui répondit : « Je prie le duc d'Orléans de
« bien penser à ce qu'il va faire et à prendre garde de perpétuer les divisions de
« la maison de France... Le Parlement est composé de légistes, dont la principale
« occupation est de rendre la justice et ils ne se mêlent des affaires de l'Etat
« qu'autant qu'il plaît au Roi de leur demander conseil. Le duc peut donner ou ne
« pas donner sa remontrance par écrit ; s'il la donne, la Cour verra ce qu'elle aura
« à délibérer. »

Mais le duc d'Orléans, au lieu de se rendre à cet avis, donna des jeux et des fêtes aux Parisiens, et son arrestation fut décidée. Il n'y échappa qu'en s'éloignant hâtivement de Paris. Il forma alors une ligue dans laquelle entrèrent François, comte de Dunois, le prince d'Orange, Commines, Alain d'Albret, François, duc de Bretagne, Richard III, roi d'Angleterre, et enfin Maximilien d'Autriche, roi des Romains.

Ce dernier, qui avait épousé Marie de Bourgogne, et dont la fille, Marguerite d'Autriche, avait été fiancée à l'âge de deux ans avec le dauphin Charles, alors âgé de huit ans (Charles VIII), prétendait que sa fille était reine de France et envoya, par un hérault, au Parlement, à l'Université et au Prévôt des marchands de Paris, des lettres dans lesquelles il leur demandait de faire assembler les Etats généraux « pour besongner sur l'entretènement d'un traité de paix et nouvelle alliance. »

Le Prévôt des marchands, Jean du Drac, répondit à Maximilien en lui adressant la lettre suivante :

« Très hault et puissant prince, c'est le Roy de France qui est icy souverain
« seigneur et Empereur... C'est pour la révérence que nous luy devons, et parce
« qu'il a bien voulu faire conduire votre hérault en l'hostel commun de ceste bone
« ville et cité de Paris, que nous avons pris et faict lire vos lettres ; aultrement,
« pour ce que vous vous êtes élevé en guerre contre le Roy, ne les eussions reçues,
« ni lues. Vous faites en icelle grant énarration d'entreprises que dites avoir esté
« faictes contre la paix par nostre très redouté seigneur et dame Monseigneur et
« Madame de Beaujeu. Nous n'en avons point eu de connaissance. Ce que nous
« savons, c'est que vous êtes entrée en armes en ce royaulme pour grever le Roy
« et ses bons et loyaulx subjects, dont assez nous ne pouvons nous émerveiller, vu
« le mariage d'entre nostre souverain seigneur et la Royne, nostre souveraine
« dame, vostre fille Marguerite ; et nous sembloit bien que si aulcun prince eust
« voulu faire la guerre à nostre Roy, vous auriez dû estre l'ung des princes du
« monde le plus obligé à le défendre par foy, serment, honneur et naturelle
« obligation..., et quant à la dernière clause de vos dites lettres, qui sonne assez
« que votre intention est de continuer la guerre, c'est au pays de Flandre et aux
« autres pays de votre fils que vous ferez le plus de dommage. Et pour résister,
« nous et tous les aultres subjects du Roy, sommes délibérés d'y employer corps
« et biens jusques à la mort inclusivement.

« Ecrit au dit hostel commun de la ville et cité de Paris, le deuxiesme jour de
« septembre, l'an mil quatre cent quatre-vingt-et six. »

. . . .

Anne de Beaujeu était une femme « fine et déliée et vraie image, en tout du « roy Louis son père », dit Brantôme. Elle fit marcher une armée en Flandre, une autre en Bretagne, où ses troupes remportèrent la victoire de Saint-Aubin-du-Cormier, le 28 juillet 1488. Elle maria le jeune roi de France à Anne de Bretagne dont la main avait été demandée par Maximilien lui-même, et renvoya, le 12 juin 1493, à Maximilien, sa fille Marguerite, fiancée à Charles VIII.

Ce fut à la suite de cette union, qui eut lieu au château de Langeais le 13 décembre 1491, et à partir de cette époque, que la Bretagne fit partie du royaume de France.

Anne de Bretagne fut sacrée à Saint-Denis, le 8 février 1492, et fit son entrée solennelle le lendemain à Paris.

L'Hôtel de Ville de Paris

sous

le règne de Louis XII

Louis XII, né en 1462, fils de Charles, duc d'Orléans, et de Marie de Clèves, et arrière-petit fils de Charles V. — Roi de France le 7 avril 1498. — Marié : 1° en 1476, à Jeanne, fille de Louis XI ; 2° le 8 janvier 1514, à Anne de Bretagne ; 3° le 9 octobre 1514, à Marie d'Angleterre, sœur du roi Henri VIII, âgée de 16 ans. — Mort le 1er janvier 1515.

Régna du 7 avril 1498 au 1er janvier 1515.

Liste des Prévôts des marchands et Échevins

SOUS LE RÈGNE DE LOUIS XII

(de 1498 à 1515)

PRÉVÔTS DES MARCHANDS	ÉCHEVINS	
Jacques Piedefer, Avocat au Parlement, du 16 août 1498 au 26 octobre 1499, destitué le 26 octobre 1499.	Anthoine Malingre,	1498
	Louis de Harlay,	1498
	Pierre Turquain,	1499
	Bertrand Ripault,	1499
	Destitués le 26 octobre 1499.	

Une commission composée de Nicolas Potier, Jehan Lapite, Jehan de Marle, Jehan Le Lièvre et Henri Le Bique fut chargée de l'administration de la ville du 26 octobre 1499 au 17 août 1500.

Nicolas Pottier, Général des monnaies, Gouverneur de Paris, du 17 août 1500 au 16 août 1502. (Cette élection eut lieu à la suite du procès intenté à la municipalité après la chute du pont Notre-Dame.)	Jehan de L'Olive,	élu le 16 août 1501
	Jehan de Marle, avocat au Parlement,	—
	Jehan le Lièvre,	—
	Henri le Bègue,	—
Germain de Marles, Général des monnaies, du 16 août 1502 à 1504.	Charles des Molins,	élu le 16 août 1502
	Jehan Paillard,	—
	Jehan Croquet, élu pour un an seulement,	—
	Nicolas Bertillon, élu pour un an seulement,	—
	Et remplacés par :	
	Henri le Bègue,	— 1503
	Etienne Huvé,	—

SOUS LE RÈGNE DE LOUIS XII

PRÉVÔTS DES MARCHANDS	ÉCHEVINS	
Eustache Luillier, Seigneur de Saint-Mesmin, Maître des comptes, du 16 août 1504 au 16 août 1506	Pierre le Masson,	élu le 16 août 1504
	Jean Herbert,	—
	Pierre Paulmier, conseiller au Châtelet,	1505
	Jean le Lievre,	—
Dreux Raguier, Ecuyer, conseiller du Roi et maître des eaux et forêts, du 16 août 1506 au 16 août 1508	Nicolle Séguier, receveur des aides,	élu le 16 août 1506
	Hugues de Neufville,	—
	Etienne Savin, procureur au Parlement,	1507
	Etienne Huvé,	—
Pierre Le Gendre, Trésorier de France, du 16 août 1508 au 16 août 1510	Mary Bureau,	élu le 16 août 1508
	Pierre Turquain, commissaire,	—
	François Choart,	1509
	Regnault Entoullet,	—
Robert Turquain, Conseiller au Parlement, du 16 août 1510 au 16 août 1512	Charles de Montmiral, avocat au Parlement,	élu le 16 août 1510
	Jean Croquet,	—
	Antoine Disomme, conseiller du roi en son trésor,	1511
	Geoffroy de Souchay.	—
Roger Barme, Conseiller et avocat au Parlement, du 16 août 1512 au 16 août 1514	Nicolas Crespy, marchand,	élu le 16 août 1512
	Jehan Olivier, notaire et secrétaire du Roi,	—
	Guillaume Parent, marchand,	1513
	Robert le Lieur,	—
Jehan Brulart, Seigneur d'Aignetz, Conseiller au Parlement, du 16 août 1514 au 16 août 1516	Mary Bureau,	élu le 16 août 1514
	Jean Basannier, changeur,	—

Ecroulement du Pont Notre-Dame (25 octobre 1499)

RESPONSABILITÉS ENCOURUES DE LA PART DE LA MUNICIPALITÉ PARISIENNE

EAN DE MONTMIRAL ayant terminé le 16 août 1498 ses deux années de fonctions de Prévôt des marchands de Paris, il y eut lieu de faire une nouvelle élection le même jour, et Nicolas Piedefer, avocat au Parlement, fut appelé à remplir cette charge pour la seconde fois.

Au moment où ce dernier prit possession de son poste, c'est-à-dire le 16 août 1498, la municipalité parisienne était composée ainsi qu'il suit :

Jacques Piedefer, Prévôt des marchands de Paris.
Etienne Boucher, Simon Aymet, élus échevins le 16 août 1497.
Anthoine Malingre, Louis de Harlay, élus échevins le 16 août 1498.
Les deux premiers échevins furent remplacés par :
Pierre Turquain et Bertrand Ripault, élus le 16 août 1499.
En outre Denis Hesselin était clerc.
Son fils, Jehan Hesselin, remplissait les fonctions de receveur, et Jacques Rebours celles de procureur de la ville.

Le pont Notre-Dame, qui donnait communication entre la cité et la ville, avait été construit au commencement du quinzième siècle, par l'autorité municipale, et Charles VI en avait posé la première pierre en mai 1413; il supportait, depuis son édification, une soixantaine de maisons appartenant, comme le pont lui-même, à la ville, et dont le prix de location rapportait 80 livres par an. Le montant de cette somme était perçu par les fonctionnaires de la municipalité, qui devaient, en échange, entretenir le pont et les maisons qu'il supportait. Depuis longtemps, aucune réparation n'avait été faite, et en présence du mauvais état du pont, l'architecte de la ville avertit, dès 1498, les officiers municipaux de l'urgente nécessité de le réparer au plus tôt. Mais ceux-ci attendirent, malgré ce sage avis, jusqu'au moment où les réparations devinrent impossibles.

Enfin, le 25 octobre 1499, au matin, un maître charpentier s'adressa au magistrat chargé de la police, et lui prédit que le pont allait s'écrouler dans la journée, et qu'il était plus que temps de prendre des mesures en conséquence. Ce magistrat se rendit aussitôt au Parlement, mais comme il n'était que sept heures du matin, la cour n'était pas encore assemblée ; il rencontra en route le président Baillet auquel il annonça la nouvelle. Le Parlement envoya immédiatement l'ordre de faire évacuer d'urgence les maisons du pont et fit placer des sergents aux extrémités pour en prohiber le passage.

Deux heures après, c'est-à-dire vers neuf heures du matin, le pavé du pont Notre-Dame s'entrouvrit, les maisons qu'il supportait se crevassèrent, et enfin la chute du pont lui-même s'effectua avec un fracas épouvantable ; les maisons, dans lesquelles se trouvaient encore quelques habitants tardifs à en sortir, s'écroulèrent, le feu prit dans quelques-uns de ces immeubles et plusieurs personnes périrent dans cette catastrophe.

Le Parlement manda au palais les officiers municipaux responsables de l'accident et les fit tous emprisonner. Il chargea, en outre, une commission composée de Nicolas Potier, général des monnaies, Jehan La Pite, Jehan de Marle, Jehan Le Lievre et Henri Le Bègue, de prendre la direction des affaires de la ville, jusqu'à ce que la justice eût statué sur les responsabilités encourues.

D'après l'enquête, il fut reconnu que le pont Notre-Dame menaçait ruine depuis plusieurs années : ce fut pour ce motif que les deux échevins sortants furent pris à partie en cette circonstance.

Le 9 janvier 1500, la cour du Parlement rendit son arrêt contre les magistrats arrêtés sous l'inculpation d'imprévoyance et de malversation à l'occasion de la chute du pont Notre-Dame ; elle condamna :

Nicolas Piedefer, à payer mille livres parisis d'amende envers la ville.

Boucher, Aymet, Malingre, de Harlay, à payer 400 livres d'amende.

Lesquelles sommes seraient destinées à la reconstruction du pont, après prélèvement de cent livres employées pour un service solennel à célébrer à l'église de Notre-Dame en mémoire des personnes qui avaient péri dans l'accident. La cour prononça, en outre, la destitution de Jacques Piedefer, Pierre Turquain et Bertrand Ripault, et arrêta que Piedefer, Boucher, Aymet, Malingre, de Harlay, Ripault et Turquain restitueraient tous les deniers qu'ils avaient reçus pendant le temps de leur administration.

Quant à Denis Hesselin, il fut condamné à rendre 3.297 livres après l'apurement de ses comptes.

Le 7 novembre 1499, il fut décidé que le pont Notre-Dame serait reconstruit le plus tôt possible, en pierre de taille, au même endroit où se trouvait le pont en bois écroulé, et le 19 décembre suivant, le roi Louis XII signa une ordonnance en vertu de laquelle des aides seraient perçus pour l'édification du nouveau pont à construire. Par suite, un impôt de six deniers fut établi par livre de bétail à pied fourché et de poisson de mer vendus au marché de la ville pendant six années consécutives. La pose de la première pierre du pont Notre-Dame eut lieu le

28 mars 1500, « en laquelle pierre sont troys armes entaillées, c'est assavoir les « armes du Roy au dessus, par le travers desquelles est escript :

> Loys par la grace de Dieu
> Roy de France
> Dovziesme de ce nom.

« Au-dessoulz, à dextre, sont les armes de la ville de Paris, et à senestre, les armes de mons. de Clerieulx, lieutenant pour le Roy, notre sire, et gouverneur de Paris, et au-dessous est escript :

> L'an mil qvatre cens quatre vingtz diz neuf
> Ceste présente pierre fut assize la première
> par Mess. Guillain de Poictiers le vingt hvitiesme jour de mars.

« Le dit jour, la seconde pierre du dit pont a été assise par maître Jehan « Bouchard, conseiller du Roy en son Parlement, et par sire Nicolas Pottier, « maistre Jehan de Marle, Jehan le Lievre et Henry le Begue, commis soubz la « main du Roy au gouvernement de la ville de Paris. »

Élections du Prévôt des Marchands et des Échevins de la Ville de Paris

DU 17 AOUT 1500.

La cour de Parlement prit, à la date du 1ᵉʳ août 1500, l'arrêt suivant autorisant la commission municipale à procéder à l'élection du Prévôt des marchands et des quatre échevins :

Vu l'arrêt prononcé le 9 janvier 1500, privant Jacques Piedefer, de l'office de Prévôt, et Estienne Boucher, Simon Aymet, Anthoine Malingre et Loys de Harlay, de celui d'échevins, et les déclarant incapables d'occuper à l'avenir toutes fonctions de l'espèce.

Vu l'arrêt du 25 du même mois, par lequel Nicolas Potier, Jehan de Marle, Jehan Le Lievre et Henry le Begue, qui avaient demandé, ainsi que le procureur, à être déchargés de l'administration de la ville, afin qu'il fût procédé à l'élection d'un Prévôt et de quatre échevins conformément aux coutumes, franchises, droits et privilèges habituels, furent maintenus à leur poste de commis chargés de l'administration jusqu'au lendemain de la mi-août 1500.

Les commis au gouvernement de la ville sont autorisés à convoquer et assembler selon la manière ordinaire les conseillers et autres officiers de la ville, pour procéder à l'élection d'un Prévôt et de quatre échevins.

La cour de Parlement rendit, en outre à la date du 8 août 1500, un autre arrêt relatif à la marche à suivre pour les élections futures, lesquelles devaient avoir lieu conformément aux indications suivantes :

Les seize quarteniers fourniront chacun une liste des noms des bourgeois, manans et habitants de leur quartier « mesmement des plus notables, soient « marchans, officiers ou autres », aux commis chargés de l'administration de la ville, afin que ceux-ci choisissent parmi eux douze notables par quartier, sur lesquels six seulement (soit quatre-vingt-seize en tout) seront appelés à procéder à l'élection.

Les noms de ces quatre-vingt-seize notables seront ensuite mis dans un chapeau ou bonnet, et les membres de la commission municipale feront tirer « à l'aventure » trente-deux noms, lesquels auront voix à l'élection avec les autres électeurs de droit, c'est-à-dire les dizainiers et les cinquanteniers.

L'élection eut lieu conformément à ces indications, le 17 août 1500.

Les élus furent :

Prévôt des marchands : Nicolas Potier.

Echevins : Jehan de Marle, Jehan Le Lievre, Henry Le Begue et Jehan de l'Olive.

Liste des Conseillers et des Quarteniers de la Ville de Paris

PENDANT L'ANNÉE 1500 (SOUS LE RÈGNE DE LOUIS XII)

Conseillers de ville.

Guillaume de la Haye, Prévôt des marchands en 1484.
Robert Thiboult, président à mortier.
Jean du Drac, Prévôt des marchands en 1484.
Pierre Poignant, Prévôt des marchands en 1490.
Christophe de Cramone, président à mortier en 1503.
Jacques Olivier, premier président en 1517.
Charles Guillard, conseiller en Parlement, président à mortier en 1508.
Antoine Le Viste, Prévôt des marchands en 1520, président à mortier en 1507.
Charles de Montmiral, échevin en 1510.
Jacques Piedefer, Prévôt des marchands en 1492.
Nicolas Pottier, Prévôt des marchands en 1499.
Germain de Marle, échevin en 1476, Prévôt des marchands en 1502.
Louis de Harlay, échevin en 1498.
Pierre Clutin, Prévôt des marchands en 1516.
Jean de Ruel, échevin en 1485.
Antoine Hesselin.
Jean Le Gendre.
Nicolas Viole, Prévôt des marchands en 1494.
Louis Ruzé, lieutenant civil.
Jacques de La Cour, avocat.
Pierre de La Vernade.
Nicolas Seguier, échevin en 1506.
Jean de Wignacourt, conseiller en Parlement.
Jean Leclerc, seigneur du Tremblay, conseiller en Parlement.
Nicolas Charmolue.
Claude de Foucault, échevin en 1527.
Jean de Montmiral, Prévôt des marchands en 1496.
Simon de Neufville, échevin en 1479.

Pierre de La Poterne, échevin en 1491.
Pierre Lormier, échevin en 1525.
Mery Bureau, échevin en 1508.
Jean Le Lièvre, échevin en 1491.

Quarteniers.

François Regnault,
Guillaume André Hebert,
Michel Boutet,
Martin Joseph Bellier,
Guillaume Scourjon,
Pierre Moreau,
René Michel Blouin,
Michel Louis Hazon,
Louis Paul Boucher,
Louis Boisseau,
François Perrichon,
Jacques de Beyne,
Antoine de Serre,
Nicolas Paignon,
Henry de Rosnel,
Marc François Lay.

Fêtes données en l'honneur de l'entrée à Paris d'Anne de Bretagne

FEMME DE LOUIS XII

(20 novembre 1504)

ouis d'Orléans, devenu plus tard Louis XII, fut marié en 1476 à l'âge de quatorze ans à Jeanne, fille de Louis XI, princesse difforme, mais « accomplie de tout honneur et vertu ». Ce mariage étant resté stérile, le Roi résolut de le faire rompre par le Saint-Siège et s'adressa à cet effet au pape Alexandre VI, qui déclara cette union nulle. Jeanne se retira à Bourges où elle fonda, en 1501, l'ordre de l'Annonciade. Louis XII avait, d'autre part, préparé une autre alliance et s'était assuré du consentement de la veuve de Charles VIII, Anne de Bretagne, qui ne pouvait, d'après les conditions de son premier mariage, en contracter un second qu'avec le successeur de son mari ou l'héritier présomptif de la couronne. Louis XII, qui était épris de la beauté d'Anne, se maria à la veuve de son prédécesseur, le 8 janvier 1499.

Anne de Bretagne fut couronnée reine de France en l'église Saint-Denis, le 18 novembre 1504, par le cardinal d'Amboise, légat en France, et fit son entrée royale à Paris le 20 du même mois.

Le Roi, à cette occasion, écrivit de Fontainebleau, le 30 octobre précédent, aux Prévôt et échevins de Paris la lettre suivante :

« Très chers et bien amez,

« Nostre très chère et très amée compagne la Royne a intencion de brief faire
« son entrée en nostre bonne ville de Paris ; et pour ce que desirons de tout nostre
« cueur qu'elle y soit par vous receue et recueillie le plus joieusement et honnora-
« blement que faire pourrez, si vous en avons bien voulu advertir, à ce que vous
« vous preparez de vostre part ainsi le faire comme vous vouldriez faire à nostre
« propre personne. Et en ce faisant nous ferez chose que aurons très agréable et
« que retiendrons à memoire quant besoing sera.

« Très chers et bien amez, Nostre Seigneur vous ait en sa garde.

« Loys. »

En vertu d'une délibération prise, à la suite de la réception de la lettre ci-dessus, en l'Hôtel de Ville de Paris, le 16 novembre 1504, par Eustache Luillier, Prévôt des marchands, et les échevins Henri le Bègue, Etienne Huvé, Pierre le Masson et Jean Herbert, il fut ordonné, pour honorer la Reine et fêter son entrée à Paris, que « commandement sera fait à tous les habitans es maisons depuis la
« porte Saint-Denis jusqu'à Nostre-Dame, par où la Royne passera, qu'ilz aient en
« chascune de leurs maisons en une fenestre du premier estage une torche ardente
« quant la dite dame et son train passeront. »

Que « l'on invitera la Reine à venir disner en l'Ostel de Ville et que l'on la
« doibt recevoir bien honnestement et sumptueusement sans y rien espargner. »

Que « l'on ordonnera douze ou quinze maisons depuis la porte Saint-Denis
« jusqu'à Nostre-Dame pour donner pain et vin et recevoir la Royne, ses demoiselles
« et ses gens, s'il leur survenoit aucune faiblesse. »

Enfin, que « l'on fera faire par la ville quatre-vingts ou cent fallotz pour mettre
« depuis la porte du palais jusqu'à Nostre-Dame pour esclairer la Royne à aller
« depuis ce palais jusques à Nostre-Dame, et depuis Nostre-Dame jusqu'à son
« retour au palais où elle souppera ce jour. »

Après le couronnement, la Reine partit de Saint-Denis le mardi 19 novembre 1504 et coucha à la chapelle Saint-Denis. Le lendemain, mercredi 20, le Prévôt des marchands, les échevins et le clerc de Paris, le premier en robe de velours cramoisy et tanné, et les autres en robe de satin de même couleur, partirent de l'Hôtel de Ville à dix heures du matin et se rendirent à la chapelle au-devant de la Reine. Ils étaient accompagnés des conseillers, quarteniers, gardes et officiers qui s'acheminèrent dans l'ordre suivant :

Deux sergents de l'Hôtel de Ville, suivis des vendeurs et crieurs de vin, des henouars, habillés en vêtements de parade ;

Les archers, en habillement de guerre et hoquetons ;

Les arbalétriers, en habillement de guerre et hoquetons ;

Les sergents de la ville ;

Les Prévôt des marchands, échevins et clercs ;

Les conseillers de la ville ;

Les seize quarteniers, vêtus de robes de damas noir et tanné ;

Les quatre gardes des drapiers, vêtus de robes de satin cramoisy violet, et soixante-dix marchands drapiers vêtus de robes de drap d'écarlate brune sur couleur de violette de mars, en tête desquels marchait à cheval le doyen de cette marchandise, vêtu aussi d'une robe écarlate, tenant un bâton à la main ;

Les quatre gardes de l'épicerie, vêtus de robes de damas pers, et les deux courtiers de cette marchandise, vêtus de robes de drap bleu tanné, suivis de vingt-quatre épiciers vêtus de robes de drap tanné ;

Les quatre gardes de la pelleterie, vêtus de damas gris sandré et les pelletiers vêtus de toutes couleurs ;

Les quatre élus par la communauté des merciers, vêtus de satin tanné brun, suivis de trente merciers vêtus de drap tanné ;

Les quatre maistres changeurs, vêtus de damas tanné, suivis de quatre autres changeurs ;

Les quatre maistres orfèvres, vêtus de damas bleu, suivis de douze autres changeurs ;

Enfin, un grand nombre de bourgeois suivirent ce cortège, les uns à cheval, les autres à pied.

Aussitôt arrivé à la chapelle, le Prévôt des marchands souhaita à la reine Anne la bienvenue et bonne entrée à Paris. La souveraine le remercia et lui dit que s'il avait quelques requêtes à faire au Roi pour sa bonne ville de Paris, elle serait son avocate près de lui. Le cortège défila ensuite devant Anne de Bretagne qui prit grand plaisir à le voir et revint à Paris.

A onze heures, la Reine monta dans sa litière et arriva à la porte Saint-Denis à midi. Là, le Prévôt de Paris et les généraux des finances et de la justice et autres officiers, allèrent lui faire la révérence.

A la porte Saint-Denis, à la fontaine du Ponceau, devant les églises Saint-Leu et Saint Gilles, à la fontaine Saint-Innocent, devant le Châtelet, et dans plusieurs autres endroits du parcours, furent représentés différents « mystères ».

La Reine fut reçue à Notre-Dame par l'évêque de Paris en ses habits pontificaux et entouré de ses chanoines, elle fut conduite par eux jusqu'au chœur où elle fit sa prière, puis elle rentra dans sa litière et se fit conduire au palais où elle assista, ainsi que les nobles dames et les grands seigneurs de sa cour, au festin qui avait été somptueusement préparé en son honneur.

Transport de Blois à Paris du corps de Charles duc d'Orléans

(21 février 1505)

ouis XII, roi de France, ordonna, au mois de février 1505, que le corps de son père Charles, duc d'Orléans, fils aîné de Louis, duc d'Orléans, qui était fils de Charles V et frère de Charles VI, fondateur de la seconde maison d'Orléans, et de Valentine de Milan ; époux de Marie de Clèves, mort le 4 janvier 1465, serait transporté de Blois où il avait été inhumé à Paris, afin qu'il fût déposé dans l'église des Célestins, à côté des restes de Louis d'Orléans, son père, mort en 1407, bienfaiteur de ce couvent.

Par une délibération en date du 17 février 1505, le Prévôt des marchands, Eustache Luillier, et les échevins Henry Le Begue, Etienne Huvé, Pierre Le Masson et Jehan Herbert, décidèrent que, pour faire honneur au Roi, le corps municipal, habillé en robes et chaperons de deuil, au compte de la ville, ainsi qu'il est d'usage en pareil cas, se rendrait au-devant du corps du duc d'Orléans.

L'entrée à Paris du corps de Charles, duc d'Orléans, eut lieu le 21 février 1505. Les officiers de la ville, les sergents « vestus de leurs hoquetons et robes noires, une flèche ou vire en leur point », les conseillers, les quarteniers, les maîtres et gouverneurs des six marchandises, se rendirent de l'Hôtel de Ville à Notre-Dame des Champs, où furent déposés les restes du défunt, qui avaient été amenés à Paris sur un chariot par la porte Saint-Jacques. L'évêque de Paris, les chanoines et les quatre ordres mendiants vinrent en cet endroit au-devant du cortège funèbre en tête duquel ils marchèrent. Ils furent suivis de seize crieurs en deuil portant les armes du défunt et « sonnant leurs clochettes », de cent archers, arbalétriers et officiers portant de grosses torches aux armes des villes de Paris et de Blois et aux armes du duc, de héraults d'armes à cheval, de seigneurs à cheval portant l'épée, le heaume, l'écu, la cote d'armes, le guidon et la bannière du défunt, et enfin d'un grand coursier d'honneur couvert de velours noir, tenu en main.

Le chariot, recouvert d'un drap d'or rez, fut traîné par quatre grands chevaux caparaçonnés de velours noir, avec croix blanche. Il était entouré de six nobles portant les quatre coins et deux autres dans le milieu.

Derrière le chariot marchaient le duc d'Alençon, le comte de Montpensier, les seigneurs de Foix et de Dunois, le légat d'Amboise, le chancelier, les membres de la cour de Parlement, les généraux des finances, de la justice, des aides, des monnaies, du trésor, les uns à cheval, les autres à pieds, et enfin les Prévôt des marchands, échevins, clercs, receveur de la ville et un grand nombre de bourgeois et notables.

Le cortège se rendit ensuite jusqu'à l'église des Célestins où un riche mausolée avait été édifié en l'honneur de Louis d'Orléans, et où fut déposé le corps de son fils, Charles d'Orléans, père de Louis XII.

Le lendemain, 22 février 1505, un grand service, auquel assistèrent les officiers et bourgeois de Paris, fut célébré dans l'église des Célestins pour le repos de l'âme de Charles d'Orléans.

Décision prise par le bureau de la ville de Paris concernant les fortifications

(26, 30 et 31 août 1513)

Conformément à la délibération prise le 23 août 1513, en la chambre du conseil, concernant les fortifications de Paris, le Prévôt des marchands et les échevins visitèrent les portes, murailles et passages, afin de se rendre compte des réparations à y faire, pour éviter les surprises de l'ennemi, en cas de guerre.

A la suite de cette visite, il fut décidé aux assemblées des officiers municipaux en date des 26, 30 et 31 août 1513, que les quarteniers seraient désormais chargés de la garde des portes, et que quatre personnes seraient à l'avenir désignées, sous la responsabilité de ces derniers, pour s'assurer, depuis l'ouverture jusqu'à la fermeture, des personnes entrant ou sortant, arrêter celles qui seraient soupçonnées comme ennemis et les amener à l'Hôtel de Ville où il en serait décidé.

La désignation des portes de la ville confiées aux quarteniers fut, en conséquence, la suivante :

La porte Saint-Victor, à Jacques Le Hodoyer.
La porte Bordelle, à Robert Eschars.
La porte Saint-Jacques, à Jehan Croquet et à Pierre Cossé.
La porte Saint-Michel, à Jehan Macyot.
La porte Saint-Germain, à Jehan Herbert.
La porte Saint-Honoré, à Geoffroy Croix et à Godefroy.
La porte Montmartre, à Jehan du Buz.
La porte Saint-Denis, à Charles L'Oyson et à Pierre de Mousy.
La porte Saint-Martin, à François Choart et à Bazanier.
La porte du Temple, à Estienne Savin.
La porte Saint-Antoine, à Jehan Turquant et à Nicolas Crespy.

Transport des restes d'Anne de Bretagne de Blois à Saint-Denis

(22-24 février 1514)

NNE de Bretagne, qui, malgré l'engagement qu'elle avait primitivement pris de donner sa main à l'empereur Maximilien, épousa en premières noces Charles VIII, roi de France, le 6 décembre 1491, et se remaria à la mort de ce dernier, avec son successeur Louis XII, le 8 janvier 1499, tomba malade au château de Blois et y mourut le 9 janvier 1514, à l'âge de 38 ans. A la nouvelle du décès d'Anne, qui fut ainsi deux fois reine, « le peuple de France, dit Brantome, ne se put saouler de la plourer ».

Il fut décidé en la chambre du conseil présidé par le duc de Valois-Angoulême (plus tard François Ier) et composé de René de Prie, évêque de Bayeux, de Jean Huart, duc d'Albany, d'Etienne II de Poncher, évêque de Paris, du trésorier Robertet et de plusieurs barons de Bretagne, que les restes de la Reine seraient solennellement transportés de Blois dans les caveaux de St-Denis, où ils seraient déposés, que le duc de Valois-Angoulême, héritier du royaume de France, conduirait lui-même le deuil et marcherait le premier après le corps, et qu'il serait suivi par Charles IV, duc d'Alençon, qui avait épousé en 1509, Marguerite, fille de Charles d'Angoulême, sœur du futur roi François Ier et par le comte de Vendôme, Charles de Bourbon, qui avait épousé en 1513 Françoise d'Alençon, veuve de François II d'Orléans-Longueville. Louise de Bourbon-Montpensier, Louise de Savoie, veuve de Charles d'Angoulême et mère de François Ier, Marguerite, femme de Charles IV d'Alençon, sœur de François Ier, la comtesse douairière de Vendôme, Marie de Luxembourg, veuve de François de Bourbon, comte de Vendôme et Françoise d'Alençon, femme de Charles de Bourbon, duc de Vendôme, qui s'étaient rendues à la cour pour la circonstance, devaient également assister à la cérémonie funèbre. Enfin, cinquante habitants de Blois devaient porter des torches ardentes aux armes de cette ville tout le long du parcours du convoi jusqu'à Saint-Denis. Le roi Louis XII chargea en outre le trésorier Legendre de faire connaître aux autorités municipales de Paris qu'il laissait à leur discrétion le soin d'honorer à son passage dans la capitale du royaume le corps de la Reine défunte.

En conséquence, Roger Barme, Prévôt des marchands de Paris, et les échevins Nicolas Crespy, Jehan Olivier, Guillaume Parent et Robert Le Lieur se réunirent au bureau de la ville, le 8 février 1514, ainsi que les conseillers et autres officiers, afin d'aviser aux mesures qu'il y avait lieu de prendre en cette occasion. Ces magistrats décrétèrent que les portes de la ville seraient tendues de serges noires, ainsi que les rues où le convoi passerait, depuis son entrée jusqu'à sa sortie de la ville, que les habitants recevraient l'ordre d'avoir à tenir des torches ardentes aux écussons de Paris au moment du passage devant leurs maisons, que la ville ferait elle-même porter 320 torches par des archers et des arbalétriers, que les rues, depuis Notre-Dame-des-Champs jusqu'à Saint-Ladre seraient nettoyées, que des barrières seraient mises dans les rues traversières pour arrêter les voitures et la foule, et qu'enfin tous les officiers municipaux, vêtus de deuil aux frais de la ville se rendraient au devant des restes de la Reine, jusqu'à la porte Saint-Jacques.

Le corps d'Anne de Bretagne arriva le 22 février 1514 à Notre-Dame-des-Champs, ainsi que les princes, princesses et seigneurs qui l'accompagnaient, et fut déposé dans cette église où il resta jusqu'au 24 du même mois, jour où il fut transféré à Saint-Denis avec la pompe et le cérémonial prescrits. Les Prévôt des marchands, échevins et officiers de la ville se rendirent à la porte Saint-Jacques et selon la coutume, six d'entre eux portèrent le ciel au-dessus de la Reine et tous se rendirent à Notre-Dame, où eut lieu un service religieux, après lequel le cortège composé de la même manière se mit en route jusqu'à la porte Saint-Denis.

Le lendemain les autorités de Paris assistèrent à la cérémonie religieuse faite à l'église de Saint-Denis, dans les caveaux de laquelle fut déposé le corps d'Anne de Bretagne.

Entrée de Marie d'Angleterre, troisième femme de Louis XII, à Paris

SA VISITE A L'HÔTEL DE VILLE

(6-26 NOVEMBRE 1514)

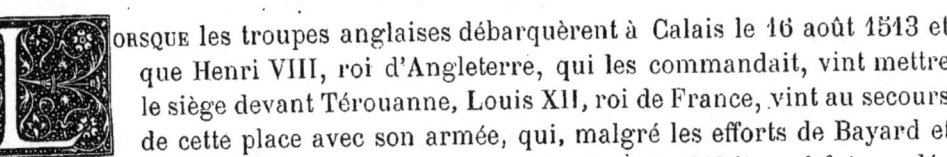

ORSQUE les troupes anglaises débarquèrent à Calais le 16 août 1513 et que Henri VIII, roi d'Angleterre, qui les commandait, vint mettre le siège devant Térouanne, Louis XII, roi de France, vint au secours de cette place avec son armée, qui, malgré les efforts de Bayard et La Palisse, battit en retraite à Guinegate. A la suite de cette défaite qui fut appelée la *Journée des éperons*, Henri VIII fit raser Térouanne et mit le siège devant Tournay dont il s'empara le 24 septembre suivant.

Au nombre des prisonniers faits à Guinegate se trouvait le duc de Longueville, qui, avec le roi d'Angleterre revenu dans ses États pour réprimer les Écossais, jouait fréquemment au jeu de paume. Ce duc résolut de tenter la réconciliation des deux rois. Sur ces entrefaites, Anne de Bretagne vint à mourir le 9 janvier 1514; cet événement facilita le plan du duc de Longueville et eut pour conséquence la ratification d'un traité de paix entre le France et l'Angleterre, en vertu duquel Henri VIII donna en mariage à Louis XII, alors âgé de cinquante-trois ans, sa sœur Marie d'Angleterre, seulement âgée de seize ans. Cette union disproportionnée, fut solennellement célébrée le 9 octobre 1514 à Abbeville. La proclamation de la paix eut lieu à Paris le 16 août 1514 à son de trompes et clairons en présence du Prévôt de Paris et de ses lieutenants, et le lendemain une procession à laquelle assistèrent le Prévôt des marchands et les échevins, ainsi qu'un grand nombre d'officiers et de bourgeois de la ville, fut faite autour de la cité.

Le 23 août 1514, l'évêque de Paris fit connaître au Prévôt des marchands, Jean Brulart, qui venait de succéder dans cette charge le 16 du même mois, à Roger de Barme et aux échevins, Guillaume Parent, Robert Le Lieur, Mary Bureau et Jean Basannier, que Marie d'Angleterre devait faire son entrée dans Paris dans le courant d'octobre, et que le roi désirait qu'elle y fût reçue avec tous les honneurs dus à son rang, ainsi que les membres de l'ambassade qui devaient l'y précéder. Le bureau de ville se réunit en conséquence le 29 août et décida

que la nouvelle reine de France serait reçue avec tous les honneurs possibles
« ainsi qu'en tel cas est acoustumé, tant à aller honorablement au devant que à
« fere mistères et esbatements en portes et autres lieux, et aussi à luy fere don et
« présent », et que les officiers de la ville accompagnés d'archers et d'arbalétriers se rendraient au devant de l'ambassade de la Reine.

Le 2 septembre 1514 les Prévôts des marchands et eschevins se réunirent de nouveau pour entendre la lecture d'une lettre du roi Louis XII écrite à Saint-Cloud le 24 août précédent concernant le traité de paix avec Henri VIII, son mariage et l'entrée de la Reine à Paris, et décidèrent « d'aller en bon ordre et honorables
« habits au devant d'elle jusques à la chapelle Saint-Denis en notable et grosse
« compagnie, de porter ciel sur elle à l'entrée de la ville, et aussi de lui faire de
« par la ville don et présent notable et condecent. »

Les ambassadeurs d'Angleterre arrivèrent à Paris le 12 septembre 1514, et ainsi qu'il avait été convenu, les Prévôt des marchands et échevins se rendirent à leur rencontre jusqu'en dehors de la porte Saint-Denis, et les accompagnèrent jusqu'à l'hôtel du sire Le Coq, rue Saint-Antoine, près des Tournelles où ils descendirent, et où ils leur firent des présents.

L'entrée de la reine Marie eut lieu le lundi 6 novembre 1514. Le cortège qui alla à sa rencontre se réunit à dix heures du matin sur la place de Grève et se mit en route dans l'ordre suivant :

1° Dix sergents de la ville à cheval, « vestuz de leurs robbes my parties avecques leurs navires ;

2° Après eux, deux à deux, les menuz officiers de la ville, mesureurs de grains, vendeurs et courtiers de vins, mosleurs de buches et de charbons, les ungs à pié tenans ung baston blanc en la main, les autres à cheval, tous vestus de leurs plus biaux habits ;

3° Soixante archers et soixante arbalestriers, leurs trompettes devant eulx, portans bannières aux armes de la ville ;

4° Huit sergens de la ville ;

5° Les Prevost des marchans et eschevins et le clerc de la ville vestuz de robbes my parties de cramoisy et tanné fourrées de martres ;

6° Les procureur et receveur de la ville et les conseillers, vestus de leurs meilleurs habits ;

7° Les quarteniers vestuz de robbes de livrée (damas noir et tanné) ;

8° Les quatre maistres de la draperie esleux à porter le ciel à leur tour, vestuz de robbes de soye de livrée, et bon groz nombre de marchans de leur estat ;

9° Les quatre esleuz de l'espicerie, aussi vestuz de soye de livrée de leur estat ;

10° Les quatre esleuz de la pelleterie, aussi vestuz de soye de livrée de leur estat ;

11° Les esleuz de la mercerie, vestuz de velours noir de leur estat;

12° Enfin les quatre jurez bonnetiers, suivis des changeurs, des orfèvres et des bourgeois de Paris ».

Arrivés dans cet ordre à la chapelle Saint-Denis, les Prévôt et échevins vinrent faire la révérence à la Reine ; Jehan Brulard lui souhaita la bienvenue, et Marie d'Angleterre, qui ne parlait pas français, lui fit répondre par l'évêque qui fut chargé de les remercier et de leur faire connaître qu'elle s'offrait de s'employer près du roi pour tout ce qui pourrait contribuer au bien de la ville.

Le cortège se mit ensuite en route pour le retour et accompagna jusqu'à Notre-Dame la Reine qui traversa la capitale sous un magnifique ciel porté tour à tour par les élus de la marchandise.

Marie d'Angleterre devenue reine de France se rendit ensuite au palais où un festin fut offert aux officiers de la ville.

Il fut en outre décidé le 9 novembre 1514 que le présent qui devait être fait à la Reine, par la ville de Paris, consisterait en vaisselle d'argent doré d'une valeur de six mille francs au moins, et que ce don lui serait présenté à l'hôtel de ville où elle serait reçue et fêtée le jour où il lui conviendrait de s'y rendre. Le jour de cette visite fut fixé au 26 du même mois.

La jeune Reine, précédée du duc de Valois-d'Angoulème (François 1er), de Charles de Bourbon, du duc de Suffolk, chef de l'ambassade anglaise, et de nombreux seigneurs, arriva à cheval à l'hôtel de ville à midi ; elle était en outre accompagnée de Françoise d'Alençon, de Louise de Montpensier, de Louise de Savoie, et de Marie d'Albret.

Marie, les grandes dames et les seigneurs, furent reçus par les Prévôt des marchands, échevins et officiers de la ville et prirent place à des tables splendidement servies en leur honneur ; la vaisselle d'argent fut ensuite remise à la Reine, qui, après le dîner, se rendit au bureau des officiers de la ville, où on lui offrit des dragées et des vins fins. Elle remercia le Prévôt et les échevins de la réception qui venait de lui être faite, et rejoignit son royal époux, à l'hôtel des Tournelles.

L'Hôtel de Ville de Paris

SOUS

le règne de François Ier

FRANÇOIS Ier, né à Cognac le 12 septembre 1494, fils de Charles d'Orléans, comte d'Angoulême et de Louise de Savoie, arrière-petit-fils de Louis d'Orléans, frère de Charles VI, et de Valentine de Milan. — Roi de France le 1er janvier 1515. — Marié : 1° en 1514, à Claude de France, fille de Louis XII et d'Anne de Bretagne ; 2° le 4 juillet 1530, à Eléonore d'Autriche, sœur de Charles-Quint et veuve d'Emmanuel, roi de Portugal.

Régna du 1er janvier 1515 au 31 mars 1547.

Liste des Prévôts des marchands et Échevins
SOUS LE RÈGNE DE FRANÇOIS Ier
(de 1515 à 1547)

PRÉVÔTS DES MARCHANDS	ÉCHEVINS	
Jean Brulard, Seigneur d'Aignetz, conseiller au Parlement, du 16 août 1514 au 16 août 1516.	Mary Bureau, Jean Basannier, Jacques le Lièvre, Millet Perrot,	élu le 16 août 1514 — 1515 —
Pierre Cleutin, Sieur de Tour soubz Montmorency et de Villeparisis, conseiller au Parlement (fut élu pour achever le temps de Brulard, décédé), du 16 août 1516 au 16 août 1518.	Jean Du Bus, marchand, Sire Geoffroy de Souchay, Claude Olivier, élu de Soissons, Pierre Dessoubz-le-Four,	élu le 16 août 1516 — 1517 —
Pierre Lescot, Seigneur de Lissy, procureur général, conseiller du roi et procureur général en la cour des aydes, du 16 août 1510 au 16 août 1520.	Jean Turquain, quartenier, Jean Allard, huissier du Parlement, Nicolas Le Coincte, maître de la monnaie, Nicolas Charpentier, marchand drapier,	élu le 16 août 1518 — 1519 —
Anthoine le Viste, Seigneur de Fresne, conseiller et maître des requêtes ordinaires de l'ostel du roi, du 16 août 1520 au 16 août 1522.	Jean Palluau, Jean Bazanier, Gaillard Spifame, receveur des tailles en l'élection de Sens, Nicolas Chevalier, bourgeois drapier,	élu le 16 août 1520 — élu le 15 août 1521 —

PRÉVÔTS DES MARCHANDS

Guillaume Budé,
Seigneur de Marly-la-Ville, maître des requêtes de l'hôtel et maître de la librairie, du 16 août 1522 au 16 août 1524.

Jean Morin,
Lieutenant général de baillages de Paris et du palais, du 16 août 1524 au 16 août 1526.

Germain de Marle,
Seigneur du Thillay, notaire et secrétaire du roi et général des monnaies, du 16 août 1526 au 16 août 1528.

Gaillard Spifame,
Seigneur de Pisseaux et de Douy, général des finances en la charge d'Outre-Seine, 1528 à 1530.

Jean Lhuillier,
Seigneur de Boullencourt et de Presle, maître des comptes, conseiller du roi, 1530 à 1532.

ÉCHEVINS

Jean Croquet, bourgeois marchand,	élu le 16 août 1522
Jean Morin, lieutenant du bailly du palais,	—
Claude Sanguin, marchand et bourgeois de Paris,	élu le 17 août 1523
Jean Le Clerc, seigneur d'Armendielle, auditeur en la chambre des comptes,	—
Guillaume Seguier, marchand et bourgeois de Paris (mort en 1524),	élu le 16 août 1524
Claude Le Lièvre (décédé en mai 1525).	—
Claude Foucault, seigneur de Mondetour,	— 1525
Jean Turquan, quartenier,	—
Pierre Lormier, commissaire au Châtelet, élu pour un an seulement,	—
Germain Le Lieur, marchand,	élu le 16 août 1526
Jacques Pinel, marchand,	—
Nicole Guédon, avocat au Parlement,	— 1527
François Gayant, clerc du roi, auditeur aux comptes,	—
Vincent Macyot, quartenier,	élu le 16 août 1528
Pierre Fournier,	—
Regnaud Picard, notaire et secrétaire du roi,	1529
Pierre Hennequin, seigneur de Mathault et avocat au Parlement,	1529
Jean de Moussy, conseiller-correcteur des comptes,	1530
Simon Teste, conseiller du roi,	1530
Gervais Larcher,	1531
Jacques Boursier,	1531

PRÉVÔTS DES MARCHANDS	ÉCHEVINS	
	Claude Daniel, conseiller du roi, auditeur des causes au Châtelet,	1532
Pierre Viole, Conseiller du roi au Parlement 1532 à 1534.	Jean Barthélemy, bourgeois de Paris, quartenier et marchand,	1532
	Martin de Bragelongue, conseiller du roi au baillage du palais,	1533
	Jean Courtin, conseiller du roi, auditeur à la chambre des comptes,	1533
	Guillaume Quinette, receveur des généraux des aides et quartenier,	1534
	Jean Arroger, bourgeois de Paris,	1534
Tronson, Seigneur du Coudray-sur-Seine, conseiller au Parlement, 1534 à 1538.	Christophe de Thou, avocat du roi aux eaux et forêts,	1535
	Eustache le Picard, notaire et secrétaire du roi,	1535
	Claude Le Lièvre,	1536
	Pierre Raoul,	1536
	Jacques Paillard, seigneur de Jumeauville,	1537
	Nicole de Hacqueville, seigneur d'Atichy et de Garges, avocat au Parlement,	1537
Augustin de Thou, Seigneur de Bonneul et d'Abbeville en Beauce, conseiller au Parlement, président en la chambre des enquêtes, 16 août 1538 à 1540.	Jean Croquet,	1538
	Guillaume Danès, quartenier,	1538
	Antoine le Coincte, conseiller du roi au Châtelet,	1539
	Jean Parfait,	1539
Etienne de Montmiral, Seigneur de Fourqueux, conseiller du roi au Parlement, de 1540 à 1542.	Guillaume Legras,	1540
	Guichard Courtin, quartenier,	1540
	Thomas de Bragelongue, conseiller du roi en la conservation des privilèges de l'Université,	1541
	Nicolas Perrot,	1541
André Guillard, Seigneur du Mortier et des Pichelières, maître des requêtes de l'hôtel du roi, de 1542 à 1544.	Denis Picot, seigneur d'Ambouelle, conseiller du roi,	1542
	Henri Godefroy, auditeur des comptes et quartenier,	1542
	Pierre Seguier, lieutenant criminel au Châtelet de Paris,	1543
	Jean Chopin, marchand et bourgeois de Paris,	1543

PRÉVÔTS DES MARCHANDS	ÉCHEVINS	
Jean Morin, Lieutenant civil de la prévôté de Paris, du 16 août 1544 au 16 août 1546.	Jean de Saint-Germain, bourgeois de Paris,	16 août 1544
	Jean Barthélemy, bourgeois de Paris,	—
	Jacques Aubery,	1545
	Denis Tanneguy, avocat au Parlement,	1545
Louis Gayant, Seigneur de Varâtre, conseiller du roi au Parlement, du 16 août 1546 au 16 août 1548.	Denis Barthélemy, quartenier,	16 août 1546
	Fiacre Charpentier, marchand,	—
	Nicolas Le Cirier, avocat au Parlement,	1547
	Michel Vialart, lieutenant de la Conservation,	1547

Funérailles de Louis XII. Avènement de François Ier

(JANVIER-FÉVRIER 1515)

Louis XII, marié dans un âge avancé à une jeune fille de quinze ans, succomba bientôt aux exigences matrimoniales et mourut dans la soirée du lundi 1er janvier 1515, à Paris, en l'hôtel des Tournelles. La communication de ce décès fut aussitôt faite à l'Hôtel de Ville de Paris et le samedi suivant, 6 janvier, les conseillers et quarteniers se réunirent pour se concerter au sujet des mesures à prendre pour les funérailles du Roi. Il fut décidé que l'on rendrait à Louis XII au moins les mêmes honneurs qu'à la reine défunte, Anne de Bretagne, et de plus grands encore, attendu que le Roi était mort à Paris et que son successeur, François de Valois, se trouvait dans la capitale, ainsi que les princesses et princes royaux.

En conséquence, le bureau de la ville arrêta :

1° Que toutes les rues par où passerait le convoi mortuaire se rendant de l'hôtel des Tournelles à Notre-Dame de Paris, et de cette église à celle de Saint-Denis, seraient nettoyées et tendues de noir ;

2° Que l'on ferait fabriquer aux frais de la ville trois cent vingt torches en cire, chacune de deux livres, garnies de deux écussons aux armes de Paris, et qu'elles seraient portées par les ordres religieux mendiants : les Cordeliers, les Jacobins, les Carmes et les Augustins ;

3° Que les officiers de la ville, clerc, procureur et receveur, accompagneraient le corps en habits de deuil.

Cette cérémonie funèbre eut lieu conformément aux prescriptions ci-dessus ; la douleur publique fut sincère. Les crieurs, en sonnant leurs clochettes, prononçaient le long des rues les mots suivants : « Le bon roi Louis, père du peuple, est mort. »

François Ier fit élever, en 1517, dans l'église de Saint-Denis, un tombeau où furent déposés les restes de Louis XII et d'Anne de Bretagne. Ce monument, l'un des plus beaux de la Renaissance, fut exécuté en marbre d'Italie par les statuaires français Jean Juste, de Tours, et son frère Antoine. Les bas-reliefs représentent l'entrée de Louis XII à Milan, le passage des montagnes de Gênes et la bataille d'Agnadel.

Le Roi est mort !
Vive le Roi !

François Ier, après la cérémonie de son sacre et de son couronnement par l'archevêque Robert de Lenoncourt, en la cathédrale de Reims, le 25 janvier 1515, fit son entrée royale à Paris le 15 février suivant.

A cette occasion, le bureau de la ville décida :

1° Le 18 janvier 1515, que des « lices » seraient faites pour des joutes en l'honneur de la joyeuse entrée du roi à Paris ;

2° Le 22 du même mois, que, malgré les charges incombant à la ville, les fêtes données en cette circonstance seraient faites selon l'habitude et qu'un don d'une valeur de dix mille francs serait présenté au nouveau roi.

En exécution de ces décisions, le Prévôt des marchands, Jehan Brulart, les échevins Guillaume Parent, Robert le Lieur, Jehan Basanier et Mary Bureau, et le clerc de la ville, vêtus de robes mi-partie de velours cramoisy et fourrées de martre, allèrent jusqu'à la chapelle Saint-Denis, au devant du Roi qui, « vestu tout de blanc d'argent retraict par dessus son harnois, faisoit saulx et penades. »

Le Roi se rendit à Notre-Dame de Paris, et de là au palais, où fut servi un somptueux dîner, auquel assistèrent les officiers municipaux.

Le 11 mars suivant, le Prévôt, les échevins, les conseillers et bourgeois de la ville présentèrent au Roi, en don, à l'occasion de son joyeux avènement, « ung
« ymaige de Sainct-François assiz sur ung pié double à quatre pilliers, entre
« lesquelz a une sallemande couronnée tenant en sa gueulle ung escripteau
« esmaillé de rouge et blanc, auquel a en escript : *Nutrisco et extinguo* ; et au-
« dessus d'icelle couronne ung petit ange tenant une cordelière, en laquelle estoit
« assise une grande table d'esmeraulde carrée. »

Cette « ymaige », qui n'était autre chose qu'une statue, avait environ deux pieds et demi de haut ; le tout en or pesant quarante-trois marcs, quatre onces et cinq gros, en bon or à vingt-trois carats.

Réception à Paris de la reine Claude, femme de François Ier

(17 mai 1517)

FRANÇOIS Ier écrivit de Vincennes le 11 mars 1517, la lettre suivante aux autorités municipales de Paris :

« Très chers et bien amez, en ensuyvant ce que vous avons fait
« dire par le sire Des Chanetz, nostre très chere et très amée com-
« paigne la royne a intention de bref faire son entrée en nostre ville de Paris, et
« pour ce que désirons qu'elle y soit par vous receue et recueillye plus honorable-
« ment que faire pourrez, et ainsi que vous avez accoustumé de faire par cy-devant.
« A ceste cause vous en avons bien voulu escripre et advertir ad ce que vous
« préparez et donnez ordre de vostre part es choses qui seront necesseres, et comme
« vouldriez faire pour nostre propre personne. Et ce faisant, nous ferez chose que
« aurons très agréable et que retiendrons à mémoire, quant besoing sera.
« Très chers et bien amez, Nostre Seigneur vous ait en sa garde.

« FRANÇOIS. »

Communication de cette lettre fut faite aux vingt-quatre conseillers, aux seize quarteniers et aux six notables des divers états par quartier, réunis en assemblée le 16 mars 1517. Le Prévôt des marchands, Pierre Cleutin, après leur avoir donné connaissance de l'entrevue qu'il avait eue avec le lieutenant du Roi, des Chanets, proposa de recevoir la Reine le plus honorablement possible. On décida, par suite, de lui offrir des dons et présents selon l'habitude, de faire tendre de tapisseries les portes et rues par où elle passerait, depuis la Herse de la porte Saint-Denis jusqu'au palais, de barrer les rues traversières, d'éviter les encombrements et « d'establir misteres et esbattements aux lieux accoutumez ». Il fut en outre convenu que le Prévôt des marchands, les échevins et les maistres des marchandises et confréries iraient jusqu'à la chapelle Saint-Denis au devant de la Reine.

Par une autre délibération prise le 4 mai 1517, les conseillers de la ville décidèrent que la reine Claude serait invitée à dîner à l'Hôtel de Ville le jour où cela lui conviendrait, et que des présents lui seraient offerts en ce jour.

Claude de France, fille de Louis XII et d'Anne de Bretagne, était née le 14 octobre 1499 ; elle avait épousé, au mois de mai 1514, François d'Angoulême, auquel elle avait été fiancée en 1506. Elle était donc à peine âgée de dix-huit ans lorsqu'elle fit son entrée à Paris, le 17 mai 1517, à quatre heures de l'après-midi. Elle était accompagnée de la mère du Roi, Louise de Savoie, en litière couverte, des duchesses d'Alençon, de Vendosmois, et de beaucoup d'autres dames « tant en hacquenée que en chariotz ». A côté d'elles marchaient sur des mules les ducs d'Alençon et de Bourbon, et devant elles de nombreux princes et seigneurs.

Les Prévôt des marchands, eschevins et clerc de la ville, vêtus de « robbes my parties de velours rouge et tanné et pourpoints de satin cramoisy », ainsi que les bourgeois et marchands des confréries, précédés des archers et arbalétriers de la ville à cheval, se rendirent au devant de la reine et l'accompagnèrent à son entrée ; quatre élus des confréries portèrent le ciel au-dessus d'elle.

L'ordre suivi dans cette cérémonie fut identique à celui qui avait été observé lors de l'entrée de la reine Anne de Bretagne après son couronnement à Saint-Denis (18-20 novembre 1504).

Mesures prises par la ville de Paris après la défaite de Pavie

Lorsque l'empereur d'Allemagne, Maximilien, mourut, Charles V, dit Charles-Quint, fils de Philippe le Beau, archiduc d'Autriche, roi de Castille et des Pays-Bas, et de Jeanne la Folle, le remplaça le 11 janvier 1519. François Ier, roi de France, son compétiteur, ne lui pardonna pas ce succès et résolut, pour le combattre, de s'attirer les bonnes grâces de Charles VIII, roi d'Angleterre, qui, sur l'avis de son ministre Wolsey, cardinal d'York, se rendit entre Ardres et Guines, pour assister à la fameuse et resplendissante entrevue du camp du Drap d'Or, qui eut lieu au mois de juin 1520.

Robert de la Marck, duc de Bouillon, ayant déclaré la guerre, en 1521, à Charles-Quint, celui-ci soupçonna qu'il était appuyé par le roi de France, et rétablit François Sforza dans le duché de Milan convoité par François Ier.

A cette nouvelle, François Ier confia à l'amiral Bonnivet l'expédition d'Italie. L'armée des confédérés, Italiens et Espagnols, à laquelle s'était jointe celle du connétable de Bourbon, traître à son roi et à sa patrie, battit, à la fin de l'année 1524, l'armée française à Rebec, où Bonnivet fut grièvement blessé, et où fut tué Bayard, le chevalier sans peur et sans reproche. Le roi se décida alors à partir lui-même pour l'Italie avec une armée de quarante mille hommes, confia, avant son départ, la régence de son royaume à sa mère, Louise de Savoie et vint mettre le siège devant Pavie, en Lombardie.

Le connétable Charles de Bourbon, qui avait jadis vaillamment combattu pour son roi à Marignan et le général Pescara commandaient l'armée espagnole. François Ier, sur les conseils de Bonnivet, partagea son armée, expédia deux détachements l'un vers Naples, l'autre vers Savone, et ne conserva que quatre mille chevaux ; cette faute lui fut fatale. Il livra bataille à l'ennemi le 24 février 1525, sous les murs de Pavie, et fut vaincu, malgré sa vaillance et le courage des siens. Le roi de France fut blessé au visage, au bras et à la main droite. Ses généraux, Louis de la Trémouille, le maréchal de Chabannes, le marquis de Lorraine, le sire de Laval et le duc de Longueville furent tués. Bonnivet, cause de cette défaite, de désespoir se jeta au plus fort de la mêlée et se fit tuer ; huit mille Français périrent en cette triste journée.

Le Roi, blessé, fut forcé de remettre son épée à Lannoy, vice-roi de Naples et de se constituer prisonnier de l'empereur Charles-Quint. De la forteresse de Pizzighetone, près Milan, il fut transféré à Gênes, fut embarqué pour Valence (Espagne) et fut conduit à Madrid, où il fut emprisonné dans une tour des remparts.

François Ier annonça lui-même à sa mère régente sa défaite et sa captivité, en lui écrivant ces mots qui sont restés célèbres : « Tout est perdu, Madame, fors l'honneur ». Louise de Savoie était alors au palais archiépiscopal de la cathédrale Saint-Jean, à Lyon ; dès qu'elle reçut la triste nouvelle, elle la fit connaître aux magistrats et bourgeois de Paris, et leur écrivit à cet effet, une lettre datée du 4 mars qui parvint à Paris le 7 du même mois ; la nouvelle du désastre fut donc connue à Paris douze jours après sa date.

La municipalité de Paris était en ce moment ainsi composée :

Jean Morin, lieutenant général des baillages de Paris, Prévôt des marchands, élu le 17 août 1523.

Sire Claude Sanguin, maistre Jean Leclerc, sire Guillaume Seguier, Claude Le Lièvre, échevins, élus les deux premiers le 17 août 1523, les deux autres le 16 août 1524 ; Jean Hesselin, greffier, élu le 12 août 1506.

La consternation fut d'autant plus grande dans la capitale que, peu de temps après la bataille de Pavie, les Impériaux et les Anglais se répandirent dans le royaume et vinrent jusqu'aux environs de Paris ; il était en conséquence urgent de pourvoir à sa défense. Dès le 7 mars 1527, et conformément à une délibération de la cour de parlement, des mesures furent prises pour la garde et la sûreté de la ville. Il fut décidé qu'une visite minutieuse serait faite des fossés, murailles, portes, pont-levis et chaînes des rues et de la rivière, que les quarteniers seraient obligés de tenir fermées les portes dont ils avaient la clef, de huit heures du soir à six heures du matin, qu'il leur serait adjoint huit bourgeois, deux archers, deux hacquebutiers et un arbalétrier pour la surveillance de jour ; qu'il serait publié à son de trompe qu'aucun batelier, marinier ou autres ne pourraient passer sur la Seine que pendant les heures permises, et que les hôteliers auraient à déclarer les hôtes étrangers qu'ils logeraient.

Les officiers de la ville opinèrent, en outre, pour l'envoi près de la Reine mère de trois délégués qui lui rendraient compte des mesures prises.

Les Prévôt des marchands, eschevins, conseillers, quarteniers et notables se réunirent à l'Hôtel de Ville le 22 mars 1525, afin d'entendre les sires de Pressy et des Roches envoyés près d'eux par la reine régente. Ces ambassadeurs leur dirent de la part de Louise de Savoie qu'elle ne demandait pas d'argent, car elle avait « deniers pour payer les gens d'armes, mais seulement des prières » ; qu'il n'y avait aucune division dans le royaume, et qu'il n'existait aucune cause de moins aimer le malheureux Roi. Ils ajoutèrent qu'elle avait l'espoir, par des moyens encore inconnus, de pouvoir rendre la liberté à bref délai à son fils, et vivre à l'avenir en paix avec tous. Le prévôt Morin répondit en assurant que les prières et processions seraient ordonnées pour la prompte délivrance du Roi, et que les Parisiens vivraient en bonne union et intelligence. Les magistrats de la ville se retirèrent ensuite dans le petit bureau pour désigner les trois délégués qui devaient se rendre à Lyon, et préparèrent cinq lettres pour être remises par ces derniers, l'une à la Reine régente, la seconde à Charles de Bourbon, duc d'Alençon, chef du conseil de régence, gendre de Louise de Savoie ; la troisième à M. de Vendôme, appelé à faire partie du même conseil depuis la captivité du Roi ; la quatrième au chancelier cardinal Duprat, et enfin la cinquième à Robertet, secrétaire de la Reine. Pierre Clutin, conseiller du Roi en Parlement et président des requêtes, Jacques Merlin, docteur en théologie, curé de la Madeleine, et Robert Le Lyeur, député de la marchandise, furent d'abord désignés pour faire partie de cette mission ; mais ces deux derniers s'étant recusés, furent remplacés par Guillaume Seguin, échevin, et Charles de Montmirail. Ces délégués partirent le 1er avril et arrivèrent à Lyon le 11 du même mois ; ils devaient être reçus par la Reine le vendredi 14 avril, mais cette audience fut remise à un autre jour à cause de la maladie de Charles de Bourbon, duc d'Alençon, chef du conseil de régence, qui mourut le lendemain 15, la veille de Pâques. Ils ne purent être reçus, par suite, que le mardi suivant 18 avril ; ils témoignèrent à la Reine la grande douleur de la capitale et le deuil qu'y avait jetée la nouvelle de la mauvaise fortune du roi son fils ; ils lui exprimèrent ses bonnes dispositions à suivre ses ordres et les siens, comme s'il était présent, et que leur mission avait pour but l'union et le bien de la France.

La Reine répondit que son fils ne consentirait jamais au démembrement du royaume et qu'elle avait toute confiance en la ville de Paris, qu'elle avait ordonné de mettre des gens d'armes en Normandie, en Gascogne et en Provence, et huit cents hommes au centre du royaume, et que les officiers qui les commandaient seraient toujours payés ; elle invita ensuite les délégués à se rendre à Blois, afin d'y voir ses enfants qu'elle recommandait aux représentants de la bonne ville de Paris.

Par cette invitation, les délégués se rendirent à Blois, revinrent de là à Paris et rendirent compte de leur mission à la séance du 10 mai 1525.

Pendant que ces choses se passaient en province, le Prévôt des marchands, après avoir pris l'avis des échevins et des conseillers, et conformément aux pouvoirs à lui conférés, créa la charge de maître de l'artillerie, le 30 mars 1525, et la confia à Everard de Feinx, seigneur de la Madalaine.

Ce brave prévôt des marchands, Jean Morin, apprenant que des gens d'armes Italiens menaçaient Pontoise, et s'apprêtaient à piller l'abbaye de Maubuisson, se mit résolument avec le comte de Braine, gouverneur de Paris, à la tête des archers, arbalétriers et hacquebutiers de la ville, partit le 21 juin 1525, et réussit à les repousser, et à en faire prisonniers une trentaine qui furent reconnus pour être des gens d'armes qui avaient assisté à la bataille de Pavie, et furent amenés au Châtelet pour être jugés.

Traité entre la régente Louise de Savoie et Henri VIII roi d'Angleterre (30 août 1525)

SA DISCUSSION A L'HÔTEL DE VILLE DE PARIS

PRÈS la bataille de Pavie et pendant la captivité de François Ier, Louise de Savoie, régente du royaume, inspirée autant par l'amour maternel que par son patriotisme, chercha avec une adresse et une sagacité dignes des plus grands éloges à nouer des intelligences favorables à la cause de son fils, et à se procurer des appuis pour le plus grand bien de la France. Elle détermina Henri VIII, roi d'Angleterre, jaloux d'ailleurs de la puissance croissante de son colossal voisin, l'empereur Charles-Quint, à signer, le 30 août 1525, un traité de neutralité dans lequel elle fit insérer que la France ne pouvait accepter aucune diminution de territoire pour la délivrance du Roi, au moment de la signature de la paix entre le vainqueur et le vaincu. Mais, en compensation de ces sentiments de bienveillance à l'égard de la France, Henri VIII exigeait diverses obligations, qui nécessitaient de la part des principales villes du royaume, et surtout de sa capitale, des sacrifices qui devaient être soumis à l'approbation de leurs municipalités.

La régente adressa aux Prévôt des marchands, échevins, bourgeois et habitants de Paris, deux lettres, l'une datée de Roussillon-sur-Rhône, le 14 septembre 1525, l'autre expédiée de Condrieu-sur-Rhône le 17 du même mois, par lesquelles Louise de Savoie leur donnait avis du traité conclu entre ses ambassadeurs en Angleterre et Henri VIII, en les priant de faire observer toutes les clauses et conditions qu'il renfermait et d'en donner communication au royaume.

En vertu de ce traité, qui devait faciliter la mise en liberté de François Ier, toutes les offenses faites dans les dernières guerres entre les deux pays étaient oubliées; l'un et l'autre Roi, ainsi que leurs « hoirs ou successeurs, ne devaient « ni envahir, ni guerroyer, ni assaillir, ni souffrir être envahi, guerroyé ou assailli « dans leur royaume, pays, terres, seigneuries, cités, villes ou châteaux leur « appartenant. » Cette ligue d'alliance défensive stipulait, en outre, que les deux rois ne devaient souffrir qu'aucun de leurs vassaux ou sujets « procurent passages, faveurs, aydes, argent, armées ou gens de guerre à leurs ennemis réciproques et que les prisonniers de guerre seraient relâchés », mais aussi, que « pour la paix « finalle et entière entre les rois de France et d'Angleterre, entre amys des amys « et ennemys des ennemys, le roy d'Angleterre promettoit de faire tout son debvoir « de la délivrance du Roi et, qu'en retour, le roi de France, pour demeurer quitte « de toutes sommes précédemment dues, paierait au roi d'Angleterre deux « millions d'escus couronne et cinquante-deux mil six cens escus solleil, paiée « par termes et années, et après la dicte somme entièrement paiée, lui donner « durant sa vie cent mille escus couronne et deux mil six cens escus solleil par an. »

Aux lettres de la régente étaient jointes une copie des promesses faites et une copie de publications à faire.

Pour examiner et discuter ces dernières conditions, qui intéressaient la fortune publique du pays, et en particulier celle de la capitale, les magistrats de Paris se réunirent à l'Hôtel de Ville le 25 septembre 1525. A cette réunion, à laquelle assistaient Jean Morin, Prévôt des marchands, sire Claude Le Lièvre, maistre Pierre Lormyer, Claude Foucault et Jean Turquant, échevins, Pierre VIII de Filleul, archevêque d'Aix, lieutenant général au gouvernement de Paris et de l'Ile-de-France, donna communication des lettres de la régente et demanda qu'il fût fait bon accueil à ses propositions, ainsi qu'aux conditions imposées par le traité. Le Prévôt des marchands demanda aux assistants leur opinion, et il fut convenu que l'affaire serait discutée à une autre séance.

Le lendemain 26 septembre, le bureau de la ville se réunit de nouveau afin de délibérer sur la réponse à faire à la régente, et résolut, en considération de la grande importance de cette affaire, de convoquer dans la grande salle de l'Hôtel de Ville, « notable assemblée de tous estatz tant d'Eglise et de l'Université que de la « court de Parlement, chambre des comptes, généraux de la justice, conseillers de « ville, quarteniers et gros nombre de bourgeois de chaque quartier. »

Cette assemblée eut lieu le 4 octobre 1525. A cette réunion, l'archevêque d'Aix prit d'abord la parole pour expliquer les motifs du traité, et fit remarquer que Paris étant la première ville du royaume, devait donner l'exemple, en acceptant sa forme et sa teneur, et se retira. Le prévôt, Jean Morin, fit ensuite observer que l'assemblée n'était pas en nombre suffisant pour prendre une délibération aussi grave et fit conclure au renvoi de l'affaire à une autre séance qui eut lieu le 30 du même mois. A cette réunion, le prévôt demanda de nouveau leur opinion aux assistants qui décidèrent qu'il y avait encore lieu de remettre à une autre assemblée, « parce que les principaulx personnaiges de la ville, tant d'église que officiers du « Roy, qui deussent estre présens pour y donner leurs oppinions, ne y sont venuz « et qu'ils y soient rappelés. »

Les obligations résultant de l'alliance faite entre les royaumes de France et d'Angleterre furent de nouveau examinées et discutées aux séances du bureau de l'Hôtel de Ville des 7, 17, 20, 22 et 28 novembre ; ces dernières en présence de Charles de Luxembourg, comte de Brienne, de Jean Brisson, conseiller du Roi et du seigneur de Montmorency.

Enfin, il fut conclu, aux séances des 20 et 23 janvier 1526, que le prévôt et les échevins formuleraient eux-mêmes les obligations auxquelles la ville pourrait souscrire, et que ce formulaire serait communiqué à la régente, qui obtint du roi d'Angleterre un arrangement au mieux des intérêts du royaume, et un désistement presque complet de ses prétentions. En effet, par une lettre du 1er février 1526, la régente fit connaître aux magistrats de la ville de Paris que : « Avons par ces « présentes promys et promettons acquitter, descharger et rendre indempnes les « Prevost des marchands et eschevins, presens et à venir, habitans, patrimoine et « biens de la ville de Paris, des promesses et obligacions et de tout ce qui pourroit « s'en suivre... et promettons faire bailler aux Prévost et echevins par nostre filz « lettres de ratifficacion et promesses pareilles à ces présentes, dedans deux mois « après son retour. »

Le traité d'alliance passé entre la régente de France et le roi d'Angleterre, prépara et amena le traité de Madrid, qui fut signé le 14 janvier 1526. Marguerite, duchesse d'Alençon, sœur de François Ier, se rendit, d'autre part, en Espagne pour activer la délivrance de son frère, que la dureté de la captivité avait rendu malade.

Par ce traité, Charles-Quint exigeait le duché de Bourgogne et pour otages les deux enfants de France ou un certain nombre de grands capitaines. La régente préféra envoyer les deux princes que de priver la France de ses défenseurs ; ces deux enfants étaient, l'un, le dauphin, nommé François, fils de François Ier, mort le 11 août 1536, alors âgé de huit ans et demi, et l'autre, son frère, qui devint Henri II, alors âgé de trois ans et demi.

François Ier rentra en France au commencement de l'année 1526, sa captivité fut donc d'une année.

Aussitôt après son retour en France, le roi s'empressa de ratifier l'alliance conclue avec Henri VIII d'Angleterre.

Délivrance des enfants de François Ier retenus captifs à Madrid

PART CONTRIBUTIVE DE LA VILLE DE PARIS, POUR LEUR RANÇON

(1er JUILLET 1530)

ANS une séance du 17 novembre 1527, à laquelle assistèrent les prélats, princes, gens de justice, et le prévôt Germain de Marle, les échevins Germain Le Lieur, Jacques Pinel, Nicole Guédon et François Gayan, et le greffier de la ville, représentant le tiers état pour le peuple, le roi François Ier, exposa qu'après avoir été délivré de sa captivité par Charles-Quint, à la charge de lui remettre le duché de Bourgogne, pour l'assurance duquel il avait laissé en otage ses deux fils aînés, le dauphin François et Henri, alors duc d'Orléans, il avait fait demander ses fils à l'empereur, moyennant une somme d'argent à fixer par lui, et lui avait fait connaître qu'en cas de négative il lui déclarerait la guerre ; en conséquence il avait besoin de deux millions d'or pour l'une ou l'autre de ces opérations.

François Ier soumit par suite à cette assemblée les trois propositions suivantes :

1° La reddition des enfants de France captifs par rançon d'argent ou par guerre ; 2° le maintien de ces enfants en captivité ; 3° le retour du roi en captivité en échange de ses enfants.

Le bureau de la ville se réunit le lendemain 18 novembre afin de délibérer sur les questions précédentes et opina pour que le roi ne retournât pas en Espagne ; il décida en outre qu'un offre de deux millions d'or lui serait faite pour la rançon des enfants de France ; que pour y subvenir, on ferait appel aux prélats, gens d'église, nobles et villes du royaume, terres et seigneuries du roi, et que la ville de Paris y contribuerait pour sa part.

Cette décision fut communiquée le 20 décembre 1527 au roi François Ier, qui, par lettres-patentes datées de Fontainebleau, le 26 février 1528, fixa à cent mille écus d'or au soleil la part contributive de la capitale du royaume pour la rançon des enfants de France, et demanda aux officiers municipaux de cette ville d'accorder cette somme qui serait recouvrée au moyen d'un impôt « sur toutes manières de gens exempts et non exempts, privilégiez et non privilégiez, par les meilleures et plus aisées voyes et moyens. »

La discussion de la demande royale eut lieu à la séance du 29 février 1528, dans laquelle il fut arrêté qu'on prierait le roi de vouloir bien diminuer le chiffre de la somme demandée. Les délégués, le prévôt des marchands Germain de Marle, les échevins Le Lieur et Jacques Pinel et le procureur de la ville Jean Benoise se rendirent à cet effet à Saint-Germain-en-Laye le 1er mars suivant près de François Ier, qui réduisit à cent cinquante mille livres le montant de la contribution à payer par la ville de Paris.

Les 7 et 11 mars 1528, le corps de ville décida qu'on se procurerait les fonds nécessaires au moyen d'une taxe proportionnelle, à laquelle tous les habitants seraient assujettis, et que chaque quartenier, assisté de quatre bourgeois notables de son quartier, dresserait le rôle des revenus des maisons et qu'on choisirait quelques habitants notables des faubourgs pour exécuter la même opération dans leur région.

Mais malgré le zèle des quarteniers Jacques Touppin, Jean Croquet, Robert Escart, Henry Godefroy, Guillaume Perdrier, Pierre des Moulins, Thomas du Ru, Nicolas Crespy, Jacques et Jean de Buz, Jean Bazennier, Jean Barthélemy et Jean de Saint-Germain, des difficultés se produisirent et dans le recensement et dans le recouvrement, et, le roi se plaignit le 27 novembre 1528 de la lenteur que la ville apportait au paiement des cent cinquante mille livres. Enfin, le 15 janvier 1529, François Ier invita le bureau de la ville à lui faire remettre le plus promptement possible les sommes touchées par les quarteniers pour la rançon des enfants de France.

Le bureau de la ville consulta les quarteniers sur l'état de leurs recettes; ceux-ci répondirent qu'ils avaient fait leur devoir dans cette circonstance, mais qu'ils craignaient une émotion populaire dans le cas où les contribuables seraient pressés davantage. Le 28 février 1529, les magistrats de Paris tinrent assemblée pour délibérer sur les conditions dans lesquelles on exercerait les contraintes à l'égard des contribuables en retard, et décidèrent que les quarteniers mettraient garnison chez ceux qui avaient été sommés inutilement, que les archers et arbalétriers qui refuseraient d'aller dans les maisons recueillir les deniers seraient punis, et que le trésorier irait une ou deux fois par semaine chez les quarteniers pour recevoir les deniers touchés par ces officiers.

Conformément au désir du roi, qui pressait le recouvrement de la somme destinée à la rançon de ses enfants, le bureau de ville arrêta qu'il serait procédé par la saisie à l'égard des contribuables en retard.

Le 13 décembre 1529, le gouverneur de Paris communiqua aux officiers municipaux le désir du roi, qui demandait que les habitants lui prêtassent toute la vaisselle d'argent dont ils pourraient disposer, afin d'arriver au paiement de la rançon des enfants de France.

Enfin, le 5 juillet 1530, François Ier, par une lettre datée de Bordeaux, le 2

du même mois, et adressée à ses « très chers et bien amez les prévost des mar-
« chands, eschevins, bourgeois et habitants de sa bonne ville de Paris » leur
annonça que le seigneur de Montmorency, grand maître et maréchal de France,
chargé de traiter avec l'empereur Charles-Quint, avait obtenu l'échange des
enfants de France le 1er juillet 1530, contre la somme de douze cent mille écus
comptant. Le roi invita en conséquence les magistrats de la ville à faire des processions pour rendre grâce à Dieu de cette délivrance, ainsi que « feuz de joye et
« autres pareilles démonstrations qui ont accoustumé estres faictes en tel cas et
« comme telle chose le requiert et mérite. »

Ordonnance faisant suite à celle du 25 juillet 1450 et relative aux élections des quarteniers, cinquanteniers et dizeniers

« LA FORME QUI A ESTÉ TENUE A L'ESLEÇTION D'UN QUARTENIER DE LA CITÉ DE PARIS » (1)

(1ᵉʳ OCTOBRE 1528)

...... XIIII. — L'an 1528, le jeudy premier jour d'octobre, fut envoyé par noz seigneurs les prévost des marchands et échevins de la ville de Paris, le mandement adressant aux deux cinquanteniers de la cité de Paris, pour procéder à l'élection d'un quartenier au lieu de feu Guillaume Perdrier. Et contenoit le dit mandement, que chacun des dicts deux cinquanteniers mandast ces quatre dixeniers, et que chacun dixenier print en sa dizaine quatre hommes bien famez et renommez, et desquels nos dits seigneurs en esliront deux, et qu'ils ne fussent gens mécaniques ny de bas estat, et que les dicts cinquanteniers rapportassent lendemain matin par devers eux en l'hostel de ville ce que faict en auroient, clos et signé. Ce que les dits cinquanteniers firent en la forme et manière qui s'ensuit :

Le vendredy matin chacun des dicts deux cinquanteniers envoya quérir ses quatre dixeniers, auxquels fût monstré et exhibé le dict mandement, afin qu'il fust accomply par eux selon la forme et teneur : ce qu'ils firent bien et duement ; et prindrent chacun des dicts dixeniers en leurs dizaines quatre honnestes personnes et des plus suffisans, dont ils en baillèrent à leur cinquantenier de chacun les noms par escrit signé de leurs mains. Lesquels cinquanteniers portèrent les dicts noms clos et signez à l'hostel de ville, ainsi qu'il leur estoit mandé, par devers nos dicts seigneur les Prévost des marchands et eschevins, à heure de dix heures : auquel lieu et heure furent les dicts dixeniers. Et alors il fut procédé, en gardant les solennités coustumées par nos dits seigneurs, à prendre deux des dictes quatre personnes, que chacun dixenier avoit prins, et dont les noms avoient esté escrits et portés par devers nos dits seigneurs, lesquels furent leuz l'un après l'autre devant les dits dixeniers. Et fut procédé à l'élection des mandez ainsi qu'il s'ensuit : c'est à savoir, qu'il fut faict pour chacun des dits dixeniers quatre petits billets, à chacun desquels fut escrit l'un des noms des dicts quatre mandez

---

(1) Ordonnances royaux sur le faict de la prévosté des marchands.

que les dixeniers avoient prins ; et furent ployez les dicts billets chacun à part soy, et mis en un chappeau que mon dit seigneur le Prévost des marchands tenoit en sa main : et appella le dit seigneur le dixenier, sous lequel estoient les quatre nommez et luy dist, qu'il print deux des dits billets dedans le dit chappeau : et après qu'il en eut prinz deux, ils furent enregistrez et les deux autres furent rompus : et ainsi chacun dixenier fist l'un après l'autre. — Et ceux dont les noms furent prins au dit chappeau, furent mandez de l'ordonnance des dicts seigneurs par un sergent de l'hostel de la dicte ville : à ce qu'ils eussent à eux trouver ce dit jour à l'heure de cinq heures, pour procéder à la dicte élection. Et fut ordonné par les dicts Prévost et échevins ausdits cinquanteniers et dixeniers présens qu'ils eussent à y comparoître, sans leur envoyer d'autre mandement. A laquelle heure furent et comparurent les cinquanteniers, dixeniers et mandez. Et alors qu'ils furent tous assemblez, mondit seigneur le Prévost des marchands leur fist en général plusieurs belles remontrances, à ce qu'ils eussent à eslire un notable personnage, qui scache bien faire et soy gouverner en l'office de quartenier, et qu'il soit de bonne vie et renommée, idoine et suffisant pour le dit office exercer. Et ce faict, nos dicts seigneurs se retirèrent au petit bureau, firent appeler les cinquanteniers et dixeniers l'un après l'autre, et aprez les mandez selon l'ordre des dicts dixeniers. Et firent faire à tous les dessus dicts sermens, qu'ils esliroient en leurs consciences un homme qui fust bien expert et suffisant pour ledit office exercer.

Le serment du dit quartenier.

XV. — Vous jurez, etc., que bien et loyaument vous exercerez cest estat et charge de quartenier, que vous obeyrez aux commandemens des Prévost des marchands et eschevins présents et avenir ; et que vous ferez mettre à exécution promptement les mandemens qui vous seront de par eux envoyez ; et ferez faire bon guet et garde ès portes, et sur les murs de la dicte ville toutes les fois que besoin sera. Et si sçavez chose qui soit contre, ni au préjudice du roi, de la ville et de chose publique, vous en viendrez incontinent advertir les dits Prévost et eschevins, ou le procureur de la dite ville. Et ainsi le promettez et jurez.

L'eslection d'un cinquantenier.

XVI *item*. — En la forme et manière de l'élection du quartenier se doit faire celle d'un cinquantenier : nonobstant que communément nos seigneurs les Prévost et eschevins ne font pas appeler si gros nombre de gens avec les dixeniers.

L'élection d'un dixenier.

XVII. — Il est mandé au quartenier qu'il regarde en la dixaine vacquante quelque honneste personne pour le dict office exercer, sans nul blasme ou reproche : et fault qu'il se fasse certifier suffisant et idoine par le dit quartenier, cinquantenier, et cinq ou six des voisins dans la dicte dizaine.

Le serment d'un cinquantenier et d'un dixenier.

XVIII. — Vous jurez, etc., que bien et loyaument vous exercerez cest estat et charge de cinquantenier ou dixenier : que vous obeyrez aux commandements des Prévost des marchands et eschevins présens et advenir, et de vostre quartier ; et qu'en exécutant les mandements qui vous seront envoyez, vous ne chargerez les habitans de vostre dizaine non plus l'un que l'autre. Et si vous sçavez chose qui soit contre ni au préjudice du roy et de la ville, vous en viendrez incontinent advertir les dicts Prévost et eschevins ou le procureur de la dicte ville. Et ainsi le jurez.

Le serment d'un archer, arbalestrier et haquebutier.

XIX. — Vous jurez, etc., que bien et loyaument vous exercerez et gouvernerez en cest estat d'archer, arbalestier ou hacquebutier ; et que de choses dont vous serez adverty contre et au préjudice de la ville, vous viendrez advertir les Prévost des marchands et eschevins d'icelle présens et advenir : et que vous servirez au dit estat le roy et la dicte ville toutes les fois qu'il vous sera commandé ; et obéirez aux dicts Prévost des marchands et eschevins et à vostre capitaine. Et aussi promettez vous entretenir d'habillemens de guerre, et autres tels qu'il appartient pour servir au dict estat ; lesquels habillemens vous promettez et jurez ne vendre ny engager. Et ne partirez de ceste ville de Paris plus d'une nuict, sans le congé et licence des dicts Prévost des marchands et eschevins ou de vostre capitaine. Et ainsi le promettez et jurez.

Construction du quai du Louvre

(11 juillet 1530)

FRANÇOIS Ier fit connaître le 15 mars 1528 aux Prévôt et échevins de Paris, que son intention étant de fixer sa demeure « chastel du Louvre » ; il avait donné des ordres d'y faire des réparations nécessaires et de clore la place devant le château. Il demanda par suite aux magistrats de la ville de faire exécuter un chemin le long de la tour, dite de Bois, qui fermait en aval l'enceinte de Charles V, à l'extrémité sud-ouest des bâtiments du Louvre, afin que les chevaux tirant les bateaux pussent à l'avenir passer par ce chemin, sans traverser la place et la fausse porte du Louvre. Le roi spécifia en outre qu'il comptait faire la porte principale du château dans la rue d'Autruche devant la maison de Bourbon, et qu'il y avait lieu d'abattre une maison située au coin de cette rue.

Le Prévost des marchands Spifame, les échevins Maciot, Picart, Hennequin se réunirent en assemblée, ainsi que les conseillers de la ville le 11 juillet 1530, afin de délibérer s'il convenait de faire un quai près du Louvre, et de fermer le petit guichet, ainsi que le gouverneur de Paris, de La Barre, en renouvelait la demande de la part du roi, et décidèrent le 15 du même mois que les travaux seraient exécutés en pierres de « Vergelle ».

Ces travaux durèrent plusieurs années ainsi que le confirme une lettre missive de François Ier, datée du 15 décembre 1536, par laquelle le roi témoigna aux magistrats de sa bonne ville de Paris, sa satisfaction pour « la bonne diligence » avec laquelle les travaux avaient été jusqu'alors conduits, d'autant, plus « qu'il « sera plus aisé de prendre ce chemyn pour aller à Boullongne », et les invita à terminer au plus vite les travaux commencés et à faire établir « un pont et porte « au bout du dict pont pour sortir de la ville. »

Fêtes données à l'occasion du couronnement à Saint-Denis et de l'entrée à Paris de la reine Eléonore d'Autriche, seconde femme de François Ier

(16 mars 1531)

E 7 septembre 1530, les Prévôt des marchands, échevins et conseillers avisés de l'entrée à Paris de la nouvelle reine de France Eléonore d'Autriche, seconde femme du roi François Ier, depuis le 4 juillet 1530, remirent à leur première réunion les décisions à prendre en conséquence. Le gouverneur Jean de La Barre, comte d'Etampes, avait en effet fait connaître à la date du 21 août précédent, aux officiers municipaux de la ville, qu'il était temps de songer à ce qu'il était convenable de faire pour la circonstance et de fixer le don à offrir à la Reine, lequel devait consister en deux chandeliers d'argent, dorés, de la hauteur de trois pieds ; il proposa en outre, de donner à la Reine un buffet complet de vaisselle d'argent vermeil, ainsi qu'il avait été fait lors des entrées à Paris d'Anne de Bretagne en 1504, de Marie d'Angleterre en 1514, et de la reine Claude en 1527, et enfin de commander les mêmes solennités, banquet et mystères.

Le bureau de la ville décida, par suite, dans sa séance du 1er décembre 1530, ce qui suit :

1° Que le don à faire à la reine serait d'environ dix mille livres tournois ;

2° Que les magistrats de la ville iraient à sa rencontre jusqu'à Saint-Ladre, où elle devait faire séjour avant son entrée ;

3° Que mille hommes de pied seraient habillés aux couleurs de la Reine, de pourpoints, de chausses et de hallecretz (cuirasse légère de l'époque) ;

4° Qu'il serait fait appel aux enfants de bonnes maisons pour qu'ils fussent mis à cheval en bon ordre avec habillements et capparrassons, également aux couleurs de la Reine ;

5° Que chaque boutique du pont Notre-Dame serait tenue par des dames et que « chacune y ait quelques belles jeunes filles pour tapisserye » ;

6° Que, selon l'habitude, la ville ferait trois échaffauds, à la porte Saint-Denis, au Ponceau et la porte aux « Poinctres » ;

7° Que les maîtres de la passion feraient un échaffaud à la Trinité, les frippiers un autre à la fontaine des Innocents, et les maîtres de la grande boucherie, un troisième au lieu accoutumé.

Des ordres furent en outre donnés pour le banquet, les lices et l'habillement des archers, arbalestriers et hacquebutiers.

La reine Éléonore, après avoir différé son entrée, se rendit presque incognito de Saint-Germain à Paris, le 11 février 1531. Le prévôt Jean Luillier et les échevins Regnaud, Picart, Pierre Hennequin, Jean de Moussy et Simon Teste, n'en furent eux-mêmes avertis que deux heures avant, et ne purent pour ce motif que faire tirer l'artillerie en l'honneur de la Reine. Mais le 15 du même mois, ces magistrats, accompagnés du procureur, du receveur, des conseillers et des bourgeois de la ville partirent en corps de l'hôtel de ville pour aller au Louvre y faire la révérence à Éléonore, « luy gratiffiant pour sa bienvenue longuement désirée, offrant les biens et personnes de ses subjects, manans et habitans de la ville. » La Reine leur répondit qu'elle « leur fera très volontiers plaisir et les aura « tousjours en bonne et recommandée mémoire. » Le 16 février 1531 à quatre heures, eut lieu aux Tournelles un tournois fait en l'honneur d'Éléonore, qui se rendit en litière découverte du Louvre aux Tournelles pour y assister. « François, « Dauphin de France, duc de Bretagne, alors âgé de quatorze ans, accompagné « de vingt gentilzhommes de sa compagnie habillez de ses couleurs, ouvrit le pas. »

Éléonore d'Autriche, accompagnée de Madame, mère du roi, de Madeleine et Marguerite, filles du roi et de sa première femme, Claude, de la reine de Navarre, des duchesses de Vendôme et de Lorraine, de Marie de Luxembourg, de Charlotte d'Orléans-Longueville, de Marie de Lorraine, duchesse de Guise, de la comtesse de Nevers, Marie d'Albret et de plusieurs autres dames, ainsi que de nombreux comtes, barons et gentilshommes de la cour, partit de Paris le 3 mars 1531 pour Saint-Denis, afin d'y être sacrée et couronnée reine de France. Le couronnement eut lieu le 8 du même mois; la Reine partit ensuite de Saint-Denis, coucha à l'hôtel du prieuré de Saint-Ladre et rentra au Louvre. Son entrée solennelle dans la capitale fut en effet retardée par suite du mauvais temps et ne put avoir lieu que le 16 mars 1531.

Éléonore se rendit en conséquence de nouveau du Louvre au prieuré de Saint-Ladre, où les magistrats de la ville devaient aller à sa rencontre.

Dès neuf heures du matin, ainsi qu'il fut convenu, le gouverneur de Paris, le Prévôt des marchands Jean Luillier, les échevins Regnaud, Picard, Pierre Hennequin, Jean de Moussy, Simon Teste et le greffier, le procureur, les conseillers, les quarteniers et le receveur s'assemblèrent à l'hôtel de ville pour se rendre de là en corps au devant de la Reine.

Le cortège se mit en route ainsi qu'il suit :

En-tête, mille homme de pied « vestuz des coulleurs de noir, blanc et jaulne, livrée de la Reine, bonnetz emplumez, ayant picques, hallebardes et hacquebuttes »;

Ensuite :

1° Cent enfants, « montez sur chevaulx, en ordre et tous capparassonnez, et vestuz de cazacques de velours, livrée de la Reine, le capitaine devant avec son enseigne » ;

2º « Deux sergents de la ville, à cheval, vestuz de leurs robbes de livrée » ;

3º « A pieds, deux à deux les courtiers de vins, porteurs de blés, crieurs de corps et de vins, mesureurs de charbon, mesureurs de sel, hanouars, mesureurs de blé, briseurs de sel et jurés mosleurs de bois, tous « ayans chascuns ung bâton blanc en la main, et veztus robbes rouge et bleu, livrée de la Reine » ;

4º Cent hacquebuttiers, « vestuz de leurs hocquetons d'orfaverye, ayans chascun sa hacquebutté à l'arson de sa selle, deux trompettes devant eulx » ;

5º Cent vingt archers de la ville, « vestuz de leurs hocquetons d'orfaverye, ayant chascuns une javellyne, deux trompettes devant eulx » ;

6º Soixante arbalestriers, « vestuz de hocquetons neufs, leurs trompettes devant eulx » ;

7º Huit sergens de la ville à cheval ;

8º Trois pages du gouverneur de Paris « montez sur grans chevaulx » ;

9º Vingt archers du gouverneur de Paris à pied, « ayans leurs hocquetons d'orfaverye, et chascun une javeline de barde » ;

10º Le gouverneur de Paris « très richement abillé, et le Prévôt des marchands avec luy, vestu d'une robbe de velours cramoisy rouge et tanné mi-partie » ;

11º Les « eschevins et greffier de la ville, vestuz de robbes de velours rouge et tanné mi-partie, deux à deux, le procureur vestu d'une robbe de velours, sans estre mi-partye, et le greffier » ;

12º Les conseillers de la ville, « vestuz de robbes de satin noir, deux à deux » ;

13º Le receveur « vestu de damas noir » ;

14º Les seize quarteniers, deux à deux, « vestuz de satin tanné » ;

15º Les quatre maistres de la drapperye, « vestuz de robbes de velours tanné, suivis de drappiers vestuz de drap tanné » ;

16º Les quatre maistres « de l'espicerye, vestuz de robbes de velours noir, suivis d'espiciers vestuz de drap tanné ;

17º Les quatre maistres « de la mercerye, vestuz de robbes de velours pers, suivis de merciers vestuz de drap tanné » ;

18º Les quatre maistres « de la pelleterye, vestuz de robbes de velours viollet, suivies de pelletiers vestuz de drap tanné » ;

19º Les quatre maistres bonnetiers, « vestuz de robbes de damas rouge, suivis de bonnetiers, vestuz de drap tanné » ;

20º Les quatre maistres « des orfeuvres, vestuz de robbes de velours rouge, suivis d'orfeuvres, vestuz de drap tanné ».

Enfin, marchèrent à la suite un grand nombre de bourgeois en bon ordre et parés de leurs plus beaux vêtements.

Le cortège ainsi formé partit de l'hôtel de ville, par la rue de la Vanerye jusqu'à la porte de Paris, tourna le long de la grande rue Saint-Denis jusqu'à la porte de ce nom, dans l'intérieur de la ville, de là se dirigea vers la porte Saint-

Martin par laquelle il sortit, pour longer le faubourg Saint-Laurent jusqu'à cette église. Là, devant le prieuré de Saint-Ladre se trouvait la reine Éléonore assise « sur une chaise couverte de velours azuré, semé de fleurs de lys d'or, placée sur un échaffauld, pour recevoir et oyr les harengues des députez de l'Église, de l'Université et du corps de ville ».

Le gouverneur, le Prévôt des marchands, les échevins et le greffier montèrent sur l'échaffauld, firent « la révérence » à la Reine à laquelle le gouverneur adresse une brève harangue.

Le retour du cortège s'opéra de la même manière et dans le même ordre qu'au départ. Le ciel fut d'abord tenu au-dessus de la Reine par les quatre échevins, puis par les quatre maitres de la draperie.

Les Prévôt des marchands, échevins, greffiers, procureurs, conseillers, receveur et quarteniers, accompagnèrent la reine jusqu'au palais où le roi leur offrit un magnifique souper. La Reine prit place au milieu de la grande table de marbre: à sa droite se trouvait le légat et deux cardinaux, les ambassadeurs du pape, de l'empereur, du roi d'Angleterre et de la seigneurie de Venise; à sa gauche la reine mère, Madeleine et Marguerite, filles du roi, Ysabeth de Navarre sœur du roi de Navarre, etc. Ce banquet fut suivi de danses, auxquelles prirent part les grands seigneurs et dames de la cour.

Le diner offert à la Reine à l'hôtel de ville de Paris, eut lieu le 19 mars 1531 ; la mère du roi, la reine de Navarre, les enfants de France, les princes, seigneurs, princesses et dames, tant françaises qu'espagnoles, (car au nombre des dames d'honneur d'Éléonore se trouvaient douze dames espagnoles), assistèrent à ce banquet, dont la magnificence fut grande et qui fut servi par les archers, arbalétriers et hacquebuttiers en costume.

Après ce festin, le Prévôt des marchands prit la parole, puis offrit à la Reine les deux chandeliers vermeil, dont la ville lui faisait don et qui lui furent présentés par les échevins. Éléonore les remercia en leur disant que le présent lui était très agréable, et que tout ce qu'elle pourrait faire pour la ville de Paris, elle le ferait de bon cœur.

Des présents furent en outre faits par la ville de Paris à la reine mère et aux dauphins ; ils consistent :

Le premier, « en un Saint-Louis et un arbre d'or d'escu, pesant ensemble « six onces, auquel arbre y avait douze perles pendantes de la valeur de deux « escuz chacune ».

Le second de trois mules, « bien accoustrées de housses à la livrée des dau- « phins ».

Construction de l'Hôtel de Ville

POSE DE LA PREMIÈRE PIERRE

(15 juillet 1533)

N raison de l'augmentation constante de la population de la capitale et de l'importance que prenait chaque jour l'administration de la ville de Paris, la maison aux Piliers était devenue au commencement du seizième siècle absolument insuffisante. En outre, cette antique maison commune, malgré les travaux qui y furent exécutés à diverses reprises, menaçait ruines depuis l'année 1470, et il était de toute nécessité d'y remédier.

Le Prévôt des marchands de Paris, Gaillard Spifame, qui avait été investi de cette charge le 16 août 1528, et les échevins Vincent Macyot, Pierre Fournier, Regnaud Picard et Pierre Hennequin, exprimèrent, par suite, le vœu, dans une réunion du bureau de la ville, en date du 13 novembre 1529, de doter Paris d'un « Hostel de ville », qui fût digne de cette grande cité et assez spacieux pour suffire aux exigences de la situation.

Pour mettre à exécution le désir formé par ces magistrats, il était tout d'abord nécessaire de se procurer un terrain suffisant pour la construction d'un édifice, en rapport avec les besoins de l'époque, et de faire l'acquisition de diverses propriétés voisines de la Maison aux piliers.

En conséquence, après avoir obtenu l'autorisation royale, les magistrats de la ville achetèrent au mois de mars 1530, aux prix demandés par les propriétaires, plusieurs immeubles situés près de la Maison aux piliers, et firent commencer les travaux. Mais les premiers plans ne parurent pas donner l'agrandissement désiré et la question fut soumise au roi François Ier, qui signa à la date du 23 avril 1533, l'ordonnance suivante :

« François, par la grâce de Dieu, roy de France, à tous ceux qui ces pré-
« sentes lettres verront, salut.

« Comme pour la décoration de nostre bonne ville de Paris, ville cappitalle
« de nostre royaulme, nous eussions pieça ordonné à noz très chers et bien-amez
« les Prévôts des marchans et eschevins de nostre dicte ville, faire croistre, eslar-

« gir, bastir et reediffier de nouveau l'hostel commun d'icelle, en suivant laquelle
« ordonnance, le dict prévost des marchans eschevins auroient faict faire ung
« portraict de la forme et devys du bâtiment du dict hostel, lequel ils nous
« auroient monstré, et l'ayant trouvé agréable, nous leur aurions de rechef com-
« mandé y faire besongner en toute diligence ; et pour ce que oultre les maisons
« qu'ilz ont puis naguère acheptées pour l'eslargissement du dict bastiment, il
« leur est encore besoing avoir et recouvrer la saillye de l'église du Sainct-Esprit,
« qui est joignant la saillye du dict hostel, estant de largeur jusques au portail
« de la dicte église…; pour ces causes et autres à ce nous mouvans, avons permis
« et octroyé, permettons et octroyons, voullons et nous plaist, qu'ilz puissent et
« leur loise prandre et appliquer au dict bastiment et édifice d'icelluy hostel
« commun les saillyes et maisons ci-dessus déclarez, spécifiez et désignez, etc. ».

Le roi François Ier voulut que l'hôtel de ville de Paris fut « un édiffice somptueux et des plus beaulx que l'on saiche ».

> Le roy aimant la décoration (a dit le poète Marot)
> De son Paris, entr'autre bien ordonne
> Qu'on y bâtisse avec proportion,
> Et pour ce faire argent et conseil donne,
> Maison de ville, y construit belle et bonne ;
> Les lieux publics devise tous nouveaux,
> Entre lesquels, au milieu de Sorbonne
> Doit, ce dit-on, faire la place aux veaux.

En conséquence des ordres royaux et des délibérations prises par les magistrats de la ville, il fut décidé que la solennité de la pose de la première pierre du
nouveau bâtiment de l'hôtel de ville aurait lieu le 15 juillet 1533. Pierre Viole,
seigneur d'Athis, conseiller du roi, Prévôt des marchands de Paris, et les échevins Gervais Larchier, Jacques Bourcier, Claude Daniel et Jean Barthélemy, ayant
chacun une truelle à la main, assirent eux-mêmes la première pierre de l'édifice
sur laquelle fut fixée une plaque de cuivre gravée aux armes du roi et à celles de
la ville, avec les mots suivants :

« Facta fuerunt hæc fundamenta anno domini M. D. XXXIII, die XV mensis
« Iulii, sub Francisco primo, Francorum Rege christianissimo, et Petro Viole,
« eiusdem Regis consiliario, ac mercatorum huiusce civitatis Parrhisiæ, prefecto,
« edilibus, consulibus ac scabinis Gervasio Larchier, Jacobo Boursier, Claudio
« Daniel et Joan. Bartholomæo ».

« Ces fondations ont été jetées l'an du seigneur, 1533, le quinzième jour du
« mois de juillet, sous François Ier, roi de France, très chrétien, et sous Pierre
« Viole, conseiller du roi et Prévôt des marchands de la ville de Paris ; étant
« administrateur, conseillers et échevins, Gervais Larcher, Jacques Boursier,
« Claude Daniel et Jean Barthélemy ».

Pendant cette cérémonie, « sonnoient les fiffres, tabourins, trompettes et
« clerons ; artillerie, cinquante hacquebutes à crocq de la ville, avec les hacque-

« butiers d'icelle ville qui sont en grand nombre. Et aussi sonnoient à carillon
« les cloches de Saint-Jean-en-Grève, du Saint-Esprit et de Saint-Jacques-de-la-
« Boucherie. Aussi au milieu de la Grève, il y avoit vin défoncé, tables dressées,
« pain et vin pour donner à boire à tous venans, en criant par le menu peuple
« à haute voix : Vive le roi et messieurs de la ville ».

Au-dessus de la grand'porte du dit hostel fut escrit en lettres d'or sur marbre
ce qui s'ensuit : « Senatui, populo, equitibusque parisien. pie de se meritis,
« Franciscus primus Francorum rex potentissimus has ædes a fundamentis
« extruendas mandavit, accuravit, cogendisque publice consiliis et adminis-
« trandæ republicæ dicavit. Anno a salute condita M. D. XXXIII, idibus julii
« incisum M. D. XXXIII idibus septembr. Petro Viola præfecto ecurionum,
« Claudio Danielle, Joanne Bartholomæo, Martino Bragelonio, Joanne Curtin
« ecurionibus, domino Cortonensi architectante ».

« Au corps de ville, au peuple et aux nobles de la ville de Paris, ayant bien
« mérité de lui. François Ier, roi de France très puissant, leur a commandé et
« confié la construction de cet édifice destiné aux assemblées et au gouvernement
« des affaires publiques, l'an de grâce 1533, aux ides de septembre. Pierre Viole,
« prévôt des marchands, Claude Daniel, Jean Barthélemi, Martin de Bragelonne,
« Jean Courtin, échevins, Dominique de Cortone, architecte ».

Dominique de Cortone, surnommé le Boccador, a-t-il été, ainsi que l'histoire
en général le dit, l'architecte de l'hôtel de ville de Paris, bâti sous François Ier, et
l'auteur du plan qui fut mis à exécution pour la construction de cet édifice ?

M. Marius Vachon, dans son très intéressant ouvrage publié sous le patronage
et avec le concours du conseil municipal de Paris en 1882, émet l'opinion que
Pierre Cambiches, dont le nom figure dans une délibération du bureau de la ville,
en tête de ceux de « Jacques Arasse, Jehan Asselin, Loys Caqueton et enfin
Dominique de Courtonne », est le véritable auteur du plan attribué à ce dernier.

La plupart des membres de la famille Cambiches étaient en effet architectes
ou constructeurs ; l'un d'eux, Martin Cambiches, né à Paris, fut un des constructeurs du transept de la cathédrale de Beauvais en 1500 et de celle de Troyes
en 1519. Un autre Cambiges (ou Cambiches) fut maître des œuvres et du pavé
de Paris en 1536. Enfin Pierre Cambiges (ou Cambiches) fut maître des œuvres
du roi et exécuta des travaux en 1540 aux châteaux de Fontainebleau et de Saint-
Germain-en-Laye. Ce dernier est celui dont le nom est cité dans la délibération
dont il est parlé plus haut.

M. Marius Vachon en conclut que Dominique de Cortóne n'était point
l'architecte de l'hôtel de ville de Paris, dont les fondations furent posées en 1533
et qui fut terminé en 1628, et que cet édifice doit être attribué dans son entier, y
compris la façade dite du Boccador, à Pierre Cambiges, maître des œuvres de
maçonnerie de la ville de Paris et du roi.

Quelque respectable que soit cette opinion, elle ne saurait être admise qu'avec la plus grande réserve.

En effet, la plupart des historiens, anciens et modernes (1), ont émis l'avis, conforme d'ailleurs à l'inscription gravée sur marbre, au-dessus de la grande porte de l'hôtel de ville : « Dominico cortonensi architectante », que Dominique de Cortone », dit le Boccador est le véritable et seul auteur du plan de l'hôtel de ville bâti sous François Ier. Il est en conséquence de toute justice, quel que soit le patriotisme du cœur français, de s'incliner devant la vérité et de regarder l'Italien Dominique de Cortone, comme le réel et le seul auteur des plans de l'hôtel de ville de Paris bâti en 1533.

Il est du reste le seul personnage, né ailleurs qu'à Paris, que le conseil municipal ait cru devoir comprendre au nombre des hommes célèbres qui figurent en statues de pierre sur l'hôtel de ville actuel (2). Cette honorable assemblée a ainsi sanctionné, en l'absence surtout de celle qui aurait pu être élevée à Pierre Cambiges, maître des œuvres, né à Paris et enterré à Saint-Gervais en 1544, l'opinion généralement adoptée à cet égard.

Boccador (Dominique Barnabé), naquit à Cortone (Italie) vers la fin du quinzième siècle ; il vint en France, se fit remarquer par son talent architectural, et fut chargé par François Ier en 1530 d'exécuter divers travaux au château de Chambord. Lors de l'élaboration du plan de construction de l'hôtel de ville de Paris, il fut appelé par les magistrats de la ville à donner son avis et ses lumières et, ce fut ainsi que son nom figura en qualité d'architecte, ainsi qu'on l'a vu précédemment, sur la première pierre de l'édifice posée le 15 juillet 1533. Boccador mourut en 1549.

Dès que la construction d'un nouvel hôtel de ville fut décidée, les architectes se mirent à l'œuvre ; cent ouvriers y travaillèrent chaque jour et la maçonnerie monta rapidement. Mais, deux ans plus tard, en 1535, de graves dissentiments s'élevèrent entre les maîtres et occasionnèrent des retards préjudiciables à l'édification du bâtiment.

Le Prévôt des marchands et les échevins se concertèrent à ce sujet, et messire de Thou et de Hacqueville accompagnés du bureau de la ville, se rendirent en 1536 à Saint-Germain-en-Laye et exposèrent la situation au Roi qui ordonna « la « continuation des travaux, attendu qu'on estoit en temps de paix. »

Les travaux, après avoir été repris, furent encore interrompus en 1537, et le gros œuvre ne fut terminé qu'en 1541. Le nouvel édifice consistait en trois corps de bâtiments donnant l'un, sur la place, l'autre, parallèle, sur la Ruelle St-Jean, et le troisième sur la rue du Martroy, suivant la direction de la Seine. Au centre se trouvait une cour dont le sol était à quatre mètres au-dessus de la place ; la

---

(1) Voir *Dictionnaire géographique et administratif de la France,* art. XXII, page 3511. *Edifices civils* par Edmond Beaurepaire.

(2) Voir l'ouvrage de M. Veyrat : *Statues de l'hôtel de ville de Paris.* 1892.

façade principale donnait sur la place de Grève. Il était en outre composé d'un rèz-de-chaussée au niveau de la place, d'un étage supérieur au niveau de la cour intérieure, et d'un pavillon d'angle à deux étages, éclairé de six fenêtres.

Le bureau de la ville traita à cette époque avec le maître charpentier Jean Huillot et le maître couvreur Jean Penelle, en vue de la pose de la charpente et de la couverture du bâtiment.

De 1541 à 1551, on travailla lentement ; en 1558, la grande salle dont la construction avait été décidée le 4 novembre 1551, était à peu près terminée.

Enfin, les travaux pour l'achèvement complet de l'œuvre, durèrent encore plusieurs années, par suite des événements politiques et des guerres de religion qui éclatèrent à la fin du quinzième siècle.

Ce ne fut que quelques années après la rentrée de Henri IV à Paris, c'est-à-dire en 1605, que les travaux recommencèrent, ainsi qu'on le verra plus loin.

Réception de Charles-Quint à Paris

(1er janvier 1540)

HARLES-QUINT, archiduc d'Autriche, fils aîné de Philippe Ier, roi d'Espagne, et de Jeanne de Castille, dite Jeanne la Folle, naquit à Gand le 24 février 1500, et fut élu empereur en 1519 à la mort de Maximilien Ier. Cette élection, que lui disputa François Ier, fut la cause d'une rivalité presque constante entre ces deux monarques. Malgré la paix signée à Cambrai le 5 août 1529, par Louise de Savoie, mère de François Ier, Eléonore d'Autriche, femme du roi de France et sœur de Charles-Quint, et Marguerite d'Autriche, fille de l'empereur Maximilien (1), Charles-Quint entra en Provence à la tête de cinquante mille hommes ; mais il fut contraint de se retirer et négocia avec son rival une trêve de dix ans, à Nice, le 18 juin 1538.

L'année suivante, l'empereur demanda au roi de France libre passage à travers la France pour aller châtier les Gantois révoltés ; François Ier acquiesça à sa demande et résolut même de lui donner une généreuse et splendide hospitalité. Malgré ces bons sentiments, un officier espagnol ayant fait observer à Charles-Quint que si les Français ne le retenaient prisonnier, ils seraient bien faibles ou bien aveugles ; l'empereur lui répondit qu'ils étaient l'un et l'autre, et que c'étaient pour cela qu'il se fiait en eux. Ce monarque qui n'avait confiance que dans ses armées et ses généraux, n'ignorait pas cependant que le peuple français faisait passer l'honneur avant tout, et qu'il aurait regardé comme une félonie de surprendre ou de saisir celui qu'il allait recevoir.

Guillaume Poyet, baron de Beine, chancelier de France (1538-1542), fit mander le 6 novembre 1539, à l'hôtel d'Hercule, alors situé à l'angle de la rue et du quai des Augustins, les quatre échevins, pour leur exposer que le roi François Ier, voulant donner à l'empereur Charles-Quint les témoignages de son amitié, désirait que la ville de Paris, lui fît une magnifique réception et lui offrît le plus riche présent qu'il serait possible.

Le surlendemain, 8 novembre, les échevins Croquet et Le Comte firent connaître au bureau de la ville assemblé que le connétable Anne de Montmorency

---

(1) Traité des Dames.

leur avait, de son côté, signifié la veille que le Roi voulait que de grands préparatifs fussent faits pour l'entrée de Charles-Quint à Paris.

Le 10 du même mois, le Prévôt des marchands, Augustin de Thou, et les échevins Croquet, Danès, Le Comte et Parfaict, ainsi que les conseillers de ville, délibérèrent à ce sujet et décidèrent que, malgré l'état précaire des finances de la ville, il serait fait selon la volonté royale. De grands préparatifs furent dès lors exécutés ; un tournoi fut ordonné au Louvre ; des théâtres, alors appelés « mystères », furent installés sur le parcours du cortège, notamment à la porte Baudoyer, où on représenta l'alliance faite entre les deux monarques ; d'un côté, un mouton à la toison d'or portait l'inscription : « *Ambulabo in pace, quoniam tu mecum es* », de l'autre, un saint Michel, également d'or, portait l'inscription : « *Custodiam te in omnibus viis tuis* ». Le pont Notre-Dame fut couvert de verdure, d'écussons, de candélabres et des lices furent préparées rue Saint-Antoine, près des Tournelles.

Les capitaines des cent vingt archers, des soixante arbalétriers et des cent hacquebutiers de la ville, Nicolas Chauvet, Guillaume Driart et Michel Bastonnier, furent prévenus, le 17 novembre 1539, que leurs hommes eussent à « aprester leurs chevaulx, harnoys, hocquetons et bastons », pour assister à l'entrée de l'empereur à Paris.

Il fut enfin convenu, le 30 novembre, qu'un présent serait offert à Charles-Quint consistant en une statue d'argent de six pieds de haut, représentant un hercule recouvert d'une peau de lion, et tenant dans les mains deux grosses colonnes qu'il élève pour les planter en terre. Sur ces colonnes fut inscrite la devise de l'empereur : « *Plus oultre* », et sur la peau de lion fut gravée l'inscription suivante : « *Altera alterius robur* ».

La ville de Paris, toujours généreuse dans les grandes occasions, confia l'exécution de cette statue à un artiste nommé Rousse, peintre et statuaire du seigneur de Boisy.

Charles-Quint, qui avait traversé triomphalement la France depuis la Bidassoa, fit son entrée solennelle à Paris, le 1er janvier 1540. Les officiers de la ville, prévôt des marchands, échevins, greffier, vêtus de riches « robbes my partie de velours « cramoisi et velours tanné, celle du prévôt fourrée de marthes sublinnes, et celles « des échevins et greffier doublées de velours noir », ainsi que les conseillers de ville, quarteniers, les premiers en robe de soie, les seconds en robe de satin tanné, se rendirent à onze heures du matin à la rencontre de Charles-Quint ; ils étaient précédés des différents corps de métiers, des archers, arbalétriers et hacquebusiers à cheval. Arrivés à la porte Saint-Antoine, ils mirent pied à terre et montèrent sous une tente magnifiquement décorée où ils trouvèrent l'empereur, entouré des enfants de France, ayant à sa droite le connétable et à sa gauche le chancelier de France.

Le Prévôt des marchands, Augustin de Thou, adressa une harangue à Charles-Quint et lui présenta les clefs de la ville. L'empereur pria le connétable d'exprimer ses remerciements à la ville de Paris et de dire au Prévôt des marchands « qu'on luy faisait trop d'honneur. »

Après cette première réception, Charles-Quint, vêtu d'un petit manteau de drap noir, et coiffé d'un feutre également noir (il portait encore le deuil de sa femme), monta sur un beau cheval « moireau », se plaça, sur l'invitation des magistrats de la ville sous un ciel, tenu successivement par quatre maîtres des divers métiers, alla ainsi jusqu'aux Tournelles où le roi François Ier avait fait élever un arc de triomphe en l'honneur de son illustre hôte, et se rendit de là à Notre-Dame, puis au palais, où les magistrats de la ville lui offrirent un souper.

Le lendemain, Charles-Quint logea au Louvre, dans la demeure même de celui qu'il avait retenu prisonnier après la bataille de Pavie, et contre lequel, malgré les promesses d'amitié échangées, il allait plus tard reprendre les armes, de concert avec Henri VIII, roi d'Angleterre.

Charles-Quint, qui voulut assister à ses funérailles avant sa mort et qui se renferma à cette occasion dans sa propre bière, voulut visiter les caveaux des Rois de France à Saint-Denis, François Ier l'accompagna dans cette visite.

Une toile, due au pinceau du baron Gros, représente les deux monarques descendant dans les caveaux de cette basilique ; ils sont entourés de Charles d'Orléans, du dauphin Henri, du connétable de Montmorency, portant l'épée haute, et du cardinal de Bourbon, abbé de Saint-Denis.

Ce tableau se trouve actuellement au Louvre dans la salle des Etats.

Décisions de la municipalité parisienne

CONCERNANT LA CONSTRUCTION DE L'HÔTEL DE VILLE

(DE 1532 A 1535)

L a paru utile de reproduire ici diverses décisions prises, de 1532 à 1535, par les magistrats de Paris relativement à la construction de leur Hôtel de Ville. C'est pour ces motifs qu'elles ont été énumérées ci-après :

Le Prévôt des marchands, Pierre Viole, accompagné du procureur de la ville, se rendit le 22 décembre 1532, au Louvre, où le gouverneur leur présenta Dominique de Cortonne qui leur « monstrat le pourtraict du bastiment nouvel que le « Roy voulait estre faict d'ung hostel de ville. » Dominique de Cortonne, dit le Boccador, avait été précédemment au service de François Ier, en qualité d'architecte, et avait reçu du Roi, le 12 mars 1531, une allocation de neuf cents livres pour ses plans des villes et château de Tournay, Ardres et Chambord.

A l'assemblée de ville du 13 mai 1533, le Prévôt des marchands, Viole, fit connaître aux magistrats présents que le Roi, qui avait pris dans toutes les villes de son royaume la « moictié des deniers commungs, voulait que les deniers qu'il « eust prins sur la ville de Paris soient employez aux bastimens d'un hostel de « ville neuf, selon le devis luy a esté montré, de Dominique de Cortemer (sic) qui « l'a fait et divisé ». L'assemblée fut d'avis qu'il y avait lieu de se rendre à la volonté du « Roy en faisant le dict bastiment. »

A la séance du 21 juillet 1533, le bureau de la ville prit connaissance d'une lettre missive adressée par le Roi aux maistres et gouverneurs du Saint-Esprit, concernant la demande faite par la ville de Paris d'un terrain en saillie devant l'église du Saint-Esprit, de six toises et demie de long sur douze pieds de profondeur pour la construction de l'Hôtel de ville. La demande de cession de ce terrain fut portée devant le Parlement, qui, après examen et plaidoieries rendit, le 26 juillet 1533, un arrêt autorisant la ville, conformément à la lettre missive du Roi, à s'approprier la saillie en question, moyennant indemnité à faire à l'hôpital du Saint-Esprit, et l'obligation pour la ville de construire un portail en pierres de taille pour l'entrée de l'église, sur lequel figureraient la représentation de la Trinité et l'inscription des mots : « Chapelle du Sainct-Esprit ».

Le bureau de ville ordonna, le 19 juin 1534, que « pour diviser les histoires qu'il « convenoit mettre es rondz estans ou corps d'hostel neuf de la ville, en sera paié « à M⁶ Thomas Chocquet, qui en a prins la charge, la somme de quatre livres « tournois pour pièce », et « à Charles..., painctre, pour paindre les dictes histoires, « pareille somme de quatre livres pour pièce, lequel painctre en a prins la charge. » A la même réunion, il fut en outre décidé que le Prévôt des marchands ferait des remontrances aux M⁶ˢ Pierre Sambiches, Jacques Coriasse, Jehan Asselin, Lóys Caqueton et Dominique de Courtonne, afin « qu'ils facent dès lors en avant plus « grande diligence d'avoir esgard sur les ouvriers besongnans au faict de d'édiffice « et bastiment de l'hostel neuf de ville, et qu'ilz ne voient disner ensemblement, « à ce que partie d'eulx soient ordinairement pour voir regard sur tous lesdictz « ouvriers, si tous ensemblement n'y peuvent estre. »

Les magistrats de la ville se réunirent le 29 août 1534 pour délibérer de nouveau sur la construction du nouvel Hôtel de Ville. Le Prévôt des marchands, Tronson, qui avait été élu le 17 du même mois, en remplacement de Pierre Viole, les échevins de Bragelongue, Courtin, Quinette et Arroger, ces deux derniers ayant remplacé Daniel et Barthelemy à la même date, et les conseillers de ville Boucher, Teste, du Drac, Le Lieur, Barthelemy de Montmiral, Le Liepvre, Guillard, Hacqueville, Luillier et Larcher étaient présents à cette assemblée à laquelle fut également convoqué Thomas Rapouel, secrétaire de la chambre du Roi, celui-ci très expert en matière d'architecture, afin de donner son avis sur les questions relatives à la construction du nouvel édifice. Il fut décidé, à cette assemblée que « les murs et clostures, qui devoient se faire en plain ouvrage, se debvoient bailler à la toise, et la ville fourniroit de toutes matières, et la menuiserie des dictz ouvrages se bailleroit à la journée. »

Enfin, le 2 avril 1535, le Prévôt des marchands, Tronson, les échevins de Bragelongue, Courtin, Quinette et Arroger, et les conseillers de la ville, se réunirent pour discuter les mesures à prendre pour hâter la construction du nouvel Hôtel de Ville, dont les travaux n'avançaient pas à leur gré, et decidèrent que le Prévôt, les échevins et quatre conseillers se rendraient près des maîtres des œuvres commencées « pour oyr le différent du bâtiment. »

GUILLAUME BUDÉ

PRÉVÔT DES MARCHANDS

(DU 16 AOUT 1522 AU 16 AOUT 1524)

GUILLAUME BUDÉ
Prévôt des marchands (1522-1524)

Budé (Guillaume), seigneur de Marly-la-Ville, fils de Jean Budé, grand audiencier de France, naquit à Paris en 1467. Sa jeunesse fut tellement dissipée qu'il ne put suivre sérieusement ses premières études ; le goût pour les lettres ne lui vint que tardivement, mais ses progrès furent tellement rapides qu'il ratrappa promptement le temps perdu. Les langues grecque et latine lui furent bientôt aussi familières que le français, et il devint un des plus grands savants de son époque. Le chancelier de Rochefort l'introduisit à la cour de Charles VIII, et Louis XII le prit pour secrétaire. Le 16 août 1522 eurent lieu les élections du Prévôt des marchands en remplacement de messire Antoine Le Viste, et de deux échevins. Guillaume Budé fut nommé Prévôt, et sire Jean Croquet, marchand, et maistre Jean Morin, avocat au parlement, furent élus échevins.

Ce fut sous la prévôté de Guillaume Budé que fut ouvert à la date du 27 septembre 1522 le grand livre de la dette municipale par la constitution de 16.666 livres, 13 sols, 4 deniers, sur les fermes du « bestial à pié fourché, vendu en la ville, fau-
« bourgs et marchez de Paris, compriz celui de Saint-Laurent et sur l'impost du vin
« vendu au quartier de la Grève ». Cette rente fut rachetée 25 ans après en 1547.

Ce Prévôt des marchands, qui conserva ses fonctions jusqu'au 16 août 1524, fut remplacé dans ce poste par Jean Morin.

François Ier reconnaissant le mérite et la science de Guillaume Budé, l'honora de son amitié, le nomma maître des requêtes le 21 août 1522, et lui confia la direction de sa bibliothèque.

Guillaume Budé devint bientôt l'oracle des savants. Son traité « *de Asse* » dont la première édition date de 1514, et la deuxième de 1522, présente la connaissance de l'antiquité la plus ténébreuse, et fut une cause d'admiration et de jalousie. Erasme qui le surnomma le « Prodige de la France », reconnut lui-même la supériorité de ses œuvres.

Le roi s'inspirant des conseils de Guillaume Budé et de ceux du cardinal du Bellay fonda en 1539 le collège royal qui devint plus tard le collège de France.

Guillaume Budé fut en outre désigné par le Roi pour remplir les hautes fonctions d'ambassadeur auprès de Léon X. A ses talents littéraires, il ajoutait une grande simplicité de mœurs. Sa femme lui servait de secrétaire dans ses études et l'aidait dans ses recherches, tout en s'acquittant des affaires domestiques. Un jour Guillaume Budé, occupé dans son cabinet à ses travaux, fut avisé que le feu venait de prendre dans sa maison : « Avertissez ma femme », dit-il froidement, « vous savez que je ne m'occupe pas des affaires de ménage ».

Il mourut à Paris le 23 août 1540 à l'âge de 75 ans, après avoir prescrit qu'on l'enterrât sans pompe. Jacques de Sainte-Marthe prononça son oraison funèbre et Louis Leroy écrivit sa vie.

Ses ouvrages furent recueillis à Bâle en 1557, en quatre volumes avec une préface de Celius Secundus Curio. Ce recueil renferme la traduction de quelques traités de Plutarque, des remarques sur les Pandectes (consultations juridiques que l'empereur Justinien convertit en lois), des commentaires sur la langue grecque. Il est en outre l'auteur d'un traité de l' « *Institution d'un prince* » adressé à François Ier.

Le conseil municipal de Paris, reconnaissant en Guillaume Budé, prévôt des marchands, une des gloires de son pays et de sa ville natale, a voulu que sa statue figurât au nombre de celles qui décorent actuellement le nouvel Hôtel de Ville.

Une autre statue exécutée par le sculpteur Louis Bourgeois, a été érigée en 1882, en l'honneur de Guillaume Budé, dans la cour du collège de France ; elle était bien due à ce grand érudit, qui fut l'ami de Lascaris, avec la collaboration duquel il créa la bibliothèque du palais de Fontainebleau, et sa place né pouvait être mieux choisie que dans une des cours de l'établissement dont il fut l'un des premiers maîtres et où la jeunesse acquiert, sous la direction des savants professeurs qui y sont attachés, les connaissances les plus utiles et les plus variées.

GAILLARD SPIFAME

PRÉVÔT DES MARCHANDS

Gaillard Spifame, seigneur de Pisseaux et de Douy, général des finances, fut élu Prévôt des marchands de Paris sous le règne de François Ier en remplacement de Germain de Marle, le 16 août 1528, date de l'élection de Vincent Macyot et Pierre Fournier, en qualité d'échevins et à la place de Germain Le Lieur et Jacques Pinel dont le mandat de deux années d'exercice était expiré.

Gaillard Spifame eut à s'occuper pendant sa prévôté, qui dura du 16 août 1528 au 16 août 1530 de la demande de « XXXII mil livres, III sols » restant à payer sur la somme de « 150 mil livres tournois » à octroyer au roi François Ier par la ville de Paris pour sa rançon, de la construction du quai du Louvre et des travaux de la rivière l'Ourcq.

JEAN LUILLIER

PRÉVÔT DES MARCHANDS

Jean Luillier, seigneur de Boullencourt et de Presle, conseiller du Roi et président de la chambre des comptes, fut élu Prévôt des marchands de Paris le 16 août 1530, en remplacement de Gaillard Spifame dont le mandat était expiré. Ce prévôt reçut de François Ier le 26 mai 1532 une lettre par laquelle le Roi demandait à sa bonne ville de Paris la somme de « douze mil livres » destinée à la construction de navires et galères pour réprimer la piraterie. Cette somme fut, sur la proposition du bureau de la ville, diminuée de moitié. Il fut décidé, le 13 juillet 1532, sur la requête de Jean Luillier, que le quartier compris entre les rues de La Barre du Becq, Neuve Saint-Méry de la Verrerie, serait approvisionné d'eau au moyen de tuyaux qui l'amèneraient dans des fontaines publiques construites à cet effet.

Jean Luillier fut remplacé le 16 août 1532 dans la charge de Prévôt par Pierre Viole et conserva ses fonctions de conseiller de ville.

PIERRE VIOLE

PRÉVÔT DES MARCHANDS

Pierre Viole, seigneur d'Athis-sur-Orge, conseiller au Parlement, naquit à Paris en 1500 ; il fut nommé conseiller de ville le 27 septembre 1532, en remlacement de Charmolue, décédé. Il fut en outre élu Prévôt des marchands le 16 août 1532. L'hiver de l'année 1532-1533 fut très rigoureux et il y eut pénurie de bois de chauffage, au point que le parlement de Paris en fut très préoccupé. Le bureau de la ville décida, en raison de la cherté du bois que le prévôt des marchands Viole, accompagné des échevins, se rendrait auprès du roi François Ier pour lui demander d'autoriser des coupes dans ses forêts « tant d'amont que d'aval l'eaue », et d'en mettre le bois à la disposition des habitants de Paris, moyennant des prix modérés. Cette visite eut lieu le 8 décembre 1532. Le Roi promit de faire venir du bois avec diminution de prix, attendu, dit-il, qu'il en possédait dans ses bois de Guise (forêt de Thiérache) suffisamment pour en fournir pendant vingt ans, et que les rivières seraient rendues navigables pour le transport de ce bois à Paris.

Pierre Viole eut au mois de janvier 1533 à prendre des dispositions contre les méfaits des nombreux vagabonds qui se réunissaient la nuit, et dont plusieurs avaient pénétré jusque dans les appartements du Roi. A la suite du meurtre commis par ces malfaiteurs sur la personne de René d'Illiers, seigneur de Marcoussis, Pierre Viole fit renforcer le guet et ordonna au capitaine des archers de la ville de donner aide et confort au prévôt de l'Hôtel du Roi, afin d'empêcher tout tumulte et toute sédition. Thomas Howard, duc de Norfolk vint à Paris le 10 juin 1533, sous la prévôté de Pierre Viole. Ainsi que François Ier l'avait demandé aux magistrats de Paris, le prévôt des marchands et les échevins, accompagnés du greffier, des quarteniers et de bourgeois, se rendirent le 12 juin de la même année à l'hôtel Savary, où était descendu l'ambassadeur anglais, afin de lui offrir des présents et lui faire la « révérence ». Pierre Viole lui adressa un discours de bienvenue qu'il termina par les mots : « *Abeant qui inter nos dissidium colunt* ». L'hôtel Savary était situé rue du Roi de Sicile ; le jour de l'arrivée de Thomas Howard, il y eut rue Saint-Antoine vers neuf heures du soir une attaque nocturne ; des malfaiteurs au nombre d'environ cinquante, attaquèrent l'hôtel de Graville, où habitait le seigneur de Traves ; plusieurs personnes, au nombre desquelles étaient un Anglais de la suite de l'ambassadeur, furent tuées. A la suite de cette rixe, le prévôt des marchands et les échevins décidèrent que vingt archers de la ville garderaient de huit heures du soir à minuit l'hôtel Savary pendant le séjour du duc de Norfolk à Paris.

Ce fut sous la prévôté de Pierre Viole que des dispositions furent prises contre la peste qui régnait en 1533 à Paris ; la mendicité y fut en outre interdite et des aumônes furent distribuées aux pauvres malades. Suivant des ordonnances rendues par le parlement, les couvents et chapitres de Paris devaient contribuer à l'entretien des indigents, mais les donations s'étant ralenties, les magistrats de la ville durent provoquer la continuation de l'œuvre charitable des « povres de Dieu », surtout à une époque aussi malheureuse.

Jean de la Barre, comte d'Etampes, Prévôt de Paris, mourut dans les premiers jours de mars 1534. Le prévôt des marchands, les échevins, le capitaine des archers, et le bureau de la ville assistèrent à ses obsèques qui eurent lieu aux Jacobins.

Ce fut grâce aux démarches faites par Pierre Viole auprès du légat chancelier et du grand maitre que François Ier par une ordonnance du 17 avril 1534, accorda aux bourgeois de Paris l'exemption du ban et de l'arrière-ban.

Pendant l'administration de Pierre Viole, Martin Bragelongne, conseiller au baillage de Paris, et Jean Courtin, auditeur en la cour des comptes remplacèrent comme échevins à la date du 16 août 1533, Gervais Larcher et Jacques Boursier dont le mandat était expiré.

Mais l'événement le plus important qui se passa sous la prévôté de Pierre Viole fut la pose de la première pierre de l'Hôtel de Ville de Paris dont la construction fut décidée et commencée, ainsi qu'il a été raconté d'autre part.

JEAN TRONSON

PRÉVÔT DES MARCHANDS

Jean Tronson, seigneur du Coudray, conseiller au Parlement, fut élu prévôt des marchands, le 17 août 1534, en remplacement de Pierre Viole ; le même jour Guillaume Quinette, receveur des généraux des aides, quartenier, et Jean Arroger, bourgeois, remplacèrent en qualité d'échevins, Daniel et Barthélemy, dont le mandat était expiré. Jean Tronson fut en outre choisi, comme conseiller de ville le 3 octobre 1534 en remplacement de Leviste, décédé.

Le triste drame de la Saint-Barthélemy qui se passa sous le règne de Charles IX, dans la nuit du 24 août 1572, eut pour cause primitive l'introduction du protestantisme en France sous François Ier. Les Luthériens, en effet, avaient placé dès cette époque, avec l'intention de froisser les croyances des catholiques, dans divers carrefours de Paris, des affiches irrévérencieuses. Une de ces affiches fut même posée à la porte de la chambre du Roi au château de Blois, et ce fut à la suite de ces scandales que l'un de ces hérétiques, Jacques de la Croix fut brûlé vif devant l'église de Notre-Dame. Une procession fut prescrite à la suite de ces événements, le 22 octobre 1534, et le bureau de la ville « vestu de leurs robbes my partie » précédé des conseillers, quarteniers et de douze bourgeois de chaque quartier y assistèrent.

Henri de Nassau, revenant d'Espagne, passa à Paris à la fin d'octobre 1534 pour se rendre en son pays de Flandre; il fut logé à l'hôtel de Bertrand Le Lieur, situé derrière le petit Saint-Antoine. Le prévôt des marchands, Tronson, accompagné des échevins, se rendit à cet hôtel pour le saluer et lui remit des présents.

Sous la prévôté de Tronson, le bureau de ville accorda au duc de Vendôme une somme de quarante mille livres tournois, le 15 juillet 1536, pour subvenir aux frais résultant des services rendus au Roi et au royaume.

Dans l'assemblée de ville, du 12 août 1536, le mandat de Prévôt des marchands de Paris fut de nouveau confié à Jean Tronson, qui fut remplacé dans sa charge par Augustin de Thou, le 16 août 1538.

AUGUSTIN DE THOU

PRÉVÔT DES MARCHANDS

(DU 16 AOUT 1538 AU MOIS D'AOUT 1540)

Augustin Ier de Thou, seigneur de Bonneuil et d'Abbeville en Beauce, était fils de Jacques de Thou, troisième du nom et de Geneviève Le Moine des Allemands; il épousa Claude de Marle, petite-fille du chancelier de ce nom. De son mariage naquirent vingt-et-un enfants, dont quatorze moururent en bas âge; les sept autres furent les suivants :

1° Christophe, seigneur de Bonneuil et de Céli, premier président au parlement de Paris; 2° Adrien, seigneur d'Hierville; 3° Nicolas, évêque de Chartres; 4° Augustin, avocat du roi au Châtelet; 5° Jeanne, mariée à Jacques Le Lieur; 6° Barbe, mariée à Jacques Sanguin; et 7° Anne, abbesse de Saint-Antoine-des-Champs.

Augustin Ier de Thou, fut d'abord président de la chambre des enquêtes au Parlement de Paris et lieutenant de la prévôté des marchands; ce fut en cette dernière qualité qu'il se plaignit, le 3 février 1528, de n'avoir pas été consulté dans les affaires litigieuses de la ville. Il se démit de cette charge le 28 novembre 1533 en faveur de son fils Christophe de Thou ; il résigna en outre, le 18 août 1536, son office de conseiller de ville au profit de Pierre Perdrier, greffier. Il fut élu prévôt des marchands de Paris sous le règne de François Ier en remplacement de Jean Tronson, le 16 août 1538, date à laquelle Jean Croquet et Guillaume Danès furent élus échevins, à la place de Claude Le Lièvre et Pierre Raoul, arrivés au terme de leur mandat. Il occupa ces hautes fonctions jusqu'au mois d'août 1540, époque à laquelle il fut remplacé par Etienne de Montmiral.

Pendant sa prévôté, Augustin de Thou se rendit avec les échevins Paillard et de Haqueville, le greffier et le procureur à Saint-Germain-en-Laye, le 8 septembre 1538, pour saluer au nom de la ville de Paris, le roi François Ier au retour de son voyage à Nice, où le roi de France et Charles-Quint avaient dû se rencontrer pour conclure la paix et où finalement, une trêve de dix ans fut signée entre ces deux monarques sans qu'ils se fussent vus. Le Roi, en les remerciant, invita ces magistrats à faire achever le bâtiment du quai pour passer du Louvre aux Tuileries, afin qu'il le trouvât terminé à son prochain voyage à Paris, et leur exprima en outre le désir que l'on continuât le bâtiment de « l'hostel de ville, attendu que l'on estoit en temps de paix ».

Pendant sa magistrature, Augustin de Thou eut aussi à s'occuper d'une demande faite par François Ier à l'effet d'obtenir de la ville de Paris la solde de trois mille hommes de pieds pendant quatre mois.

Augustin de Thou mourut le 6 mars 1544 ; il était le grand-père du célèbre historien, Jacques-Auguste de Thou, et l'arrière-grand-père de François-Auguste de Thou, décapité à Lyon, le 12 septembre 1642, à la suite de la conspiration d'Henri d'Effiat, marquis de Cinq-Mars.

L'Hôtel de Ville de Paris

sous

les règnes de Henri II et de François II

HENRI II, né en 1519, fils de François Ier, roi de France, le 31 mars 1547, marié en 1533 à Catherine de Médicis, fille du duc d'Urbin ; blessé mortellement dans un tournoi, par Montgomery, le 30 juin 1559, mort le 10 juillet 1559.

Régna du 31 mars 1547 au 10 juillet 1559.

FRANÇOIS II, né en 1544, fils aîné de Henri II et de Catherine de Médicis, roi de France, le 10 juillet 1559, marié en 1558, à Marie Stuart, reine d'Ecosse, décapitée le 18 février 1587, mort le 5 décembre 1560 (sans enfants).

Régna du 10 juillet 1559 au 5 décembre 1560.

Liste des Prévôts des marchands et échevins
SOUS LES RÈGNES DE HENRI II ET DE FRANÇOIS II
(de 1547 à 1560)

PRÉVÔTS DES MARCHANDS

Louis Gayant,
Conseiller du roi au parlement, du 16 août 1546 au 16 août 1548.

Claude Guyot,
Conseiller, notaire et secrétaire du roi, du 16 août 1548 au 16 août 1552.

Christophe de Thou,
Notaire et secrétaire du roi, avocat au Parlement, du 16 août 1552 au 16 août 1554.

Nicolas de Livre,
Conseiller, notaire et secrétaire du roi, du 16 août 1554 au 16-19 août 1556.

ÉCHEVINS

Nicolas le Cirier, avocat en Parlement,	1547
Michel Vialart, lieutenant de la Conservation,	1547
Guillaume Pommereu,	16 août 1548
Guichard Courtin, quartenier,	—
Antoine Soly,	1549
Guillaume Choart, marchand drapier,	1549
Côme Lhuillier, bourgeois,	1550
Jean Le Jay, marchand,	1550
Robert Des Prez, bourgeois de Paris,	17 août 1551
Guy Lormier, seigneur de l'Épine,	—
Thomas le Lorrain, seigneur de l'Oiselet,	16 août 1552
Jean de Bréda, marchand,	—
Claude Le Sueur, marchand,	1553
Jean de Sous le Four, trésorier de la Reine,	1553
Jean Paluau, conseiller, notaire et secrétaire du roi,	16 août 1554
Jean Lescalopier, marchand,	—
Germain Boursier, marchand,	1555
Michel du Ru, marchand,	1555

PRÉVÔTS DES MARCHANDS

ÉCHEVINS

Nicolas Perrot,
Conseiller au Parlement, du 16-19 août 1556 à 1558.

Guillaume de Courlay, contrôleur de l'audience, du 16 août 1556
Jean Messier, —
Augustin de Thou, conseiller au parlement, 1557
Claude Marcel, marchand bourgeois, 1557

Martin de Bragelongne,
Lieutenant civil et criminel de la Prévôté de Paris, 16 août 1558 au 16 août 1560.

Pierre Prévost, du 16 août 1558
Guillaume Larcher, —
Jean Aubery, — 1559
Nicolas Godefroy,

Guillaume de Marle,
Seigneur de Versigny, 16 août 1560 au 16 août 1564.

Jean Sanguin, secrétaire du roi, du 16 août 1560
Nicolas Hac, —

Mort et funérailles de François Ier

(31 mars-22 mai 1547)

FRANÇOIS Ier, roi de France, surnommé le père des lettres, fut avant Henri IV, un roi galant ; il appela à sa cour les dames et les favoris, les cardinaux et les prélats, les artistes et les gens de lettres. A côté du savant et sévère Théorinus, évêque de Grasse et précepteur des enfants de France, paraissaient dans les châteaux royaux, Françoise de Foix, Anne de Pisseleu, duchesse d'Étampes, et tant d'autres femmes galantes de l'époque, qui se disputaient les bonnes grâces du monarque.

François Ier mourut à Rambouillet le 31 mars 1547, à l'âge de cinquante-deux ans. Il laissait pour héritier de la couronne son second fils Henri ; le dauphin François, l'aîné de ses enfants était mort en 1536, empoisonné dit-on, par son échanson Montecuculli, et le duc d'Orléans, son troisième fils était décédé en 1545.

Le nouveau roi Henri II, par des lettres adressées de Hautebruyère annonça au Parlement de Paris la mort de son père. Communication en fut aussitôt faite au bureau de la ville, qui se rendit le 3 avril 1547 à Saint-Germain où le prévôt des marchands Louis Gayant, et les échevins furent reçus par Henri II auquel ils firent leurs révérences.

A la séance du 21 avril 1547, et sur la proposition du Prévôt des marchands, Louis Gayant et des échevins, Aubery et Charpentier, il fut décidé que la ville prendrait part aux obsèques du feu roi et de ses deux fils défunts, dont les corps devaient être transportés à Saint-Denis en même temps que celui de leur père.

Il fut par suite arrêté que les officiers municipaux se rendraient à ces funérailles, et que la ville fournirait quatre cents torches de cire garnies d'écussons à ses armoiries et portées par les archers, arbalétriers et hacquebustiers.

Selon les ordres de Henri II, le corps de François Ier fut transporté de Saint-Cloud à l'église de Notre-Dame-des-Champs, le 18 mai 1547, de là à l'église de Notre-Dame-de-Paris, le lendemain 19, et enfin à celle de Saint-Denis, le 22 du même mois.

Le prévôt des marchands de Paris, Louis Gayant, les échevins, clerc, greffier, receveur, procureur, les vingt-quatre conseillers de ville, les seize quarteniers et les bourgeois de la ville assistèrent à chacune de ces cérémonies funèbres.

Le cortège fut formé et marcha de la manière suivante :

Les archers, arbalétriers et hacquebutiers, capitaines en tête, vêtus de noir par dessus leurs hocquetons, portant des torches aux armes de la ville ;

Les religieux des Minimes, les Cordeliers, les Augustins, les Jacobins et les Carmes ;

Les vicaires et chapelains des paroisses de Paris avec leur croix ;

Cinq cents pauvres vêtus de deuil, portant chacun une torche aux armes du roi ;

Les Mathurins ;

Vingt-quatre crieurs, vêtus de deuil, aux armes du Roi ;

Le guet de patrouille à pied ;

Le guet de cheval, à pied, avec bâtons noirs ;

Les sergents à verge et du prévôt de Paris ;

Les sergents à cheval, à pied ;

Les commissaires et notaires du Châtelet ;

Le Prévôt de Paris et ses lieutenants, à cheval ;

Le collège des Bernardins, Sainte-Croix, Blancs-Manteaux, etc. ;

Les familles des princes, cardinaux et seigneurs en deuil ;

Les élus de Paris et leurs officiers ;

Les généraux des monnaies et de la justice ;

Le chapitre de Notre-Dame de Paris ;

Le personnel de la Sainte-Chapelle, les aumôniers du Roi ;

Les deux prévôts de l'hôtel à cheval ;

Le capitaine de la Porte et cent Suisses, porteurs de hallebardes ;

Deux cents gentilshommes vêtus de deuil, portant « bedefaucons », les officiers de la bouche et de la chambre, valets, huissiers, armuriers, sommeliers, coursiers, écuyers, etc. ;

Les archevêques et évêques ;

Les effigies du roi Henri II, du dauphin et du duc d'Orléans ;

Le cheval d'honneur du roi défunt mené à la main ;

Le grand écuyer à cheval ;

Monsieur de Paris, en chappe de cardinal, avec chapelain porteur de la crosse ;

« L'effigie du roi », entourée de la cour de parlement, dont les quatre présidents portaient les quatre coins du poêle ;

Monsieur « l'Admiral, » faisant l'office de grand maître, ayant près de lui Honnorat de Savoie, comte de Villars portant la grande bannière ;

Le poêle, porté par MM. les prévôt des marchands, échevins de Paris, greffier, receveur, procureur, ayant autour d'eux les sergents de la ville, vêtus de deuil, le navire d'argent sur l'épaule ;

Les cinq princes de deuil sur petites mules ;

Le légat, les cardinaux ;

Vingt-cinq archers ;

Enfin, les ambassadeurs et prélats, les princes, seigneurs, gentilshommes, enseignes des gardes et les gardes.

Les obsèques de François Ier furent d'ailleurs semblables à celles qui avaient été faites à son prédécesseur, Louis XII.

Entrée du roi Henri II et de la reine Catherine de Médicis à Paris

(16 et 18 juin 1549)

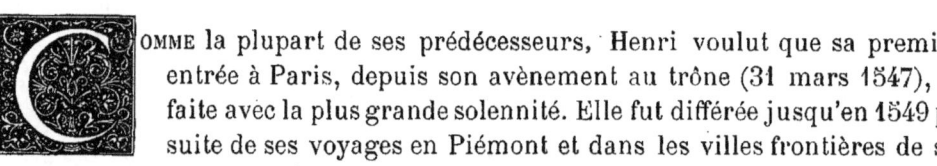omme la plupart de ses prédécesseurs, Henri voulut que sa première entrée à Paris, depuis son avènement au trône (31 mars 1547), fût faite avec la plus grande solennité. Elle fut différée jusqu'en 1549 par suite de ses voyages en Piémont et dans les villes frontières de son royaume. Les officiers municipaux de la capitale se réunirent pour en délibérer le 16 février 1549 à l'hôtel de ville, et décidèrent qu'on ferait « toutes les magnificences et triumphes qu'il serait possible, » pour fêter l'entrée joyeuse du Roi et de la Reine, tant en « théâtres, eschaffaulx, piramides que autres singularités », et que le présent qui serait offert à la reine Catherine de Médicis serait d'une valeur de sept à huit mille livres tournois. Il fut en outre arrêté que les Prévôt des marchands, échevins, greffier, conseillers, quarteniers et autres officiers de ville, assisteraient à cette cérémonie.

Henri II régla du reste lui-même l'ordre du cortège, ainsi que la place de chaque officier ; détermina les costumes et s'occupa des moindres détails de la fête. L'entrée du Roi fut fixée au 16 juin 1549 et celle de la Reine au 18 ; elles avaient été précédées de celle du Dauphin, qui eut lieu le 11 du même mois. La ville de Paris fit don, en cette circonstance, à cet enfant, alors âgé de cinq ans et demi, d'un bassin d'argent, rempli de dragées dorées, fabriqué par l'orfèvre Jean Coutant.

Le dimanche 16 juin 1549, à huit heures du matin, le clergé et le recteur de l'Université de Paris se mirent en route pour Saint-Ladre où on avait installé un « parron de boys devant la rue Saint-Laurent », afin que le roi pût voir venir à sa rencontre et passer devant lui le cortège des officiers, bourgeois, et gens de qualité qui devaient se rendre au devant de lui.

Le cortège partit de l'hôtel de ville à onze heures du matin dans l'ordre suivant :

Deux sergents de la ville à cheval, vêtus de leurs « robbes my partie et « leurs navires d'orfaverye sur l'espaule » ;

Les capitaines de gens de pied des métiers de la ville, « bien armez et riche- « ment accoustrez selon leur estat avec les porte enseignes » ;

Les porteurs de « bled, de charbon, de sel, de boys, de vins, de grains » ;

Les cents hacquebutiers de la ville, « portans hacquebutes, vestuz de leurs « hocquetons de livrée faictz de neuf, blanc, vert et noir, ayant à leur tête, trompettes, clairons et tabourins de guerre avec enseignes déployées » ;

Les cent vingt archers de la ville, à cheval, « vestus de leurs hocquetons aux « livrées du Roy et de la Royne, aux armoiryes de la ville, portant chascun une « javeline de barde, avec enseignes et guidons déployés, ayant à leur tête, trom- « pettes et tabourins » ;

Les soixante arbalestriers de la ville, « portant javeline de barde et riche- « ment vestus, leurs chevaux bardés et caparassonnés, ayant à leur tête, « trompettes et clairons » ;

Les enfants nobles de Paris au nombre de cent soixante, vêtus d'habits cou- verts de perles et de pierreries, montés sur des chevaux « bardez et caparassonnez « de broderye, ayant à leur tête leur capitaine Germain Boursier » ;

Les maîtres des œuvres de maçonnerie et charpenterie de la ville et le capi- taine de l'artillerie, à cheval « vestus de cazaquins de velours noir, couvert de « broderye, de pourpoints de satin blanc, de bonnets de velours à plume blanche, « de ceintures de velours noir avec épée au fourreau, et chaussés de bottines « blanches doublées de velours noir » ;

Les sergents de ville « vestus de leurs robbes my parties des couleurs de la « ville doublées de velours, avec leur navire d'orfaverye sur l'espaule, et bien « montés » ;

Le prévôt des marchands Claude Guyot, les échevins Le Cirier, Vialart, Pomereu et Courtin, « vestus de robbes my partie de velours cramoisy rouge, « brun et tanné, coiffé de bonnet de velours » ;

Le procureur « vestu d'une robbe de velours cramoisy rouge » ;

Les conseillers au nombre de seize, « vestuz de longues robbes de satin noir, « doublées de velours » ;

Les seize quarteniers, « vestuz de satin tanné » ;

Quatre maistres jurés de chacune des marchandises : « 1º de l'espicerye, « vestuz de velours tanné ; 2º de la mercerye, vestuz de velours violet ; 3º de la « pelleterye, vestuz de robbes de velours pers, fourrées de loups cerviers ; 4º de « la bonneterie, vestuz de velours tanné ; 5º de l'orfaverye, vestuz de velours « cramoisy » ;

Un grand nombre de bourgeois richement « vestuz », les uns montés, les autres à pieds, chacun selon sa qualité ;

Le chevalier du guet et ses sergents, tenant chacun une javeline de barde au point, « vestus de leurs hocquetons d'orfaverye » ;

Les sergents du Châtelet, richement « acoustrez, suiviz des notaires, com-
« missaires, greffiers, officiers, lieutenants civil et particulier du prévôt de
« Paris, advocats et procureurs » ;

Le Prévôt de Paris..., « vestuz d'une riche robbe de drap d'or » ;

Les généraulx des monnaies, des aides, « en robbe d'escarlate », précédés de leurs huissiers ;

Les « esleuz de Paris et autres villes, conterolleurs, fermiers » ;

Les présidents des comptes, en « robbes de velours noir » ;

La court du Parlement précédée des huissiers ;

Le greffier civil, « vestu de robbe d'escarlate et paré de son espitoge » ;

Le premier greffier « vestu de robbe d'escarlate, portant sur la teste son
« mortier de drap d'or fourré d'hermines et tenant sa verge à la main » ;

Les quatre présidents de la grande chambre, « en robbes d'escarlate, suivis des présidents des autres chambres et conseillers de la court. »

Ce splendide cortège partit de la place de grève et monta la rue Saint-Denis jusqu'en dehors de la ville, tourna sur les fossés jusqu'aux faubourgs de la porte Saint-Martin, alla jusqu'à Saint-Laurent, où sur une magnifique estrade le roi Henri II et la reine Catherine étaient assis sur des chaises recouvertes de velours azuré, semé de fleurs de lys d'or et de fines broderies. A côté du Roi et de la Reine se trouvaient les connétable et chancelier de France.

Claude Guyot, prévôt des marchands de Paris, s'approcha du Roi « avec grande humilité », le salua, lui remit les clefs de la ville suspendues à un cordon de soie aux couleurs royales, et lui adressa une harangue dans laquelle il lui souhaita la bienvenue.

Henri II fut alors salué par le tir de trois cent cinquante pièces d'artillerie. Jamais entrée de monarque ne fut plus brillante que celle de ce roi ; une foule d'étrangers vinrent à Paris pour y assister ; des dames et des gentilshommes accoudés aux fenêtres sur des tapis éclatants, rehaussaient par l'élégance de leurs vêtements la solennité de cette imposante cérémonie. On avait dressé en avant de la porte Saint-Denis, un arc de triomphe d'un genre toscan et dorique, dédié à la Force, sur lequel était inscrite la devise du Roi : « *Donec totum impleat orbem* ».

Après être passé sous cet arc de triomphe, le Roi fit son entrée dans sa bonne ville de Paris, sous un ciel de velours azuré semé de fleurs de lys d'or, tenu d'abord par les quatre échevins de la porte Saint-Denis à l'église de la Trinité, puis porté par les maîtres des marchandises.

Le cortège se rendit à Notre-Dame. Durant le parcours, des attractions de toutes sortes attiraient les regards ; la fontaine du Ponceau magnifiquement décorée, était entourée de nymphes qui versaient des vins blanc et rouge aux seigneurs et aux dames de la cour. Un deuxième arc de triomphe, d'un style corinthien, avait été dressé devant Saint-Jacques-de-l'Hôpital. La fontaine Saint-

Innocent nouvellement rebâtie avait été entourée de feuillage au milieu duquel apparaissaient de belles jeunes filles coquettement habillées; au Châtelet se dressait un portique à la mode « ionique », à double rang de colonnes avec des inscriptions latines ; enfin, au carrefour de la Boucherie, où il fallait tourner pour aller sur le pont Notre-Dame, un autre arc triomphal avait été élevé en l'honneur du Roi, avec des inscriptions grecques.

Le pont Notre-Dame, qui avait à cette époque environ soixante-quinze toises de long, et sur les deux côtés duquel s'élevaient trente-quatre maisons, était magnifiquement décoré ; un arc de triomphe avait été construit à chacune de ses extrémités, des guirlandes de lierre, avec la double lettre HH au milieu, reliaient les maisons ; on avait construit aux piles du pont quatre niches dans lesquelles on avait placé les demi-dieux : Caliste, Arcas, Crotas, Pandare.

Les princes du sang et les chevaliers de l'ordre entrèrent seuls avec le Roi à l'église de Notre-Dame de Paris. En l'absence du cardinal du Bellay, évêque de Paris, ce fut le doyen du chapitre, Antoine Le Cirier, qui, à la tête des chanoines, reçut Henri II et prononça un discours auquel le chancelier de France répondit. Le roi prêta le serment accoutumé, la main étendue sur les Évangiles, adora et baisa la vraie croix, reçut l'eau bénite et entra dans la cathédrale.

Après la cérémonie religieuse, le Roi et sa cour s'en allèrent par la rue de la Calande au palais, dont la grande salle avait été tendue de belles et riches tapisseries. Un festin fut offert au Roi selon la coutume.

Jean du Tillet, greffier du Parlement, fait de ce festin la description suivante :

« Le soir fut faict en la grande salle du palais le souppé royal, duquel
« l'assiette et ordre fut tel qu'il ensuit. Le roy fut assis au milieu de la table
« de marbre, et estoit sur luy tendu ung dez de velours pers, semé de fleurs de
« lys d'or traict. A sa droite, fut assis Monsieur le Cardinal de Bourbon, comme
« prince du sang et tenant son rang de l'Église. A main senestre furent assis
« Monsieur le duc de Vendosmoys ; Monsieur de Vendosme, son frère ; Monsieur
« le duc de Montpensier et Monsieur le prince de la Roche-sur-Yon, son frère.

« Durant le festin, le connestable tint en sa main l'épée royale nue devant le
« Roi. Servit Monsieur le mareschal de Saint-André l'office de grant maistre,
« Monsieur de Guyse, celluy de panetier, Monsieur de Nemours, celui d'eschanson
« et Monsieur de Nevers, celui de varlet tranchant. Fut la viande portée par les
« gentilzhommes de la chambre ».

Les ambassadeurs occupèrent la table placée depuis la salle des requêtes du palais jusqu'à la porte de la salle des Merciers ; Messieurs de la cour de Parlement, chambre des comptes, « généraulx » de la justice, celle placée depuis la porte de la grande chambre jusqu'à la chappelle, et Messieurs les Prévôt des marchands, échevins et autres officiers et bourgeois de la ville avaient leur table située depuis la porte de la salle aux Merciers jusqu'à la porte des petits degrés du palais.

La reine Catherine accompagnée de Marguerite de France, dernière fille de François Ier, fit son entrée à Paris, le 18 juin 1549, après avoir été, selon la coutume, couronnée à Saint-Denis, quinze jours avant l'entrée du Roi. Les prévôt des marchands, échevins et officiers de la ville allèrent au devant d'elle jusqu'au prieuré de Saint-Ladre où elle était arrivée le matin. Le prévôt Claude Guyot adressa à la reine une harangue éloquente dans laquelle il exprima les bons et humbles sentiments des habitants de la ville. La même pompe et le même cérémonial furent observés pour l'entrée de la Reine que pour celle du Roi.

Le lendemain, 19 juin, Catherine alla « oyr » la messe à Notre-Dame de Paris. Le prévôt des marchands et les échevins vinrent l'inviter à prendre « sa reffection » dans la grande salle du palais archiépiscopal, magnifiquement décorée pour la circonstance. La Reine accepta, fut conduite dans la salle du festin offert par la ville, et se mit avec les princesses du sang à une table spéciale ; les autres dames de sa suite s'assirent à d'autres tables. Le prévôt servit la Reine, et les échevins servirent les autres dames. Le Roi, lui-même, voulut assister à ce festin et prit grand plaisir au bal qui suivit.

Après le dîner, le prévôt, Claude Guyot, offrit à la Reine le présent de la ville, qui consistait en un buffet remplit de vaisselle d'argent vermeil, parsemé de fleurs de lys avec croissants.

Le 20 juin, le prévôt des marchands et les échevins se rendirent aux Tournelles pour présenter aussi au Roi le présent qui lui était destiné, et qui consistait en une superbe pièce d'orfèvrerie.

Un souper royal à l'Hôtel de Ville

(17 FÉVRIER 1558)

A nouvelle de la prise de la ville de Calais sur les Anglais qui la possédaient depuis plus de deux siècles, par l'armée du Roi commandée par le duc de Guise, arriva à Paris le 9 janvier 1558. Pour rendre grâce à Dieu de ce succès inattendu, une procession solennelle fut faite le 16 du même mois, à la Sainte-Chapelle. Le Prévôt des marchands de Paris, Nicolas Perrot, les échevins, Guillaume de Courlay, Jean Messier, Augustin de Thou et Claude Marcel, ainsi que les conseillers de ville y assistèrent. Le Roi, la Reine et les dames et seigneurs de la cour, accompagnés des cardinaux de Bourbon, de Lorraine et de Guise se rendirent également à la Sainte-Chapelle.

Henri II, satisfait de la tournure que prenait les affaires de son royaume, depuis qu'il en avait chargé le duc de Guise, et des témoignages de respect et d'obéissance que lui donnaient les officiers de sa bonne ville de Paris, fit venir au Louvre le prévôt des marchands et les échevins, et leur dit « qu'il avait trouvé « tant d'honnesteté aux habitants qu'il voullait aller soupper avec eulx en leur « hostel le jeudi suivant qui se trouvait le jeudi gras, 17 février 1558, avec la « Reine et plusieurs princes et dames de la cour ». Le prévôt des marchands Nicolas Perrot remercia le Roi de l'honneur qu'il faisait à la ville et annonça que les préparatifs seraient faits pour le recevoir dignement.

On envoya quérir les rôtisseurs, les maîtres d'hôtels, les peintres et ouvriers nécessaires pour les apprêts du banquet. On lança en outre des invitations d'assister au festin à un certain nombre de dames de qualité au nombre des quelles étaient les suivantes :

Madeleine de L'Hospital, fille de Michel de L'Hospital, femme de Robert Hurault, seigneur de Bellesbat, maître des requêtes ;

D'Aigremont, femme de Jacques Viole, conseiller au Parlement ;

Bourgeois, femme de Claude Bourgeois, seigneur de Crespy, maître des requêtes ;

Martine d'Alès, femme de Martin Fumée, maître des requêtes ;

Marie Viole, femme de Barthélemy Faye, seigneur d'Espeisses, président aux enquêtes ;

Geneviève de Bois-L'Évêque, femme de Jean de La Rozière, maître des requêtes ;

Claude Riant, femme d'Antoine Fumée, président des enquêtes ;

Marie Hennequin, femme de Guillaume Barthélemy de Beau-Verger, conseiller au Parlement ;

Jeanne Claude de Marchaulmont, femme de Pierre de Lezigny ;

Jeanne Tavel, femme de François Briçonnet, conseiller au Parlement ;

Marie Burgensis, fille du médecin de François Ier et de Henri II, et femme de Claude de Marchaulmont, secrétaire des finances ;

Jeanne Bochetel, femme de Claude de L'Aubespine, secrétaire d'État ;

Philippine Alleman d'Alliers, femme de Jean de Saint-Marcel, seigneur d'Avançon, surintendant des finances ;

Marie Du Mesnil, femme de Jacques Sanguyn, seigneur de Livry, conseiller du Roi ;

Marie d'Allonville, femme de René de Préaux, conseiller du Roi ;

Charlotte Grolier, femme de Claude Bourgeois, seigneur de Saint-Léger, président des monnaies ;

Nicole de Fontenay, femme de Louis Dodieu, seigneur de Vely, conseiller au Parlement ;

De Villemain, femme de Jean Nicot, seigneur de Villemain, maître des requêtes et ambassadeur en Portugal, d'où il rapporta le tabac ;

Ripault, femme de Christophe Ripault, conseiller au Parlement de Rouen ;

Jeanne Hennequin, femme de François Conan, seigneur du Perray, maître des requêtes.

Le 14 février, les officiers de la ville envoyèrent demander aux évêques et grands seigneurs de vouloir bien prêter leur vaisselle d'argent pour le souper royal qui devait être servi par des enfants de la ville en livrée de soie jaune et violette. Le poète du Roi, Jodelle fut en outre chargé de composer pour la circonstance une comédie en vers.

La grande salle de l'Hôtel de ville, fut ornée de tapisseries, de guirlandes de lierre entrelacées, de fleurs et d'écussons aux armes du Roi, de la Reine, du dauphin, du duc de Guise, du cardinal de Lorraine, du garde des sceaux, de madame Marguerite et de madame de Valentinois (Diane de Poitiers, maîtresse du Roi qui en était amoureux depuis l'âge de 18 ans).

A quatre heures de l'après-midi, le Roi, la Reine, le dauphin et les princes arrivèrent à l'Hôtel de ville. Comme il pleuvait très fort ce jour-là, la cour vint en voiture couverte. On tira le canon à leur arrivée sur la place de la Grève. Le Roi fit son entrée dans la grande salle et prit place au centre de la table d'honneur. Les trompettes royales sonnèrent le commencement du souper, qui fut servi par le maître d'hôtel du Roi, de Lesigny.

Après le dîner, le Roi se rendit au grand bureau avec les princes pour y prendre la collation et les dames dansèrent dans la grande salle, d'où on avait promptement enlevé les tables.

Cette fête fut une des plus belles de l'hôtel de ville sous le règne de Henri II.

Mariage du dauphin François avec Marie Stuart, reine d'Écosse

(24 avril 1558)

peine les cérémonies funèbres, faites à l'occasion des obsèques d'Éléonore d'Autriche, sœur de Charles-Quint, seconde femme de François Ier, morte à Talavera, en Espagne, le 18 février 1558, étaient-elles terminées à Paris, qu'il fut procédé à la célébration du mariage de son petit-fils, le Dauphin, qui régna peu de temps après sous le nom de François II.

L'union du dauphin François, fils aîné de Henri II, avec Marie Stuart, fille de Jacques V, roi d'Écosse et de Marie de Lorraine, fut en effet fixée au 24 avril 1558. Marie Stuart avait succédé à son père, le 13 décembre 1542, quelques jours après sa naissance; elle avait été amenée dès son enfance à la cour du Roi de France, où elle fut élevée par ses oncles, les princes de Lorraine, et apportait en dot la couronne d'Écosse à son mari qui fut dès lors surnommé le roi Dauphin.

Jean Pot, seigneur de Rhodes et de Chémault en Gatinois, prévôt et maître des cérémonies du roi Henri II, se rendit le 22 avril 1558, près du bureau de la ville de Paris et lui donna communication d'une lettre par laquelle le Roi invitait les officiers municipaux à assister au mariage de son fils.

Cette cérémonie eut lieu à Notre-Dame; le prévôt des marchands Perrot, en robe de satin my partie de cramoisy et tanné, à grand collet renversé doublé de jaune, de velours cramoisy rouge, les échevins de Courlay, Augustin de Thou, Messier et Claude Marcel, en robe my partie de satin cramoisy et tanné, à collet renversé, doublé de velours noir, le greffier vêtu de même; le procureur de la ville, en robe de satin noir à collet renversé, doublé de velours noir, les conseillers et les quarteniers en costume, s'assemblèrent dès sept heures du matin à l'Hôtel de ville, descendirent du grand bureau, et se rendirent, entourés des archers, des arbalestriers et des hacquebustiers à l'église de Notre-Dame dans laquelle ils pénétrèrent par la porte de l'église Sainte-Marine, paroisse de l'évêché de Paris. La cathédrale avait été pompeusement ornée pour la circonstance; le parquet et les dalles avaient été recouverts de tapis de Turquie. Un pont avait été établi par Charles Le Comte, maître des œuvres de la ville, pour permettre au Roi et à sa suite de pénétrer du palais épiscopal, où la cour était descendue, à l'église de Notre-Dame, qui avait été tapissée de velours pers, semé de fleurs de lys d'or, aux armes de la reine d'Écosse.

Eustache du Bellay, évêque de Paris, en habits pontificaux, entouré de son clergé, assista au mariage des jeunes époux qui fut célébré par le cardinal, Charles de Bourbon. Une grande quantité de pièces d'or et d'argent fut jetée à la poignée sur le peuple par un hérault de France, qui prononça dans les rues le mariage en criant à haute voix : « largesse ! largesse ! »

Dix-huit prélats, au nombre desquels étaient les cardinaux de Lorraine, de Guise, de Sens, de Lenoncourt et le légat de France, cardinal Trivoulx, devant lequel on portait la masse et la croix d'or, furent présents à la cérémonie.

Le roi Dauphin fut conduit à l'autel par Antoine de Bourbon, roi de Navarre, suivi de Charles-Maximilien, duc d'Orléans, troisième fils de Henri II et de Catherine, qui régna plus tard sous le nom de Charles IX, et de Henri d'Angoulême, fils naturel de Henri II et d'une demoiselle Fleming, de la maison écossaise de Leviston, qui fut légitimé et devint grand prieur de France.

Henri II y mena « la royne d'Écosse par le bras dextre, et le duc de Lorraine « de l'austre costé la menoit par le bras senestre ».

La jeune reine était vêtue d'une robe pers, couverte de pierreries et de broderies blanches ; elle portait la couronne royale d'Écosse.

Après la cérémonie, les nouveaux époux et la cour dînèrent à l'évêché, et se rendirent de là au palais, où eut lieu le festin nuptial auquel assistèrent les officiers municipaux.

Cette union ne fut, ni heureuse, ni de longue durée ; François II mourut le 5 décembre 1560. D'après la tradition, son chirurgien, Huguenot, d'origine écossaise introduisit dans son exaltation religieuse, du poison dans les remèdes ordonnés pour la guérison d'une fistule que François II avait à l'oreille, ce qui détermina la mort.

Aussitôt après la mort de son royal époux, Marie Stuart retourna en Écosse, où après des revers de toutes sortes, elle fut saisie par sa cousine Élisabeth d'Angleterre, qui la retint prisonnière pendant dix-huit ans et la fit décapiter le 16 février 1587.

Supplice d'Anne Du Bourg sur la place de Grève

(23 décembre 1559)

a religion nouvelle créée par Luther et Calvin, amena les guerres qui désolèrent la France sous plusieurs règnes, et furent la cause de nombreux crimes commis, tantôt dans les rangs des protestants, tantôt dans ceux des catholiques. La haine de ces deux partis l'un pour l'autre devint telle, qu'elle compromit la sûreté de l'État et du trône. Les vexations devinrent journalières ; les catholiques reprochaient aux protestants de s'immiscer dans les affaires du pays et de faire des adeptes ; les protestants se plaignaient de leur côté de ne pouvoir exercer leur culte librement.

Un édit donné à Ecouen au mois de juin 1559, punissait de mort les réformés rebelles ; cet édit fut vérifié par les parlements sans réduction de peine. D'autre part, la duchesse de Valentinois, très influente près du Roi, espérait s'enrichir par la confiscation des biens des condamnés et faisait croire à Henri II que la situation devenait dangereuse. Les Guises, de leur côté, conseillaient au Roi d'étouffer la Réforme par tous les moyens possibles ; ils firent intervenir dans ce but, près de Henri II, les présidents, Gille Le Maître et Minard, ainsi que le procureur général Bourdin, et le maréchal de Saint-André.

Ces personnages décidèrent Henri II à se rendre au parlement à l'occasion des mercuriales. Le jour de cette séance fut fixé au 15 juin 1559, et eut lieu dans le couvent des Augustins, par ce qu'on faisait des préparatifs au palais pour y célébrer les noces d'Élisabeth, fille du roi avec Philippe II d'Espagne et de Marguerite, sa sœur, avec le duc de Savoie.

Le Roi, accompagné des princes de la maison de Bourbon, de François, duc de Guise, du connétable de Montmorency, des cardinaux de Lorraine et de Guise, fit son entrée au moment où le parlement discutait les peines à faire subir aux protestants. Henri II prenant la parole fit part de son zèle pour la religion et de son désir d'assurer le repos public. Il ajouta qu'il avait cimenté la paix par le double mariage de sa sœur et de sa fille, et enfin qu'il espérait que le parlement délibérerait sans prévention. Mais, le garde des sceaux ayant ensuite ordonné aux juges de continuer leurs délibérations, plusieurs magistrats protestèrent contre les mœurs de la cour romaine, et contre les abus qu'elle avait introduits. Ils

ANNE DU BOURG ET HENRI II A LA SÉANCE DU PARLEMENT DU 15 JUIN 1559.
(Cette toile peinte par J. P. Laurens figure dans la salle Lobau de l'Hôtel de Ville actuel).

demandèrent la modération des peines et des jugements jusqu'à ce qu'un concile œcuménique eût réformé la discipline de l'Église. Le président Arnauld du Ferrier, Jacques Cujas, Antoine Fumée, Paul de Foix, Nicolas du Val, Eustache de Laporte et quelques autres conseillers furent du même avis. Enfin Anne Du Bourg prit la parole et dit en présence du Roi à la fin de son véhément discours « que les hommes commettoient contre les lois plusieurs crimes dignes de mort, « et du supplice des esclaves, des blasphèmes réitérés, des adultères, d'horribles « débauches et des parjures fréquents, que non seulement on dissimuloit, mais « qu'une honteuse licence même entretenoit, tandis qu'on inventoit tous les jours « de nouveaux supplices contre des gens à qui l'on ne pouvoit reprocher aucun « crime. Car peut-on leur imputer, ajouta Anne Du Bourg, le crime de lèse- « majesté à eux qui ne font mention du prince que dans leurs prières? Peut-on « dire qu'ils violent les lois de l'État, qu'ils tâchent d'ébranler la fidélité des villes « et qu'ils portent les provinces à la révolte? Quelque peine qu'on se soit donné « jusqu'ici, on n'a pu faire dire à des témoins, même choisis qu'ils en ont eu seu- « lement la pensée. Ce qui fait qu'on les regarde comme des hommes séditieux, « n'est-ce pas parce qu'à la faveur de la lumière de l'Ecriture, ils ont découvert « et révélé la turpitude de la puissance romaine qui penche vers sa ruine, « et qu'ils demandent une solution réformatrice ? ».

Après que chacun eut donné son avis, qui fut inscrit par Saint-Germain le greffier de la Cour, le garde des sceaux présenta le registre au Roi qui blâma le parlement d'avoir entamé une affaire aussi importante à son insu ; Henri II ajouta qu'il voyait bien que ce qu'on lui avait dit était vrai, et que l'on méprisait l'autorité du pape et la sienne. Il se leva ensuite et commanda au connétable de Montmorency de faire arrêter ceux qui s'étaient montrés hostiles à sa volonté. Le comte de Montgomery, capitaine des gardes, qui, quelques jours plus tard, blessa mortellement le Roi dans un tournoi (1), fut chargé de l'arrestation des conseillers rebelles. Le maréchal de Saint-André interrogea le même jour Anne du Bourg, qui fut déclaré aussitôt indigne de jouir du privilège de sa charge et coupable du crime de lèse-majesté : Il déclara que ses sentiments étaient les mêmes que ceux de Luther et de Zwingle et fut sur cette confession déclaré hérétique, dégradé du sacerdoce par l'évêque de Paris et livré au bras séculier.

Anne du Bourg fut enfermé à la Bastille, ainsi que les conseillers Eustache de la Porte, Paul de Foix, du Faur et Antoine Fumée ; les autres purent s'échapper. Le procès d'Anne du Bourg fut instruit ; il en appela de la sentence de l'évêque de Paris à l'archevêque de Sens, et comme d'abus au parlement de Paris lui-même. Il fut prononcé qu'il n'y avait pas d'abus par ce dernier et l'archevêque de Sens confirma le jugement de l'official de Paris. Le jugement du prélat de Sens fut à son tour sanctionné par le cardinal de Tournon, archevêque de Lyon.

(1) Une reproduction de ce tournoi figure à la page suivante.

En exécution de ces sentences, Anne du Bourg fut dégradé de son caractère de prêtre. Frédéric, électeur palatin, demanda au Roi la grâce du condamné, lorsque survint la mort du président Minard, qui, en revenant du palais chez lui, reçut un coup de pistolet. On apprit en outre que le président Gilles Le Maistre et le maréchal de Saint-André auraient subi le même sort s'ils s'étaient rendus le même

TOURNOI DANS LEQUEL HENRI II FUT MORTELLEMENT BLESSÉ PAR MONTGOMERY
(30 juin 1559)

(d'après une gravure de Tortorel et de Périssin).

jour au palais. Anne du Bourg avait souvent accusé Minard de donner de mauvais conseils au Roi, et avait même ajouté qu'il serait un jour contraint de s'en abstenir. Il n'en fallut pas davantage pour qu'il fût soupçonné d'avoir tramé cet assassinat avec des amis. Cet attentat hâta son supplice. En effet, trois jours après, les commissaires le condamnèrent à mort.

En apprenant sa condamnation, Anne du Bourg, pardonna à ses juges et s'écria : « Eteignez vos feux, et renonçant à vos vices, convertissez-vous à Dieu, « afin que vos péchés soient effacés ! Que l'injuste abandonne sa voie, et que, « détestant ses desseins pervers, il retourne au Seigneur et il aura pitié de lui ! « Pour vous, ô sénateurs, vivez heureux. Pensez sans cesse à Dieu et en Dieu ! Je « vais avec joie à la mort ». Le 23 décembre 1559, c'est-à-dire sous le règne de François II, Anne du Bourg fut conduit dans un tombereau sur la place de Grève où avaient lieu les exécutions capitales ; il était entouré de soldats à pied et à cheval, dans la crainte d'effervescence populaire. Là, s'adressant au peuple, il lui dit qu'il avait été condamné, non comme un voleur, mais pour l'Evangile de Dieu ; il enleva lui-même ses vêtements, et montant courageusement à l'échelle, on l'entendit, au dernier moment de sa vie, s'écrier « mon Dieu ne m'abandonnez pas, « de peur que je vous abandonne ». Il fut ensuite étranglé et jeté au feu.

Anne du Bourg était né à Riom en 1521 ; il n'avait donc que trente-huit ans quand il subit son supplice. Il avait professé le droit à Orléans avec succès et s'était distingué dans sa charge de conseiller au Parlement. Il fut comme tant d'autres, victime de la religion réformée dont il était un ardent défenseur. Son supplice et celui de plusieurs autres calvinistes amenèrent la conjuration d'Amboise, qui fut complotée à Nantes sous l'inspiration du prince de Condé et qui devait être dirigée par Godefroy de Barry, seigneur de la Renaudie.

L'exécution d'Anne du Bourg, sur la place de Grève, devant la maison commune, et pour ainsi dire sous les yeux des officiers municipaux, touche de près l'histoire de l'hôtel de Ville de Paris. Une place a dû en conséquence lui être ici réservée.

Il existe d'ailleurs dans notre hôtel de ville moderne, salle Lobau, une très belle toile de Jean-Paul Laurens où cet artiste représente Anne du Bourg, prononçant son discours au parlement en présence de Henri II.

CHRISTOPHE DE THOU

PRÉVÔT DES MARCHANDS

(DU 16 AOUT 1552 AU MOIS D'AOUT 1554)

CHRISTOPHE DE THOU
Prévôt des marchands de Paris
(du 16 août 1552 au 16 août 1554).

Christophe de Thou, seigneur de Cely, naquit au mois d'octobre 1508; il était le fils aîné d'Augustin de Thou et de Claude de Marle, et épousa Jacqueline Tulleu, dame de Cely. Il eut trois fils au nombre desquels était Jacques-Auguste de Thou, l'historien, et plusieurs filles, dont l'une, Catherine, épousa le président Achille de Harlay.

Christophe de Thou fut d'abord lieutenant de la prévôté des marchands de Paris, en remplacement de son père, démissionnaire, le 28 novembre 1533; il occupa en outre successivement les postes d'avocat du Roi, au siège de la Table de marbre, de contrôleur en la chancellerie, d'échevin de la ville de Paris, du 16 août 1535 au mois d'août 1537, et conseiller de ville, le 22 août 1537, en remplacement de Germain de Marle, démissionnaire. Il fut élu prévôt des marchands de Paris, le 16 août 1552, c'est-à-dire sous le règne de Henri II, en remplacement de Claude Guyot; il occupa ce poste jusqu'en août 1554, époque à laquelle il fut remplacé par Nicolas de Livre.

Christophe de Thou fut nommé en 1582 premier président du parlement de

Paris, où il était président depuis 1554. Ce fut en cette dernière qualité, qu'à la suite de l'enregistrement de la déclaration rendue à Blois en 1576, portant que les princes du sang précèderaient tous les pairs et réglant le rang entre eux, qu'il assura le Roi, que depuis l'avènement de Philippe de Valois à la couronne, il ne s'était rien fait de si utile pour la loi salique.

Le premier président, Christophe de Thou, et les conseillers Viole, Anjorant, Longueil et Chartier, travaillèrent à la réforme des coutumes de Paris, qui, jusqu'alors n'avaient guère été fixées que par la tradition ; elles le furent dès lors par l'écriture.

Christophe de Thou, qui aimait le luxe, fut, dit-on, le premier bourgeois qui posséda un carrosse à Paris, il mourut le 1er novembre 1582 ; il était le frère de l'évêque, Nicolas de Thou, qui sacra Henri IV, roi de France, en 1594.

Il fut remplacé dans sa charge de premier président par Achille de Harlay, son gendre.

MARTIN DE BRAGELONGUE

PRÉVÔT DES MARCHANDS

Martin de Bragelongue, lieutenant civil et criminel de la prévôté de Paris, fut élu Prévôt des marchands de Paris en 1558, en remplacement de Nicolas Perrot, et sous le règne de Henri II. Il avait été lui-même échevin en 1533, sous la prévôté de Pierre Viole et le règne de François Ier ; il avait assisté en cette dernière qualité à la pose de la première pierre de l'ancien hôtel de ville. Plusieurs membres de sa famille occupèrent, avant et après lui, diverses places dans la magistrature parisienne. Thomas de Bragelongue, conseiller du Roi fut échevin en 1541, sous la prévôté d'Etienne de Montmiral, sous le règne de François Ier ; Jean de Bragelongue fut échevin en 1572, sous la prévôté de Jean Le Charron et le règne de Charles IX ; Jérome de Bragelongue fut élu conseiller de ville le 18 avril 1569 ; enfin un autre, Martin de Bragelongue, seigneur de Charonne, fut élu prévôt des marchands de Paris en 1602, sous le règne de Henri IV.

GUILLAUME DE MARLE

PRÉVÔT DES MARCHANDS

Guillaume de Marle était le second fils de Jérome de Marle, seigneur de Versigny et de Luzauzy, maître de l'Hôtel du Roi, chevalier de son ordre, maître des Eaux et Forêts de l'Ile de France, de Champagne et de Brie ; il se maria le 3 février 1527 avec Radegonde Burdelot, fille de Jean Burdelot, procureur général du parlement ; il mourut en 1595.

L'Hôtel de Ville de Paris

sous

le règne de Charles IX

CHARLES IX, né le 27 juin 1550, deuxième fils de Henri II et de Catherine de Médicis, frère et successeur de François II, roi de France le 5 décembre 1560, marié en 1570 à Elisabeth d'Autriche, mort le 30 mai 1574.

Régna du 5 décembre 1560 au 30 mai 1574.

Liste des Prévôts des marchands et Échevins

SOUS LE RÈGNE DE CHARLES IX

(de 1560 à 1574).

PRÉVÔTS DES MARCHANDS	ÉCHEVINS	
	Jean Sanguin, secrétaire du roi,	du 16 août 1560
	Nicolas Hac,	—
	Christophe d'Asnières,	le 16 août 1561
Guillaume de Marle,	Henri Ladvocat,	—
Seigneur de Versigny,	Jean Lescalopier,	le 17 août 1562
du 16 août 1560 au 16 août 1564	Mathurin le Camus,	—
	Claude Marcel,	—
	Claude Le Prestre,	le 16 avril 1563
	Claude Marcel,	le 16 août 1563
	Jean Le Sueur,	—
	Jean Mérault,	le 22 septembre 1564
Guillaume Guyot,	Pierre Prévost,	le 26 août 1564
Seigneur de Charmeaux,	Jean Sanguin, secrétaire du roi,	—
du 26 août 1564 au 16 août 1566	Philippe Le Lièvre,	le 16 août 1564
	Pierre de la Court,	—
	Nicolas Bourgeois,	le 16 août 1566
	Jean de Bray,	—
	Jacques Sanguin, seigneur de Livry,	— 1567
Nicolas Le Gendre,	Claude Hervy,	—
Seigneur de Villeroy,	Jacques Kerver,	— 1568
du 16 août 1566 au 16 août 1570	Jérome de Varade,	—
	Pierre Poullin,	— 1569
	François Dauvergne,	—

PREVÔTS DES MARCHANDS	ÉCHEVINS	
	Simon Bocquet,	le 16 août 1570
Claude Marcel,	Simon de Cressé,	—
Général des Monnaies,	Guillaume Le Clerc,	— 1571
du 16 août 1570 au 16 août 1571	Nicolas Lescalopier, conseiller du roi, trésorier général de France en la généralité de Caen,	—
Jean Le Charron,	Jean de Bragelongue,	le 16 août 1572
Président de la cour des aides,	Robert Danès, greffier des comptes,	—
du 16 août 1572 à 1576.	Léon Le Jay, seigneur de Duci,	— 1573
	Jean Perdriel, secrétaire du roi,	—

La Saint-Barthélemy à Paris et à l'Hôtel de Ville (24 août 1572)

Dès que le calvinisme eut pénétré en France, où il ne tarda pas à faire de nombreux adhérents, la guerre religieuse commença entre les catholiques et les protestants. Au supplice d'Anne du Bourg, avait succédé la conjuration d'Amboise (10 mars 1560), et à la suite des colloques de Pontoise (1er août 1561), dans lequel les Calvinistes réclamèrent le libre exercice de leur culte, et de Poissy (9 septembre 1561), où Théodore de Bèze défendit la doctrine nouvelle, réfutée le 16 du même mois par le cardinal de Guise, les protestants s'enhardirent et devinrent menaçants. Il fallut leur accorder le 17 janvier 1562 un édit de tolérance, en vertu duquel ils obtinrent le libre exercice du nouveau culte. Ils en profitèrent pour prêcher leur religion dans les villes de province et voulurent s'immiscer dans les affaires de l'Etat.

Il ne fallait qu'une étincelle pour allumer la guerre civile et religieuse ; elle ne tarda pas à jaillir.

Le duc de Guise, très mécontent de la tournure que prenaient les événements forma avec le connétable de Montmorency et le maréchal de Saint-André, le triumvirat catholique. Il se trouvait alors à son château de Joinville situé dans la Haute-Marne et résolut de partir pour Paris à la tête de 200 gentilshommes bien armés. En passant à Vassy, le 1er mars 1562, les Huguenots reçurent à coups de pierres l'avant-garde de cette troupe ; le duc de Guise se présenta devant eux sans armes et les invita à le laisser passer avec ses gens ; mais il fut mal reçu par les calvinistes qui se ruèrent sur lui. Irrité de cette conduite, le duc ordonna aux gentilshommes de se défendre et de charger les protestants dont soixante furent tués, et deux cents furent blessés.

Les calvinistes se plaignirent, prirent les armes, et ayant à leur tête le prince de Condé, Coligny, d'Andelot et le comte de La Rochefoucault, ils se préparèrent à soutenir la lutte. Après une première bataille livrée à Dreux (19 décembre 1562), dans laquelle le maréchal de Saint-André fut tué par Bobigni, et le siège d'Orléans pendant lequel François, duc de Guise, fut tué par Poltrot de Meré (18 février 1563), les catholiques et les protestants se rencontrèrent de nouveau le 10 novembre 1567 dans la plaine Saint-Denis. L'armée royale composée de 16.000 hommes à pied était commandée par le connétable de Montmorency ayant sous ses ordres le duc de Nemours, Eléonore d'Orléans, duc de Longueville, François Le Roi de Chavigny, Guillaume de Thoré, Louis de Lansac, duc de Retz, Artus de Cossé et

Gontault de Biron. Les troupes du prince de Condé beaucoup moins nombreuses étaient commandées par Coligny, Georges de Clermont d'Amboise, Ranty de Provanes, d'Haugest de Genlis, Charles de Beaumanoir de Lavardin, du Bec de Vardes, Odet de Coligny, cardinal de Chatillon, de Poix de Sechelles et de Pecquigny.

Pendant la bataille, Anne de Montmorency déjà vieux, fut pressé par Robert Stuart de se rendre, mais ce dernier pour toute réponse reçut sur la figure un coup de garde de l'épée du connétable, qui fut aussitôt atteint d'un coup d'arquebuse et blessé mortellement. Le prince de Condé se retira en bon ordre, et les protestants continuèrent la guerre en province, à la Rochelle et à Auxerre. Les Calvinistes prétendirent qu'un des leurs avait été brûlé vif pour n'avoir pas témoigné suffisamment de respect pendant la procession du Saint-Sacrement, et le prince de Condé fut indigné du meurtre de René de Savoe par Gaspard de Villeneuve. En outre Gaspard de Saulx, comte de Tavanes, résolut de s'emparer du prince de Condé pendant son voyage à Noyers, en Bourgogne. La méfiance régnait partout. Le pape accorda une bulle par laquelle le Roi était autorisé à aliéner des biens de l'Eglise pour 50 mille écus de rentes, pour faire la guerre aux hérétiques et les exterminer s'ils ne se soumettaient pas à l'Eglise romaine. Les protestants passèrent la Loire, s'emparèrent d'Angoulême, et furent battus à Jarnac le 13 mars 1569 par le duc d'Anjou, frère du roi, qui devint plus tard Henri III. Le prince Louis de Bourbon Condé fut pris et tué pendant le combat, et Coligny se retira à Saint-Jean d'Angély, avec d'Andelot qui mourut à Saintes le 27 mai 1569. Les hostilités continuèrent, Coligny s'empara du château de Lusignan le 7 juillet 1569, prit Aurillac et mit le siège devant Poitiers. Les protestants furent battus à Moncontour le 5 octobre 1569 par l'armée royale. Enfin la paix fut signée entre les deux partis le 8 août 1570 à St-Germain et Coligny fut nommé amiral.

La mort subite de Henri II (10 juillet 1559) et l'incapacité de son fils François II alors âgé de 16 ans, avaient donné à la reine-mère, Catherine de Médicis, un ascendant qui s'accentuait chaque jour. La mort de son fils François II (5 décembre 1560) et l'avènement au trône de son fils Charles IX ne firent qu'augmenter la pernicieuse influence de la Reine dans les affaires publiques, et malgré la paix, la haine des partis ne s'était nullement apaisée.

Toutefois la date du mariage du jeune prince de Navarre (Henri IV) avec Marguerite sœur de Charles IX et fille de Henri II, fixée au 18 août 1572 approchait. Le Roi avait écrit à l'amiral de Coligny qui se trouvait alors à Châtillon-sur-Loire, de revenir à Paris à cette occasion, et avait prévenu Claude Marcel, prévôt des marchands de Paris, de prendre les mesures utiles pour empêcher les troubles. Il signa d'ailleurs une ordonnance par laquelle toute personne de quelque condition qu'elle fût, serait punie de mort, si elle contrevenait à ses ordres. Malgré les remontrances qui furent faites à Coligny par ses amis, et les lettres de menaces qu'il reçut, il revint à Paris plein de confiance dans la bienveillance et les bonnes intentions du Roi à son égard. On préparait d'un autre côté le mariage du prince de Condé avec Marie de Clèves, sa cousine germaine, et on fit croire que le pape avait donné son assentiment à cette union. Le Roi, la Reine et les Guises, ainsi que les princes de Condé et de Conti, l'amiral de Coligny, le comte de La Rochefoucauld, et un grand nombre de seigneurs protestants assistèrent à ce mariage qui fut célébré à Notre-Dame de Paris.

Un spectacle fut donné à cette occasion ; on y représenta les protestants voulant forcer l'entrée du Paradis et précipités dans le Tartare. Cette scène fut interprétée de diverses façons et les calvinistes la regardèrent comme une insulte. Un tournoi eut lieu dans la cour du Louvre et des lances furent rompues entre le Roi et les Guises habillés en amazones, et le roi de Navarre et sa suite.

Pendant que ces événements se passaient, on fit entrer à Paris le régiment des gardes, sous prétexte d'assurer la tranquillité publique.

Catherine de Médicis, dans sa haine pour le calvinisme, tint conseil et proposa de se débarrasser des chefs du parti protestant et obtint qu'on commencerait d'abord par Coligny. Il ne s'agissait plus que de trouver des assassins. Maurevel se présenta, et se fit protestant, afin d'exécuter son projet plus facilement ; il avait déjà assassiné Artus de Vaudré ; c'était bien l'homme de la circonstance. On choisit pour lieu de l'assassinat, le cloître de Saint-Germain-l'Auxerrois où résidait Pierre de Piles de Villemur, le précepteur du duc de Guise, parce que Coligny y passait tous les soirs pour se rendre du Louvre chez lui.

Après le conseil, le Roi, accompagné de Coligny, alla jouer à la paume près du Louvre, et ce dernier se rendit ensuite à son hôtel qui était situé à l'endroit où se trouve actuellement le n° 144 de la rue de Rivoli. Au moment où l'amiral de Coligny passait devant la maison de Villemur, Maurevel tira sur lui un coup d'arquebuse ; Coligny fut atteint à l'index de la main droite et au bras gauche. Charles IX à cette nouvelle parut très affecté, jeta sa raquette par la fenêtre, rentra au Louvre et rendit visite au blessé. Maurevel monta à cheval et quitta Paris par la porte Saint-Antoine, sans être davantage inquiété.

Les protestants désolés et inquiets se réunirent pour délibérer sur les mesures à prendre en raison de cet événement qui n'était que le premier acte de la tragédie qui allait s'accomplir, et formèrent le dessein de sortir de Paris et d'emmener avec eux leur chef blessé.

Ces intentions furent dévoilées au Roi, qui, de son côté, tint un conseil où se trouvaient la reine-mère, le duc d'Anjou, le duc de Nevers, le Batard d'Angoulême, Birague, Tavane et le comte de Retz. On y représenta Coligny comme étant la cause de tous les maux qui désolaient le royaume de France et on prit le parti de s'en débarrasser ainsi que de tous ceux qui lui étaient attachés. Il fut décidé, par suite, que tous les protestants seraient exterminés, à l'exception du roi de Navarre et du prince de Condé, et on fixa la date de l'exécution pour la nuit qui

LA SAINT-BARTHÉLEMY. — 24 AOUT 1572.
(D'après une gravure du temps)

LA SAINT-BARTHÉLEMY. — 24 AOUT 1572.
(Estampe de la collection Hennin)

suivrait la Saint-Barthélemy (24 août 1572). Le duc de Guise fut chargé de l'exécution de cette terrible besogne ; il fit venir les commandants des Suisses des cinq cantons catholiques et quelques colonels des troupes françaises. « Le moment est venu, leur dit-il, de punir le rebelle haï de Dieu et de se débarrasser de ses partisans; la bête est dans les toiles, ne la laissons pas s'échapper ». Il plaça ensuite ses hommes autour du Louvre avec ordre de ne laisser sortir, ni le roi de Navarre, ni le prince de Condé. Il fit venir ensuite Jean Le Charron, qui venait de succéder à Claude Marcel dans la charge de prévôt des marchands de Paris, et lui ordonna d'enjoindre aux capitaines des quartiers de faire armer leurs compagnies et de se rendre dans la nuit du 24 au 25 août à l'Hôtel de Ville pour y recevoir des ordres.

Claude Marcel, qui était très considéré de la reine à cause des services personnels qu'il lui avait rendus, alla, sur son invitation, à l'Hôtel de Ville, afin de persuader aux échevins, conseillers et officiers municipaux près desquels il avait une grande influence, que le Roi voulait qu'on prît les armes, que son désir était que l'on tuât Coligny et tous les protestants, et que des ordres analogues avaient été donnés dans les autres villes du royaume, afin qu'aucun de ces hérétiques ne pût échapper. Il les avertit que, pour donner le signal, on sonnerait le tocsin avec la cloche de l'horloge du palais, et que pour se reconnaître, les catholiques devraient porter une écharpe de toile blanche au bras gauche et une croix blanche au chapeau.

Les ordres de Claude Marcel furent bien reçus par les capitaines des quartiers, les dizainiers, les cinquanteniers et les officiers de la ville qui se préparèrent au massacre des protestants.

Le soir de la Saint-Barthélemy, la Reine craignant que le Roi, d'un caractère irrésolu, revînt sur ses intentions, prescrivit de devancer l'heure et fit sonner le tocsin à Saint-Germain-l'Auxerrois. Les soldats postés dans les rues n'attendaient que ce signal pour se ruer sur les protestants. Guise, d'Aumale et le bâtard d'Angoulême s'avancèrent alors vers la maison de Coligny. Celui-ci, bien que blessé et malade, en entendant du bruit dans la cour, se leva, se couvrit d'un vêtement et se mit à prier. Un nommé Cosseins, qui, sur les ordres de Guise, était venu habiter depuis quelque temps la maison, ouvrit la porte aux Suisses. — Attin et le colonel Corborau de Cardillac de Sarlabrouz, accompagnés des deux domestiques du duc de Guise, Petrucci et Beme, armés de leurs cuirasses, montèrent dans la chambre de Coligny. Guise resta dans la cour avec quelques seigneurs. Beme, l'épée à la main, dit à l'amiral : « Est-ce toi, Coligny ». « C'est moi-même », répondit ce dernier. Alors le laquai du duc de Guise lui enfonça son épée dans le corps, la retira et lui en laboura le visage. Puis après on jeta par la fenêtre son corps, qui vint tomber aux pieds du duc de Guise. Le bâtard d'Angoulême, pour s'assurer que c'était bien le corps de son ennemi, essuya son visage ensanglanté et lui donna plusieurs coups de pieds. On lui coupa la tête qui fut envoyée à

Rome, par ordre de Catherine de Médicis. Son corps fut pendu au gibet de Montfaucon par les cuisses avec des chaînes et y resta pendant plusieurs jours. François de Montmorency, son parent, le fit enlever et porter à Chantilly où il fut enterré dans la chapelle du château.

Tous les gens de la maison de Coligny furent massacrés. Le comte de La Rochefoucault fut tué également chez lui par La Barge, officier auvergnat ; Antoine de Clermont, marquis de Renel et Antoine Marasin de Guerchy, subirent le même sort, ainsi que Baudiné, Puviant, Charles de Quellenec, dont les corps furent jetés à la Seine sous les yeux du Roi et des dames de la cour. Charles de Beaumanoir de Lavardin, de Brion, François Nompar de Caumont, Jean Le Vasseur, La Roche, Colombières, Valavoire, Gervais, Barbier de Francourt, chancelier du roi de Navarre, Jérome Grolot, bailli d'Orléans, Etienne Chevalier, intendant du Poitou, Denis Perrot, fils du conseiller au Parlement, Anne de Terrière, seigneur de Chappes, octogénaire, et enfin le célèbre savant Ramus, professeur du Collège royal, furent au nombre des victimes. Madeleine Briçonnet, veuve de Thibaut de Longueil d'Iverny, maître des requêtes, fut rencontrée par les meurtriers qui la blessèrent, la jetèrent à la Seine, d'où elle fut retirée par des bateliers, qui l'amenèrent à Claude Marcel. Ce dernier l'épargna à cause de sa jeunesse.

Deux mille protestants furent tués, dans la nuit du 24 au 25 août. Les exécutions continuèrent pendant plusieurs jours. Pierre de Laplace, président à la cour des aides fut percé de plusieurs coups de poignards et jeté dans les écuries de l'Hôtel de Ville. Le nombre des victimes fut de sept mille à Paris et de trente-cinq mille dans les provinces. L'orfèvre Crucé montrait son bras avec orgueil, disant qu'il avait égorgé plus de quatre cents hommes (1).

« Par un édit publié quelques jours après, le Roi déclara que tout ce qui
« étoit arrivé n'avoit été qu'en exécution de ses ordres exprès, non en haine de la
« religion protestante, ni pour déroger à ses édits, dont il ordonnait de nouveau
« l'exécution, mais pour prévenir une conjuration détestable tramée par Coligny
« et ses complices (2) ».

Brantôme qui est, il est vrai, quelquefois porté par son humeur méridionale à exagérer le côté pittoresque de son récit, s'explique à cet égard ainsi qu'il suit :
« Le Roy prenait plaisir au massacre de ses subjects, et y fut plus ardent que
« tous autres ; si que lorsque le jeu se jouoit et qu'il fist jour et qu'il mist la teste
« à la fenestre de sa chambre et qu'il voyoit aulcuns dans les faubourgs de Sainct-
« Germain, qui se remuoient et se sauvoient, il prist une grande arquebuse de
« chasse et en tira tout plein de coups à eulx, mais vainement, car l'arquebuse
« ne tiroit si loin. Il n'en vouloit sauver aucun, sinon Ambroise Paré son premier
« chirurgien et sa nourrice Philippe Richard !

(1) *Histoire populaire de Paris*, de Paul Robiquet, page 69.
(2) *Histoire d'Augustin de Thou*, tome VI, livre III, pages 420 et 421.

Un poète a dit de cette malheureuse journée :

> « Des crimes de ce jour périsse la mémoire,
> « Que les siècles futurs refusent de les croire,
> « De notre nation, taisons ces noirs forfaits.
> « Et qu'une épaisse nuit les couvre pour jamais !

On a élevé en 1889 au temple de l'Oratoire de la rue de Rivoli une très belle statue en marbre blanc en mémoire de l'amiral de Coligny, et une plaque commémorative de sa mort a été placée par les soins de la municipalité parisienne sur la maison portant le n° 144 de la rue de Rivoli, où se trouvait son hôtel en 1572.

CLAUDE MARCEL

PRÉVÔT DES MARCHANDS

(DU 16 AOUT 1570 AU 16 AOUT 1572)

Claude Marcel, marchand orfèvre sur le Pont au change était un des descendants d'Etienne Marcel, qui a laissé une trace ineffaçable dans l'histoire de l'Hôtel de Ville de Paris. Claude Marcel captiva les bonnes grâces de la cour et spécialement celles de Catherine de Médicis, qui avait en lui la plus grande confiance. Il devint secrétaire du roi Charles IX, intendant de la reine mère et contrôleur général des finances. Il fut élu échevin en 1557, en 1562 et 1563, puis conseiller de ville en 1564. Il succéda à Nicolas Le Gendre, seigneur de Villeroy, comme prévôt des marchands de Paris, le 16 août 1570, et fut remplacé dans cette charge le 16 août 1572, par Jean Le Charron, président de la Cour des aides.

Claude Marcel fut chargé, le 14 avril 1564, de remettre au parlement deux lettres missives, l'une de Charles IX, l'autre de Catherine de Médicis, annonçant la signature du traité de paix signé à Troye, le 12 avril 1564, par Trockmorton et Smith, pour la reine Elisabeth d'Angleterre, d'une part, et l'évêque d'Orléans, Jean de Morvilliers et Jacques Bourdin, pour le roi de France, d'autre part.

Etant prévôt des marchands, Claude Marcel fut chargé de haranguer la reine Elisabeth d'Autriche, lors de son entrée à Paris, le 29 mars 1571. Il eut au mois d'avril 1572 un différend avec les magistrats du Châtelet au sujet d'une vente de bois de chauffage. Le journal de Jean de La Fosse raconte à cette occasion que « ung
« commissaire, nommé de Sons, fist commandement au marchand Firon de bailler
« quelques bois qu'il avoit en son bastiau, en payant toutefois. Le dict marchand fist
« réponse qu'il ne pouvoit le faire sans l'autorisation de MM. de la ville, lesquels
« lui avoient défendu de n'en bailler à personne sans leur permission. Ce voyant, le
« dict commissaire envoya le dict marchand prisonnier, de quoy ; MM. de la ville
« envoyèrent le dict commissaire prisonnier par après à l'Hostel de ville, et fut le
« lendemain plaidée la cause par devant les gens du Roy, où M. Miron, lieutenant
« civil, argua fort Claude Marcel, prévost des marchands, usant de ces mots que
« Marcel estoit tout à Paris et faisoit tout, et que les enfants alloient à la moutarde,
« disant qu'il estoit vice-roy. Le prévost Marcel fut condamné aux dépens, dommages
« et intérêts du dict commissaire ».

Jeanne d'Albret, mère de Henri IV, fille de Henri, roi de Navarre et épouse d'Antoine de Bourbon, vint à Paris pour négocier le mariage de son fils avec Marguerite, sœur du roi Charles IX ; elle quitta Blois le 15 mai 1572 pour venir à Paris et logea dans cette dernière ville chez Jean Guillart, évêque de Chartres, qui avait embrassé la réforme. Jeanne d'Albret était protestante ; Claude Marcel qui était un fougueux catholique fut accusé par les Huguenots d'avoir empoisonné la reine de Navarre au moyen de confitures sèches, qui lui avaient été servies dans la maison même du prévôt des marchands (1). Il fut jugé capable, par ses contemporains, dit d'autre part M. de Ménorval, dans son *Histoire de Paris*, d'avoir empoisonné Jeanne d'Albret. Enfin, un écrivain du temps dit que la reine de Navarre fut menée « sous « couleur de caresses, çà et là es maisons des plus factieux, même de Marcel, prévost « des marchands, où ayant fait quelques banquets et ayant tâté des confitures d'Italie, « au retour tomba malade au lit, duquel elle ne bougea jusqu'à ce que cinq jours « après (le 8 juin 1572) elle eust rendu son âme à Dieu ».

Bien que Claude Marcel ait cédé ses fonctions de prévôt des marchands à Jean le Charron, il conserva toute son autorité ; il en profita pour exercer son influence lors du massacre de la Saint-Barthélemy, dont il fut l'apôtre à l'Hôtel de Ville de Paris, après en avoir été le confident au Louvre. Claude Marcel mourut en 1590.

LE CHARRON JEAN

PRÉVÔT DES MARCHANDS

(DU 16 AOUT 1572 AU MOIS D'AOUT 1576)

Le Charron (Jean), seigneur d'Ennery-en-Brie et autres lieux, conseiller privé et président en la cour des aides, fut élu prévôt des marchands de Paris, le 16 août 1572, en remplacement de Claude Marcel. Il joua un grand rôle lors du massacre de la Saint-Barthélemy. Il fut mandé dans la nuit du 23 août 1572 au Louvre par le roi, qui lui fit part de ses intentions à l'égard des huguenots, et lui enjoignit de prendre les mesures de police nécessaires en cette circonstance. Après la Saint-Barthélemy il fit partie de la commission spéciale instituée par le roi en l'Hôtel de Ville pour le rétablissement de l'ordre.

(1) *Histoire municipale populaire de Paris*, Paul Robiquet, page 63.

Le Charron fut élu conseiller de ville le 20 décembre 1572 en remplacement de Pierre Poulin, décédé, et réélu prévôt des marchands de Paris pour deux ans, le 16 août 1574. Il fut institué l'un des exécuteurs testamentaire de Ramus, qui possédait une bibliothèque considérable, dont plusieurs livres précieux disparurent quelques heures après sa mort.

Jean le Charron portait pour armes, *d'azur au chevron d'or, accompagné en chef de deux étoiles d'or et en pointe d'une roue du même.* Les armes de ses échevins étaient les suivantes :

Jean de Bragelongue : *de gueules à la fasce d'argent chargée d'une coquille de sable, accompagnée en chef de deux molettes d'or, et en pointe d'une troisième molette du même.*

Robert Danès : *d'azur au chevron d'or, accompagné de trois croix pattées d'or.*

Jean Le Jay : *d'azur à trois geais de sable.*

Jacques Perdrier : *écartelé aux un et quatre d'azur à trois mains apaumées d'or, aux deux et trois de gueules à bandes échiquetées d'azur et d'argent.*

Le lendemain du décès de Charles IX, mort à Vincennes le 30 mai 1574, Jean Le Charron, accompagné des échevins et des officiers de la ville, vint rendre visite à la dépouille mortelle du Roi. Le prévôt des marchands assista, à leur tête, aux obsèques royales qui eurent lieu au donjon de Vincennes, à l'abbaye Saint-Antoine-des-Champs, à l'église de Notre-Dame de Paris et à l'abbaye de St-Denis. Il se rendit également à Reims pour la cérémonie du sacre du nouveau roi Henri III.

Jean Le Charron fut remplacé dans sa charge de Prévôt, en août 1576, par Nicolas Luillier, président de la chambre des comptes.

L'Hôtel de Ville de Paris

SOUS

le règne de Henri III

HENRI III, né en 1551, troisième fils de Henri II et de Catherine de Médicis, frère de François II et de Charles IX, roi de France, le 30 mai 1574, marié en 1575 à Louise de Lorraine, mort sans enfants, le 1ᵉʳ août 1589, assassiné par Jacques Clément.

Régna du 30 mai 1574 au 1ᵉʳ août 1589.
Régence de Catherine de Médicis en 1574.

Liste des Prévôts des marchands et Échevins

SOUS LE RÈGNE DE HENRI III

(de 1574 à 1589)

PRÉVÔTS DES MARCHANDS	ÉCHEVINS	
	D'Aubray, secrétaire du Roi,	le 16 août 1574
Jean Le Charron, Réélu, du 16 août 1574 au 16 août 1576.	Guillaux Parcfait,	—
	Augustin Le Prevost, seigneur de Drevens, secrétaire du Roi,	— 1575
	Jean de Gresle, seigneur de Beaupré,	—
	Guillaume Guerrier,	— 1576
Nicolas Luillier, Président de la chambre des comptes, seigneur de Boulencourt, du 16 août 1576 au 16 août 1578.	Antoine Mesmin, avocat au Parlement,	—
	Jean Bouër, avocat au Parlement, procureur du Roi au baillage du palais,	— 1577
	Louis Abelly,	—
	Jean Le Comte, seigneur de la Martinière, quartenier,	— 1578
Claude d'Aubray, Conseiller, notaire et secrétaire du Roi, du 16 août 1578 au 17 août 1580.	René Baudart,	—
	Jean Gedouin, seigneur de Graville,	le 17 août 1579
	Pierre Laisné, conseiller au Châtelet,	—
	Antoine Mesmin,	— 1580
Augustin de Thou, Avocat général au Parlement, du 17 août 1580 au 16 août 1582.	Nicolas Bourgeois,	—
	Jean Poussepin, conseiller au Châtelet,	le 16 août 1581
	Denis Mamyneau, auditeur des comptes,	—

PRÉVÔTS DES MARCHANDS	ÉCHEVINS		
	Antoine Huot,	—	1582
	Jean de Loynes, avocat au Parlement,	—	
	Hector Gedoyn,	—	1583
Etienne de Nully,	Jacques de la Fau,	—	
Président de la cour des aides, du 16 août 1582 au 16 août 1586.	Pierre le Goix,	—	1584
	Remond Bourgeois,	—	
	Jean de la Barre, avocat au Parlement, mort en 1585,	—	1585
	Philippe Hotman, conseiller au Châtelet,	—	1585
	Jean le Breton, avocat,	le 23 septembre	1585
Nicolas Hector de Perreuse et de Beaubourg,	Louis de Saintyon,	—	1586
Conseiller d'Etat et maître des requêtes de l'hôtel du Roi, du 16 août 1586 au 14 mai 1588.	Pierre Lugolly, conseiller du Roi et lieutenant général en la prévôté de l'Hôtel,	—	
	Jean le Comte, quartenier,	—	1587
	François Bouvart, quartenier,	—	

Nota. — Ce dernier Prévôt des marchands et ses échevins furent dépossédés de leurs charges le 14 mai 1588 par le duc de Guise, maître de Paris après la journée des barricades (12 mai 1588) et furent remplacés par :

De Marchaulmont, Chambellan du duc de Guise, du 18 mai au 20 mai 1588, démissionnaire et remplacé le 20 mai 1588 par :	Nicolas Roland, seigneur du Plessis,	du 20 mai 1588	
	Jean de Compans, marchand,	—	
Michel Marteau, Sire de la Chapelle, conseiller du Roi, et maître à la chambre des comptes, du 20 mai 1588 au 18 octobre 1590.	François Cotteblanche, marchand, bourgeois de Paris,	—	
	Robert Desprez, marchand, bourgeois de Paris,	—	
		au 18 octobre 1590	

La Ligue à l'Hôtel de Ville

JOURNÉE DES BARRICADES (1)
(12 mai 1588).

A Ligue qui eut pour objet d'abord de défendre la religion catholique contre les menées du protestantisme, ensuite de détrôner le roi de France Henri III, au profit du duc de Guise, fut préparée dès l'année 1576 et formée en 1584 par un nommé Charles Hotman, avec la collaboration de Prévost, curé de Saint-Séverin, Boucher, curé de Saint-Benoît, et de Mathieu de Launay, chanoine de Soissons. Ces quatre premiers piliers de l'association firent de nombreuses recrues au nombre desquelles furent Louis d'Orléans, avocat ; Jean Pelletier, curé de Saint-Jacques; de Compans, marchand ; Jean Guincestre, bachelier en théologie; Bussy Leclerc, procureur au Parlement ; Louchard, commissaire; La Morlière, notaire ; et Crucé procureur. L'état-major de la Ligue et du conseil dit des Seize (un par quartier), fut dès lors constitué.

Cette entente entre les catholiques les plus zélés eut aussi pour cause la dépravation de la cour et de Henri III lui-même, qui s'était entouré de favoris flétris du triste nom de mignons du Roi, et au nombre desquels se trouvait Nogaret, duc d'Epernon. Ce dernier avait été en outre l'objet de l'attaque de la Ligue, comme ayant été accusé d'inceste.

La Ligue prit pour chef Henri, duc de Guise, qui après avoir obtenu quelques victoires sur les protestants, acquit bientôt une grande popularité. Fils de François de Lorraine, duc de Guise, maréchal de France sous les règnes précédents, Henri de Lorraine naquit le 31 décembre 1550 ; élevé à la cour de Henri II, il porta d'abord le titre de duc de Joinville, se signala à la bataille de Jarnac en 1569 et reçut dans une rencontre, aux environs de Château-Thierry, une blessure à la figure qui lui valut le surnom de « Balafré ». Il était beau, aimable, aimé du peuple et de ses soldats. Il accepta de défendre, comme son père l'avait fait, les catholiques qui lui confièrent la direction de leurs intérêts.

Quelque temps avant l'insurrection du 12 mai 1588, les principaux chefs de la Ligue se réunirent dans la maison d'un ligueur nommé Santeuil, située près de l'église Saint-Gervais, afin de prendre connaissance d'une lettre par laquelle le

---

(1) Un certain nombre des renseignements qui suivent, sont empruntés au livre de M. P. Robiquet intitulé : *Paris et la Ligue sous le règne de Henri III* (Paris 1886, in-8º).

duc de Guise leur communiquait ses instructions. La Bruyère, La Chapelle, Rolland, Leclerc, Crucé, de Compans, tous fervents catholiques et ligueurs de Paris, assistèrent à cette réunion.

Dans sa lettre lue par La Chapelle, le duc de Guise prescrivait aux ligueurs de la capitale « d'establir secrettement leurs quartiers et voir quel nombre ils pourroient faire ». La Chapelle proposa de nommer pour chaque quartier « un colonnel, et soubs chaque colonnel, quatre capitaines afin qu'en l'exécution de leur entreprise, il n'y eust aucune confusion ». La ville devait être partagée en cinq quartiers seulement au lieu de seize. Il fut, en outre, décidé le 15 avril 1588, que l'on aurait recours à la complicité de deux gardes de la suite du duc d'Epernon pour le tuer, que l'on s'assurerait de la personne du Roi, que l'on tendrait les chaînes et que l'on ferait des barricades dans les rues. On fixa pour l'accomplissement de ces attentats la nuit du dimanche de la Quasimodo, le 24 avril 1588.

Mais Henri III prévenu l'avant-veille, 22 avril, par son espion Poulain, qui avait été mis dans le secret, en sa qualité de faux ligueur, s'entoura de gens d'armes au Louvre. Les ligueurs, qui attendaient avec impatience l'arrivée du duc de Guise à Paris, ayant appris la divulgation de leurs projets, se réunirent chez Lachapelle-Marteau où ils délibérèrent sur la conduite à tenir et décidèrent d'attendre l'arrivée du duc. Le duc de Guise, qui était tout-puissant, s'avançait en effet vers la capitale à la tête de ses troupes, jusqu'aux faubourgs Saint-Denis et Saint-Laurent. Les ligueurs essayèrent de se faire livrer les clefs de la porte Saint-Denis pour entrer à Paris, mais l'échevin Le Comte les leur refusa formellement. Le Roi de son côté fit occuper ces quartiers par 4.000 Suisses, ce qui détermina le duc à gagner Dammartin. Lachapelle-Marteau vint le prier de ne pas abandonner les ligueurs de Paris. Le duc lui promit de revenir sous peu, se retira à Soissons, où il reçut un nouvel avis de Brigard de se rendre dans la capitale pour défendre ses amis. D'un autre côté, au moment du départ du duc d'Epernon, qui allait prendre possession du gouvernement de la Normandie, Henri III expédia à Soissons, le 26 avril 1588, Pompone de Bellièvre pour « luy faire exprès commandement « de n'entreprendre ce voyage, sous peine de désobéissance. » Le duc de Guise répondit à l'envoyé royal qu'il était étonné de cette injonction et qu'il était de son honneur de défendre les catholiques contre les menées des protestants. Le Roi fit de nouveau donner défense, le 7 mai 1588, au chef des ligueurs, de venir à Paris par de La Guiche.

Malgré la défense royale, le duc de Guise se mit en route dès le 8 mai 1588, à la tête de quelques troupes et accompagné de Brigard. Arrivé aux portes de la capitale, le lendemain vers midi, il y entra par la porte Saint-Martin, le visage caché sous son manteau, sans avoir été reconnu des Suisses. Une fois dans la ville le Balafré se découvrit pour se faire voir aux ligueurs, et se rendit à l'hôtel de la reine Catherine de Médicis, situé à l'endroit où se trouve actuellement la Bourse du travail. La Reine mère le reçut et fit aussitôt prévenir de son arrivée le

Roi qui se mit dans une grande fureur, et fit appeler le colonel corse Alphonse Ornano, pour le consulter à cet égard... « Tenez-vous M. de Guise pour vostre « ennemi, dit-il à Henri III ; si oui, je vous apporterai aujourd'hui sa teste à vos « pieds ou bien vous le rendrai au lieu où il vous plaira d'en ordonner, sans « qu'aucun homme bouge, ne remue, si ce n'est sa ruine ».

Catherine de Médicis, bien que souffrante, voulut accompagner le duc de Guise au Louvre; pendant le trajet, ce dernier fut l'objet de la sympathie des catholiques, qui, en le suivant, poussaient les cris répétés de « Vive Guise! Vive « le pilier de l'Eglise ! ».

Le duc fut introduit par la Reine mère près de son fils, qui dans son courroux, ne se leva pas à son approche et lui dit: « Mon cousin, pourquoi êtes-vous venu ? » Il ne dut son salut qu'à la présence de la reine Louise, fille de Nicolas de Lorraine, comte de Vaudemont et cousin des Guises, et à la reine Catherine qui s'efforçaient toutes les deux de calmer le Roi. Cette entrevue dura près de trois heures... Henri III se calma et le duc se retira.

A partir de ce jour, il y eut en réalité deux rois dans le royaume, le roi de Paris, dans la personne du duc de Guise, et le roi de France dans celle de Henri III. Ce dernier, craignant dès lors pour sa couronne et pour sa vie, s'entoura de gens d'armes et fit de sa demeure une véritable forteresse. Les deux cousins se rendirent néanmoins visite l'un à l'autre, mais ne cessèrent de se reprocher leur conduite réciproque. La paix entre eux était devenue impossible.

Henri III, par crainte des ligueurs, signa un édit qui défendait « sous peine « de la vye, à tous bourgeois, manans et habitans, de sortir hors leurs maisons « avecq armes aultres que l'épée et dague, après neuf heures du soir sonnées, si « non à ceulx auxquels il a esté commandé de eulx tenir prestz en armes pour le « service du Roi et le repos de la ville ». En outre, l'ordre fut donné que « les gar- « des soient faites tant aux portes de la ville que par la ville, suivant les règlements « donnés aux Prévost des marchands et eschevins ». Enfin le Prévôt des marchands donna aux colonels de la milice municipale, des ordres pour l'armement de vingt hommes dans chaque dizaine pour le service du Roi ».

Ce Prévôt était, au mois de mai 1588, Nicolas Hector de Perreuse, maître des requêtes de l'hôtel, aussi fidèle au Roi que les deux échevins Jean Le Comte et Pierre Lugolly. Mais plusieurs autres magistrats de la ville, au nombre desquels était l'échevin de Sainct-Yon, étaient ligueurs et partisans du duc de Guise. Il existait par suite au sein de la municipalité parisienne deux partis, qui, en se paralysant l'un l'autre, devaient donner naissance à l'insurrection. Paris tout entier était devenu un vaste arsenal ; les ligueurs d'un côté, et les partisans de la royauté de l'autre, n'attendaient que le moment favorable ou le mot d'ordre pour commencer la lutte.

Le 8 mai 1588, le prévôt de Perreuse et l'échevin Lecomte voulurent amener les archers de la ville au Temple pour y prendre des poudres, mais le plus grand nombre d'entre eux refusèrent, quittèrent leurs hocquetons en disant qu'ils étaient catholiques et ne se battraient pas contre les ligueurs. Cette rebellion à l'autorité municipale indiquait l'état révolutionnaire dans lequel se trouvait la milice elle-même. Le 11 du même mois, par ordre du Roi, le seigneur d'O, seigneur de Trèves, qui lui était tout dévoué, le Prévôt des marchands et les échevins se réunirent à la maison commune, et proposèrent de confier aux colonels du parti royaliste la surveillance et la garde des quartiers. L'échevin de Sainct-Yon, dévoué à la Ligue fit observer qu'il appartenait à chaque colonel, sans distinction de parti, de donner des ordres pour le mieux du service dans le quartier. Alors le seigneur d'O s'écria : « Par la mort Dieu, Messieurs, je n'ay que faire de vostre conseil..., « j'ai la volonté du Roy ».

Henry III averti de ce qui se passait à la maison commune, chargea Augustin de Thou, président au Parlement, du commandement des compagnies qui lui étaient fidèles et Louis Berton de Crillon, maître de camp des gardes, de s'emparer de la place Maubert. Le seigneur d'O à la tête des compagnies suisses et des gardes françaises, prirent possession de l'Hôtel de Ville où le prévôt de Perreuse, Christophe de Marle, Versigny et Laurent Têtu, chevalier du guet passèrent la nuit du 11 au 12 mai 1588.

A côté de ces forces se trouvait la puissance occulte des Seize, qui avait des agents dans chaque quartier, prêts à se mettre à la tête des partisans catholiques impatients de se servir de leurs armes.

Le 12 mai au matin la grande ville avait un aspect lugubre, les boutiques restèrent fermées, les habitants étaient inquiets ; les divers quartiers étaient militairement gardés par des troupes appartenant aux deux partis et prêtes à combattre. Les troupes royales se répandirent semant la terreur, bien que le Roi eût préalablement bien recommandé de ne tirer les épées qu'à moitié. Les partisans de la Ligue, ayant à leur tête le comte de Brissac, ami du duc de Guise, excitèrent les bourgeois catholiques à se défendre et firent tendre les chaînes dans les rues. Des barricades s'élevèrent bientôt de tous côtés, les ligueurs et les soldats du Roi se rapprochaient de plus en plus les uns des autres, le choc devenait inévitable.

Le maréchal de Biron et le seigneur d'O voulurent parlementer dans la rue de la Calandre avec les ligueurs qui réclamèrent le renvoi des Suisses. Vers deux heures (12 mai 1588), la surexcitation était à son comble, les défenseurs de la barricade de la cité reçurent pour consigne de charger les Suisses, lorsqu'ils entendraient la batterie du clocher de Saint-Germain le-Vieil. Les Suisses à cette nouvelle s'enfuirent vers le petit Châtelet et vers le marché neuf ; dans cette retraite plusieurs furent tués. Ils rencontrèrent en route les ligueurs commandés par le comte de Brissac, et demandèrent miséricorde. Henri III prévenu de ces événements, fit donner l'ordre au maréchal d'Aumont de ramener les Suisses au Louvre. Mais ces derniers usant de leurs armes en chemin, tuèrent deux bourgeois et un officier de la milice.

Cette agression fut le signal d'une nouvelle charge, dans laquelle cinquante d'entre eux furent exterminés.

Le duc de Guise qui était resté renfermé la plus grande partie de la journée dans son hôtel situé rue du Chaume (1), y reçut la visite de Biron que le Roi avait envoyé vers lui pour l'inviter de sa part à venir calmer les bourgeois de Paris. Le duc sortit à pied, en pourpoint de satin blanc, sans autre arme qu'une épée, et accompagné de quelques gentilshommes ; il traversa les barricades aux acclamations des ligueurs, arriva à la place de Grève, et se rendit de là au Louvre, puis au marché neuf ; il fut partout l'objet du plus grand respect. Le soir les Parisiens refusèrent le mot d'ordre du Prévôt des marchands, et acceptèrent celui du duc de Guise.

La journée des Barricades fut un véritable triomphe pour le duc de Guise, qui devint le maître de Paris. Le lendemain le Roi voulut faire occuper par ses troupes les portes de la capitale, qui la veille étaient toutes restées fermées, excepté la porte Saint-Honoré, mais les bourgeois de Paris refusèrent. Le roi, dont l'autorité et le prestige avaient disparu, se renferma au Louvre. L'émeute n'était d'ailleurs pas complètement éteinte, et la reine Catherine se fit transporter le 13 mai près du duc de Guise, pour le prier de faire cesser la lutte et de se rendre près du roi. « Il est aussi malaisé, dit le duc à la reine, de retenir le peuple que d'arrêter des taureaux échauffés ». Il refusa, en outre, de se rendre au Louvre.

Henri III, affaibli et découragé, prit alors la résolution de quitter Paris ; il sortit du Louvre par la porte neuve, vers quatre heures, tenant une baguette à la main, comme il avait l'habitude de le faire pour sa promenade journalière ; il s'arrêta un instant aux Tuileries, jeta un regard de tristesse sur la grande ville qu'il maudit, monta à cheval, éperonné à l'envers, prit la route de Saint-Cloud, et se rendit de là à Chartres, où il arriva le 14 mai à onze heures du matin, en compagnie du duc de Montpensier, de Longueville, d'O, du comte de Saint-Jean, des maréchaux Biron et d'Aumont.

A la suite de ces divers évènements la municipalité de Paris fut désorganisée. Le prévôt des marchands de Perreuse arrêté fut enfermé à la Bastille, les échevins Lecomte et Lugolly, disparurent et rejoignirent le roi à Chartres ; les deux autres échevins de Sainct-Yon et Bouvard seuls restèrent à leur poste.

Le duc de Guise, maître de Paris, fit occuper le 14 mai 1588, la Bastille par Jean Leclerc, en remplacement de Laurent Têtu, chevalier du guet.

Les bourgeois furent convoqués en grande assemblée à l'Hôtel de Ville, le 18 mai 1588 ; le duc s'y présenta et invita les bourgeois à élire de nouveaux officiers municipaux.

Le sieur de Marchaulmont, ancien ambassadeur en Angleterre, fut élu prévôt des marchands à la majorité des suffrages.

Furent nommés échevins :

Nicolas Rolland, général des monnaies ; Jean de Compans, François Coste-

---

(1) Actuellement le palais des Archives nationales, qui avait appartenu au XIVe siècle au connétable de Clisson et qui fut au XVIIIe siècle la propriété du maréchal de Soubise.

La ligue sortant de l'Hôtel de Ville

(d'après le tableau du duc de Talleyrand au château de Valençay).

blanche, Robert Desprez, bourgeois de Paris, et François Brigard, avocat au Parlement, fut choisi en qualité de procureur du Roi, près l'Hôtel de Ville en remplacement de Pierre Perrot.

Le sieur de Marchaulmont ayant refusé d'accepter de remplir les fonctions de Prévôt des marchands, La Chapelle-Marteau, qui avait obtenu le plus grand nombre de voix après lui, fut nommé à sa place. Ces magistrats, tous bons catholiques et bons ligueurs, prêtèrent ensuite serment sur les livres saints, de remplir consciencieusement leurs fonctions.

Henri III se rendit à Blois, où il convoqua les États-généraux du royaume.

Les députés de Paris aux États-généraux de Blois, furent les suivants :

Pour la noblesse : Robert de Piédefer, seigneur de Guyencourt.

Pour le clergé : Pierre Ruellé, président des enquêtes; Lazare Cocquelay, conseiller au Parlement, chanoine; Frère Michel, prieur des Chartreux; Jean Hérault, prieur de Saint-Victor ; Jacques Cuelly, curé de Saint-Germain-l'Auxerrois; Jean Pelletier, curé de Saint-Jacques-la-Boucherie.

Pour le tiers-état : Michel Marteau, prévôt des marchands ; Etienne de Nully, premier président de la cour des aides; Jean de Compans, échevin; Nicolas Auroux, Louis Bourdin, bourgeois; et Louis d'Orléans (ou Louis Dorlet), avocat au Parlement.

Ces députés se réunirent à Blois, le 14 septembre 1588. Michel Marteau fut élu président du tiers-état, le 27 du même mois. L'ouverture des Etats-généraux eut lieu, le 16 octobre 1588, dans la grande salle du château de Blois. Le roi portant le grand cordon du Saint-Esprit au cou, y fit son entrée entouré de ses capitaines de garde et de ses gentilshommes ; le duc de Guise y assista habillé de satin blanc, la cappe retroussée. Henri III fit une harangue aussi fière que menaçante, dont il dut rétracter ensuite certains mots.

La Chapelle-Marteau prit ensuite la parole en ces termes :

« Sire, ayant plu à Vostre Majesté ouvrir son cœur et ses saintes intentions à
« son peuple et l'assurer de sa charité vraiment paternelle, vos très humbles,
« très obéissants et très fidèles sujets du tiers-état, louent premièrement Dieu, qui
« a jeté ses yeux de miséricorde sur nous, en l'extrémité de nos afflictions, et
« après rendent infinies grâces à Vostre Majesté, laquelle reconnaissant sa puis-
« sance ordonnée d'en haut, pour régir cette très chrétienne monarchie, par toute
« douceur, a daigné s'incliner à nos très humbles requestes, ouir nos griefs et
« doléances, et montrer un singulier désir de remettre son peuple en vigueur,
« auquel certes il ne reste que la parole, encore bien faible et débile. Sire, la bonté
« et clémence qui est née avec cette majesté que Dieu fait reluire en vostre face,
« nous promet ce que nous avons requis et souhaité avec tant de larmes et de
« continuelles prières ; que Vostre Majesté, suivant les vœux qu'il lui a plu d'en
« faire et l'exemple de ses ancêtres lesquels elle égale, voire surpasse en toute
« piété, rétablira notre sainte religion en son entier, par l'extirpation de toutes
« erreurs et hérésies, règlera et remettra tous les ordres, altérés par l'injure du

« temps, en leur première forme, et donnera soulagement à son pauvre peuple,
« sans lequel nous pouvons dire avec sûreté que nous sommes menacés d'une
« entière désolation et ruine de tout l'Etat. En quoi, Sire, nous protestons de ne
« manquer nullement de nostre très humble, très fidèle et très dévotieux service et
« de n'y épargner nos propres vies jusqu'au dernier soupir ; ne le pouvant mieux
« employer que pour l'honneur de celui lequel a répandu son sang pour nous, et
« duquel nous n'attendons moins que la damnation éternelle (si nous connivons
« en l'avancement de sa gloire par des considérations de quelque prudence
« humaine), où l'immortelle béatitude, si constamment nous persévérons à
« embrasser sa cause en la foi et créance qu'il nous a laissée, sur laquelle, Sire,
« est fondée la perdurable fermeté de vostre très chrestienne couronne, et sans
« laquelle elle ne peut en façon quelconque subsister ».

A la suite de cette réunion, le duc de Guise et le Roi se réconcilièrent, signèrent un édit d'union et promirent au pied de l'autel, le premier d'être fidèle à son roi, le second, d'oublier toutes les injures passées. Mais Henri III, qui se couchait toujours les mains gantées et le visage couvert d'un masque pour conserver la blancheur et la finesse de sa peau, projetait le même jour la mort de celui qui était son rival.

Le 23 décembre 1588, le secrétaire d'Etat, de Revol, vint prévenir le duc de Guise que le Roi le demandait. Le duc, sans méfiance, entra dans la Chambre où se tenait Henri III ; il tenait d'une main son chapeau, et souleva la tapisserie de la porte d'entrée, de l'autre. A ce moment six gentilshommes du roi le poignardèrent. Le duc alla tomber au pied du lit du roi et rendit aussitôt le dernier soupir. Il était âgé de trente-huit ans.

Henri III se rendit ensuite près de Catherine sa mère, et lui dit : « Madame « je suis maintenant roi de France ».

Aussitôt après l'assassinat du duc de Guise et de son frère le cardinal, qui fut tué le lendemain, La Chapelle-Marteau fut emprisonné avec ses collègues, dès que la nouvelle de ces tristes événements parvint à Paris. Les échevins Roland et Desprez restèrent les seuls magistrats en fonction à l'Hôtel de Ville. Les ligueurs irrités de la conduite du roi nommèrent le duc d'Aumale gouverneur de Paris. Dans une assemblée générale tenue à la maison commune, le 5 janvier 1589. Les sieurs Drouart, avocat, Crucé, procureur, et Bordeaux, bourgeois, furent désignés pour remplir provisoirement le premier les fonctions de prévôt des marchands, les deux autres celles d'échevins. Le duc de Mayenne fut nommé lieutenant-général de l'État et couronne de France.

Le roi de France ne jouit pas longtemps de sa couronne ; un jeune religieux du couvent des Jacobins, nommé Jacques Clément, voulut venger le pilier de l'Eglise et de la religion, et tua Henri III d'un coup de poignard, le 1er août 1589. Après la mort du roi, le prévôt des marchands La Chapelle-Marteau, et les échevins Rolland, de Compans, Cotteblanche, Robert Desprez furent réintégrés dans leurs fonctions.

JEAN LE CONTE

ÉCHEVIN

Jean Le Conte, seigneur de la Martinière, second fils de Charles Le Conte, charpentier du Roi, né en 1541, avait été élu quartenier en 1562, sous le règne de Charles IX ; il était alors vendeur de poisson de mer, position lucrative et recherchée, et avait épousé Catherine Desmarets. Il fut échevin de Paris une première fois en 1578 et 1579, sous le règne de Henri III, et sous la prévôté de Claude Daubray, puis une seconde fois, sous le règne de Henri IV et sous la prévôté de Martin Langlois ; il mourut le 3 avril 1613 et fut enterré à Saint-Nicolas-des-Champs. Ses armoiries comme magistrat de Paris, (jeton de l'échevinage) représentaient « *un écu armorié en cartouche flanqué de la date de 1580* : Ecartelé : *au premier et au quatrième d'argent à bande d'azur accompagnée de six roses de gueules rangées en orle ; au deuxième et au troisième d'or à trois fasces d'azur, au bâton écoté de gueules posé en bande et brochant sur le tout* » avec les mots : « *Le Conte eschévin et bourgeois de Paris* ». Au revers : « *Armes de Paris, occupant le champ entier, le vaisseau voguant à droite,* » avec les mots : « *Navem jactantibus undis* (1) ».

AUGUSTIN DE THOU

PRÉVÔT DES MARCHANDS

(DU 17 AOUT 1580 AU 16 AOUT 1582)

Augustin II de Thou, était le fils cadet d'Augustin Ier, prévôt des marchands de Paris sous le règne de François Ier, et de Claude de Marle ; il était le frère de Christophe de Thou, qui remplit les mêmes fonctions sous le règne de Henri II. Il avait épousé, Anne fille de Louis Bourgeois, conseiller au Parlement.

La généalogie de la famille de Thou, originaire de l'Orléanais, où il existe un château de ce nom, s'établit conformément au tableau suivant :

---

(1) Les renseignements relatifs aux jetons de l'échevinage ont été empruntés au livre de M. d'Affry de La Monnoye intitulé : *Les jetons de l'échevinage de Paris.* 1873.

Jean I`er` de Thou, seigneur du Bignon, près d'Orléans, y vivait sous le règne de Philippe de Valois.

Silvestre de Thou, seigneur du Bignon, marié à Perrette Compaing.

Jean II de Thou, seigneur du Bignon, marié en janvier 1388 à Pasquette du Bei.

Jacques de Thou, seigneur du Bignon, mort le 4 octobre 1447.

Jacques II de Thou, seigneur du Bignon, marié à Marie Viole.

Jacques III de Thou, seigneur du Bignon, qui fut le premier de sa famille à venir s'établir à Paris, où il fut avocat à la cour des aides. Marié à Geneviève Le Moine. Mort le 1`er` octobre 1504.

Augustin de Thou, seigneur de Bonnœil, conseiller puis président en 1535. *Prévôt des marchands de 1538 à 1540.* Mort le 6 mars 1544. Marié à Claude de Marles, dont il eut vingt-et-un enfants ; quatorze moururent en bas âge, et les sept autres furent les suivants :

Christophe de Thou, seigneur de Bonnœil et de Céli, premier président au parlement de Paris. Mort le 11 novembre 1582. Marié à Jacqueline de Tulleu de Celi, *Prévôt des marchands de Paris de 1552 à 1554.*	Adrien de Thou, seigneur d'Hierville. Mort le 25 octobre 1570.	Nicolas de Thou, évêque de Chartres, né en 1528, mort le 5 novembre 1598. enterré, comme la plus part des membres de sa famille dans l'église S`t`-André-des-Arts.	Augustin II de Thou, avocat du roi au Chatelet de Paris. Marié à Anne Bourgeois, fille du conseiller au parlement de ce nom. *Prévôt des marchands de Paris de 1580 à 1582.*	Jeanne, mariée à Jacques Le Lieur seigneur du Chesnoy.	Barbe, mariée le 22 no-vembre 1547 à seigneur Sanguin	Anne, abbesse de Saint-Antoine des Champs. seigneur de Livry.
Jean III de Thou, seigneur de Bonnœil et de Céli. Mort le 5 août 1579. Marié à Renée Baillet.	Christophe-Auguste de Thou, seigneur de Saint-Germain. Marié à Françoise Allegrin.	Jacques-Auguste de Thou, baron de Meslay, né le 8 octobre 1553, historien, mort le 7 mai 1617. marié 1° en 1587, à Marie de Barbançon morte en 1601 ; 2° en 1602, à Gasparde de la Chastre, née en 1577, de ce second mariage naquirent :	Marie de Thou, abbesse mariée le 31 mai 1566 à Philippe Hurault comte de Chevery, morte le 27 juillet 1584.	Anne de Thou, mariée le 30 mai 1568 à Achille de Harlay comte de Beaumont.	Catherine de Thou,	Christophe de Thou, seigneur du Plessis-Placy, gentilhomme de la chambre du roi, conseiller en ses conseils d'Etat et privé et maître des Eaux et Forêts de l'Ile-de-France. Marié à Anne de Neufville-Villeroy.
René de Thou, marié à Marie Faye, morte en juillet 1666.	Renée de Thou, mariée à Jean Bourneuf de Cussé, président au parlement de Bretagne.	Isabelle de Thou, mariée à Frédéric guevalle de Ma-d'Hau-nicamp. gest d'Argenlieu.	Jacqueline de Thou, mariée à Lon-			Anne, mariée le 27 février 1607, à François Savary, seigneur de Brèves.
François-Auguste de Thou, né vers 1607, président au parlement, décapité le 12 septembre 1642 à Lyon, à la suite de la conspiration de Cinq-Mars contre le cardinal de Richelieu.	Achille-Auguste de Thou, mort le 6 avril 1635.	Jacques-Auguste de Thou, baron de Meslai, président des enquêtes au parlement, ambassadeur en Hollande. Marié : 1° à Marie Picardet, morte en février 1663 ; 2° à Renée de La Marzillière, morte en 1691. Du premier lit naquirent :				
	Louis-Auguste de Thou.	Jacques-Auguste de Thou, abbé de Samer-aux-Bois. Mort le 17 avril 1746.	Et deux filles.			

Avocat du Roi au Châtelet, bailli du Fort-l'Evêque, lieutenant de la Prévôté des marchands, avocat général au parlement en 1567, en lieu et place de Baptiste du Mesnil, Augustin II de Thou fut nommé en 1585 président à cette dernière cour en remplacement de Guy du Faure de Pibrac et démissionna en 1595.

En souvenir des services qu'il rendit pendant son séjour à la lieutenance de la prévôté des marchands, les magistrats de la ville lui firent don le 11 septembre 1569 d'un grand coffre couvert de maroquin du Levant bleu turcoin, doublé de satin noir cramoisi, avec armoiries et fermeture dorée, fabriqué par le libraire Pierre Lefort.

Augustin II de Thou remplit les fonctions de prévôt des marchands du 17 août 1580 au 16 août 1582, époque à laquelle il fut remplacé par Etienne de Nully. Il résigna l'office de conseiller de ville le 27 novembre 1563, en faveur de Nicolas Perrot, conseiller en la cour de Parlement.

Les armes de la famille de Thou, qui a disparu vers la fin du XVIIIe siècle, étaient : « *d'argent au chevron de sable, accompagné de trois mouches à miel ou taons aussi de sable.* » (1)

ÉTIENNE DE NULLY

PRÉVÔT DES MARCHANDS

Etienne de Nully, après avoir été conseiller au parlement de Bretagne, fut nommé le 28 février 1569, premier président des aides, en remplacement de Pierre de la Place qui fut massacré le 24 août 1572 à la Saint-Barthélemy ; il occupa ce poste jusqu'au 2 décembre 1591, date à laquelle il devint, grâce à l'intervention du duc de Mayenne, président au parlement de Paris. De Nully fut en outre élu prévôt des marchands de Paris en 1582, et réélu en 1584, c'est-à-dire sous le règne de Henri III. Il représenta le tiers aux Etats de Blois en 1588 et à ceux de Paris en 1593. Pendant sa Prévôté, il fit commencer le grand regard des eaux de Belleville terminé en 1613. De Nully était un grand bibliophile et un fervent catholique. Ses armoiries comme magistrat de Paris, (jeton de l'échevinage), représentaient un « *écu armorié, surmonté d'un casque de profil, garni de ses lambrequins, et ayant pour cimier un cygne naissant: de gueules à la croix florencée d'or, cantonnée de quatre billettes de même* ». Avec les mots : « *M. L. D. Nully. COS^r d'Estat. Prev. d. Marchants* ». Au revers « *un ballon qu'un dextrochère, sortant d'un nuage, fait rebondir sur le sol* », avec les mots : « *Concussus surgo* ». A l'exergue : « *1585* ».

(1) De La Chenaye, Desbois et Badier. *Dictionnaire de la noblesse,* tome XVIIIe, pages 970-971, M DCCC LXXXIII (3e édition).

JEAN DE LOYNES

ÉCHEVIN

Jean de Loynes, avocat au Parlement de Paris, fut échevin de 1582 à 1584, sous la prévôté d'Etienne de Nully et sous le règne de Henri III. Il fut élu conseiller de ville le 6 août 1583, et nommé substitut du procureur général au parlement de Paris. Il exerça les fonctions de capitaine de la ville en 1584.

Jean de Loynes mourut le 1er avril 1587 et fut inhumé à l'église Saint-Séverin. Ses armoiries comme magistrat de Paris, (jeton de l'échevinage), représentaient : « *un cartouche orné, chargé d'un écu armorié, coupé au premier de gueules, à la fasce gironnée d'or et d'azur de six pièces, cotoyée de deux bâtons vivrés, contre-vivrés d'argent; au deuxième d'azur à sept besants d'or quatre et trois* ». Avec les mots : « *IeH. D. Loynes, cons. et eschevin. D. la-v-de-Paris* ». Au revers : « *Armes de Paris contournées remplissant le champ entier* avec les mots : « *Fluctuat nec mergitur* ». A l'exergue : « *Lutetia* ».

HECTOR GEDOYN

ÉCHEVIN

Hector Gedoyn fut élu échevin de 1583 à 1585, sous la prévôté d'Etienne de Nully et sous le règne de Henri III ; il remplit en 1573 les fonctions de receveur des deniers pour les nouvelles fortifications de Paris. Ses armoiries comme magistrat de Paris, (jeton de l'échevinage), représentaient : « *un cartouche chargé d'un écu armorié. D'azur au croissant d'argent soutenu d'un besant d'or et cotoyé de deux épis de blé de même ; au chef également d'or, chargé d'une rose de gueules* ». Avec les mots : « *M. Hector-Gedoyn eschevin. D. L. Ville de Paris* ». Au revers : « *Vaisseau voguant à gauche sur une mer battue par les quatre vents, et soutenu par une main sortant des nuages* », avec les mots : « *Fluctuat at nunquam mergitur* ».

PIERRE LE GOIX

ÉCHEVIN

Pierre Le Goix, élu quartenier en 1572, fut échevin du 16 octobre 1584 au 16 août 1586, sous la Prévôté d'Etienne de Nully et sous le règne de Henri III. Il était membre de la corporation des marchands de vin et fut nommé consul le 28 janvier 1574. Ses armoiries comme magistrat de Paris, (jeton de l'échevinage), représentaient : « *un écu armorié, entouré d'une couronne formée de deux branches de lauriers d'azur, à la coquille d'or accompagnée de trois grappes de raisin d'argent* ». Avec les mots : « *P. Le-Goix. Sr D. la court. D. P. Yblo-eche. D. Paris* ». Au revers : « *Armoiries de la ville remplissant le champ* ». Avec les mots : « *Fluctuat nec mergitur* ». A l'exergue : « *Lutetia* ».

JEAN LE BRETON

ÉCHEVIN

Jean Le Breton, avocat au parlement, fut élu échevin le 23 septembre 1585 en remplacement de Jean de Labarre, décédé, sous la prévôté d'Etienne de Nully et sous le règne de Henri III. Il avait été nommé conseiller de ville en 1571. Ses armoiries comme magistrat de Paris, (jeton de l'echevinage), représentaient : « *un écu armorié, orné de guirlandes de fleurs et surmonté d'un fleuron écartelé : au premier, au quatrième d'azur à trois étoiles d'or; au deuxième et au troisième, d'azur à deux fasces d'or* ». Avec les mots : « *Me-I. Le-Breton-advo-en-parl-Eschevin-1587* ». Au revers : « *Armes de Paris remplissant le champ entier, vaisseau contourné* ». Avec les mots : « *Remigio fluctus superans* ». A l'exergue : « *Lutetia* ».

NICOLAS HECTOR DE PERREUSE

PRÉVÔT DES MARCHANDS

Nicolas Hector, seigneur de Perreuse et de Beaubourg, fut conseiller au parlement de Paris en 1546, maître des requêtes en 1567 et conseiller d'Etat. Il fut élu Prévôt des marchands en 1586, sous le règne de Henri III, et conserva cette place jusqu'au 14 mai 1588, date à laquelle il fut emprisonné à la Bastille d'où il sortit au mois de juillet de la même année. Il fut conseiller de ville en 1580. Ce prévôt adversaire de la Ligue avait pris pour armoiries, (jeton de l'échevinage), « *un écu armorié, surmonté d'un casque de profil orné de lambrequins. D'azur, à trois crénelées de trois pièces d'or ouvertes et ajourées de gueules* ». Avec les mots : « *Mes-N. Hector. Sr de Perreuze-C-destat-P-D^s-Marchas* ». Au revers : « *Un prévôt vêtu d'une longue robe, la tête*

« *couverte d'un chapeau à plumet, assis devant une table sur laquelle est posé un encrier ; il*
« *soutient de la main gauche un gouvernail, et il appuie la droite sur la table. Au-dessus,*
« *une étoile rayonnante au milieu des nuages* ». Avec les mots : « *Dum clavum rectum*
« *teneam* ». A l'exergue : « *Lutetia* ».

LOUIS DE SAINTYON
ÉCHEVIN

Louis de Saintyon, avocat, fut chargé en 1580 de la rédaction du rapport au roi sur le renouvellement de la coutume de Paris. Il fut élu échevin le 16 août 1586, sous la prévôté de Nicolas Hector de Perreuse et sous le règne de Henri III, et conserva cette charge jusqu'au 14 mai 1588, époque à laquelle il fut remplacé. Il est l'auteur d'une histoire des événements qui se passèrent du 7 mai 1588 au 30 juin de la même année, lors de la rentrée du duc de Guise à Paris, malgré la défense du roi, et des troubles qui y eurent lieu (journée des Barricades, 12 mai 1588). Ses armoiries comme magistrat de Paris, (jeton de l'échevinage), représentaient : « *Un écu ovale*
« *armorié, orné et garni de deux branches de laurier. D'azur, à la croix losangée d'or et de*
« *gueules, cantonnées de quatre cloches d'or, bataillées de sable* ». Avec les mots : « *L. De-*
« *Saintyon eschevin de la ville 1586* ». Au revers : « *Armes de la ville, remplissant tout*
« *le champ* ». Avec les mots : « *Fluctuat nec mergitur* ». A l'exergue : « *Lutetia* ».

PIERRE LUGOLLY
ÉCHEVIN

Pierre Lugolly, qui avait été lieutenant général de la Prévôté de l'Hôtel, fut élu échevin le 16 août 1586, sous la prévôté de Nicolas Hector de Perreuse, et sous le règne de Henri III, et conserva cette fonction jusqu'au 14 mai 1588. Il s'opposa à l'envahissement du collège des Jésuites de Clermont à l'époque de la tentative d'assassinat de Henri IV par Jean Chastel le 27 décembre 1594. Ses armoiries comme magistrat de Paris, (jeton de l'échevinage), représentaient : « *Un écu armorié surmonté d'un*
« *casque de profil avec ses lambrequins. Ecartelé : au premier et au quatrième, d'azur à trois*
« *étoiles d'or ; au deuxième et au troisième, d'or à trois chevrons de gueules* ». Avec les
« mots : « *M. P. Lugolly-c. D. Roy-L. Gnal-d-lhostel-Eschevin* ». Au revers : « *Armes*
« *de Paris remplissant le champ. Le vaisseau est contourné* ». Avec les mots : « *Remigio*
« *fluctus superans* ».

NICOLAS ROLAND

ÉCHEVIN

Nicolas Roland, seigneur du Plessis, fut pourvu d'une place de général à la Cour des Monnaies le 24 décembre 1568. Il fut nommé échevin le 20 mai 1588, par le duc de Guise, en même temps que ses trois collègues Jean de Compans, François Cotteblanche et Robert des Prez, et le Prévôt des marchands Michel Marteau.

Nicolas Roland était partisan de la Ligue ; en apprenant la mort du duc de Guise tué à Blois le 23 décembre 1588, il s'empara des portes de Paris, et prononça le lendemain à l'Hôtel de Ville un discours véhément ; il fut exilé, lorsque la ville se rendit au roi Henri IV.

L'Hôtel de Ville de Paris

SOUS

le règne de Henri IV

HENRI IV, né le 14 décembre 1553, roi de Navarre, descendant de Robert, comte de Clermont, fils de Louis IX, fils d'Antoine de Bourbon et de Jeanne d'Albret, petit neveu de François Ier par sa mère qui était fille de Marguerite sœur de ce roi, veuve du duc d'Alençon et mariée en secondes noces en 1527 à Henri, roi de Navarre. — Henri IV, roi de France le 1er août 1589. — Marié : 1° en 1572 à Marguerite de Valois, sœur des trois rois précédents et fille de Henri II et de Catherine de Médicis ; 2° en 1600, à Marie de Médicis ; mort le 14 mai 1610, assassiné par Ravaillac.

Régna du 1er août 1589 au 14 mai 1610.

Liste des Prévôts des marchands et Échevins
SOUS LE RÈGNE DE HENRI IV
(de 1589 à 1610)

PRÉVÔTS DES MARCHANDS	ÉCHEVINS	
Michel Marteau, Sire de la Chapelle, Conseiller du Roi et maître à la chambre des comptes, du 20 mai 1588 au 18 octobre 1590	Nicolas Roland, seigneur du Plessis,	1588
	Jean de Compans, marchand.	1588
	François Cotteblanche, marchand, bourgeois de Paris.	1588
	Robert Desprez, marchand, bourgeois de Paris.	1588
Charles Boucher, Seigneur d'Orsay, maître des requêtes et président du grand conseil, du 18 octobre 1590 à 1592.	Jacques Bresles, conseiller, notaire et secrétaire du Roi,	1590
	Pierre Poncher, marchand et bourgeois de Paris,	1590
	Robert Desprez, avocat au Parlement,	1590
	Martin Langlois, —	1590
	Denis Le Moyne, sieur de Vaux,	1591
	Antoine Hotman, avocat,	1591
Jean Luillier, Seigneur d'Orville et de Visseau, maître ordinaire en la chambre des comptes, 9 novembre 1592 à 1594.	Denis Merel, marchand,	1592
	Jean Pichonnat, avocat au Parlement,	1592
Martin Langlois, Seigneur de Beaurepaire, conseiller du Roi et maître des requêtes, 1594 à 1598.	Robert Besle, conseiller au Chatelet,	1594
	Jean Le Comte, quartenier,	1594
	Omer Talon, avocat au Parlement,	1595
	Thomas de Rochefort, avocat au Parlement,	1596
	André Canage, —	1596
	Claude Josse, conseiller du Roi, receveur général des Bois,	1596
	Antoine Abelly, bourgeois de Paris,	1597
	Jean Rouillé, bourgeois de Paris,	1597

PRÉVÔTS DES MARCHANDS	ÉCHEVINS	
Jacques Danès, Seigneur de Marly, conseiller d'Etat, président de la chambre des comptes, 1598 à 1600.	Nicolas Boulon, bourgeois de Paris,	1598
	Valentin Targer, bourgeois de Paris,	1598
	Guillaume Robineau, avocat du roi en l'élection et grenier à sel de Paris,	1599
	Louis Vivien, seigneur de Saint-Marc. contrôleur général à Soissons,	1599
Antoine Guiot, Seigneur de Charmeaux et d'Aussac, président de la chambre des comptes, 1600 à 1602.	Jean Garnier, auditeur des comptes,	1600
	Jacques des Jardins, seigneur du Marchais, conseiller au Châtelet,	1600
	Jean-Baptiste Champin, seigneur de Roissy, notaire et secrétaire du Roi,	1601
	Claude de Choilly,	1601
Martin de Bragelongne, Seigneur de Charonne, conseiller d'Etat et président aux Enquêtes, 1602 à 1604.	Gilles Durand, avocat du Roi aux eaux et forêts,	1602
	Nicolas Quetin, conseiller au Châtelet,	1602
	Louis le Lièvre, substitut du procureur général,	1603
	Léon Dollet, avocat au Parlement,	1603
François Miron, Seigneur du Tremblay, conseiller d'Etat, lieutenant civil, 1604 à 1606.	Pierre Sainctot, bourgeois de Paris,	1604
	Jean de la Haye,	1604
	Gabriel de Flécelles,	1605
	Nicolas Belut, conseiller au trésor,	1605
Jacques Sanguin, Seigneur de Livry, conseiller au Parlement, 1606 à 1612.	Germain Gouffé, substitut du procureur au chatelet,	1606
	Jean de Vailly, seigneur du Breuil-du-pont,	1606
	Pierre Parfait, greffier en l'élection de Paris,	1607
	Charles de Charbonnières, auditeur des comptes,	1607
	Jean Lambert, bourgeois de Paris,	1608
	Jean Thevenot, conseiller au Châtelet,	1608
	Jean Perrot, seigneur de Chesnard,	1609
	Jean de Lanoue, avocat au parlement,	1609

Reddition de la ville de Paris. Entrée de Henri IV

ATTITUDE PRISE EN CETTE CIRCONSTANCE PAR LES BOURGEOIS DE LA VILLE

(22 mars 1594)

ES guerres de religion qui avaient assombri les règnes de François II, de Charles IX et de Henri III, continuèrent sous celui de Henri IV. Le duc de Mayenne, de concert avec les Espagnols, dont le roi Philippe II revendiquait le trône de France pour l'infante d'Espagne, s'était emparé d'un grand nombre de villes et avait fait son entrée à Paris le 12 février 1589. Il dominait les Seize dans le conseil de la Ligue; et exerçait dans la capitale du royaume une autorité toute royale.

Henri, roi de Navarre, exclu jusque-là du trône de France comme protestant, se mit à la tête d'une armée pour résister aux prétentions du duc de Mayenne et du roi d'Espagne. L'armée espagnole, commandée par le duc d'Egmont, se joignit à celle du duc de Mayenne. Henri de Navarre leur livra bataille à Ivry le 14 mars 1590, remporta une brillante victoire et vint mettre le siège devant Paris. Henri fit preuve d'une grande valeur. « Suivez-moi, dit-il, à ses compagnons d'armes, vous me reconnaîtrez à mon panache blanc et à mon écharpe blanche; vous les trouverez toujours dans le chemin de l'honneur. » La capitale était occupée par les troupes du duc de Mayenne et par l'armée espagnole. Les Etats généraux réunis le 28 juin 1593 maintinrent le duc de Mayenne dans le poste de lieutenant général du royaume. Pour conquérir plus facilement la couronne de France, Henri résolut d'abjurer la religion protestante. Il écrivit à ce sujet à Gabrielle d'Estrée le 23 juillet 1593, les mots suivants : « Ce sera dimanche que je fairay le sault perilleux ». Il se rendit en effet en ce jour à l'église de Saint-Denis, fit une profession de foi catholique en présence de l'archevêque de Bourges et rentra dans le giron de la religion nationale. Il se fit sacrer roi à Chartres le 27 février 1594 par l'évêque Nicolas de Thou.

Cette conversion lui attira de nombreux partisans; les villes de France se décidèrent les unes après les autres à reconnaître son autorité. La ville de Lyon fut une des premières à se rendre et le parlement de Paris invita le duc de Mayenne à mettre fin aux guerres civiles et à traiter avec Henri (1). Le 1er février

---

(1) Discours sur la reddition de la ville de Paris.

1594, la ville de Pontoise où commandait d'Alincourt se rendit à l'obéissance du Roi. Le lendemain, Henri IV partit de Saint-Denis pour Senlis, où de Brissac, le prévôt des marchands et deux consuls de Paris se rendirent eux-mêmes pour s'entendre au sujet de son entrée dans la capitale. Le 21, il revint à Saint-Denis, fit connaître aux chefs de son armée son dessein d'entrer dans Paris, sans qu'il fût fait aucun préjudice aux habitants et leur ordonna de se tenir prêts. Les capitaines promirent au roi d'exécuter fidèlement ses ordres. De Brissac prit avec lui cinquante hommes de sa garde, les fit revêtir d'une casaque de drap jaune avec une croix blanche. L'un des consuls de la ville, accompagné de deux notables, fit venir 150 archers en la maison de ville et invita leurs capitaines à se tenir prêts à servir le roi. A minuit, le consul, suivi d'un notable, fit semblant de faire une ronde avec les archers qui occupèrent la porte neuve du Louvre, afin de pouvoir la faire ouvrir quand besoin serait. Les Espagnols et lansquenets de garde s'inquiétèrent et demandèrent des explications. Le consul leur répondit qu'il avait le commandement de la ville et qu'ils n'avaient qu'à se retirer dans leur corps de garde. A la même heure, de Brissac se rendit avec l'autre consul à la porte St-Denis dont il se rendit maître, grâce à la bonne volonté des bourgeois chargés de la garder, et malgré les renforts expédiés par le duc de Féria.

Henri IV se trouva lui-même entre trois et quatre heures à la porte neuve avec un grand nombre de nobles et de gens de guerre. Cette porte lui fut ouverte par le consul, accompagné de l'échevin Merel. Les lansquenets du corps de garde voisin firent aussitôt usage de leurs armes contre les cavaliers du Roi, qui chargèrent et en tuèrent quarante.

D'un autre côté, l'échevin Langlois fit ouvrir la porte Saint-Denis à de Vitry, gouverneur de Meaux, qui entra dans Paris avec sa cavalerie et son infanterie. Des écharpes blanches avaient été distribuées en souvenir de la victoire d'Ivry aux soldats et aux citoyens, qui s'en allèrent par les rues en criant : « Vive le Roi ». Les gardes espagnols tentèrent vainement de résister ; les harquebusiers de la ville les réduisirent au silence ; ils virent qu'ils ne pouvaient s'opposer à l'entrée des soldats du roi et mirent bas les armes.

Henri IV endossa lui-même l'écharpe blanche et fit son entrée dans Paris par la porte neuve du Louvre le 22 mars 1594, à 6 heures du matin à la tête de cinq cents cavaliers ; il visita l'Eglise des Quinze-Vingts et s'en retourna au Louvre ; à midi il se rendit à l'Eglise de Notre-Dame, accompagné des maréchaux de Retz et de Matignon, des seigneurs de Vitry et de Brissac, du prévôt des marchands Lhuillier et des principaux bourgeois de la ville.

Le duc de Féria et Legat, qui commandaient les troupes du duc de Mayenne se retirèrent hors de Paris, et de Saint-Luc, à la tête des meilleurs soldats du Roy, obligea les Espagnols à s'éloigner de la ville par la porte Saint-Denis.

Debourg, partisan du duc de Mayenne, qui l'avait nommé commandant de la Bastille, ne voulut se rendre qu'à la condition de recevoir 50.000 écus. Le roi les refusa et d'Alincourt força Debourg à se retirer.

Le 23 mars 1594, les Prévôt des marchands, échevins et procureur, accompagnés des plus notables bourgeois, entourés des archers, allèrent au Louvre pour offrir des présents au roi et lui « faire la révérence ». Le roi monta à cheval et visita la Sainte Chapelle et le palais.

Le 26 mars, Henri IV, désormais roi de France et de Navarre, tint son conseil au Louvre. Deux des échevins furent chassés de la ville, et ceux qui avaient été renvoyés par le duc de Mayenne, furent réintégrés dans leurs fonctions. Le 28, la cour de parlement et la chambre des comptes furent reconstitués en leur premier état. Enfin un arrêt du 31 mars 1594 annula tout ce qui avait été fait contre l'autorité royale, dépouilla le duc de Mayenne du pouvoir qu'il tenait, et déclara criminels tous les princes qui ne se sépareraient pas de la Ligue.

Un édit confirma la prévôté de Jean Luillier et l'échevinage des sieurs Langlois, Denis Mérel et Jean Pichonnat, ainsi que tous les autres officiers de la ville qui prêtèrent serment entre les mains de François d'O, gouverneur et lieutenant général de Paris et de l'Isle de France. Quelques jours après, Pierre Perrot, procureur du Roi et de la ville, qui avait été dépossédé de sa charge, fut réintégré dans ses fonctions.

Une très belle toile représentant l'entrée de Henri IV à Paris le 22 mars 1594 a été peinte par le baron Gérard et est exposée au musée de Versailles. A droite du roi, à cheval, se trouve de Brissac, également à cheval, le chapeau à la main, désignant le groupe des échevins précédés du prévôt des marchands Jean Luillier qui offre au monarque les clefs de la ville. Autour de Henri IV, sont le connétable de Montmorency, Crillon tenant un drapeau blanc fleurdelysé ; plus loin, le maréchal de Retz, Sully, et Bellegarde, soulevant la visière de son casque pour mieux admirer la belle Gabrielle d'Estrées qui regarde le cortège de la fenêtre d'une maison voisine. Le maréchal de Matignon, brandissant son épée et ayant à ses côtés d'Espinay et de Saint-Luc, précède le roi. Enfin sur la gauche, un vieillard suivi de la foule, élève les mains et les yeux au ciel, dans l'attitude de la reconnaissance.

Ce remarquable tableau, dont une reproduction est ci-jointe a été exposé au Salon de 1817, et a été gravé par le chevalier Toschi.

Entrée du Roi Henri IV a Paris (22 mars 1594.)

Un vieillard	de Brissac	Henri IV	Jean Luillier	de Matignon d'Espinay
Le peuple	de Montmorency		de Retz Sully	Bellegarde	de Saint-Luc
		Crillon		Gabrielle d'Estrées

L'Hôtel de Ville sous Henri IV (1606)

Ainsi qu'il a été dit précédemment, les travaux de construction de l'Hôtel de Ville de Paris, furent presque en totalité interrompus sous les règnes de François II, Charles IX et Henri III, successeurs de Henri II ; le pavillon méridional avait seul été terminé sous le règne de ce dernier roi. Ils furent sérieusement repris sous le règne de Henri IV, quelques années après l'entrée de ce monarque à Paris, c'est-à-dire en 1606.

En effet, les autorités municipales de la capitale, décidèrent que l'achèvement de l'Hôtel de Ville devrait se faire dans le plus bref délai possible, et le reste des travaux à exécuter fut mis en adjudication au prix de cent trente-cinq livres tournois la toise « bout avant », en fournissant la matière.

Pierre Robelin, Georges Pathelin et Marin de la Vallée, architectes, prirent part à cette adjudication publique. Ce dernier, ayant offert un rabais de quarante sols, fut déclaré adjudicataire.

Les travaux, dès lors, recommencèrent et l'inscription suivante fut gravée au-dessus de la porte d'entrée :

> Ab Henri. IV; Francorum et Navarrorum rege invictissimo Francis. Myron prœpretore, et decurionum præfecto, P. Sainctot, J. de la Haye, G. de Flecelles et N. Belut, decurionibus, hoc opus superiorum temporum fortuna intermissum, a solo ad fastigium usque contextu ædificii repetitum est, M.DC.VI

Bien que l'adjudicataire se fût mis immédiatement à l'œuvre, les travaux n'avancèrent que lentement, et la façade ne fut terminée qu'en février 1607.

Charles Marchand, maître des œuvres de la ville fut chargé de la charpente, et Pierre Guillain, de l'élévation en maçonnerie des deux étages restant à construire, ainsi que du cadran qui devait surmonter la façade, des pilastres, des corniches de l'attique et du fronton. Ces deux entrepreneurs mirent une telle lenteur dans l'exécution de ces travaux que, le 21 mars 1608, les autorités municipales furent obligées de les mander, ainsi que Marin de la Vallée, pour « être

« entendus de leur bouche sur le faict d'iceulx ouvrages, et la résolution prise
« estre portée incontinent à Sa Majesté pour en ordonner et estre son commande-
« ment exécuté ».

Les entrepreneurs furent invités à se mettre résolument à l'ouvrage, et finalement les travaux recommencèrent ; douze colonnes cannelées et ciselées en pierre de Torcy furent placées sur le devant du pan de mur « du costé de Grève », et la statue équestre de Henri IV, œuvre du sculpteur Pierre Biard, élève de Michel-Ange, sculptée en relief sur un fond de marbre noir, fut placée au-dessus de la principale porte d'entrée du bâtiment. Cette statue, en pierre de Tonnerre, fut enlevée en 1793 et remplacée plus tard par un haut relief en bronze qui a échappé à l'incendie de 1871, et se trouve actuellement au musée Carnavalet.

L'Hôtel de Ville de Paris fut de tout temps l'objet de la part des Prévôts des marchands et des échevins d'une grande sollicitude ayant pour but de le rendre à l'intérieur comme à l'extérieur digne de la grande ville dont il était la maison commune. Par un marché en date du 27 mars 1613, l'ornementation de la grande salle, dite salle du Trône, fut confiée à Pierre Biard, au prix de trois mille livres tournois. La dorure fut exécutée par Antoine Bornàt, maître peintre, moyennant deux cents livres tournois, et la cheminée, qui était de toute beauté, fut confiée au ciseau du sculpteur Thomas Boudin, au prix de cinq mille livres tournois.

La décoration de la salle, dite du Zodiaque, attenante à la salle du Trône, fut faite par Jean Goujon.

Enfin, l'artiste peintre Ferdinand Hellé fournit à l'Hôtel de Ville, en 1609, un tableau où furent représentés les Prévôt, échevins, procureur et greffier. Cette toile fut payée quatre cents livres tournois. Les peintres Georges Lallemand et Louis Bobrun exécutèrent également le premier en 1611, le second en 1614, des toiles qui furent placées dans les divers salons de l'Hôtel de Ville.

En 1608, des difficultés s'élevèrent entre Marin de la Vallée et les magistrats de la capitale au sujet de la balustrade qui devait, d'après le devis, surmonter la corniche de la façade principale, Marin de la Vallée prétendait que cette corniche qui faisait partie du plan primitif, devait lui être payée. Pierre Guillain, maître de maçonnerie, était de l'avis contraire ; les experts se rangèrent à l'opinion de ce dernier.

En la même année 1608, Marin de la Vallée se rendit en outre adjudicataire d'un pavillon à construire au-dessus de la chapelle du Saint-Esprit, moyennant le prix de soixante-cinq livres tournois la toise. Le plan de cette œuvre avait été fait par Pierre Chambiches ; il avait la même forme que celui de l'arcade Saint-Jean. L'entrepreneur, qui avait proposé un rabais de sept livres tournois par toise, devait terminer le pavillon le 4 février 1610.

Enfin, l'inscription suivante constata l'avancement des travaux exécutés en 1608 :

Du règne du très chrétien Henri IV, roy de France
Et de Navarre, et de la prévôté de maistre Jacques
Sanguin, sieur de Livry, conseiller du Roy en la cour du
Parlement, et de l'échevinage de maistre Germain Gouffé, advocat
en la dite cour, Jean de Vailly, sieur du Breuil du pont, maistre Pierre
Parfaict, greffier en l'élection, et Charles Charbonnières,
Conseiller du Roy et auditeur en sa chambre des comptes,
Ceste salle a été parachevée, le pavillon du costé du Sainct-
Esprit encommencé, les colompues aposées, et la tour
à huict pans eslevée pour l'horloge. Mil six cens huict.

HÔTEL DE VILLE DE PARIS SOUS LE RÈGNE DE HENRI IV (FEU DE LA SAINT-JEAN).

CHARLES BOUCHER
PRÉVÔT DES MARCHANDS

Boucher Charles, seigneur d'Orsay, fut nommé maître des requêtes, le 15 décembre 1579, et président du Grand Conseil, le 18 février 1580. Élu conseiller de ville, le 1er avril 1592, en remplacement de Michel Marteau, il représenta le tiers aux États de Paris de 1593. Il fut nommé prévôt des marchands de Paris, le 18 octobre 1590, sous le règne d'Henri IV, en remplacement de Michel Marteau, et conserva ce poste jusqu'au 9 novembre 1592, date à laquelle il eut pour successeur Jean Luillier.

Ses armoiries, comme magistrat de Paris, (jeton de l'échevinage), représentaient : « *un écu armorié, surmonté d'un casque avec ses lambrequins. De gueules semé de croisettes d'argent au lion rampant d'or* », avec les mots : « *Superata tellus cœlestia donat* », au revers : « *Armes de Paris, remplissant tout le champ, le vaisseau contourné* », avec les mots : « *Remigio fluctus superans* », à l'exergue : « *Lutetia* ».

JEAN LUILLIER
PRÉVÔT DES MARCHANDS

Parmi le trouble esmeu d'une guerre ciuile,
Durant son Magitrat, Luillier eut le pouuoir
De mettre auec la paix le Roy dedans sa ville,
Ses subiectz en leurs biens, le peuple eu son debuoir.

JEAN LUILLIER
Prévôt des marchands (1592-1594).

Jean Luillier, seigneur d'Orville et de Visseaux, issu d'une ancienne famille parisienne, fut reçu conseiller maître à la Chambre des Comptes, le 16 novembre 1568 ; il fut élu prévôt des marchands de Paris le 9 novembre 1592, sous le règne d'Henri IV, en remplacement de Charles Boucher, et conserva ce poste jusqu'au 17 août 1594. Il représenta le tiers aux États convoqués à Paris par le duc de Mayenne, et qui s'ouvrirent, le 26 janvier 1593, au Louvre, il repoussa les propositions faites par le duc et les Espagnols d'abolir la loi Salique, de ne pas reconnaître Henri IV pour légitime souverain, alors même qu'il se ferait catholique, et de déclarer l'infante d'Espagne, reine de France. De concert avec le comte de Brissac, gouverneur, avec le président Le Maître et l'échevin Langlois, Jean Luillier ouvrit à de Saint-Luc, le 22 mars 1594, la porte neuve de la ville, qui était aux mains des Espagnols, et en facilita ainsi l'entrée au roi Henri IV, qui accorda à la ville de Paris, amnistie absolue, maintien des privilèges et l'interdiction du culte protestant.

On prête à ce prévôt le mot suivant qu'il prononça à cette occasion. Lorsque de Brissac lui dit qu'il fallait rendre à César, ce qui appartient à César... « Il faut le lui rendre et non pas le lui vendre »..., répliqua le prévôt des marchands.

Jean Luillier reçut, le 1er avril 1594, une charge de président des comptes, qui fut créée en récompense de ses services. Il mourut en avril 1601. Il était parent de Jean Luillier, évêque de Meaux, confesseur de Louis XI, et eut une fille du prénom de Madeleine, qui épousa Claude Le Roux de Sainte-Beuve, conseiller au Parlement et qui fonda, à la mort de son mari, le monastère des Ursulines du faubourg Saint-Jacques.

Ses armoiries, comme magistrat de Paris, (jeton de l'échevinage), étaient : « *un écu représentant un buste* », au-dessous, dans un cartouche : « *1594* », avec les mots : « *Jo-Luillier-reg-A-secr-cons. Rat-præs-urb. præf.* », au revers : « *Henri IV, à cheval, armé de pied en cap ; le prévôt à ses genoux, lui offre une branche d'olivier* », à l'exergue, dans un cartouche : « *M. D. XCIIII* », avec les mots : « *R. Omnia-tuta-vides* ».

MARTIN LANGLOIS

PRÉVÔT DES MARCHANDS

Martin Langlois, seigneur de Beaurepaire, avocat au parlement, fut élu échevin, pour une année seulement, le 18 octobre 1590, puis réélu le 16 août 1591 ; mais il fut dépossédé de sa charge par les Seize quelques jours après ; il fut renommé échevin le 16 décembre de la même année, et conserva ce poste jusqu'au 16 août 1594, date à laquelle il fut élu prévôt des marchands. Martin Langlois fut un des représentants du tiers aux États généraux de 1593, il livra la porte Saint-Denis, à de Vitry, commandant des troupes royales et contribua à la reddition de Paris au roi Henri IV, le 22 mars 1594.

En récompense de ses services, le roi le nomma maître des requêtes.

Ses armoiries, comme magistrat de Paris, (jeton de l'échevinage), représentaient : « *un écu armorié, surmonté d'un casque de profil, orné de ses lambrequins ; écartelé : au*

« *premier et au quatrième d'azur au chevron d'or, accompagné de trois molettes d'éperon,*
« *de même : au deuxième et au troisième d'azur à l'aigle déployée et au vol abaissé d'or* »,
« avec les mots : « *Mart. Langlois, Me D. Requestes, P. D. marchans* », à l'envers :
« *vaisseau voguant à gauche, l'extrémité de son grand mât est cotoyée des feux Saint-Elme ;*
« *à gauche brillent deux étoiles rayonnantes* », avec les mots : « *Sic Henricus mergentibus* »,
à l'exergue : « *1595* ».

ANTOINE GUIOT

PRÉVÔT DES MARCHANDS

Antoine Guiot, seigneur de Charmeau et d'Ausac, fut nommé conseiller, maître des comptes, le 22 décembre 1572, à la place de son père, Claude Guiot, et président à la même chambre, le 8 octobre 1573. Il fut élu prévôt des marchands de Paris en 1600, en remplacement de Jacques Danès, et conserva ce poste jusqu'en 1602. Il mourut vers la fin de 1602.

Ses armoiries, comme magistrat de Paris, (jeton de l'échevinage), étaient : « *un écu représentant un buste du prévôt à gauche, revêtu d'une soutane et d'une robe* », sur la « tranche du bras : « *1602* », avec les mots . « *Mesir Anto-Guiot Sr de Charmeau et Dausac* », au revers : « *écu armorié, surmonté d'un casque de profil garni de ses lambrequins, le tout renfermé dans une couronne formée de deux branches de laurier d'or, à trois perroquets de sinople, becqués et membrés de gueules* ».

CLAUDE DE CHOILLY

ÉCHEVIN

Claude de Choilly fut élu échevin, le 16 août 1601, et remplit ses fonctions jusqu'au 16 août 1603 ; il avait été antérieurement quartenier (en 1587) et avait épousé Anne Courtin.

Ses armoiries, comme magistrat de Paris, (jeton de l'échevinage), représentaient : « *un écu armorié, surmonté d'un casque de face, avec ses lambrequins d'argent, à l'aigle de sable, allumée du champ, chargée d'un écu d'argent à trois têtes de maure de sable, tortillées d'argent* », à l'exergue « *1603* », avec les mots : « *unum est necessarium* », à l'envers : « *écu armorié, entouré d'une cordelière, d'azur à trois croissants d'or* », avec les mots : « *Les fleurs de lis ont choisy les choillis* ».

MARTIN DE BRAGELONGNE

PRÉVÔT DES MARCHANDS

Martin de Bragelongne, seigneur de Charonne, naquit en 1543, il fut nommé conseiller au parlement de Paris, le 22 janvier 1570, et président de la chambre des enquêtes en 1586. Il fut élu conseiller de ville en 1595, et prévôt des marchands de Paris en 1602, à la place de Antoine Guiot. Il occupa ce poste jusqu'en 1604, fut nommé conseiller d'État en 1616, et mourut en 1623, à l'âge de quatre-vingts ans.

Ses armoiries, comme magistrat de Paris, (jeton de l'échevinage), représentaient : « *un écu armorié, surmonté d'un casque de profil, avec ses lambrequins. De gueules, à la « face d'argent, chargée d'une coquille de sable et accompagnée de trois molettes d'éperon « d'or ; un cœur de même est posé, comme brisure, entre les deux molettes du chef* », avec les mots : « *Me. D. Bragelongne, C^r-du-Roy. en-S. conse. D. Pre-p. D-Marc* », au revers : « *vaisseau voguant à droite ; au-dessus de sa proue se trouvent les armes de France rayon-« nantes* », à l'exergue : « *1603* », avec les mots : « *Hic Vertex Nobis Semper Sublimis* ».

FRANÇOIS MIRON

PRÉVÔT DES MARCHANDS

(DE 1604 A 1606)

La famille de François et de Robert Miron, prévôts des marchands de Paris, était originaire de Tortone, en Catalogne ; elle s'illustra dans la médecine et s'établit, au point de vue généalogique, de la manière suivante :

Gabriel Miron, médecin,
né à Perpignan, docteur à Montpellier,
médecin de Charles VIII.
Mort à Nevers en allant rejoindre son poste.

— François Miron, frère de Gabriel,
médecin et conseiller de Charles VIII.
Mort à Nancy, à la fin du xve siècle.

Gabriel Miron, fils du précédent,
médecin de Louis XII, de la reine Anne de Bretagne et de la reine Claude.

François Miron, fils du précédent,
docteur à Montpellier, en 1509, et à Paris, en 1514.
Médecin de Henri II, François II et Charles IX.

DE LA MÊME FAMILLE

Marc Miron,
attaché au duc d'Anjou qu'il accompagna en Pologne, et dont il favorisa l'évasion,
médecin de Henri III,
siégea aux États de Blois en 1576 et en 1579 comme député de la faculté de Paris.
Mort le 1er novembre 1608, à Paris,
eut deux fils :

Gabriel Miron, seigneur de Beauvoir,
conseiller au Parlement en 1546, lieutenant civil,
eut deux fils :

Charles Miron,
né en 1569, mort le 6 août 1628.
Evêque d'Angers à l'âge de 19 ans.

François Miron,
seigneur du Tremblay,
né à Paris.
Conseiller au Parlement de Paris le 18 décembre 1585,
maître des requêtes le 2 juillet 1597,
lieutenant civil en 1597,
Prévôt des marchands de Paris de 1604 à 1606.
Marié à la fille du président Brisson.
Mort le 4 juin 1609.

Robert Miron,
seigneur du Tremblay,
né en 1569.
Prévôt des marchands de Paris de 1614 à 1616.
ambassadeur en Suisse de 1617 à 1627,
intendant du Languedoc.
Mort le 13 août 1641,
eut un fils.

Robert Miron,
maître des requêtes.
Assassiné le 4 juillet 1652,
en sortant de l'Hôtel de Ville.

François Miron, succéda, en 1604, à Martin de Bragelongne dans la charge de prévôt des marchands de Paris. Il rendit à la ville, dont il fut le premier magistrat, les plus grands services. « Sous sa prévôté, dit Mezeray, plusieurs rues furent élar-
« gies (celles de la Vieille Draperie, du Ponceau et de la Mortellerie), plusieurs autres
« furent pavées de nouveau et accommodées en pente pour l'écoulement des eaux ;
« huit ou neuf places (entr'autre celles du Palais de justice, du Ponceau, des Halles,
« de la Seine, des Filles-Dieu), furent ornées de fontaines jaillissantes ; la rivière fut
« bordée de quais et de ports, avec des abreuvoirs; plusieurs petits ponts furent
« établis sur les ruisseaux et égouts ; une nouvelle porte fut bâtie à la Tournelle et
« celle du Temple fut refaite et ouverte, après avoir été bouchée pendant quarante
« ans ».

A ces travaux, il faut ajouter la façade de l'Hôtel de Ville, « laquelle semblait
« être demeurée imparfaite depuis soixante-douze ans », et dont les travaux purent être continués grâce à la générosité de François Miron, qui y affecta les revenus de sa charge.

Ce prévôt doubla, en outre, la quantité d'eau dont Paris était pourvu jusqu'alors, dota la ville de la première machine à faire monter l'eau, en construisant la maison de la Samaritaine, attenant au Pont-Neuf, et le pavillon qui se trouve actuellement à l'angle des rues Saint-Honoré et de l'Arbre-Sec. Enfin, il obtint de Henri IV, en 1605, la réduction des rentes constituées sur l'Hôtel de Ville.

François Miron, qui appartient à l'histoire, eut dans sa vie privée quelques aventures qui firent de son temps d'autant plus de bruit qu'elles eurent lieu pendant qu'il était lieutenant civil. En décembre 1598, en revenant d'un souper, il fut assailli par des malfaiteurs qui le renvoyèrent chez lui en simple pourpoint et lui enlevèrent son manteau et sa casaque de Damas.

En 1602, François Miron invita le prince de Condé à un bal qu'il donna chez lui, auquel assistaient de nombreuses dames galantes, et où de jeunes seigneurs devaient danser le ballet des sept fols et des sept sages ; mais cette fête fut troublée par l'arrivée inattendue des gentilshommes de Vitry et de Créqui, qui entrèrent chez le lieutenant civil l'épée à la main, et mirent le feu à la porte d'entrée. Ce scandale fut jugé sévèrement par le roi lui-même, François Miron ne fut pas heureux en ménage ; sa femme tenta de l'empoisonner, et fut emprisonnée pour ce fait.

François Miron n'en reste pas moins une grande figure dans l'histoire de la municipalité parisienne.

Henri IV, lui-même, l'appréciait tellement que lorsque ce prévôt fut remplacé en 1606, par Jacques Sanguin, le roi en recevant ce dernier après son élection, lui adressa les paroles suivantes : « Je vous dirai entre autres choses pour vous exhorter à votre devoir, sinon que vous suiviez le lieutenant Miron, qui vous a devancé ; car ma ville de Paris, sous sa prévosté, a été beaucoup embellie de bâtiments pour les commodités publiques ».

Pour honorer sa mémoire, il fut décidé par un décret du 28 octobre 1865, que son nom serait donné à la rue du quatrième arrondissement, qui commence à la place Saint-Gervais et se termine à la rue de Rivoli.

Les armoiries de François Miron, comme magistrat de Paris, (jeton de l'échevinage), étaient : « *Un écu aux armes de la ville, dans une couronne formée de deux* « *branches de laurier* », avec les mots : « *de-la-Prévosté-de-M^{re}-FR.-Miron-1606* ». Au revers : « *Vue de Paris représentant la pointe occidentale de l'Ile du Palais, dénuée de* « *constructions, les ponts au Change et Saint-Michel, les tours du palais, Notre-Dame,* « *Saint-Séverin. Au-dessus se trouve un soleil rayonnant rempli de trois fleurs de lys,* « *entouré de nuages semés également de lys* », avec les mots « *R. marmoream-relinquet* », à l'exergue : « *Lutetia-1606* ».

François Miron fut inhumé dans le chœur de l'église Sainte-Marine le 12 mars 1609. Cette église située derrière la cathédrale de Notre-Dame de Paris, était la paroisse de l'Evêché ; elle fut vendue le 12 mars 1792 et convertie en bâtiments profanes.

En 1866, il restait encore quelques vestiges de cette église qui furent démolis à cette époque ; on y trouva le sarcophage de François Miron.

JACQUES SANGUIN

PRÉVÔT DES MARCHANDS

Jacques Sanguin, seigneur de Livry, fut nommé conseiller de ville en 1581, et conseiller au parlement de Paris, en 1582. Il fut élu prévôt des marchands en 1606, en remplacement de François Miron, sous le règne de Henri IV, et conserva ce poste jusqu'en 1612. Pendant sa prévôté, Jacques Sanguin fit continuer avec activité les travaux de l'Hôtel de Ville, et termina la façade de cet édifice, sur lequel il fit élever le campanile ; il s'attacha à améliorer la salubrité et la circulation de la ville ; il ouvrit la rue Dauphine en 1607 et entreprit les premiers travaux de l'hôpital Saint-Louis la même année. La première pierre du portail de l'église Saint-Etienne-du-Mont fut posée le 2 août 1620, et celle des bâtiments du collège de France le 28 du même mois, la première en présence de Marguerite de Valois et des magistrats de la ville, la seconde par le Roi lui-même.

Après l'assassinat de Henri IV, la reine mère Marie de Médicis, régente de France, craignant les troubles qui pouvaient résulter de cet événement, adressa à l'Hôtel de Ville des lettres missives pour que le Prévôt des marchands Jacques Sanguin et ses échevins alors en fonctions conservassent leurs fonctions.

Il existe au musée Carnavalet une toile représentant :

Jacques Sanguin, Prévôt des marchands ;

J. Lambert, J. Perrot, J. Delanoue, J. Thevénot, échevins ;

Pierre Perrot, procureur.

Et Nicolas Courtin, greffier.

Au-dessous de ce tableau sont inscrits les mots : *Ex-voto de la ville à l'occasion de la naissance de Gaston d'Orléans, second fils du roi Henri IV, 1608*.

Les armoiries de Jacques Sanguin, comme magistrat de Paris, (jeton de l'échevinage), étaient : « *un écu aux armes de Paris dans une couronne de laurier* » avec les mots : « *De la Prevosté-de-Mre-Jacques-Sanguin, 1607* ». Au revers : *Aigle avec* « *son aiglon* », avec les mots : « *Miratur natura duos* », à l'exergue : « *1607* ».

L'Hôtel de Ville de Paris

sous

le règne de Louis XIII

Louis XIII, né le 27 septembre 1601, fils de Henri IV, roi de France, le 14 mai 1610, marié en 1615 à Anne d'Autriche, mort le 14 mai 1643.

Régna du 14 mai 1610 au 14 mai 1643.
(Régence de Marie de Médicis en 1610.)

Liste des Prévôts des marchands et Échevins
SOUS LE RÈGNE DE LOUIS XIII
(De 1610 à 1643)

PRÉVÔTS DES MARCHANDS	ÉCHEVINS	
	Jean Lambert, bourgeois de Paris,	1608
	Jean Thévenot, conseiller au Châtelet,	—
Jacques Sanguin, Seigneur de Livry, conseiller au parlement, de 1606 à 1612.	Jean de Lanoue, avocat au Parlement,	1609
	Jean Perrot, seigneur de Chermend,	—
	Nicolas Poussepin, seigneur de Belais, conseiller au Châtelet,	1611
	Jean Fontaine, maître juré, charpentier du Roi,	—
	Pierre Desprez, avocat au Parlement,	1612
Gaston de Grieu, Seigneur de Saint-Aubin, conseiller au Parlement, du 16 août 1612 à 1614.	Claude Merault, seigneur de la Fossée, conseiller du Roi et auditeur aux comptes,	—
	Israël Desneux, grenetier au grenier à sel de Paris,	1613
	Pierre Clapisson, conseiller au Châtelet,	—
Robert Miron, Seigneur du Tremblay, conseiller d'Etat, et président aux enquêtes du palais, de 1614 à 1616.	Jacques Huot, secrétaire du Roi et quartenier,	1614
	Guy Pasquier, seigneur de Bucy, conseiller du Roi, auditeur des comptes,	—
	Jacques le Bret, conseiller au Châtelet,	1615
	François Frezon, marchand, bourgeois de Paris,	—
Antoine Bouchet, Seigneur de Bouville, conseiller au Parlement, de 1616 à 1618.	Nicolas de Paris, bourgeois de Paris,	1616
	Philippe Pietre, avocat au Parlement,	—
	Pierre Duplessis, seigneur de la Saussaye, conseiller au Châtelet,	1617
	Jacques de Creil, bourgeois de Paris,	—

PRÉVÔTS DES MARCHANDS	ÉCHEVINS	
	Jacques de Loynes, substitut du procureur général au parlement,	1618
	Claude Gonyer, bourgeois de Paris,	—
	Louis Damours, conseiller au Châtelet,	1619
Henri de Mesmes, Seigneur d'Orval, conseiller d'Etat et lieutenant civil, de 1618 à 1622.	Pierre Buisson, bourgeois de Paris,	—
	Guillaume Lamy, seigneur de Villiers-Adam, contrôleur de la chancellerie, du 17 août,	1620
	Pierre Goujon, bourgeois de Paris,	—
	Jean Le Prestre, auditeur aux comptes,	1621
	Robert Danès, secrétaire du Roi,	—
	Louis de Montrouge, vendeur de marée,	1622
	Louis Daviau, avocat, cons. au Parlement,	—
	Prosper de la Motte, conseiller au Châtelet,	1623
	Pierre Perrier, march. et bourg. de Paris,	—
	Charles Dolet, avocat au Parlement,	1624
Nicolas de Bailleul, Conseiller d'Etat et lieutenant civil, seigneur de Watrelos-sur-Mer et de Choisy-sur-Seine, de 1622 à 1628.	Simon Marcez, march. et bourg. de Paris,	—
	André Langlois, march.et bourg.de Paris,	1625
	Jean-Baptiste Hautin, conseiller au Châtelet,	—
	Pierre Parfait, marchand et bourgeois de Paris,	1626
	Denis Maillet, avocat au Parlement,	—
	Augustin Le Roux, conseiller au Châtelet,	1627
	Nicolas de Laistre, marchand et bourgeois de Paris,	—
	Etienne Heurlot, bourgeois de Paris,	1628
	Léonard Renard, conseiller du Roi et son procureur au trésor,	—
	Pamphile de Lacourt, marchand, bourgeois de Paris,	1629
Christophe Sanguin, Seigneur de Livry, conseiller d'Etat, président des comptes, de 1628 à 1632.	Antoine de Paris, procureur à la Chambre des comptes,	—
	Jean Pepin, conseiller au Châtelet,	1630
	Jean Tronchet, marchand, bourgeois de Paris, mort le 16 juin 1631,	—
	Philippe le Gangneux, quartenier,	1631
	Nicolas de Poix, marchand, bourgeois de Paris,	—
	Letourneau, conseiller de la ville,	—

PRÉVÔTS DES MARCHANDS	ÉCHEVINS	
	Hilaire Marcez, conseiller au Châtelet,	1632
	Jean Bazin, seigneur de Champuisson, conseiller de ville,	—
	Jean Garnier, bourgeois de Paris,	1633
	Jacques Doujat conseiller et secrétaire du Roi,	—
	Nicolas de Creil, marchand, bourgeois de Paris,	1634
Michel Moreau. Conseiller d'Etat et lieutenant civil, mort en octobre 1637, de 1632 à 1637.	Jean Toncquoy, avocat au Parlement et maître des requêtes de la Reine,	
	Joseph Charlot, seigneur de Princé, conseiller au Châtelet,	1635
	Jean de Bourges, bourgeois de Paris,	—
	Etienne Geoffroy, bourgeois de Paris,	1636
	Claude de Bruissay (ou de Baussay), conseiller du roi et auditeur aux comptes,	—
	Germain Piètre conseiller au Châtelet,	1637
	Jacques Tartarin, marc. et bourg. de Paris,	—
Oudart le Féron, Seigneur d'Orville et de Louvre en Parisis, président aux enquêtes (décédé le 25 février 1641), du 26 octobre 1637 au 25 février 1641.	Claude Galland, auditeur des comptes,	1638
	Claude Boué, marchand et bourgeois de Paris,	—
	Pierre de la Tour, conseiller et secrétaire du Roi,	1639
Perrot, Seigneur de la Malle-Maison, conseiller du Roi, décédé le 2 avril 1641, du 25 février 1641 au 2 avril 1641.	Jean Chuppin, bourgeois de Paris et conseiller de la ville,	
	Pierre Eustache, marchand, bourgeois de Paris,	1640
	Charles Coeffier, commissaire au Châtelet,	—
	Sébastien Cramoisy, imprimeur ordinaire du Roi,	1641
	Jacques de Mouhers, bourgeois de Paris,	—
Macé le Boulanger, Président aux enquêtes du parlement, du 22 avril 1641 à 1644.	Remy Tronchot, receveur général des tailles, conseiller de la ville,	1642
	Guillaume Baillon, marchand, bourgeois de Paris,	—
	Claude de Bourges, payeur du bureau des trésoriers de France à Orléans,	1643
	Adrien de Vinx, marchand, bourgeois de Paris,	—

Maintien des prévôt et échevins de la ville de Paris par la régente Marie de Médicis

APRÈS L'ASSASSINAT DU ROI HENRI IV (14 MAI 1610)

(16 AOUT 1610)

A reine Marie de Médicis, deuxième femme de Henri IV, avait été sacrée reine à Saint-Denis le 13 mai 1610, et devait faire son entrée triomphale à Paris le 16 du même mois. Le 14 mai au matin, Henri IV, s'entretenant avec le duc de Guise, lui dit qu'il avait le pressentiment qu'il mourrait sous peu. Il se décida, après quelque hésitation, à sortir le même jour dans l'après-midi pour se rendre à l'Arsenal, renvoya son capitaine des gardes, M. de Praslin, et ne voulut se faire accompagner que par quelques gentilhommes. Le Roi monta en carrosse, se plaça au fond, ayant à sa droite le duc d'Epernon. A la portière se tenaient, d'un côté, MM. de Montbazon et de La Force, de l'autre côté, le maréchal de Lavardin et M. de Créqui. Arrivé à la rue de la Ferronnerie, l'équipage royal fut arrêté devant la Salamandre, par un embarras de voitures. A ce moment, un halluciné, du nom de Ravaillac, monta sur le marchepied, plongea deux coups de poignard dans la poitrine du roi, au moment où, se tournant vers le duc d'Epernon, Henri IV lui parlait à voix basse à l'oreille. Le coup était mortel et le roi rendit le dernier soupir au moment où on le transportait dans ses appartements du Louvre.

La mort de Henri IV changea la face des affaires du royaume ; son fils n'était âgé que de neuf ans et la reine Marie de Médicis fut nommée régente. Elle forma deux conseils ; l'un apparent, composé des princes du sang, de d'Epernon, Guise, Mayenne et les ministres ; l'autre secret, dans lequel se trouvaient le nonce du pape, l'ambassadeur d'Espagne, Dolé, le père Cotton, le médecin Duret et le Florentin Concini, dit maréchal d'Ancre, dont la femme Eléonore Galigai avait été la sœur de lait de Marie de Médicis.

Tous les projets formés par Henri IV tombaient d'eux-mêmes, les princes s'apprêtaient à se révolter, et la guerre civile était à craindre.

Les élections des magistrats de Paris devaient avoir lieu le 16 août 1610 pour le remplacement du Prévôt des marchands et de deux échevins.

Pour prévenir tout trouble, et par mesure de prudence, la régente envoya ses ordres à la ville afin que Jacques Sanguin, seigneur de Livry, qui était alors Prévôt des marchands, fût maintenu pour deux ans dans sa charge, et que les échevins Lambert et Thevenot fussent conservés dans la leur pour une année.

En conséquence, il n'y eut pas d'élection de magistrats de Paris en 1610.

L'Hôtel de Ville de Paris sous Louis XIII

(1618-1628)

'HOTEL de Ville de Paris, d'après le plan primitif attribué à Dominique de Cortonne, comprenait un corps de bâtiment central formant façade au couchant, flanqué de deux pavillons carrés, et de constructions intérieures entourant une tour triangulaire décorée de portiques. Le corps de logis central de la façade se composait d'un rez-de-chaussée et d'un étage supérieur ; les deux pavillons avaient un second étage.

Pour terminer complètement les travaux, une adjudication eut lieu en septembre 1618, en vue de l'édification d'un corps de logis donnant sur la cour à gauche derrière le pavillon du Saint-Esprit, et des arcades qui devaient le soutenir. Ces derniers travaux, dont le devis fut présenté par Augustin Guillain, successeur de Pierre Guillain, furent adjugés à l'architecte Marin de La Vallée au prix de quinze mille six cents livres tournois. Ils ne furent achevés qu'en 1628, ainsi que le prouvait l'inscription suivante placée sur le plafond du portique, à l'angle gauche de la cour :

« Hanc. œdificiorum. molem.
« multis. iam. annis. inchoatam.
« Et. affectam. Marinus. de. la.
« Vallée. Architectus. Parisin^9.
« Suscepit. An. 1606. Et. ad. ulti.
« mam. usque. Periodum. Fœlici.
« ter. Perduxit. an. sal. 1628 ». (1)

(Marin de la Vallée, architecte parisien, a entrepris, l'année 1606, ce grand édifice resté longtemps inachevé et imparfait, et l'a heureusement terminé l'an du salut 1628).

(1) Le Roux de Lincy, *Histoire de l'Hôtel de Ville de Paris 1846*, page 31.

Façade de l'Hôtel de Ville de Paris sous le règne de Louis XIII (1628).

Bal masqué donné à l'Hôtel de Ville de Paris sous Louis XIII

(24 février 1626)

Par ordre du roi Louis XIII, un ballet fut donné à l'Hôtel de Ville de Paris, le Mardi gras 24 février 1626, sous la direction de Franchine. Le capitaine des gardes du roi, du Hallier et le duc de Montbazon firent placer les dames et les seigneurs invités. Les violons jouèrent toute la nuit. Le roi et ses masques arrivèrent vers quatre heures du matin, et le ballet commença à cinq heures.

Louis XIII dansa avec onze princes ou seigneurs, Monsieur, le comte de Soissons, le grand prieur, les ducs de Longueville et d'Elbeuf, les comtes d'Harcourt et de la Roche-Guyon, les sieurs de Liancourt et de Baradas, le comte de Cramail et le chevalier de Louvray.

Le ballet dura trois heures, après quoi on se démasqua et l'on dansa des branles. Le roi prit la première présidente (femme de Nicolas de Verdun), Monsieur prit la dame de Bailleul, femme du Prévôt des marchands Nicolas de Bailleul, le comte de Soissons en prit une autre, etc.

Ensuite on se mit à table, le festin se composa de poissons. Le roi but à la ville, au Prévôt des marchands et aux échevins qui burent eux-mêmes à la santé du Roi.

Louis XIII se retira à neuf heures du matin au bruit du canon de la ville et aux acclamations redoublées de « Vive le Roi ».

Le 16 février de l'année suivante, il y eut un autre ballet à l'Hôtel de Ville de Paris.

Entrée de Louis XIII à Paris à son retour du siège de la Rochelle

(23 décembre 1628)

A ville de La Rochelle, qui fut le boulevard du calvinisme pendant les guerres de religion, était en 1628, soutenue par la protestante Angleterre. Richelieu dont la puissance portait ombrage au duc de Buckingham, résolut de mettre le siège devant la ville rebelle. Louis XIII accompagna au mois de mars 1628 son cardinal ministre dans cette expédition, assista à l'attaque de la ville, qui, abandonnée bientôt par la flotte anglaise venue à son secours, se soumit le 28 octobre de la même année. Le roi y fit son entrée le 1er novembre et revint ensuite à Paris. Il se rendit d'abord à Saint-Germain, où il séjourna jusqu'au 23 décembre jour fixé pour sa rentrée solennelle dans la capitale.

Louis XIII partit de Saint-Germain pour Montrouge, où il dîna et se mit en marche vers Paris. Les archers de la ville à cheval, les conseillers de ville, les quarteniers, cinquanteniers, dizeniers et bourgeois, également à cheval et en housse, au nombre de douze cents environ, s'assemblèrent sur la place de Grève.

Le duc de Montbazon, Hercule de Rohan, grand veneur de France, fils de Louis VI de Rohan, prince de Guéméné, gouverneur de Paris et de l'île de France, vint à l'Hôtel de Ville pour se joindre aux magistrats de Paris et aller avec eux au-devant du roi. Le corps de ville, revêtu du costume officiel de l'époque, se trouvait composé à cette cérémonie ainsi qu'il suit :

Le Prévôt des marchands, Christophe Sanguin, seigneur de Livry ;

Les échevins : Augustin Le Roux, Nicolas de Laistre, Etienne Heurlot et Léonard Renard ;

Les conseillers : Le Féron, Barillon, Berthelémyn, de Bragelonne, Sainctot, Perrot, Fournier, Langlois, Delacourt, Tranchot, Baussay, Jean Bazin ;

Le greffier : François Clément ;

Le procureur : Gabriel Payen ;

Et le receveur : Claude Le Ragois.

Venaient ensuite les officiers municipaux subalternes et les bourgeois.

Le cortège s'achemina vers la porte Saint-Marcel, par laquelle Louis XIII devait entrer dans sa bonne ville de Paris.

Lorsque le roi arriva au lieu dit le Château d'Eau, où une salle avait été préparée pour le recevoir, il fut harangué par le Prévôt des marchands et les échevins.

Un tableau d'Abraham Bosse, dont une reproduction est ci-annexée, représente les magistrats de la ville au moment où ils se trouvèrent devant le roi dans la salle du Château d'Eau.

Entrée de Louis XIII a Paris, après le siège de La Rochelle
(23 décembre 1628)

(LE CORPS MUNICIPAL HARANGUANT LE ROI).

GASTON DE GRIEU

PRÉVÔT DES MARCHANDS

Gaston de Grieu, seigneur de Saint-Aubin, Vincelles, Buré, etc., fut nommé conseiller au parlement de Paris le 3 septembre 1577, et conseiller de ville en 1601. Il fut en outre chancelier de la reine Marguerite de Valois, première femme de Henri IV. Il défendit en 1605, dans un discours qu'il adressa à ce roi, les intérêts des propriétaires de rentes sur l'Hôtel de Ville. Il fut nommé Prévôt des marchands de Paris en 1612, en remplacement de Jacques Sanguin, sous le règne de Louis XIII, et occupa ce poste jusqu'en 1614. Les travaux de l'aqueduc d'Arcueil furent commencés sous la prévôté de Gaston de Grieu, ainsi que ceux du regard de Rungis dont la première pierre fut posée par Louis XIII, le 17 juillet 1613.

Les armoiries de Gaston de Grieu, comme magistrat de Paris, (jeton de l'échevinage), étaient « *un écu aux armes de Paris*, portant une première légende concen-
« trique : *De la prevoste de Mr Gaston de Grieu*; entourée d'une seconde également
« concentrique : *Altis circumdata Fertur* ». Au revers : « *Paysage au milieu duquel se
« trouve une aigle couronnée, s'essorant et regardant le soleil* ». Avec l'inscription : « *Patrios
« sequitur ausus* ». A l'exergue : « *1613* ».

NICOLAS POUSSEPIN

ÉCHEVIN

Nicolas Poussepin, seigneur de Belair, conseiller au Châtelet, fut échevin de 1611 à 1613, sous les prévôtés de Jacques Sanguin et de Gaston de Grieu, et sous le règne de Louis XIII. Ses armoiries comme magistrat de Paris, (jeton de l'échevinage) étaient :
« *un écu armorié, surmonté d'un casque de profil, garni de ses lambrequins. D'azur, à la fasce
« en devise haussée d'argent, accompagnée en chef de trois étoiles rangées et en pointe d'un
« lion passant, le tout d'or* ». Avec les mots : « *N. Poussepin-c. du-Roy s^r de Belaïr P^r
« Eschevin de P* ». Au revers : « *Paysage au milieu duquel se trouve une aigle couronnée,
« s'essorant et regardant le soleil* ». Avec les mots : « *Patrios sequitur ausus* ». A l'exergue : « *1613* ».

ROBERT MIRON

PRÉVÔT DES MARCHANDS

Robert Miron, seigneur du Tremblay, né en 1569, frère cadet de François Miron, prévôt des marchands sous le règne précédent, fut nommé conseiller au parlement de Paris le 13 octobre 1595, puis président aux enquêtes et conseiller d'Etat. Il fut élu prévôt des marchands en 1614, en remplacement de Gaston de Grieu, et conserva ce poste jusqu'en 1616 ; il fut ensuite désigné en 1617 pour aller remplir la charge d'ambassadeur en Suisse et y resta jusqu'en 1627. Deux ans après, il fut nommé intendant de police, justice et finances dans la province du Languedoc et mourut le 13 août 1641 à l'âge de 72 ans.

Ses armoiries comme magistrat de Paris, (jeton de l'échevinage), représentaient : « *un écu aux armes de la ville, dans une couronne formée de deux branches de laurier* » avec les mots : « *De la P. D. March. D. Mre-R. Miron. Présid. 1615* ». Au revers : « *Le « roi armé, la tête nue, monté sur un cheval galopant à gauche et foulant aux pieds des « armes offensives et défensives. — Une colombe lui apporte dans son bec une branche de « laurier* ». Avec les mots : « *Divina palladis arte* ». A l'exergue : « *Adventus Aug. E. « Brit 1615* ».

Ce fut sous la prévôté de Robert Miron que fut érigée sur le Pont-Neuf la statue équestre de Henri IV ; cette cérémonie eut lieu le 23 août 1614. L'année suivante furent commencés les travaux de construction du palais Médicis aujourd'hui le Luxembourg. Enfin le roi posa le 24 juillet 1616, la première pierre du portail de l'église Saint-Gervais.

Robert Miron, qui fut une des grandes figures du seizième siècle, était aussi un grand orateur. Il fut président des députés du Tiers-Etat aux Etats Généraux de 1614, où il se fit remarquer par son éloquence et le rôle important qu'il y joua.

Bien que le résultat des Etats Généraux de 1614 ait été à peu près nul au point de vue de la réalisation des réformes demandées par Robert Miron, il est utile de rappeler ici dans quelles conditions ils furent rassemblés, ainsi que les intrigues qui s'y passèrent, afin de déterminer les difficultés rencontrées par le Tiers-Etat à la tête duquel se trouvait le prévôt des marchands de Paris, et de faire connaître la prudence et l'énergie dont fit preuve Robert Miron.

Lorsque Louis, fils de Henri IV, devint majeur le 2 octobre 1614, la régence de Marie de Médicis cessa et ce prince prit possession du pouvoir. Les Etats Généraux que la reine, en désaccord avec le prince de Condé et le maréchal de Bouillon, avait eu l'intention de réunir à Sens, ne purent avoir lieu. Louis XIII résolut de les convoquer à Paris ; il fit publier le 13 octobre 1614 à son de trompe, que les députés arrivés à Paris eussent à se réunir, le clergé aux Augustins, la noblesse aux Cordeliers et le Tiers-Etat à l'Hôtel de Ville. Mais sur la demande de la noblesse et du Tiers-Etat, les trois ordres s'assemblèrent aux Augustins le 26 octobre 1614.

Les députés du clergé étaient au nombre de cent quarante, présidés par Henri de Gondy, évêque de Paris; ceux de la noblesse au nombre de cent cinquante-deux, présidés par Henri de Vaudetar, chevalier, baron de Persey, conseiller du roi, et ceux du Tiers-Etat au nombre de cent quatre-vingt-un, présidés par Robert Miron, prévôt des marchands de Paris. Parmi ces derniers étaient en outre Israël Desneux, grenetier au grenier au sel, sieur de Mézières, échevin; Pierre Clapisson, conseiller au Châtelet, échevin; Pierre Sainctot, seigneur de Vemars, conseiller de la ville; Jean Perrot, seigneur de Chesnard, conseiller de la ville, et Nicolas de Paris, bourgeois.

Le clergé et la noblesse proposèrent d'abord des réformes inacceptables par le Tiers-Etat, contre lequel la cour se mettait toujours en garde. La première chose que demanda la noblesse fut l'abolition de la paulette, coutume qui avait pour objet de rendre la charge de l'officier héréditaire, moyennant finances. Or, le Tiers-Etat qui était composé d'officiers et de magistrats de cette espèce, proposa en retour la diminution des tailles et l'abolition des pensions. D'autres contestations eurent lieu à propos des facultés de l'Université, dont le clergé et la noblesse demandèrent la réforme, ainsi que l'accomplissement du mariage de Louis XIII avec l'infante d'Espagne, et celui de madame Elisabeth de France, sœur du roi, avec le prince d'Espagne (Philippe IV).

Enfin les trois ordres sollicitèrent du roi l'établissement d'une chambre composée de députés pris dans les Etats, afin de rechercher les malversations commises dans les finances. Marie de Médicis, ainsi visée personnellement, résolut de rompre l'union des trois ordres en soulevant la question de la puissance souveraine du roi et de la sûreté de sa personne, question brûlante qui tendait à provoquer un schisme dans l'Eglise et qui fut repoussée par le clergé, comme étant pernicieuse pour la religion. Mais le parlement rendit un arrêt en vertu duquel le roi ne devait reconnaître aucun supérieur au temporel dans son royaume, maxime considérée comme loi fondamentale de la monarchie. Le clergé s'en plaignit, adressa de son côté une proposition concernant la sûreté et la vie des princes et retira l'article du Tiers-Etat et celui relatif à la paulette.

De là désaccord et division entre les ordres. Le roi demanda qu'on lui remît les cahiers concernant les diverses propositions, afin de les examiner. L'évêque de Luçon présenta à Louis XIII, le cahier du clergé le 23 février, dernier jour de réunion des Etats généraux. Ce prélat prononça une harangue, dans laquelle il proposa la suppression de l'hérédité et de la vénalité des charges, le retranchement des dépenses excessives résultant des pensions accordées sans nécessité, la restitution des biens de l'Eglise dépossédée par les Huguenots, la part à donner aux ecclésiastiques dans les affaires de l'Etat, etc., etc.

Le président de Senecey, au nom de la noblesse, suivit dans son discours les impressions du clergé, demanda le rétablissement de la religion romaine dans le Béarn, la défense absolue aux cours souveraines de prendre connaissance de ce qui concerne l'autorité des papes, conformément aux indications du concile de Trente, la réforme des universités, etc.

Robert Miron prit ensuite la parole. Conformément à l'obligation singulière imposée au Tiers-Etat, lorsqu'un de ses membres s'adressait au roi, il se mit à genoux (1). Sa parole fut pleine de dignité et d'éloquence. Il toucha mieux que les deux autres orateurs, les véritables causes des désordres et proposa les remèdes les plus efficaces pour les faire cesser. Il s'éleva contre les excès de la noblesse et des gens de robe et recommanda au roi, dans un langage plein d'énergie et de persuasion, le rétablissement de la police et du commerce, la bonne administration dans les finances, l'abolition des pensions accordées sans nécessité, le soulagement du peuple et la diminution des tailles.

Les députés furent mandés au Louvre le 24 mars ; on leur fit connaître que le roi n'avait pas eu le temps d'étudier un si grand nombre d'articles et on les engagea purement et simplement à retourner dans leurs provinces.

Tel fut le regrettable résultat des Etats Généraux de 1614, qui venaient de se réunir pour la dernière fois.

ANTOINE BOUCHET

PRÉVÔT DES MARCHANDS

Antoine Bouchet, seigneur de Bouville, fut nommé conseiller au Parlement de Paris le 14 décembre 1583 ; il fut élu prévôt des marchands de Paris en 1616, en remplacement de Robert Miron, et conserva ce poste jusqu'en 1618. La construction de la cheminée monumentale de la salle du trône de l'ancien Hôtel de Ville fut exécutée pendant sa prévôté, ainsi que celle du pont Saint-Michel, qui avait été détruit le 30 janvier 1616.

Ses armoiries, comme magistrat de la ville, (jeton de l'échevinage), représentaient : « *un écu aux armes de Paris avec les deux légendes concentriques suivantes :* « *1° De la Prevoste D. M. Anthoine Bouchet ; 2° Secundi spirent zephyri* ». Au revers : « *Le Roi armé, à l'exception de la tête, poursuit, l'épée haute, un groupe de fuyards ; le* « *cheval, sur lequel il est monté, est bardé et foule aux pieds des armes diverses* ». Avec les « mots : « *Tela flammaque recedunt* ». A l'exergue : « *1617* ».

(1) Cette coutume qui paraîtrait humiliante à notre siècle, existait depuis un temps immémorial.

HENRI DE MESMES

PRÉVÔT DES MARCHANDS

HENRI DE MESMES
Seig.r de Roiſſi President au Mortier.
Mort en 1650.
Prévôt des marchands 1618-1622

Henri de Mesmes, seigneur de Roissy et d'Irval, issu d'une famille illustre du Béarn, dont plusieurs membres furent ambassadeurs, fut nommé conseiller au parlement de Paris en 1608, remplit les fonctions de lieutenant civil au Châtelet de 1613 à 1621, et devint conseiller d'Etat. Il fut député aux Etats Généraux de Paris en 1614 et à l'assemblée des notables de Rouen, en 1617. Il fut nommé président à mortier en 1621. Il fut élu prévôt des marchands en 1618, en remplacement d'Antoine Bouchet; et fut réélu en 1620. Il conserva ce poste jusqu'en 1622. Il mourut en 1650.

Ses armoiries, comme magistrat de Paris, (jeton de l'échevinage), représentaient : « *un écu aux armes de Paris avec les deux légendes concentriques suivantes : 1°* « *De la Prevoste de Mre H. de Mesmes Lieut. civil* ; *2° Jonium-OEgœumque seco* ». Au revers : « *Couronne royale remplie d'étoiles, au milieu d'un cercle de nuages* ». Avec les mots : *Regalibus Ibo per altum auspiciis* ». A l'exergue : « *1619* ».

LOUIS DAMOURS

ECHEVIN

Louis Damours, conseiller au Châtelet, fut élu échevin en 1619 sous la première prévôté de Henri de Mesmes et sous le règne de Louis XIII ; il remplit ces fonctions jusqu'en 1621.

Ses armoiries, comme magistrat de Paris, (jeton de l'échevinage), représentaient : « *un écu aux armes de la ville, dans une couronne de deux branches de laurier* ». Au revers : « *un écu, surmonté d'un casque de profil avec ses lambrequins. D'argent, au* « *sanglier de sable, soutenu de trois clous, et accompagné en chef d'un lambel à trois pen-* « *dants de même* ». Avec les mots : « *Et-de-L. Eschevin-D.-M. Lo-Damours. C. D. R. A V.* « *cha. D. PAR. 1620* ».

GUILLAUME LAMY
ÉCHEVIN

Guillaume Lamy, seigneur de Villiers-Adam, remplit les fonctions de contrôleur à la chancellerie de Paris du 14 juillet 1598 au 4 juillet 1641 ; il fut élu échevin le 17 août 1620 sous la seconde prévôté de Henri de Mesmes, et sous le règne de Louis XIII, et conserva ce poste jusqu'au 16 août 1622.

Ses armoiries, comme magistrat de Paris, (jeton de l'échevinage), représentaient : « *un écu armorié, surmonté d'un casque de profil orné de lambrequins. D'azur, à* « *la fasce accompagnée en chef d'un pélican avec sa pitié, et en pointe de deux gerbes, le* « *tout d'or* ». Avec les mots : « *G. Lamy. C. SE^{re} D. R. et. D. S. Finances-et-Coeur De-* « *la-chan* ». Au revers : « *Ecu armorié aux armes de la ville* ».

PIERRE GOUJON
ÉCHEVIN

Pierre Goujon était marchand de vin ; il fut nommé consul le 31 juillet 1617, fut élu échevin en 1620, sous la seconde prévôté de Henri de Mesmes, et exerça cette dernière charge jusqu'en 1622. Il fut nommé juge le 1er février 1633.

Ses armoiries, comme magistrat de Paris, (jeton de l'échevinage), représentaient : « *un écu armorié dans une couronne de laurier, d'azur aux chevrons d'or accompagné en* « *chef de deux merlettes d'argent et en pointe d'un goujon de même ; au chef cousu de* « *gueules, chargé d'une grappe de raisin d'argent, cotoyée de deux étoiles d'or* », avec ces mots : « *Regi Nec Diviti Maledixeris* », au revers : « *Ecu armorié aux armes de la ville* ».

JEAN LE PRESTRE
ÉCHEVIN

Jean Le Prestre fut reçu auditeur des comptes le 19 novembre 1594 ; il fut nommé échevin en 1621, sous la prévôté de Henri de Mesmes, et sous le règne de Louis XIII, et exerça ces fonctions jusqu'en 1623.

Ses armoiries, comme magistrat de Paris, (jeton de l'échevinage), représentaient : « *un ecu armorié, surmonté d'un casque de profil garni de ses lambrequins. D'azur, au chevron accompagné en chef de deux besants, et en pointe d'une couronne, le tout d'or* », avec les mots : « *IEH Le Prestre C^{er} D. Roy AVD^r D. comptes Eschevin* ». Au revers : « *écu armorié, entouré d'une cordelière et surmonté de la date 1621 Parti de Le Preste et d'Alesso, qui est d'azur au sautoir d'or, cantonné de quatre limaçons de même* ». Avec ces mots : « *Mag. Dalesso Fille D. Mr Dal. Sr Desragny Me D. Coptes* ».

NICOLAS DE BAILLEUL

PRÉVÔT DES MARCHANDS

Prévôt des marchands 1622-1628

Nicolas de Bailleul, marquis de Château-Gonthier, seigneur de Valletot-sur-la-Mer, de Soisy-sur-Seine et d'Etiolles, fut nommé conseiller au parlement de Paris, le 30 mai 1608, maître des requêtes le 19 mars 1616, et président au Grand conseil en 1621, ambassadeur en Savoie, lieutenant civil à Paris et conseiller d'Etat. Il fut élu Prévôt des marchands de Paris en 1622, en remplacement de Henri de Mesmes et sous le règne de Louis XIII, fut réélu en 1624 et en 1626, et conserva ce poste jusqu'en 1628. Nicolas de Bailleul devint président à mortier au parlement de Paris le 25 septembre 1627, et chancelier de la reine Anne d'Autriche. Il fut nommé le 10 juin 1643 surintendant des finances et occupa ce poste jusqu'au 17 juillet 1647. Il mourut le 20 août 1662.

De nombreux travaux furent exécutés à Paris sous la prévôté de Nicolas de Bailleul. Le quai du Louvre fut élargi, l'aqueduc d'Arcueil fut terminé, et un grand nombre de fontaines publiques (Saint-Benoît, Saint-Séverin, Saint-Cosme, place Maubert), furent établies. Il fut, en outre, décidé en 1626 qu'il serait créé un jardin des plantes ; enfin, le 7 mars 1627, le roi Louis XIII posa la première pierre de la superbe église de Saint-Paul-Saint-Louis, située rue St-Antoine.

Les armoiries de Nicolas de Bailleul, comme magistrat de la ville (jeton de l'échevinage), représentaient : « *un écu aux armes de Paris, dans une couronne de lau-* « *rier* », avec les mots : « *D. L. Prevosté D. Mre N. de Bailleul c. dest. Lieut. civil* ». Au revers : « *champ au milieu duquel est un tournesol, surmonté d'un soleil rayonnant* ». A l'exergue : « *1623* » avec les mots : « *Sui sequitur cæsaris astrum.* »

CHRISTOPHE SANGUIN

PRÉVÔT DES MARCHANDS

Christophe Sanguin, seigneur de Livry, fut nommé conseiller de ville en 1607, conseiller au Parlement de Paris, le 20 mars 1613, président de la Chambre des enquêtes et membre des Conseils d'Etat et privé. Il fut élu Prévôt des marchands une première fois en 1628, en remplacement de Nicolas de Bailleul, et sous le règne de Lous XIII, fut réélu en 1630. Il occupa ce poste jusqu'en 1632, et ce fut sous sa prévôté, en 1628, que fut terminé l'Hôtel de Ville de Paris, que furent réglées les armoiries de divers corps de marchands, que fut commencé le Palais-Royal, qui s'appelait alors l'Hôtel Richelieu, et que fut posée la première pierre de l'église Saint-Jacques-du-Haut-Pas.

Lorsque la ville de La Rochelle se rendit à Louis XIII, le roi y fit son entrée le 28 octobre 1628, avec Richelieu, et envoya le chevalier de Saint-Simon à Paris, pour remettre au prévôt Christophe Sanguin et aux échevins, une lettre par laquelle cet événement leur était annoncé. Les magistrats de Paris donnèrent en échange à l'envoyé royal, une médaille d'or, à l'effigie de Louis XIII et aux armes de Paris, d'une valeur de dix-huit-cents francs.

Lorsque le roi rentra à Paris, le 23 décembre 1628, il y fut reçu solennellement, conformément à la décision prise par le bureau de la ville, qui avait ordonné que toutes fenêtres des maisons placées sur le parcours fussent ornées d'une lanterne de papier peint, aux couleurs royales, bleu, incarnat et blanc, et qu'une torche fût placée sur le devant de chaque porte.

Christophe Sanguin mourut le 29 septembre 1641.

Ses armoiries, comme magistrat de Paris, (jeton de l'échevinage), étaient : « *un écu aux armes de Paris renfermées dans une couronne de laurier* » avec les mots : « *De La Prevoste de M^ro Christophe Sanguin 1629* ». Au revers : « *vaisseau voguant à gauche ; ses trois mâts surmontés chacun d'une fleur de lis ; des flammes s'échappant de ses flancs. Placé entre deux tours soutenant une chaîne et une digue flanquée de fort et ouverte par le milieu* ». Avec ces mots : « *Saxis in procurrentibus Hesit* ». A l'exergue : « *Rup Domita 1629* ».

MICHEL MOREAU

PRÉVÔT DES MARCHANDS

Michel Moreau fut nommé lieutenant civil au Châtelet de Paris en 1627, conseiller du roi Louis XIII, en ses conseils d'Etat et privé, et Prévôt des marchands en 1632, en remplacement de Christophe Sanguin, fut réélu en 1634 et en 1636, et occupa ce poste jusqu'au mois d'octobre 1637, époque de sa mort. Le roi ordonna le 9 novembre suivant qu'à l'avenir les charges de lieutenant civil et de prévôt des marchands ne seraient plus cumulées dans l'intérêt de ces deux services. La manufacture royale de glace fut créée sous la prévôté de Michel Moreau par ordonnance du 1er août 1634, et la première pierre de l'église de la Sorbonne fut posée, sous la même prévôté, le 15 mai 1635, par le cardinal de Richelieu.

Ses armoiries, comme magistrat de Paris, (jeton de l'échevinage), représentaient : « *un écu armorié, surmonté d'un casque taré de trois quarts garni de lambrequins. Ecartelé : au 1er et 4e, d'or à trois têtes de Maure de sable tortillées d'argent ; au 2e et au 3e, d'or à trois fasces de gueules* ». Avec les mots : « *DE LA Prevoste de Mre M. Moreau Lieutenant civil* ». Au revers : « *vaisseau pavillonné de France, voguant à gauche* ». Avec les mots : « *quo nulla Priorum* ». A l'exergue : « *1633* ».

OUDART LE FÉRON

PRÉVÔT DES MARCHANDS

Oudart le Féron, seigneur d'Orville et de Louvres en Parisis, fut nommé conseiller au Parlement le 24 juillet 1620, conseiller de ville en 1624 et président aux enquêtes le 19 mai 1629 ; il fut élu Prévôt des marchands le 26 octobre 1637 en remplacement de Michel Moreau, décédé, et occupa ce poste jusqu'au 25 février 1641, jour de sa mort. Il fut remplacé par Perrot qui mourut lui-même le 2 avril de la même année.

Dès le lendemain de son élection, Oudart le Féron fit venir son intendant et lui dit : « Tu vendras les trois maisons que je possède dans Paris, afin que pas un de mes administrés puisse me reprocher d'améliorer tel ou tel quartier de la ville parce que j'y suis intéressé. »

La construction en pierre du pont au Change brûlé en 1621, commença sous la prévôté de Oudart Le Féron.

Ses armoiries, comme magistrat de Paris, (jeton de l'échevinage), représentaient : « *un écu armorié, surmonté d'un casque de trois quarts orné de lambrequins, de gueules, au sautoir d'or cantonné : au 1er et au 4e, d'une mollette d'éperon d'or ; au 2e et au 3e d'une aiglette au vol abaissé de même* ». Avec les mots : « *DE-La-Prevoste-de Mre Oudart-Le-Féron-PRT* ». Au revers : « *Vaisseau voguant à gauche* ». Avec les mots : « *OEquo-moderamine* ». A l'exergue : « *1638* ».

CLAUDE GALLAUD

ÉCHEVIN

Claude Gallaud, conseiller du Roi, fut nommé auditeur des comptes le 9 août 1613 ; il fut élu échevin en 1638, sous la prévôté de Oudart Le Féron, et occupa ce poste jusqu'en 1640 ; il mourut au mois de février 1661.

Ses armoiries, comme magistrat de Paris, (jeton de l'échevinage), représentaient : « *un écu armorié, surmonté d'un casque de trois quarts garni de ses lambrequins. D'azur au chevron d'argent accompagné de trois roses d'or et surmonté d'un croissant d'argent* ». Avec les mots : « *Cl-Galland-C-D-R-auditeur-D-Comptes-Por Eschevin* ». Au revers : « *Cœur entouré de flammes* ». Avec les mots : « *Tantus amor patriæ* ». A l'exergue : « *1640* ».

MACÉ LE BOULANGER

PRÉVÔT DES MARCHANDS

Macé le Boulanger, seigneur de Viarmes, Quincampois, fut nommé conseiller à la cour des aides, puis au Parlement, le 1er juin 1611, et enfin président aux enquêtes le 6 mars 1624 et à la grand'chambre. Il fut élu Prévôt des marchands le 22 avril 1641, en remplacement de Perrot, décédé, et conserva ce poste jusqu'en 1644. Le quai des Orfèvres commencé en 1580 fut terminé en 1643 et celui de Gesvres fut commencé en 1642, sous la prévôté de Macé Le Boulanger.

Ses armoiries comme magistrat de Paris, (jeton de l'échevinage), représentaient : « un écu armorié, surmonté d'un casque de face avec ses lambrequins. D'azur à la fasce « d'or accompagnée en chef de trois étoiles rangées de même, et en pointe de trois roses « d'argent posées 2 et 1 ». Avec les mots : « De la Prevoste DE Mre Mace Le Boulanger « PRT ». Au revers : « Un écu aux armes de Paris le chef chargé seulement de trois fleurs « de lys rangées ». Avec les mots : « Crescit secura Triumphis ».

SÉBASTIEN CRAMOISY

ÉCHEVIN

Sébastien Cramoisy, imprimeur, naquit à Paris en 1585. Il se distingua par sa grande habileté dans son métier, et fut chargé en 1640 de la direction de l'imprimerie royale du Louvre, établie par le cardinal de Richelieu. Ses éditions, aussi exactes que celles des Etienne, des Manuce, des Plantin et des Froben, obtinrent un succès mérité. Il fut nommé consul le 31 janvier 1636, et élu échevin en 1641, sous la prévôté de Macé le Boulanger. Il mourut à Paris en janvier 1669. Son petit-fils lui succéda dans la direction de l'Imprimerie royale.

Ses armoiries, comme magistrat de Paris, (jeton de l'échevinage), représentaient : « un écu armorié, surmonté d'un casque de profil avec ses lambrequins. D'argent, à l'ancre « de sable, la trabe d'or ; au chef d'azur chargé de trois étoiles rangées d'or ». Avec les mots : « Seb. Cramoisy. Dir. de Limp. royale P^{er} Eschevin ». Au revers : « main dextre « sortant d'un nuage, au milieu d'un ciel étoilé, tenant une règle terminée par deux fleurs « de lys, une équerre et un fil à plomb, dont le poids est fleurdelysé ». Avec les mots : « Hœc Pondera Justi ». A l'exergue : « 1643 ».

L'Hôtel de Ville de Paris

sous

le règne de Louis XIV

Louis XIV, né le 5 septembre 1638, fils de Louis XIII et d'Anne d'Autriche, Roi de France le 14 mai 1643, sous la régence de sa mère, marié le 9 juin 1660 à Marie-Thérèse d'Autriche, fille de Philippe IV d'Espagne et d'Elisabeth de France, mort le 1er septembre 1715.

Régna du 14 mai 1643 au 1er septembre 1715.
(Régence d'Anne d'Autriche en 1643).

Liste des Prévôts des marchands et Échevins

SOUS LE RÈGNE DE LOUIS XIV

(de 1643 à 1715)

PRÉVÔTS DES MARCHANDS

Jean Scarron,
Seigneur de Mandiné, conseiller de la grand'chambre du Parlement, de 1644 à 1646.

Jérome Le Féron,
Seigneur d'Orville et de Louvre-en-Parisis, président aux enquêtes du Parlement, du 26 février 1646 à 1650.

Antoine Le Febvre,
Conseiller du Roi et conseiller au Parlement, de 1650 à 1654.
(De Broussel, conseiller du Roi et au Parlement, fut élu Prévôt des marchands le 16 août 1652, et conserva ses fonctions jusqu'au 14 octobre de la même année, date à laquelle Antoine Le Febvre fut désigné de nouveau pour continuer sa charge pendant deux années.)

ÉCHEVINS

Gabriel Langlois, conseiller au Châtelet,	1644
Martin de Fresnoy, bourgeois de Paris,	—
Jean Gaigny, commissaire au Châtelet et conseiller de ville,	1645
René de la Haye, maître gouverneur de l'Hôtel-Dieu,	—
Jean de Bourges, docteur en médecine,	1646
Geoffroy Yon, bourgeois de Paris,	—
Gabriel Fournier, président en l'élection de Paris,	1647
Pierre Helyot, conseiller de ville,	—
Pierre Hachette, conseiller au Châtelet,	1648
Raymond Lescot, conseiller de ville,	—
Claude Boucot, seigneur du Clos-Gaillard, secrétaire du Roi,	1649
Robert de Sequeville, bourgeois de Paris,	—
Michel Guillois, conseiller au Châtelet,	1650
Nicolas Phelippes, élu de Paris,	—
André le Vieux, conseiller de la ville,	1651
Pierre Denison, conseiller de la ville et consul,	—
Julien Gervais, contrôleur des mesures au grenier à sel,	1653
Michel de Moucheny, bourgeois de Paris,	—

PRÉVÔTS DES MARCHANDS	ÉCHEVINS	
	Vincent Héron, conseiller de ville,	1654
	Jean Rousseau, quartenier,	—
	Antoine de la Porte, quartenier,	1655
	Claude de Santeul, conseiller de ville,	—
	Philippe Gervais, conseiller de ville,	1656
	Jacques Regnard, conseiller au Châtelet,	—
Alexandre de Sève, Seigneur de Castignonville, maître des requêtes, du 16 août 1654 à 1662.	Jean de Faverolles, intendant de la maison de la Reine,	1657
	Jacques Regnard, seigneur de la Noue, substitut du procureur général,	—
	Jean le Vieux, quartenier,	1658
	Nicolas Beaudequin, conseiller de ville,	—
	Claude Prevost, bourgeois de Paris,	1659
	Charles du Jour, conseiller au Châtelet,	—
	Pierre de la Mouche, auditeur aux comptes,	1660
	Jean Helissant, conseiller de ville,	—
	Jean de Mouhers, avocat,	1661
	Eustache de Faverolles,	—
	Pierre Brigalier, avocat du Roi au Châtelet,	1662
	Jean Gaillard, conseiller de la ville,	—
	Nicolas Souplet, quartenier,	1663
	Pierre Charlot, secrétaire du Roi,	—
	Laurens de Faverolles, auditeur des comptes,	1664
Daniel Voysin, Seigneur de Cerisay, maître des requêtes, de 1662 à 1668.	Léon de Laballe, notaire et conseiller de ville,	—
	François le Foing, notaire au Châtelet,	1665
	Robert Hamonin, contrôleur et garde des registres à la chambre des comptes,	—
	Hugues de Santeul, conseiller de ville,	1666
	Nicolas Lusson, conseiller au Châtelet,	—
	Guillaume de Faverolles, quartenier,	1667
	René Gaillard, seigneur de Montmire,	—

PRÉVÔTS DES MARCHANDS	ÉCHEVINS	
	Claude Belin, conseiller au Châtelet,	1668
	Nicolas Picques, conseiller de ville,	—
	Henri de Santeul, quartenier,	1669
	René Accard, substitut du procureur général,	—
	Nicolas Chaulatte, directeur du commerce des Indes,	1670
	Guillaume Amy, substitut du proc. général,	
Claude Le Peletier, Président aux enquêtes, puis président à mortier, ministre d'Etat et contrôleur général des finances, de 1668 à 1676.	Louis Pasquier, contrôleur au grenier à sel de Paris,	1671
	Claude Le Gendre, interprète du Roi pour les langues orientales,	—
	Pierre Richer, greffier en chef de la Chambre des comptes,	1672
	Martin Bellier, quartenier,	1673
	François Bachelier, conseiller au Châtelet,	—
	Charles Clerembault, conseiller de ville,	—
	Pierre Picquet, quartenier,	1674
	Jacques Trois-Dames,	—
	Jacques Favier,	1675
	Etienne Galliot, commissaire au Châtelet,	—
	Pierre de Beyne, quartenier,	1676
	Jean de la Porte, conseiller au Châtelet,	—
	Alexandre de Vinx, conseiller de ville,	1677
	Antoine Magneux, intendant du duc de la Trémouille,	—
	Philippe Levesque, quartenier,	1678
	Jacques Pousset de Montauban, avocat,	—
Auguste Robert de Pomereu Seigneur de la Bretèche-Saint-Nom, conseiller d'Etat, de 1676 à 1684.	Simon Gillot, conseiller de ville,	1679
	Antoine de Croisy, élu de Paris,	—
	Jean de Vinx, quartenier,	1680
	Louis Roberge,	—
	Jean-Baptiste Hélissant, conseiller de ville,	1681
	Antoine Robert Baglan, notaire au Châtelet,	—
	Charles le Brun, conseiller de ville,	1682
	Michel Gamare,	—
	Michel Chauvin, conseiller de ville,	1683
	Pierre Parques, notaire,	—

PRÉVÔTS DES MARCHANDS	ÉCHEVINS	
	Denis Rousseau, quartenier,	1684
	Jean Chuppin, notaire au Châtelet,	—
	Mathieu François Geoffroy,	1685
	Jean Jacques Gayot, conseiller de ville,	—
	Nicolas Chuppin, quartenier,	1686
	Jean Gabriel de Sanguinière, seigneur de Chavansac, conseiller au Châtelet,	—
Henri de Fourcy, Seigneur de Chessy, président aux enquêtes, de 1684 à 1692.	Henry Herlau, conseiller de ville,	1687
	Pierre Lenoir,	—
	Claude Bellier, quartenier,	1688
	Vincent Marescal,	—
	Pierre Presly, conseiller de ville,	1689
	Toussaint Millet, conseiller au Châtelet,	—
	Pierre Chauvin, quartenier,	1690
	Pierre Savalette, notaire au Châtelet,	1691
	Thomas Tardif, conseiller de ville,	—
	Jean de Laleu, conseiller de ville,	—
	Simon Mouffle, notaire au Châtelet,	1692
	Guillaume Tartarin, avocat,	—
	Toussaint Simon Bazin, conseiller de ville,	1693
	Claude Puylon, docteur en médecine,	—
	Charles Sainfray, notaire au Châtelet,	1694
	Louis Baudran, substitut du procureur général de la cour des aides,	—
Claude Bosc, Seigneur d'Ivry-sur-Seine, procureur général de la Cour des aides, de 1692 à 1700	Jean-Baptiste Le Tourneur, conseiller de ville,	1695
	Nicolas de Broussel (ou de Brussel), conseiller de ville,	—
	Mathurin Barron, quartenier,	1696
	Guillaume Hesme,	—
	Jean François Sautreau, conseiller de ville,	1697
	Antoine de la Loire, procureur de la Chambre des comptes,	—
	François Regnault, quartenier,	1698
	François Jean Dionis, notaire au Châtelet,	—
	Léonard Chauvin, conseiller de ville,	1699
	Jean Hallé, conseiller de ville,	—

PRÉVÔTS DES MARCHANDS	ÉCHEVINS	
	Guillaume André Hébert, quartenier,	1700
	François Crevon,	—
	Claude de Santeul, conseiller de ville,	1701
	Claude Guillebon,	—
	Michel Boutet, quartenier,	1702
	Hugues Desnotz, notaire au Châtelet,	1703
	Marc François Lay, quartenier,	—
	Denis François Regnard, conseiller de ville,	—
Charles Boucher, Seigneur d'Orsay, conseiller au Parlement et conseiller d'Etat, de 1700 à 1708.	Martin Joseph Bellier, quartenier,	1704
	Antoine Baudin,	—
	Antoine Melin, notaire au Châtelet, conseiller de ville,	1705
	Henri Boutet notaire au Châtelet,	—
	Guillaume Scourjon, quartenier, écuyer,	—
	Nicolas Denis, huissier ordinaire des conseils du Roi.	1706
	Etienne Perichon, notaire au Châtelet, conseiller de ville,	1707
	Jacques Pyart,	—
	René Michel Blouin, quartenier,	1708
	Philippe Regnault,	—
	Pierre Chauvin, conseiller de ville,	1709
	Claude le Roy, seigneur de Champ, greffier, conseiller du Roi, notaire au Châtelet,	1710
	Michel Louis Hazon, quartenier,	—
	Jacques Pierre Brillon, avocat au Parlement,	—
	Nicolas Tardif, conseiller de ville,	1711
	Charles Beaudouin Presly (ou Presty),	—
Jérome Bignon, Conseiller d'Etat, de 1708 à 1716.	Louis Boiseau, conseiller, notaire au Châtelet, quartenier,	1712
	Louis Durand, cons., notaire au Châtelet,	
	Hector Bernard Bonnet, conseiller de ville,	1713
	René François Couët de Montbayeux, avocat au Parlement et au conseil du Roi,	—
	Jacques de Besne (ou de Beyne), quartenier,	1714
	Guillaume de Laleu, cons., notaire au Châtelet,	—
	Simon Fayolle, conseiller de ville,	1715
	Charles Damien Foucault, conseiller du Roi, notaire au Châtelet,	—

Arrestation du conseiller de Broussel (26 août 1648)

JOURNÉE DES BARRICADES. — COMBAT DE SAINT-ANTOINE
LA FRONDE A L'HÔTEL DE VILLE DE PARIS

(2-4 JUILLET 1652)

PIERRE DE BROUSEL,
Conseiller du Roi en sa Cour de Parlem.
de Paris mort en 1654 agé de 74 ans.

 la mort de Louis XIII (14 mai 1643), le Parlement par un arrêt, en date du 18 mai 1643, confia la régence du royaume à la reine Anne d'Autriche et nomma le cardinal de Mazarin surintendant de l'éducation du jeune roi Louis XIV, alors âgé de cinq ans. — Mazarin

obtint rapidement la confiance de la Reine mère, qui, dans son inexpérience des affaires de l'État, lui en donna la direction. Celui-ci devint ministre, et plaça au poste important de contrôleur général des finances un italien, nommé Michel Particelli, fils de Philippe Particelli, qui fit banqueroute à Lyon. Michel, après avoir été contrôleur général, en 1643, devint surintendant des finances en 1647, démissionna en 1648, et fut réintégré dans ce dernier poste, en 1649. Pendant son séjour aux affaires, Michel Particelli, qui se faisait appeler d'Emery, et qui fut un des adorateurs les plus zélés de Marion de l'Orme, usa de tous les expédients pour trouver de l'argent ; il supprima les pensions, retrancha les rentes de l'Hôtel de Ville, augmenta les impôts et fit emprisonner un nombre considérable de personnes pour refus de payer les taxes.

Le duc de Beaufort, fils de César de Vendôme, enfant naturel de Henri IV et de Gabrielle d'Estrée, avait été accusé d'avoir voulu attenter aux jours de Mazarin, un soir qu'il se rendait du Louvre à l'hôtel de Clèves qu'il habitait. Mazarin, qui jusqu'alors s'était montré doux et facile, le fit arrêter et emprisonner, le 2 septembre 1643, à Vincennes, d'où il s'échappa. Ce personnage qui joua un grand rôle dans la guerre de la Fronde, était très aimé du peuple, dont il prenait les intérêts, et qui le surnomma le Roi des Halles.

La guerre civile qui éclata sous la régence de la reine Anne d'Autriche, fut appelée « La Fronde », de la coutume qu'avaient les enfants de jouer au soldat dans les fossés de la ville, en jetant des pierres contre les murailles avec une fronde. Cette guerre n'eut cependant rien de puéril, bien que plusieurs femmes y prissent part.

Malgré la misère du peuple et le manque d'argent dans les caisses publiques, les fêtes se multiplièrent sous la minorité de Louis XIV. Le 23 juin 1648, il y eut des réjouissances à l'Hôtel de Ville, à l'occasion de la Saint-Jean. Le jeune roi y fut reçu solennellement par le prévôt des marchands, Jérôme Le Féron et les échevins. Le roi parut à la fenêtre de la grande salle et se montra au peuple assemblé sur la place de la Grève ; le canon de la ville retentit, le prévôt des marchands lui offrit une écharpe blanche, et lui présenta une torche allumée avec laquelle Louis XIV mit le feu au bûcher dressé sur la place. Ensuite, fut servie une collation de trois tables, à laquelle assistèrent, la régente, la cour et les magistrats de la ville, au nombre desquels se trouvaient Germain Pietre, procureur, et Nicolas Boucot, receveur.

Le contrôleur général d'Emery, pour subvenir aux dépenses de l'État et de la cour, eut recours à tous les expédients ; il rendit l'édit du « Toisé », puis celui du « Tarif ». Le parlement rejeta la plupart des impôts proposés ; ce rejet amena l'exil du président Gayant et des conseillers Le Comte et Queslin, ainsi que l'emprisonnement du président Barillon.

La « paulette » assurait aux magistats l'hérédité de leur charge, moyennant le paiement annuel d'un droit équivalent au soixantième de leur valeur. Ce paiement

J. P. Laurens, peintre.

ARRESTATION DU CONSEILLER DE BROUSSEL (26 AOUT 1648)

(Cette peinture orne la salle Lobau de l'Hôtel de Ville actuel)

devait avoir lieu le 1ᵉʳ janvier 1648. Michel d'Emery proposa la création de nouvelles places de maîtres et l'abandon par les magistrats de quatre années de leurs charges pour le renouvellement du bail de la « paulette ». Le parlement protesta contre ces mesures, rendit le 13 mai 1648 un arrêt d'union, par lequel il se déclarait solidaire des trois autres cours, Chambre des comptes, Cour des aides et Grand conseil. D'Emery donna sa démission le 7 avril 1648 et fut alors remplacé par le maréchal de La Milleraye. Le parlement présenta en outre le 30 juin suivant à la sanction de la régence, un certain nombre de mesures, que Mazarin sembla devoir accepter, mais qui furent repoussées par la reine. Un vieux conseiller, du nom de de Broussel, s'était surtout fait remarquer par la vivacité de ses protestations contre les agissements d'Anne d'Autriche.

Pendant que ces événements intérieurs se passaient à Paris, le prince de Condé (Louis II), qui s'était déjà illustré à la bataille de Rocroi (19 mai 1643), venait de remporter la victoire de Lens qui détermina le traité de Wesphalie. Cette heureuse nouvelle, ainsi que celle de la prise de soixante-treize drapeaux à l'ennemi, parvint à Paris le 22 août 1648, et un *Te Deum* d'action de grâce fut chanté à cette occasion à Notre-Dame, le 26 du même mois. La Reine et son ministre Mazarin, encouragés par ce succès, crurent le moment favorable pour faire acte d'autorité et agir contre le parlement ; ils décidèrent l'arrestation d'un certain nombre de membres et donnèrent l'ordre à Comminges, lieutenant des gardes, d'arrêter après le *Te Deum*, les présidents Charton, Lotin, Potier de Blancmesnil, les conseillers Lenet, Loisel, Benoit, de la Mauve, et enfin de Broussel, qui avait acquis une grande popularité, due à son opposition constante au gouvernement de la régente.

Charton put s'échapper de la maison qu'il habitait, rue des Bernardins ; Potier de Blancmesnil fut appréhendé dans son logis, situé au coin des rues du Renard et de Saint-Méry, et de Broussel fut arrêté dans son habitation de la rue Saint-Landry. Une très belle toile représentant l'arrestation de de Broussel, et peinte par Jean-Paul Laurens, membre de l'Institut, orne actuellement la salle Lobau, de notre Hôtel de Ville moderne. La voiture, qui amenait le conseiller de Broussel, se brisa en route ; Comminges se crut obligé de prendre le carosse de madame d'Affis, qui passait, d'y faire monter son prisonnier et l'emmena ainsi à Saint-Germain. Mais de Broussel, que le peuple regardait comme un père, fut reconnu par la foule, qui s'ameuta et réclama sa mise en liberté immédiate aux cris de : « vive le Roi, liberté de Broussel ». Tout Paris fut sur pied en quelques heures et inonda les rues, disposé à la révolte. Alors apparut pour calmer l'effervescence populaire, le coadjuteur de l'archevêque de Paris.

Ce personnage qui joua, comme le duc de Beaufort, un grand rôle dans la Fronde, était alors âgé de trente-quatre ans. De Retz (Jean-François-Paul de Gondi), fils de Emmanuel de Gondi, général des galères, était né à Montmirel-en-Brie en 1614 ; il eut pour précepteur saint Vincent-de-Paul, dont il aurait dû imiter les vertus; malgré son dégoût pour l'état ecclésiastique, il l'embrassa néanmoins, et fut nommé coadjuteur de l'archevêque de Paris, en 1643. Il s'était battu plusieurs fois en duel, et avait obtenu des succès près des grandes dames de l'époque, Mesdemoiselles de Vendôme, de Scepeaux, Mesdames de La Meilleraye, de Pomereux et de Guémené. Il était devenu archevêque *in partibus* de Corinthe, avait entretenu pendant la Fronde un régiment qui porta ce nom, et enfin reçut le chapeau de cardinal en 1652. Il est juste toutefois d'ajouter qu'il mourut avec de grands sentiments de piété, le 24 août 1679.

Pendant la nuit du 26 au 27 août 1648, Paris se couvrit de barricades, le peuple prit les armes et au soleil levant les frondeurs attaquèrent l'hôtel d'O, où s'était réfugié le président Seguier. Ce dernier ne dut son salut qu'à l'intervention du maréchal de La Meilleraye qui le conduisit en carosse jusqu'au palais royal. Pendant le trajet, la duchesse de Sully, sa belle-fille, qui l'accompagnait, fut blessée et deux hommes de l'escorte furent tués.

Les membres du parlement décidèrent qu'ils iraient en corps, demander à la régente, la mise en liberté du conseiller de Broussel et des autres membres arrêtés ou exilés. Cent cinquante d'entre eux, en costume de cérémonie, ayant à leur tête le président Molé, se rendirent à cet effet au palais royal. Le peuple les accompagnait aux cris de : « point de Mazarin ! Vive le Roi ! Vive le Parlement ! Liberté de Broussel ! » Mais le parlement ne put rien obtenir de la régente, qui se renferma dans ses appartements avec les maréchaux de l'Hospital, de la Meilleraye et de Villeroy, et dut se retirer. Sur les instances de la foule qui encombrait les rues, le parlement revint au palais royal, insista et obtint finalement des lettres de cachet pour la délivrance de Broussel et de Potier de Blancmesnil et le rappel des exilés. Les chaînes furent détendues, les barricades enlevées et tout parut rentrer dans le calme.

Mais quelque temps après commencèrent les mazarinades, et Anne d'Autriche crut prudent de quitter Paris; elle partit le 6 janvier 1649 avec le roi et la cour et se rendit à Saint-Germain. Le lendemain, 7 janvier 1649, le roi écrivit au prévôt des marchands, Jérôme Le Féron, qu'il s'était vu obligé de s'éloigner pour échapper aux desseins du parlement, qui voulait s'emparer de sa personne. Le Parlement reçut l'ordre de siéger à Montargis, la Chambre des Comptes à Orléans et le Grand Conseil à Nantes. Ces trois cours se réunirent néanmoins à Paris, le 8 janvier, déclarèrent Mazarin, perturbateur du repos public, ennemi de l'État et l'invitèrent à quitter le royaume.

Les princes de Conti, de Marsillac, les ducs de Beaufort, de Longueville, d'Elbeuf, de Bouillon et le maréchal de la Mothe-Houdancourt, qui formaient l'état-major des frondeurs, se réunirent à l'Hôtel de Ville, pour délibérer, formèrent une armée, s'emparèrent de la Bastille, le 12 janvier 1649, et nommèrent le vieux conseiller de Broussel, gouverneur de cette forteresse à la place de Leclerc du Tremblay. Condé marcha sur Paris, s'empara de Poissy, Corbeil, et de Charenton,

LE CARDINAL DE RETZ ET LA FRONDE

où fut tué Tancrède de Rohan, à la tête des frondeurs, le 31 janvier 1649. — En présence de ces événements, le Parlement tenta une réconciliation, et une députation, composée du premier président, Molé, des présidents de Mesmes, Le Coigneux et de Nesmond, de l'échevin Fournier et de deux conseillers de ville se rendirent à cet effet près de la régente, à Saint-Germain, le 4 mars 1649. La paix fut signée entre la cour et le Parlement, mais elle ne fut pas de longue durée. Anne d'Autriche refusa de rentrer à Paris et partit avec le roi de Saint-Germain pour Compiègne.

Mazarin réintégra la même année, d'Emery, dans le poste de surintendant des finances. Le coadjuteur de Retz, saisit cette occasion pour déchaîner contre lui de nouveaux bourgeois frondeurs, qui nommèrent douze syndics de leur parti. Le parlement refusa de les accepter et cette décision fut la cause d'une nouvelle révolte du peuple qui s'assembla à l'Hôtel de Ville, le 11 décembre 1649, et pendant laquelle plusieurs personnes furent blessées.

Condé, qui jusqu'à ce moment avait combattu pour la cause royale, devint alors partisan de la Fronde ; par ordre de Mazarin, il fut arrêté le 18 janvier 1650, au palais royal, par Guitaut, capitaine des gardes de la reine, ainsi que le prince de Conti et le duc de Longueville. Les trois prisonniers furent conduits à Vincennes. Ce fut à cette époque que s'opéra l'union des deux frondes, c'est-à-dire des princes avec le Parlement, qui rendit un édit par lequel il priait la reine de renvoyer Mazarin et de rendre la liberté aux princes.

Mazarin quitta la capitale le 6 février 1650, et le bruit se répandit qu'Anne d'Autriche se disposait à suivre son ministre..., il n'en était rien.

L'effervescence était à son comble à Paris, personne n'y était en sûreté : deux échevins furent assaillis au palais, le Prévôt des marchands fut lui-même attaqué, rue de Tournon..., la misère était extrême et le peuple mourait de faim.

Condé, une fois libre, se vit refuser l'entrée de la ville par le gouverneur, le maréchal de l'Hospital et le Prévôt des marchands, Antoine Le Febvre, en exécution des ordres du Roi. Le vainqueur de Rocroy résolut d'y rentrer par la force, et dans la nuit du 1er au 2 juillet 1652 livra contre Turenne, qui commandait les troupes royales, la bataille de Saint-Antoine. Mademoiselle de Montpensier joua dans cette journée un rôle guerrier, qui l'a rendue célèbre ; elle parcourut à cheval les rues dans lesquelles on se battait, excitant les frondeurs à la résistance, et fit tirer le canon de la Bastille sur les troupes royales. Elle portait à son chapeau et à son corsage un brin de paille en signe de ralliement. Mlle de Montpensier, fille de Gaston d'Orléans, était née à Paris en 1627 ; élevée à la cour d'Anne d'Autriche, elle eut le vain espoir de devenir la femme de Louis XIV ; mais sa conduite pendant la guerre de la Fronde, la perdit dans l'esprit du Roi, ce qui fit dire à Mazarin que « le canon qu'elle avait fait tirer de la Bastille, avait tué son mari ». Cette femme, d'un esprit étrange, mais élevé, d'une grande instruction et d'un courage à toute épreuve, épousa secrètement à l'âge de quarante-deux ans, en

1660, le comte de Lauzun, capitaine des gardes du corps et colonel général des dragons, auquel elle apportait vingt millions et quatre duchés.

Le Prévôt des marchands, Antoine Le Febvre et ses échevins, Michel Guillois, Nicolas Phelippes, André Le Vieulx et Pierre Denison, tinrent le 4 juillet 1652 (1), à l'Hôtel de Ville, une importante assemblée à laquelle assistèrent les conseillers de ville, les quarteniers, les notables bourgeois et les représentants des corps de métiers, afin de délibérer sur la rentrée du Roi à Paris sans condition. Les frondeurs réclamèrent à cette réunion l'union avec les princes, le renvoi de Mazarin, la nomination du duc d'Orléans comme lieutenant général du royaume et celle de Condé en qualité de généralissime des armées. La place de Grève était pleine de gens d'aspect différent, les uns étaient vêtus en gens de guerre, la plupart en armes, les autres portaient la paille à leur chapeau, signe de ralliement pris par mademoiselle de Montpensier le jour de la bataille de Saint-Antoine ; on ne laissait pas passer ceux qui ne la portaient pas, comme étant des « Mazarins ». La milice commandée par deux frondeurs, Frottier, capitaine, et Péjart, lieutenant, refusait le passage à ces derniers. Ce jour là, le coadjuteur se renferma chez lui et se fit garder par son régiment de Corinthe, qu'il payait avec l'argent que lui avait prêté Caumartin. Condé, le duc d'Orléans, de Beaufort, de Guémené, de Béthune se présentèrent à l'Hôtel de Ville, la paille à leur coiffure, et arrivèrent au moment où Germain Piètre, procureur de la ville, discutait et demandait le retour du Roi. Le gouverneur de l'Hospital fit observer que les princes portaient le signe de la sédition, jusque dans le sein de la maison commune ; ceux-ci sortirent aussitôt, en disant à la foule assemblée sur la place, que l'Hôtel de Ville était plein de « Mazarins ». A ces mots, les frondeurs déjà surexcités, firent feu sur l'Hôtel de Ville ; les archers ripostèrent et tuèrent plusieurs des assaillants, au nombre desquels fut le capitaine Blanchard, du régiment de Bourgogne. L'exaspération augmenta, la foule força l'entrée de la maison commune, y pénétra et y mit le feu. Les magistrats de la ville et les bourgeois présents cherchèrent en vain une issue ; les uns suppliaient les assaillants de leur laisser la vie sauve, les autres voyant la mort venir se jetaient aux pieds des prêtres, implorant l'absolution. Le curé de Saint-Jean-de-Grève vint avec son clergé, le Saint Sacrement en main, dans l'espoir de calmer la populace. Tout fut inutile, la lutte continua jusque dans la soirée. L'Hôtel de Ville fut pillé, les caves vidées, la vaisselle d'argent volée. Le duc de Beaufort, qui n'avait pas paru jusqu'alors, vint sur la place de Grève vers dix heures du soir, apaisa la foule par sa présence, donna l'ordre de combattre l'incendie ; il fut bientôt rejoint par mademoiselle de Montpensier qui délivra le prévôt des marchands de l'endroit où il s'était réfugié, à la condition qu'il donnerait sa démission, fournit au maréchal de l'Hospital le moyen de fuir, et sauva plusieurs bourgeois.

(1) De Ménorval, *Histoire de Paris,* tome III, page 249. Edition Firmin-Didot.

Dans cette journée néfaste il y eut une centaine de victimes (1). — Au nombre des morts furent :

M. Miron, maître des requêtes, colonel du quartier du chevalier du Guet ;
Jauvry, conseiller au Parlement ;
Yon, ancien échevin ;
Fressant, marchand de fer ;
Legras, maître des requêtes, mort le lendemain de ses blessures ;
Boucot, receveur de la ville, mort d'émotion ;
Legrand, avocat au parlement ;
Le Boulanger, auditeur des comptes ;
Hardier et Fayet, conseillers de ville et capitaines de leurs quartiers ;
Le Fèvre, conseiller.

Au nombre des blessés, étaient :

Le Maire, greffier de la ville ;
Le président Charton ;
L'échevin Fournier ;
Le conseiller Doujat ;
Le président de Guénégaud ;
Le maréchal de l'Hospital ;
Le secrétaire du roi de Bourges.

La nouvelle administration sortie de l'émeute, fut constituée le 6 juillet 1652, sans la sanction royale et sans élection régulière, de la manière suivante :

Le duc de Beaufort, gouverneur de Paris ;
De Broussel, Prévôt des marchands, qui exerça du 16 août au 14 octobre 1652 ;
Seguier, de Nesmond et Longueil, présidents du Parlement ;
Aubry et Larcher, présidents de la Chambre des Comptes ;
Dorieux et Le Noir, présidents de la Cour des Aides.

Le roi, installé à Compiègne, cassa, par un arrêt du 23 juillet 1652, tous les actes des envahisseurs. Malgré la défense faite le 9 août, par le Roi, de procéder aux élections municipales, les officiers et bourgeois de la ville, élurent le 16 août 1652, deux échevins, Gervais, marchand en gros, rue de la Ferronnerie, et Orry (ou Harly), marchand, de la place Maubert, en remplacement de Michel Guillois et de Nicolas Phelippes, qui s'étaient rendus près du roi. Les deux autres échevins restèrent à leur poste ; un arrêt du Conseil d'État, du 19 août, cassa de nouveau ces élections.

Bien que le parlement eût mis à prix la tête de Mazarin, qui avait passé la frontière, la Fronde touchait à sa fin. Le duc de Beaufort, après avoir tué en duel, le 30 juillet 1652, le duc de Nemours, perdit peu à peu sa popularité.

(1) De Ménorval. *Histoire de Paris*, tome III, page 251. Edition Firmin-Didot.

Le roi, qui venait d'atteindre sa quinzième année, accorda à cette occasion l'amnistie générale ; les Parisiens, à cette nouvelle, célébrèrent l'anniversaire de la naissance de Louis XIV par des feux de joie. Le coadjuteur de Retz, en signe de réconciliation, reçut du roi, le chapeau de cardinal le 9 septembre ; les présidents Seiguier, de Nesmond et Longueil firent leur soumission et une manifestation eut lieu au palais royal, le 24 septembre 1652 contre la Fronde.

De Broussel, donna sa démission le 24 septembre 1652 ; le duc de Beaufort et Condé se retirèrent, les anciens officiers de la ville et le gouverneur de Paris furent réintégrés dans leurs fonctions et enfin, le Roi rentra à Paris le 21 octobre 1652.

Le 29 mars 1653, Mazarin qui avait chassé les Espagnols de Vervins, le 29 janvier précédent, revint à Paris et fut reçu à l'Hôtel de Ville, où un dîner et un concert furent offerts en son honneur.

Antoine Le Febvre fut réintégré dans la charge de Prévôt des marchands, par lettres royales du 5 octobre 1652, et reprit ses fonctions le 14 du même mois, ainsi que les échevins Michel Guillois, Nicolas Phelippes, André Le Vieulx et Pierre Denison.

Ainsi se terminèrent les troubles de la Fronde, qui durèrent cinq ans, de 1648 à 1653.

L'Hôtel de Ville de Paris sous Louis XIV

(1653)

E sculpteur Gilles Guérin, après la guerre de la Fronde pendant laquelle la porte d'entrée de l'Hôtel de Ville de Paris fut brûlée, fut chargé de l'exécution d'une statue de Louis XIV, qui devait être représenté le sceptre à la main et foulant la discorde à ses pieds. Cette statue en marbre blanc fut placée au fond de la cour, sous l'arcade, au milieu de la galerie, au mois de juillet 1653.

L'inscription suivante fut placée au bas de cette statue :

« *Ludovico XIV regi christianissimo perduellium*
« *debellatori, urbis pacatori, praesentia, autoritate,*
« *clementia, exemplo patris, avique regum*
« *invictissimorum, aeternam honoris et fidei*
« *monumentum, devoverunt Franciscus de*
« *l'Hospital castrorum praefectus urbisque*
« *praeses ; Antonius Lefebvre urbi praepositus,*
« *Michael Guillois, Nicholaus Phelippes,*
« *Andraeas le Vieux. Petrus Denison, aediles ;*
« *Germanus Pietre, procurator regis*
« *et urbis, Martinus le Maire*
« *scriba, Nicholaus Boucot, questor.*
« *An. 1653, mense julio.* »

« A Louis XIV, roi très chrétien, vainqueurs de ses ennemis,
« pacificateur de la ville, par sa présence, par son autorité,
« par sa clémence, à l'exemple de son père et de son aïeul, rois
« invincibles, ont dédié ce monument éternel d'honneur et
« de fidélité : François de l'Hopital, maréchal de camp,
« et gouverneur de Paris, Antoine Lefebvre, prévôt
« des marchands, Michel Guillois,
« Nicolas Phelippes, André le Vieux, Pierre Denison,
« échevins, Germain Pietre, procureur du roi et de la
« ville, Martin Lemaire, greffier,
« Nicolas Boucot, trésorier.
« L'an 1653, au mois de juillet. »

Création de la Lieutenance de police par Louis XIV

(DÉCEMBRE 1666 — MARS 1667)

PAR un édit du mois de décembre 1666, Louis XIV créa le poste de Lieutenant de police dont les fonctions jusqu'alors avaient été remplies par le Prévôt de Paris, par le lieutenant civil et le lieutenant criminel du Châtelet.

Un second édit du mois de mars 1667, définit les attributions du lieutenant de police ainsi qu'il suit :

« Il connaît de la sûreté de la ville, prévosté et vicomté de Paris, du port
« d'armes prohibées par les ordonnances, du nettoiement des rues et places
« publiques, circonstances et dépendances. C'est lui qui donne les ordres nécessaires
« en cas d'incendie et d'inondation ; il connaît également de toutes les provisions
« nécessaires pour la subsistance de la ville, amas et magasins qui en peuvent être
« faits, de leurs taux et prix, de l'envoi des commissaires et autres personnes
« nécessaires sur les rivières, pour le fait des amas de foin, batelage, conduite et
« arrivée à Paris. Il règle les étaux des boucheries ; il a la visite des halles et
« marchés, foires, hôtelleries, auberges, maisons garnies, brelans, tabacs et lieux
« mal famés. Il connaît aussi des assemblées illicites, tumultes, séditions et
« désordres qui arrivent à cette occasion, des manufactures, des élections des
« maîtres et des gardes des six corps de marchands, de l'exécution des statuts et
« règlements, du renvoi des jugements ou avis du procureur du Roi au Châtelet
« sur le fait des arts et métiers. Il a le droit d'étalonner les poids et balances, etc. »

Par lettres patentes du 29 mars 1667, Gabriel Nicolas, seigneur de La Reynie, fut nommé par Louis XIV pour remplir le premier les fonctions de Lieutenant général de police. Il fut remplacé par Marc-René Le Voyer de Paulmy, marquis d'Argenson, lieutenant général du baillage d'Angoulême (1).

Gabriel Nicolas, seigneur de La Reynie, était né à Limoges ; il fut président au présidial de Bordeaux et maître des requêtes ; il augmenta le guet et le nombre des lanternes ; il fut nommé conseiller d'Etat par le roi en récompense de ses services. Il mourut le 14 juin 1709 à l'âge de 85 ans. Une des rues de Paris située entre les rues Saint-Martin et Saint-Denis porte le nom de La Reynie.

Marc-René d'Argenson naquit en 1652 ; il épousa la fille de Caumartin qui avait apprécié ses talents pendant sa lieutenance au baillage d'Angoulême. En 1718, il devint président du conseil des finances et garde des sceaux. Ses démêlés avec Law lui firent donner sa démission, le 5 janvier 1720. Il mourut en 1721.

(1) Lazare, *Dictionnaire des rues de Paris*.

Visite de Louis XIV à l'Hôtel de Ville de Paris

(30 janvier 1687)

E splendide château de Versailles, à peu près terminé en l'année 1686, étalait déjà ses merveilles aux yeux admirateurs de tous ceux qui le voyaient, et Louis XIV venait d'en faire sa royale demeure, lorsque ce monarque tomba malade. Les médecins reconnurent la nécessité de faire au roi l'opération de la fistule, opération qui eut lieu le 18 novembre 1686. Louis XIV, qui avait révoqué l'édit de Nantes, le 22 octobre de l'année précédente et avait des convictions religieuses très prononcées, promit de se rendre à Notre-Dame de Paris, s'il recouvrait la santé, pour remercier Dieu de sa guérison. L'opération réussit, le roi se rétablit et tint parole.

A cette occasion, Louis XIV forma le projet de dîner à l'Hôtel de Ville de Paris, après avoir accompli son pèlerinage à Notre-Dame, et donna l'ordre, le 25 janvier 1687, à Henri de Fourcy, prévôt des marchands de Paris de se rendre à Versailles le lendemain dans son cabinet, à son lever. Le roi reçut ce magistrat, le prévint de ses intentions, lui ordonna de faire préparer à l'Hôtel de Ville une table de vingt-cinq couverts pour lui et sa suite et lui annonça qu'il acceptait d'être servi par les officiers de sa bonne ville de Paris.

Le sieur de Livri, premier maître d'hôtel du roi, chargé de fournir les officiers de bouche et du gobelet nécessaires en la circonstance, se rendit le lendemain à l'Hôtel de Ville et fit connaître au prévôt des marchands, que la table devait être préparée pour trente-cinq convives au lieu de vingt-cinq. Cette table fut dressée dès le mardi 28 janvier, et les officiers s'exercèrent au service. Louis XIV expédia le seigneur de Seignelay près du prévôt, pour l'inviter à ne tirer le canon, ni à son arrivée, ni à son départ, mais à faire le soir des feux de joie et tirer un feu d'artifice devant la maison commune. Une lettre de cachet ordonna en outre aux officiers de la ville, d'être vêtus de leur robe de cérémonie pour recevoir le roi. Le lendemain 29, le parlement donna l'ordre que les boutiques fussent fermées, et que des signaux fussent donnés par les cloches de Notre-Dame, pour indiquer aux habitants l'heure de l'arrivée du roi à l'église métropolitaine, celle de l'élévation de la messe, et celle de la fin de la cérémonie religieuse.

Louis XIV partit de Versailles dans la matinée du 30 janvier 1687, arriva vers midi à l'église de Notre-Dame de Paris, où il fut reçu par l'archevêque et son chapitre. Après la messe, il se rendit avec le dauphin et la dauphine à l'Hôtel de Ville, où l'attendaient le prévôt des marchands, les échevins, le procureur du roi, le greffier et le receveur, vêtus en robes de velours, et fut conduit par eux dans la grande salle, où une table de cinquante-cinq couverts avait été splendidement dressée. Le prévôt Henri de Fourcy présenta la serviette au roi et le servit lui-même. Geoffroy, premier échevin, servit le dauphin. La présidente de Fourcy rendit le même honneur à madame la dauphine; Gayot, deuxième échevin, servit Monsieur; Chuppin, troisième échevin, servit Madame; et de Sanguinière, quatrième échevin, fut chargé de servir le duc de Chartres. Mademoiselle fut servie par Titon, procureur du Roi, mademoiselle d'Orléans, par Mitandier, greffier, et la grande duchesse de Toscane, par Boucot, receveur. Les conseillers et quarteniers, en robes, s'occupèrent du service du prince et de la princesse de Condé, du duc de Bourbon, du duc du Maine, du comte de Toulouse, ainsi que des princesses qui étaient assises à la même table, faite en forme de fer à cheval. Trois huissiers, en robe mi-partie et trois maîtres d'hôtel de la ville, dirigeaient l'ordre des divers services; les plats étaient portés par cent vingt archers, revêtus de leur casque, l'épée au côté, sous les ordres de leur colonel et des autres officiers.

Le premier service comprit, cent cinquante plats ou assiettes, le second, vingt-deux plats de rôtis, vingt-et-un plats d'entremets et soixante-quatre assiettes, et le troisième, composé de fruits de toutes sortes, fut fait avec la même abondance, malgré le froid, qui était en ce moment assez intense. Pendant la durée de ce festin, les violonistes et musiciens de la cour, placés sur un amphithéâtre, donnèrent un concert. D'autres tables, chacune de vingt-cinq couverts, furent occupées par les seigneurs de la suite du roi dans le bureau de la ville, dans la salle des colonels et dans le bureau du greffier.

Après le dîner, Louis XIV se montra à la fenêtre devant la foule assemblée sur la place de Grève, qui ne cessait de crier : « Vive le Roi » et à laquelle on distribua des pâtés, des viandes froides, et environ sept mille bouteilles de vin, en plus de celui qui coula tout le jour à quatre fontaines sur la place de Grève.

Le roi, après avoir témoigné sa satisfaction au prévôt des marchands et aux échevins de la réception qui lui avait été faite en ce jour, accorda la liberté à quelques prisonniers, sur la demande du prévôt de Fourcy et se rendit ensuite place des Victoires pour voir le monument que le duc de La Feuillade avait fait élever en son honneur. Un tableau représentant ce dîner fut exécuté sur l'ordre du bureau de la ville et le souvenir de cette visite du roi Louis XIV à l'Hôtel de Ville de Paris fut consacré par un monument.

Ce monument consista en une statue pédestre de Louis XIV, exécutée en bronze, par Antoine Coysevox; cette œuvre fut placée dans la cour intérieure, sous l'arcade faisant face à l'entrée de l'Hôtel de Ville, entre deux colonnes ioniques de marbre, avec chapiteaux et ornements de bronze doré. Il existait à la

CONVALESCENCE DE LOUIS XIV

Le corps municipal de Paris recevant le modèle de la statue de Louis XIV, commandée au sculpteur Coysevox, en souvenir du banquet offert au Roi à l'Hôtel de Ville le 30 janvier 1687.

Boucot, receveur. — de Fourcy, prévôt des marchands. — Herlau, échevin. — Titon, procureur. — Mitandier, greffier. — Le Noir, échevin. — Bellier, échevin. — Marescal, échevin.

même place, avant la visite de Louis XIV, à l'Hôtel de Ville, une autre statue pédestre de ce roi, en marbre blanc, exécuté par le sculpteur Gilles Guérin ; mais elle déplaisait au Roi et fut enlevée sur son ordre, et donnée par lui à Henri de Fourcy, Prévôt des marchands, qui la fit transporter dans son parc de Chessi.

Le sculpteur Coysevox a représenté dans cet œuvre le monarque habillé en triomphateur romain ; il est appuyé d'une main sur un faisceau d'armes, élevé du milieu d'un trophée, et de l'autre il paraît donner un ordre. Le piédestal est de marbre blanc, les faces sont chargées de deux bas-reliefs et de deux inscriptions, latine et française. Le premier bas-relief représente le Roi distribuant du pain aux pauvres pendant la famine de 1682 ; le second montre la religion triomphant de l'hérésie foudroyée.

Sur le devant, fut inscrit ce qui suit :

Louis XIV
1643-1715
Monument érigé à l'Hôtel de Ville
le 14 juillet 1689
en mémoire du festin solennel
offert au Roi le 30 janvier 1687
Antoine Coysevox
sculpteur.

On avait en outre gravé sur deux lames de cuivre déposées sous le piédestal, l'inscription suivante :

« *La ville de Paris a fait dresser ce monument éternel de son respect, de*
« *sa fidélité et de sa reconnaissance dans cet hôtel public de ses assemblées,*
« *pour conserver la mémoire de l'honneur que lui fit Louis-le-Grand, le tren-*
« *tième jour de janvier de l'année 1687, y dînant avec toute la maison royale,*
« *servi par les Prévôt des marchands, échevins, conseillers et quarteniers,*
« *après avoir rendu à Dieu, dans l'église métropolitaine de Notre-Dame, de*
« *solennelles actions de grâces pour le recouvrement de sa santé que tous nos*
« *concitoyens avaient demandé au ciel par de très instantes prières* ».

Cette statue mutilée et enlevée de sa place en 1793, fut cachée dans les magasins du Roule ; elle fut replacée à l'Hôtel de Ville en 1814, après avoir été restaurée par le sculpteur Dupasquier et le fondeur Thomire. Elle échappa également à l'incendie de l'Hôtel de Ville en 1871 et se trouve actuellement dans la cour du musée Carnavalet.

Offrande d'un tableau à l'église Sainte-Geneviève

PAR LES MAGISTRATS DE LA VILLE DE PARIS

A L'OCCASION DE LA CESSATION DE LA FAMINE DE 1693-1694

(DÉLIBÉRATION DU 10 août 1696)

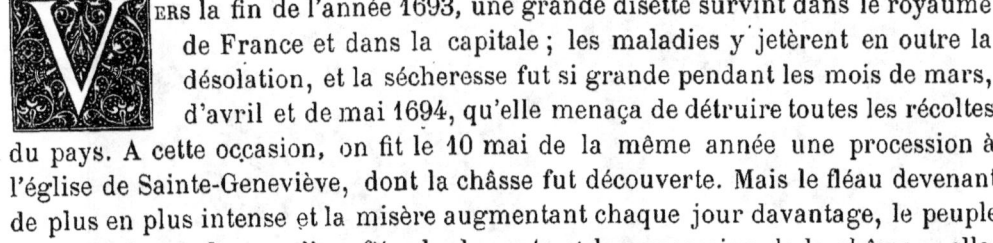

Vers la fin de l'année 1693, une grande disette survint dans le royaume de France et dans la capitale ; les maladies y jetèrent en outre la désolation, et la sécheresse fut si grande pendant les mois de mars, d'avril et de mai 1694, qu'elle menaça de détruire toutes les récoltes du pays. A cette occasion, on fit le 10 mai de la même année une procession à l'église de Sainte-Geneviève, dont la châsse fut découverte. Mais le fléau devenant de plus en plus intense et la misère augmentant chaque jour davantage, le peuple de Paris demanda que l'on fît « la descente et la procession de la châsse » elle-même renfermant les restes de la sainte. Le parlement, sur l'ordre du Roi, ainsi qu'il est dit dans la délibération, en date du 10 août 1696, rendit un arrêt et cette procession eut lieu le jeudi 27 mai 1694. Aussitôt après cette cérémonie à laquelle assista le corps de ville, une pluie abondante et bienfaisante tomba, et la récolte de l'année dépassa en qualité et en quantité le rendement ordinaire.

A la suite de ces événements, qui émurent Louis XIV, le roi ordonna à l'archevêque de Paris de faire dire des prières dans toutes les églises, en l'honneur de Sainte-Geneviève. Les magistrats de la ville, de leur côté, ainsi qu'il est énoncé dans la délibération sus-mentionnée, du 10 août 1696 « ne crurent pas devoir se con-
« tenter d'une action de grâce passagère, ils s'engagèrent solennellement à faire
« faire un tableau qu'ils lui offriroient et qui seroit un monument éternel des
« grâces qu'ils avoient reçues du ciel par son entremise ».

Le célèbre peintre Largillière, qui a fait les portraits d'un grand nombre de personnages du dix-septième siècle, et notamment ceux de plusieurs prévôts des marchands et échevins, qui décorent encore les musées du Louvre et de Carnavalet, fut chargé de l'exécution de ce tableau, dont une reproduction est donnée dans cet ouvrage.

Cette toile, qui a été remise par le cardinal Fesch en 1811 à l'église Saint-Etienne-du-Mont, où elle existe encore actuellement, est très belle au point de vue

Offrande d'un tableau a l'Eglise Sainte-Geneviève par les magistrats de la Ville de Paris à l'occasion de la cessation de la famine de 1693-1694 (Délibération du 10 août 1696).

Maximilien Titon, procureur de la Ville — Claude Bosc, prévôt des marchands de Paris — Toussaint Bazin, échevin — Claude Puylon, échevin — Louis Baudran, échevin — Martin Milandier, greffier — Claude Sainfray, échevin — Henri Herlan, Philippe Levesque, anciens échevins — Boucot, receveur — Fournier, colonel des Archers — Largillière, peintre du tableau

de l'art; elle possède en outre une valeur historique d'autant plus grande, qu'elle a transmis jusqu'à nos jours les traits exacts des divers magistrats de Paris, qui étaient en fonctions pendant les années 1693 et 1694. Il a paru, par suite, utile et intéressant d'en donner la description dans un ouvrage concernant le personnel de l'Hôtel de Ville.

Messire Claude Bosc, Prévôt des marchands de Paris, y est représenté à genoux sur un coussin, revêtu de sa robe « my partie rouge et violette ». Vis-à-vis de lui sont ses quatre échevins en robes également « my partie », savoir : Le sieur Toussaint Bazin, à genoux, ayant à côté de lui le sieur Claude Puylon, debout, Charles Sainfray, à genoux, enfin le sieur Louis Baudran, debout. Près de ces derniers se trouvent Henri Herlau et Philippe Levesque, conseillers du Roi, anciens échevins.

Derrière le Prévôt et à sa droite, se tient à genoux le procureur du Roi et de la ville, Maximilien Titon, en robe entièrement rouge, à sa gauche, également à genoux, se trouve le greffier Martin Mitandier; derrière ces deux magistrats sont debout le receveur Boucot et le colonel des archers Fournier, le premier en robe de cérémonie, le second tenant son bâton de commandement à la main.

La foule est dans le lointain, et le peintre heureux et fier sans doute, de se trouver en si belle compagnie, s'y est représenté lui-même près de l'échevin Puylon.

Au-dessus de ces divers personnages, apparaît au milieu d'un nuage, Sainte-Geneviève, dans un gracieux costume de l'époque; elle est à genoux, les mains jointes, devant une lumière éclatante s'échappant d'un ciel entouré d'anges et de chérubins, et de laquelle s'élancent deux rayons, l'un descendant sur la sainte, l'autre se dirigeant vers le Prévôt des marchands.

Dans le soubassement de ce magnifique tableau on fit figurer les armes de la ville ainsi que celles des personnages représentés, et une grande bande d'azur sur laquelle on avait écrit en lettres d'or les mots : « *Oravit et cœlum dedit pluviam et terra dedit fructum suum* ».

Enfin, au-dessous des armes de la ville, on plaça deux tablettes de marbre soutenues par un chérubin, et portant les inscriptions suivantes, savoir :

Sur la première tablette :

« *Du règne de Louis 14, roy de France et de Navarre, Messire Claude Bosc,*
« *chevalier, seigneur d'Ivry-sur-Seine, conseiller du Roy en son conseil, procu-*
« *reur général de la cour des aydes, Prévost des marchands de Paris. Nobles*
« *hommes, Toussaint Simon Bazin, conseiller du Roy en l'Hôtel de Ville, Claude*
« *Puylon, ancien docteur de la faculté de médecine, Charles Sainfray, conseil-*
« *ler du Roy, notaire au Châtelet et quartenier, et Louis Baudran, écuyer,*
« *substitut de M. le procureur général de la cour des aydes, échevins; maître*
« *Maximilien Titon, procureur du Roy et de la ville, et Jean Martin Mitan-*
« *dier, greffier et Nicolas Boucot, receveur, au nom de la ville, ont donné ce*

« *tableau en reconnaissance du secours obtenu du ciel par l'intercession de
« Sainte-Geneviève de Paris, en 1694* ».

Sur la deuxième tablette :

« *Depulso sævissimæ sterilitatis metu et impetrata precibus B. Genovefæ
« optima frugum copia.*

« *Cl. Bosc-Præf-Urbi-Touss. Bazin, Cl. Puylon, Car. Sainfray, Ludov.
« Baudran, Aediles-Maximil. Titon, procurator Reg. et Vil. — Mart. Mitandier
« Scriba et Nicolaus Boucot quæstor.*

« *Astantibus consiliariis et regionum urbis curatoribus cum in hanc aedem
« convenissent*

« *et sacris operati gratias Deo immortali totius civitatis nomine egissent
« ad æternam divini beneficii memoriam hanc fabulam poni curaverunt.*

« *Regnante Ludovico 14 — Id. sept. — A. R. S. H. — M.D.C.X.C.IV* ».

Le sonnet suivant fut en outre rimé à l'occasion de la remise de ce tableau à l'église Sainte-Geneviève :

« Protectrice des lys, apuy de la Patrie,
« Sainte que nous venons vénérer à genoux,
« Vierge, qui fus toujours près de ton cher époux
« L'infaillible secours d'une ville chérie !
« Un peuple humble à tes piès à peine se recrie
« Que d'un Dieu justement irrité contre nous,
« Tu saix par ton crédit désarmer le courroux
« Et nous fournir les biens dont la France est nourrie.
« Dans ce pieux tableau, témoin de tes bontés
« Reçois, sainte, reçois sur nos vœux écoutés
« Ce gage solennel de nos reconnaissances ;
« Mais s'il peint à nos yeux tes célestes faveurs,
« L'éternel souvenir de tes bienfaits immenses
« Est encore mieux gravé dans le fonds de nos cœurs (1) !

(1) *Extrait du registre des délibérations du corps de ville*, année 1696.

JEAN SCARRON

PRÉVÔT DES MARCHANDS

Jean Scarron, seigneur de Mandiné, naquit en 1574 ; il fut nommé conseiller au parlement de Paris le 10 février 1600, et ensuite conseiller à la Grande Chambre. Il fut élu Prévôt des marchands de Paris en 1644, en remplacement de Macé Le Boulanger, sous le règne de Louis XIV, et occupa ce poste jusqu'en 1646. La première pierre de l'église du Val-de-Grâce, construite en reconnaissance de la naissance de Louis XIV, fut posée sous la prévôté de Jean Scarron, le 1er avril 1645.

Lorsque des troubles éclatèrent en Angleterre, et qu'après la mort de Charles Ier, sa femme, Henriette de France, fut obligée de revenir à Paris pour y chercher un asile ; Jean Scarron, Prévôt dès marchands, fut chargé de recevoir la reine, le 5 novembre 1644.

Ce prévôt mourut dans l'exercice de ses fonctions au mois de février 1646 à l'âge de 72 ans. Il fut un des grands parents du poëte Paul Scarron, auteur de l'*Enéide travesti* et mari de madame de Maintenon, épouse morganatique de Louis XIV.

Ses armoiries, comme magistrat de Paris, (jeton de l'échevinage), représentaient :
« *Un écu armorié, surmonté d'un casque de face garni de ses lambrequins et cimé d'une tête* « *contournée de chevrotin. D'azur à la bande bretéché d'or* ». Avec les mots : « *De la pre-* « *vosté de Mre Jehan Scarron* ». Au-dessus « *1645* », avec les mots : « *Matre Dea mons-* « *trante viam* ».

CLAUDE DE BOURGES

ÉCHEVIN

Claude de Bourges, conseiller du roi, occupa le poste de payeur du bureau des trésoriers de France à Orléans ; il fut élu conseiller de ville à Paris en 1631 et échevin le 17 août 1643 ; il remplit cette dernière fonction jusqu'au 16 août 1645 ; c'est-à-dire sous les prévôtés de Macé Le Boulanger et de Jean Scarron (règnes de Louis XIII et de Louis XIV).

Ses armoiries, comme magistrat de Paris, (jeton de l'échevinage), représentaient : « *Un écu armorié, surmonté d'un casque de trois quarts avec ses lambrequins. D'azur au chevron accompagné de trois lis de jardin d'argent tigés de sinople* ». Avec les mots : « *N. He Claude D Bourges P. Esch^v D. C. ville D Paris* ». Au revers : « *Autel sur lequel est un veau offert en sacrifice* ». A l'exergue : « *1645* ». Avec les mots : « *Tout pour Dieu.* »

JEAN GAIGNY

ÉCHEVIN

Jean Gaigny, commissaire examinateur au Châtelet et l'un des gouverneurs du temporel de l'Hôtel-Dieu, fut nommé conseiller de ville en 1636 et élu échevin en 1645. Il conserva ce dernier poste jusqu'en 1647 et mourut le 28 mars 1669.

Ses armoiries, comme magistrat de Paris, (jeton de l'échevinage), représentaient : « *Un écu armorié, surmonté d'un casque de profil garni de lambrequins. D'azur à deux épis d'or posés en sautoir, mouvant d'un croissant d'argent placé à la pointe de l'écu et accompagnés de trois quintesfeuilles mal ordonnées de même* ». Avec les mots : « *De lechevinage de Mre Jean-Gaigny·con^{er} et com^{re}.* »

Au revers : « *Armoiries de la ville de Paris surmontées de la date 1646.* » Avec les mots : « *Audit secura regentem* ».

JÉROME LE FÉRON

PRÉVÔT DES MARCHANDS

Jérome Le Féron, seigneur d'Orville et de Louvres-en-Parisis, fut nommé conseiller au Parlement de Paris le 9 juillet 1627 et président à la chambre des enquêtes ; il était frère cadet d'Oudart Le Féron, prévôt des marchands sous le règne de Louis XIII. Jérome Le Féron fut élu Prévôt des marchands le 26 février 1646, en remplacement de Jean Scarron, décédé. Il conserva ce poste jusqu'en 1650.

Ses armoiries, comme magistrat de la ville, (jeton de l'échevinage), représentaient : « *Un écu armorié, surmonté d'un casque de trois quarts orné de lambrequins. De gueules, au sautoir d'or cantonné : au 1er et au 4e d'une molette d'éperon d'or ; au 2e et au 3e, d'une aiglette au vol abaissé de même* ». Avec les mots : « *De la prevosté de Mre Hierosme Le Feron PR^t* ». Au revers : Armes de Paris, au-dessus desquelles se trouve la date de 1647, avec les mots : « *Deus puppi consedit in alta* ».

TABLEAU DE PHILIPPE DE CHAMPAIGNE
représentant les magistrats de Paris de 1646 à 1650.

Maillard phot.

Nicolas Boucot Germain Piètre Jérôme Le Féron   Jean de Bourg   Geoffroy Yon, Gabriel Fournier,
  receveur   procureur   prévôt des marchands   échevin   Pierre Helyot
           Martin Le Maire   échevins
              greffier

Il existe actuellement au musée du Louvre, salle La Caze, une très belle toile de Philippe de Champaigne, qui vécut de 1602 à 1674. Ce tableau, peint vers l'année 1649, a été acheté par l'Etat à la vente Sébastiani en 1851 ; il représente huit personnages de grandeur naturelle dont les noms paraissent inconnus, puisqu'ils ne figurent pas sur le catalogue de ce musée. Quatre d'entre eux sont à la gauche du spectateur, tournés vers sa droite; les quatre autres sont à sa droite faisant face aux premiers, à genoux, les mains jointes, sauf un d'entre eux qui tient un livre à la main, dans l'attitude de la prière. Le fond est formé, entre deux colonnes d'église, d'un vélum bleu, aux fleurs de lys d'or, auquel est suspendu un Christ; entre chaque groupe de quatre personnages est figuré un meuble, sur lequel un livre se trouve ouvert.

Tous sont en robe noire avec collerette blanche nouée par devant et manchettes; un seul est revêtu du manteau rouge à large manche tombante sur l'épaule droite ; c'est le costume d'un Prévôt des marchands de Paris. Les quatre qui font face à ce prévôt ont également un mantelet rouge sur l'épaule droite, mais sans manche, et portent le costume des échevins, enfin, les trois autres, placés derrière le prévôt, ont le costume, l'un de procureur, l'autre de receveur, et le troisième de greffier de la ville.

Au-dessous du Prévôt, à gauche, et d'un des échevins à droite, se trouvent deux blasons peints par l'éminent artiste :

L'un, « *de gueules au sautoir d'or, accompagné en chef et en pointe d'une molette d'éperon* « *et aux flancs dextre et senestre, d'une aiglette, le tout d'or.* »

Ce sont les armes de Jerome Le Féron, seigneur d'Orville et de Louvres-en-Parisis, président aux enquêtes, élu prévôt des marchands de Paris, le 26 février 1646, en remplacement de Jean Scarron, décédé.

L'autre, « *d'azur au chevron d'or, accompagné de trois lys d'argent tigés de sinople,* « *deux en chef et un en pointe* ».

Ce sont les armes de Jean de Bourg, docteur en médecine, élu échevin en 1646.

Il y a tout lieu de croire, en conséquence, que les six autres personnages représentés sont les magistrats qui occupaient, sous la prévôté de Jérome Le Féron, Prévôt des marchands de 1646 à 1650 les fonctions suivantes, savoir :

Geoffroy Yon, bourgeois de Paris, celle d'échevin élu en 1646.

Gabriel Fournier, président en l'élection de Paris, celle d'échevin élu en 1647.

Pierre Helyot, conseiller de la ville, celle d'échevin élu en 1647.

Germain Piètre, celle de procureur de la ville, à cette époque.

Nicolas Boucot, celle de receveur de la ville, de 1633 à 1675.

Et Martin Le Maire, celle de greffier de ville, de 1634 à 1660.

Cette toile, qui est un chef-d'œuvre artistique, constitue un document historique qui reproduit fidèlement les traits des grands personnages qui ont administré la ville de Paris au commencement du règne de Louis XIV. Sa place serait, soit à l'Hôtel de Ville, soit au musée Carnavalet, mais il est la propriété de l'Etat et ne peut pour ce motif être distrait du musée du Louvre.

ANTOINE LE FEBVRE

PRÉVÔT DES MARCHANDS

Antoine Le Febvre, seigneur de la Barre, conseiller au parlement de Paris et au conseil d'Etat, fut élu prévôt des marchands de Paris en 1650, en remplacement de Jérôme Le Féron, sous la minorité de Louis XIV et la régence de la reine Anne d'Autriche. Les guerres de la Fronde eurent lieu pendant sa magistrature ; il faillit perdre la vie pendant la journée des Barricades, le 4 juillet 1652, ne dut son salut qu'à l'intervention de Mademoiselle de Montpensier qui le fit sortir de l'Hôtel de Ville, et fut forcé de donner sa démission le même jour.

Pierre de Broussel fut nommé prévôt des marchands à sa place, le 6 juillet 1652, par le duc de Beaufort, alors maître de Paris ; mais ce magistrat, choisi en dehors de toute élection normale, n'exerça en réalité cette charge que du 16 août au 24 septembre de la même année.

Antoine Lefebvre fut réintégré dans le poste de prévôt des marchands le 14 octobre 1652, par lettres royales du 5 du même mois.

L'église Saint-Roch fut commencée sous sa magistrature ; le Roi et la Reine-mère en posèrent la première pierre le 28 mars 1653.

Les armoiries d'Antoine Le Febvre, comme magistrat de Paris, (jeton de l'échevinage), représentaient : « *Un écu armorié, surmonté d'un casque de face avec ses lambrequins.* « *D'azur, au chevron d'or surmonté d'une tour d'argent, accompagnée en chef de deux* « *étoiles et en pointe d'un souci, le tout d'or* ». Avec les mots : « *De la Prevosté de M^{re}* « *Ant^e Le Febvre con^{er} D R en ses con^{ls} et parl^t* ». Au revers : « *Armes de la ville* ». A l'exergue : « *1651* ». Avec les mots : « *Sidere læta suo* ».

MICHEL GUILLOIS

ÉCHEVIN

Michel Guillois, conseiller au Châtelet, fut nommé conseiller de ville en 1636 et échevin en 1650, sous la prévôté d'Antoine Le Febvre. Comme ce dernier, il eut à subir les conséquences de la guerre de la Fronde, assista à la journée des Barricades (4 juillet 1652) et fut dépossédé de sa charge d'échevin le 6 juillet ; il fut réintégré dans sa charge d'échevin le 14 octobre suivant et conserva ce poste jusqu'en 1653.

Ses armoiries, comme magistrat de Paris,(jeton de l'échevinage), représentaient : « *Un écu armorié, surmonté d'un casque de profil garni de ses lambrequins. D'argent, au* « *tournesol d'or, entortillé dans sa tige de deux pensées d'azur, le tout tigé et feuillé de* « *sinople sur une terrasse de même* ». Avec les mots : « *De Lechevinage de Mre Michel* « *Guillois con^er* ». Au revers : « *Armes de Paris* ». A l'exergue : « *1652* ». Avec les mots : « *Motos novit componere fluct^9* ».

NICOLAS PHELIPPES
ÉCHEVIN

Nicolas Phelippes, receveur du grenier à sel de Paris, maître d'hôtel du Roi, fut nommé quartenier en 1643. Il fut élu échevin en 1650, sous la prévôté d'Antoine Le Febvre et subit les conséquences des guerres de la Fronde, comme son collègue Michel Guillois. Il fut dépossédé de la charge d'échevin le 6 juillet 1652, et fut réintégré dans ce poste le 14 octobre suivant :

Ses armoiries, comme magistrat de Paris, (jeton de l'échevinage), représentaient : « *un écu armorié, surmonté d'un casque de profil avec ses lambrequins. Ecartelé : au 1er et* « *au 4e, d'argent au chevron de gueules, accompagné de trois glands et de trois olives de* « *sinople disposés par couples, composés chacun d'un gland et d'une olive posés en sautoir* « *et liés de gueules au chef d'azur chargé de trois étoiles rangées d'or; au 2e et au 3e de* « *gueules à la croix endentée d'argent* ». Avec les mots : « *De Lechevinage de Mre N. Phe-* « *lippes Me Dhostel du R.* ». Au revers, écu aux armes de la ville, au-dessus duquel est placée la date : « *1652* ». Avec les mots : « *Honor. populus dedit annuit aula* ».

ANDRÉ LE VIEULX
ÉCHEVIN

André Le Vieulx, marchand drapier, fut nommé conseiller de ville en 1639, fut élu échevin en 1651, sous la prévôté d'Antoine Le Febvre, puis réélu le 14 octobre 1652 pour un an. Il occupa ce poste jusqu'au 17 août 1654. Il fut ensuite nommé consul le 30 janvier 1655, et juge le 30 janvier 1670 ; il remplit les fonctions d'administrateur de l'hôtel-Dieu et de directeur de l'hôpital général.

Ses armoiries, comme magistrat de Paris, (jeton de l'échevinage), représentaient : « *un écu armorié, surmonté d'un casque de profil garni de lambrequins. D'azur, à la face* « *d'or accompagnée en chef d'un croissant d'argent, accosté de deux étoiles d'or et, en pointe,* « *d'un phénix éployé d'argent* ». Avec ces mots : « *De Leschevinage de Mre A. Le Vieulx-*

« conser de ville ». Au revers : « *Vaisseau flottant à gauche, au milieu des nuages ; ses voiles sont semées d'étoiles ; il est surmonté d'un chef semé de France* ». A l'exergue : « *1654* ». Avec ces mots : « *Servando-Dea-facta-Deos* » ?

JULIEN GERVAIS
ÉCHEVIN

Julien Gervais, du corps des merciers, conservateur des mesures au grenier à sel de Paris, fut nommé quartenier en 1634 ; il fut élu échevin le 16 août 1652, sous la prévôté d'Antoine Le Febvre, démissionna au mois d'octobre suivant, et fut réélu en 1653 ; il conserva ce poste jusqu'en 1655 et devint consul le 30 janvier 1672.

Ses armoiries, comme magistrat de Paris, (jeton de l'échevinage), représentaient : « *Un écu armorié, surmonté d'un casque de profil garni de lambrequins. D'azur à trois annelets d'or, accompagnés en bordure de quatorze demi-annelets de même, mouvant des bords de l'écu* ». Avec les mots : *De Lechevinage de Mre IVlien Gervais* ». Au revers : « *Vaisseau voguant à gauche, toutes voiles dehors* ». A l'exergue : « *1655* ». Avec les mots : « *Nec saxa nec ignes* ».

ALEXANDRE DE SÈVE
Prévôt des marchands de Paris
(de 1654 à 1662)

ALEXANDRE DE SÈVE
PRÉVÔT DES MARCHANDS

Alexandre de Sève, seigneur de Chatignonville et de Châtillon-le-Roi, fut nommé maître des requêtes le 1er septembre 1633, et ensuite conseiller du Roi, en ses conseil d'Etat et direction des finances. Il fut élu prévôt des marchands de Paris le 16 août 1654, en remplacement d'Antoine Le Febvre, sous le règne de Louis XIV. Il fut réélu plusieurs fois et occupa cette charge jusqu'en 1662. Alexandre de Sève fit reconstruire en pierre le pont des Tournelles en 1656, et réparer en 1659, le petit pont et le pont Notre-Dame. Il fut chargé avec le maréchal de Lhopital, de recevoir, le 8 septembre 1656 à la porte Saint-Antoine, la reine Christine de Suède. Par une ordonnance du bureau de la ville en date du 5 novembre 1655, les travaux du quai de Nesle, actuellement quai Conti, furent entrepris sous sa prévoté. Alexandre de Sève mourut le 22 février 1673.

Ses armoiries, comme magistrat de Paris, (jeton de l'échevinage), représentaient : « *Un écu armorié, surmonté d'un casque de face garni de lambrequins fascé d'or et de sable, à la bordure contre-componée de même* ». Avec les mots : « *De la prevosté De Mre Alexandre de Sève* ». Au revers : « *Vaisseau voguant à gauche, toutes voiles dehors* ». A l'exergue : « *1655* ». Avec les mots : « *Nec saxa nec ignes* ».

VINCENT HÉRON
ÉCHEVIN

Vincent Héron, épicier, fut d'abord conseiller de ville en 1640 ; il fut élu échevin le 16 août 1654, et exerça ses fonctions sous la prévôté d'Alexandre de Sève jusqu'au 16 août 1656. Il fut nommé consul le 30 janvier 1653 et juge le 28 janvier 1668.

Ses armoiries comme magistrat de Paris, (jeton de l'échevinage), représentaient : « *Un écu armorié, surmonté d'un casque de profil avec ses lambrequins. D'azur, au chevron d'or, surmonté d'un croissant d'argent et accompagné de trois grenades tigées et feuillées d'or, ouvertes de gueules* ». Avec les mots : « *De Leschevinage. D. Mre Vincent Héron, C^er D. ville* ». Au revers : « *Vaisseau voguant à gauche toutes voiles dehors* ». Avec les mots : « *Nec saxa nec ignes* ». A l'exergue : « *1655* ».

JEAN ROUSSEAU
ÉCHEVIN

Jean Rousseau, bonnetier, fut nommé quartenier en 1638 ; il fut élu échevin en 1654, sous la prévôté d'Alexandre de Sève, et le règne de Louis XIV, et conserva ce poste jusqu'en 1656. Il devint consul le 30 janvier 1649 et juge le 31 janvier 1664.

Ses armoiries comme magistrat de Paris, (jeton de l'échevinage), représentaient : « *Un écu armorié, surmonté d'un casque de profil avec ses lambrequins. De sable, à trois épis de blé rangés d'or* ». Avec les mots : « *De l'Echevinage Me Jean Rousseau* ». Au revers : « *Vaisseau voguant à gauche, vers lequel vole une victoire portant une branche d'olivier, le tout sous un chef semé de France* ». Avec les mots : « *Adhibet socias gentes* ». A l'exergue : « *Pax fundata cum Anglis 1656* ».

CLAUDE DE SANTEUL

ÉCHEVIN

Claude de Santeul, fut nommé conseiller de ville en 1631, et fut élu échevin en 1655, sous la prévôté d'Alexandre de Sève, et sous le règne de Louis XIV; il occupa ce poste jusqu'en 1657.

Ses armoiries, comme magistrat de Paris, (jeton de l'échevinage), représentaient : « *Un écu armorié, surmonté d'un casque de profil avec lambrequins. D'azur, à la tête d'or* « *posée de front et semée d'yeux au naturel* ». Avec les mots : « *De Lechevinage de* « *Mr Claude de Santevl* ». Au revers: « *Armes de Paris* ». Avec les mots : « *Nec te quœ-* « *sieris extra* ». A l'exergue : « *1656* ».

ANTOINE DE LA PORTE

ÉCHEVIN

Antoine de La Porte, épicier, après avoir été quartenier en 1634, fut élu échevin en 1655, sous la prévôté d'Alexandre de Sève, et sous le règne de Louis XIV; il occupa ce poste jusqu'en 1657. Il fut nommé consul le 29 janvier 1661, et juge le 30 janvier 1676.

Ses armoiries, comme magistrat de Paris, (jeton de l'échevinage), représentaient : « *Un écu armorié, surmonté d'un casque de profil garni de ses lambrequins. Coupé : au 1er* « *de gueules au croissant d'argent; au 2e d'azur à la tête de lion d'argent arrachée d'or,* « *lampassée de gueules* ». Avec les mots : « *De Leschevinage de Mr Ant. de La Porte,* « *Pr Eschevin* ». Au revers : « *Femme à cheval, marchant à gauche, se dirigeant vers un* « *vaisseau voguant dans le même sens, le tout sous un chef fleurdelysé* ». Avec les mots : « *Utraque orbis miraculum* ». A l'exergue : « *1657* ».

JEAN DE FAVEROLLES

ÉCHEVIN

Jean de Faverolles, intendant de la maison de la reine Anne d'Autriche, fut nommé conseiller de ville en 1653; il fut pourvu le 26 décembre 1656 d'un des offices de trésoriers généraux du marc d'or, et fut élu échevin en 1657, sous la prévôté d'Alexandre de Sève, et sous le règne de Louis XIV. Il conserva ces fonctions jusqu'en 1659.

Jean de Faverolles mourut le 15 novembre 1672.

Ses armoiries, comme magistrat de Paris, (jeton de l'échevinage), représentaient : « *Un écu surmonté d'un lion issant, accompagné de lambrequins. D'azur, à la tige de fèves de trois gousses, mouvant d'un croissant placé à la pointe de l'écu, et accompagnée en chef de deux étoiles, le tout d'or, qui est de Faverolles : Je crois, je fleuris, je produis* ». Avec les mots: « *Cresco, Floresco, Do, 1657.* » Au revers : « *Armoiries de la ville* ». Avec les mots : « *Tandem jactata quiescit* ». A l'exergue : « *1657* ».

JEAN LE VIEUX

ÉCHEVIN

Jean Le Vieux, drapier, après avoir été quartenier en 1640, fut élu échevin en 1658, sous la prévôté d'Alexandre de Sève, et sous le règne de Louis XIV ; il occupa ce poste jusqu'à 1660.

Jean Le Vieux remplit en outre les fonctions de juge à partir de 1659, ainsi que celles de receveur général des pauvres.

Ses armoiries, comme magistrat de Paris, (jeton de l'échevinage), représentaient : « *Un écu armorié, surmonté d'un casque de profil garni de lambrequins. D'azur, à la fasce d'or accompagnée en chef d'un croissant d'argent, accosté de deux étoiles d'or, et, en pointe, d'un phénix éployé d'argent* ». Avec les mots: « *Mre Jean Le Vieux, premir Eschevin et Consul* » au revers : « *Armes de Paris* », avec les mots : « *Hanc rex pace Beat* » à l'exergue « *1660* ».

CLAUDE PRÉVOST

ÉCHEVIN

Claude Prévost, drapier, fut nommé quartenier en 1646, consul le 29 janvier 1656 et échevin en 1659, sous la prévôté d'Alexandre de Sève ; il occupa ce dernier poste jusqu'en 1661.

Ses armoiries, comme magistrat de Paris, (jeton de l'échevinage) représentaient : « *un écu armorié, surmonté d'un casque de profil avec ses lambrequins. D'argent, à trois roses de gueules* ». Avec les mots : « *Mr Claude Prevost premier Eschevin* ». Au revers : « *Armes de la ville* ». Avec les mots : « *Vellere Spectanda Novo* ». A l'exergue : « *1661* ».

PIERRE DE LA MOUCHE
ÉCHEVIN

Pierre de La Mouche, maître d'hôtel du Roi, fut nommé auditeur des comptes le 21 juillet 1650. Il fut élu échevin en 1660, sous la prévôté d'Alexandre de Sève, et occupa ce poste jusqu'en 1662.

Ses armoiries, comme magistrat de Paris, (jeton de l'échevinage), représentaient : « un écu armorié, surmonté d'un casque de face, cimé d'une mouche à miel, orné de lambrequins, et ayant pour supports deux taureaux furieux mouvants d'une terrasse. De gueules, à la bande d'argent, chargée de trois mouches à miel de sable, posées dans le sens de la bande ». Avec les mots : « M^r M^e P^{re} De La Mouche Aud^{eur} Des comp. $prem^{er}$ Eschevin ». Au revers : « Vaisseau voguant à gauche, au milieu d'un essaim de mouches ». Avec les mots : « Hoc agmine tuta ». A l'exergue : « 1662 ».

JEAN-BAPTISTE HÉLISSANT
ÉCHEVIN

Jean-Baptiste Hélissant fut nommé conseiller de ville en 1651 ; il fut élu échevin en 1660, sous la prévôté d'Alexandre de Sève et occupa ce poste jusqu'en 1662.

Ses armoiries, comme magistrat de Paris, (jeton de l'échevinage), représentaient : « un écu surmonté d'un casque de profil, garni de lambrequins. D'azur, au chevron d'or accompagné en chef de deux canettes, affrontées d'argent, et en pointe d'un croissant du même ». Avec les mots : « DE Lechevinage de Mr Helissant $Conser^{er}$ de ville ». Au revers : « Armes de la ville ». Avec les mots : « Vellere Spectanda Novo ». A l'exergue : « 1661 ».

DANIEL VOYSIN
PRÉVÔT DES MARCHANDS

Daniel Voysin, seigneur de Cerisay, du Plessis-Voysin et de la Malmaison, fut nommé conseiller au Grand conseil en 1640, puis maître des requêtes le 20 avril 1646. Il devint ensuite intendant de Champagne et membre des conseils d'Etat et privé. Il fut élu prévôt des marchands en 1662, sous le règne de Louis XIV, en remplacement d'Alexandre de Sève, fut réélu en 1664 et en 1666, et conserva ce poste jusqu'en 1668. Il mourut le 22 novembre 1693.

Les fondations de la colonnade du Louvre furent faites le 17 octobre 1665, et la construction de l'Observatoire fut commencée, sous la prévôté de Daniel Voysin.

Ce prévôt fit partie de la commission de quatorze membres, chargée par Louis XIV d'étudier les mesures à prendre pour améliorer la sûreté de Paris et la propreté des rues. Cette commission se réunit le 28 octobre 1666 pour la première fois, termina ses travaux le 10 février 1667, et proposa la création d'une lieutenance générale de police qui eut lieu par un édit de mars 1667. Ce poste fut confié à de La Reynie qui fit établir un éclairage régulier de lanternes qui devaient être allumées du 20 octobre au 31 mars. Paris, jusqu'à cette époque, n'avait jamais été éclairé la nuit, sauf dans quelques rares exceptions, telles que les jours de réjouissances publiques ou de fêtes royales.

Les armoiries de Daniel Voysin, comme magistrat de Paris, (jeton de l'échevinage), représentaient : « *un écu armorié, surmonté d'un casque de face, cimé d'une tête de* « *lion, orné de lambrequins et ayant pour supports deux lions. D'azur à trois étoiles d'or,* « *accompagnées en cœur d'un croissant d'argent* ». Avec les mots : « *Mr Voysin M^e des* « *Req^{tes} prévost des marchands* ». Au revers : « *Armes de la ville* ». Avec les mots : « *Stella recens portusque novus mea gaudia* ».

JEAN DE MOUHERS

ÉCHEVIN

Jean de Mouhers, avocat au Parlement, fut nommé quartenier en 1645 ; il fut élu échevin en 1661, sous la prévôté d'Alexandre de Sève, et sous le règne de Louis XIV ; il occupa également ce poste sous la prévôté de Daniel Voysin jusqu'en 1663.

Ses armoiries, comme magistrat de Paris, (jeton de l'échevinage), représentaient : « *un écu armorié, surmonté d'un casque de trois quarts, garni de lambrequins. D'azur, à* « *trois dextres apaumées d'argent, accompagnées au cœur d'une demi-fleur de lys faillie à* « *senestre* ». Avec les mots : » *Mon de Movhers advocat en par^t premier échevin* ». Au revers : « *Armes de la ville, au-dessus desquelles est la date 1663* ». Avec les mots : « *pater* « *portunus euntem impulit* ».

LAURENS DE FAVEROLLES
ÉCHEVIN

Laurens de Faverolles fut reçu auditeur à la chambre des comptes, le 23 février 1661 ; il exerça ces fonctions jusqu'en 1714. Il fut nommé conseiller de ville en 1656, et fut élu échevin en 1664 sous la prévôté de Daniel Voysin, poste qu'il occupa jusqu'en 1666.

Ses armoiries, comme magistrat de Paris, (jeton de l'échevinage), représentaient : « un écu armorié, surmonté d'un casque de trois quarts, avec lambrequins. D'azur à la tige « de fèves de trois gousses mouvante d'un croissant posé à la pointe de l'écu, et accompa- « gnée en chef de deux étoiles, le tout d'or ». Avec les mots : « Laurens de Faverolles « premier Eschevin ». Au revers : « Ecu de Paris, surmonté de la date 1666 ». Avec les mots : « Ditescet Meliore Via ».

JEAN DE LABALLE
ÉCHEVIN

Jean de Laballe, notaire au Châtelet, fut nommé conseiller de ville en 1653 ; il fut élu échevin en 1664, sous la prévôté de Daniel Voysin et sous le règne de Louis XIV, et occupa ce poste jusqu'en 1666.

Ses armoiries, comme magistrat de Paris, (jeton de l'échevinage), représentaient : « un écu armorié, surmonté d'un casque taré de trois quarts, garni de ses lambrequins. « D'argent, au chevron d'azur, surmonté d'une foi de carnation, derrière laquelle sont pas- « sées en sautoir deux branches d'olivier de sinople, accompagné en chef de deux étoiles et, « en pointe, d'un cœur traversé en sautoir de deux flèches renversées, le tout de gueules ». Avec les mots : « M^r De Laballe Cons^{er} Eschevin et Not^{re} au Chat^{et} ». Au revers : « Amour dépouillant une femme de ses vêtements ». Avec les mots : « Ut Dite « Spoliat ».

FRANÇOIS LE FOING
ÉCHEVIN

François Le Foing, notaire au Châtelet, et greffier des commissions extraordi- naires du conseil, fut élu échevin le 17 août 1665, sous la prévôté de Daniel Voysin ; il occupa ce poste jusqu'au 16 août 1667.

Ses armoiries, comme magistrat de Paris, (jeton de l'échevinage), représentaient : « *un écu armorié, surmonté d'un casque de profil, garni de ses lambrequins. D'azur à trois monts d'or, issant d'ondes d'argent et soutenant une tour de même ; la dite tour surmontée d'un bras tenant un gonfanon chargé d'un cœur surmonté d'une fleur de lys....* ». Avec les mots « *François Le Fouyn, Premier Eschevin* ». Au revers : « *Armes de la ville* ». Avec les mots : « *Tuta et Sine Sorde* ». A l'exergue : « *1667* ».

CLAUDE LE PELETIER

PRÉVÔT DES MARCHANDS

Claude Le Peletier, seigneur d'Ablon, de Montmélian, de Morfontaine, etc., naquit au mois de juin 1631 ; après avoir été conseiller au Châtelet, il fut nommé au Parlement, le 29 janvier 1652, et devint président de la cinquième chambre des enquêtes en 1662. Il fut choisi comme tuteur des filles de Gaston, duc d'Orléans, décédé le 2 février 1660, et devint surintendant des postes en 1671 en remplacement de Louvois.

Il fut élu prévôt des marchands en 1668, en remplacement de Daniel Voysin, sous le règne de Louis XIV, fut successivement réélu en 1670, 1672 et 1674 et occupa ce poste jusqu'en 1676.

Conseiller d'état en 1673, Claude Le Peletier fut élevé au poste de contrôleur général des finances en 1683, et l'occupa jusqu'au mois de septembre 1689. Il acheta en 1686, une place de président à mortier, qu'il donna à son fils en 1689. Il démissionna de tous ses emplois en 1697 et mourut le 10 août 1711 à l'âge de quatre-vingts ans.

Les divers travaux entrepris sous la prévôté de Claude Le Peletier, furent les suivants : Les fondations des Invalides furent commencées le 30 novembre 1670. La plantation des remparts fut exécutée en 1671, conformément à un arrêt du 7 juin 1670. Les portes de Saint-Denis et Saint-Martin furent construites, la première en 1672 et 1673, la seconde en 1674 et 1675. Enfin le quai Le Peletier, qui porte actuellement le nom de quai de Gesvres, fut commencé en exécution des arrêts des 18 mars et 15 juillet 1673, sous la direction de l'architecte Bullet.

Les armoiries de Claude Le Peletier, comme magistrat de Paris, (jeton de l'échevinage), représentaient : « *un écu armorié, surmonté d'un casque de face avec ses lambrequins. D'azur à la croix pattée d'argent chargée en cœur d'un chevron de gueules, cotoyé de deux molettes d'éperon de sable et soutenu d'une rose de gueules boutonnée d'or* ».

Avec les mots : « *De la prevoste de M. Le Presid. Le Peletier* ». Au revers : « *Armes de Paris* ». Avec les mots : « *Magnis expandit carbasa Fatis* ». A l'exergue : « *1669* ».

NICOLAS PICQUES
ÉCHEVIN

Nicolas Picques fut nommé conseiller de ville en 1664; il fut élu échevin en 1668, sous la prévôté de Claude Le Peletier, et sous le règne de Louis XIV. Il conserva ce dernier poste jusqu'en 1670.

Ses armoiries, comme magistrat de Paris, (jeton de l'échevinage), représentaient : « *un écu surmonté d'un casque de trois quarts garni de lambrequins. D'azur, à la fasce ondée d'argent, accompagnée de trois mouches d'or, deux en chef et une en pointe* ». Avec les mots : « *De Leschevinage de Mr N. Picques* ». Au revers : « *Armes de Paris* ». Avec les mots : « *Magnis expandit carbasa Fatis* ». A l'exergue : « *1669* ».

HENRY DE SANTEUL
ÉCHEVIN

Henri de Santeul fut nommé quartenier en 1667 ; il fut élu échevin en 1669, sous la prévôté de Claude Le Peletier, et sous le règne de Louis XIV, et exerça cette dernière fonction jusqu'en 1671.

Ses armoiries, comme magistrat de Paris, (jeton de l'échevinage), représentaient : « *un écu aux armes de Santeul, surmonté d'un casque de profil avec ses lambrequins* ». Avec les mots : « *Mr Henry de Santeul premier Eschevin* ». Au revers : « *Armes de Paris* ». Avec les mots : « *Huic centum debes oculos* ». A l'exergue : « *1671* ».

AUGUSTE-ROBERT DE POMEREU
PRÉVÔT DES MARCHANDS

Auguste-Robert de Pomereu, seigneur de la Bretèche Saint Nom, de Vaux-Martin, naquit en 1630; il fut nommé maître des requêtes le 31 juillet 1656; et président au Grand conseil en 1662. Il exerça les fonctions d'intendant dans le Bourbonnais, l'Auvergne et la Bretagne. Il fut élu prévôt des marchands de Paris en 1676, en remplacement de Claude Le Peletier, sous le règne de Louis XIV, fut réélu à ce poste en 1678, en 1680 et 1682, et le conserva jusqu'en 1684. Il mourut le 17 octobre 1702 à l'âge de 72 ans.

Ses armoiries, comme magistrat de Paris, (jeton de l'échevinage), représentaient : « *un écu armorié, surmonté d'un casque de face cimé d'un vol parti d'or et d'azur* « *et garni de lambrequins ; l'écu ayant pour supports deux griffons mouvants d'une terrasse.* « *D'azur au chevron d'argent accompagné de trois pommes d'or. Au-dessus de l'écu :* « *1677.* » Avec les mots : « *De la Prevoste de M*r *Auguste Robert de Pomereu* ». Au revers : « *Vaisseau voguant à gauche, au milieu des débris de quatre autres vaisseaux,* « *le tout sous un chef semé de France* ». Avec les mots : « *Hispanis et Batavis ad* « *Panormum devictis* ».

PHILIPPE LÉVESQUE

ÉCHEVIN

Philippe Lévesque, secrétaire du roi, fut élu échevin en 1678, sous la prévôté de Auguste-Robert de Pomereu, et sous le règne de Louis XIV. Il conserva ces fonctions jusqu'en 1680 ; il remplit en outre celles d'administrateur de l'Hôtel-Dieu et des Incurables, et mourut le 23 janvier 1706.

Ses armoiries, comme magistrat de Paris, (jeton de l'échevinage), représentaient : « *un écu armorié, surmonté d'un casque de trois quarts orné de lambrequins et ayant pour* « *cimier une tête de cigogne avec son cou. Parti : au premier d'azur à la cigogne d'argent,* « *en vigilance d'or ; au deuxième d'argent à trois cœurs enflammés de gueules* ». Avec les mots : « *M*e *Philippe Levesque premier Eschevin* ». Au revers : « *cigognes picorant ; une* « *d'entre elles, sa vigilance dans la patte droite, veille à la sûreté de ses compagnes* ». Avec les mots : « *Dat cura quietem* ».

MICHEL GAMARE

ÉCHEVIN

Michel Gamare, épicier et apothicaire, fut nommé quartenier en 1667, et consul le 30 janvier 1680. Il fut élu échevin en 1682, sous la prévôté d'Auguste-Robert de Pomereu, et sous le règne de Louis XIV.

Ses armoiries, comme magistrat de Paris, (jeton de l'échevinage), représentaient :

« *un écu armorié surmonté d'un casque de trois quarts orné de lambrequins. D'azur, au*
« *chevron d'or accompagné en chef de deux gerbes de même, et en pointe d'une cane d'argent*
« *nageant sur des ondes flanquées de roseaux* ». Avec les mots : « *Michael Gamare*
« *aedilis annis 1682-1683* ». Au revers : « *Digitale au pied de laquelle sont enlacées deux*
« *vipères* ». Avec les mots : « *Hæc pharmaca complent* ». A l'exergue : « *1683* ».

HENRI DE FOURCY

PRÉVÔT DES MARCHANDS

Henri de Fourcy, comte de Chessy, seigneur de Chalibert, etc., fut nommé d'abord conseiller au Châtelet, puis conseiller au Parlement le 29 février 1652. Il devint ensuite président de la troisième chambre des enquêtes, et fut élu Prévôt des marchands de Paris en 1684, en remplacement d'Auguste-Robert de Pomereu sous le règne de Louis XIV. Il fut réélu au même poste successivement en 1686, 1688, 1690, remplit ces fonctions jusqu'en 1692, et fut en outre conseiller d'Etat en 1686.

Henri de Fourcy mourut le 4 mars 1708.

La première pierre du pont Royal fut posée sous sa prévôté le 25 octobre 1685. En vertu d'un arrêté du 19 décembre 1685, les travaux de la place des Victoires furent entrepris, et la statue de Louis XIV fut érigée dans la cour de l'Hôtel de Ville en 1689.

Il existe dans le quatrième arrondissement, près de la rue François Miron, une rue qui porte le nom de Fourcy. Ce prévôt avait habité ce quartier où il possédait un hôtel. La rue actuellement appelée de Fourcy existait en partie au XIVe siècle à l'état d'impasse.

Ses armoiries, comme magistrat de Paris, (jeton de l'échevinage), représentaient : « *un écu armorié, surmonté de la couronne de comte et supporté par deux lévriers mouvants* « *d'une terrasse. D'azur à l'aigle d'or, au chef d'argent chargé de trois tourteaux rangés de* « *gueules. Au-dessous de l'écu : 1. 6. 8. 5* ». Avec les mots : « *De La Prevoste de M^r Le* « *Président de Fourcy* ». Au revers : « *Soleil rayonnant, dissipant des nuages qui se fon-* « *dent en pluie ; au-dessous, un vaisseau voguant à gauche* ». Avec les mots : « *Unus qui* « *cuncta serenat* ».

CLAUDE BOSC

PRÉVÔT DES MARCHANDS

Claude Bosc, seigneur d'Ivry-sur-Seine, naquit en 1642 ; il fut nommé d'abord conseiller au parlement, puis procureur général à la cour des aides le 23 février 1672 ; il fut élu prévôt des Marchands de Paris en 1692, en remplacement de Henri de Fourcy, sous le règne de Louis XIV, fut réélu en 1694, 1696 et 1698 et occupa ce poste jusqu'en 1700. Il fut ensuite conseiller d'Etat et mourut le 15 mai 1715.

Les constructions uniformes qui entourent la place Vendôme furent exécutées sous la prévôté de Claude Bosc.

Ses armoiries, comme magistrat de Paris, (jeton de l'échevinage) représentaient : « *un écu en cartouche, armorié et surmonté d'un casque de face, garni de lambrequins.* « *D'azur, à la fasce d'or accompagnée de trois têtes d'aigle arrachées d'argent* ». Avec les « mots : « *De la première prevoste des marchands de Messire-Claude Bosc.* » Au revers : « *tour crénelée, mouvant d'une terrasse, garnie de boucliers de diverses formes et de piques* « *présentant la pointe* ». Avec les mots : « *Omni stat parte timenda* ». A l'exergue : « *1693* » (1).

CHARLES BOUCHER

PRÉVÔT DES MARCHANDS

Charles Boucher, seigneur d'Orsay, né en 1641, fut nommé conseiller au parlement le 16 janvier 1671, il fut élu prévôt des marchands de Paris en 1700, en remplacement de Claude Bosc, sous le règne de Louis XIV, fut réélu en 1702, 1704 et 1706, et occupa ce poste jusqu'en 1708. Ce fut sous la prévôté de Charles Boucher que, par un arrêté du conseil en date du 14 février 1702, et par une déclaration royale du 12 décembre de la même année, Paris, qui ne possédait que seize quartiers intérieurs, fut divisé en vingt quartiers ainsi qu'il suit, savoir :

(1) Il n'est donné dans cet ouvrage que les armoiries prises par chaque magistrat, lors de sa première élection, mais plusieurs d'entre eux les changèrent pendant le cours de leurs élections subséquentes ; c'est le cas de Claude Bosc et de beaucoup d'autres.

1 La Cité.	11 La Grève.
2 Saint-Jacques-la-Boucherie.	12 Saint-Paul.
3 Sainte-Opportune.	13 Sainte-Avoie.
4 Le Louvre.	14 Le Temple.
5 Le Palais-Royal.	15 Saint-Antoine.
6 Montmartre.	16 La place Maubert.
7 Saint-Eustache.	17 Saint-Benoit.
8 Les Halles.	18 Saint-André.
9 Saint-Denis.	19 Le Luxembourg.
10 Saint-Martin.	20 Saint-Germain-des-Prés.

Toutefois les quatre nouveaux quartiers étaient situés en dehors de l'enceinte et ne furent pas compris dans la division ultérieure en soixante districts.

Charles Boucher fut nommé conseiller d'Etat en 1709 et mourut le 5 juin 1714 à l'âge de 73 ans.

Ses armoiries, comme magistrat de Paris, (jeton de l'échevinage), représentaient : « *un cartouche chargée d'un écu ovale armorié, surmonté de la couronne de marquis et « supporté par deux harpies. De gueules, semé de croisettes d'argent, au lion d'or brochant « sur le tout* ». Avec les mots : « *De la Prev. de Mre Charles Boucher d'Orsay* ». Au « revers : « *Vaisseau voguant à droite sur une mer houleuse et poussé par un vent violent ; « près de l'extrémité de son mât brillent les feux de Saint-Elme* ». A l'exergue : « *La « ville de Paris, 1701* ». Avec l'inscription : « *Amica fulgent sidera* ».

ÉTIENNE PÉRICHON

ÉCHEVIN

Etienne Périchon, notaire au Châtelet, fut nommé conseiller de ville en 1696 ; il fut élu échevin en 1707, sous la prévôté de Charles Boucher, et sous le règne de Louis XIV, et conserva ce poste jusqu'en 1709.

Ses armoiries, comme magistrat de Paris, jeton de l'échevinage, représentaient : « *un cartouche orné, chargé d'un écu ovale armorié, surmonté d'un casque de fer avec ses « lambrequins. D'azur, au chevron, accompagné en chef de deux roses de même, tigées et « feuillées de sinople, et en pointe d'un lion d'or* ». Avec les mots : « *Estienne Perichon « premier Echevin* ». Au revers : « *Vue de Paris prise en aval du pont-neuf, limitée à « l'exergue, par un double filet dont les extrémités sont horizontales et dont le centre est « courbé en quart de cercle* ». Avec les mots : « *La ville de Paris* ».

JÉROME BIGNON

PRÉVÔT DES MARCHANDS

Jérome Bignon, avocat du roi au Châtelet, naquit en 1657 ; il fut d'abord conseiller au Parlement, puis nommé maître des requêtes en 1689. Après avoir été intendant de Rouen et d'Amiens, il siégea au conseil d'Etat et fut élu prévôt des marchands de Paris en 1708 sous le règne de Louis XIV, en remplacement de Charles Boucher, puis réélu en 1710, 1712 et 1714, et occupa ce poste jusqu'en 1716.

Jérome Bignon mourut le 5 décembre 1725 à l'âge de 68 ans.

L'établissement des pompes à incendie fut prescrit sous la prévôté de Jérome Bignon par une ordonnance royale du 23 février 1716.

Ses armoiries, comme magistrat de Paris, jeton de l'échevinage, représentaient : « *un cartouche chargé d'un écu armorié en forme de cœur, surmonté d'une couronne de comte et soutenu par deux palmes. D'azur, à la croix haute d'argent accolée d'un cep de vigne de sinople fruité d'or, cantonnée de quatre flammes du même et mouvante d'une terrasse de sinople* ». Avec les mots : « *De la Prevote de M^{re} IERome Bignon* ». Au revers : « *Miroir placé au milieu d'une campagne et reflétant les rayons du soleil* ». Avec les mots : « *Ardet ab uno* ». A l'exergue : « *La ville de Paris 1709* ».

L'Hôtel de Ville de Paris

SOUS

le règne de Louis XV

LOUIS XV, né le 15 février 1710, troisième fils de Louis, duc de Bourgogne, et de Marie-Adélaïde de Savoie, et arrière-petit-fils de Louis XIV, roi de France le 1er septembre 1715, sous la régence du duc d'Orléans, sacré le 25 octobre 1722, marié le 15 août 1725 à Marie-Charlotte-Sophie Leczinska.

Régna du 1er septembre 1715 au 10 mai 1774.
(Régence du duc d'Orléans en 1715).

Liste des Prévôts des marchands et Échevins

SOUS LE RÈGNE DE LOUIS XV

(de 1715 à 1774)

PRÉVÔTS DES MARCHANDS	ÉCHEVINS	
	Antoine de Serre, quartenier,	1716
	Charles-Pierre Huet, écuyer,	1716
	Jean Gaschier, écuyer, conseiller du roi, de la ville, notaire au Châtelet,	1717
Charles Trudaine, Conseiller d'Etat, de 1716 à 1720.	Pierre Masson, avocat au Parlement, greffier de la 5ᵉ chambre aux enquêtes,	1717
	Henri de Rosnel, quartenier,	1718
	Paul Ballin, conseiller du roi, notaire au Châtelet,	1718
	Pierre Sautreau, conseiller de ville,	1719
	Jean-Jacques Belichon,	1719
	Jean Denis, quartenier,	1720
Pierre-Antoine de Castagnère, Marquis de Châteauneuf et de Marolles, conseiller d'Etat, de 1720 à 1725.	Charles-Louis Chauvin,	1720
	Jacques Roussel, conseiller du roi, notaire au Châtelet,	1721
	Antoine Sautreau,	1721
	Jean du Quesnoy,	1722
	Jean Sauvage,	1722
	Etienne Laurent, conseiller de ville,	1723
	Mathieu Goudin, conseiller du roi, notaire au Châtelet,	1723
(Par suite du grand âge du marquis de Castagnère, le roi Louis XV ordonna par une lettre de cachet qu'une nouvelle élection du Prévôt des marchands aurait lieu le 20 août 1725).	Jean Hébert, quartenier,	1724
	Jean-François Bouquet,	1724
	Jacques Corps, conseiller de ville,	1725
	Nicolas Maheu,	1725

PRÉVÔTS DES MARCHANDS	ÉCHEVINS	
	Claude Sauvage, quartenier,	1726
	Gilles-François Boulduc,	1726
Nicolas Lambert, président de la deuxième chambre des requêtes, de 1725 à 1729.	Philippe Legras, conseiller de ville,	1727
	Jean-François Maultrot,	1727
	Alexandre-Jean Remy, quartenier,	1728
	Etienne Le Roy,	1728
	Gabriel-René Mesnil, conseiller de ville, 16 août	1729
	Nicolas Besnier, 16 août	1729
	René Rossignol, quartenier,	1730
	Léonor Lagneau,	1730
	Jean-Louis Pelet, conseiller de ville,	1731
	Claude-Joseph Geoffroy,	1731
	Henri Millon, quartenier,	1732
Etienne Turgot, Marquis de Sousmons, seigneur de St-Germain-sur-Saulne, conseiller d'Etat, de 1729 à 1740. (Cette élection eut lieu le 14 juillet 1729, c'est-à-dire avant l'époque habituelle (16 août), à cause de la mort de Etienne Lambert survenue le 10 juillet 1729).	Philippe Lefort,	1732
	Jean-Claude Fauconnet de Vildé, cons. de ville,	1733
	Claude-Augustin Josset, avocat au Parlement, conseiller du roi,	1733
	Claude Petit, quartenier,	1734
	Jean-Baptiste de Santeul,	1734
	Jean-Baptiste Tripart, conseiller de ville,	1735
	François Touvenot, notaire,	1735
	Pierre-Jacques Coucicault, conseiller du roi, quartenier,	1736
	Charles Levesque,	1736
	Louis-Henri Véron, conseiller de ville,	1737
	Edme-Louis Meny, avocat au Parlement,	1737
	Louis le Roy de Feteuil, conseiller du roi, quartenier,	1738
	Thomas Germain, orfèvre ordinaire du roi,	1738
	Jean-Joseph Sainfray, notaire, cons. de ville,	1739
	Michel Lenfant,	1739
Messire-Félix Aubery, Marquis de Vastan, baron du Vieux-Pont, maître des requêtes, de 1740 au 20 juillet 1743, jour de sa mort.	Thomas-Léonor Lagneau, conseiller du roi, quartenier,	1740
	Etienne-Pierre Darlu,	1740
	André Germain, avocat au Parlement, huissier honoraire des conseils du roi, conseiller de ville,	1741
	Pierre-Yves de Bougainville, notaire au Châtelet,	1741

PRÉVÔTS DES MARCHANDS	ÉCHEVINS	
	Jean-Baptiste Hurel, quartenier,	1742
	Belichon,	1742
	Jean-Baptiste-Claude Baizé, avocat au Parlement, conseiller du roi et de la ville,	1743
	Jeanpierre,	1743
	Pierre-Yves de Bougainville, notaire au Châtelet, élu, en remplacement de Bélichon, démissionnaire,	1743
	Claude Sauvage, quartenier,	1744
	Jean-Charles Huët,	1744
	Pierre-François Duboc, conseiller du roi et de la ville,	1745
	François Marguerin-Brion,	1745
Messire Louis-Bazile de Bernage, Seigneur de Saint-Maurice, Vaux, etc., conseiller d'Etat, de 1743 à 1758. (Cette élection eut lieu le 26 juillet 1743, à la suite de la mort de Félix Aubery).	Guillaume-Joseph Lhomme, conseiller du roi, quartenier,	1746
	Jacques Bricault, conseiller du roi, notaire au Châtelet,	1746
	Hilaire Triperet, avocat au Parlement, conseiller du roi et de la ville,	1747
	Dominique Crestiennot, avocat au Parlement, conseiller du roi et de la ville, payeur des rentes,	1747
	André de Sauteul, conseiller du roi, quartenier,	1748
	Claude-Denis Cochin,	1748
	Michel Ruelle, conseiller du roi et de la ville,	1749
	Charles Allen, procureur en la chambre des comptes,	1749
	Henri-Maximilien Gaucherel, conseiller du roi, quartenier,	1750
	Jean-Nicolas Bontemps, notaire au Châtelet,	1750
	Jean-Daniel Gillet, conseiller du roi,	1751
	Claude-Denis Mirey,	1751
	Claude-Éléonor de la Frenaye, conseiller du roi, quartenier,	1752
	Pierre-Philippe Andrieu, seigneur de Maucreux, avocat,	1752

PRÉVÔTS DES MARCHANDS	ÉCHEVINS	
	Noël-Pierre-Paschalis Desbaudotes, conseiller du roi et de la ville,	1753
	Jean-François Caron, conseiller du roi, notaire au Châtelet,	1753
	Jean Stocart, quartenier,	1754
	Pierre Gillet, avocat au Parlement,	1754
	Jean-François Quesnon, avocat au Parlement, conseiller du roi et de la ville, notaire au Châtelet,	1755
	Louis-François Mettra,	1755
	Jean-Denis Lempereur, conseiller du roi, quartenier,	1756
	Claude Tribard, avocat au Parlement,	1756
	Jean-François Brallet, conseiller du roi et de la ville,	1757
	Jean-Baptiste Vernay,	1757
	Jean-Olivier Boutray, conseiller du roi, quartenier,	1758
	Jean André, avocat au Parlement et aux conseils du roi,	1758
	Pierre le Blocteur, avocat au Parlement, conseiller du roi et de la ville,	1759
Messire Jean-Baptiste-Elie Camus de Pontcarré, Seigneur de Viarme, conseiller d'Etat, de 1758 à 1764.	Louis-Denis Chomel, conseiller du roi et de la ville, notaire au Châtelet,	1759
	Pierre-Julie Darlu, conseiller du roi, quartenier,	1760
	Jean-Boyer de Saint-Leu,	1760
	Louis Mercier, conseiller du roi,	1761
	Laurent-Jean Babille, avocat au Parlement,	1761
	Pierre Devarennes, avocat au Parlement, conseiller du roi, quartenier,	1762
	Deshayes, notaire.	1762
	Clément-Denis Poultier, avocat, conseiller de ville,	1763
	Nicolas-Daniel Phelippes de la Marnière,	1763

PRÉVÔTS DES MARCHANDS	ÉCHEVINS	
	Michel Martel, avocat, notaire honoraire, conseiller du roi,	1764
	Jean-Charles-Alexis Gauthier de Rougemont,	1764
	Paul Larsonnyer, avocat, conseiller de ville,	1765
	Jacques Merlet, avocat,	1765
	Pierre-Hubert Bigot, conseiller du roi, quartenier,	1766
	Guillaume Charlier, conseiller du roi, notaire honoraire,	1766
	Olivier-Clément Vieillard, conseiller du roi et de la ville,	1767
Messire Armand-Jérosme Bignon, Seigneur et patron de la Meaufle-Semilly, conseiller d'Etat, de 1764 au 8 mars 1772, jour de sa mort.	Antoine-Gaspard Boucher-d'Argis, avocat, ancien conseiller,	1767
	Jacques-Antoine de Lens, conseiller du roi, quartenier,	1768
	Louis-Raymond de la Rivière,	1768
	Georges-François Sarazin, conseiller de la ville,	1769
	Alexis-Claude Basly, contrôleur général des rentes,	1769
	Hubert-Louis Cheval, seigneur de Saint-Hubert, conseiller du roi, quartenier,	1770
	Philippes-Nicolas Piat,	1770
	Thomas Bellet, conseiller du roi et de la ville,	1771
	Etienne-René Viel, ancien avocat au Parlement,	1771
	Louis-Dominique Sprole, conseiller du roi, quartenier,	1772
Messire Jean-Baptiste De la Michodière, Comte d'Hauteville, conseiller d'Etat, du 17 mars 1772 à 1778. (Continue sous le règne suivant).	François-Bernard Quatremère de l'Epine,	1772
	Pierre-Richard Boucher, conseiller du roi et de la ville,	1773
	Henri-Isaac Estienne, ancien bâtonnier de l'ordre des avocats au Parlement de Paris,	1773
	Etienne Vernay de Chedeville, conseiller du roi, quartenier,	1774
	Jacques-François Trudon,	1774

Visite faite au Czar Pierre Ier de Russie

PAR LES OFFICIERS MUNICIPAUX DE LA VILLE DE PARIS

(11 mai 1717)

IERRE Alexiowitz Ier, surnommé le Grand, Czar de Moscovie, résolut de voyager dans les diverses parties de l'Europe afin d'y étudier les lois, les mœurs et les arts de chaque pays. Il se dirigea d'abord vers l'Allemagne, en 1697, puis vers la Hollande où, comme un simple charpentier, il travailla de ses propres mains à la construction des navires et se fit appeler « Raas Petter », « maître Pierre ». Il revint ensuite dans ses Etats, fonda la ville de Saint-Pétersbourg à laquelle il donna son nom.

En 1711, les Turcs rompirent subitement leur trêve et cernèrent Pierre Ier, ainsi que son armée, sur les bords du Pruth, d'où il fut dégagé par la czarine Catherine, qui négocia avec le grand-vizir Baltagi-Méhemet.

Cette paix permit à Pierre le Grand de recommencer ses voyages ; il vint à Copenhague en 1715, visita le Danemarck et la Suède, alla à Hambourg, en Hanovre, de là en Hollande, puis enfin voulut visiter Paris et la France.

Dès que ce dernier voyage fut décidé, M. le maréchal d'Huxelles adressa à M. le prévôt des marchands la lettre suivante (1).

Paris, le 22 avril 1717.

« Comme son Altesse Royalle a sceu, Monsieur, que quoyque le Czar aye gardé un espèce d'incognito de son passage dans les Pays-Bas, le corps des principales villes lui a fait des complimens et les présens ordinaires, Elle m'a ordonné de scauvoir de vous s'il y auroit quelque difficulté à ce qu'il en fut de même de la part du corps de ville de Paris, lorsque ce Prince y arrivera ; j'ay rendu compte à cette occasion à son altesse royalle de ce que vous observé sur ce qui s'est passé à l'égard des testes couronnées qui sont autrefois venues icy, et je ne manqueray pas de l'informer de ce que vous penserez de la question qu'elle m'a encore ordonné de vous faire. Je vous prie de croire que je suis très véritablement, Monsieur, votre humble et très obéissant serviteur. »

« Signé : d'Huxelles. »

Le 26 du même mois, après avoir examiné les registres de l'Hôtel de Ville pour la réception de la Reine de la Grande-Bretagne en 1644, les complimens et les présents faits à M. le Duc et à Madame la Duchesse en 1655 et 1656, la réception

---

(1) Décisions du bureau de la ville, Archives nationales, H, 1847.

de la Reine de Suède en 1656, les compliments et les présents faits à Madame de Lorraine en 1698, au Roi d'Espagne en 1700, M. le prévôt des marchands écrivit à M. le maréchal d'Huxelles la lettre suivante :

« J'ai communiqué à Messieurs du bureau de la ville la lettre que vous m'avez fait l'honneur de m'écrire le 22 de ce mois, par où vous me marquez que S. A. R. souhaite que nous allions en corps de ville faire des compliments et des présents ordinaires à sa Majesté czarienne, et vous me demandez en même temps s'il n'y a aucune difficulté qu'il en soit uzé de la part du corps de ville, de même qu'il en a été uzé par tous les corps de ville des Pays-Bas où elle a passé.

J'ai l'honneur de vous observer premièrement que suivant les registres que j'ai veu, le corps de ville de Paris ne va faire aucun compliment aux testes couronnées ny aux souverains qu'en conséquence des lettres de cachet du Roy, et est conduit par le grand maître des cérémonies, c'est à vous faire réflexion, si le czar voulant être incognito, vous voudrez faire expédier une lettre de cachet qui se met dans nos registres, et qui oblige au cérémonial du grand maître des cérémonies, tout cela le tirera en quelque façon de l'incognito où il veut estre ; secondement, nous avons reçu des ordres différents en différentes occasions. Les uns nous ont chargé de sortir hors la ville pour aller au devant des têtes couronnées, les autres ne nous ont chargé que d'aller dans les palais où elles sont venues loger où nous avons été les complimenter et leur présenter les présens ordinaires qui ne consistent qu'en douze douzaines de boëtes de confitures et douze douzaines de flambeaux de cire. Quand nous avons ordre d'aller hors la ville et recevoir un Roy ou une Reyne, M. le Gouverneur de Paris marche à nostre teste et nous présente au Roy et à la Reyne que nous allons saluer, et le lendemain nous allons sans M. le Gouverneur luy faire les présens à l'ordinaire.

Quand le Roy, par ses lettres de cachet, a ordonné de faire des entrées aux Roys et aux Reynes, cela forme une cérémonie bien plus ample dont je ne vous ferez point icy de description.

La seule chose présentement à observer est que nous ne marchons point sans lettres de cachets ni sans être conduits par le grand maître des cérémonies.

J'auray l'honneur d'attendre vos ordres et de m'y conformer en entier, pour vous marquer tout le respect avec lequel j'ai l'honneur d'être, etc. »

M. Fayolle, premier échevin, fut chargé des soins de disposer de toutes choses et de la préparation des présents dans le cas où l'ordre serait donné par le Roi d'aller faire des compliments au Czar.

L'arrivée de Pierre le Grand à Paris fut annoncée pour le 7 mai 1717 à neuf heures du soir. Dès le lendemain matin, M. de Dreux, grand maître des cérémonies, se rendit à l'Hôtel de Ville et n'y ayant trouvé ni le prévôt des marchands ni les échevins, car ce n'était pas jour d'audience, il remit à M. le greffier une lettre de cachet dont la teneur suit, sans marquer le jour et l'heure pour en exécuter les ordres :

« De par le Roy,

« Très chers et bien amez, voulant donner à notre frère le Czar de Moscovie des marques de l'estime que nous avons pour luy, nous voulons et nous mandons de l'avis de notre cher et bien amé oncle le duc d'Orléans, régent, de l'aller saluer de la part du corps de notre bonne ville de Paris au jour et à l'heure que le grand maître ou le maître des cérémonies vous dira, et de lui porter les présents dont vous avez accoutumé d'accompagner vos compliments en semblables occasions. Et ny faites faute, car tel est notre plaisir. Donné à Paris le 6 may 1717, signé Louis, et plus bas : Phelypeaux, et au dos est écrit : à nos très chers et bien amez les Prévôt des marchands et eschevins de notre bonne ville de Paris. »

Peu de temps après, M. le greffier rendit compte de cette communication à M. le prévôt des marchands qui donna aussitôt tous les ordres nécessaires, « afin que les présents soient prêts, ainsi que les huissiers et les gardes et archers de la ville, au jour et à l'heure qui seroient donnés et que M. de Dreux, grand maître des cérémonies, avait promis de faire sçavoir ». On fit prier MM. du bureau de ne pas s'éloigner afin de pouvoir se rendre à l'Hôtel de Ville au premier avis.

Le 10, M. le grand maître des cérémonies, ayant fait avertir que le Czar recevrait les compliments de la ville le 11 à midi, « MM. les prévôt des marchands, eschevins, procureur du Roy, greffier et receveur se rendirent à l'Hôtel de Ville, environ les onze heures du matin, et y ayant pris leurs robbes de velours, ils en partirent environ les onze heures et demie dans six carrosses, précédés, suivis et entre deux files d'un détachement de soixante-dix archers et gardes de la ville en habits d'ordonnance, les gardes armés chacun de mousquetons, et les officiers. »

« Dans les deux premiers carosses étaient huit huissiers en robbes mi-partie.

Dans le troisième, deux autres huissiers aussi en robbes mi-partie, le premier huissier en robe noire et le colonel des gardes et archers de la ville.

Dans le quatrième, MM. le prévôt des marchands et trois eschevins.

Dans le cinquième, le quatrième eschevin et MM. les procureur du Roy, greffier et receveur.

Et dans le sixième, le substitut de M. le procureur du Roy, le premier commis du greffe, le maître général des bâtiments de la ville et un particulier.

Arrivés en cet ordre devant l'Hostel de Lesdiguières, ils descendirent de carrosses et entrèrent dans la cour où M. de Dreux, grand maître des cérémonies, les reçut et les conduisit dans l'appartement, à main droite en entrant en bas de l'escalier où était logé M. le maréchal de Tessé.

Peu de temps après, quatre hommes apportèrent sur deux brancards les présents de la ville, consistant en douze douzaines de flambeaux de cire blanche de deux livres chacun, liés en autant de paquets avec des rubans bleus et mis dans trois paniers d'ozier blanc et sur couverture d'un taffetas blanc, et douze douzaines de boëtes de confitures sèches liées par paquets avec des rubans bleus et mises dans trois pareils (paniers), couvertes aussi de taffetas blanc.

Et M. le grand maître de cérémonies, revenu pour conduire messieurs à l'audience, on est monté dans les appartements dans l'ordre suivant:
1. Le maître d'Hôtel de la ville.
2. Les huissiers de la ville portant à deux chacune des corbeilles.
3. Deux officiers des gardes et archers portant la sixième corbeille.
4. Le premier huissier.
5. M. le greffier et M. le maître des cérémonies.
6. M. le prévôt des marchands et à sa gauche le premier échevin.
7. MM. les second et troisième eschevins.
8. MM. les quatrième eschevin et procureur du Roy.
9. Et enfin M. le Receveur.

Conduits dans le même ordre jusque dans la galerie de l'hôtel de Lesdiguières, où était sa Majesté czarienne, et les huissiers ayant posé leurs corbeilles des deux côtés de la galerie, MM. les prévôt des marchands et eschevins, après quelques inclinaisons, s'avancèrent jusqu'auprès du Czar, qui était debout au milieu de la gallerie avec les seigneurs de sa cour, et M. le prévôt des marchands s'étant approché de luy, et debout, lui adressa un discours de bienvenue.

Après quoy l'interprète du Czar leur fit entendre le discours de M. le prévôt des marchands, et ayant reçu sa réponse, il l'a dit à ces messieurs.

Ces messieurs, ayant fait une grande révérence au Czar et qu'il leur rendit, se retirèrent dans le même ordre qu'ils étaient entrez et furent reconduits jusques dans la cour par le grand maître de cérémonies, après quoy ils remontèrent en carrosses et retournèrent à l'Hôtel de Ville dans le même ordre qu'ils étaient venus. »

« Les grands appartements du Louvre, dit le président Hainault dans son *Histoire de France*, avaient été préparés pour le Czar et sa suite, mais Pierre le Grand, fuyant les cérémonies, alla le soir même de son arrivée, se loger à l'extrémité de la ville, à l'hotel de Lesdiguières, appartenant au maréchal de Villeroy. » Pendant son séjour à Paris, il visita tout ce que la capitale avait de curieux et d'instructif, alla voir frapper des médailles au Louvre, se rendit à la Sorbonne où il admira le splendide tombeau du cardinal de Richelieu, dû au ciseau de Girardon. Le 10 mai, le roi, alors âgé de sept ans, alla voir le Czar qui s'avança à sa rencontre et le conduisit dans sa chambre, où les deux monarques s'assirent dans deux fauteuils de même dimension. On fut étonné, dit St Simon, de voir le Czar prendre le jeune roi sous les deux bras, le hausser à son niveau, et l'embrasser ainsi en l'air ; Louis XV, qui ne s'attendait pas à la chose, n'en éprouva d'ailleurs aucune frayeur.

Le Régent fit au Czar les honneurs d'une revue dans la cour des Tuileries le 16 juin 1717. Les gardes françaises et suisses, les mousquetaires, les chevaux légers de la maison du roi défilèrent devant Pierre-le-Grand, près duquel se tenaient le Maréchal de Tessé et son compagnon de voyage le prince de Kourakin.

Le corps municipal de Paris recevant Louis XV à son retour de Metz (13 novembre 1744).

Rolin pinxit

Malapeau sculp

Prince de Condé   Le Dauphin   Louis XV   De Bernage   Baizé   duc de Gèvr
         duc d'Orléans   prévôt des marchands   Sauvage } échevins   Moria
Beringhem   Huet   Taibout
                                                                                Pierre

Entrée du Roi Louis XV à Paris

(13 ET 15 NOVEMBRE 1744)

Louis XV, ayant sous ses ordres les maréchaux de Noailles et de Saxe, commença, en 1744, la campagne de Flandres, se rendit maître de Courtray, de Mesin, d'Ipres et de Furnes, et arriva le 4 août de la même année à Metz où l'on chanta un *Te Deum* à l'occasion de la prise de Château-Dauphin. Le 8 août 1744, le roi Louis XV fut pris d'un violent accès de fièvre ; la maladie du Roi s'aggrava à tel point que le 14 du même mois il se trouva à toute extrémité. La nouvelle du danger que courait Louis XV se répandit dans toute la France et jeta la consternation dans la capitale. Le 19 août, un courrier expédié de Metz vint annoncer aux habitants de Paris que le Roi allait beaucoup mieux et entrait en convalescence. L'inquiétude se changea alors en joie et la population lui décerna le nom de « Bien-Aimé ». Toutes les provinces du royaume célébrèrent par des fêtes le rétablissement de Louis XV et la Bretagne vota un monument commémoratif qui fut inauguré à Rennes en 1754.

Le Roi, aussitôt rétabli, quitta Metz, mit le siège devant Fribourg qui capitula le 1er novembre, et résolut de venir passer quelques jours dans sa bonne ville de Paris.

Le corps municipal était à cet époque composé ainsi qu'il suit :
Louis Basile de Bernage, prévôt des marchands.
Claude Baize, Jean Pierre, Claude Sauvage, Charles Huet, échevins.
Jean-Baptiste-Julien Taitbout, greffier.
Antoine Moriau, procureur du Roi et de la ville.
Et Jacques Boucot, receveur.

Dès le mois d'octobre 1744, messieurs les prévôt et échevins, avisés du voyage de Louis XV dans la capitale de son royaume où il devait rester quatre jours, et du désir qu'il avait exprimé de dîner à l'Hôtel de Ville, donnèrent des ordres pour sa réception.

Le 12 novembre 1744, les prévôt des marchands et échevins reçurent de M. le comte de Maurepas les lettres suivantes :

« De par le Roy, ».

« Chers et bien amés, la Reine, mon épouse, devant se rendre en ma bonne ville de Paris, le 13 de ce mois, je vous fais cette lettre pour vous dire que mon intention est que vous vous trouviez à la porte par où entrera la Reine pour la recevoir à son entrée. Si ny faites faute, car tel est notre plaisir. Donné au camp de Fribourg le 8 novembre 1744. Signé Louis, et plus bas : Phelippeaux. »

« De par le Roy, »

« Chers et bien aimés, nous avons déterminé notre départ de notre frontière pour nous rendre dans notre bonne ville de Paris où nous nous proposons d'arriver le 13 de ce mois. Nous vous faisons cette lettre pour vous dire que nous jugeons à propos de vous dispenser de venir au-devant de nous sur notre route hors de la dite ville. Nous désirons seulement que vous vous rendiez à la porte Saint-Antoine pour nous y recevoir à notre arrivée. Sy ny faites faute, car tel est notre plaisir. Donné au camp devant Fribourg, le 8 novembre 1744. Signé Louis, et plus bas : Phelippeaux. »

Le prévôt des marchands reçut en outre de M. le comte de Maurepas la lettre particulière suivante :

Paris, le 12 novembre 1744.

« Le Roy m'ordonne, monsieur, de vous marquer que sa Majesté se propose d'aller à l'Hôtel de Ville le 15 de ce mois, et d'y dîner. Vous voudrez bien en informer le corps de ville et de la manière dont vous scavez que sa Majesté désire être servie, etc. Signé : Maurepas. »

Les conseillers, quarteniers et le colonel de La Leu, des gardes de la ville, reçurent des ordres en conséquence. Les bourgeois de la ville furent prévenus qu'ils auraient à tenir leurs boutiques fermées pendant trois jours, et à illuminer leurs maisons. Le duc d'Harcourt, capitaine des gardes du corps, et M. de La Billarderie, major, vinrent visiter l'Hôtel de Ville afin d'y désigner les lieux où leurs hommes devaient être placés, ainsi que les gardes de la ville.

Le 13 novembre 1744, à dix heures du matin, le bureau de la ville, accompagné du gouverneur, M. le duc de Gesvres, se rendit à la porte Saint-Honoré au-devant de la Reine et, à quatre heures le même jour, ces messieurs, ainsi que le gouverneur, allèrent également au-devant du Roi à la porte Saint-Antoine. Au moment où le Roi arriva à Paris, vers cinq heures du soir, par les barrières de Rambouillet et de Charenton, les canons de la ville retentirent ; les maisons sur son parcours étaient illuminées, ainsi que la place du Carroussel sur laquelle la ville avait fait élever un arc de triomphe.

Le 15 novembre 1744, jour du dîner à l'Hôtel de Ville, la place devant l'édifice avait été splendidement décorée ; un arc de triomphe avait été dressé en l'honneur du Roi, et une couronne royale avait été placée au-dessus de la grande porte du bâtiment.

Le dîner du Roi fut préparé par les officiers de sa maison et le maître d'hôtel de la ville fut chargé des autres tables.

Le Roi partit des Tuileries vers deux heures et fut reçu à l'Hôtel de Ville par

L'Hôtel de Ville de Paris au XVIIIᵉ siècle, vu de l'Hôtel des Ursins.

le gouverneur de Paris, le prévôt des marchands et les autres officiers de la ville.

Le Roi s'assit à la table qui lui était réservée, ayant à sa droite le Dauphin et à sa gauche le duc de Chartres.

Louis XV fut servi par le prévôt des marchands, le premier échevin servit le Dauphin, le second le duc de Chartres, le troisième le prince de Dombes et le quatrième le duc de Penthièvre.

D'autres tables avaient été dressées pour les seigneurs de la cour.

Après le dîner, le Roi descendit dans la grande salle, considéra les illuminations, monta en carosse et retourna aux Tuileries.

Le lendemain, Louis XV alla chasser au bois de Boulogne.

L'Hôtel de Ville fut ouvert aux curieux pendant les six jours suivants.

Entrée du roi Louis XV et de la reine Marie Leczinska à Paris

(27 AOUT 1752)

ES fautes commises par le roi Louis XV depuis qu'il avait été surnommé le « Bien-aimé », lui avait enlevé une partie de l'affection de ses sujets, qui la reportèrent sur son fils le Dauphin. Ce dernier, étant à Versailles, éprouva, le 1er août 1752, de violents maux de tête et de reins, précédés de frissons, et fut obligé de prendre le lit. Le lendemain, le mal ayant augmenté, on lui pratiqua une saignée au bras et on prévint son père qui se trouvait à Compiègne. Le Roi partit aussitôt en poste et arriva le même jour à Versailles. La petite vérole se déclara chez le jeune malade, et on dut éloigner de lui les personnes présentes. Madame la Dauphine, seule, resta près de lui.

La ville de Paris, informée dès le 2 août de la maladie du Dauphin, établit sur la route une correspondance de courriers faite par des gardes de la ville qui apportaient des nouvelles quatre fois par jour. Les prévôt des marchands et échevins faisaient afficher les nouvelles ainsi reçues à la grande porte de l'Hôtel de Ville où les habitants de Paris se portaient en foule pour les apprendre.

Le 17 août, le Dauphin se trouva mieux et tout danger ayant disparu, un *Te Deum* fut ordonné à l'église métropolitaine de Notre-Dame. Le Roi et la Reine devaient s'y rendre et faire leur entrée dans Paris par la porte de la Conférence. Le comte d'Argenson, ministre et secrétaire d'Etat, fit connaître au Prévôt des marchands de Paris qu'en raison des difficultés que présentait pour le corps de ville l'obligation de se trouver à la rencontre du Roi à la porte de la Conférence, le Roi l'en dispensait. Le samedi 26 août 1752, M. Desgranges, maître des cérémonies, vint à l'Hôtel de Ville et remit au prévôt des marchands une lettre par laquelle le Roi invitait le corps municipal à assister au *Te Deum* qu'il avait commandé à l'église métropolitaine.

Après la lecture de cette lettre, M. Desgranges annonça que cette cérémonie aurait lieu le dimanche 27 et pria messieurs de la ville d'être à Notre-Dame à trois heures de relevée.

Des ordres furent donnés en conséquence par le Prévôt des marchands au colonel Gourdain, commandant des gardes de la ville, et des avis furent transmis aux habitants pour les illuminations de la ville. Un feu d'artifice fut commandé et installé sur la place de Grève.

Le dimanche 27 août, jour de l'entrée à Paris du roi et de la reine, une décharge de « boëtes » d'artillerie et des canons de la ville fut tirée à cinq heures du matin, sur le port au blé.

A midi, on fit une seconde décharge d'artillerie et, à deux heures, le colonel de la ville envoya une compagnie des gardes avec un drapeau à la porte de la Conférence pour le passage du Roi, et un détachement de vingt-six gardes avec un officier à chacune des Cours de Parlement, de la Chambre des Comptes et de la Cour des Aides, suivant l'usage, pour les conduire à Notre-Dame.

Sur les trois heures, messieurs de la ville, vêtus de leurs robes de velours, s'assemblèrent à l'Hôtel de Ville avec quatre conseillers et deux quarteniers, partirent à pied pour se rendre à Notre-Dame, entourés de cinquante gardes de la ville avec drapeaux et tambours, et accompagnés de trois huissiers en robe de livrée et du premier huissier en robe noire. Le greffier avait à sa gauche le colonel des gardes en uniforme. La rue Notre-Dame était gardée par les Gardes françaises et les Suisses. Le cortège entra dans la nef occupée par cent suisses de la garde du roi, et fut reçu par M. Desgranges, maître de cérémonies qui conduisit messieurs de la ville dans le chœur, à gauche ; peu de temps après arriva le Parlement qui fut reçu de la même manière et fut placé à droite ; le président était en hermine et mortier et les membres en robe rouge. La Chambre des Comptes, celle des Aides, les membres du Conseil et le clergé se placèrent aux endroits qui leur étaient réservés.

Le roi, accompagné du duc d'Orléans, des princes de Condé et de Conty, des comtes de la Marche et de Clermont, et la reine, entourée de madame la Dauphine et de madame de France, partirent de Versailles en carrosse et arrivèrent à Paris par la porte de la Conférence où le guet à cheval les attendait. Louis XV et Marie Leczinska étaient suivis de nombreux seigneurs également en carrosses et précédés d'un détachement des gardes du corps. A hauteur du Cour-la-Reine, le canon des Invalides retentit et les compagnies des gens d'armes, des chevaux-légers et des deux compagnies de mousquetaires se joignirent aux détachements des gardes du corps ; les commandants de ces troupes occupèrent les places qui leur étaient marquées par le règlement du 11 novembre 1724. Le cortège royal suivit ainsi les quais des Tuileries et du Louvre, le Pont-Neuf, le quai des Orfèvres, la rue Saint-Louis et le Marché-Neuf. Le peuple, accouru sur son passage, témoigna sa joie par des acclamations. Le roi et la reine furent reçus à Notre-Dame par l'archevêque de Paris, à la tête de son chapitre, et entrèrent dans la cathédrale précédés des princes du sang, du grand maître des cérémonies et des hérauts d'armes, et se placèrent dans le chœur sous le dais qui avait été préparé pour eux. L'archevêque monta ensuite dans la chaire et entonna le *Te Deum* qui fut continué par la musique placée dans le jubé de la grille du chœur.

Après la cérémonie, le roi et la reine, reconduits par l'archevêque, remontèrent en carrosse et suivirent le même chemin pour retourner à Versailles.

A huit heures du soir, le prince de Condé se rendit à l'Hôtel de Ville, les tambours battirent aux champs ; M. le Prévôt des marchands, en manteau, alla le recevoir à la grande porte et le conduisit dans la loge qui lui était réservée. A huit heures et demie, on tira le feu de la Saint-Jean qui fut précédé d'une décharge d'artillerie des canons de la ville ; on lança des fusées d'honneur, des caducées, des soleils, des caisses d'artifices, des globes de lumière, et une pièce d'artifice représentant en lumière les mots : « *Saluti Delphini* ».

Le Dauphin, qui se trouvait à Meudon, ayant exprimé le désir de voir le feu d'artifice, on tira, sur le haut de la tour Saint-Jacques, des fusées qu'il aperçut de loin avec grand plaisir.

La façade de l'Hôtel de Ville avait été illuminée pour la fête du soir, les hôtels du gouverneur, du Prévôt des marchands, ainsi que les maisons des échevins, avaient été également décorés ; à chacun d'eux on avait établi, ainsi que dans d'autres endroits de la ville, des fontaines de vin, des buffets et un orchestre, et le peuple, se réjouissant du retour du Dauphin à la santé, prit part à la fête (1).

(1) Archives nationales, registre du bureau de la ville de Paris, H, 1765.

L'Hôtel de Ville de Paris en 1749.

Le corps municipal de Paris à l'inauguration de la statue de Louis XV

(20 juin 1763)

Les magistrats de Paris formèrent le projet d'élever une statue équestre en l'honneur de Louis XV, qui occupait le trône de France depuis quarante-huit ans (1er septembre 1715 à l'année 1763). L'exécution de cette statue fut confiée au ciseau du sculpteur Bouchardon. Il fut décidé qu'elle serait érigée sur la place qui faisait suite au jardin des Tuileries et qui reçut dès lors le nom de place Louis XV. Cet emplacement, qui s'appela plus tard place de la Révolution, est aujourd'hui la splendide et luxueuse place de la Concorde.

L'érection de la statue de Louis XV donna lieu à une cérémonie qui fut célébrée avec une grande pompe le 20 juin 1763; elle fut annoncée dès l'aurore par une salve d'artillerie tirée place de Grève par les canons de la ville (1).

Le Prévôt des marchands, Jean-Baptiste-Elie Camus de Pont-Carré, seigneur de Viarme ;

Les échevins Jean Babille, Pierre de Varenne, Clément Denys Poultier et Nicolas-Daniel Phelippes de La Marnière ;

Le greffier Jean-Baptiste-Julien Taitbout ;

Le procureur Jacques-Jérome Jollivet de Vannes ;

Les conseillers, les quarteniers et les notables bourgeois de la ville s'assemblèrent à six heures du matin à l'Hôtel de Ville où un déjeuner leur fut servi dans la salle des Gouverneurs.

A onze heures, ces magistrats partirent pour aller prendre à son hôtel de Chevreuse, situé rue Saint-Dominique, le gouverneur de Paris, Marie-Charles-Louis d'Albert, duc de Chevreuse, prince de Neufchâtel, lieutenant général des armées du Roi.

Le cortège se forma comme suit :

Huit gardes de la ville à cheval, commandé par un brigadier ;

Deux chevaux de main du Prévôt des marchands, menés chacun par un palefrenier ;

(1) *Les armoiries de la ville de Paris* (tome Ier), par MM. le comte de Coëtlogon et Tisserand (service historique de Paris).

Le timbalier des gardes de la ville à cheval ;
Les trompettes et hautbois à cheval ;
Le colonel des gardes de la ville à cheval, richement harnaché, suivi de quatre officiers ;
Les 1re et 3e compagnies des gardes de la ville à pied ayant à leur tête quatre tambours et le tambour-major ;
Les dix huissiers de la ville à cheval ;
Le premier huissier à cheval ;
Le greffier de la ville à cheval ;
Le Prévôt des marchands ayant à sa gauche le premier échevin ;
Le second et le troisième échevins ;
Le quatrième échevin et le procureur de la ville ;
Les conseillers de ville deux à deux ;
Enfin, les quarteniers et les notables, tous à cheval.

Le cortège fut fermé par cinq rangs de gardes de la ville à pied commandés par un sergent, il suivit l'itinéraire suivant : quai Pelletier, rue de Gèvres, quai de la Mégisserie, Pont-Neuf, quai Conty, quai des Théatins, rue des Saints-Pères et rue Saint-Dominique.

Messieurs de la ville entrèrent à cheval dans la cour de l'hôtel de Chevreuse où se trouvaient les gardes et les suisses du gouverneur ; ils mirent pied à terre, furent reçus au bas de l'escalier par les officiers, traversèrent la salle des gardes et entrèrent dans la pièce où le gouverneur les accueillit.

Après réception, le duc de Chevreuse, ayant à sa droite le Prévôt des marchands Camus de Pont-Carré, descendit dans la cour de son hôtel, monta à cheval et se mit en marche, suivi des autres membres du corps de ville et des officiers de sa maison.

Le cortège se dirigea par la rue du Bac, vers le Pont-Royal, prit le quai des Tuileries, le guichet neuf, le carrousel, le petit carrousel, la rue de l'Echelle et la rue Saint-Honoré jusqu'à la rue Royale.

Pendant le trajet, le gouverneur et le Prévôt des marchands jetèrent de l'argent au peuple.

A leur arrivée place Louis XV, la toile qui recouvrait la statue équestre du roi tomba ; le gouverneur et le Prévôt des marchands, ainsi que leur suite, firent le tour de la place, en prenant par la droite, vinrent se placer en face de la statue, se découvrirent, s'inclinèrent un instant et passèrent. Ce mouvement fut ensuite exécuté par les autres magistrats et officiers, au son des instruments et de l'artillerie qui tirait place de Grève. Après le salut, le cortège tourna de nouveau sur la place et prit le quai de la Conférence ; messieurs de la ville reconduisirent le gouverneur de Paris à son hôtel, et revinrent dans le même ordre à l'Hôtel de Ville.

Le Roi, très satisfait, nomma, à l'occasion de l'inauguration de sa statue équestre, les deux premiers échevins chevaliers de l'ordre de Saint-Michel.

Une toile représentant cette cérémonie, et dont une reproduction est ci-jointe, a été peinte par Vien et gravée par Née.

Inauguration de la statue de Louis XV (20 juin 1763).

Mercier, échevin — Babile, échevin — Duc de Chevreuse — Jean-Baptiste-Elie Camus de Pointcarré, prévôt des marchands — Taibout, greffier — De Varennes, échevin — Jollivet de Vannes, procureur

Annonce du traité de paix signé à Paris, le 10 février 1763, entre la France et l'Angleterre

(21 juin 1763)

A guerre, dite de sept ans, déclarée le 23 janvier 1756, entre la France et l'Angleterre, à la suite du refus donné par le cabinet de Saint-James de restituer les bâtiments français pris arbitrairement par les Anglais, avait été l'œuvre de madame de Pompadour et de l'abbé de Bernis. D'un côté, la France et la Russie, de l'autre, l'Angleterre et la Prusse, prirent simultanément les armes. La France dirigea d'abord trois armées vers l'Allemagne ; l'une en Westphalie avec le maréchal d'Estrées, une autre sur le Rhin avec Richelieu, la troisième sur le Mein avec Soubise. Après une série de combats douteux, Soubise, le favori de madame de Pompadour, se fit battre à Rosbach (5 novembre 1757) par Frédéric de Prusse; Clermont fut battu à Crevelt (25 juin 1758) par Brunswick; enfin, de Broglie vainquit à Lutterbery le prince de Brunswick (23 juillet 1758).

A la suite de cette première campagne indécise, un nouveau traité fut signé avec l'Autriche à Versailles, le 30 décembre 1758.

Alors commencèrent les campagnes de 1759 et 1760 pendant lesquelles il est bon de signaler, entre autres faits d'armes à l'honneur des Français, la mort héroïque du chevalier d'Assas, capitaine au régiment d'Auvergne, qui tomba percé de vingt coups de baïonnettes au moment où, malgré le silence imposé par les Prussiens, il s'écria : « A moi d'Auvergne, voici l'ennemi. »

La guerre maritime succéda bientôt à la guerre sur terre ; les Anglais nous enlevèrent notre établissement du Sénégal, prirent Québec et s'emparèrent de la Guadeloupe, de la Martinique, et enfin de l'empire des Indes.

Après tant de ruines qui n'aboutirent qu'à épuiser les belligérants, la France se retira de la lutte et signa avec l'Angleterre des préliminaires de paix à Fontainebleau, le 3 novembre 1762. Ce ne fut toutefois qu'en 1763 que l'œuvre de pacification générale des puissances reçut un caractère d'authenticité, et le traité de paix définitif fut signé à la date du 10 février. Quelque dures que furent les conditions de ce traité, l'annonce en fut accueillie à Paris avec une joie universelle, parce qu'il donnait au peuple français, avec l'espérance de jours meilleurs, un soulagement ardemment désiré.

La paix, signée le 10 février 1763, fut publiée à Paris, suivant l'usage habituel, par le Prévôt des marchands et les officiers composant le corps de la maison de ville.

Le peintre Noel Hallé a représenté ces magistrats recevant la nouvelle de la paix de 1763, dans un tableau dont une reproduction est ci-jointe.

Les personnages dont les traits ont été peints par cet artiste sont les suivants :

Le Prévôt des marchands de Paris, messire Jean-Baptiste-Elie Camus de Pontcarré, et les quatre échevins, Louis Mercier, Laurent-Jean Babille, Pierre de Varenne et André Deshayes.

Ils sont accompagnés des autres officiers composant le corps de ville et se tiennent debout devant un large bureau posé sur une estrade recouverte d'un riche tapis. Le fond de la salle est décoré d'un bas-relief représentant la ville de Paris. A droite, une porte entrouverte près de laquelle se tient un garde en faction, laisse apercevoir le peuple qui se presse au dehors. La paix, assise sur un nuage et accompagnée de Minerve, présente un rameau d'olivier aux magistrats ; dans le bas, le peintre a placé deux génies allégoriques des Arts et des Sciences.

Ce tableau, qui a été exposé au salon du Louvre en 1767, était destiné à la grande salle de l'Hôtel de Ville de Paris, et se trouve actuellement au musée de Versailles.

CHARLES TRUDAINE

PRÉVÔT DES MARCHANDS

Charles Trudaine, seigneur de Montigny, naquit en 1660. Il fut nommé successivement conseiller au Parlement, maître des requêtes en 1689, intendant à Lyon en 1705, puis à Dijon en 1710 et conseiller d'Etat. Il fut élu Prévôt des marchands de Paris, en 1716, en remplacement de Jérôme Bignon, sous le règne de Louis XV, fut réélu en 1718, et conserva ces fonctions jusqu'en 1720. Il mourut le 21 juillet 1721 à l'âge de soixante et un ans.

Sous la prévôté de Charles Trudaine, la reconstruction des quais et du Louvre fut ordonnée par lettres patentes du 25 mars 1719, et de nouvelles fontaines furent établies dans le faubourg Saint-Antoine.

Trudaine fut chargé de brûler publiquement les billets de banque retirés de la circulation, et témoigna son indignation en s'apercevant que les mêmes numéros étaient souvent présentés. C'était, dit St-Simon, « un homme dur, exact, sans entregent et sans politesse, mais pétri d'honneur et de justice ». Sa sœur avait épousé le chancelier Vorpin. Il eut pour fils, Daniel-Charles Trudaine, né à Paris, le 3 janvier 1703, et mort le 19 janvier 1769, intendant d'Auvergne et fondateur de l'École des Mines. Les deux fils de ce dernier périrent sur l'échafaud le 8 thermidor.

Le nom de Trudaine, prévôt des marchands, fut donné par décision du 29 mai 1821, à une avenue ouverte dans le quartier du faubourg Montmartre, commençant à la rue Rochechouart et finissant à la rue des Martyrs.

Ses armoiries, comme magistrat de Paris, (jeton de l'échevinage), représentaient : « *Un cartouche chargé d'un écu ovale armorié, surmonté de la couronne de marquis. D'or,* « *à trois daims de sable* ». Avec les mots : « *De la prevoste de Mre Charles Trudaine,* « *con^{er} d'Etat* ». Au revers : « *Cartouche chargé des armes de la ville, surmonté d'un* « *soleil rayonnant* ». A l'exergue: « *La ville de Paris, 1716* ».

PIERRE-ANTOINE DE CASTAGNÈRE

PRÉVÔT DES MARCHANDS

PIERRE-ANTOINE DE CASTAGNÈRE, MARQUIS DE CHATEAUNEUF,
Prévôt des marchands de Paris (de 1720 à 1725).

Pierre-Antoine de Castagnère, marquis de Châteauneuf et de Marolles, naquit à Chambéry (Savoie); il fut nommé conseiller au Parlement le 10 mai 1675, puis ambassadeur successivement à Constantinople en 1689, à Lisbonne en 1703, et en Hollande en 1713. Il entra ensuite au conseil d'Etat (août 1719) et fut élu prévôt des marchands, le 4 juillet 1720 en remplacement de Charles Trudaine, sous le règne de Louis XV. Les magistrats chargés des intérêts de Paris devant être nés dans cette ville, cette élection souleva des difficultés qui furent tranchées en sa faveur par lettre de cachet. Il fut réélu en 1722 et en 1724, mais ne conserva sa troisième prévôté que jusqu'au 25 août 1725 à cause de son grand âge.

Ses armoiries, comme magistrat de Paris, (jeton de l'échevinage), représentaient : « *Un cartouche chargé d'un écu ovale armorié, surmonté de la couronne de marquis. Ecartelé : au 1er d'azur au globe d'or croisé de même et cintré de gueules; au 2e d'azur au lion d'or, à la fasce brochant de gueules chargées de trois roses d'argent ; au 3e de gueules à trois chevrons d'or, au 4e palé d'argent et d'azur, au chevron de gueules brochant sur le tout; sur le tout d'or au châtaignier arraché de sinople* ». Avec les mots : « *De la prevote de Mre P. A. de Castagnere, marq. de Châteavnevf,*

« con*er* d'Etat ». Au revers : « *Ecu ovale aux armes de Paris posé sur un cartouche* ». A l'exergue : « *La ville de Paris, 1721* ».

NICOLAS LAMBERT

PRÉVÔT DES MARCHANDS

Nicolas Lambert, seigneur de Vermont, fut reçu conseiller au Parlement le 1er septembre 1684 ; il fut nommé conseiller de ville en 1691, et président des requêtes en 1697. Il fut élu Prévôt des marchands de Paris le 24 août 1725, en remplacement de Pierre-Antoine de Castagnère, sous le règne de Louis XV, fut réélu en 1727 et conserva ce poste jusqu'au 10 juillet 1729, jour de sa mort.

L'inscription en gros caractères du nom des rues sur des plaques de fer blanc scellées à dix pieds d'élévation date du mois de janvier 1728 et eut lieu sous la deuxième prévôté de Nicolas Lambert.

Ses armoiries, comme magistrat de Paris, (jeton de l'échevinage), représentaient : « *Un cartouche chargé d'un écu ovale armorié, surmonté de la couronne de marquis et sup-porté par deux licornes. Ecartelé : au 1er et au 4e, d'azur à la licorne naissante d'argent, au chef d'or chargé de trois merlettes de sable qui est de Lambert ; au 2e et au 3e d'azur au sautoir alaisé d'or cantonné de quatre billettes de même, qui est de l'Aubespine* ». Avec les mots : « *De la prevoté de Mess. Nicolas Lambert pres. aux req. du palais* ». Au revers : « *Ecu ovale, chargé des armes de la ville, posé sur un cartouche* ». A l'exergue. « *La ville de Paris, 1725* ».

MICHEL-ÉTIENNE TURGOT

PRÉVÔT DES MARCHANDS

Michel-Etienne Turgot
Prévôt des marchands de Paris (du 14 juillet 1729 à 1740)

Michel Etienne Turgot, seigneur de Sousmons, Bous, Ussy, Potigny, Perrières, Brucourt et autres lieux, naquit le 9 juin 1690. Nommé président à la deuxième chambre des enquêtes en 1717, il fut élu Prévôt des marchands de Paris, le 14 juillet 1729, en remplacement de Nicolas Lambert décédé, sous le règne de Louis XV, et fut successivement réélu à ces hautes fonctions, en 1731, 1733, 1735, 1737 et 1739; il occupa ce poste jusqu'en 1740.

Michel Etienne Turgot ne fut pas seulement un prévôt intelligent, c'était, en outre, un grand administrateur; aussi ses concitoyens lui renouvelèrent plusieurs fois le mandat qu'ils lui avaient confié. Il prit un soin tout particulier à approvisionner Paris pendant les années de disette survenue dans le courant de sa magistrature. Il fit entreprendre de nombreux embellissements dans la capitale et des travaux considérables pour l'exécution des égouts qui entourèrent un des côtés de la ville. Il confia à Bouchardon la construction de la fontaine de la rue de Grenelle, fit exécuter en 1734 un plan représentant la position des monuments et des hôtels de Paris et dont une reproduction se trouve au musée Carnavalet. Il s'occupa, de concert avec Julien Taitbout, greffier, du recensement des archives de l'Hôtel de ville, qui jusqu'en 1735 n'avait jamais été fait d'une façon sérieuse. Il fit établir un inventaire exact des chartes, titres, minutes, comptes, registres, plans, etc., existant au greffe, ainsi que du buffet d'argent vermeil doré, de la vaisselle en argent, des tableaux et meubles existants; il édicta un règlement en date du 23 mars 1735, en vertu duquel pareil inventaire serait fait à chaque changement de greffier et serait pris en charge par lui. Depuis le 23 août 1505, date à laquelle maistre Jacques Rebours, procureur de la ville avait résigné sa charge à maistre Jean Radin, et à laquelle il fut établi un inventaire, aucun recensement n'avait été fait des meubles, objets et papiers appartenant à l'Hôtel de Ville.

Voltaire a dit, à propos de Michel-Etienne Turgot dans son poème du temple du Goût : « On finit par donner des éloges et par souhaiter un succès heureux aux « grands desseins que le magistrat de la ville de Paris a formé pour la décoration de « la capitale. Michel-Etienne Turgot avait fait marché avec des entrepreneurs pour « l'agrandissement du quai derrière le palais, le continuer jusqu'au pont de l'Isle « et joindre l'Isle au reste de la ville par un beau pont de pierre. Il n'y a point de « citoyens dans Paris qui ne doive s'empresser à contribuer de tout son pouvoir à « l'exécution de pareils desseins, qui servent à notre commodité, à nos plaisirs et à « notre gloire ».

Michel-Etienne Turgot fut nommé conseiller d'Etat par semestre en 1737 et conseiller d'Etat ordinaire en 1744, puis président au Grand Conseil en 1741, et enfin membre honoraire de l'Académie des Inscriptions et Belles-Lettres en 1743, en remplacement du cardinal de Fleury.

Lorsque Marie-Charlotte-Sophie Leczinska donna un fils à son royal époux Louis XV, le 4 septembre 1729, le roi se rendit le 7 du même mois à l'Hôtel de Ville où il soupa, et voulut remettre, selon la coutume, au Prévôt des marchands une somme d'argent que Turgot refusa par désintéressement.

Michel-Etienne Turgot mourut le 1er février 1751, laissant un fils, Anne-Robert-Jacques Turgot, né le 10 mai 1727, auquel Louis XVI confia le 20 juillet 1774 le portefeuille de la marine, et qui fut un des grands philosophes qui préparèrent la Révolution de 1789. Le prévôt Michel-Etienne Turgot, ainsi que deux de ses ancêtres, et son fils furent inhumés dans l'Eglise de l'Hôpital des femmes incurables, actuellement chapelle de l'Hôpital Laennec.

Ses armoiries, comme magistrat de Paris, (jeton de l'échevinage), représentaient : « un cartouche chargé d'un écu ovale armorié, surmonté de la couronne de marquis et sup-« porté de deux licornes. D'argent, fretté de gueules de huit pièces, les interstices remplis « chacun d'une moucheture d'hermine de table ». Avec les mots : « De la prevote de

« Mre Mich. Est. Tvrgot Pres. aux req. du palais ». Au revers : « *Vaisseau voguant à
« gauche, toutes voiles dehors ; au-dessus la constellation du dauphin* ». Avec les mots :
« *Optato sidere gaudet* ». A l'exergue : « *Urbs MDCCXXX* ».

FÉLIX AUBERY

PRÉVÔT DES MARCHANDS

Félix Aubery, marquis de Vastan, baron de Vieux-Pont, etc., fut d'abord avocat du roi au Châtelet en 1715, puis conseiller au Parlement en 1716, et maître des requêtes en 1718. Il fut nommé tour à tour intendant à Limoges, 1723, à Maubeuge, 1725, à Caen, 1727 et à Châlons, 1730. Il fut élu Prévôt des marchands de Paris en 1740, en remplacement de Michel-Etienne Turgot, sous le règne de Louis XV, fut réélu en 1742 et conserva ce poste jusqu'au 20 juillet 1743, jour de son décès. Il avait été nommé conseiller d'Etat quelque temps avant sa mort.

Ses armoiries, comme magistrat de Paris, (jeton de l'échevinage), représentaient : « *un cartouche armorié, surmonté de la couronne ducale et ayant pour tenants deux sau-
« vages, la massue à la main. D'or, à cinq triangles de gueules. A gauche du cartouche,
« près des pieds du tenant* » : « *D. V.* » Avec les mots : « *De la p^rté de Mre Fel. Avbery
« M^quis de Vastan, M^tre des req. Hon. 1740* ». Au revers : « *Cartouche aux armes de
« Paris, chargé à droite, au bas, des lettres : D. V. Au-dessous : Ville de Paris* ».

LOUIS-BASILE DE BERNAGE

PRÉVÔT DES MARCHANDS

Louis-Basile de Bernage, seigneur de Saint-Maurice, fut nommé maître des requêtes en 1714; il fut appelé à l'intendance de Montauban en 1720, et à celles de Montpellier et de Toulouse de 1736 à 1743. Il fut désigné le 3 décembre 1724 pour remplir les fonctions de secrétaire-greffier de l'ordre de Saint-Louis créé par lettres patentes du roi Louis XIV, enregistrées au Parlement le 10 avril 1693, charge pour laquelle il prêta serment seulement le 24 janvier 1730, et fut en cette qualité grand-croix de cet ordre.

Il fut élu Prévôt des marchands de Paris le 26 juillet 1743, en remplacement de Félix Aubery, décédé, sous le règne de Louis XV, fut réélu à ce poste successivement en 1745, 1747, 1749, 1751, 1753, 1755 et l'occupa jusqu'en 1758.

Lorsque Louis XV fut pris à Metz d'une fièvre putride dont il faillit mourir, les parisiens lui décernèrent dans leur douleur le surnom de « Bien-Aimé ». Quand il fut rétabli, leur joie fut telle que le Prévôt des marchands Louis-Basile de Bernage et les échevins de Paris décidèrent par une délibération du 27 juin 1748 qu'une statue équestre serait élevée en l'honneur du roi. Louis XV, ému de cette sollicitude, fit don à sa bonne ville de Paris pour la placer, d'un vaste terrain situé à l'extrémité du jardin des Tuileries qui s'appela place Louis XV. Le roi donna en outre à la ville en 1749 la direction générale de l'Opéra dont le Prévôt et les échevins prirent possession le 27 août de la même année.

Ce fut aussi sous la prévôté de Louis-Basile de Bernage et à l'occasion de la naissance du duc de Bourgogne (nuit du 12 au 13 septembre 1751), que le bureau de la ville prit la décision de marier à ses frais six cents jeunes filles choisies dans des familles sans fortune ; cette cérémonie eut lieu le 9 novembre.

Enfin le 22 mai 1754, eut lieu en présence des magistrats de Paris la pose de la première pierre du portail de l'Eglise Saint-Eustache.

Les armoiries de Louis-Basile de Bernage, comme Magistrat de Paris, (jeton de l'échevinage), représentaient : « *un cartouche orné de têtes de griffon, chargé d'un écu* « *ovale armorié, surmonté de la couronne ducale : l'écu est posé sur la grand'croix de* « *Saint-Louis et entouré d'un ruban portant la légende Lud. Mag. instit: 1693 et soutenant* « *une croix de petit module. Fascé de gueules et d'or : le gueules chargé de quinze flanchis* « *d'or, 5, 5. 5.* ». Avec les mots : « Prev^{te} de Mre Louis-Bazile de Bernage, conser^{er} d'Estat « ordre 1743 ». Et : « Com. grand'croix de l'ordre de Saint-Louis ». Au revers : « Cartouche aux armes contournées de Paris, orné à gauche d'une palme, à droite d'une branche « de laurier. Au-dessous, dans un listel : Ville de Paris. A droite du cartouche : D. V. »

JEAN-BAPTISTE-ÉLIE CAMUS DE PONTCARRÉ

PRÉVÔT DES MARCHANDS

Jean-Baptiste-Elie Camus de Pontcarré, seigneur de Viarme, etc., naquit le 20 mars 1702 ; il devint conseiller au Parlement en 1721, maître des requêtes en 1726, intendant de Bretagne en 1734, et conseiller d'Etat par semestre en 1752. Il fut élu Prévôt des marchands de Paris en 1758, en remplacement de Louis-Basile de Bernage, sous le règne de Louis XV, fut réélu en 1760 et en 1762 et conserva ce poste jusqu'en 1764.

La halle au blé fut commencée sous sa prévôté en 1763, et la bibliothèque donnée à la ville par Moriau et installé à l'Hôtel Lamoignon, fut ouverte au public le 13 avril de la même année.

Les armoiries de Jean-Baptiste-Elie Camus de Pontcarré, comme magistrat de la ville, (jeton de l'échevinage), représentaient : « *un cartouche orné, chargé d'un écu ovale armorié, surmonté de la couronne de marquis et ayant pour supports un lion couché. D'azur, à trois croissants d'argent accompagnés en cœur d'une étoile d'or. A l'exergue : 1758. Devant la patte gauche du lion couché : IDV* ». Avec les mots : « *Pre^{te} de Mre J. B. Elie Camus de Pontcarre de Wiarme C^r De^t* ». Au revers : « *La ville de Paris assise sur un banc, le bras droit étendu et soutenant du bras gauche un cartouche à ses armes ; dans le fond, on voit d'un côté le Louvre, de l'autre, Notre-Dame et la Sainte-Chapelle* ». A l'exergue : « *Ville de Paris* ».

PIERRE DEVARENNES

ÉCHEVIN

Pierre Devarennes, écuyer, avocat au Parlement et conseiller du roi, fut d'abord quartenier. Il fut élu échevin en 1762, sous la prévôté de Jean-Baptiste-Elie Camus de Pontcarré. Par lettres patentes du 25 novembre 1765, une rue ouverte sur l'emplacement de l'Hôtel de Soissons, reçut le nom de Devarennes.

ARMAND-JÉROME BIGNON

PRÉVÔT DES MARCHANDS

Armand-Jérome Bignon, seigneur de la Meaufle, de l'Ile-Belle, Hardricourt, etc., naquit le 28 octobre 1711. Il était neveu de Jean-Paul Bignon, l'un des quarante de l'Académie française en 1643, bibliothécaire du roi et arrière-neveu de Jérome Bignon qui fut placé par Henri IV près du dauphin, en qualité d'enfant d'honneur et qui devint plus tard un des conseillers d'Anne d'Autriche pendant la régence.

Armand-Jérome Bignon, nommé maître des requêtes en 1737, succéda à son oncle en qualité de bibliothécaire du roi en 1743, se démit de cette place en faveur de son fils Jean-Frédéric Bignon, entra à l'Académie française en 1743, en remplacement de son grand oncle, et devint successivement membre honoraire des inscriptions et belles-lettres en 1751, prévôt, maître des cérémonies des ordres du roi le 7 septembre 1754 et conseiller d'Etat en 1762. Il fut élu Prévôt des marchands de Paris en 1764, en remplacement de Jean-Baptiste-Elie Camus de Pontcarré, sous le règne de Louis XV, fut réélu en 1766, 1768, 1770, et occupa ce poste jusqu'au 8 mars 1772, jour de sa mort.

Sous sa prévôté, eut lieu la pose de la première pierre de l'Eglise Sainte-Geneviève (1) le 6 septembre 1764, ainsi que celle de la chapelle de l'Ecole militaire le 5 juillet 1769.

Les armoiries de Armand-Jérome Bignon, comme magistrat de Paris, (jeton de l'échevinage), représentaient : « *un cartouche chargé d'un écu armorié, surmonté de la « couronne de marquis, entouré des colliers des ordres de Saint-Michel et du Saint-Esprit, « et ayant pour tenants deux anges vêtus de longues robes, élevant chacun une palme, le « tout mouvant d'une terrasse. D'azur, à la croix haute d'argent, accolée d'un cep de vigne « de sinople fruité d'or, cantonnée de quatre flammes du même et mouvant d'une terrasse « de sinople* ». Avec les mots : « *Prevte de Mre Arm. Jer. Bignon, conser d'Etat biblio-« teqre du Roy, 1766* ». Au revers : « *Cartouche chargé des armes de Paris, orné d'une « guirlande de feuillage et de deux cornes d'abondance* ». Avec les mots : « *Ville de « Paris* ».

(1) Aujourd'hui le Panthéon.

JEAN-BAPTISTE-FRANÇOIS DE LA MICHODIÈRE

PRÉVÔT DES MARCHANDS

MESSIRE JEAN-BAPTISTE DE LA MICHODIÈRE
Prévôt des marchands de Paris (de 1772 à 1778).

Jean-Baptiste-François de La Michodière, comte d'Hauteville, seigneur de Romène, naquit le 2 septembre 1720. Il fut nommé maître des requêtes en 1745, intendant à Riom en 1752, à Lyon en 1757 et à Rouen en 1762, et conseiller d'Etat en 1768. Il fut élu Prévôt des marchands de Paris le 17 mars 1772 en remplacement de Armand-Jérôme Bignon décédé, sous le règne de Louis XV, fut réélu à ce poste en 1774 et 1776, sous le règne de Louis XVI ; il remplit ces fonctions jusqu'en 1778.

Par une ordonnance royale du 8 avril 1778, une nouvelle rue fut ouverte à Paris sur l'emplacement des bâtiments, cours et jardins des deux ponts, près la rue neuve Saint-Augustin et la chaussée d'Antin, et reçut en vertu de la même ordonnance le nom de la rue de la Michodière (2e arrondissement).

Les armoiries de Jean-Baptiste de La Michodière, comme magistrat de Paris, (jeton de l'échevinage), représentaient : « un cartouche chargé d'un écu ovale armorié, surmonté de la couronne de marquis et « ayant pour supports deux levriers, le tout posé sur une plinthe sculptée. D'azur, à la « fasce d'or chargée d'un levrier courant de sable, accolé de gueules ». A l'exergue, « une « guirlande soutenue par une patère ». Avec les mots : « Prevoste de Mre J. B. Fr. De la « Michodière, 1773 ». Au revers : « Cartouche orné de guirlande et de deux palmes, « chargé des armes de la ville ». Avec les mots : « Ville de Paris ».

L'Hôtel de Ville de Paris

SOUS

le règne de Louis XVI

(Du 10 mai 1774 au 15 juillet 1789, lendemain de la prise de la Bastille)

LOUIS XVI, né le 23 août 1754, fils de Louis de France et de Marie-Josèphe de Saxe, petit-fils de Louis XV, roi de France le 10 mai 1774, marié le 16 mai 1770 à Marie-Antoinette Josèphe-Jeanne de Lorraine, archiduchesse d'Autriche, mort sur l'échafaud le 21 janvier 1793.

Régna du 10 mai 1774 au 21 septembre 1792, date à laquelle la royauté fut abolie par la Convention nationale.

Liste des Prévôts des marchands et Échevins

SOUS LE RÈGNE DE LOUIS XVI

(de 1774 au 14 juillet 1789)

PRÉVÔTS DES MARCHANDS	ÉCHEVINS	
	Jacques Nicolas Rœttiers Delatour, conseiller du roi et de la ville,	1775
Messire Jean Baptiste De la Michodière, Comte d'Hauteville, conseiller d'Etat (continue ses fonctions commencées en 1772), de 1772 à 1778.	Charles François Angelesme de Saint-Sabin, ancien avocat au Parlement,	—
	Jean Denis Levé, conseiller du roi,	1776
	Guillaume Gabriel Chapus de Malassis,	—
	Antoine Francois Daval, avocat au Parlement, conseiller du Roi et de la ville,	1777
	Michel Pierre Guyot, avocat au Parlement, conseiller du roi, commissaire au châtelet.	—
	Jacques Chauchat, avocat au Parlement, conseiller du roi, quartenier,	1778
	Balthazar Incelin, avocat au Parlement,	—
	Jean Baptiste André Pochet, conseiller du roi et de la ville,	1779
	Jean Jacques Blacque, conseiller du roi, notaire honoraire,	—
Messire Antoine Louis Le Febvre de Caumartin, Marquis de Saint-Ange, conseiller d'Etat, de 1778 à 1784.	Jean Charles Richer, avocat au Parlement, conseiller du roi, quartenier,	1780
	Toussaint de la Bordenave, professeur de chirurgie,	—
	Louis César Famin, conseiller du roi et de la ville,	1781
	Antoine Edouard Maginel,	—
	Jacques Philippe Desvaux, avocat au Parlement, quartenier,	1782
	Pierre Jacques Pelé, avocat au Parlement et aux conseils du roi,	—
	Nicolas Jean Mercier, conseiller du roi et de la ville,	1783
	François Cosseron,	—

Le Corps municipal de Paris recevant l'annonce du traité de paix signé a Paris le 10 février 17
entre la France et l'Angleterre (21 juin 1763)..

Noël Hallé pinxit.

Messire Jean-Baptiste Elie Camus de Pontcarré } prévôt des marchands

Louis Mercier, Laurent Jean Babille, Pierre de Varennes, André Deshayes. } échevins

PRÉVÔTS DES MARCHANDS	ÉCHEVINS	
	Pierre François Mitouart, conseiller du roi, docteur en médecine, quartenier,	1784
	Marie Nicolas Pigeon, avocat en Parlement, conseiller du roi,	—
	François Pierre Goblet, avocat du roi au grenier à sel et son conseiller à l'Hôtel de Ville,	1785
Messire Louis Le Peletier, Marquis de Montméliant, conseiller d'Etat, de 1784 au 21 avril 1789.	Denis de la Voiepierre,	—
	Jean Baptiste Guyot, conseiller du roi, quartenier,	1786
	Jean Baptiste Dorival, conseiller du roi, avocat, commissaire au Châtelet,	—
	Jean Baptiste Buffault, chevalier de l'ordre du roi, trésorier honoraire de la ville,	1787
	Charles Barnabé Sageret,	—
	Jean Joseph Vergue, avocat, conseiller du roi, quartenier,	1788
	Denis André Rouen, avocat au Parlement, notaire.	—
Messire Jaoques de Flesselles, Maître des requêtes, conseiller d'Etat, élu le 28 avril, tué le 14 juillet. Jacques de Flesselles fut le dernier des Prévôts des marchands de Paris, du 28 avril 1789 au 14 juillet 1789.	Buffault (Jean Baptiste), chevalier de l'ordre du roi, trésorier honoraire de la ville, de 1787 au 14 juillet	1789
	Sageret (Charles Barnabé),	—
	Vergne (Jean Joseph), avocat, conseiller du roi, quartenier, de 1788 au 14 juillet	1789
	Rouen (Denis André), avocat au Parlement, notaire, de 1788 au 14 juillet	—

Publication à Paris du traité de paix signé à Versailles les 3-22 septembre 1783 entre la France et l'Angleterre

(25 NOVEMBRE 1783)

La querelle engagée entre l'Angleterre et les colonies de l'Amérique du Nord devint à l'état aigu par l'entêtement de Georges III et de ses ministres. Le Congrès national américain, rassemblé à Philadelphie, proclama, le 4 juillet 1776, l'indépendance américaine qui fut considérée à Londres comme une déclaration de guerre. Washington prit le commandement des troupes américaines et le docteur Benjamin Franklin vint à Paris demander l'appui de la France en faveur de la nouvelle République.

Le gouvernement de Louis XVI reconnut l'indépendance américaine le 2 février 1778, ce qui occasionna une rupture immédiate entre la France et l'Angleterre. Un premier combat naval eut lieu à Ouessant, le 27 juillet 1778, entre l'escadre du comte d'Orvilliers et celle de l'amiral anglais Kepper. Grenade fut prise par le comte d'Estaing, le 4 juillet de l'année suivante, et enfin la capitulation d'York-Town le 6 octobre 1781 exigée par Washington et Rochambeau, vint terminer la guerre et assurer l'indépendance américaine.

Le Parlement anglais demanda la paix, le belliqueux marquis de Buckingham, fut remplacé par lord Shelburne, et les préliminaires d'un traité entre l'Angleterre, les Etats-Unis et la France, furent arrêtés à Paris, le 30 novembre 1782. Des traités définitifs furent signés les 3 et 22 septembre 1783, entre les cours de France, d'Espagne, d'Angleterre et de Hollande, et la publication de cette paix eut lieu à Paris, le 25 novembre 1783 avec tout le cérémonial usité en pareil circonstance :

Le Prévôt des marchands de Paris, Louis de Caumartin ;

Les échevins, Louis Famin, Edouard Maginel, Philippe Desvaux et Jacques Pelé ;

Le procureur du roi et de la ville, Jollivet de Vannes ;

Le greffier, Joseph Veytard ;

Le receveur Jean Baptiste Buffault ;

Les conseillers et les quarteniers se rendirent en costume de cérémonie à sept heures du matin à l'Hôtel de Ville. Ils montèrent ensuite à cheval, et parcoururent la ville, en compagnie du lieutenant général de police, des lieutenants et officiers du Châtelet. Ils étaient précédés des archers, des huissiers et accompagnés du roi d'armes, des hérauts et du corps de musique de la ville.

Le cortège partit de l'Hôtel de Ville à midi, s'arrêta sur toutes les places publiques, devant le Palais royal, aux Tuileries, sur la place Vendôme, traversa les boulevards et rentra à cinq heures.

Il y eut ensuite des réjouissances, des feux de joie et des illuminations dans les rues et à la façade de tous les établissements publics. Un banquet fut en outre offert par le corps de ville aux officiers du Châtelet et des santés portées par le Prévôt des marchands aux membres de la famille royale (1).

Un tableau représentant l'annonce de la paix de 1783 a été peint par Van Ysendick en 1837 et se trouve au musée de Versailles.

(1) *Les armoiries de la ville de Paris,* de M. le comte A. de Coëtlogon et Tisserand (service historique de la ville de Paris, tome Ier).

Composition du bureau de la Ville de Paris au 1ᵉʳ janvier 1789.

Le bureau de la Ville de Paris, au 1ᵉʳ janvier 1789, comprenait :

Le Prévôt des marchands désigné tous les deux ans par lettre patente du roi et à l'élection du corps de ville.	Louis Le Peletier, chevalier, marquis de Montméliant, seigneur de Morfontaine, grand-trésorier, commandeur de l'Ordre du Saint-Esprit, conseiller d'Etat, nommé en 1784.
Les quatre échevins, renouvelés à la fin de chaque année, deux par deux, en assemblée des Prévôt et échevins, des conseillers de ville et des quarteniers, plus deux notables bourgeois, mandés de chaque quartier.	Jean-Baptiste Buffault, chevalier de l'Ordre du Roi, son conseiller en l'hôtel de ville et trésorier honoraire de Paris, élu en 1787 ; Charles Barnabé Sageret, écuyer, élu en 1787 ; Jean Joseph Vergne, écuyer, avocat au Parlement, conseiller du Roi, quartenier de la ville, notaire honoraire, élu en 1788, en remplacement de Guyot, et Denis André Rouen, écuyer, avocat au Parlement, conseiller du roi, notaire, élu en 1788, en remplacement de Dorival.
Le procureur du roi et de la Ville.	Ethis de Corny, chevalier de Saint-Louis et de l'Ordre de Cincinnatus.
Procureur honoraire.	Jollivet de Vannes.
Le substitut.	Mignonville.
Le greffier en chef.	Veytard, écuyer, conservateur des hypothèques, trésorier de l'Ordre royal et militaire de Saint-Louis.
Le trésorier.	Vallet de Villeneuve, écuyer.

Composition des officiers municipaux de la Ville de Paris le 14 juillet 1789.

Au moment où la Révolution française de 1789 éclata, et le matin de la fameuse journée de la prise de la Bastille, le 14 juillet de la même année, la juridiction de l'Hôtel de Ville de Paris était composée ainsi qu'il suit :

Un prévôt des marchands de Paris.	Jacques de Flesselles, élu le 28 avril 1789.
Quatre échevins.	Jean Baptiste Buffault, élu au mois d'août 1787 ; Charles Barnabé Sageret, élu au mois d'août 1787 ; Jean Joseph Vergne, élu au mois d'août 1788 ; Denis André Rouen, élu au mois d'août 1788.
Un procureur du roi et de la Ville.	Ethis de Corny, nommé en 1785.
Un avocat du roi et de la Ville.	Veytard, nommé en 1785.
Un substitut du procureur du roi et greffier.	Mignonville, nommé en 1776.
Un chevalier du guet.	Rulhière, lieutenant colonel de cavalerie, nommé en 1788.

Il y avait en outre : 16 quarteniers (1) au nombre desquels étaient les suivants : Guyot, Hubert, Deyeux, Darnault, Moinery, Rousseau, Bernier, Bossu, Goblet, Revil, Etienne, Honoré, Gibert.

64 cinquanteniers, soit 4 dans chaque quartier.

et 251 dizeniers, soit 16 dans chaque quartier.

Au nombre des conseillers de ville se trouvaient les suivants : Fraguier, Remy, Velut, de la Crosnière, Guyot de Chenizot, Lourdet, Henry, Famin, Goudin, de la Mouche, Goblet, Agasse, Girouts, Santilly, Masson de Meslay, Boucher, Chéret, Duparc, Vanglenne, Bernard, Pluvinet, Mandrou de Villeneuve, Paulmier, de Caux.

(1) Sans compter les 4 quartiers des faubourgs.

Enfin, la compagnie du guet était formée de 71 hommes à pied, y compris les adjudants, sergents, caporaux, fusiliers et tambours, attachés au corps du Châtelet. Cette compagnie avait été créée par un édit du mois d'août 1771, enregistré au Parlement, pour remplacer l'ancienne compagnie du guet supprimée par le même édit.

Composition de la juridiction de la Prévôté et vicomté de Paris au 14 juillet 1789.

La juridiction de la Prévôté et vicomté de Paris, autrement dit du Châtelet, comprenait :

Le Prévôt de la ville, (prévôté et vicomté de Paris), conservateur des privilèges royaux de l'Université : Messire Anne-Gabriel-Henri-Bernard Chevalier, marquis de Boulainvilliers, conseiller du Roi, en fonctions depuis 1776 ;

Le lieutenant civil : Denis-François-Augran d'Alleray, conseiller d'Etat, ancien procureur du grand conseil ; en fonctions depuis 1774 ;

Le lieutenant général de police : Louis Thiroux de Crosne, maître des requêtes, honoraire, en fonctions depuis 1785 ;

Le lieutenant criminel : Charles-Simon Bachois de Villefort, en fonctions depuis 1774 ;

Il y avait en outre deux lieutenants particuliers et deux lieutenants honoraires.

Le ministère public était composé de :

1° Les gens du roi : Pelletier des Forts et de Flandre de Brunville ;

2° Huit substituts dont le doyen était Bellanger ;

3° D'un secrétaire du parquet.

Les notaires du Châtelet étaient au nombre de 113.

Le gouverneur de Paris était le duc de Brissac.

RÈGLEMENT FAIT PAR LE ROI,

en interprétation et exécution de celui du 28 mars 1789,

concernant la convocation des trois États de Paris, du 13 avril 1789,

et divisant cette ville en soixante arrondissements ou districts.

E Prévôt de Paris et le lieutenant civil, ainsi que les Prévôt des marchands et échevins, ayant présenté au roi, en exécution du règlement du 28 mars 1789, des projets de distribution des différentes assemblées préliminaires, tant pour l'ordre du clergé et pour celui de la noblesse que pour l'ordre du tiers, il fut reconnu que, malgré les soins qui furent donnés à la division exacte des différents quartiers de Paris, entre lesquels les premières assemblées de la noblesse et du tiers état devaient être partagées, il était impossible d'acquérir avec certitude la connaissance du nombre des personnes qui devaient composer ces assemblées, et qu'en assignant le nombre fixe des représentants que chaque assemblée aurait à choisir, on s'exposerait à une répartition très inégale. Il parut, par suite, plus convenable de proportionner le nombre des représentants à celui des personnes qui seraient convoquées, et que, s'il résultait de cette disposition une obligation de renoncer à une proportion égale pour le nombre respectif des représentants des trois ordres à l'assemblée de la prévôté, proportion qui n'existait dans aucun autre bailliage, cet inconvénient était compensé par l'accroissement du nombre de ceux qui concourraient à l'élection des députés aux Etats Généraux, accroissement d'ailleurs désiré par les trois ordres.

Le règlement suivant fut, par suite, établi et arrêté au conseil d'Etat du roi, à Versailles, le 13 avril 1789 :

I. — Le règlement du 24 janvier 1789 sera exécuté, suivant sa forme et teneur, pour la convocation de l'ordre du clergé dans l'intérieur des murs de Paris . . . .

II. — Les chapitres séculiers d'hommes tiendront leur assemblée le 21 avril au plus tard.

. . . .

IV. — L'assemblée générale de la noblesse se tiendra le 20 avril. Elle sera divisée en vingt parties suivant les quartiers dont les limites, ainsi que le lieu de l'assemblée seront déterminés par l'état annexé à l'ordonnance du Prévôt de Paris.

La distribution de la ville de Paris en vingt arrondissements pour les assemblées de la noblesse fut la suivante :

1er arrondissement. — La cité et les Halles ;
2e — Le Louvre et les Tuileries ;
3e — Le palais Royal ;
4e — Les faubourgs Saint-Honoré, du Roule et Chaillot ;
5e — La Ville-l'Evêque ;
6e — La chaussée d'Antin et le boulevard jusqu'à la porte St. Martin ;
7e — La place des Victoires ;
8e — Le quartier Saint-Martin ;
9e — La Grève et le quartier Saint-Paul ;
10e — Le Marais (première partie) ;
11e — Le Marais (deuxième partie) ;
12e — Les faubourgs du Temple et Saint-Antoine ;
13e — La place Maubert et le faubourg Saint-Marcel ;
14e — Saint-André des Arts ;
15e — Le Luxembourg ;
16e — La Croix-Rouge ;
17e — Saint-Germain-des-Prés (première partie) ;
18e — Saint-Germain-des-Prés (deuxième partie) ;
19e — Saint-Germain-des-Prés (troisième partie) ;
20e — Les Invalides et le Gros-Caillou.

. . . .

XII. — L'assemblée du tiers état de la ville de Paris se tiendra le mardi 21 avril (1789) : *elle sera divisée en soixante arrondissements ou districts*, dont les limites, ainsi que le lieu de l'assemblée seront déterminés par l'état qui sera annexé au mandement des Prévôt des marchands et échevins. Les habitants composant le tiers état, nés français ou naturalisés, âgés de vingt-cinq ans et domiciliés, auront droit d'assister à l'assemblée déterminée pour le quartier dans lequel ils résident actuellement, en remplissant les conditions suivantes et nul ne pourra s'y faire représenter par procureur.

XIII. — Pour être admis dans l'assemblée de son quartier, il faudra pouvoir justifier d'un titre d'office, de grades dans une faculté, d'une commission ou emploi, de lettres de maîtrise, ou enfin de sa quittance ou avertissement de capitation montant au moins à la somme de six livres en principal.

XIV. — Avant d'entrer dans la dite assemblée, chacun sera tenu de remettre à celui qui aura été préposé à cet effet un carré de papier sur lequel il aura écrit ou fait écrire lisiblement son nom, sa qualité, son état ou profession, et le nom de la rue où il a son domicile ; il recevra en échange le billet qui lui servira pour l'élection.

. . . .

XVII. — L'assemblée commencera le 21 avril à sept heures du matin, et on y sera admis jusqu'à neuf heures, heure à laquelle les portes seront fermées.

. . . .

XXII. — Tous les représentants du tiers état de la ville de Paris se rendront à l'assemblée du corps municipal qui sera convoquée pour le mercredi 22 avril.

. . . .

Ce fut, en conséquence, à partir du 13 avril 1789 que la ville de Paris fut divisée en soixante arrondissements ou districts pour l'élection des députés du tiers état aux Etats généraux de 1789.

D'après le dernier dénombrement qui avait été fait en 1789, la population de Paris était de six cent vingt mille habitants.

La division de Paris en soixante districts dont les noms suivent, ainsi que ceux de leurs présidents, dura jusqu'au mois de juin 1790, date du décret de l'assemblée nationale concernant la municipalité de Paris et divisant cette ville en quarante-huit sections :

LISTE DES 60 DISTRICTS

ÉTABLIS EN VERTU DU RÈGLEMENT DU 15 AVRIL 1789 ET DES PRÉSIDENTS DE CES DISTRICTS ÉLUS LE 21 DU MÊME MOIS

QUARTIERS	DISTRICTS ET NOMS DES PRÉSIDENTS	QUARTIERS	DISTRICTS ET NOMS DES PRÉSIDENTS
LUXEMBOURG	1 Eglise St-André-des-Arts. — Angelesme de St-Sabin. 2 Eglise des Cordeliers. — Guyot. 3 Eglise des Carmes déchaussés. — Daval. 4 Eglise des Prémontrés. — Laurent de Mézières.	LOUVRE	1 Eglise St-Germ.-l'Auxerrois. — Mercier. 2 Eglise de l'Oratoire. — Bossu. 3 Eglise des Feuillants. — Delaune. 4 Eglise des Capucins. — Charlier.
PALAIS-ROYAL	1 Eglise St-Honoré. — Agasse. 2 Eglise St-Roch. — Giroust. 3 Eglise des Jacobins St-Honoré. — Dorival. 4 Eglise de Saint-Philippe du-Roule. — De la Voiepierre.	SAINT-EUSTACHE	1 Eglise St-Eustache. — Gallet de Sous-Carrière. 2 Eglise des Petits-Pères. — Famin. 3 Eglise des filles St-Thomas. — Guyot de Chenizot. 4 Eglise des Capucins. — Daval.
SAINT-GERMAIN-DES-PRÉS	1 Eglise de l'abbaye St-Germain. — Hubert. 2 Eglise des Petits-Augustins. — Pochet. 3 Eglise des Jacobins. — Deveux. 4 Eglise des Théatins. — Bernard.	SORBONNE	1 Eglise des Mathurins. — Etienne. 2 Eglise de Sorbonne. — Leclerc. 3 Eglise de St-Jacques-du-Haut-Pas. — Estienne.
ILE NOTRE-DAME	1 Eglise St-Louis. — De La Mouche. 2 Eglise St-Nicolas-du-Chardonnet. — Henry. 3 Eglise St-Victor. — Brière de Surgy.	PLACE ROYALE	1 Eglise du petit St-Antoine. — Boyer de St-Leu. 2 Eglise des Minimes. — Chéret. 3 Eglise de Trainel. — Dartis de Marsillac. 4 Eglise Sainte-Marguerite. — Bélot.
MARAIS	1 Eglise des Blancs-Manteaux. — Goblet. 2 Eglise des Capucins. — Darnuault. 3 Eglise des Enfants-Rouges. — Cosseron. 4 Eglise des Pères-Nazareth. — Maudron de Villeneuve.	SAINTS INNOCENTS	1 Eglise des Grands-Augustins. — Guyot. 2 Eglise St-Jacques-l'Hôpital. — Revil. 3 Eglise Bonne-Nouvelle. — Hibon. 4 Eglise de St-Lazare. — Caron.
SAINTE-GENEVIÈVE	1 Eglise St-Etienne-du-Mont. — Sarazin. 2 Eglise du Val-de-Grâce. — Boucher. 3 Eglise St-Marcel. — Moinery.	HOTEL-DE-VILLE	1 Eglise St-Jean-en-Grève. — Boucher. 2 Eglise de St-Gervais. — Vauglenne. 3 Eglise St-Louis-de-la-Culture. — Duparc. 4 Eglise des Enfants-Trouvés. — Honoré.
SAINT-DENIS	1 Eglise St-Nicolas-des-Champs. — Rousseau. 2 Eglise Ste-Elisabeth. — Pluvinet. 3 Eglise des Filles-Dieu. — Viel. 4 Eglise de St-Laurent. — Incelin.	SAINT-MARTIN	1 Eglise St-Merri. — Magivel. 2 Eglise du St-Sépulcre. — Pelé. 3 Eglise St-Martin-des-Champs. — Ameline. 4 Eglise des Pères-Récollets. — Mercier.
LA CITÉ	1 Eglise des Barnabites. — Quatremère de l'Epine. 2 Eglise de Notre-Dame. — Bernier. 3 Eglise St-Séverin. — De Caux	HALLES	1 Eglise St-Jacques-la-Boucherie. — Gibert. 2 Eglise St-Leu. — Gibert, quartenier. 3 Eglise St-Magloire. — Santilly. 4 Eglise St-Joseph. — Villeneuve.

Convocation des électeurs des soixante districts de la ville de Paris

POUR LA NOMINATION DES DÉPUTÉS DU TIERS ÉTAT

N exécution du règlement du 24 janvier 1789 pour la convocation des États généraux qui devaient se réunir le 5 mai de la même année, chaque habitant des quartiers de Paris, divisés en 60 districts, en vertu du règlement du 13 avril précédent, reçut l'avis suivant :

« États généraux, convocation des habitants du tiers état de la ville et des faubourgs de Paris.

« De par le Roi et le Prévôt des marchands et échevins de la ville de Paris, on
« fait savoir à tous les habitants de l'ordre du tiers, qui sont logés dans les mai-
« sons situées dans les rues, ou partie de celles désignées qui forment ensemble
« l'arrondissement et le complément du district, qu'en exécution des ordres du
« Roi pour la convocation des habitants du tiers état, dans la ville et faubourgs
« de Paris, et du règlement arrêté par Sa Majesté le 13 du même mois, il leur est
« enjoint de se rendre mardi prochain, 21 de ce mois, depuis sept heures jusqu'à
« neuf heures du matin, dans l'église de leur district respectif, où doit être formée
« l'assemblée du district, à l'effet de concourir à la nomination des électeurs dans
« un nombre proportionné à celui des votants, conformément à l'article 18 du dit
« règlement. De plus, il est statué :

« Art. 1er. On observe que tous les habitants du tiers état domiciliés, nés
« Français, ou qui justifieront avoir été naturalisés et avoir atteint l'âge de vingt-
« cinq ans, auront droit à l'assemblée du district dans lequel il réside actuellement,
« en remplissant les conditions. Nul ne pourra s'y faire représenter par procureur.

« Art. 2. Chaque habitant, avant d'être admis dans la dite assemblée, sera
« tenu de remettre au préposé qui sera à cet effet placé à l'entrée, un carré de
« papier sur lequel il aura inscrit d'avance son nom, son adresse, son état ou
« profession, ainsi que son domicile. Il recevra en échange un billet imprimé. »

Telle fut la première convocation des électeurs des districts.

Prise de la Bastille

ÉVÉNEMENTS QUI L'ONT PRÉCÉDÉE ET SUIVIE

MORT TRAGIQUE DE M. DE FLESSELLES, DERNIER PRÉVÔT DES MARCHANDS DE PARIS

'HISTOIRE de l'Hôtel de Ville de Paris, où se passèrent tant de révolutions et qui fut en tout temps le témoin des grandes luttes politiques de notre pays, se rattache tellement à celle de la France entière, qu'il est nécessaire, pour raconter les faits qui lui sont propres, de mettre sous les yeux du lecteur les événements remarquables qui, comme la grande Révolution de 1789 et la prise de la Bastille, ont précédé la mort de M. de Flesselles, dernier prévôt des marchands de Paris.

Louis XVI réunit à Versailles, le 22 février 1787, l'assemblée des notables. Cette assemblée, comprenant cent trente-sept membres, fut composée des princes, des officiers de la couronne et des secrétaires d'État, des pairs du royaume, des conseillers d'État, des maîtres des requêtes, des maréchaux de France, d'archevêques et d'évêques, de présidents des Parlements et Conseils souverains, enfin de magistrats municipaux des villes et de députés d'États. Dans les différentes séances qui eurent lieu, on y discuta, entre autres propositions, celle relative à la subvention territoriale et à l'impôt du timbre. Le roi présida en personne la première séance ainsi que la dixième et dernière, qui eut lieu le 25 mai 1787. Cette assemblée n'eut d'autre effet que de rendre nécessaire la tenue des États généraux. M. de Calonne, paraissant vouloir, par ses propositions, spolier la noblesse et le clergé, fut forcé de se retirer le 20 avril et fut remplacé par Bouvard de Fourqueux.

L'enregistrement des édits du timbre et de la subvention territoriale, proposé par le ministre de Calonne, n'ayant pu avoir lieu à cause de la résistance du Parlement, le roi tint son lit de justice à Versailles, le 6 août 1787, dans les formes usitées, et les enregistrements ordonnés, concernant le timbre et la subvention territoriale, furent faits en sa présence ; mais aussitôt après, le Parlement protesta contre ces actes et les impôts ne furent pas mis en recouvrement. Charles Philippe, comte d'Artois, second frère du Roi, vint lui-même, le 17 août 1787, faire enregistrer à la Cour des Aides les deux édits du timbre et de la subvention territoriale. Le peuple, voyant dans cet acte de l'autorité royale une injure faite aux magistrats alors en faveur, manifesta son ressentiment dans la cour du palais en présence même de ce prince.

Dans une séance extraordinaire tenue au palais par Louis XVI, le 19 novembre 1787, le roi fit enregistrer un édit portant création d'un emprunt pendant cinq ans jusqu'à concurrence de 420 millions de francs. Lorsque l'ordre royal d'enregistrer l'édit fut prononcé, le duc d'Orléans se leva, et demanda au roi si c'était un lit de justice ou une séance royale. Le roi lui répondit avec autorité ; alors son cousin protesta contre cet enregistrement qu'il considérait comme illégal.

Les deux ministres, Loménie de Brienne, archevêque de Toulouse, nommé chef du conseil royal des finances le 1er mai 1787, et de Lamoignon, qui avait succédé à de Miromesnil, avaient établi une imprimerie secrète à Versailles, d'où ils faisaient sortir les projets qu'ils croyaient utiles aux entreprises de la cour. Le conseiller Duval d'Epremesnil, malgré le mystère dont s'entouraient les ministres, découvrit leurs agissements et dénonça au Parlement le projet du cardinal de Loménie, concernant la cour plénière. « Jurons tous, s'écria d'Epremesnil, en « s'adressant à ses collègues, de nous refuser à tout projet qui émanerait de la « presse ministérielle, et de périr plutôt que de souffrir son exécution. » Ce serment fut prononcé par tous les membres du Parlement. Les ministres, furieux, décidèrent qu'il fallait faire un exemple et lancèrent deux lettres de cachet contre d'Epremesnil et contre le conseiller Goislard de Monsabert, qui furent arrêtés pour le même motif par le commandant d'Agoust ; le premier fut conduit, par ordre de la cour, à Sainte-Marguerite, le second au château de Pierre-en-Cise, près Lyon.

Les ministres de Brienne et de Lamoignon venaient d'être remerciés à leur tour. Les étudiants et la jeunesse parisienne voulurent fêter leur départ et s'assemblèrent place Dauphine, en promenant un mannequin représentant de Brienne ; le lendemain, on voulut recommencer, mais le chevalier Dubois, commandant du guet, s'y opposa et, en présence de la résistance des manifestants, ordonna de charger sur la foule ; plusieurs personnes furent tuées et un grand nombre d'autres furent blessées. Des scènes analogues se passèrent lors de la retraite de Lamoignon, et un nouveau massacre eut lieu rue Meslay. Cette fois, le peuple devint furieux ; il se porta sur le poste du corps de garde du Pont-Neuf qui fut incendié le 29 août 1788. Cet incendie eut lieu à l'occasion d'une rixe survenue entre le peuple et le guet à pied et à cheval sur différents quais ; le peuple se vengea des charges faites contre lui en mettant le feu à ce corps de garde ; il brûla en outre, place Dauphine, l'effigie des ministres de Brienne et de Lamoignon, sur un bûcher élevé avec des guérites et autres objets enlevés dans les postes du guet. Depuis le 14 septembre 1788, date de la retraite des ministres de Lamoignon et de Brienne, qui furent remplacés, le premier aux sceaux par de Barentin, le second à la guerre par le comte de Puységur, le peuple se rassemblait chaque jour sur la place du Pont-Neuf, et forçait les passants à se mettre à genoux devant la statue de Henri IV.

Dans le courant d'avril 1789, le bruit fut répandu dans le faubourg Saint-Antoine que les ouvriers de la manufacture de papiers Reveillon allaient être taxés à 15 s. par jour, et que l'on avait dit que le pain était trop bon pour eux. Sous ce prétexte, un attroupement considérable se forma, le 18 du même mois, dans le faubourg, et se porta vers cette manufacture dont les meubles furent jetés par les fenêtres et incendiés. Les gardes françaises et les suisses, mandés, furent accueillis par une grêle de pierres et de tuiles et firent feu sur le peuple dont ils firent un véritable carnage. Cette fusillade irrita les esprits déjà surexcités par tant d'autres causes, et Paris fut en proie à une agitation extrême.

Ce fut au milieu de tous ces troubles de la capitale que les États généraux se réunirent à Versailles, le 5 mai 1789.

Les trois ordres se trouvaient composés ainsi qu'il suit :

CLERGÉ	48 archevêques ou évêques		291
	240 curés		
	3 moines		
NOBLESSE	1 prince du-sang		270
	241 gentilhommes		
	28 magistrats des cours supérieurs		
TIERS-ÉTAT	12 gentilhommes		584
	2 prêtres		
	18 moines de grandes villes		
	152 magistrats de baillages		
	212 avocats		
	16 médecins		
	172 négociants, propriétaires ou cultivateurs		

1145 membres.

Dès la première séance, le germe de la discorde, résultant de méfiances réciproques, s'éleva au sein de l'assemblée. Le 3 juin 1789, le tiers état nomma Sylvain Bailly président de son groupe, en remplacement de d'Ailly, primitivement élu et démissionnaire. Le 17 du même mois, les députés, dont les pouvoirs furent vérifiés, prirent, sur la proposition de l'abbé Sieyès, le nom d'Assemblée nationale. Le 20, le Roi fit fermer la salle des séances et les députés du Tiers état se réunirent dans la salle du Jeu de Paume où ils jurèrent de ne pas se séparer avant d'avoir donné une nouvelle constitution à la France et prirent la décision suivante qui fut signée par chacun d'eux, sauf un seul, Martin de Castelnaudari, dont le nom doit, pour ce motif, passer tristement à la postérité :

« L'Assemblée nationale, considérant qu'appelée à fixer la constitution du « royaume, opérer la régénération de l'ordre public et maintenir les vrais prin-
« cipes de la monarchie, rien ne peut empêcher qu'elle ne continue ses délibérations « et ne consomme l'œuvre importante pour laquelle elle s'est réunie, dans quelque « lieu qu'elle soit forcée de s'établir, et qu'enfin partout où ses membres se réuni-« ront, là est l'Assemblée nationale, a arrêté que tous les membres de cette « assemblée prêteront à l'instant le serment de ne jamais se séparer que la consti-« tution du royaume et la régénération publique ne soient établies et affermies, et « que, le serment étant prêté, tous les membres et chacun d'eux confirmerait par « leur signature cette résolution inébranlable. »

Le Roi cassa la délibération prise le 17, assista à la séance du 23 juin et la leva en donnant l'ordre aux trois ordres de se retirer et de se rendre le lendemain dans les chambres affectées à leurs ordres ; mais le tiers état demeura dans la salle commune, et lorsque le marquis de Dreux-Brézé, grand maître des cérémonies, vint le sommer de se retirer, Mirabeau s'écria : « Vous qui n'avez ici ni place, « ni voix, ni droit de parler, vous n'êtes pas fait pour nous rappeler le discours « du roi. Allez dire à votre maître que nous sommes ici par la volonté du peuple « et que nous n'en sortirons que par la force des baïonnettes. »

Pendant que ces événements se passaient à Versailles, les émeutes continuaient à Paris où le peuple faisait voir son mécontentement ; les gardes nationales, ayant refusé de tourner leurs armes contre lui, onze d'entre eux furent emprisonnés à l'abbaye Saint-Germain, mais ils furent délivrés le 30 juin 1789 par leurs concitoyens. Après cette délivrance, les ministres firent observer au roi qu'il fallait réprimer de tels actes ; un plan d'attaque fut dès lors conçu et Necker, qui désapprouvait cette mesure, reçut l'ordre de sortir du royaume. Son départ fut fixé dans la nuit du 14 au 15 juillet, mais il reçut ordre de partir dès le 11 et obéit à cette injonction. Cette nouvelle jeta le trouble dans les esprits ; on s'attendait à des mesures vexatoires et des groupes se formèrent aussitôt au Palais-Royal. Au milieu d'eux se trouvait un jeune homme, Camille Desmoulins, qui, lui aussi, venait sonder le peuple ; sa colère contre les despotes était tournée au désespoir. Il ne voyait pas les groupes, quoique vivement émus et consternés, assez disposés au soulèvement. Trois jeunes gens, cependant, lui parurent agités d'un véhément courage ; ils comprirent tous les quatre qu'ils étaient venus au palais royal dans le même dessein et se tendirent la main. Quelques citoyens passifs les suivaient. « Messieurs, dit alors Camille Desmoulins, voici un commencement d'attroupement civique ! Il faut qu'un de nous se dévoue et monte sur une table pour haranguer le peuple. » A cette proposition, Camille Desmoulins fut désigné pour prendre la parole ; il monta sur une table et s'exprima ainsi qu'il suit : « Citoyens, il n'y a « pas un moment à perdre, j'arrive de Versailles, M. Necker est renvoyé ; ce renvoi « est le toscin d'une Saint-Barthélémy des patriotes. Ce soir, tous les bataillons « suisses et allemands sortiront du Champ de Mars pour nous égorger ; il ne « nous reste qu'une ressource, c'est de courir aux armes et de prendre une cocarde « pour nous reconnaître. » Camille Desmoulins avait les larmes aux yeux, il prononça sa courte mais véhémente harangue avec une telle action que sa proposition fut accueillie aux applaudissements de la foule. Le vert, couleur de l'espérance, fut choisi comme signe de ralliement ; l'orateur arbora une cocarde de cette couleur et tous les spectateurs de cette scène l'imitèrent. Telle fut l'insurrection, toute pacifique d'ailleurs, qui eut lieu au Palais-Royal le 12 juillet 1789, et qui précéda de quarante-huit heures la grande journée de la prise de la Bastille.

Le départ de Necker, qui avait porté dans son premier ministère la plus sage économie, causa un mouvement général de mécontentement dans la capitale ; on le considéra comme une déclaration de guerre et on résolut dès lors de s'armer et

CAMILLE DESMOULINS AU PALAIS-ROYAL (12 JUILLET 1789)

de former une garde bourgeoise, mais il fallait préalablement se constituer en commune.

L'abbé Fauchet proposa, par suite, aux électeurs de se constituer eux-mêmes comme élus du peuple, sous le titre de représentants provisoires de la commune de Paris, jusqu'au moment où elle se rassemblerait elle-même, soit pour les confirmer dans cette fonction, soit pour en nommer d'autres. A cette proposition, les présidents de l'assemblée, Lavigne et Moreau de Saint-Méry, donnèrent leur démission. L'effervescence des patriotes devint extrême ; les groupes, furieux du renvoi de Necker, en qui ils avaient confiance, décidèrent de fermer les théâtres en signe de douleur. Le 4 juin précédent, les spectacles avaient été suspendus en signe de deuil à l'occasion de la mort du Dauphin, âgé de sept ans; les Parisiens estimèrent que leur cité devait, à la suite du renvoi du défenseur de leurs intérêts et des finances obérées de l'Etat, donner aussi une marque de deuil national. Le peuple fit évacuer lui-même l'Opéra le 12 juillet 1789, sans qu'aucune force armée s'y opposa et sans qu'aucun accident grave soit survenu. Le même jour, les bustes de Necker et du duc d'Orléans furent portés en triomphe à travers les rues Grenetat, Saint-Denis, La Féronnerie, Saint-Honoré ; la foule mettait chapeau bas à leur passage. Ensuite, le cortège se rendit place Vendôme ; là, un détachement de Royal-Allemand, commandé par le prince de Lamsbec, s'opposa à leur passage et un cavalier fut tué d'un coup de pistolet. Cette promenade patriotique continua, mais le cortège, en arrivant aux Tuileries, rencontra un détachement de dragons qui se précipita sur la foule. Le porteur du buste de Necker fut tué et le buste fut brisé. François Pépin, qui portait l'effigie du duc d'Orléans, reçut un coup d'épée de la main de l'officier qui commandait, et la foule fut forcée de se diviser. Ce fut là le commencement du mouvement insurrectionel qui continua de la manière suivante. Les manifestants, des Tuileries, se portèrent par le pont tournant dans le jardin où le prince de Lamsbec les poursuivit en les chargeant jusqu'aux Champs-Elysées. La charge d'une troupe étrangère dans un jardin où plusieurs paisibles citoyens se trouvaient réunis, mit le comble à la colère publique. Pendant que de Lamsbec se conduisait ainsi en plein Paris, d'autres troupes étrangères étaient prêtes à s'opposer à toute réunion et à dissiper tout rassemblement. Trois régiments suisses, commandés par Salis-Samade, Diesbach et Chateauvieux, campaient au Champ de Mars, tandis qu'à Sèvres et à Meudon, les régiments d'Helmstach et de Royal-Pologne se disposaient à fondre sur le peuple français au moindre mouvement fait par lui au nom de la liberté. D'autre part, le bruit se répandit que les troupes qui environnaient la capitale devaient entrer secrètement à Paris et que celles qui étaient au Champ de Mars avaient reçu l'ordre d'avancer. En effet, le peuple vit bientôt ces dernières s'aligner dans les Champs-Elysées ; les Parisiens crurent que cette armée venait pour les faire périr et qu'une guerre ouverte leur était déclarée. Un choc se produisit et des coups de feu furent échangés entre les gardes françaises et les troupes étrangères, la barrière de la Conférence, en outre, fut incendiée.

Les événements qui précèdent ne furent que le prélude de plus terribles encore; le peuple, s'armant comme il le pouvait, monta la garde dans les rues de Paris pendant la nuit du 12 au 13 juillet, se préparant ainsi à sauver sa liberté.

Des malfaiteurs, profitant du désordre général, décidèrent de piller le couvent des religieux de Saint-Lazare; ils se donnèrent des chefs et se dirigèrent, dans la matinée du 13 juillet, armés de bâtons, vers cet établissement, où ils se présentèrent aux cris : « Du pain, du pain. » Les religieux leur donnèrent à manger, mais ils ne se contentèrent pas de cette complaisance, ils réclamèrent de l'argent et mirent le couvent au pillage. Un second pillage eut lieu au garde meuble, mais cette fois par le peuple lui-même qui s'empara des armes qu'il y trouva. Deux canons furent pris, le sabre de Duguesclin fut emporté par un bourgeois, et l'épée de François Ier par un autre, sous le prétexte que tout était à la nation. Enfin, ainsi que l'affirme une lettre du sieur Dauvergne, directeur de l'Opéra, conservée aux archives nationales, un gros détachement se présenta à la salle de ce théâtre et enleva les sabres et armes qui s'y trouvaient. Le peuple parisien se trouva donc ainsi armé et à même de repousser les attaques des régiments étrangers.

Quant à l'autorité municipale, elle sentait que le flot de la révolution montait chaque jour et qu'elle était impuissante à le maîtriser. Jacques de Flesselles, Prévôt des marchands de Paris, mandé par le peuple, se présenta à l'Hôtel de Ville le 13 juillet 1789; il y déclara, en présence de la foule assemblée que, pour continuer ses fonctions, il voulait être confirmé par le suffrage de ses concitoyens dans cette charge qui lui avait été confiée par le roi. Cette proposition fut accueillie par des applaudissements, mais de Flesselles considérait que l'insurrection devait céder au pouvoir et on ne tarda pas à voir que ses menées avaient un tout autre objectif que celui de l'intérêt du peuple : « A qui prêterons-nous le serment, demanda le Prévôt des marchands de Paris? » — « A l'assemblée des citoyens », s'écria de Leutres ! Ce serment prévalut.

Mais le péril augmentait dans la grande cité avec le tumulte, l'effervescence était à son comble, le tocsin de l'Hôtel de Ville retentit, le peuple était armé et chaque Parisien qui ne l'était pas réclamait des armes pour la défense de sa liberté. Paris devint en quelques heures un véritable arsenal. Pour faire face à leur demande, de Flesselles envoyait les citoyens chercher des armes là où il n'y en avait pas. Des caisses de munitions furent apportées à l'Hôtel de Ville; lorsque les gardes françaises les ouvrirent, ils n'y trouvèrent que des chiffons. Un cri d'emportement s'éleva de toutes parts; les soupçons se portèrent sur le Prévôt des marchands de Paris qui ne put sortir de l'Hôtel de Ville et y coucha. Il fut dès lors accusé de trahison et on forma le projet d'attaquer la forteresse de la Bastille où tant de victimes avaient souffert selon le caprice des grands.

La Bastille fut construite sous Charles V, et Aubriot, Prévôt de Paris, en posa la première pierre en 1370. Le roi ne songea, en l'élevant, qu'à en faire une citadelle propre à la défense de Paris. Louis XI l'acheva au xve siècle et en fit une prison

Prise de la Bastille (14 juillet 1789)

d'Etat. Elle était formée de huit tours rondes (1), unies entre elles par des murs de maçonnerie d'une très grande épaisseur et entourée de fossés ; elle était défendue par des bastions, avait un pont-levis, et était pourvue de quinze canons sur ses remparts. En 1789, quatre-vingts suisses en formaient la garnison, sous le commandement du Gouverneur de Launey. Au nombre du personnel de la Bastille se trouvaient en outre les nommés : Delorme, major ; de Pujet, lieutenant ; abbé de Faverly, chapelain ; abbé Duquesne, confesseur ; abbé Macmahon, chapelain particulier ; abbé Fosserier, chapelain particulier ; Hurel, chirurgien major ; Poyet, architecte ; Le Jeune, horloger ; Bonyn, employé (2).

A la proposition qui fut faite de marcher vers la Bastille, tous les hommes armés, emmenant leurs canons, se dirigèrent aussitôt vers la citadelle, afin de délivrer les prisonniers qui y étaient renfermés. A cette nouvelle, le gouverneur de Launey fit braquer les canons sur la ville. Thurot de la Rosière, au nom de son district, vint le supplier d'épargner à Paris la vue de ces canons prêts à vomir leur feu sur la ville. Le gouverneur se rendit à cette injonction et fit disparaître les canons : mais à peine le peuple fut-il entré dans la première cour menant au pont-levis, qu'il fut accueilli par une nuée de projectiles. La fureur s'empara alors de la foule ; un détachement armé et une troupe de bourgeois, ayant à leur tête les citoyens Elie, Hulin, Tournai, Arné, Réole et Cholat, s'avancèrent vers le fort avec des canons qu'ils disposèrent contre la citadelle. De Launey comprit qu'il ne pouvait résister avec ses quatre-vingts suisses à la multitude qui criait vengeance, et se prépara à faire sauter la forteresse ; il en fut empêché par les siens et demanda à capituler. Les assaillants refusèrent d'abord toute capitulation ; mais un écrit fut lancé du haut de l'une des tours par le gouverneur avec ces mots : « Nous avons vingt milliers de poudre, nous ferons sauter la garnison et tout le quartier si vous n'acceptez pas la capitulation. » Elle fut dès lors acceptée, les ponts furent baissés, la foule accourut et la garnison rendit les armes. De Launey fut saisi pour être conduit à l'Hôtel de Ville et tué en route ; on délivra les prisonniers au nombre desquels se trouvaient les nommés : Tavernier, Jaquel, de Whytte, Becharde, La Roche, La Coirege et Pujade.

Aussitôt après le départ du peuple armé pour la Bastille, l'Hôtel de Ville avait été envahi par la foule qui attendait avec anxiété des nouvelles concernant le résultat de l'attaque de la forteresse. Dès qu'elle apprit la prise et la capitulation de la citadelle, sa crainte se changea en délire. Les vainqueurs arrivèrent bientôt emmenant avec eux les prisonniers et en criant : « Vengeance, mort aux traîtres. »

De Flesselles comprit qu'il était perdu. « Puisque je suis suspect à mes con- « citoyens, s'écria-t-il, il est indispensable que je me retire ». Un électeur lui dit

(1) Ces tours portaient les noms de : tours du coin, de la chapelle, du trésor, de la Comté, du puit, de la liberté, de la Bertaudière et de la Basinière. Le périmètre de la Bastille, ainsi que celui des tours, fut tracé sur le sol de la place de ce nom le 14 juillet 1880.

(2) Archives nationales, pièce AE, II 1166.

qu'il allait être responsable des malheurs qui allaient arriver, s'il refusait de remettre les clefs des magasins de la ville où se trouvaient des armes. Pour toute réponse, il les tira de sa poche et les mit sur la table... Il faut le conduire au Palais Royal pour être jugé, s'écrièrent quelques citoyens... Le Prévôt espérant s'échapper en route, leur répondit pâle de terreur : « Allons au Palais Royal ». De Flesselles se leva aussitôt, traversa la salle et descendit l'escalier de l'Hôtel de Ville. A peine était-il arrivé au bas de l'escalier qu'un jeune homme, resté inconnu, s'approcha de lui et lui tira un coup de pistolet en lui disant : « Traître, tu n'iras pas « plus loin » (1).

Le Prévôt des marchands de Paris tomba foudroyé, il était mort. On se précipita sur son corps, on lui trancha la tête et on la porta sur le haut d'une pique à travers les rues de Paris ainsi que celle du gouverneur de la Bastille ; les corps de ces deux personnages furent déposés à la Morgue ainsi qu'il résulte des extraits mortuaires de l'hôpital Sainte-Catherine.

Peu de temps avant l'incendie du 24 mai 1870, qui allait détruire les précieux documents historiques que possédait la bibliothèque de l'Hôtel de Ville, on avait en effet découvert dans un petit registre d'état civil spécial, les actes suivants restés jusque-là inaperçus :

Registre des actes mortuaires de l'hôpital Sainte-Catherine, ou la Morgue :
« Juillet 1789. Le 17 des dits mois et an, reçu autre cadavre d'un particulier
« dépourvu de sa tête, trové mort sur les marches de l'Hôtel de Ville de Paris et
« déposé le 14 du dit mois à la basse géole du Châtelet de Paris, ainsi qu'il appert,
« par l'ordonnance de M. le lieutenant criminel. Signé Thory ».

Quelques jours après, le blanc qui suivait cette mention avait été rempli par la suivante :

« Le cadavre dont l'extrait mortuaire est ci-dessus, est celui de M. Bertrand
« René Jourdan de Launey, marquis de Launey, gouverneur de la Bastille. La
« présente mention faite par nous, avocat au Parlement, greffier de la chambre
« criminelle au Châtelet, en vertu de l'ordonnance de M. le lieutenant criminel,
« de ce aujourd'hui 28 mai 1790, rendue sur les conclusions du procureur du
« Roi. Signé : Thory ».

Puis venait l'acte suivant :

« Juillet 1789. Le vingtième jour, mêmes mois et an que dessus, celui de
« M. Jacques de Flesselles, Prévôt des marchands de la ville de Paris, âgé de
« soixante ans ou environ, natif de Paris, y demeurant rue Bergère, n° 14, pour
« être de même inhumé ».

Dès le lendemain de la prise de la Bastille, Palloy, entrepreneur de maçonne-

---

(1) Divers historiens ont dit qu'une lettre de de Flesselles à de Launey avait été trouvée sur ce dernier au moment de sa mort et qu'elle était ainsi conçue : « J'amuse les Parisiens avec des « cocardes et des promesses, tenez bon jusqu'à ce soir, vous aurez du renfort ». Mais cette motion a été fortement contestée par d'autres.

Mort de de Flesselles, prévôt des marchands (14 juillet 1789)

rie fût chargé de démolir cette forteresse ; on voulut faire disparaître le plus promptement possible cette odieuse prison où moururent tant de gens qui n'avaient d'autres crimes à se reprocher que d'avoir déplu aux grands et aux puissants... Un an après l'ancienne citadelle n'existait plus. Une pierre de la Bastille fut offerte par Palloy à l'Assemblée électorale le XII mars an IV, jour du règlement des comptes de la démolition, dont il fut chargé. Cette pierre se trouve actuellement au musée Carnavalet où sont exposés aux regards des visiteurs divers objets provenant de cette prison d'État, entre autres ceux qui servirent, lors de son évasion, à Latude qui y fut enfermé 36 ans pour avoir eu des démêlés avec Mme de Pompadour. On fit en outre construire avec les pierres provenant de la forteresse, des reproductions de la Bastille qui furent expédiées à toutes les assemblées départe-

BAL DONNÉ SUR L'EMPLACEMENT DE LA BASTILLE.
ICI L'ON DANSE !
(Gravure du temps).

mentales. Les cloches qui, sur l'ordre du gouverneur de Launey, sonnèrent le tocsin pour la dernière fois, le 14 juillet 1789, furent achetées par le propriétaire de la fonderie de cuivre et de canons de Romilly-sur-Andelle (Eure), où elles doivent se trouver encore. Elles avaient été fondues par Jean Louis Chéron qui inscrivit son nom sur le bronze; leur véritable place serait au musée Carnavalet.

. . . .

D'après le tableau établi conformément aux procès-verbaux de la commission chargée de vérifier les titres des veuves dont les maris sont morts au siège de la Bastille ; ainsi que ceux de toutes les personnes qui ont été blessées ou qui ont assisté à l'attaque de cette forteresse, le nombre des vainqueurs de la Bastille fut de 955 ; 19 d'entre eux furent tués, laissèrent des veuves, et 56 furent blessés.

NOMS DES MORTS AU SIÈGE DE LA BASTILLE LAISSANT DES VEUVES ET ORPHELINS.

1. Begard.
2. Bertrand.
3. Blanchard.
4. Boutillon.
5. Cochet.
6. Courança.
7. David.
8. Desnous.
9. Essaras.
10. Ezard.
11. Gourin.
12. Grivallet.
13. Foullon.
14. Levasseur.
15. Poirier.
16. Provost.
17. Renauld.
18. Rousseau.
19. Lagaud.

NOMS DES BLESSÉS OU ESTROPIÉS

1. Adenot.
2. Aloix.
3. Arnold.
4. Baron.
5. Baudault.
6. Bellet.
7. Bernard.
8. Berthelot.
9. Bezard.
10. Beziers.
11. Breton.
12. Carcanno.
13. Cardon-Carré.
14. Charpentier (M.)
15. Collet.
16. Cretaine.
17. Cruau.
18. Delorme.
19. Desplanques.
20. Demay.
21. Devis.
22. Drouet.
23. Duvigneau.
24. Egelé.
25. Gabert.
26. Gagneux.
27. Georget.
28. Gilles.
29. Goutard.
30. Gregy.
31. Grigault.
32. Grossaires.
33. Hardy.
34. Lafond fils.
35. Larribeau.
36. Lavallée.
37. Marion.
38. Mercier.
39. Palette.
40. Peignet.
41. Perrin.
42. Piette.
43. Poirion.
44. Quarteron.
45. Quignon.
46. Riblas.
47. Servais.
48. Soissons.
49. Thevenin.
50. Tournay.
51. Turpin.
52. Vasse.
53. Vener.
54. Vervieres.
55. Villars.

Au nombre des vainqueurs de la Bastille étaient :

Bailly, Pierre-François; Bourdelot de Bajon; Bourdon de La Crosnière, avocat; Broussuis de Lagrey, Calmet de Bonvoisin, Charpentier, Marie, femme Hancerne; Coquelin de Rivière, De Latour, chirurgien; Desobliaux, capitaine des pompiers; Dubois, de La Sauvagère; Dusaulx, de l'Académie des belles lettres; Elie, capitaine de compagnie; l'abbé Fauchet, Hauzert, Marie, femme Charpentier;

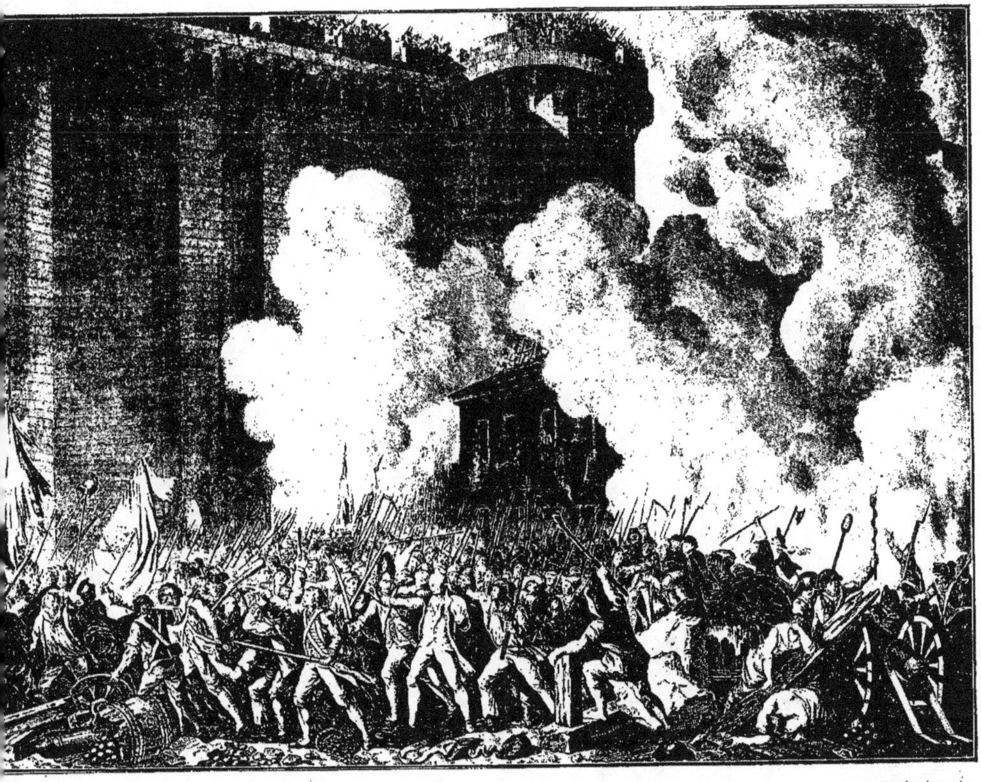

ur del. Berthault sculp.

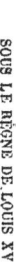

ARRESTATION DE DE LAUNEY, GOUVERNEUR DE LA BASTILLE (14 JUILLET 1789)

Millet, sculpteur; Prax, chirurgien; Thuriot de La Rosière, avocat; Vieilh de Varennes, Lafont, fils (enfant) ; enfin, Hulin qui devient plus tard général de division et grand-officier de la Légion d'honneur.

HOTEL DE VILLE
Comité permanent (1)

Le comité permanent, assemblé à l'Hôtel de Ville, provisoirement autorisé jusqu'à l'établissement d'une municipalité régulière et librement formé par l'élection des citoyens des districts,

A arrêté que la Bastille sera démolie sans perdre de temps après une visite par deux architectes chargés de diriger l'opération de la démolition sous le commandement de M. le marquis de La Salle, chargé des mesures nécessaires pour prévenir les accidents.

Et pour la notification de la présente ordonnance, quatre électeurs, auxquels deux députés à l'Assemblée nationale actuellement présens à l'Hôtel de Ville, seront invités de se joindre, se transporteront sur le champ à la Bastille.

Et sera la présente ordonnance lue, publiée et affichée.

Fait et arrêté à l'Hôtel de Ville, le 16 juillet 1789.

Signé : Erhis de Corny, Boucher, Faucher, Sageret, Tassin, Rouen, Legrand, Duveyrier, Jannin, Veylard, etc.

16 et 17 juillet 1789.

HOTEL DE VILLE
Comité permanent (1)

Nous constituons architectes du comité, à l'effet de procéder à la démolition de la Bastille et d'en diriger les travaux, messieurs Poget, architecte de la ville, de La Poisse, architecte, Jalliers de Savault, architecte pensionné du Roy, et de Montizon, architecte, électeurs. Fait à l'Hôtel de Ville par duplicata de l'ordonnance du 16 juillet 1789, ce 17 du même mois.

Signé : Lafayette, du Maugie, Vermeil, Faucher de Leutre, Sageret, Boucher, Bailly, maire, Caussidière, major général de la milice parisienne, Brohon, le marquis de La Salle.

(1) Archives nationales, pièce AE, II-III.
(1) Archives nationales, pièce AE, II-III.

Antoine-Louis-François LE FÈVRE DE CAUMARTIN

PRÉVÔT DES MARCHANDS

Antoine-Louis-François Le Fèvre de Caumartin, marquis de Saint-Ange, comte de Moret, etc., naquit le 30 juillet 1725; il était issu de l'illustre famille de Caumartin dont firent partie Louis Le Fèvre de Caumartin, garde des sceaux en 1622, sous le règne de Louis XIII, Louis-François Le Fèvre de Caumartin, ami du cardinal de Retz, qui joua un grand rôle pendant la guerre de la Fronde, Louis-Urbain Le Fèvre de Caumartin, qui eut Fléchier pour précepteur, et enfin Jean-François-Paul Le Fèvre de Caumartin, qui fut évêque de Vannes et de Blois.

Antoine-Louis-François de Caumartin fut nommé maître des requêtes le 12 juin 1749, puis intendant de Metz en 1754 et de Lille en 1756. Il fut chargé de la chancellerie de la garde des sceaux de l'ordre de Saint-Louis le 8 avril 1771.

Lors du remplacement de Jean-Baptiste-François de La Michodière à la prévôté des marchands de Paris, le roi Louis XVI adressa aux magistrats de Paris la lettre suivante :

« A nos chers et bien amés, les Prévôt des marchands et échevins, conseillers, « quarteniers, dizainiers et cinquanteniers de notre bonne ville de Paris.

« De par le Roi. Très chers et bien amés, voulant pourveoir à ce que la charge « Prévôt des marchands de notre bonne ville de Paris, que notre amé et féal le sieur « de la Michodière, conseiller ordinaire en notre conseil d'Etat, exerce depuis plus de « six ans d'une manière si digne de notre confiance, soit remplie par une personne « qui puisse s'en acquitter avec le même zèle pour notre service, maintenir l'ordre et « concourir à ce qui peut concerner l'avantage de notre ville, nous avons fait choix « de notre amé et féal le sieur Le Fèvre de Caumartin, conseiller en tous nos conseils, « maître des requêtes honoraire de notre hostel, qui, dans toutes les charges et « emplois dont il a été successivement revêtu, et particulièrement dans les inten- « dances de Metz et de Lille, nous a toujours donné des preuves de son zèle infatigable « pour notre service et de notre intention sur tout ce qui pouvait intéresser le bien « public. Nous désirons que dans l'assemblée qui doit être tenue au mois d'août 1778, « pour procéder à l'élection du dit Prévôt des marchands, vous ayez à donner vos « voix au dit sieur Le Fèvre de Caumartin, afin que par vos suffrages et selon la forme « accoutumée, il soit élu en la dite charge, si n'y faites faute, car tel est notre plaisir.

« Donné à Versailles, le 16 mai 1778.

« Signé : Louis. »

Avec une telle recommandation, dont il était d'ailleurs digne, Antoine-Louis-François Le Fèvre de Caumartin ne pouvait manquer d'avoir tous les suffrages ; il fut élu Prévôt en 1778, puis réélu en 1780 et 1782 et occupa ce poste jusqu'en 1784.

Lorsque la révolution de 1789 éclata, il resta fidèle à ses principes royalistes ; il fut emprisonné en 1793 pendant plusieurs mois, mais il put échapper à l'échafaud et mourut en 1803.

Ses armoiries, comme magistrat de Paris, (jeton de l'échevinage), représentaient :
« *Un cartouche chargé d'un écu ovale armorié, surmonté de la couronne de marquis ; l'écu
« posé sur la grand'croix de l'ordre de Saint-Louis, entouré d'un ruban portant la légende :
« Lud-Mag-inst. 1693 et soutenant une croix de petit module. D'azur, à cinq triangles d'ar-
« gent*, sous les armes : « *1778* ». Avec les mots : « *Prevosté de Mre Ant. L. Fr. Le
» Fevre de Caumartin* ». Au revers : « *Armes de Paris posées sur un cartouche orné d'une
« guirlande de feuillage* ». Au-dessous : « *Ville de Paris* ».

La rue qui porte encore de nos jours le nom de Caumartin fut ainsi dénommée par lettres patentes du 3 juillet 1779 et fut ouverte en avril 1780.

LOUIS LE PELETIER

PRÉVÔT DES MARCHANDS

Louis le Peletier, marquis de Montméliant, seigneur de Morfontaine, etc., naquit le 6 avril 1730. Il était l'arrière petit-fils de Claude le Peletier, Prévôt des marchands de Paris sous Louis XIV, de 1668 à 1675. Il fut nommé conseiller au Parlement le 3 septembre 1749, maître des requêtes en 1754, intendant de la Rochelle en 1764, de Soissons en 1765, conseiller d'Etat par semestre en 1783 et trésorier du roi en 1787. Il fut élu Prévôt des marchands de Paris en 1784, en remplacement de messire Antoine-Louis Le Fèvre de Caumartin, fut réélu en 1786 et en 1788, et conserva ce poste jusqu'au 21 avril 1789.

A la suite du règlement du 28 mars 1789, relatif à l'exécution des lettres de convocation aux Etats généraux, qui prescrivait que ces lettres seraient envoyées au gouverneur de Paris pour être remises, d'une part, au Prévôt de la Ville, qui serait tenu de convoquer tous les habitants des trois états de la prévôté et vicomté hors des murs et tous les habitants des deux premiers ordres de Paris, et d'autre part, aux Prévôt des marchands et échevins qui seraient tenus de convoquer seulement tout le tiers état de la ville et faubourgs. Louis le Peletier, considérant que ce règlement portait atteinte au droit de la ville relativement à la convocation des habitants de la ville et des faubourgs, proposa, à la séance du corps de ville, en date du 1ᵉʳ avril 1789, la motion de faire observer au roi :

« 1° Qu'il pourrait être utile pour la célérité de la convocation des Etats géné-
« raux, que la totalité de la convocation pour la ville de Paris fut conférée au Châte-
« let, ce qui serait plus conforme aux principes et ne diviserait pas les pouvoirs ;

« 2° Que le roi daignât permettre d'assembler un nombre de notables suffisant
« pour que le sacrifice de leurs droits, qui n'appartient qu'à la ville seule, devint
« commun ;

« 3° Enfin, que le roi daignât manifester à la ville, par les ordres les plus exprès
« et les plus précis, ses volontés absolues et dernières sur la convocation qu'elle
« paraît en exiger, pour qu'il restât au moins à la ville un rempart contre les très
« justes réclamations d'une commune immense qui aurait éternellement à nous
« reprocher, à nous et aux nôtres, d'avoir disposé de ses droits. »

Le conseil de ville arrêta qu'il y avait lieu de se conformer au règlement, sous toutes réserves et protestations qui seraient déposées au greffe.

Aux termes des lettres des rois des 12 septembre 1376, 9 juin 1614, 17 mars 1651, etc., « le droit de tous les habitants de la ville et des faux-bourgs de Paris de
« former un corps à part aux Etats généraux, de n'être convoqués que par leurs
« prévôt des marchands et échevins, et celui de ne s'entremettre aucunement pour
« le fait des dits Etats en ce qui concerne la ville et les faux-bourgs de Paris,
« constamment déclarés exempts de la juridiction du Prévôt de Paris, pour le regard
« de la convention d'Etats seulement, étaient regardés comme immuables. »

Le Prévôt des marchands Le Peletier crut en conséquence devoir se retirer et remit sa démission au Roi, par lettre du 21 avril 1789.

En réponse à cette démission, le Roi adressa au corps de la ville, la lettre suivante :

« Très chers et bien aimés,

« La charge de Prévôt des marchands de notre bonne ville de Paris, étant
« vacante, par la démission du sieur Le Peletier de Morfontaine. Nous estimons
« nécessaire au bien public que cette place soit incessamment remplie et nous vous
« faisons cette lettre pour vous dire qu'encore que le seize août soit le jour destiné
« pour faire une nouvelle élection, notre intention est que vous vous assembliez le
« plus tôt possible, pour y procéder en la manière accoutumée, et que dans l'assem-
« blée qui sera tenue par la dite élection vous ayez à donner vos voix au sieur de
« Flessselles, conseiller en notre conseil d'Etat afin que, par vos suffrages et selon la
« forme accoutumée, il soit élu en la dite charge, pour la remplir pendant le temps
« qui restait au sieur Le Peletier de Morfontaine à l'exercer, ainsi que nous vous
« l'avions fait savoir par notre lettre du 30 juin 1788.

« Si n'y faites faute, car tel est notre bon plaisir.

« Donné à Versailles, le 21 avril 1789 ».

Le Peletier de Morfontaine se retira à Turin, où il se maria en 1791, avec Mme de

Misieux. Cette union donna lieu à un charivari pendant lequel plusieurs personnes perdirent la vie.

La rue Le Peletier, située dans le 9ᵉ arrondissement, commençant au boulevard des Italiens et finissant rue de Châteaudun, fut ouverte en 1786, sous la prévôté de Le Peletier et reçut le nom de ce prévôt.

Ses armoiries, comme magistrat de Paris,(jeton de l'échevinage), représentaient : « *Un cartouche chargé d'un écu ovale armorié surmonté d'un piédestal sculpté. D'azur, à la croix pattée d'argent, chargée en cœur d'un chevron de gueules cotoyé de deux molettes d'éperon de sable et soutenu d'une rose de gueules boutonnée d'or* ». A l'exergue : « *1784 sous une guirlande rattachée trois fois. Bordure d'oves et filet cordé.* » Avec les mots : « *Prevosté de Mre L. Lepeletier, conseilr d'Etat* ». Au revers : « *Cartouche orné, chargé des armes de la ville* ». Au-dessous : « *Ville de Paris* ». « *Bordures d'ores et filet cordé* ».

JACQUES DE FLESSELLES

PRÉVÔT DES MARCHANDS

JACQUES DE FLESSELLES
Prévôt des marchands du 28 avril au 14 juillet 1789

Jacques de Flesselles naquit à Paris, vers 1730 ; il était petit-neveu de Léonor de Flesselles, marquis de Brégy, fils d'un président de chambre des comptes, qui épousa à l'âge de quatorze ans Charlotte Saumaise de Chazan, dame d'honneur de la reine Anne d'Autriche. En 1765, Jacques de Flesselles fut choisi pour remplir les fonctions d'intendant de la Bretagne et se montra particulièrement sévère pour La Chalotais (Louis-René de Caradeuc), procureur général au Parlement de cette province, qui avait demandé l'abolition de la Compagnie de Jésus. Il fut ensuite nommé intendant à Lyon en

1767, en récompense de la conduite qu'il tint en cette circonstance. Il devint conseiller d'Etat en 1784, et fut élu Prévôt des marchands de Paris le 28 avril 1789, en remplacement de Louis Le Peletier de Morfontaine, démissionnaire.

Après le renvoi de Necker, tout en affectant des allures démocratiques, Jacques de Flesselles eut de bonnes relations avec le nouveau ministère ; il pensait qu'avec quelques suisses le peuple pouvait être facilement mis à la raison. Mais il se trompait ainsi que le prouvèrent les événements de la Révolution de 1789, dont il fut une des premières victimes. Il fut assassiné à l'âge de soixante ans, le 14 juillet 1789 sur les marches de l'Hôtel de Ville.

Il existe au musée Carnavalet un très beau portrait de Jacques de Flesselles peint par Nonotte, dont une reproduction est donnée plus haut.

FAMIN

ÉCHEVIN

Famin (Louis-César) naquit en 1740 ; il était descendant d'une famille de fermiers du Vexin français, dont deux des enfants vinrent s'établir à Paris, vers la fin du règne de Louis XIII, l'un dans le commerce de l'épicerie en gros, l'autre dans celui des salines. Ces derniers eurent eux-mêmes des enfants qui continuèrent les mêmes affaires commerciales de père en fils.

Famin (Louis-César) fut d'abord conseiller du Roi et de la ville, puis échevin de Paris en 1784 ; il occupa cette dernière fonction pendant deux ans, sous la prévôté de Messire Antoine Louis Le Fèvre de Caumartin ; il épousa demoiselle Rosalie Douando, de laquelle il eut neuf enfants au nombre desquels furent :

1° Jean Louis César Famin, né en 1771, marié à Rose Gabrielle Lagier, père de Stanislas Marie César Famin, né à Marseille le 3 juillet 1799, qui occupa diverses positions dans les ambassades et mourut du choléra le 23 décembre 1853, au moment où il venait d'être nommé consul à Mogador.

Ce dernier, petit-fils de l'échevin, est le père de Louis Gabriel Famin, né le 16 février 1846, qui dirigeait tout dernièrement encore en qualité de chef le bureau des bibliothèques à la préfecture de la Seine, et qui se trouve en conséquence être le petit-fils de l'échevin.

2° Pierre-Auguste-Sainte-Marie Famin, né en 1776, architecte de Napoléon Ier, mort en 1859, père de Charles Victor Famin, architecte marié à Mlle Mollot, dont la mère descendait de la famille du président de la chambre des requêtes Zangiacomi, pair de France.

Ce dernier, petit-fils de l'échevin, est le père de :

1° Etienne César Famin, né en 1854, capitaine au long cours ;

2° Pierre Paul Famin, né le 14 décembre 1855, actuellement colonel d'infanterie de marine ;

3° André Adrien Famin, né le 8 décembre 1857, chef de bataillon d'infanterie de marine ;

4° Jean Sainte Marie Famin, né le 24 mars 1864, officier dans la même arme.

Ces derniers sont, en conséquence, les arrière-petits fils de l'échevin.

L'échevin Famin eut, en outre, pour cousin l'abbé Famin (Pierre Noël), né comme lui en 1740, mort en 1830, qui, après avoir été curé de Sannois, devint, en 1784, sur la recommandation de Madame de Genlis, précepteur des enfants du duc d'Orléans, et qui, comme Béranger plus tard, refusa d'occuper le fauteuil qui lui fut offert à l'Académie française, afin de se livrer plus à son aise et selon ses goûts à l'étude des hautes sciences, qui fut l'occupation de la plus grande partie de sa longue existence.

ARTICLE PRÉLIMINAIRE

Périodes républicaines

Ł a été dit précédemment que les Etats généraux convoqués par Louis XVI s'étaient réunis à Versailles le 5 mai 1789. Il n'y avait pas eu de convocation des Etats généraux depuis l'année 1614, sous Louis XIII ; cette réunion, où Robert Miron, Prévôt des marchands de Paris, se fit remarquer par son éloquence, peut donc être considérée comme la dernière.

L'Assemblée nationale fut constituée le 7 juin 1789. Bailly, député du tiers état, fut élu président de cette assemblée par acclamation et présida, le 20 juin 1789, l'immortelle séance du Jeu de Paume.

L'Assemblée nationale fut changée, le 23 juin 1789, en Assemblée constituante, laquelle vota, dans sa séance de nuit du 4 août, la constitution de 1791, abolissant les privilèges féodaux, et fut remplacée le 30 septembre 1791 par l'Assemblée législative dont l'ouverture des séances eut lieu le 1ᵉʳ octobre de la même année.

L'Assemblée législative, après avoir clos d'elle-même ses séances, le 21 septembre 1792, transmit à la même date ses pouvoirs à la Convention nationale.

La Convention nationale, composée de sept cent quarante-cinq membres, prit dès lors séance le même jour, 21 septembre 1792. Jérôme Pétion de Villeneuve, ancien avocat à Chartres, maire de Paris, fut le premier président de la Convention ; au nombre de ses successeurs, comme présidents, furent Vergniaud, qui prononça, le 17 janvier 1793, la sentence de mort de Louis XVI, Brissot, Saint-Just, Isnard et Collot d'Herbois, qui présida la séance du 9 thermidor an II de la République (27 juillet 1794), date de la chute de Robespierre.

La Convention nationale décréta, dans sa première séance, 21 septembre 1792, l'abolition de la royauté en France et proclama la République qui, dès lors, fut fondée et dura du 21 septembre 1792 au 18 mai 1804.

Cette période républicaine se divise ainsi qu'il suit :

1° La Convention nationale, qui tint ses séances du 21 septembre 1792 au 26 octobre 1795 (4 brumaire an IV) ;

2° Le Directoire, qui gouverna, avec l'aide des deux Chambres, « le conseil des

Anciens, composé de deux cent cinquante membres, et le conseil des Cinq cents », du 27 octobre 1795 (5 brumaire an IV) au 9 novembre 1799 (18 brumaire an VIII) ;

3° Le Consulat, qui entra en fonctions le 11 novembre 1799 (20 brumaire an VIII), en vertu d'un décret du conseil des Anciens sanctionné par celui des Cinq cents.

La Constitution, établissant le gouvernement consulaire en France, institua trois consuls qui furent Bonaparte, Cambacérès et Lebrun. Elle créa en outre un tribunat composé de cent membres, un corps législatif composé de trois cents et un Sénat.

Bonaparte, premier consul, fut nommé à vie par le sénatus consulte de l'an X.

Enfin, le Consulat fut remplacé le 28 floréal an XII (18 mai 1804), par le premier Empire en vertu du sénatus consulte de l'an XII.

Mais entre le 15 juillet 1789, lendemain de la prise de la Bastille et de la mort du dernier des Prévôts des marchands de Paris, et le 21 septembre 1792, jour de la proclamation de la première République française, il existe une période qui comprend les trois dernières années du règne de Louis XVI.

En conséquence de ce qui précède, les articles qui suivent établissent de quelle manière et par qui a été administrée la municipalité parisienne du 15 juillet 1789 au 18 mai 1804, savoir :

1° Du 15 juillet 1789 au 21 septembre 1792, c'est-à-dire sous les trois dernières années du règne de Louis XVI ;

2° Du 21 septembre 1792, date de l'abolition de la Royauté et de la proclamation de la première République Française au 18 mai 1804, date de l'établissement du premier Empire.

Il est utile de rappeler dans cet article préliminaire que la commune de Paris fut installée le 10 août 1792 et dura jusqu'au 9 thermidor an II (27 juillet 1794), et que le régime de la Terreur, commencée le 31 mai 1793, à la chute des Girondins, termina le même jour que la commune, à la mort de Robespierre.

L'Hôtel de Ville de Paris

SOUS

les trois dernières années du règne de Louis XVI

(du 15 juillet 1789, lendemain de la prise de la Bastille, au 21 septembre 1792, date de l'abolition de la royauté et de la proclamation de la première République Française).

Les administrateurs de la Ville de Paris sous les trois dernières années du règne de Louis XVI

I° DU 15 JUILLET 1789 AU 1ᵉʳ JANVIER 1790

A Bastille venait d'être prise le 14 juillet 1789. De Flesselles, le dernier des prévôts des marchands de Paris, avait été tué le même jour sur les marches de l'Hôtel de Ville ; les quatre échevins, représentant avec lui l'autorité municipale, étaient inquiets et sans chef ; enfin, le lieutenant général de la police, Thiroux de Crosne, après avoir résilié ses fonctions, avait disparu. Paris se trouvait dès lors privé de ses administrateurs.

Le lendemain, 15 juillet 1789, Bailly fut acclamé, d'abord sous le titre de prévôt des marchands, puis, quelques instants après, fut proclamé *Maire de Paris*. D'autre part, le marquis de Lafayette fut, le même jour, désigné comme commandant de la garde nationale.

La grande cité parisienne avait été divisée, au mois d'avril précédent, en soixante districts (bureaux de vote) et, du 19 au 21 juillet, cinquante-cinq de ces districts avaient donné leur adhésion aux élections par acclamation de Bailly et de Lafayette. Louis XVI, qui n'était déjà plus que l'ombre d'un roi, les ratifia lui-même le 17 du même mois.

En prenant la direction des affaires de la capitale, Bailly reconnut tout d'abord la nécessité et l'urgence d'organiser l'administration municipale et adressa, le 23 juillet 1789, aux représentants de la commune de Paris la lettre suivante :

« Messieurs,

« J'ai l'honneur de vous représenter qu'il est nécessaire et instant de créer et
« d'organiser l'administration de la ville de Paris. Les affaires sont extrêmement
« multipliées et sont, pour la plupart, d'une grande importance. M. le marquis
« de Lafayette et moi, sommes les seuls représentants constitués légalement par
« l'élection libre et par la confirmation que nous avons sollicitée, et que le plus
« grand nombre de districts a bien voulu nous accorder. Toutes les autres per-
« sonnes qui partagent le travail avec nous ne le font que provisoirement ; cela
« nuit extrêmement à l'expédition des affaires. Il faut un ordre de choses qui soit

« établi d'une manière légale et durable. C'est à vous, Messieurs, c'est à tous les
« districts qu'il appartient d'établir cet ordre de choses.

« Je prends la liberté de vous proposer que chaque district convoque toutes
« les classes de citoyens qui le composent pour nommer deux députés pris dans
« son sein, que ces cent vingt députés se réunissent à l'Hôtel de Ville, à M. le mar-
« quis de Lafayette et à moi, pour dresser un plan d'administration municipale
« qui, si vous le permettez, sera d'abord établi provisoirement pour le besoin des
« affaires et qui, vous étant soumis, sera rectifié par vous suivant que vous le
« jugerez à propos.

« La plupart des districts ont déjà envoyé à l'Hôtel de Ville deux députés, je
« supplie ceux qui n'auraient pas encore fait leur nomination de la faire, et j'ai
« l'honneur de vous proposer, Messieurs, d'adresser ces députés à l'Hôtel de Ville,
« samedi 25 juillet, à dix heures du matin ; ils y tiendront une assemblée où nous
« nous rendrons, M. le marquis de Lafayette et moi, et où l'on dressera un plan
« d'administration qui puisse être proposé.

« Je suis, etc., etc.

« Signé : BAILLY, maire de Paris. »

LISTE DES CENT-VINGT REPRÉSENTANTS DE LA COMMUNE DE PARIS
CONVOQUÉS LE 25 JUILLET 1789.

(Les deux lettres P. R. indiquent ceux qui ont été présidents de la commune).

DISTRICTS	NOMS DES REPRÉSENTANTS
Saint-André-des-Arts :	Joly, avocat au parlement ; Desbois, curé de Saint-André-des-Arts.
Cordeliers :	Timbergue, avocat au parlement ; Trutat.
Carmes-Déchaussés :	Broussin de Lagrée, ingénieur ; Daval, ancien échevin.
Prémontrés :	Groult, bourgeois ; Samaria, avocat.
Saint-Honoré :	Pitra, négociant ; Provost, notaire.
Saint-Roch :	Sallin, médecin ; du Siocey, avocat aux conseils.
Jacobins-Saint-Honoré :	Tannevot, avocat ; Deumier, entrepreneur des bâtiments du Roi et de la ville.
Saint-Philippe-du-Roule :	Beignières, médecin ; Olivier Descloseaux, avocat.
Saint-Germain-des-Prés :	Popelin, avocat au parlement ; Fortin, négociant.
Petits-Augustins :	Amelot de Chaillou, maître des requêtes ; Michel, médecin.

DISTRICTS	NOMS DES REPRÉSENTANTS
Jacobins F. Saint-Germain :	De Machy, apothicaire, P. R. ; Try, conseiller au Châtelet.
Théatins :	De Beauchêne, médecin ; Lobbet, bourgeois.
Saint-Louis-en-l'Isle :	Fournel, avocat au parlement ; Vincendon, avocat au parlement.
Saint-Nicolas-du-Chardonnet:	Thouin, de l'Académie des sciences ; Péron, avocat au parlement.
Saint-Victor :	Guillotte, chevalier de Saint-Louis ; Chaudoix, avocat.
Blancs-Manteaux :	Picard, avocat au parlement, P. R. ; Blondel, avocat au parlement, P. R.
Capucins du Marais :	Garnier des Chênes, ancien notaire ; Brousse Dessaucherests, avocat.
Enfants-Rouges :	Le Roux, secrétaire du parquet de la chambre des comptes ; de Joly, avocat aux conseils.
Pères-Nazareth :	Quatremère de Quincy ; Morel, architecte.
Saint-Etienne-du-Mont :	De Vauvilliers, de l'Académie des inscriptions, P. R. ; De la Vigne, avocat au parlement, P. R.
Val-de-Grâce :	Gallien, greffier au parlement ; Bosquillon, avocat au parlement.
Saint-Marcel :	Audray, entrepreneur des Gobelins ; Bourdon de la Crosnière, ancien avocat aux conseils.
Saint-Nicolas-des-Champs :	Girard de Bury, procureur au parlement ; Le Febvre, négociant.
Sainte-Elizabeth :	Levacher, avocat au parlement ; Prévôt de Saint-Lucien, avocat au parlement.
Filles-Dieu :	Cellerier, architecte ; Santerre, fabricant.
Saint-Laurent :	Bourdon des Planches ; De Moy, curé.
Barnabites :	Minier, Joaillier ; Lefebvre de Saint-Maur, notaire.
Notre-Dame :	De la Chesnaye, chevalier de Saint-Louis ; Vautrin, avocat.
Saint-Germain-l'Auxerrois :	Maurice ; Masson.
Oratoire :	Trudon, négociant ; Maillot, négociant.
Feuillants :	Du Bergier, bourgeois ; Dussaulx, de l'Académie des belles-lettres, P. R.

DISTRICTS	NOMS DES REPRÉSENTANTS
Capucins Saint-Honoré :	Garin, boulanger ; Gaujat, marchand.
Saint-Eustache :	Moreau de Saint-Méry, conseiller au conseil supérieur de Saint-Domingue, P. R. ; Pérignon, avocat aux conseils.
Petits-Pères :	De Corbinière, ancien procureur au Châtelet ; Fouchet, payeur de rentes.
Filles-Saint-Thomas :	Brissot de Varville, avocat ; de Sémonville, conseiller au parlement, P. R.
Capucins de la Chaussée-d'Antin :	Perrier, de l'Académie des sciences ; Fleuriau, receveur général des finances.
Mathurins :	Agier, avocat au parlement ; Chauvier, général des Mathurins.
Sorbonne :	Minier, avocat au parlement ; Courtin, avocat au parlement.
Saint-Jacques du Haut-Pas :	Darimajou, avocat au parlement ; Cochin, payeur de rentes.
Petit-Saint-Antoine :	Dufour, avocat au parlement ; Oudart, avocat au parlement.
Minimes :	De Corberon, conseiller au parlement ; Tiron, secrétaire de l'ordre de Malte.
Trainel :	Chuppin, conseiller au Châtelet ; Dubois, commissaire au Châtelet.
Sainte-Marguerite :	Guibout, négociant ; Maisonneuve, marchand.
Sainte-Opportune :	Rousseau, négociant ; Desmousseaux, avocat.
Saint-Jacques-L'Hôpital :	Fondeur, procureur au Châtelet ; Montauban, négociant.
Bonne-Nouvelle :	Tiron, notaire ; Charpentier, maçon.
Saint-Lazare :	Le Chevalier de la Corée ; Le Pécheux, négociant.
Saint-Jean :	Le Febvre de Hineau ; Grandin, commissaire au Châtelet.
Saint-Gervais :	D'Augy, avocat aux conseils ; Dupont, expert.
Saint-Louis-la-Culture :	De Vouges ; Franchet, avocat.
Enfants-Trouvés-St-Antoine :	De Sauvigny, chevalier de Saint-Louis ; Saint-Hilaire, marchand de bois.
Saint-Méry :	Hochereau, avocat au parlement ; Charpentier, procureur au Châtelet.

DISTRICTS	NOMS DES REPRÉSENTANTS
Sépulcre :	Vermeil, avocat au parlement, P. R. ; Boscary, négociant.
Saint-Martin-des-Champs :	De Montauban, maître des comptes ; Grouvelle, avocat au parlement.
Recollets :	Duperay, ancien receveur général ; Le comte de Miromesnil.
Saint-Jacques de la Boucherie :	Quinquet, maître en pharmacie ; Noiseux.
Saint-Leu :	De la Noraye, banquier ; Le Casse, avocat.
Saint-Magloire :	De Vergennes, maître des requêtes ; Poursin de Grand-Champ, chevalier de l'ordre du Roi.
Saint-Joseph :	Puissant, président honoraire de la cour des aides de Montpellier ; Hermond, sculpteur.
Saint-Severin :	Buisson, apothicaire ; Descaudin, huissier-priseur.

Les cent vingt représentants des districts ci-dessus dénommés et convoqués par la lettre du maire Bailly se rendirent à l'Hôtel de Ville au jour convenu (25 juillet 1789). Bailly prêta serment en leur présence de remplir avec fidélité et dévouement les fonctions de maire de Paris qui lui avaient été confiées.

Le marquis de Lafayette prononça de son côté le serment de s'acquitter fidèlement de la charge de commandant général de la garde nationale.

Le pouvoir militaire et le pouvoir civil furent dès lors constitués. Bailly fut nommé Président, et Moreau de Saint-Remy fut désigné comme secrétaire de l'assemblée des représentants de la commune de Paris, qui se réunirent de nouveau le soir du 25 juillet 1789, et décidèrent qu'il serait établi deux bureaux de seize membres chacun, l'un qui formerait le comité provisoire, l'autre qui serait chargé d'organiser la municipalité communale de Paris.

Les commissaires de ce dernier bureau furent les suivants :

Timbergue ;	Garnier des Chênes ;	Maurice ;	Fondeur ;
Sallin ;	de Vauvilliers ;	de Sémonville ;	d'Augy ;
Michel ;	Girard de Bury ;	Agier ;	Vermeil ;
Perron ;	Vautrin ;	Chuppin ;	Le Couteulx de la Noraye.

Le projet du plan de municipalité de la ville de Paris établi par les commissaires ci-dessus dénommés fut déposé et lu à la séance du 12 août 1789 aux représentants de la Commune ; il était divisé en dix-neuf articles, ainsi qu'il suit :

 I. — Objet de la municipalité. Son territoire et division du territoire en districts ;

 II. — Organisation générale de la municipalité ;

 III. — De l'assemblée générale des représentants de la Commune ;

IV. — Du conseil de ville ;
V. — Du bureau de ville ;
VI. — Du maire ;
VII. — **Du** commandant général de la garde nationale ;
VIII. — Des **départements** ;
IX. — Des présidents **de départements** et des conseillers de ville assesseurs ;
X. — Du président du **département** de la police ;
XI. — Du tribunal contentieux ;
XII. — Du procureur général de la **commune et de** ses substituts ;
XIII. — Du greffier en chef et de ses commis ;
XIV. — Du trésorier général de la ville ;
XV. — Du garde des archives, du bibliothécaire et du sous-**bibliothécaire** ;
XVI. — Des assemblées de districts, de leurs comités et officiers ;
XVII. — Lois générales sur les élections ;
XVIII. — Des serments ;
XIX. — De la révision de la constitution.

En conséquence du plan de municipalité ci-dessus indiqué, le conseil de ville fut composé et réparti par départements, le 15 novembre 1789, de la manière suivante :

Maire : **Bailly**.
Procureur syndic : Boullemer de la Martinière.
Deux procureurs syndics adjoints : Mitouflet de Beauvois ; Cahier de Gerville.

Département des subsistances et approvisionnements.

Lieutenant de maire : de Vauvilliers.
Six conseillers administrateurs : Peyrilhe ; Charpin ; de Laporte ; Lefèvre de Gineau ; Bureau du Colombier et Filleul.

Département de la police.

Lieutenant de maire : Duport-Dutertre.
Six conseillers administrateurs : Fallet ; Fenouillot du Closey ; Le Scène Desmaisons ; Manuel ; Peuchet ; Thorillon.

Département de la direction des établissements publics.

Lieutenant de maire : Brousse-Desfaucherets.
Six conseillers administrateurs : Beaufils ; Buob ; Champion de Villeneuve ; Fissour ; Deltuf des Rosières ; d'Hervilly.

Département des travaux publics.

Lieutenant de maire : Cellerier.

Cinq conseillers administrateurs : Etienne de La Rivière ; Jallier de Savault ; Lejeune ; Plaisant ; Quin.

Département des hôpitaux.

Lieutenant de maire : de Jussieu.
Cinq conseillers administrateurs : Baignères ; de Langlard ; de La Saudade ; Guignard ; Sabathier.

Département du domaine de ville.

Lieutenant de maire : Le Couteulx de La Noraye.
Quatre conseillers administrateurs : Pitra ; Avril ; Santerre, jeune ; Trudon des Ormes.

Département des impositions.

Lieutenant de maire : Tiron.
Quatre conseillers administrateurs : Bourdon des Planches ; Cholet ; Simonet de Maisonneuvre ; Royer.

Département des gardes nationales parisiennes.

Lieutenant de maire : Jouanne de Saint-Martin.
Cinq conseillers administrateurs : Broussais de La Grey ; Bonvallet ; de Velly, père ; Le Roulx de la Ville et Osselin.

Bureau de ville.

Lieutenant de maire : Dejoly.
Sept conseillers-assesseurs : Farcot ; Canuel ; d'Augy ; Defresne ; Davous, Minier et Desmousseaux.

Un comité des recherches formé par l'assemblée des représentants le 22 octobre 1789, fut en outre composé de la manière suivante :

Six membres : Agier ; Perron ; Garrau de Coulon ; de Lacretelle ; Oudart et Brissot de Varville.

L'assemblée des représentants décida en outre le 15 août 1789 :

1° Que le tribunal de l'Hôtel de Ville dont la juridiction avait pour objet, ainsi que l'a défini Turgot, contrôleur général, le 6 janvier 1776 : « la sûreté de l'ap-
« provisionnement de Paris par eau, la discussion des contestations qui pourraient
« y mettre obstacle, la police et la tranquillité des ports et rivières affluents de
« la Seine », serait reconstitué, aurait pour président Bailly et serait composé de quatre assesseurs ;

2° Que les pouvoirs qu'exerçaient les officiers, échevins, etc., composant ci-devant le bureau de la ville cesseraient à compter de ce jour.

. . . .

Ce fut ainsi que l'ancienne administration de la ville de Paris subit une complète transformation. Le prévôt des marchands fut remplacé par le maire et le prévôt de Paris par le commandant de la garde nationale; les échevins disparurent pour faire place à de nouveaux administrateurs dont les fonctions furent déterminées d'une façon plus en rapport avec les nécessités du régime résultant de la révolution qui venait de s'opérer.

Conformément au décret de l'Assemblée nationale du 5 novembre 1789, un tribunal de police fut institué sous la présidence du maire ou du lieutenant du maire au département de la police, ou de l'un des conseillers administrateurs au même département par ordre d'âge.

Les soixante districts élurent par suite le 17 novembre 1789, en qualité de membres du tribunal municipal de Paris, les dénommés ci-après :

Tassin (Gabriel), ancien banquier, élu par 55 voix ;
Dosne (Jean-Pierre), notaire au Châtelet, élu par 53 voix ;
Desyeux (Claude-Didier), ancien notaire, membre du conseil général de la commune et officier municipal, élu par 52 voix :
Vielle (Etienne-René), avocat, ancien bailly de Choisy-le-Roi, élu par 43 voix ;
de Vergennes (Joseph-Charles), maître des requêtes de l'Hôtel du roi, élu par 37 voix ;
Le Grand de Laleu (Louis-Augustin), avocat au Parlement, élu par 33 voix ;
Le Roi de Lysa (Louis), conseiller au grand conseil, élu par 33 voix ;
Andelle (Joseph-Roch), notaire, élu par 31 voix.

LISTE DES SOIXANTE REPRÉSENTANTS DE LA COMMUNE

CONVOQUÉS LE 5 AOUT 1789, POUR ÊTRE RÉUNIS AUX CENT VINGT CI-DESSUS DÉNOMMÉS (1).

DISTRICTS	NOMS
Saint-André-des-Arts :	Cellier, avocat.
Cordeliers :	Archambaud, avocat.
Carmes-Deschaussés :	Bro, notaire.
Prémontrés :	Bridel, peintre.
Saint-Honoré :	Réal, ancien procureur.

(1) Les noms de cinquante-huit de ces représentants sont désignés dans cette liste.

DISTRICTS	NOMS
Saint-Roch :	Raguidaud, avocat aux conseils.
Jacobins Saint-Honoré :	Canuel, avocat au parlement.
Saint-Philippe-du-Roule :	Le comte d'Espagnac.
Abbaye Saint-Germain :	De la Harpe, de l'Académie française.
Petits-Augustins :	Dières, conseiller à la Cour des aides.
Jacobins Saint-Dominique :	Dulno, horloger.
Théatins :	Charsoulet, ancien curé de St-Philippe-du-Roule.
Saint-Louis-en-l'Isle :	Auvray de Guiraudière.
Saint-Nicolas-du Chardonnet :	L'abbé de Saint-Martin.
Saint-Victor :	D'Hervilly.
Blancs-Manteaux :	Broussonnet, de l'Académie des sciences.
Capucins du Marais :	Andelle, notaire.
Enfants-Rouges :	De Mossion, conseiller à la Cour des aides.
Pères de Nazareth :	Parquès, commissaire du Temple.
Saint-Etienne-du-Mont :	Penvern, curé de Saint-Etienne.
Val-de-Grâce :	De Lonchamp.
Saint-Marcel :	Jacquet, curé de Saint-Martin.
Saint-Nicolas-des-Champs :	Javon.
Filles-Dieu :	Lotien.
Saint-Laurent :	L'abbé de Moy.
Les Barnabites :	La Croix de Frainville.
Saint-Séverin :	De la Saudade.
Saint-Germain-l'Auxerrois :	De Suard, docteur en médecine.
L'Oratoire :	Trevilliers, ancien agent de change.
Les Feuillants :	Bigot de Preameneu.
Capucines Saint-Honoré :	Gibert de Molières.
Saint-Eustache :	Poupart, curé de Saint-Eustache.
Petits-Pères :	Légé.
Filles Saint-Thomas :	De la Cretelle, avocat au parlement.
Capucins de la Chauss.-d'Antin :	De Fresne, commissaire au Châtelet.
Les Mathurins :	Bloude, avocat au parlement.
Sorbonne :	Reygard.
Saint-Jacques-du-Haut-Pas :	Duménil.
Petit Saint-Antoine :	Mesnier.
Les Minimes :	De Maissemy, maître des requêtes. P. R.
Trainel :	Fallet.
Sainte-Marguerite :	Caron de Beaumarchais.
Sainte-Opportune :	Lassemy.
Saint-Jacques-de-l'Hôpital :	L'Huillier.
Bonne-Nouvelle :	Avrillon.

DISTRICTS	NOMS
Saint-Lazarre :	Garrique.
Saint-Jean :	D'Osmont, avocat au parlement.
Saint-Gervais :	Pantin, avocat au parlement.
Saint-Louis-la-Culture :	Thuriot de la Rosière, avocat au parlement, P. R.
Enfants-Trouvés :	Lamy.
Saint-Méry :	Davous, gentilhomme servant du Roi.
Le Sépulcre :	Cahier de Gerville.
Saint-Martin-des-Champs :	Forestier, avocat au parlement.
Récollets :	Le Roulx de la Ville.
Saint-Jacques-la-Boucherie :	La Rivière.
Saint-Magloire :	Vigée.
Saint-Joseph :	Le Boulanger.
L'Université :	Guéroult, aîné.

LISTE DES TROIS CENTS REPRÉSENTANTS DE LA COMMUNE DE PARIS

CONVOQUÉS LE 18 SEPTEMBRE 1789.

Bailly, maire de Paris, Hôtel de la mairie, rue Neuve-des-Capucines.

QUARTIERS	DISTRICTS	NOMS
Luxembourg.	Saint-André-des-Arts :	Mitouflet de Beauvais, avocat au parlement ; Cellier, avocat au parlement ; Jolly, avocat au parlement ; Moreau, avocat au parlement ; De Bure, libraire ;
	Cordeliers :	Peyrilhe, professeur en chirurgie ; Crohare, maître en pharmacie ; De Graville, ancien commissaire au Châtelet ; De Blois, avocat au parlement ; Dupré, ancien négociant ;
	Carmes-Deschaussés :	Delagrey, avocat et ingénieur ; Daval, ancien échevin ; De Bonneville, auteur de l'Histoire de l'Europe moderne ; Fauveau de la Tour, avocat et procureur au parlement ; Le Fèvre, maître de musique ;

QUARTIERS	DISTRICTS	NOMS
Luxembourg (suite).	Prémontrés :	La Bastide, de l'Académie des Belles-lettres de Montauban ; De Langlard, ancien substitut ; Chappon, médecin ; Ortillon, marchand boucher. De Moreton-Chabrillan, colonel au régiment de la Fère, capitaine des gardes du corps de Monsieur ;
Palais-Royal.	Palais-Royal :	Pitra, ancien marchand ; Aleaume, notaire ; Réal, ancien procureur au Châtelet ; Gaultier de Claubry, membre du collège de chirurgie ; Baron ;
	Saint-Roch :	Fenouillot du Clozey, avocat aux conseils ; Sallin, médecin ; Boivin de Blancmur, conseiller au Châtelet ; L'abbé Fauchet ; Raguideau, avocat aux conseils ;
	Jacobins Saint-Honoré :	Pierre, ancien directeur de la Guyane française ; Canuel, avocat au parlement ; Suard, de l'Académie française ; Tanevot, avocat ; Goussard, avocat ;
	St-Philippe-du-Roule :	Ollivier de Closeaux, avocat au parlement ; Baignières, médecin ; Legendre, bourgeois ; Le comte d'Espagnac ; Lamare, avocat au parlement ;
Saint-Germain des Prés.	Abbaye de St-Germain :	Guillot de Blancheville, procureur au parlement ; Garrau de Coulon, avocat au parlement ; Després de la Rezière, avocat au parlement ; Le marquis de Condorcet, secrétaire de l'Académie des sciences, P. R.; Lejeune, marchand de fer ;

QUARTIERS	DISTRICTS	NOMS
Saint-Germain-des-Prés (suite)	Petits-Augustins :	Michel, médecin ordinaire du Roi, P. R.; Isnard de Bonneuil, avocat aux conseils ; Quenard, avocat au parlement; Osselin, id. Couard, ancien marchand boucher ;
	Jacobins St-Dominique :	De Machy, maître en pharmacie, P. R. Duluc, maître horloger ; Rigault, avocat; Le marquis de Saisseval, P. R.;
	Théatins :	De Beauchêne, médecin ; Quin, architecte; Desmoulin, avocat au parlement ; De la Fosse, professeur d'hippiatrique; De Lépidor, secrétaire général des gardes du corps du Roi;
Saint-Victor.	Saint-Louis-en-l'Isle :	Royer, avocat au parlement; Marchais, auditeur des comptes, P. R.; Brière de Surgy, auditeur des comptes ; Vallery, ancien négociant; Vincendon, avocat au parlement P. R.;
	Saint-Nicolas-du-Chardonnet :	Thouin, de l'Académie des sciences ; Perron, avocat au parlement ; De Jussieu, de l'Académie des sciences ; L'abbé Mulot, chanoine de Saint-Victor, P. R.; Pelletier, avocat ;
	Saint-Victor :	Guillotte, capitaine de cavalerie ; D'Hervilly, marchand épicier ; Desvignes, chimiste ; Boissel de Koetlosquet, bourgeois ; Dumay, bourgeois de Paris ;
Marais.	Blancs-Manteaux :	Blondel, avocat au parlement; Broussonet de l'Académie des sciences ; Gorguereau, avocat au parlement ; Maugis, avocat aux conseils ; L'abbé de Montmorency ;
	Capucins du Marais :	Brousse des Faucherets, avocat ; Cellot, ancien imprimeur ; Lourdet, maître des comptes ; Lourdet de Santerre, maître des comptes ;

QUARTIERS	DISTRICTS	NOMS
Marais (suite).	Enfants-Rouges :	De Joly, avocat aux conseils ; Dumoussey, négociant ; De Bourges, ancien directeur de l'hôpital de Calais ; De Mars, secrétaire du Roi et commissaire des guerres, P. R. ; De la Corbinaye, caissier de la recette générale d'Auvergne ;
	Pères Nazareth :	Quatremère de Quincy, architecte ; Parguez, commissaire du Temple ; Pia de Grandchamps, membre du collège de pharmacie ; Guichard, professeur de l'Ecole royale de musique ; De Laporte, avocat ;
Sainte-Geneviève.	Saint-Etienne-du-Mont :	De Vauvilliers, de l'Académie des inscriptions et belles-lettres, P. R. ; Delavigne, avocat au parlement, P. R. ; Le curé de Saint-Etienne-du-Mont ; Duveyrier, avocat au parlement ; Cousin, de l'Académie des sciences ;
	Val-de-Grâce :	Le Comte de Cassini, de l'Acad. des sciences ; Manuel, littérateur ; Peuchet, bourgeois ; Darrimajou, avocat au parlement ; Dutertre de Véteuil, ancien notaire ;
	Saint-Marcel :	Thorillon, ancien procureur au Châtelet ; Aclocque, brasseur ; Audran, directeur des manufactures des Gobelins ; Guillaume, avocat ; Bourdon de la Crosnière, ancien avocat aux conseils ;
Saint-Denis.	St-Nicolas-des-Champs :	Javon, avocat ; Farcot, négociant ; Santeul, greffier au parlement ; Paulmier, négociant ; Poullenot, id.

QUARTIERS	DISTRICTS	NOMS
Saint-Denis (suite).	La Trinité ci-devant Elisabeth :	Le Vacher de la Terrinière, avocat au parlement ; Prévôt de Saint-Lucien ; Deltuf des Rosiers, négociant ; Dumas-Descombes, fabricant d'étoffes ; Pujet, négociant ;
	Filles-Dieu :	De la Bergerie, de la société d'agriculture ; Cellerier, architecte ; Larrieu, avocat au parlement ; Le Moyne, ancien maire de Dieppe ; Bernard, père, bourgeois ;
	Saint-Laurent :	De la Porte, ancien négociant ; De Moy, trésorier de la Sainte-Chapelle ; De Moy, curé de Saint-Laurent ; Bourdon des Planches ; Mouchy, marchand boulanger ;
La Cité.	Les Barnabites :	Etienne de La Rivière, avocat au parlement ; Lefèvre de Saint-Maur, notaire ; De la Croix de Frainville, avocat au parlement ; Carney, orfèvre ; Grenier, joaillier ;
	Notre-Dame :	De Velly, père, ancien capitaine, ingénieur ; Verniot, père, entrepreneur de bâtiments ; Beauvalet, commissaire au Châtelet ; Beaurain, lieutenant de l'élection de Paris ; Lacour, maître en pharmacie ;
	Saint-Séverin :	La Saudade, avocat au parlement ; Decaudin, huissier priseur ; Marsilly, avocat au parlement ; Méquignon, libraire au palais ; Carmantrand, procureur au parlement ;
Louvre.	Saint-Germain-l'Auxerrois :	Petit, ancien avocat aux conseils ; De la Martinière, avocat au parlement ; Morisse, ancien commissaire de la marine ; Desessarts, médecin ; Vanin, maître des comptes ;

QUARTIERS	DISTRICTS	NOMS
Louvre (suite).	Oratoire :	Duport-Dutertre, avocat au parlement ; Trudon, négociant ; Maillot, négociant ; Trévilliers, ancien agent de change ; Le Blond de Saint-Martin, bourgeois ;
	Feuillants :	Dusaulx, de l'Académie des inscriptions et belles-lettres, P. R. ; Bigot de Préameneu, avocat au parlement ; Cholet, conservateur des hypothèques ; Ginoux, secrétaire du Roi ; Martineau, avocat aux conseils ;
Saint-Eustache.	Capucins Saint-Honoré :	Lubin, marchand boucher ; Garin, maître boulanger ; Beaufils, ancien gouverneur de M. le comte Mathieu de Montmorency ; Bernier, bourgeois ; Benière, curé de Chaillot, P. R. ;
	Saint-Eustache :	Moreau de Saint-Méry, conseiller au conseil supérieur de Saint-Domingue, P.R. ; Avril, négociant ; De la Rivière, conseiller à la cour des Monnaies ; Legier, procureur au parlement ; Delessert, négociant ;
	Petits-Pères :	Blondel, avocat au parlement, commis au contrôle général des finances ; Auzou, artiste ; Charpin, ancien négociant ; Fouillon, avocat ; Desmarie, secrétaire des commandements de Monseigneur le duc d'Orléans ;
	Saint-Thomas :	Huguet de Sémonville, conseiller au parlement, P. R. ; Brissot de Warville, avocat ; Lacretelle, avocat au parlement ; Mollien, premier commis de l'administration des finances ; Trudon des Ormes, trésorier des charges assignées sur les fermes ;

QUARTIERS	DISTRICTS	NOMS
Saint-Eustache (suite)	Chaussée-d'Antin :	Périer, l'aîné, de l'Académie des sciences ; Dumoulin, directeur des domaines ; Defresne, commissaire au Châtelet ; Tillaye, mécanicien ; Balleux, chef du bureau des impositions ;
Sorbonne.	Mathurins :	Bureau du Colombier, avocat au parlement ; Choron, notaire ; Agier, avocat au parlement ; Bizet, marchand d'étoffes ; L'abbé Bertollot, avocat au parlement, P. R. ;
	Sorbonne :	Minier, avocat au parlement ; Geanne, id. Cauche, id. Damours de Beaulieu, id. ; Le Blanc, ancien négociant ;
	Saint-Jacques-du-Haut-Pas :	Bosquillon, avocat au parlement ; Gilles, ancien conseiller, rapporteur de la chancellerie du palais ; Lepitre, maître de pension ; Desbans, avocat ; De Beaubois de la Touche, ancien avocat ;
Place Royale.	Petit-Saint-Antoine :	Dufour, avocat au parlement ; Champion de Villeneuve, avocat aux conseils ; Oudart, avocat au parlement ; Guyet, id. Menessier, id.
	Minimes :	Tiron, secrétaire de l'ordre de Malte ; De Maissemy, maître des requêtes, P. R. ; De la Boulay, président-trésorier de France ; Félix, contrôleur général de la grande chancellerie de France ; Carrelier, docteur en médecine ;
	Trainel (transféré à Popincourt) :	Fallet, bourgeois ; Vandermonde, de l'Académie des sciences ; Chuppin, conseiller au Châtelet ; Le Masle, marchand épicier ; Dugué, bachelier en droit ;

QUARTIERS	DISTRICTS	NOMS
Place Royale (suite).	Sainte-Marguerite :	Maisonneuve, négociant ; Guibout, négociant ; Lambert de Sainte-Croix, procureur au Châtelet ; Taillandier, avocat au parlement ; Damoye, négociant ;
Saints-Innocents.	Sainte-Opportune :	Desmousseaux, avocat ; Rousseau, négociant ; L'abbé Didier, avocat au parlement ; Quatremère fils, marchand de draps ; Herbault-Despavaulx, avocat au parlement ;
	Saint-Jacques-l'Hôpital :	Plaisant, avocat ; François de Chaumont, bourgeois ; De la Voyepierre, ancien consul ; Luilier, bourgeois de Paris ; Le Roy, horloger ;
	Bonne-Nouvelle :	Guignard, chirurgien ; Cheret, ancien orfèvre ; Fréron, bourgeois de Paris ; Bourdon, bourgeois ; Gisors, architecte ;
	Saint-Lazare :	Leprince, marbrier ; Destort ; Lepescheux, négociant ; Vaudichon, banquier ; Buob, banquier ;
Hôtel-de-Ville.	Saint-Jean-en-Grève :	Lefèvre de Gineau, professeur royal ; Dosmont, avocat au parlement ; Dameuve, fils, id. Dameuve père, procureur au Parlement ;
	Saint-Gervais :	D'Augy, avocat aux conseils ; Pantin, procureur au bureau de ville ; Cholet de Jetphor ; De Souche, docteur en médecine ; Porriquet, avocat au parlement ; Castillon, id.

QUARTIERS	DISTRICTS	NOMS
Hôtel-de-Ville (suite).	Saint-Louis-la-Culture :	De Saint-Martin, chevalier de Saint-Louis ; De Vouges, bourgeois ; Ameilhon, de l'Académie des belles-lettres, bibliothécaire de la ville ; Lavoisier, de l'Académie des sciences ; Thuriot de la Rosière, avocat au parlement, P. R. ;
	Enfants-Trouvés :	De Sauvigny, chevalier de Saint-Louis ; Barbier de Saint-Hilaire, marchand de bois ; Lamy de la Croix, ancien secrétaire de l'artillerie ; Santerre, le jeune, brasseur ;
Saint-Méry.	Saint-Méry :	Davoust, négociant, gentilhomme du roi ; Louvet de Villiers, ancien conservateur des saisies-oppositions du trésor royal ; Charpentier, procureur au Châtelet ; Gorueau, agréé pour porter la parole aux conseils ; De Saint-Amand, ancien négociant ;
	Saint-Sépulcre (anciennement les Carmélites) :	Vermeil, avocat au parlement ; Cahier de Gerville, avocat au parlement ; Robin, avocat au parlement ; Ravaut, procureur au parlement ; Chaulaire, avocat au parlement ;
	St-Martin-des-Champs :	De Montaleau, maître des comptes ; Forestier, bailli de Saint-Martin ; Langlois, ancien receveur général des domaines ; Jallier de Saval, architecte ingénieur national ; Grouvelle, avocat au parlement ;
	Récollets :	Le Roulx de la Ville, ancien Directeur des salines du Roi ; Kormann, ancien magistrat de la ville de Strasbourg ; Adelin, ingénieur des mines de France ; Du Perreux, ancien receveur général ; Charton, manufacturier ;

QUARTIERS	DISTRICTS	NOMS
Halles.	Saint-Jacques-la-Boucherie :	Bonvallet ; Arnoult Quinquet, maître en pharmacie ; De la Rivière jeune, négociant ; Gibert fils, marchand d'étoffe de soie ; Vursel, marchand papetier ;
	Saint-Leu :	Le Couteulx de la Noraye ; Trudon du Tilleul, avocat ; Mercier, avocat ; Grandet, maître des comptes ; Cavaignac, procureur au Châtelet ;
	Saint-Magloire :	Vigée, ancien contrôleur de la caisse d'amortissement ; Poursin de Grand-Champ, chevalier de l'ordre du Roi ; Poujard fils, administrateur des domaines ; Raffeneau de l'Isle, notaire ; Fissour, agent de change ;
	Saint-Joseph :	Du Vaucel, fermier général ; Margantin, ancien notaire ; Le Scène des Maisons, bourgeois ; Hermard, ancien sculpteur ; Duret, greffier au Châtelet.

LISTE DES REPRÉSENTANTS DE LA COMMUNE

NOMMÉS DEPUIS LE 18 SEPTEMBRE 1789 EN REMPLACEMENT DE CEUX QUI ONT DONNÉ LEUR DÉMISSION DONT LES POUVOIRS ÉTAIENT LIMITÉS ET N'ONT PAS ÉTÉ CONTINUÉS

DISTRICTS	NOMS
Saint-André-des-Arts :	Debure, libraire.
Cordeliers :	Saintin, avocat. Danton, avocat aux conseils. Testulat, procureur au parlement. Legendre, maître boucher. Lablée, avocat.
Saint-Honoré :	Baron, avocat.

DISTRICTS	NOMS
Jacobins Saint-Honoré :	Georges d'Epinay, fermier général.
Petits-Augustins :	Osselin, avocat. Couart, maître boucher.
Jacobins Saint-Dominique :	Sabathier.
Théatins :	Desmoulins, avocat. Lépidor.
Saint-Louis-en-l'Isle :	Koetlosquet. Lefèvre.
Saint-Victor :	Leprince. Dumay.
Blancs-Manteaux :	Filleul. Broussonnet, de l'Académie des sciences. Gattrez, avocat au parlement. Godard, avocat au parlement. De la Marnière, conseiller au Châtelet.
Enfants-Rouges :	De la Corbinaye. Dumoussey.
Saint-Etienne-du-Mont :	Le Tellier, avocat. Ballin. Durousseau, avocat au parlement
Val-de-Grâce :	Cezérac. Du Tertre, avocat.
Saint-Marcel :	Guillaume, avocat. Santerre, aîné.
Filles-Dieu :	Giraud, architecte. Billeheu, conseiller au grand conseil. Renouard, le jeune, ancien consul.
Notre-Dame :	Lenormand, architecte. Oudet, ancien avocat. Gillet, avocat.
Oratoire :	Houssemaine.
Saint-Eustache :	Giraud, avocat.
Capucins-d'Antin :	Balleux.
Sorbonne :	Le Blanc.
Saint-Jacques du Haut-Pas :	De Beaubois.

DISTRICTS	NOMS
Minimes :	{ Labouloy. { Cunelier, médecin.
Saint-Lazare :	Destor.
Saint-Gervais :	Cholet.
Enfants-Trouvés :	Lachaume.
Carmélites :	Chaulaire, avocat au parlement.
Récollets :	{ Odelin. { Grandin. { Vilain.
Saint-Magloire :	Fissour, agent de change.
Saint-Joseph :	{ Barbier. { Thirart.

II° LA MUNICIPALITÉ DE PARIS EN 1790

Décret de l'Assemblée nationale du 27 juin 1790

CONCERNANT LA MUNICIPALITÉ DE PARIS (DIVISION EN SECTIONS)

'ASSEMBLÉE nationale, après avoir entendu le rapport de M. Gossin, rapporteur du comité de constitution, et conformément à l'article 6 du titre premier du règlement général pour la municipalité de Paris, décréta, dans sa séance du 22 juin 1790, la division de cette ville en quarante-huit sections, telle qu'elle était tracée et énoncée dans le plan et le procès-verbal joints au projet de décret qui lui fut soumis. Le roi Louis XVI approuva le contenu de ce décret par lettres patentes du 27 juin 1790 et en ordonna l'exécution suivant sa forme et sa teneur.

En vertu de ce décret, l'ancienne municipalité de la ville de Paris, et tous les offices qui en dépendaient, ainsi que la municipalité provisoire, subsistant à l'Hôtel de Ville ou dans les sections de la capitale, connus sous le nom de districts, furent supprimés et abolis, mais la municipalité provisoire et les autres personnes en exercice continuèrent leurs fonctions jusqu'à leur remplacement.

La nouvelle municipalité fut composée : d'un maire, de seize administrateurs, de trente-deux membres du conseil, de quatre-vingt-seize notables, d'un procureur de la commune et de deux substituts.

La ville de Paris fut divisée, par rapport à sa municipalité, en quarante-huit parties, sous le nom de *sections*, égalisées autant que possible, relativement au nombre de citoyens actifs. Ces quarante-huit sections formaient autant d'assemblées primaires, lorsqu'il y avait lieu de choisir les électeurs qui devaient concourir à la nomination des membres de l'administration du département de Paris, ou à la nomination des députés que ce département devait envoyer à l'Assemblée nationale.

Si une section offrait plus de neuf cents citoyens actifs présents, elle se formait en deux assemblées qui nommaient chacune leurs officiers, mais qui, après dépouillement du scrutin de l'une et de l'autre division, se réunissaient pour n'envoyer qu'un résultat à l'Hôtel de Ville.

Les assemblées des quarante-huit sections étaient indiquées pour le même jour et à la même heure.

L'élection des deux substituts du procureur de la commune se faisait au scrutin. Pour l'élection du maire et du procureur de la commune, chacune des quarante-huit sections de l'assemblée générale des citoyens actifs faisait parvenir à l'Hôtel de Ville le recensement de son scrutin particulier : ce recensement devait contenir la mention du nombre de votants dont l'assemblée était composée, et celle du nombre de suffrages que chaque candidat réunissait en sa faveur. Le résultat de tous ces recensements était formé à l'Hôtel de Ville.

La nomination des quarante-huit membres du corps municipal et des quatre-vingt-seize notables se faisait au scrutin. Les quatre-vingt-seize notables formaient, avec le maire et les quarante-huit membres du corps municipal, le conseil général de la commune qui devait être appelé pour les affaires importantes.

La municipalité de Paris avait un secrétaire-greffier, un trésorier et deux secrétaires-greffiers adjoints, un garde des archives et un bibliothécaire qui devaient prêter serment de remplir fidèlement leurs fonctions.

Le corps municipal était divisé en conseil et en bureau. Le maire et les seize administrateurs composaient le bureau. Les trente-deux membres formaient le conseil municipal.

Le conseil général de la commune nommait, à la pluralité des voix et au scrutin individuel, les seize administrateurs parmi les quarante-huit membres du corps municipal, non compris le maire; l'élection se terminait au troisième tour de scrutin.

L'assemblée pour les élections des seize administrateurs se tenait le surlendemain de la proclamation du maire et des quarante-huit autres membres du corps municipal.

Le corps municipal s'assemblait au moins une fois tous les quinze jours, et exceptionnellement lorsque les circonstances l'exigeaient; le maire avait le droit de convoquer non seulement le corps municipal, mais encore le conseil général de la commune, lorsqu'il le jugeait nécessaire.

Lors du renouvellement annuel, les officiers municipaux et les notables sortaient au nombre de soixante-douze, déduction faite de celui des morts, de manière qu'on ait à remplacer la moitié des administrateurs, la moitié du conseil et la moitié des notables. Les substituts du procureur de la commune restaient en place deux ans et pouvaient être réélus pour deux autres années. Le procureur de la commune et les substituts sortaient de place alternativement, le procureur une année et les substituts une autre année. L'année de la sortie du procureur ne devait pas être la même que celle de la sortie du maire.

Le décret du 27 juin 1790, concernant la municipalité de Paris, établissait en outre de ce qui précède, diverses prescriptions concernant le remplacement des fonctionnaires de la municipalité, déterminant les fonctions du pouvoir municipal;

ainsi que celles de l'administration générale et le mode d'élections du maire, du procureur de la commune, des deux substituts, des administrateurs, des membres du conseil et des notables, etc., etc.

Le maire était le maître de la municipalité, président du bureau et du corps municipal, ainsi que du conseil général de la commune, avec voix délibérative dans toutes les assemblées; il avait la surveillance et l'inspection de toutes les parties de l'administration confiées aux seize administrateurs. Le procureur de la commune et ses substituts avaient séance à toutes les assemblées sans voix délibérative.

Enfin, la division de la ville de Paris en quarante-huit sections, fut établie de la manière suivante :

1, des Tuileries ;
2, des Champs-Elysées ;
3, du Roule ;
4, du Palais-Royal ;
5, de la place Vendôme ;
6, de la Bibliothèque ;
7, de la Grange-Batelière ;
8, du Louvre ;
9, de l'Oratoire ;
10, de la Halle au blé ;
11, des Postes ;
12, de la place Louis XIV ;
13, de la Fontaine-Montmorency ;
14, de Bonne-Nouvelle ;
15, du Ponceau ;
16, de Mauconseil ;
17, du Marché des Innocents ;
18, des Lombards ;
19, des Arcis ;
20, du Faubourg-Montmartre ;
21, de la rue Poissonnière ;
22, de Bondy ;
23, du Temple ;
24, de Popincourt ;
25, de la rue de Montreuil ;
26, des Quinze-Vingts ;
27, des Gravilliers ;
28, du faubourg Saint-Denis ;
29, de la rue Beaubourg ;
30, des Enfants-Rouges ;
31, du Roi-de-Sicile ;
32, de l'Hôtel-de-Ville ;
33, de la Place-Royale ;
34, de l'Arsenal ;
35, de l'Ile ;
36, de Notre-Dame ;
37, d'Henri IV ;
38, des Invalides ;
39, de la Fontaine-Grenelle ;
40, des Quatre-Nations ;
41, du Théâtre-Français ;
42, de la Croix-Rouge ;
43, du Luxembourg ;
44, des Thermes-de-Julien ;
45, de Sainte-Geneviève ;
46, de l'Observatoire ;
47, du Jardin-des-Plantes ;
48, des Gobelins.

Il y avait dans chacune des quarante-huit sections un commissaire de police élu pour deux ans et pouvant être réélu autant de fois que la section le jugerait convenable, et seize commissaires, sous le nom de commissaires de sections, dont les fonctions furent déterminées et dont le président était nommé entre eux. Ces seize commissaires de sections étaient choisis parmi les citoyens éligibles de la section au scrutin de liste de six noms. La moitié des commissaires de section sortait chaque année ; la première sortie se fit par la voie du sort, elle eut lieu à l'époque des élections ordinaires, en 1791.

Le décret sur la municipalité de Paris prescrivit, en outre, qu'il y aura toujours une force militaire en activité, sous le nom de « garde nationale parisienne. »

Enfin, entre autres prescriptions contenues dans le dit décret, se trouvait celle relative à la date du renouvellement des membres du corps municipal, des notables ou autres personnes attachées à la municipalité qui devait avoir lieu le dimanche d'après la Saint-Martin 1791.

Cette subdivision de Paris en quarante-huit sections dura jusqu'au 19 vendémiaire an IV (11 octobre 1795), époque à laquelle elle fut remplacée, ainsi qu'on le verra plus loin, par la division en douze municipalités, en vertu d'un décret de même date de la Convention nationale.

Conformément à l'article 9 de la proclamation du 21 juillet 1790, tous les citoyens devaient se réunir le 2 août à huit heures du matin et les jours suivants pour procéder à l'exécution du décret de l'Assemblée nationale du 27 juin 1790, concernant la municipalité de Paris, à l'élection du maire, à celle du procureur de la commune, de ses deux substituts, des officiers municipaux et des notables.

Quarante-huit commissaires, soit un par section, furent préalablement nommés pour assister au recensement des scrutins.

Nomination du maire (séance du 2 août 1790).

Bailly (Jean-Sylvain), maire de Paris, ayant réuni 12.550 suffrages sur 14.010 suffrages exprimés, fut réélu maire de Paris.

Bailly, en apprenant ce résultat, accepta et confirma son acceptation dans les termes suivants :

« Sur la communication que le conseil m'a donné du vœu de la commune,
« j'accepte avec respect, reconnaissance et sensibilité, l'honorable et éminente place
« que mes concitoyens me confient. J'assure de mes efforts pour en remplir
« directement les devoirs, et du dévouement entier de ma vie, de tous mes
« moments, pour répondre aux témoignages d'estime que j'ai reçus de mes conci-
« toyens ».

Nomination du procureur (séance du 3 août 1790).

Boullemer de la Martinière (Jean-Baptiste), ayant réuni 3.452 suffrages sur 6.875, fut nommé procureur de la commune.

Nomination du premier substitut (séance du 7 août 1790).

Cahier de Gerville (Bon-Claude), avocat au Parlement, ayant réuni 1.414 suffrages sur 2.961, fut nommé premier substitut du procureur de la commune.

Nomination du deuxième substitut (10 août 1790).

Duport-Dutertre (Marguerite-Louis-François), avocat au Parlement, lieutenant du maire, administrateur au département de la police, ayant réuni 2.332 suffrages sur 6.028, fut nommé deuxième substitut du procureur de la commune.

LISTE DES CENT QUARANTE-QUATRE CITOYENS,

ÉLUS PAR LES QUARANTE-HUIT SECTIONS POUR COMPOSER LE CONSEIL GÉNÉRAL ET LA MUNICIPALITÉ DE LA VILLE DE PARIS.

1re section : Les Tuileries. — Félix-Julien Bigot de Préameneu ; Henry-René-Noël Maréchal ; Antonin-Fabian Cholet.

2e section : Les Champs-Elysées. — Didier Cardot ; Paul Beaufils ; Jacques-Michel Benière.

3e section : Le Roule. — Pierre-Louis Ollivier des Closeaux ; Antoine-Léonard Le Breton de Corbelin ; Nicolas-Severin Anquetil.

4e section : Palais-Royal. — Jean-Baptiste Poissonnier de Longerais ; Claude Lafine ; Joseph-Jacques Hardy.

5e section : Place Vendôme. — Guillaume Arnoux ; Louis-Grégoire le Hoc ; Jacques-Michel Canuel.

6e section : La Bibliothèque. — Bon-Joseph Dacier ; Charles Trudon ; Emmanuel Crettet.

7e section : La Grange-Batelière. — Jean-Jacques Le Roux ; Nicolas-Noël Vincent Thillaye ; Jean-Baptiste Vernoy.

8e section : Louvre. — Jean-François Julliot ; Antoine-François-Marie-Catherine Desmousseaux ; François Thuaut.

9e section : L'Oratoire. — Jérôme Trudon ; Louis-Guillaume Oussemaine ; Etienne Leroux.

10e section : La Halle au blé. — Louis-Guillaume Pitra ; Philibert-Borie-Charles Giron ; Jean-Baptiste-Etienne-Benoît-Olivier Regnault.

11e section : Les Postes. — François Dumoutiez ; Joseph Bertholon.

12e section : Place Louis XIV. — Joseph-Charles Gravier ; Joseph-Charles Viguier Curny ; Charles-François Callet.

13e section : La Fontaine-Montmorency. — Louis-Daniel Tassin ; Michel Chevalier ; Jean-Louis Rocard.

14^e section : Bonne-Nouvelle. — Jean-François Coup de Lance de la Rouvrelle ; Joseph Charron ; Pierre-Claude-Etienne Corsanges ; Marin le Vacher.

15e section : Le Ponceau. — Antoine-Marie des Combes ; Jacques Mahaut.

16ᵉ section : Mauconseil. — Sire Jacques Vigner; Jean-Philippe Montauban ; François Samson du Perron.

17ᵉ section : Les Innocents. — Jacques-François Brunet; Pierre Bernier ; Marie-Etienne Quatremère.

18ᵉ section : Les Lombards. — Pierre-Henri Blandin ; Guillaume-Simon Housset; Charles Lesguilliez.

19ᵉ section : Les Arcis. — Jean-Baptiste-Léonard Cahours ; Pierre-Charles Massé ; Louis-Stanislas Dreue.

20ᵉ section : Le Faubourg-Montmartre. — Jacques Le Scène des Maisons ; Jacques Valleteau de la Roque ; Jean-François Vassaux.

21ᵉ section : Poissonnière. — Pascal-Marcel Bontemps ; Jean-Baptiste-Nicolas Cauchin ; René-Pierre de Vaudichon ;

22ᵉ section : Bondy. — René Le Roulx de la Ville ; Emmanuel-Ange Robin ; Pierre-Antoine Forié.

23ᵉ section : Le Temple. — Jean-Claude-Antoine de Bourges ; Léonard Nizard ; Pierre-Roch Talloir.

24ᵉ section : Popincourt. — Jean-Nicolas Fallet; Henri-Nicolas Audoux ; Jacques-Laurent Cosson.

25ᵉ section : De la rue Montreuil. — Jean-Louis Delarzille ; Jean-Pierre-Charles-Gervais Poujade de La Devèze ; Claude Joseph.

26ᵉ section : Quinze-Vingts. — Pierre Raffy ; Jacques Watrin ; Pierre-Bazile Thion de la Chaume.

27ᵉ section : Les Gravilliers. — Jean-Baptiste-Léonard Durand ; Claude-Jean-Baptiste Jallier ; Antoine Le Vacher Duplessis.

28ᵉ section : Faubourg Saint-Denis. — André Rousseau ; Pierre-Joseph Frézard ; Etienne Moullé.

29ᵉ section : Beaubourg. — Léonard Robin ; Pierre-Louis Davous ; Jean-Dominique Hussenot.

30ᵉ section : Enfants Rouges. — Honoré-Alexandre Haquin; César-Gabriel Filleul ; Joseph-Roch Andelle.

31ᵉ section : Le Roi de Sicile. — Anne-Clément-Félix Champion ; Félix-Pierre Jeoffroy ; André Gérard.

32ᵉ section : L'Hôtel de Ville. — René Voilquin ; Alexis le Sould ; Jean-Baptiste-Etienne-Benoît Soreau.

33ᵉ section : La Place Royale. — Edme Tiron ; Claude-Didier Deyeux ; Nicolas Raffron du Trouillet.

34ᵉ section : L'Arsenal. — Jean-Nicolas Lardin ; Charles Franchet; Nicolas Prévost.

35ᵉ section : L'Isle Saint-Louis. — François-Joseph Gandolphe ; Pierre-Paul Royer ; Jean-Charles Robert ; Brierre de Surgy.

36ᵉ section : Notre-Dame. — Jean-Louis Daudry ; Jean-Baptiste Oudet; Jean-François Grouvelle.

37ᵉ section : Henri IV. — Louis-Gabriel Mangis ; Alexis Potron ; Jean-François Roussineau.

38ᵉ section : Les Invalides. — Michel-Julien-Lépidor Mathieu ; Jean-Baptiste-Nicolas Quin ; Alexandre-Théodore Brongniart.

39ᵉ section : La Fontaine de Grenelle. — Jean Hautefeuille ; Claude-Georges Trotignon ; Jean-Joseph Choron.

40ᵉ section : Les Quatre Nations. — Jean le Jeune ; Nicolas-François Couart ; Jean-Baptiste-Pierre Alexis Janson.

41ᵉ section : Le Théâtre Français. — Jean-François Jolly ; Jean-Georges-Antoine Stoupe ; Georges-Jacques Danton.

42ᵉ section : Croix-Rouge. — Jean-Pierre d'Oligny ; Laurent Stouf ; Guillaume-Etienne Bridel.

43ᵉ section : Luxembourg. — Joachim Ceyrat ; Pierre-Auguste-Marie Lohier ; Louis Lefèvre.

44ᵉ section : Les Thermes de Julien. — Adrien-Fidèle le Camus ; Etienne Denis ; Bureau du Colombier ; Jean-Louis Rogier.

45ᵉ section : Sainte-Geneviève. — Jean-François Vauvilliers ; Pierre-François Boncerf ; Jacques-Antoine-Joseph Cousin.

46ᵉ section : Observatoire. — Charles Minier ; Jean-Marie Cezerac ; Bon le Gros.

47ᵉ section : Le Jardin des Plantes. — François-Valentin Moutot ; Claude-Antoine Jonery ; Alexandre-César Ferron.

48ᵉ section : Les Gobelins. — Antoine-Joseph Thorillon ; Jacques-François Bidault ; Pierre le Meignen.

Le conseil proclama élus cent quarante-trois des citoyens dénommés ci-dessus, et retrancha de la liste le citoyen Danton, élu par la section du Théâtre Français, dont l'élection fut rejetée à la majorité de quarante-deux sections contre cinq. La deuxième élection fut fixée au 17 septembre 1790 et donna le résultat suivant :

41ᵉ section : Théâtre Français. — Garreau de Coulon.

Les quarante-huit sections furent ensuite convoquées pour les 25, 26 et 27 septembre 1790, à l'effet d'élire les quarante-huit membres qui devaient composer le corps municipal.

Le conseil de ville se réunit en conséquence le mardi 28 septembre 1790, à l'effet de procéder au dépouillement du scrutin des quarante-huit sections sur l'élection de quarante-huit membres qui devaient composer le corps municipal. Les commissaires scrutateurs, MM. Tiron, Simonneau, de Maisonneuve, Minier et Davous, nommés par le conseil, et MM. Maupassant, de La Haute, Vassaux, Ducazeau, nommés par les commissaires, procédèrent au dépouillement des procès-verbaux des quarante-huit sections, et dressèrent un procès-verbal par lequel MM. Vauvilliers, 1.634 voix, Garreau de Coulon, 1.634 voix, et Minier, 1.283 voix, ayant seuls réuni la pluralité du quart des suffrages exigée par l'article 22 du titre II du décret de la municipalité de Paris, furent proclamés membres du corps municipal ; la date d'un second tour de scrutin fut fixée, par suite, au 30 septembre 1790.

A la séance du 2 octobre suivant, le conseil de ville dressa, de concert avec les commissaires scrutateurs, un deuxième procès-verbal par lequel MM. Quatremère, 1.667 voix, Tassin, 1.653 voix, Thorillon, 1.496 voix, Jérôme Trudon, 1.385 voix, Le Camus, 1.165 voix, et Deyeux, 1.145 voix, furent proclamés membres du conseil municipal et fixa au 4 octobre la date du troisième scrutin pour l'élection des trente-quatre membres restant à élire. La proclamation de ces trente-quatre autres membres eut lieu à la séance du 6 octobre 1790, de la manière suivante, savoir :

Boncerf,	1.783 voix.	Champion,	911 voix.	Dacier,	553 voix.
Montauban,	1.556 »	Desmousseaux,	833 »	Vigner,	544 »
Pitra,	1.404 »	Jolly,	892 »	Lafisse,	531 »
Andelle,	1.384 »	Le Scène,	748 »	Houssemaine,	528 »
Jallier,	1.286 »	Le Roulx de la		Gandolphe,	506 »
Lesguilliez,	1.186 »	Ville,	733 »	Regnault,	502 »
Filleul,	1.119 »	Canuel,	726 »	Hardy,	500 »
Tiron,	1.083 »	Lardin,	706 »	Prevost,	500 »
Maugis,	1.072 »	Charron,	692 »	Debourges,	493 »
Mulot,	1.032 »	Choron,	627 »	Levacher,	491 »
Beaufils,	997 »	Vignier-Curny,	587 »	Perron,	456 »
Cousin,	923 »	Stouf,	559 »		

A la séance du 12 octobre, le conseil général ouvrit les scrutins pour la nomination des seize administrateurs à répartir dans chacun des cinq départements. Les élus furent les suivants :

Département des subsistances.

MM. Filleul, Vauvilliers, Lesguilliez.

Département de la police.

MM. Minier, Thorillon, Perron, Jolly.

Département du domaine et des finances.

MM. Tassin, Trudon, Choron.

Département des établissements publics.

MM. Boncerf, Cousin, Le Camus.

Département des travaux publics.

MM. Champion de Villeneuve, Montauban, Le Roulx de la Ville.

En outre, M. de Jolly fut élu secrétaire-greffier.

III° LA MUNICIPALITÉ DE PARIS EN 1791

A municipalité de Paris était, en 1791, composée d'un maire, de quarante-huit officiers municipaux, dont seize administrateurs, répartis en cinq départements, de quatre-vingt-seize notables, d'un procureur de la commune et de deux substituts adjoints (Art. 5 du titre Ier du décret sur la municipalité de Paris).

Les seize administrateurs, divisés en cinq départements, formaient, lorsqu'ils délibéraient en commun, le bureau municipal.

Les trente-deux autres officiers municipaux composaient le conseil municipal.

Lorsque ces deux subdivisions étaient réunies, elles formaient le corps municipal.

Les quarante-huit officiers municipaux, joints aux quatre-vingt-seize notables, formaient le conseil général de la commune. C'est sous ce titre que fut désignée désormais la municipalité, comme réunissant les trois différentes subdivisions.

Le maire de Paris était président du conseil général, du corps et du bureau municipal. En l'absence du maire, le corps municipal et le conseil général étaient présidés par un vice-président, élu par le corps municipal, parmi les trente-deux membres du conseil qui n'étaient pas administrateurs.

En ce qui concernait le bureau de la ville, lorsque le maire était absent, les administrateurs devaient en présider alternativement les assemblées.

Composition du conseil général de la commune en 1791.

Bailly, élu maire de Paris le 15 juillet 1789, démissionnaire le 18 novembre 1791, président.

Jérôme Pétion, élu maire de Paris le 18 novembre 1791 en remplacement de Bailly, conserve ses fonctions jusqu'au 3 décembre 1792, président.

Officiers municipaux formant le corps et le bureau municipal et composant, avec les quatre-vingt-seize notables, le conseil général.

Mulot, vice-président, docteur en théologie.
Vauvilliers, professeur au collège royal, administrateur.

Quatremère, marchand de draps.
Tassin, banquier, administrateur.
Thorillon, homme de loi, administrateur.
Trudon (Jérôme), négociant, administr.

Le Camus, ancien marchand de draps, administrateur.
Deyeux, ancien notaire.
Boncerf, membre de la société d'horticulture, administrateur.
Montauban, ancien marchand, administrateur.
Pitra, ancien négociant.
Andelle, notaire au Châtelet.
Jallier, architecte.
Lesguillez, négociant, administrateur.
Filleul, ancien commis des finances, administrateur.
Tiron, secrétaire de l'ordre de Malte.
Maugis, homme de loi.
Beaufils, ancien gouverneur de M. de Montmorency.
Cousin, professeur au collège royal, administrateur.
Champion, avocat aux conseils, administrateur.
Desmousseaux, homme de loi.
Jolly, homme de loi, administrateur.
Minier, homme de loi, administrateur.
Viguier de Curny, ancien premier secrétaire de l'intendance des postes aux chevaux.
Le Scène des Maisons, bourgeois.
Leroulx de la Ville, ancien premier commis des finances, administrateur.
Canuel, homme de loi.
Lardin, ancien notaire.
Charron, membre de plusieurs sociétés littéraires.
Choron, ancien notaire, administrateur.
Stouf, maître menuisier.
Dacier, secrétaire perpétuel de l'Académie des inscriptions et belles-lettres.
Viguier, homme de loi.
Le Roux (Jean-Jacques), docteur, régent de la Faculté de médecine.

Lasisse, docteur en médecine.
Houssemaire, négociant.
Gandolphe, marchand de bois.
Prevost, marchand épicier, ancien juge consul.
Hardy, homme de loi.
Debourge, ancien directeur des hôpitaux.
Levacher, homme de loi.
Perron, homme de loi, administrateur.
Nizard, maître charpentier.
Rousseau, ancien négociant.
Le Roux (Etienne), négociant.
Durand, ancien consul de France.
Calhours, marchand bonnetier.
Bernier, négociant.
Trudon (Charles), ancien payeur de rentes assignées sur les fermes.
Minier, homme de loi.
Garrau de Coulon, homme de loi.
Bertollon, marchand de soie.
Cholet, conservateur des hypothèques et des oppositions sur les finances.
Rassy, huissier-priseur.
Blandin, ancien négociant.
Roard, procureur au Châtelet.
Bureau du Colombier, homme de loi.
Borie, docteur, régent de la Faculté de médecine.
Fallet, bourgeois.
Brunet, homme de loi, juge de paix.
Thion de la Chaume, contrôleur de rentes.
Bigot de Préameneu, homme de loi.
Gravier de Vergennes, maître des requêtes.
Cardot, ancien marchand de draps.
Couart, ancien marchand boucher.
Stoupe, imprimeur-libraire.
Oudet, ancien homme de loi.
Samson du Perron, avocat aux conseils.
Dumoutiez, marchand tailleur.

Brière de Surgy, auditeur des comptes.
Watrin, ancien notaire de pension.
Mathieu (dit l'Epidor), juge de paix.
Haquin, inspecteur, receveur et garde des archives, domaines et bois de Monsieur.
Le Jeune, négociant.
Davous, négoc., ancien agent de change.
Hautefeuille, garde en charge du corps de l'épicerie.
Dumas, négociant.
Housset, ancien négociant.
Bridel, maître peintre.
Grouvelle, marchand bijoutier.
Thillaye, mécanicien-pompier.
Baron, homme de loi, juge de paix.
Chevalier, ancien négociant.
Olivier des Clozeaux.
Bontemps, contrôleur des rentes de l'Hôtel de Ville.
Dobigny, architecte.
Julliot, homme de loi.
Cattel, homme de loi.
Potron, marchand orfèvre.
Forié, directeur de la comptabilité des postes.
Dandry, ancien marchand épicier.
Bidault, bourgeois.
Mahaut, ancien négociant.
Taloir, médecin du grand prieuré de France.
Vassaux, bourgeois.
Poissonnier, ancien commissaire général de la marine.
Mané, marchand orfèvre.
Cosson, marchand ébéniste.
Delarzille, homme de loi.
Maréchal, négociant.
Robin (Léonard), homme de loi.
Anquetil, secrétaire ordinaire de Monsieur, frère du Roi, juge de paix.

Lefèvre, maître de musique.
Lohier, ancien homme de loi.
Arnoux (Guillaume).
Lehoc, ancien chef des bureaux de la marine.
Jonery, négociant.
Hussenot, négociant.
Gérard, homme de loi.
De Vaudichon, négociant.
Franchet, homme de loi.
Soreau, homme de loi.
Trotignon, intendant.
Le Meignen, professeur de l'Université.
Corsanges, négociant.
Ceyrat, professeur de théologie et de mathématiques.
Le Sould, négociant.
Quin, architecte.
Jeanson, homme de loi.
Crettet, directeur des assurances contre les incendies.
Levacher-Duplessis, procur. des comptes.
Rogier, négociant, manufacturier d'Aubusson.
Audoux, bourgeois.
Vernoy, caissier de la recette générale du Bourbonnais.
Cezerac, maître en chirurgie.
Dreue, prêtre, docteur en Sorbonne.
Benière, docteur en théologie.
Valleteau, maître des comptes honoraire.
Frezard, bourgeois.
Vuilquin, avocat aux conseils.
Le Breton de Corbelin, homme de loi.
Brogniard, architecte.
Cauchin, commis par le Roi pour rendre les comptes de l'ancienne caisse des amortissements.
Coup de Lance, bourgeois.
Moullé, bourgeois.
Robin (Emmanuel-Ange), homme de loi.

Joseph, ancien officier du Roi et de la Reine.
Geoffroy.
Rasseron, bourgeois.
Legros, instituteur.

Thuault, ancien directeur des recettes générales des finances.
Roussineau, licencié en droit, curé de la Sainte-Chapelle.
Poujade de la Devèze, prêtre de Sainte-Marguerite.

Les administrateurs de la ville de Paris étaient répartis sous la surveillance et sous la direction du maire, en 1791, de la manière suivante :

Département des subsistances et approvisionnements.

Administrateurs : Filleul, Vauvilliers, Lesguilliez.

Ce département était chargé de l'inspection sur le commerce des grains, farines, viandes, poissons, etc., sur les moulins, sur les meuniers, boulangers, bouchers, charcutiers, etc., et sur la navigation générale de la Seine et de ses affluents.

Département de la police.

Minier, Thorillon, Perron, Jolly.

Ce département était chargé de la surveillance des spectacles, vauxhalls, des prisons et maisons d'arrêt, de l'illumination de Paris, des pompes, du balayage, des hôtels garnis, cafés, etc., du dénombrement des habitants de Paris, des poids et mesures, etc., des postes et messageries, de la bourse, des halles et marchés, etc.

Département du domaine et des finances de la ville.

Tassin, Trudon (Jérôme), Choron.

Les attributions de ce département consistaient dans la surveillance de la régie et administration des biens communaux, de leur conservation et de leur entretien, de la délivrance des ordonnances de paiement et dans le paiement des traitements.

Département des établissements publics.

Boncerf, Cousin, Le Camus.

Ce département avait pour mission d'inspecter l'université, les collèges, les écoles publiques, l'institution des sourds et muets, le mont de piété, l'Hôtel-Dieu et les hôpitaux, l'école de dessin, le tirage des loteries, les filatures, les magasins à poudre.

Département des travaux publics.

Champion de Villeneuve, Montauban, Le Roux de la Ville.

Ce département était chargé de la voirie et de tout ce qui en dépend, du plan de Paris, des casernes, hôpitaux civils et militaires, places, promenades publiques, halles et marchés, salles de spectacles, ponts, prisons, églises, etc., des adjudications et marchés pour les différents travaux à exécuter.

En outre, l'administration des biens nationaux fut confiée par un décret de l'Assemblée nationale à la municipalité de Paris, et fut composée des huit commissaires dont les noms suivent :

        Maugis,   Tassin,
        Pitra,   Deyeux,
        Canuel,   Vigner,
        Tiron,   Hardy.

Procureur de la commune.

Boullemer de la Martinière, homme de loi, procureur jusqu'au 2 décembre 1791.

Manuel (Pierre), procureur le 2 décembre 1791.

Substituts-adjoints au procureur.

1. Cahier de Gerville, homme de loi.
2. X.

Nomination de Manuel en qualité de procureur de la Commune

(2 décembre 1791)

OLY, patriote, après avoir prononcé en novembre 1791 un discours au club des Jacobins, écrivit à Palloy, entrepreneur rue des Fossés-Saint-Bernard, 21, qui fut chargé de la démolition de la Bastille, une lettre dans laquelle il disait : « Nous portons le patriote Manuel à la place « de procureur de la commune, donnez-nous un coup d'épaule ; triomphons et « l'aristocratie est f.... » (sic).

L'élection fut fixée au 18 novembre 1791. Cahier de Gerville, premier substitut adjoint de la commune obtint 1.657 suffrages ; Manuel, ancien administrateur de la police, en réunit 2.012 et Danton 725, sur 4.404.

Aucun des concurrents n'ayant obtenu la majorité des suffrages, on procéda le 2 décembre suivant au scrutin de ballotage.

Sur 5.311 votants Manuel (Pierre) obtint 3.770 suffrages et Cahier de Gerville 1.541.

En conséquence **Manuel** fut élu procureur de la commune, le 2 décembre 1791.

IV° LA MUNICIPALITÉ DE PARIS EN 1792

(JUSQU'AU 22 SEPTEMBRE)

En 1792, la municipalité de la ville de Paris était composée exactement de la même manière qu'en 1791, c'est-à-dire :

D'un maire ;

De quarante-huit officiers municipaux. Seize d'entre eux étaient administrateurs des cinq départements et formaient le bureau municipal lorsqu'ils délibéraient en commun ; les trente autres formaient avec les seize premiers, le conseil municipal ;

De quatre-vingt-seize notables qui composaient avec les quarante-huit officiers municipaux ci-dessus désignés, le conseil général de la commune.

Enfin d'un procureur de la commune et de deux substituts adjoints.

Le maire était en outre, comme en 1790, et en 1791, le président du conseil général, du corps et du bureau municipal.

Conseil général de la commune en 1792.

Jérôme Pétion, élu maire de Paris, le 18 novembre 1791, en remplacement de Bailly démissionnaire, conserve ses fonctions jusqu'au 3 décembre 1792, président.

Nicolas Chambon de Manteaux, élu maire de Paris, le 3 décembre 1792, conserve ses fonctions jusqu'au 13 février 1793, président.

Procureur de la commune

Manuel (Pierre-Louis), procureur général (élu le 2 décembre 1791).

Substitut-adjoint.

Desrousseaux, homme de loi.

Officiers municipaux formant le corps et le bureau municipal et composant avec les notables, le conseil général.

Canuel, homme de loi.
Le Camus, ancien marchand de draps, administrateur.
Jallier, architecte.
Lesguillez, négociant, administrateur.
Cousin, prof. au collège royal, administ.

Champion, ancien avocat aux conseils, administrateur.
Viguier de Curny, ancien secrétaire de l'intendance des postes aux chevaux.
Leroulx de la Ville, ancien commis des finances, administrateur.
Charron, de plusieusr sociétés littéraires.
Dacier, secrétaire perpétuel de l'Académie des inscriptions et belles lettres.
Vigner, homme de loi, administrateur.
Le Roux (Jean-Jacques), administrateur, docteur, régent de la fac. de médecine.
Lasisse, docteur en médecine.
Gandolphe, marchand de bois.
Debourge, ancien directeur des hôpitaux.
Perron, homme de loi, administrateur.
Le Roux (Etienne), négociant.
Bertollon, marchand de soie.
Roard, bachelier en droit, ancien procureur au Châtelet.
Borie, docteur, régent de la faculté de médecine.
Fallet, bourgeois.
Cardot, ancien marchand de draps.
Couart, ancien marchand boucher.
Dumoutiez, marchand tailleur.

Notables.

Quatremère, marchand de draps.
Tassin, banquier, administrateur.
Boncerf, membre de la société d'horticulture, administrateur.
Le Scène des Maisons, juge de paix.
Choron, ancien notaire.
Cahours, marchand bonnetier.
Rassy, huissier-priseur.
Samson du Perron, avocat aux conseils.
Haquin, inspecteur et garde des archives.
Hautefeuille, marchand épicier.
Dumas, négociant.
Housset, ancien négociant.
Grouvelle, marchand bijoutier.
Baron, homme de loi, juge de paix.
Olivier des Clozeaux.
Dobigny, architecte.
Julliot, homme de loi.
Potron, marchand orfèvre.
Dandry, ancien marchand épicier.
Bidault, bourgeois.
Mahaut, ancien négociant.
Mané, marchand orfèvre.
Delarzille, homme de loi.
Maréchal, négociant.
Anquetil, secrétaire ordinaire de Monsieur, frère du roi, juge de paix.
Lefèvre, maître de musique.
Lohier, ancien homme de loi.
Jouery, négociant.
Hussenot, négociant.
Franchet, homme de loi.
Le Meignen, professeur de l'Université.
Le Sould, négociant.
Jeanson, homme de loi.
Levacher Duplessis, ci-devant procureur des comptes.
Rogier, négociant manuf. d'Aubusson.
Audoux, bourgeois.
Cezerac, maître en chirurgie.
Vuilquin, ci-devant avocat aux conseils.
Brogniard, architecte.
Moullé, bourgeois.
Joseph, ancien officier du Roi et de la Reine.
Geoffroy.
Rasseron, bourgeois.
Thuault, ancien directeur des recettes générales des finances.
Roussineau, curé de la Sainte-Chapelle.

Liste générale des soixante-seize citoyens, élus par les quarante-huit sections,

POUR COMPOSER LE CONSEIL GÉNÉRAL, LE CORPS ET LE BUREAU MUNICIPAL DE LA VILLE DE PARIS

(JANVIER 1792).

---

1. Les Tuileries. — Dusaulx (Jean), membre de l'Académie des belles-lettres ; Beaudouin (François-Jean), imprimeur de l'Assemblée nationale.
2. Les Champs-Élysées. — Baignères (Jean), docteur en médecine ; Benière (Jacques-Michel), docteur en Sorbonne, curé de Chaillot.
3. Le Roule. — Le Breton de Corbelin (Antoine-Léonard), homme de loi.
4. Le Palais-Royal. — Gréaux (François), ancien huissier-priseur ; Laporte (Simon), sellier.
5. La place Vendôme. — Arthur (Robert), fabricant de papier ; Grenard (René), négociant.
6. La Bibliothèque. — Picard (Louis), directeur de la caisse d'escompte ; André (Jean-Baptiste), docteur en médecine.
7. La Grange-Batelière. — Cahier (Louis-Gilbert), homme de loi ; Bichard-Chanflay (Aimable-Pierre-Louis), ancien inspecteur des Messageries de l'Opéra.
8. Le Louvre. — Leroy (Guillaume), ancien procureur au Parlement.
9. L'Oratoire. — Lemétayer (Nicolas-Jacques), chandelier ; Codieu (Antoine), marchand drapier.
10. La Halle au blé. — Chambon (Nicolas), docteur en médecine.
11. Les Postes. — Deslauriers (Claude-François), marchand papetier.
12. La Place Louis XIV. — Morellet (Toussaint-Jacques-Paul), ancien subrecargue des vaisseaux de la compagnie des Indes.
13. La Fontaine-Montmorency. — Bidermann (Jacques), négociant ; Chevalier S. Dizier (François), homme de loi.
14. Bonne-Nouvelle. — Mollard (Joseph-Marie), artiste ; Loubert (Jean-Baptiste), vérificateur à la régie générale.
15. Le Ponceau. — Chrétien (J.-J. Auguste), négociant.
16. Mauconseil. — Therrein (François-Nicolas), peintre.
17. Les Innocents. — Margotin (François), marchand teinturier ; Dumoutiez (Denys), marchand.
18. Les Lombards. — Thomas (J. J.), licencié ès-lois.

19. Les Arcis. — Dreue (Louis-Stanislas), prêtre docteur en Sorbonne.

20. Le faubourg Montmartre. — Godebert (Jean-Baptiste), marchand de bois pour bâtiments ; Bizet-Dufresne (Jean-Philippe), entrepreneur de bâtiments.

21. Poissonnière. — Retournac (Ambroise), sculpteur ; Le Prince (Louis-François), sculpteur-marbrier ; Chappe (Henri), ancien boulanger.

22. Bondy. — Robin (Emmanuel-Ange), homme de loi ; Desartre (Claude), docteur en droit.

23. Le Temple. — Taloir (Pierre-Rachel), médecin ; Guichard (Louis-Joseph), professeur de musique.

24. Popincourt. — Suchey (Noël-Pierre), maître de pension.

25. Montreuil. — Damoye fils (Antoine-Pierre), marchand mercier ; Aubert (Jean-François), premier vicaire à la paroisse Sainte-Marguerite.

26. Quinze-Vingts. — Jurie (Claude-Barthélémy), commissaire de police ; Castille (Jean-Baptiste), fayencier.

27. Les Gravilliers. — Debourges (Augustin), négociant.

28. Faubourg Saint-Denis. — Periac (François-Pierre), fabricant de salpêtre ; Landragin l'aîné (Louis-Pierre), employé à l'administration de la caisse de l'extraordinaire.

29. Beaubourg. — Imbert (Louis-Laurent-Joseph), huissier-audiencier au grand conseil ; d'Ailly (Claude-Thomas), négociant.

30. Les Enfants-Rouges. — Hurel (Jean-Joseph), receveur et payeur de rentes ; Guiard (Léonard-Georges), marchand bonnetier.

31. Le Roi de Sicile. — Gérard fils (André), juge suppléant.

32. L'Hôtel de Ville. — Soreau (Jean-Baptiste-Etienne-Benoît), homme de loi.

33. La Place Royale. — Brosselard (Emmanuel), homme de loi ; Levasseur (Lucien), négociant.

34. L'Arsenal. — Hullin de Boischevalier (Louis-Joseph), ancien procureur des comptes ; Trécourt (Joseph), ancien commis aux impositions de la ville de Paris.

35. L'Isle Saint-Louis. — Mouchet (François-Nicolas), artiste ; Dutramblay de S. Yon (Charles-Louis), homme de loi.

36. Notre-Dame. — Bruslé (Claude-Louis), homme de loi, lieutenant des grenadiers.

37. Henri IV. — Révérand (Jean-Pierre), marchand orfèvre.

38. Les Invalides. — Rollin (Germain), instituteur ; Legrand (Jacques), jardinier ; Tessier (Louis-Pierre), marchand mercier.

39. La Fontaine de Grenelle. — Osselin (Charles-Nicolas), homme de loi.

40. Les Quatre Nations. — Guinot (Henri), marchand épicier.

41. Le Théâtre Français. — Boucher (Antoine-Sauveur), électeur de 1790 et 1791 ; Sergent Antoine-François), artiste ; Desmoulins (Benoît-Camille), homme de lettres.

42. La Croix-Rouge. — Nicoleau (Pierre), ancien instituteur public, électeur de

1790 et 1791 ; Boucher (Antoine-René), homme de loi, électeur de 1790 et 1791.

43. Le Luxembourg. — Polverel (Etienne), homme de loi.

44. Les Thermes de Julien. — Lapourielle (Claude-Philippe), accusateur public du troisième arrondissement.

45. Sainte-Geneviève. — Hû (Charles-Louis-Mathias), marchand épicier.

46. L'Observatoire. — Patris (Frobert-Charles), professeur.

47. Le Jardin des Plantes. — Chabouillé (Médéric-Joseph), architecte juré-expert.

48. Les Gobelins. — Mangelschot (François-Joseph), négociant.

Proclamation et réception des officiers municipaux élus par les sections

INSTALLATION DU CONSEIL GÉNÉRAL DE LA COMMUNE

(20 et 24 février 1792).

E corps municipal, après s'être fait représenter les procès-verbaux de dépouillement des scrutins des sections pour l'élection des officiers municipaux, proclama en cette dernière qualité les dénommés ci-après, savoir :

Dusaulx, élu par la section des Tuileries ;
Clavière, élu par la section de la Bibliothèque ;
Chambon, élu par la section de la Halle au blé ;
Thomas, élu par la section des Lombards ;
Sergent, élu par la section du Théâtre Français ;
Boucher Saint-Sauveur, élu par la section du Théâtre Français ;
Bidermann, élu par la section de la Fontaine-Montmorency ;
Patris, élu par la section de l'Observatoire ;
Boucher René, élu par la section de la Croix-Rouge ;
Mouchet, élu par la section de l'Isle ;
Osselin, élu par la section de la Fontaine de Grenelle ;
Le Roi, élu par la section du Louvre ;
Mollard, élu par la section de Bonne-Nouvelle ;
Hû, élu par la section de Sainte-Geneviève ;
Jurie, élu par la section des Quinze-Vingts, qui, ayant refusé, fut remplacé par Levasseur ;
Féral, élu par la section de l'Isle ;
Lefébure, élu par la section de l'Arsenal ;
Guiard, élu par la section des Enfants-Rouges ;
Guinot, élu par la section des Quatre Nations ;
Therrein, élu par la section de Mauconseil ;
Panis, élu par la section de l'Arsenal ;
Debourges, élu par la section des Gravilliers, qui, ayant refusé, fut remplacé par Castille ;
Dreue, élu par la section des Arcis ;
Le Métayer, élu par la section de l'Oratoire.

Le corps municipal arrêta en outre que le 24 février 1792, à onze heures du matin, les officiers municipaux et notables, et le procureur de la commune, élus par les quarante-huit sections, se rendraient à la maison commune pour, en exécution de l'article XX du titre V de la loi du 27 juin 1790, concernant la municipalité de Paris, prêter, en présence du conseil général de la commune, le serment de maintenir de tout leur pouvoir la constitution du royaume, d'être fidèles à la Nation, à la loi et au Roi, et de bien remplir leurs fonctions.

L'installation du conseil général de la commune eut lieu le 24 février 1792. Après lecture par le secrétaire greffier du procès-verbal de recensement des scrutins des sections du 2 décembre 1791 pour l'élection du procureur de la commune, et de ceux des 10, 11, 15, 19 et 20 février pour celle des officiers municipaux, l'appel nominal de ces derniers fut fait dans l'ordre qui précède. Dusaulx prit le premier la parole et formula le désir que le conseil général se rendît en corps et séance tenante, auprès du corps législatif pour lui porter les hommages de la municipalité et l'assurer du dévouement de la commune de Paris.

Manuel, le nouvel élu procureur de la commune, exprima à son tour ses sentiments en disant entre autres choses ce qui suit :

« Nous sommes dans le temple de la liberté, il a été fondé par les électeurs du « 14 juillet. N'êtes-vous pas étonnés comme moi, de ne trouver sur les murs « de cette salle aucune des preuves heureuses de la Révolution. Je n'y vois pas « même la déclaration des droits de l'homme : et sans doute derrière ces rideaux « épais soupirent encore ces échevins qui, à genoux devant le trône, faisaient « mettre le peuple à genoux devant eux. Est-ce assez rougir de ces tableaux ? « Il faut les vendre, pendant qu'il y a encore des hommes qui achètent des esclaves, « et que David nous mette sous les yeux un Brutus, des Horaces et le Jeu de « Paume ».

Le premier substitut-adjoint du procureur de la commune prit ensuite la parole, ainsi que le maire qui formula le serment qui fut juré à mains levées par les officiers municipaux.

La proposition émise par Dusaulx fut ensuite adoptée à l'unanimité, et le conseil général de la commune se rendit à la séance de l'assemblée nationale où il fut reçu par son président.

Désignation des administrateurs dans les divers départements

SOUS L'AUTORITÉ ET LA SURVEILLANCE DU MAIRE, EN 1792

Département des subsistances (rue de Vendôme, au Marais).	Lesguilliez, administrateur.
Département de la police (à l'hôtel de la Mairie, rue Neuve-des-Capucines).	Perron, Viguier, administrateurs.
Département du domaine et des finances de la ville (à l'Hôtel de Ville).	X, administrateur.
Département des établissements publics (rue de Vendôme, au Marais).	Cousin, Le Camus, Le Roux, administrateurs.
Département des travaux publics (au palais Cardinal, vieille rue du Temple).	Champion de Villeneuve, Le Roux de la Ville, administrateurs.
Administration des biens nationaux (ancienne maison du Saint-Esprit, place et côté de l'Hôtel de Ville).	Boullemer de la Martinière. Canuel, Roard, Borie, Follet, commissaires.

Installation du tribunal criminel du département de Paris au Palais

(FÉVRIER 1792. — AN IV DE LA LIBERTÉ)

N exécution d'une délibération en date du 15 février 1792, le conseil général de la commune sortit de l'Hôtel de Ville précédé des huissiers et escorté par les gardes de ville, pour se rendre au palais, salle de la Chancellerie, où le tribunal criminel devait tenir ses séances ; il se plaça sur les sièges destinés au tribunal et aux jurés. Le premier substitut adjoint du procureur de la commune prit la place destinée au commissaire du Roi, et le secrétaire-greffier celle du greffier. Les membres du tribunal se placèrent en face du conseil général et le maire Pétion prit la parole ainsi qu'il suit :

« Messieurs, la confiance du peuple vous a placé à la tête de l'institution qui
« honore le plus la Révolution française, de l'institution la plus digne d'un peuple
« qui veut être libre ; elle a cette simplicité auguste des premiers âges, elle en
« rappelle les mœurs et les vertus.

« Après des siècles d'oubli et de despotisme, nous allons donc les voir revivre
« ces antiques jugements des pairs ; le citoyen aura le citoyen pour juge, et le
« sort des hommes se décidera dans le sanctuaire de l'égalité. C'est là que l'hu-
« manité bienfaisante tiendra le glaive de la justice et qu'elle le détournera de la
« tête de l'innocent pour en frapper celle du coupable.

« Vous allez, Messieurs, être les gardiens de notre liberté individuelle ; que ce
« dépôt soit entre vos mains celui du feu sacré ! Mais que dis-je ? Où pourrait-il
« trouver des mains plus pures et plus fidèles ? Ce n'est pas à ceux qui ont fondé
« cette liberté qu'il faut parler du soin de la conserver avec un respect religieux.
« Ce n'est pas à ceux qui, pendant plus de deux années, ont supporté les travaux
« les plus immenses et les plus pénibles qu'il faut parler de zèle et de dévouement
« à la chose publique. Ce n'est pas à ceux qui ont vu si souvent les orages prêts à
« fondre sur eux qu'il faut parler de fermeté et de courage. Ce n'est pas à ceux,
« enfin, qui ont consacré les droits de l'homme qu'il faut parler de justice et de
« philosophie. »

. . . .

« Maintenant c'est à nous, chacun dans notre poste, et en réunissant nos
« efforts, de faire cause commune pour la conservation de la liberté.

« La municipalité de Paris, dont j'ai l'honneur d'être l'organe, partage cette
« résolution fraternelle, et tels seront toujours, Messieurs, les sentiments des véri-
« tables magistrats du peuple. »

Après ce discours, les membres du tribunal criminel, Treilhard, président, Robespierre, accusateur public, Faure, substitut de l'accusateur public, et Fremin, greffier, prononcèrent le serment d'être fidèles à la nation, à la loi et au Roi, de maintenir de tout leur pouvoir la constitution décrétée par l'Assemblée nationale constituante aux années 1789-1790-1791, et de remplir avec exactitude les fonctions de leurs offices.

Installation du Tribunal de commerce

(11 mai 1792)

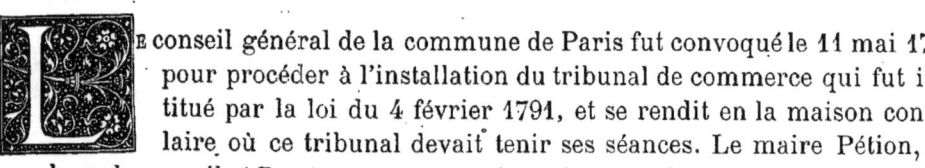e conseil général de la commune de Paris fut convoqué le 11 mai 1792 pour procéder à l'installation du tribunal de commerce qui fut institué par la loi du 4 février 1791, et se rendit en la maison consulaire où ce tribunal devait tenir ses séances. Le maire Pétion, les membres du conseil et Desrousseaux, premier substitut adjoint du procureur de la commune et le secrétaire-greffier Dejoly, assistèrent à cette installation.

Le tribunal de commerce était composé ainsi qu'il suit :

Président : Pierre Vignon, négociant, ancien consul et ex-député à l'Assemblée constituante.

Juges : Charles-Guillaume Leclerc, négociant, ancien juge consul et ex-député à l'Assemblée nationale; Alexandre Boursier, négociant; Marc-Etienne Quatremère, négociant; Michel Sel, négociant.

Juges suppléants : Vandenyver, ancien banquier; Louis Psalmon, négociant; André-Gabriel Reinville, négociant.

Le président et les juges ci-dessus nommés prêtèrent serment ; le maire Pétion et le président Vignon prirent ensuite la parole l'un après l'autre pour exprimer leurs sentiments de fidélité à la constitution.

Commune de Paris de 1792

LISTE GÉNÉRALE DES COMMISSAIRES DES QUARANTE-HUIT SECTIONS
QUI ONT COMPOSÉ LE CONSEIL GÉNÉRAL DE LA COMMUNE DU 10 AOUT 1792
(AN Ier DE LA RÉPUBLIQUE FRANÇAISE)

(288 membres à raison de 6 par section).

SECTIONS	Commissaires élus du 10 au 15 août 1792.	Commissaires élus postérieurement par suite de remplacements à faire
1. Quinze-Vingts :	Huguenin Boisseau Rossignol Fontaine A. C. Ballin Fournereau	 Miet Mareux
2. Mauconseil (ci-devant Bon-Conseil) :	Lullier Gomé. Bonhommet Chartrey Carrette J. D. David	 Lamotte
3. Arsenal :	Jolly Berthault Concedieu Barucand Lefevre Vincent Leger	 Boula
4. Marseille (ci-devant Théâtre-Français).	Robert Simon Billaud-Varennes Fabre-d'Eglantine. Chaumet Lebois	Robert Brochet Vincent

SECTIONS	Commissaires élus du 10 au 15 août 1792.	Commissaires élus postérieurement par suite de remplacements à faire
5. Bonne-Nouvelle :	Boulay Hébert Dehay Veron Belette Champertois	Folatre-Moulinneuf Bricard
6. Montreuil :	Bernard Chauvin, fils Teurlot Boulanger Aubert Damois	
7. Croix-Rouge :	Brutus Sigaud R. G. de la Barre Gobeau Colmar Millier Techinger	
8. Gravilliers :	P. Bourdon J. M. Martin G. Truchon Duval-Destain Colombart Saurin	Greppin
9. Réunion (ci-devant Beaubourg) :	P. Simon Lemaire Guidamour Michel Dumas Riquet	
10. Fontaine de Grenelle :	Xav. Audouin Rivallier Goudicheau Rousseau Sabatier Rouval	J. M. Defrasne

SECTIONS	Commissaires élus du 10 au 15 août 1792.	Commissaires élus postérieurement par suite de remplacements à faire.
11. Panthéon-Français (ci-devant Sainte-Geneviève):	Bigant Croutelle Gorel Belliot Fauvel Méhé, fils	 Ch. Lhomme Marie
12. Finistère (ci-devant Gobelins) :	Mercier Rossignol Desliens Maillet Baron Camus	 Pelletier Gensi Beaudouin
13. Arcis :	Jacob Blerzy Nicolas Jérome. Gallien Alef Vial	 Chahuet Delepine Grenier S. T. Charbonner
14. Tuileries :	Kinggen Michaut Benoit Paillé Volant Restout	
15. Observatoire :	Paris Lefebvre Defraisne Thomas D'Heriquehem René	Le Noir
16. Droits-de-l'Homme (ci-devant Roi-de-Sicile) :	Pollet Leclerc Mareux Lenfant Coulombeau Rumel	Jean Chevalier

SECTIONS	Commissaires élus du 10 au 15 août 1792.	Commissaires élus postérieurement par suite de remplacements à faire
17. Bondi :	F. Daujon	Laurent
	Cally	
	Romet	
	Aron Romain	Cervignières
	Mavier, aîné	Traverse
	Bourdon	Thomas
18. Amis de la Patrie (ci-vant Ponceau) :	Duffort	Cardot-Rochefort
	Pantaclin	
	Caillieux	
	Delvoix	
	Bailly	
	Spol	
19. Luxembourg :	Faucon	Pache
	Chaudé	Godard
	Robin	Darnaudery
	L. M. Guérin	Marcenay
	C. L. Grandmaison	
	Leclerc	Lasnier
20. Fédérés (ci-devant Place Royale) :	Martez	
	Bernard Jamson	
	Journet	
	Lainé	
	T. Lemeunier, tué en remplissant la mission dont il fut chargé (visites domiciliaires pendant la nuit).	Vincent
	Moneuse	
21. Poissonnière :	Faro	
	Pelletier	
	L'Hermina	
	Baudier	
	Marc	
	Dupré	
22. Louvre :	F. V. Legray	
	Ballé	
	Bellefond	Leroi Guillaume-Collard
	Crosne	Neuville-Floriot
	Lavoipierre	
	Deltrois	Vivier

SOUS LES TROIS DERNIÈRES ANNÉES DU RÈGNE DE LOUIS XVI — 475

SECTIONS	Commissaires élus du 10 au 15 août 1792.	Commissaires élus postérieurement par suite de remplacements à faire.
23. Nord (ci-devant Faubourg-Saint-Denis) :	Colonge Oger Landregin le jeune F. P. Perjac C. N. Dupont G. Constant	Desmaretz Desuelles
24. La Cité (ci-devant Notre-Dame) :	Franchet Laiguillon Laborey Riottot, père Jacob de Villeneuve Gille	Dumouchet-Laiguillon
25. Popincourt :	Barry, puis Arnaud Payen, puis Ducausel Tourasse Suchet Chaize Duchesne	Dauge Denelle Venineux Barry, Colange, Barry Hutan, Cossange
26. Les Halles (ci-devant Innocents) :	Bouin Jobert Pecoul Langlois Michonis Nicourt	
27. Invalides.	Leroy Thevenot Lepage Jacob Guiuges Vaillant	Nouet
28. Contrat social (ci-devant Postes) :	Desvieux Blondel Guiraud Roussel Jams (Charles) J. N. David	Payen des Lauriers

SECTIONS	Commissaires élus du 10 au 15 août 1792	Commissaires élus postérieurement par suite de remplacements à faire
29. Lombards :	Poullenot Louvet Lelièvre, avoué Crette Guillot Jolly	Carré Delaunay Breuillard Va Agy Deschamps
30. Halle-aux-Blés :	Chambon Réal Mirabal Granilh Chevri Henissard	Le Vacher
31. Buttes-des-Moulins (ci-devant Palais-Royal) :	Tainville Hyune Boissel Seguy Lebreton Laclos	Marino Lacoste
32. Faubourg-Montmartre :	Pepin Gapany Hassenfratz Gircourt Rivey Ménagé	Cohendet Vassaux Durour Peiron Laudrain
33. Pont-Neuf (ci-devant Henri IV) :	Reverend Letellier Minier Liardet Menil Fournier	Cochois Briquet Bodson, jeune Coulon
34. Sans-Culottes (ci-devant Plantes) :	Lucas Marlin Jaladier Champromain Bachelier Ménard	Félix, professeur Henriot le jeune Martin Verdier Germain Felix Jaladier Durieux

SECTIONS	Commissaires élus du 10 au 15 août 1792	Commissaires élus postérieurement par suite de remplacements à faire
35. Marais (ci-devant Enfants-Rouges) :	Bocotte Henry. Pottin. Cellot. Lefevre, vétéran Gaucher	Dufour Le Jolivet Gauthier Jailliant Charles
36. Beaurepaire (ci-devant Thermes-de-Julien) :	J. B. C. Mathieu N. J. Jacob F. E. Joubert A. L. A. Varin H. Vavin. Behourt.	Cellier Vachard
37. Quatre-Nations :	Legangneur Cheradam Alex. Royer Lecomte J. B. Jamson V. Oliveau	
38. Champs-Elysées :	J. G. Delsault Dubertret, traiteur M. Boutinot A. H. Martin, épicier J. B. Lubin J. Jacq. Lubin	
39. Piques (ci-devant Vendôme) :	Moulins Duveyrier Piron. Laignelot Robespierre Mathieu.	Arthur, Chatelet, Morel Grenard, Beaurillon Orguelin Trèsfontaine
40. De 1792 (ci-devant Bibliothèque) :	Chenier Reboul Destournelles Lefèvre Beaudrais Bosque	Carron

SECTIONS	Commissaires élus du 10 au 15 août 1792	Commissaires élus postérieurement par suite de remplacements à faire
41. Mail :	P. L. Moessard A. Frery A. G. Geoffroy P. F. Larcher J. Fichu Audro	 Camus
42. Molière-La-Fontaine (ci-devant Montmorency) :	Emi Boulet Mennessier Vallet Pinon Ch. Saint-Disier	
43. Temple :	Goin Bottot Teissier Prinet Lefebvre Tassin	 Beguin, Naudin Talbot Mille Prat
44. La République (ci-devant Le-Roule) :	Vaudin Avril Devèze Chevalier Donnay Bigos	 Butin
45. Gardes-Françaises (ci-devant Oratoire) :	Lavau Prossinet Asseinfratz Renaudin Codien Laplanche	 Loppé
46. Maison-Commune :	Quenet Leloup, père Chapelet Bouchefontaine Gersen Ducluseau	 Toulan Richardon Trestondam Morand

SECTIONS	Commissaires élus du 10 au 15 août 1792.	Commissaires élus postérieurement par suite de remplacements à faire.
47. La Fraternité (ci-devant L'Isle) :	Français Mouchet Desgaignés Payette Beaufamé Escabasse	 Durand
48. Mirabeau :	A. Maréchal A. L'Huillier C. Pagnier Jos. Auvray J. Faure H. F. Perrochet	

Description picturale de l'Hôtel de Ville avant la Révolution de 1789

La relation la plus ancienne concernant l'acquisition de tableaux faite pour la décoration de l'Hôtel de Ville de Paris, date du 1er août 1551 ; elle mentionne que « Jacqueline Bordier, vefve de maistre Charles « Dorigny, en son vivant painctre, a confessé, eu et reçeu de Messieurs les prévôt des marchands et échevins de la ville de Paris, la somme de « quatre-vingt-douze livres, treize sols, six deniers tournois, pour la paincture et « façon de l'aornement du fons du plancher du petit bureau de l'Hostel nouvelle « de la dicte ville ».

En 1602, Jérôme Francœur, peintre à Paris, reçut cent vingt écus pour avoir exécuté un tableau représentant les prévôt des marchands et échevins ainsi que les autres officiers municipaux en charge à cette époque.

En 1603, Jehan Dauger, maître peintre, reçut trente-cinq écus, quarante sols pour des travaux exécutés à l'Hôtel de Ville, et quinze cents livres pour peintures et armoiries faites pour la ville.

En 1609, Frédéric Hallé fournit un tableau représentant le prévôt des marchands, les échevins, les procureur et greffier.

En 1611, Georges Lallemand reçut une somme d'argent pour l'exécution d'une œuvre semblable.

En 1624, Louis Bobrun, reçut cinq cents livres pour le même travail.

La grande salle fut plus tard ornée des tableaux suivants, savoir :

Le mariage du duc de Bourgogne avec Marie-Adélaïde de Savoie, par Largillière ;

La publication de la paix d'Aix-la-Chapelle (1748-1749), par du Mont ;

La réception à l'Hôtel de ville du roi Louis XV à son retour de Metz, par Roslin ;

Le festin donné à Louis XIV et à sa cour en 1687, par Largillière.

Dans la salle des gouverneurs, se trouvaient les portraits en pied des gouverneurs et la publication de la paix de Vienne (1738-1739), par Carles Vanloo.

Le 14 septembre 1702, Largillière reçut la commande d'un tableau représentant le prévôt Boucher d'Orsay, les échevins de Santeul, Guillebon, Boudet, Desnotz, Lehueins, le procureur, le greffier et le receveur.

Dans le tableau de Largillière, représentant le mariage du duc de Bourgogne et de la princesse Adélaïde de Savoie en 1697, figuraient, avec ce duc et cette princesse :

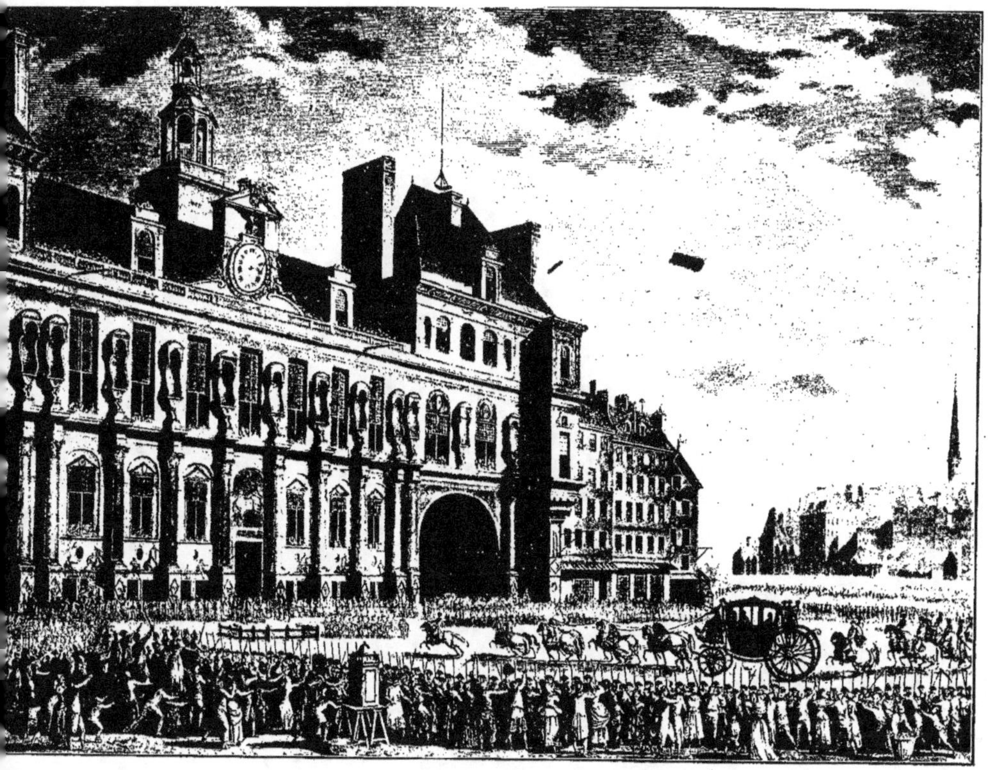

Vue extérieure de l'Hôtel de Ville de Paris en 1789.
(Arrivée de Louis XVI sur la place de Grève le 17 juillet.)

Le prévôt des marchands : Bocs ;
Les échevins : Létourneur, Barrois, Nesme, Sautereau, Le Loire ;
Le procureur : Titon ;
Le greffier : Mitantier ;
Et le receveur : Boucot.

Dans le tableau représentant la convalescence de Louis XIV (1686-1687), également de Largillière, figuraient, avec le Roi :
Le prévôt des marchands : de Fourcy ;
Les échevins : Merlan, Lenoir, Bellier, Marescal ;
Le procureur : Titon ;
Le greffier : Mitantier ;
Le receveur : Boucot.

Dans le tableau représentant Louis XV à son retour de Metz à Paris (1744), de Roslin, étaient représentés, avec le Roi : le duc d'Orléans, le Dauphin et le prince de Condé :
Le prévôt des marchands : de Bernage ;
Les échevins : Baizé, Pierre Sauvage, Huet ;
Le procureur : Moriau ;
Le greffier : Taitbout ;
Le receveur : Boucot.

Enfin dans les deux tableaux représentant l'un la paix de Paris (1763), de Hallé, l'autre l'inauguration de la place Louis XV en 1763, de Vien, figuraient :
Le prévôt des marchands : Pointcarré de Viarmes ;
Les échevins : Mercier, Babille, de Varennes ;
Le procureur : Jollivet de Vannes ;
Le receveur : Taitbout (1).

(1) La description de ces derniers tableaux a d'ailleurs été faite dans la première partie de ce livre, à chacun des règnes au cours duquel s'est passé le fait historique correspondant.

Visite de Louis XVI à l'Hôtel de Ville de Paris

(17 juillet 1789)

E roi Louis XVI pensant que sa présence à Paris calmerait l'effervescence populaire qui régnait dans la capitale depuis la prise de la Bastille, résolut de se rendre à l'Hôtel de Ville le 17 juillet 1789, c'est-à-dire deux jours après l'élection de Bailly comme maire de Paris, et du général de Lafayette en qualité de commandant de la milice bourgeoise. La population parisienne précédée d'environ cent mille hommes armés se porta à sa rencontre, et Bailly à la tête de la municipalité attendit le Roi à la barrière de Passy. Là, le maire de Paris présenta au monarque, suivant l'usage, les clefs de la capitale sur un plat d'argent et lui adressa les paroles suivantes : « Sire, j'apporte « à votre Majesté les clefs de sa bonne ville de Paris, ce sont les mêmes qui ont été « jadis présentées à Henri IV. Il avait reconquis son peuple, ici c'est le peuple qui « a reconquis son Roi ».

Louis XVI, entouré d'une foule sympathique, traversa Paris par les quais et arriva à l'Hôtel de Ville dans lequel il entra en passant, en signe d'honneur, sous une voûte de piques et d'épées croisées au-dessus de sa tête.

Une splendide reproduction de cette scène majestueuse de l'entrée du roi Louis XVI dans la maison commune, peinte par M. Jean-Paul Laurens, décore aujourd'hui la salle Lobau de l'Hôtel de Ville actuel.

Lorsque le Roi se fut assis sur le trône qui avait été dressé dans la grande salle, Lally-Tollendal prononça un discours auquel Louis XVI ému répondit en disant que son peuple pouvait toujours compter sur son amour. A ce moment l'enthousiasme devint général et les cris répétés de « Vive la Nation » et de « Vive le Roi » se firent entendre. Louis XVI prit alors des mains de l'illustre Bailly une cocarde tricolore, la posa à son chapeau et se présenta ainsi au peuple qui stationnait sur la Grève : un tonnerre d'applaudissements accueillit cette démonstration. Le Roi confirma ensuite l'élection de Bailly et celle de Lafayette. Ce fut en cette circonstance que le malheureux Louis XVI entendit pour la dernière fois, les cris de « Vive le Roi ». Dès la veille de cette journée, il avait été délaissé des siens. Le comte d'Artois, son frère, avait quitté Paris dans la nuit du 16 au 17 juillet 1789, ainsi que le prince de Condé, le duc de Bourbon et le duc d'Enghien. Cette fuite fut le signal de l'émigration des nobles qui, au nombre de trente mille abandonnèrent le sol de la patrie pour aller chercher la quiétude et la sûreté à l'étranger.

Voute d'acier
M. J. P. Laurens

ornant
la salle Lobau

LOUIS XVI ENTRANT DANS L'HÔTEL DE VILLE
(17 juillet 1789)

Le Roi se trouva ainsi isolé et privé du concours de ses partisans et de ses défenseurs.

Malgré la visite que Louis XVI fit le 17 juillet 1789 à l'Hôtel de Ville, le peuple n'en resta pas moins agité et même menaçant. Foulon, ancien intendant de Paris, qui avait eu la malheureuse idée de dire qu'il fallait faire manger du foin au peuple, fut arrêté le lendemain 18 juillet et traîné à l'Hôtel de Ville, ayant une botte de foin sur le dos ; il fut ensuite pendu à un réverbère de la place de Grève et sa tête coupée fut portée sur une pique à travers les rues de Paris. Son gendre Berthier de Sauvigny qui était venu au secours de son beau-père, fut tué à coup de baïonnettes sur la place de Grève.

Necker fut heureusement rappelé le 28 juillet, selon le vœu du peuple ; il fut porté en triomphe à l'Hôtel de Ville le 30, et le 4 août suivant eut lieu la mémorable séance de l'Assemblée nationale dans laquelle fut décrétée l'abolition des privilèges.

Réception des soldats du régiment de Châteauvieux

PAR LA MUNICIPALITÉ DE LA COMMUNE DE PARIS

(7 avril 1792)

A fête de la fédération célébrée au champ de Mars le 14 juillet 1790 avait fait naître dans les cœurs l'espoir d'une entente favorable aux intérêts publics et au bonheur de la nation. Mais cet espoir fut de courte durée. L'armée qui est l'âme de la patrie et dans laquelle doit reposer en tout temps la confiance du pays, eût elle-même un moment d'égarement et méconnut l'autorité de ses chefs.

Avant l'application des nouveaux décrets sur l'armée, les officiers étaient en 1790, pour la plupart des nobles ; les uns émigrèrent et les autres restèrent au service malgré leurs opinions royalistes. Ces derniers ne possédaient pas la confiance de leurs subordonnés qui voyaient en eux des conspirateurs contre la Révolution. L'insubordination ne tarda pas à devenir générale et se changea bientôt en révolte. Le 31 août 1790 une insurrection militaire éclata à Nancy dans les rangs des soldats des régiments du Roi, de Châteauvieux et de Mestre-de-Camp, et ne put être réprimée qu'après un sanglant combat. Malgré les protestations d'un grand nombre de citoyens, les soldats qui furent faits prisonniers dans cette triste affaire furent condamnés aux galères et envoyés aux bagnes.

Par une loi du 12 février 1792, l'Assemblée législative décréta leur élargissement, à l'occasion de la première fête de la Liberté qui devait avoir lieu le 15 avril suivant. Quarante soldats du régiment de Châteauvieux prisonniers se rendirent à Paris où ils furent présentés, le 7 avril 1792, par Collot d'Herbois, leur défenseur officieux, à la municipalité. Ils étaient accompagnés de nombreux citoyens; un de ces derniers plaça à côté du maire une pique surmontée du bonnet de la liberté ; plusieurs autres portèrent les drapeaux que les soldats du régiment de Châteauvieux avaient recueillis dans la traversée de la France pour se rendre à Paris. La salle où ils furent reçus par le maire Pétion et les officiers municipaux de la Commune fut promptement remplie de citoyens et de citoyennes qui leur témoignèrent leur satisfaction.

Collot d'Herbois prit alors la parole et dit :

« Magistrats du peuple,

« Les soldats de Châteauvieux, dont la grande infortune a si longtemps cons« terné, oppressé les bons citoyens, sont libres ; ils sont redevenus les soldats de
« la patrie et nous vous les présentons.

« Les citoyens de Brest, qui les ont incorporés dans les bataillons du Finis« tère, ont envoyé deux députés extraordinaires pour vous recommander le pré« cieux dépôt des soldats de Châteauvieux : nous vous le remettons. L'allégresse
« générale des départements, qu'ils ont traversés, ne pourrait être couronnée
« plus dignement que par l'accueil qu'ils ont reçu dans la ville, où ils ont témoi« gné, d'une manière si éclatante, leur dévouement à la cause de la liberté.

« Aux premières pages de notre histoire se trouveront aussi les vôtres, et le
« lecteur qui aura senti son cœur gémir et frémir d'indignation à d'autres cha« pitres où se trouvent les noms des soldats de Châteauvieux, se trouvera soulagé
« en arrivant à cette journée où se trouvera cité l'heureux moment où ils viennent
« vous exprimer leur reconnaissance ».

Le maire Pétion répondit :

« Soldats de la liberté, vous en avez été les martyrs, et vous avez servi sa
« cause par votre esclavage même. Vous avez porté des fers, c'est pour nous les
« faire haïr. Fermons les yeux sur vos jours de deuil où des citoyens soldats et
« des soldats citoyens, réunis de sentiments, divisés par de coupables manœuvres,
« croyant également défendre leur pays et la loi, portèrent leurs mains inno« centes et égarées sur leurs amis, sur leurs pères. Nous avons arrosé de nos
« pleurs, nous avons couvert de notre estime les mânes de ceux qui périrent dans
« cet aveugle combat ; pouvons-nous traiter autrement ceux qui leur ont survécu.

« Soldats de Châteauvieux, en rentrant dans nos murs, vous réveillez des
« souvenirs que vous avez laissés en les quittant, des souvenirs qui ne s'effaceront
« jamais du cœur de tout bon français. C'est vous qui, les premiers, avec les
« braves gardes françaises, pour faire tomber nos fers, avez refusé l'appui de vos
« armes au despotisme. Le magistrat du peuple qui est aussi le magistrat de la
« liberté et de la constitution, ne peut oublier un aussi important service et sa
« reconnaissance est une dette nationale ».

Des applaudissements unanimes et les cris de Vive la nation ! Vive les soldats de Châteauvieux ! accueillirent les paroles du maire Pétion.

Manuel, procureur de la commune demanda au maire de donner l'accolade au plus âgé et au plus jeune de ces soldats, cette requête fut accueillie par acclamation, et les soldats désignés embrassèrent le maire.

Manuel dit en outre :

« Je n'ai plus qu'un mot à ajouter : Nous avons brigué l'avantage de loger nos
« frères de Châteauvieux ; mais une députation du faubourg Saint-Antoine, à la
« tête de laquelle est Santerre, réclame une préférence qui est due aux destruc-
« teurs de la Bastille ; il est juste que ceux qui ont renversé les tours des despotes,
« recueillent leurs victimes sous le toit de l'hospitalité ».

Le corps municipal applaudit au zèle des citoyens qui se proposaient de
donner à leurs frères cette marque de dévouement.

Les quarante soldats du régiment de Châteauvieux assistèrent en outre à une
fête donnée en leur honneur le 15 avril 1792.

La Commune du 10 août 1792, son installation à l'Hôtel de Ville

(DU 10 AOUT 1792 AU 9 THERMIDOR AN II (28 JUILLET 1794))..

'HISTOIRE de la Révolution française est étroitement liée à celle de Paris, de l'Hôtel de Ville, de la capitale et d'un certain nombre de ses officiers municipaux dont quelques-uns en furent les auteurs. Il est en conséquence nécessaire, avant de faire entrer le lecteur dans le palais municipal avec les personnages de la commune du 10 août 1792, de rappeler ici les faits qui précédèrent et amenèrent ce régime.

Sans remonter aux principaux événements qui se succédèrent depuis l'ouverture des Etats généraux, le 5 mai 1789, tels que :

La séance du 20 juin de la même année où fut prêté le serment du jeu de Paume ;

Le renvoi du ministre Necker le 11 juillet suivant ;

Les incendies des barrières de Paris et du couvent des Lazaristes, les 12 et 13 juillet ;

La prise de la Bastille le 14 juillet ;

Le rappel de Necker le 28 juillet ;

La séance nocturne du 4 août, dans laquelle furent abolis les privilèges ;

La séance du 11 septembre relative au veto que le Roi pouvait opposer aux décrets ;

L'émeute du 5 octobre au cours de laquelle les femmes se rendirent à Versailles et réclamèrent la présence du Roi à Paris ;

La constitution civile du clergé décrétée par l'Assemblée nationale le 12 juillet 1790 ;

Et la fête de la Fédération qui eut lieu le 14 juillet 1790, au champ de Mars et dans laquelle le Roi prêta serment à la constitution sur l'autel de la patrie ; la fuite du Roi le 20 juin 1791, sera prise ici comme point de départ de la narration des faits importants qui, envenimant les esprits chaque jour davantage, causèrent la révolte de la nation et l'avènement de la Commune du 10 août 1792 (1).

Malgré les dangers d'un départ pouvant résulter des précautions prises pour

(1) La plupart des événements ci-dessus désignés ont d'ailleurs été racontés précédemment.

empêcher la fuite du roi et de sa famille, un jeune seigneur suédois, le comte de Fersen, se chargea de la favoriser. Il se munit d'un passe-port délivré au nom d'une baronne russe appelée de Korff, le remit à Marie-Antoinette et offrit de tenir lui-même une chaise de poste prête pour la nuit du 19 au 20 juin 1791. Mais par suite d'un incident de cour, le départ fut remis au lendemain soir. Le Roi, la Reine, leurs deux enfants, accompagnés de leurs gouvernantes Mme de Tourzel et Mme Elisabeth sortirent séparément des Tuileries, sous des déguisements divers, et se rendirent jusqu'à la rue de l'Echelle où le comte de Fersen vêtu en cocher les attendait. Trois gardes du corps, Maldan, Valory et Dumouthier, déguisés en courriers, accompagnèrent les voitures qui prirent aussitôt la route de Châlons ;

A Sainte-Ménéhould, Louis XVI, ayant mis la tête à la portière fut reconnu par le maître de poste Drouet, ancien dragon de Condé, qui s'empressa de se rendre à la mairie et d'en faire la déclaration. Le procureur de la commune Clausse, arrêta le Roi et sa famille à Varennes en Argonne, le 22 juin 1791, fit sonner le tocsin, battre la générale : de sorte que les habitants purent prendre les armes, avant que les hussards de Bouillé soient arrivés pour délivrer le Roi, qui se vit dans la nécessité de remonter en voiture et de retourner à Paris par ordre de la municipalité de Varennes.

Dès que la nouvelle de la fuite et de l'arrestation du Roi furent connues à Paris, l'Assemblée envoya au-devant de Louis XVI trois de ses membres, Barnave, Pétion et Latour-Maubourg, qui le rencontrèrent à Château-Thierry, et le ramenèrent à Paris où il fut maintenu en captivité provisoire.

Si les perplexités de la cour étaient grandes, les défiances de ses adversaires ne firent qu'augmenter à la suite de cet abandon volontaire du trône et de la capitale. Le peuple se rassembla le 17 juillet 1791 au champ de mars, pour demander la déchéance du Roi. A cette nouvelle, la municipalité ayant le maire Bailly à sa tête, et la garde nationale commandée par de Lafayette se portèrent sur les lieux et dissipèrent par la force ce rassemblement qui avait, après sommation, refusé de se séparer. Plusieurs personnes furent victimes de cette triste coalition qui fut plus tard reprochée à Bailly et fut la cause de sa mort sur l'échafaud.

Le 21 mai 1792, Mallet du Pan, rédacteur du *Mercure de France*. se rendit en mission secrète à Coblentz et à Francfort, où il fut reçu par les ministres d'Autriche et de Prusse et sollicita près d'eux l'intervention des puissances étrangères en faveur de la royauté française menacée. L'annonce de cet événement en France fit craindre une guerre à bref délai et augmenta l'excitation déjà grande du peuple.

Le 13 juin 1792, Louis XVI retira leurs portefeuilles aux ministres populaires Roland, Servan et Clavière, et le 16 du même mois, le général de Lafayette écrivit, du camp sous Maubeuge, à l'Assemblée une lettre dans laquelle il disait que le « pouvoir royal devait rester intact parce qu'il était garanti par la constitution ». Cette lettre fut lue à la séance du 18 et précipita la série des événements qui amenèrent l'attaque et la prise des Tuileries. Des citoyens vinrent en effet à la barre demander le licenciement de l'état-major de Lafayette et s'y présentèrent en armes pour offrir leurs bras à la défense de la patrie.

Ce fut en réalité à partir de ce moment que l'idée de l'installation de la Commune prit naissance chez Santerre, brasseur du faubourg Saint-Antoine et commandant du bataillon des Enfants-Trouvés. Chez lui se réunissait un club composé de Fournier, Rotondot, Legendre, Vernières, Rossignol, Nicolas Brienne, Lebon, Lachapelle, Lejeune, Alexandre, commandant du bataillon de Saint-Marcel, Lazouski, capitaine du même bataillon, etc. Il y fut décidé que le peuple prendrait les armes le 20 juin, jour anniversaire du serment du jeu de paume, que des pétitions relatives à la situation seraient adressées, l'une à l'Assemblée nationale, l'autre au Roi par les citoyens des faubourgs Saint-Antoine et Saint-Marcel et qu'un arbre de la liberté serait planté sur la terrasse des Feuillants. Un autre club, fondé dès 1790, par Danton, Marat et Camille Desmoulins dans l'ancien couvent des Cordeliers, s'entendait avec le premier et le dirigeait même dans l'exécution de leurs projets.

Le maire Pétion et Rœderer, procureur général syndic du département de Paris, prirent des dispositions en vue d'arrêter cette manifestation. Précaution inutile ! En effet, dès le matin du 20 juin 1792, des attroupements se formèrent dans les faubourgs, descendirent vers le centre de la ville et se présentèrent à l'Assemblée qui vota l'admission à la barre des pétitionnaires à la tête desquels se trouvaient Santerre et Huguenin, homme de loi. Ce dernier se faisant l'organe de ses compagnons, présenta la pétition dans laquelle il était dit que « le peuple était prêt et disposé à se servir des grands moyens pour exécuter l'article 2 de la déclaration des droits de l'homme ».

En sortant de l'Assemblée, les pétitionnaires se rendirent aux Tuileries ; les citoyens Boucher René, Boucher Saint-Sauveur, et Mouchet se présentèrent au château et demandèrent le Roi. Louis XVI paraissant leur demanda quelle était la situation de Paris. Mouchet répondit que n'ayant pu empêcher le rassemblement, il avait cru convenable de le légitimer et qu'il s'était chargé du château ; il demanda ensuite que l'on ouvrit la porte des Feuillants pour y planter l'arbre de liberté.

Les Tuileries, dont la garde avait été confiée au commandant de Romainvilliers étaient occupées à l'extérieur par dix bataillons de la garde nationale et six compagnies de gendarmes, et à l'intérieur par les gardes montante et descendante et des compagnies de gendarmerie.

Mouchet, Hue, officiers municipaux, en écharpe, forcèrent la consigne, entrèrent dans le carrousel et firent ouvrir les portes de la cour à la foule qui pénétra dans le château aux cris de : « Vive la Nation, à bas le veto, rappelez les ministres ! » Legendre adressa au Roi quelques paroles de reproches et un homme, portant à l'extrémité d'un bâton un bonnet rouge, le présenta à Louis XVI qui, par condescendance ou par crainte, le mit sur sa tête aux applaudissements de la foule.

Isnard et Vergniaud essayèrent de calmer le peuple, lorsque le maire Pétion, accompagné de Sergent, Viguier et Champion, officiers municipaux, arrivèrent. Pétion s'écria alors : « Le peuple a fait ce qu'il devait faire, vous avez agi avec la « fierté et la dignité d'hommes libres. Mais maintenant, que chacun se retire. » La foule obéit à cette injonction en répétant les cris de : « A bas le veto ! Rappel des ministres ! »

Le maire de Paris qui, à cause des encombrements, avait eu beaucoup de peine à se rendre de l'Hôtel de Ville aux Tuileries, fit son devoir en cette circonstance en invitant le peuple à quitter la résidence royale, à respecter le représentant héréditaire de la nation, à obéir aux lois et à conserver lui-même sa dignité. Néanmoins, la violation des appartements du Roi fut flagrante et l'outrage à sa personne consommé.

A la suite de cette journée du 20 juin, qui fut appelée la journée des Dupés, le Roi fit afficher une proclamation qui eut pour effet de mécontenter la faction jacobine dont les discours avaient excité le peuple à se soulever. Un conflit se forma entre cette dernière et le parti royaliste.

Le club dit des Amis de la Constitution se forma à Versailles ; ses premiers membres furent Pétion, Robespierre, le duc d'Orléans, Talleyrand, Barrère, Mirabeau, Lafayette, Boissy d'Anglas, etc. Ce club vint s'installer au couvent des Jacobins, rue Saint-Honoré, à Paris, en octobre 1789, et prit le nom de club des Jacobins ; à cette époque, La Harpe, Chénier, David et Talma en firent partie. Mais, un peu plus tard, les chefs du parti jacobin furent Robespierre et Danton.

Le 21 juin 1792, lendemain de l'émeute des Tuileries, le général de Lafayette, l'adversaire des Jacobins, apparut soudainement à la barre de l'Assemblée nationale, pour signaler qu'il était temps de garantir la constitution des atteintes qu'on s'efforçait de lui porter ; il supplia l'assemblée « d'ordonner que les instigateurs « et les chefs des violences commises le 20 juin aux Tuileries seront poursuivis et « punis comme criminels de lèse-nation, et de détruire une secte qui envahit la « souveraineté nationale, tyrannise les citoyens, et dont les débats publics ne « laissent aucun doute sur l'atrocité de ceux qui les dirigent. »

La pétition du général de Lafayette fut adoptée. Le parti Jacobin, et les députés qui en faisaient partie, irrités, se prononcèrent contre son auteur.

Pendant que ces faits se passaient, l'Autriche, la Prusse, la Sardaigne, la Russie et l'Espagne s'armaient contre la France, et le 6 juillet suivant, la nouvelle de l'arrivée sur les frontières de deux cent mille ennemis et de vingt mille émigrés se répandit dans Paris. Le 18, l'Assemblée nationale reçut une lettre de Dumouriez annonçant la prise d'Orchies, l'Assemblée nationale déclara le même jour la patrie en danger, et l'enrôlement des volontaires commença le 22 juillet 1792.

Ces courageux citoyens qui prenaient volontairement les armes pour sauver la patrie du joug de l'étranger, se rendaient à la frontière par détachements et ils étaient fêtés dans toutes les villes où ils passaient ; lors du départ de l'armée du

Rhin, le maire Dietrich, de Strasbourg, invita leurs chefs à un banquet auquel assistèrent les officiers de la garnison. Les demoiselles Dietrich, ses nièces, et plusieurs jeunes filles de la belle et blonde Alsace faisaient les honneurs du festin.

Rouget de l'Isle (Joseph), né en 1760, officier du génie, était à cette époque en garnison à Strasbourg ; il fut très ému de cette réunion où la jeunesse française, pleine d'enthousiasme et mue par un sentiment de patriotisme, se préparait à mourir pour la patrie. A la suite de cette réception, il composa un hymne qu'il appela le chant de l'armée du Rhin et qui, après avoir reçu le nom de la « Marseillaise », par ce qu'elle fut chantée par ces derniers le 10 août 1792 lors de la prise des Tuileries, est actuellement notre hymne national. Un tableau du peintre Pils représentant Rouget de l'Isle chantant le chant de l'armée du Rhin chez le maire Dietrich, se trouve au musée du Louvre dans la salle des États.

Dès que l'acte du corps législatif mettant la patrie en danger fut connu, les Parisiens se répandirent dans les rues et le club des Jacobins, de concert avec le comité central insurrectionnel, décida l'attaque des Tuileries ; cinq cents Marseillais et des fédérés brestois arrivèrent à Paris pour se mettre à la disposition de la patrie en danger.

D'autre part, le 3 août 1792, le Roi annonça à l'Assemblée que le duc de Brunswick, commandant les armées combinées de l'Autriche et de la Prusse, venait de faire aux habitants de la France la déclaration suivante :

« Leurs Majestés l'Empereur et le roi de Prusse m'ayant confié le commandement des armées combinées qu'ils ont fait rassembler sur les frontières de France, j'ai voulu annoncer aux habitants de ce royaume les motifs qui ont déterminé les mesures des deux souverains et les intentions qui les guident.

« Après avoir supprimé arbitrairement les droits et possessions des princes allemands en Alsace et Lorraine, troublé et renversé le bon ordre et le gouvernement légitime, exercé contre la personne sacrée du Roi, et contre son auguste famille, des attentats et des violences qui sont encore perpétués et renouvelés de jour en jour, ceux qui ont usurpé les rênes de l'administration ont enfin comblé la mesure en faisant déclarer une guerre injuste à Sa Majesté l'Empereur, et en attaquant ses provinces situées aux Pays-Bas. Quelques-unes des possessions de l'empire germanique ont été enveloppées dans cette oppression, et plusieurs autres n'ont échappé au même danger qu'en cédant aux menaces impérieuses du parti dominant et de ses émissaires.

« Sa Majesté prussienne, avec Sa Majesté Impériale, unie par les liens d'une alliance étroite et défensive, et membre prépondérant lui-même du corps germanique, n'a donc pu se dispenser de marcher au secours de son allié et de son co-état, et c'est sous ce double rapport qu'il prend la défense de ce monarque et de l'Allemagne.

« A ces grands intérêts se joint encore un but également important et qui tient à cœur aux deux souverains, c'est de faire cesser l'anarchie dans l'intérieur

« de la France, d'arrêter les attaques portées au trône et à l'autel, de rétablir le
« pouvoir légal, de rendre au Roi la sûreté et la liberté dont il est privé, et de le
« mettre en état d'exercer l'autorité légitime qui lui est due.

« Convaincu que la partie saine de la nation française abhorre les excès d'une
« faction qui la subjugue, et que le plus grand nombre des habitants attend avec
« impatience le moment du secours pour se déclarer ouvertement contre les
« entreprises odieuses de leurs oppresseurs, Sa Majesté l'Empereur et Sa Majesté
« le Roi de Prusse les appellent et les invitent à retourner sans délai aux voies de
« la raison et de la justice, de l'ordre et de la paix. C'est dans ces vues que moi,
« soussigné, général commandant en chef les deux armées, déclare :

« 1° Qu'entraînées dans la guerre présente par des circonstances irrésistibles,
« les deux cours alliés ne se proposent d'autre but que le bonheur de la France,
« sans prétendre s'enrichir par les conquêtes ;

« 2° Qu'elles n'entendent point s'immiscer dans le gouvernement intérieur de
« la France, mais qu'elles veulent uniquement délivrer le Roi, la Reine et la famille
« royale de leur captivité et procurer à Sa Majesté très chrétienne la sûreté néces-
« saire pour qu'elle puisse faire sans danger, sans obstacle, les conventions qu'elle
« jugera à propos, et travailler à assurer le bonheur de ses sujets, suivant ses
« promesses et autant qu'il dépend d'elle ;

« 3° Que les armées combinées protègeront les villes, bourgs et villages et les
« personnes et les biens de tous ceux qui se soumettront au Roi, et qu'elles con-
« courront au rétablissement de l'ordre et de la police dans toute la France ;

« 4° Que les gardes nationales sont sommées de veiller provisoirement à la
« tranquillité des villes et des campagnes, à la sûreté des personnes et des biens
« de tous les Français, jusqu'à l'arrivée des troupes de Leurs Majestés Impériale et
« Royale, ou jusqu'à ce qu'il en soit autrement ordonné, sous peine d'en être per-
« sonnellement responsables ; qu'au contraire, ceux des gardes nationales qui
« auront combattu contre les troupes des deux cours alliées, et qui seront pris les
« armes à la main, seront traités en ennemis et punis comme rebelles au Roi, et
« comme perturbateurs du repos-public ;

« 5° Que les généraux, officiers, bas-officiers et soldats des troupes de ligne
« françaises, sont également sommés de revenir à leur ancienne fidélité, et de se
« soumettre sur le champ au Roi, leur légitime souverain ;

« 6° Que les membres des départements, des districts et des municipalités
« seront également responsables, sur leur tête et sur leurs biens, de tous les délits,
« incendies, assassinats, pillages et voies de fait qu'ils laisseront commettre, ou
« qu'ils ne se seront pas notoirement efforcés d'empêcher dans leur territoire ;
« qu'ils seront également tenus de continuer provisoirement leurs fonctions, jus-
« qu'à ce que Sa Majesté très chrétienne, remise en pleine liberté, y ait pourvu
« ultérieurement, ou qu'il en ait été autrement ordonné en son nom dans l'inter-
« valle ;

« 7° Que les habitants des villes, bourgs et villages qui oseraient se défendre
« contre les troupes de Leurs Majestés Impériale et Royale, et tirer sur elles, soit
« en rase campagne, soit par les fenêtres, portes et ouvertures de leurs maisons,
« seront punis sur le champ suivant la rigueur du droit de la guerre, ou leurs
« maisons démolies ou brûlées. Tous les habitants, au contraire, des dites villes,
« bourgs et villages qui s'empresseront de se soumettre à leur Roi en ouvrant
« leurs portes aux troupes de Leurs Majestés, seront à l'instant sous leur sauve-
« garde immédiate ; leurs personnes, leurs biens, leurs effets, seront sous la
« protection des lois, et il sera pourvu à la sûreté générale de tous et de chacun
« d'eux ;

« 8° La ville de Paris et tous ses habitants, sans distinction, seront tenus de se
« soumettre sur le champ, et sans délai, au Roi, de mettre ce prince en pleine et
« entière liberté, et de lui assurer, ainsi qu'à toutes les personnes royales, l'invio-
« labilité et le respect auxquels le droit de la nature et des gens obligent les sujets
« envers les souverains. Leurs Majestés Impériale et Royale rendent personnelle-
« ment responsables de tous les événements, sur leurs têtes, pour être punis
« militairement, sans espoir de pardon, tous les membres de l'Assemblée natio-
« nale, des districts, de la municipalité et de la garde nationale de Paris, les juges
« de paix et tous autres qu'il appartiendra : déclarant en outre leurs dites Majestés,
« sur leur foi et parole d'Empereur et Roi, que si le château des Tuileries est
« forcé ou insulté, que s'il est fait la moindre violence, le moindre outrage à Leurs
« Majestés le Roi, la Reine et à la famille royale, s'il n'est pas pourvu immédia-
« tement à leur sûreté, à leur conservation et à leur liberté, elles en tireront une
« vengeance exemplaire et à jamais mémorable, en livrant la ville de Paris à une
« exécution militaire et à une subversion totale, et les révoltés coupables d'atten-
« tats aux supplices qu'ils auront mérités. Leurs Majestés Impériale et Royale
« promettent, au contraire, aux habitants de la ville de Paris d'employer leurs
« bons offices auprès de Sa Majesté très chrétienne, pour obtenir le pardon de
« leurs torts et de leurs erreurs, et de prendre les mesures les plus rigoureuses
« pour assurer leurs personnes et leurs biens, s'ils obéissent promptement et
« exactement à l'injonction ci-dessus.

« Enfin, Leurs Majestés ne pouvant reconnaître pour lois en France que celles
« qui émanent du Roi, jouissant d'une liberté parfaite, protestent d'avance contre
« l'authenticité de toutes les déclarations qui pourraient être faites au nom de Sa
« Majesté très chrétienne, tant que sa personne sacrée, celle de la Reine et de toute
« la famille royale ne seront pas réellement en sûreté ; à l'effet de quoi, Leurs
« Majestés Impériale et Royale invitent et sollicitent Sa Majesté très chrétienne
« de désigner la ville de son royaume, la plus voisine de ses frontières, dans
« laquelle elle jugera à propos de se retirer avec la Reine et sa famille, sous bonne
« et sûre escorte qui lui sera envoyée pour cet effet, afin que Sa Majesté très
« chrétienne puisse, en toute sûreté, appeler auprès d'elle les ministres et les con-

« seillers qu'il lui plaira désigner, faire telles convocations qui lui paraîtront
« convenables, pourvoir au rétablissement du bon ordre et régler l'administration
« de son royaume.

« Enfin, je déclare et m'engage encore, en mon propre et privé nom, et en la
« qualité sus-dite, de faire observer partout aux troupes confiées à mon comman-
« dement, une bonne et exacte discipline, promettant de traiter avec douceur et
« modération les sujets bien intentionnés qui se montreront paisibles et soumis,
« et de n'employer la force qu'avec ceux qui se rendront coupables de résistance
« ou de mauvaise volonté.

« C'est pour ces raisons que je requiers et exhorte tous les habitants du
« royaume, de la manière la plus forte et la plus instante, de ne pas s'opposer à la
« marche et aux opérations des troupes que je commande, mais de leur accorder
« plutôt partout une libre entrée et toute bonne volonté, aide et assistance que les
« circonstances pourront exiger.

« Donnez au quartier général de Coblentz, le 25 juillet 1792.

« Signé : Charles-Guillaume-Ferdinand, duc de Brunswick-Lunebourg. »

Les termes arrogants et menaçants du manifeste du duc de Brunswick mirent le feu aux poudres... Pétion, maire de Paris, demanda, le 3 août 1792, la déchéance du Roi sans recourir à la force. Le 8 août, l'Assemblée nationale refusa de mettre en accusation le général de Lafayette, et le 9 du même mois, le procureur syndic du département annonça que l'insurrection était prête, que les lois étaient impuissantes à la réprimer et que le gouvernement ne répondait plus de rien.

Entre les 18 et 23 juillet, la plus grande partie des membres du directoire du département de Paris donnèrent leur démission qui fut suivie de celle des commissaires du contentieux de l'administration ; de ce nombre furent MM. de La Rochefoucauld, président du directoire, Demeunier, Talleyrand, Garnier, Gravier de Vergennes, Trudon, Demantor, Brousse des Foucherets et Brière de Surgy.

Dans la nuit du mercredi 9 au jeudi 10 août 1792, les sections se déclarèrent en état d'insurrection ; des commissaires furent nommés avec des pouvoirs illimités, afin de se concerter sur les mesures à prendre dans ce moment critique ; ils décidèrent, après s'être formés en assemblée, que la municipalité serait provisoirement suspendue, sauf l'administration et les chefs. Ces commissaires, au nombre desquels étaient Huguenin, Tallien, Hébert, Billaut-Varennes, Panis, Robert, Simon, Rossignol, Bourdon (de l'Oise), Sergent, Lenfant, prirent la place de la municipalité et ne conservèrent de l'administration que Pétion, maire, Danton et Manuel ; ils donnèrent en outre le commandement de la force publique et des citoyens armés à Santerre. Ce fut dans ces conditions que le conseil général de la commune se réunit pour la première fois dans la salle du Trône, à l'Hôtel de Ville.

Aux Tuileries, la garde suisse fut doublée ; un grand nombre de gardes nationaux, sous les ordres du commandant Mandat, y furent introduits ; des patrouilles furent dirigées autour du château. Une fausse patrouille fut surprise aux Champs-Elysées ; le peuple, indigné, demanda qu'on livrât les hommes de cette patrouille à sa vengeance ; deux d'entre eux furent sacrifiés.

Les portes de l'Arsenal furent ouvertes ; le peuple s'empara des armes qui s'y trouvaient, et lorsque le toscin résonna à toutes les églises, il se mit en marche de tous les points vers le centre de la capitale. Des détachements de la garde nationale, des citoyens armés de piques, descendirent des faubourgs et se dirigèrent vers les Tuileries.

Le faubourg Saint-Marceau marchait sous le commandement de Barbaroux et de Fournier, venus à Paris à la tête des Marseillais, et de Rebecqui, et le faubourg Saint-Antoine recevait des ordres de l'Hôtel de Ville où siégeaient les quatre-vingts commissaires de sections. Le peuple, les Marseillais et les fédérés bretons se rangèrent en bataille vers six heures du matin sur la place du Carrousel.

Dans la nuit, les commissaires de la commune firent appeler à l'Hôtel de Ville le commandant Mandat qui, après une seconde sommation, s'y rendit. Cet officier, accusé d'avoir ordonné à un corps de troupes de se porter à l'arcade Saint-Jean et d'attaquer les attroupements qui devaient se rendre aux Tuileries, fut arrêté pour être dirigé sur la prison de l'Abbaye, mais il fut tué sur les marches de la maison commune d'un coup de pistolet à la tête par Rossignol, et son corps fut jeté à la Seine. La nouvelle de ce meurtre jeta la consternation à la cour.

Cependant, la masse populaire continuait à se grouper autour des Tuileries ; d'un côté, les suisses protestaient de leur civisme et quelques-uns d'entre eux serrèrent même les mains des Marseillais ; mais à peine les enfants du peuple furent-ils près du château que les suisses tirèrent sur eux par les fenêtres et les soupiraux. Alors, les Marseillais et les fédérés bretons, un moment dispersés, se rallièrent, les Parisiens les secondèrent et un feu terrible répondit au premier. Le peuple se précipita dans les cours, dans les escaliers, pénétra dans l'intérieur et s'empara des Tuileries, dont les défenseurs furent presque tous tués et dont une partie des bâtiments furent livrés aux flammes.

Pendant que le peuple faisait l'assaut et opérait la prise des Tuileries, Rœderer, procureur syndic du département, se rendit près du Roi, lui fit observer que tout était perdu et l'engagea à se rendre à l'Assemblée nationale où il trouverait un asile assuré. Louis XVI suivit ce conseil, quitta les Tuileries ainsi que sa famille, au moment où l'attaque commença, et vint, accompagné de Gratet-Dubouchage, ministre de la marine, se mettre sous la protection de l'Assemblée. En entrant, il adressa au président Vergniaud les paroles suivantes : « Je suis venu ici pour « éviter un grand crime, et je pense qu'on ne saurait être plus en sûreté qu'au « milieu de vous. » « Vous pouvez compter sur la fermeté de l'Assemblée natio- « nale, répondit Vergniaud, ses membres ont juré de mourir en soutenant les « droit du peuple et des autorités constituées. »

Dans la séance de l'Assemblée nationale du 11 août 1792, les représentants provisoires de la commune annoncèrent qu'ils avaient suspendu tous les comités des sections, ainsi que le directoire et le conseil du département de Paris. Ils déclarèrent que si le maire Pétion avait été retenu et consigné chez lui, c'était parce que la commune avait la certitude qu'il existait à Meudon une ligue d'assassins qui en voulait à ses jours.

Une séance de la commune de Paris en 1792
(d'après Prieur).

Le cabinet fut formé de la manière suivante :

Danton, ministre de la justice (du 10 août 1792 au 4 octobre 1792).

Lebrun-Tondu, ministre des affaires étrangères (du 11 août 1792 au 21 juin 1793).

Monge, ministre de la marine (du 12 août 1792 au 10 avril 1793), en remplacement de Gratet-Dubouchage qui fut ministre de la marine du 21 juillet au 10 août 1792.

Roland de la Platière, ministre de l'intérieur (du 11 août 1792 au 23 janvier 1793), en remplacement de Champion de Villeneuve.

Clavière, ministre des contributions et des revenus publics (du 11 août 1792 au 2 juin 1793).

Servan, ministre de la guerre, en remplacement de Franqueville d'Abancourt qui avait été ministre de ce département du 28 juillet au 10 août 1792, et fut tué à Versailles en septembre suivant.

En prêtant serment à l'Assemblée, le 11 août 1792, Danton, qui fut l'instigateur et l'âme de la commune, s'écria :

« La nation française, lasse de despotisme, avait fait une révolution ; mais,
« trop généreuse, elle a transigé avec les tyrans. L'expérience lui a prouvé qu'il

« n'est aucun retour à espérer des anciens oppresseurs du peuple. Elle va rentrer
« dans ses droits. Mais, dans tous les temps, là où commence l'action de la justice,
« là doivent cesser les vengeances populaires. Je prends devant l'Assemblée
« nationale l'engagement de protéger les hommes qui sont dans son enceinte. Je
« marcherai à leur tête et je réponds d'eux. »

Pétion, maire de Paris, fut ensuite introduit à la barre et témoigna de sa reconnaissance envers l'Assemblée.

L'Assemblée décréta qu'à compter du 1er janvier 1792, la trésorerie nationale versera huit cent cinquante mille livres par mois dans la caisse de la municipalité de Paris pour les frais de la police militaire établie près de ses bureaux.

La nouvelle municipalité, désignée sous le nom de la commune du 10 août, demanda la déchéance du Roi; l'Assemblée, faisant droit à sa requête, vota le projet suivant :

« L'Assemblée, considérant que les dangers de la patrie sont parvenus à leur
« comble, que ses maux dérivent principalement des défiances qu'a inspirées la
« conduite du chef du pouvoir exécutif dans une guerre entreprise en son nom contre
« la constitution et l'indépendance nationale, décrète ce qui suit :

« Art. 1er. — Le peuple français est invité à former une Convention nationale.

« Art. 2. — Le chef du pouvoir exécutif est provisoirement suspendu de ses
« fonctions jusqu'à ce que la Convention ait prononcé sur les mesures qu'elle
« croira devoir adopter pour assurer la souveraineté du peuple et le régime de la
« liberté et de l'égalité. »

La commune du 10 août, qui s'était adjoint le lendemain Robespierre et Marat, ordonna l'arrestation d'un certain nombre de personnes, supprima les passeports, remplaça la qualité de monsieur par celle de citoyen et fit conduire par Pétion, au donjon du Temple, le Roi, la Reine, leur enfant et madame Elisabeth.

L'assemblée décréta, en outre, le 15 août, qu'ils seraient les otages de la nation contre l'invasion.

. . . .

Le Roi, renfermé à la prison de Temple, sous l'inculpation d'avoir conspiré contre son peuple, ne fut pas regardé par la commune de Paris, devenue toute puissante, comme le seul coupable; elle considéra qu'il y avait lieu de chercher et de punir les autres conspirateurs et créa, à cet effet, le 17 août 1792, sous la demande de Robespierre, un tribunal criminel extraordinaire qui fut composé ainsi qu'il suit :

Présidents : 1re section, Pepin-Desgrouettes; 2e section, Lavau.

Juges : Desvieux, Dubail, Maire, Jaillant, Roulx de Château-Renard, Naulin.

Commissaires nationaux : 1re section, Scellier ; 2e section, Legagneur.

Accusateurs publics : 1re section, Lullier ; 2e section, Réal.

Directeurs du jury d'accusation : Loiseau, Dobsen, Fouquier-Tinville, Lebois, Guillaume Servaise, Paré, Crevel.

Quatre greffiers et huit commis-greffiers firent en outre partie de ce tribunal, dont l'installation se fit avec solennité. Ses membres se réunirent à l'Hôtel de Ville et se rendirent de là au palais accompagné du Conseil général de la commune ayant le maire à sa tête.

Les premières personnes jugées par ce tribunal criminel extraordinaire furent les suivantes :

Collenot d'Angremont, secrétaire de l'administration de la garde nationale, condamné le 21 août et exécuté par le bourreau Samson.

Laporte, intendant de la liste civile, condamné le 23 août et exécuté le 24 du même mois.

Et Durosoy, auteur royaliste, exécuté le 25 août (1).

Ce tribunal, après avoir jugé un certain nombre d'autres causes, mit fin à ses séances le 29 septembre 1792, en vertu d'un décret de la Convention de même date, et fut remplacé par le tribunal révolutionnaire.

. . . .

Le 27 août 1792, une fête funèbre fut célébrée dans le jardin des Tuileries à la mémoire des victimes du 10 août.

Le lendemain, Danton demanda à l'Assemblée de faire des visites domiciliaires dans Paris pour arrêter les traîtres ; trois mille personnes furent arrêtées à la suite de cette visite et mises en prison.

Le 2 septembre, la proclamation suivante fut affichée dans Paris :

« Citoyens, l'ennemi est aux portes de Paris. Verdun, qui l'arrête, ne peut
« tenir que huit jours. Aujourd'hui même, à l'instant, que tous les amis de la
« liberté se rangent sous les drapeaux, qu'une armée de soixante mille hommes se
« forme sans retard, et marchons à l'ennemi. »

Le toscin retentit à tous les clochers, les tambours battirent la générale et Danton, paraissant à la tribune de l'Assemblée, jeta le cri d'alarme en disant :

« Une partie du peuple va courir aux frontières, une autre va creuser des
« retranchements et la troisième, avec des piques, défendra l'intérieur de nos
« villes. La générale que vous entendez n'est point un signal d'alarme, c'est la
« charge sur les ennemis de la patrie. Pour vaincre, il nous faut de l'audace,
« encore de l'audace et toujours de l'audace..., et la France est sauvée. »

Les barrières de Paris furent fermées et un drapeau noir fut suspendu à l'Hôtel de Ville. La foule, surexcitée, proposa de tenir les suspects emprisonnés. Au moment où les voitures, qui conduisaient les détenus à l'Abbaye, passaient dans la rue Dauphine, des prêtres et des soldats prisonniers furent tués. Ce premier massacre fut le signal de plusieurs autres plus horribles encore, qui se produisirent du 2 septembre au 5 au matin. Les prisonniers incarcérés à l'hôtel de

---

(1) M. V. Wallon, membre de l'Institut. *Histoire du tribunal révolutionnaire de Paris*. Hachette et Cie, 1880.

la Force, au Luxembourg, au séminaire de Saint-Firmin, au Châtelet, au cloître des Bernardins, à la Salpétrière, à Bicêtre, subirent le même sort.

Le 3 septembre, Marat, Panis, Sergent et Lenfant envoyèrent aux municipalités la circulaire suivante :

« La commune de Paris se hâte d'informer ses frères de tous les départements
« qu'une partie des conspirateurs féroces détenus dans les prisons a été mise à mort
« par le peuple, acte de justice qui lui a paru indispensable pour retenir par la
« terreur les légions de traîtres cachés dans ses murs, au moment où il allait
« marcher à l'ennemi. »

A côté de ces hommes, le commandant de Beaurepaire préféra mourir en brave que de rendre la citadelle de Verdun, qui fut forcée de capituler le 2 septembre 1792, et Kellerman, à la tête de ses savetiers, remporta le 20 du même mois la bataille de Valmy et arrêta la marche de l'armée du duc de Brunswick sur Paris. (1)

---

(1) Un décret de la Convention nationale et une loi du 12 septembre 1792 ordonna le transfert de Sainte-Menéhould à Paris du corps du commandant de Beaurepaire pour être déposé au Panthéon.

BAILLY

MAIRE DE PARIS (du 15 juillet 1789 au 18 novembre 1791).

BAILLY
Maire de Paris
(du 15 juillet 1789 au 18 novembre 1791).

Bailly (Jean-Sylvain), naquit à Paris, le 15 septembre 1736 ; dès sa jeunesse il s'adonna à la peinture, donna des leçons de cet art au fils du mathématicien Moncarville, de qui il reçut en échange des leçons de mathématiques. Il s'occupa, en outre, de travaux littéraires et composa, à l'âge de 16 ans, deux tragédies : « Clotaire » et « Iphigénie en Tauride ». Dans la première de ces pièces, l'auteur mit en scène un maire de Paris menacé de mort par le peuple. Etrange prédestination ! Il se lia avec l'abbé de La Caille, près duquel il se livra à la science de l'astronomie. En 1763, Bailly présenta à l'Académie des sciences ses « Observations sur la lune » et publia un travail sur les étoiles zodiacales. En 1766, il fit paraître son « Essai sur les satellites de Jupiter avec tables de leurs mouvements ». En 1775, il écrivit son « Histoire de l'astronomie ancienne et moderne ». En 1777, il édita ses « Lettres sur l'origine des sciences et l'Atlantide de Platon ». Malgré ses études astronomiques qui le mirent au rang des plus grands astronomes de l'époque, Bailly n'abandonna pas la littérature ; il publia les « Eloges de Charles V », qui lui valurent un accessit à l'Académie française, puis les « Eloges de Molière, de Corneille, de l'abbé de La Caille et de Leibnitz ». Ses talents lui ouvrirent les portes des trois Académies ;

il remplaça en 1784, à l'Académie française, le comte de Tressan, et venait de terminer deux importants rapports en qualité de commissaire de l'Académie des sciences, lorsque la Révolution de 1789 éclata. Il fut alors électeur de son district, secrétaire de l'assemblée électorale, et député aux Etats Généraux. En sa qualité de doyen au tiers état, il fut appelé à en défendre les intérêts et les revendications. Dès la constitution de l'Assemblée nationale, le 7 juin 1789, il en devint le président et siégea au fauteuil présidentiel à la mémorable séance du jeu de paume, le 20 juin de la même année. Lorsque le maître de cérémonie vint de la part du Roi inviter les membres du tiers état à se retirer, Bailly lui répondit que « la nation n'avait pas d'ordre à recevoir ». Il fut le premier, en sa qualité de président, à prêter serment de ne pas quitter la salle avant d'avoir établi la constitution sur des bases solides. Alors les événements politiques se précipitèrent et amenèrent la prise de la Bastille (14 juillet 1789). Le lendemain, l'Assemblée nationale, envoya à l'Hôtel de Ville une députation dont Bailly et de Lafayette faisaient partie. Bailly fut nommé, par acclamation universelle, maire de Paris et de Lafayette fut choisi comme commandant général de la milice parisienne. Le 17 juillet, Bailly reçut le roi Louis XVI à l'Hôtel de Ville, et lui présenta la cocarde nationale.

En ce jour Bailly fut de nouveau proclamé maire de Paris. Il prêta serment en cette qualité le 25 août 1789, en présence du Roi, en disant : « Sire, je jure à Dieu, « entre les mains de Votre Majesté, de conserver les droits sacrés de la commune de « Paris et de rendre justice à tous ». En prenant les fonctions de maire de Paris, Bailly accepta une lourde charge à remplir. La famine existait dans la capitale, l'insurrection naissante menaçait de prendre de gigantesques proportions, et l'administration de la ville était indéterminée. Un mouvement populaire ayant pour objet la demande de la déchéance du Roi, éclata au Champ-de-Mars le 17 juillet 1791, Bailly et de Lafayette se présentèrent à la tête de la garde nationale, précédée du drapeau rouge. Malgré cette démonstration, il fallut employer la force, et le sang coula. A partir de ce jour Bailly devint odieux au parti populaire qui lui imputa, ainsi qu'à de Lafayette ce qu'il appelait les massacres du Champ-de-Mars. Il résolut pour ce motif de donner sa démission de maire de Paris. Mais pensant qu'il était de son devoir de rester à son poste jusqu'aux premières élections, il ne le quitta que le 18 novembre 1791, date à laquelle il remit ses fonctions à son successeur Pétion de Villeneuve.

Bailly se retira alors à Nantes chez M. Villenaire, où lui parvint la nouvelle des événements des 10 août 1792 et 21 janvier 1793. Ayant résolu de se rendre à Melun, chez son ami Laplace, il fut arrêté dès son arrivée en cette ville et transféré à Paris, par ordre du comité de Salut public. Après avoir déposé dans le procès de Marie-Antoinette, il comparut à son tour devant le tribunal révolutionnaire et fut condamné à mort. Traîné au supplice le 12 novembre 1793, au milieu d'une foule furieuse, par une pluie torrentielle, Bailly fit preuve d'un grand courage et ne prononça aucune plainte. Arrivé au lieu de l'exécution, on brûla devant lui le drapeau rouge, on démolit l'échafaud préparé pour ne pas rougir de son sang le champ de la fédération, et on installa l'instrument de son supplice dans un fossé voisin. On le vit un moment trembler. « Tu trembles Bailly, lui dit un de ses bourreaux ». Oui, mon ami, répondit Bailly, mais c'est de froid ».

PÉTION DE VILLENEUVE

MAIRE DE PARIS (DU 18 NOVEMBRE 1791 AU 3 DÉCEMBRE 1792).

JÉRÔME PÉTION
Maire de Paris
(du 18 novembre 1791 au 3 décembre 1792).

Pétion de Villeneuve (Jérôme), fils d'un procureur, naquit à Chartres en 1753. Il exerçait la profession d'avocat dans sa ville natale lors de la convocation des Etats Généraux de 1789 ; il fut envoyé par le bailliage de Chartres comme député au tiers état où il se présenta non seulement comme un dévoué défenseur de la liberté, mais encore et surtout comme un fervent partisan du renversement de la royauté. Il acquit rapidement autant par son physique et sa prestance que par son talent oratoire, une grande influence au sein de l'Assemblée où il soutint la déclaration des droits de l'homme, et où il se montra l'adversaire du veto absolu.

A la suite d'un banquet donné à Versailles où assistaient les gardes du corps et les officiers du régiment de Flandre, Pétion de Villeneuve incrimina à la tribune la conduite de la reine Marie-Antoinette avec une telle violence qu'elle amena l'insurrection du 5 octobre 1789. Il demanda que le droit de paix et de guerre fut exclusivement attribué à la nation et fut élu président de la Chambre à la fin de l'année 1790. Il fit alors partie, avec Robespierre, de la faction démocratique la plus avancée et reçut à cette époque le surnom de Vertueux. Il fut nommé président du tribunal criminel de Paris en 1791, fut au nombre des commissaires qui furent envoyés à Varennes pour ramener Louis XVI à Paris (20-27 juin 1791) et insista dans l'Assemblée pour que le Roi fut jugé sur le fait même de son évasion.

Le 30 septembre de la même année, il partagea avec Robespierre l'honneur d'une ovation populaire, et se rendit quelque temps après à Londres avec Mme de Genlis institutrice de Mlle Adélaïde d'Orléans.

Le 18 novembre 1791, Pétion de Villeneuve, fut nommé maire de Paris en remplacement de Bailly démissionnaire. Il décerna le 15 avril 1792 les honneurs d'un triomphe public aux soldats du régiment suisse de Châteauvieux qui s'étaient révoltés contre leurs officiers. Après l'émeute du 20 juin 1792 qui précéda celle du 10 août, il fut suspendu de ses fonctions (6 juillet 1792) par le directoire du gouvernement, présidé par le duc de la Rochefoucauld. Mais l'Assemblée nationale leva cette suspension le 13 du même mois. Le lendemain 14 juillet, fête anniversaire de la prise de la Bastille, Petion fut acclamé par le peuple ; alors de Lafayette réclama la punition des coupables du 20 juin, mais le maire de Paris se mettant à leur tête somma l'Assemblée législative de prononcer la déchéance du Roi (26 juillet). Les Marseillais, à leur arrivée dans la capitale, furent accueillis avec la plus grande fraternité par Pétion, qui, effrayé des conséquences qui pouvaient en résulter, se tint renfermé à l'Hôtel de Ville. Alors eurent lieu l'émeute du 10 août 1792 et les massacres exécutés par Santerre et auxquels Pétion ne prit d'ailleurs aucune part.

Pétion conserva ses fonctions de maire de Paris jusqu'au 3 décembre 1792, date à laquelle il fut remplacé par Chambon de Montaux. Nommé député à la Convention nationale par le département d'Eure-et-Loir, il obtint le premier fauteuil de la présidence de cette assemblée. Dès l'ouverture de la Convention, il se rallia au parti des Girondins, fit décréter la mise en accusation de Louis XVI et vota en cette circonstance pour l'appel au peuple et pour la peine de mort avec sursis à l'exécution. Attaqué bientôt par son ancien ami Robespierre, Pétion fut proscrit le 31 mai 1793, date de la chute des Girondins et du commencement du régime de la Terreur. Arrêté le 2 juin, il parvint à s'échapper et se retira chez un de ses amis à Saint-Emilion (Gironde), où il resta caché pendant plusieurs mois. Craignant d'être découvert, Pétion quitta sa retraite le 17 juin 1794. Quelques jours après son corps, ainsi que celui de son compagnon Buzot furent trouvés, aux environs de Saint-Emilion, à moitié dévorés par les loups, dans un champ de blé. On ignore s'ils se donnèrent la mort ou s'ils périrent de faim.

MANUEL (LOUIS-PIERRE)

PROCUREUR DE LA COMMUNE (DE 1791 À 1793)

Bonnevilles del.et sculp

MANUEL
Procureur de la Commune
(du 2 décembre 1791 au 2 décembre 1792).

Manuel, Louis-Pierre, fils d'un potier, naquit à Montargis en 1751. Il entra dans la congrégation enseignante de la doctrine chrétienne, et devint répétiteur dans un collège à Paris, puis précepteur des enfants de Tourton, riche financier qui lui assura une pension. Il se livra à des écrits qui lui valurent d'être renfermé pendant trois mois à la Bastille, et fit partie de la société dite des Amis de la Constitution (les Jacobins). Lorsque la Révolution de 1789 éclata, il fut membre de l'administration de la municipalité provisoire.

En 1791, Manuel fut nommé procureur de la commune de Paris. Il provoqua l'insurrection du 20 juin 1792 qui amena celle du 10 août suivant.

Il proposa, à la séance de la commune du 21 août 1792, de remplacer le cheval de bronze et la statue de Henri IV, qui étaient sur la porte de la maison commune, par une table de marbre portant l'inscription suivante :

> Obéissez au peuple, écoutez ses décrets
> Il fut des citoyens, avant qu'il fut des maîtres,
> Nous rentrons dans les droits qu'ont perdus nos ancêtres.
> Le peuple par les Rois fut longtemps abusé,
> Il s'est lassé du sceptre, et le sceptre est brisé !

Le directoire du département le suspendit de ses fonctions le 6 juillet, en même temps que le maire Pétion ; le Roi approuva cette mesure, mais l'Assemblée les maintint tous les deux par décret du 13 du même mois. Manuel demanda, le 10 août, le transfert du roi Louis XIV à la prison du Temple et l'obtint. Il ne prit aucune part aux massacres de septembre, bien qu'il en fut instruit ; il sauva même madame de Tourzel, gouvernante des enfants de France, Beaumarchais, madame de Staël et quelques amis. Il fut nommé député à la Convention par les électeurs de Paris, proposa que le président de cette assemblée soit logé aux Tuileries, et fit supprimer la croix de Saint-Louis le 18 octobre. Il rendit plusieurs fois visite à la famille royale et en fut très impressionné. Il changea d'attitude et défendit le roi lors de son procès ; on l'accusa même d'avoir, comme secrétaire, tenté de falsifier les billets de vote lors de leur recensement. Au moment de la condamnation du roi, il vota l'appel au peuple, la détention dans un fort hors Paris et le bannissement à la paix.

Manuel donna sa démission de membre de la Convention et se retira à Montargis où il faillit être assassiné par une bande de furieux qui le laissèrent pour mort. Il se remit de ses blessures et fut arrêté comme suspect. Traduit devant le tribunal révolutionnaire, il fut condamné à mort et décapité le 15 novembre 1793 à l'âge de quarante-deux ans. Il demanda dans sa défense que l'on grava sur sa tombe qu'il était l'auteur de la journée du 10 août.

Il avait un frère, Jean-Michel Manuel, qui fut arrêté en même temps que lui et qui ne dut son salut qu'à la chute de Robespierre. Jean-Michel Manuel avait une fille née le 11 nivôse an V (31 décembre 1796) qui épousa le neveu du général de division Delzons, baron de l'Empire, mort sur le champ de bataille de Maro-Jaroslowetz, pendant la retraite de Moscou.

CHAMBON DE MONTAUX

MAIRE DE PARIS (DU 3 DÉCEMBRE 1792 AU 13 FÉVRIER 1793).

Chambon de Montaux (Nicolas), naquit en 1748 à Brévannes (Champagne). Il vint habiter à Paris où il exerça la médecine et devint un chaud partisan de la Révolution. Ses opinions politiques le firent remarquer de la Convention et il fut élu maire de Paris le 3 décembre 1792, en remplacement de Pétion de Villeneuve. Il exerça ces fonctions jusqu'au 13 février 1793, époque à laquelle il donna sa démission et fut remplacé par Nicolas Pache.

Chambon de Montaux se maria alors avec une religieuse appelée Augustine, qui devint femme de lettres et inventa la chauffrette qui porte ce nom. Dès lors, il ne s'occupa plus que de médecine.

Il est l'auteur d'un grand nombre d'ouvrages de médecine et d'articles qui parurent dans les encyclopédies de l'époque.

CHAMPION DE VILLENEUVE

ADMINISTRATEUR DE LA VILLE DE PARIS (DU 15 NOVEMBRE 1789 A 1793)

Champion de Villeneuve, fils d'un valet de chambre du Roi, de l'espèce dite garçons bleus, naquit à Versailles le 3 novembre 1759. Il fut reçu avocat aux conseils du Roi le 26 juin 1786 en remplacement de Locré. Lorsque la révolution de 1789 éclata, il fut administrateur du district du petit Saint-Antoine, et devint, le 15 novembre de la même année, conseiller administrateur des établissements publics, poste qu'il occupa en 1790-1791 et une partie de l'année 1792. Le roi Louis XVI le nomma ministre de l'intérieur le 21 juillet 1792, mais à la suite d'une invitation qu'il fit à la municipalité de Paris de visiter le château des Tuileries, il se brouilla avec le Roi et le peuple, fut blessé dans une émeute au faubourg Saint-Antoine et quitta le ministère le 10 août, où il fut remplacé par Roland de la Platière. Devenu suspect aux révolutionnaires, malgré ses protestations de civisme, il s'éloigna des affaires publiques et échappa ainsi à la Terreur.

Champion de Villeneuve fut avoué au tribunal de cassation (12 mai 1791). Membre de la chambre des avoués-avocats de 1800 à 1803, puis de 1811 à 1814, il devint successivement président de cette chambre en 1813 et 1814, syndic des avocats aux conseils de 1814 à 1816, doyen de l'ordre en 1818, membre du conseil de 1823 à 1825. Il céda son cabinet le 5 février 1826 à Louis-Armand Bruzard et se fit inscrire au barreau de Paris. Champion de Villeneuve fut décoré le 7 octobre 1814. Il mourut le 25 mars 1844.

L'Hôtel de Ville de Paris

sous

la première République Française

(Du 21 septembre 1792, date de l'abolition de la royauté et de
la proclamation de la première République Française,
au 18 mai 1804, date de l'établissement du premier Empire).

Les Administrateurs de la Ville de Paris

SOUS LA CONVENTION ET LA COMMUNE DE 1793

TRIBUNAL RÉVOLUTIONNAIRE. — SES JUGEMENTS

 la dernière séance de l'Assemblée législative, présidée par Cambon (21 septembre 1792, 10 heures du matin), douze commissaires demandèrent à être introduits pour prévenir les représentants de la nation que la Convention nationale était constituée. Cette nouvelle fut accueillie par des applaudissements. L'Assemblée législative déclara ses séances terminées et les citoyens qui la composaient se rendirent au Palais des Tuileries (1); où un certain nombre de membres de la Convention s'étaient déjà réunis.

Le même jour (21 septembre 1792, midi un quart), la Convention nationale quitta la salle des Tuileries pour se rendre dans celle où le Corps législatif tenait ses séances, et constitua ensuite son bureau ainsi qu'il suit :

Jérôme Pétion, président; Condorcet, Brissot, Rabaut Saint-Etienne, Vergniaux, Camus et La Source, secrétaires.

D'autre part, étaient présents les vingt-quatre représentants de Paris, qui faisaient partie de la nouvelle assemblée, savoir :

Danton,	Collot-d'Herbois,	Panis,	Boucher Saint-Sauveur,
Robespierre,	Billaud-Varennes,	Sergent,	Laignelot,
Manuel,	Lavicomterie,	Robert,	Robespierre jeune,
Marat,	Legendre,	Fréron,	Thomas,
Fabre d'Eglantine,	Dusaulx,	Osselin,	L. J. Egalité,
Camille Desmoulins,	Raffron,	David,	Beauvais.

Ce fut à cette séance mémorable, ainsi qu'il a été dit plus haut, que la Royauté fut abolie et que la première République française fut proclamée.

. . . .

Sous la Convention, les anciennes provinces et généralités de la France formèrent quatre-vingt-quatre départements.

Ces départements étaient destinés à faire exécuter les ordres et les lois que le pouvoir exécutif leur adressait, à les communiquer à leurs districts et ceux-ci à leurs municipalités; ils faisaient aussi la répartition et la recette de l'impôt.

---

(1) Une loi du 14 septembre 1792 an IV de la Liberté avait désigné le château des Tuileries pour lieu des séances de la Convention nationale.

Paris devint un des départements de l'Ile-de-France (1); son Assemblée se tenait dans la ville. Il était divisé en trois districts, dont les chefs-lieux étaient : Paris, Saint-Denis et le Bourg de l'Egalité.

La Convention nationale prit, à la date du 24 septembre 1792, le décret suivant concernant la formation provisoire du conseil général de la commune et du corps municipal de Paris, savoir :

« La Convention nationale considérant que la municipalité de Paris ne peut
« continuer son administration avec le petit nombre de membres auxquels elle
« est actuellement réduite, a décrété et décrète ce qui suit :

« Art. I⁰ʳ. — Les sections de Paris, nommeront dans trois jours à compter de
« la publication du présent décret, cent trente-deux citoyens qui, avec les douze
« municipaux actuellement en service formeront le conseil général de la com-
« mune et le corps municipal provisoirement, et jusqu'au renouvellement définitif
« décrété par la loi du 19 septembre dernier.

« Art. II. — Chaque section nommera à cet effet trois membres dans son sein.
« Celles qui se trouveraient avoir fourni un ou deux officiers municipaux actuelle-
« ment en fonctions, ne nommeront que les membres qui devront compléter le
« nombre de trois.

« Art. III. — Les élections seront faites par un seul tour de scrutin et à la
« pluralité des suffrages.

« Art. IV. — Le conseil général provisoire nommera dans les trois jours de son
« installation, les quarante-huit membres qui doivent former le corps municipal ».

. . . .

D'autre part, la commune de Paris peut être divisée en trois phases :
La commune insurrectionnelle qui commença le 10 août 1792 ;
La commune provisoire (2 décembre 1792) ;
Et la commune définitive qui termina le 27 juillet 1794 (9 thermidor an II).

Les commissaires des sections qui s'étaient établis à l'Hôtel de Ville le 10 août 1792 furent remplacés par de nouveaux élus le 2 décembre suivant. Boucher (René), prit le fauteuil de la présidence de ces derniers et prononça la dissolution de la commune insurrectionnelle.

En vertu d'un décret du 29 novembre 1792, la commune avait le droit de choisir dans son sein trois de ses membres pour remplir provisoirement les fonctions de procureur syndic et de substituts. Chaumette fut élu procureur syndic, Hébert et Lebois furent nommés substituts provisoires.

Quelques jours après, (2 décembre 1792), les quarante-huit sections, confor-mément à la loi de 1790, nommèrent définitivement Chaumette pour procureur syndic, et Réal et Hébert, comme substituts.

La commune du 2 décembre 1792, imposée par la Convention nationale le

(1) Un décret de la Convention en date du 28 septembre 1792 ordonna même à la Ville de Paris de prendre le titre ordinaire de département.

ANAXAGORE CHAUMETTE
Procureur de la Commune du 2 décembre 1792 au mois d'avril 1794.

24 novembre précédent, afin de faire disparaître la commune insurrectionnelle, reçut le nom de commune provisoire.

Le corps municipal, convoqué extraordinairement, sous la présidence de Lesquilliez, en l'absence du maire et composé de : Arbeltier, Boudrais, Bernard, Cousin, Dauzon, Scipion Duroure, Garin, Goret, Jobert, Lauvet, Legendre, Levasseur, Moelle, Retourna, Roard, Viguier et Hébert, second substitut du procureur de la commune, prononça l'arrêt suivant :

1° La commune de Paris sera convoquée dans les quarante-huit sections pour le lundi 24 décembre, neuf heures du matin, à l'effet de procéder à la nomination de cent quarante-quatre notables pour le renouvellement de la municipalité ;

2° Aux termes de l'article 9 du titre II de la loi de mai 1792, les quarante-huit sections éliront chacune, parmi les citoyens de leur arrondissement seulement, trois membres destinés à faire partie du corps municipal ou du conseil général de la commune ;

3° L'élection se fera au scrutin individuel et à la pluralité absolue des suffrages ;

4° Aux termes de l'article 8 de la loi du 19 octobre 1792, il n'y aura qu'un tour de scrutin général ; en conséquence, si ce tour ne produit pour personne la majorité absolue, un second et dernier tour particulier aura lieu seulement entre les deux candidats qui auront obtenu le plus de voix ;

5° En cas d'égalité des suffrages à ce dernier tour dit ballottage, la préférence sera accordée à l'âge ;

6° Aux termes de l'article 5 de la dernière loi citée, tous les fonctionnaires publics dont le renouvellement est ordonné par la dite loi pourront être réélus ;

7° Aux termes de l'article 6 de la même loi, les choix pourront être faits indistinctement parmi tous les citoyens et fils de citoyens âgés de vingt-cinq ans accomplis, domiciliés depuis un an, et n'étant pas en état de domesticité ou de mendicité ;

8° Les procès-verbaux des dites élections seront remis par les commissaires des sections à la maison commune, au plus tard le lundi 31 du présent mois, à huit heures du matin, pour que le dépouillement en soit fait dans la journée et le résultat proclamé le soir.

Mais les sections ne se pressèrent pas d'exécuter les termes de l'arrêté ci-dessus et le corps municipal fut obligé de fixer au 24 janvier 1793 le tour du scrutin épuratoire.

Le 23 février 1793 fut le jour désigné pour procéder à ce scrutin; quarante-six élus furent éliminés par le scrutin épuratoire. Ces divers incidents décidèrent le conseil général de la commune à s'adresser à la Convention qui vota le 3 avril 1793 le décret suivant :

« La Convention nationale, après avoir entendu à la barre une députation du « Conseil général de la commune de Paris, autorise le conseil de cette commune, « dans les circonstances difficiles où se trouve la chose publique, à s'adjoindre, en « attendant, l'organisation de la nouvelle municipalité, tous les citoyens élus pour « composer définitivement le Conseil général de la commune ».

En conséquence, du 3 avril au 19 août 1793, la commune se trouva composée de quelques membres du conseil antérieur au 10 août 1792, des élus en novembre de la même année, et des nouveaux membres autorisés à siéger à côté des premiers par le décret ci-dessus du 3 avril pris par la Convention.

La municipalité définitive eut pu être organisée en six semaines, ainsi que l'avait signalé le maire Pache dans un rapport sur son organisation ; cependant quatre mois s'étaient écoulés sans que cette opération ait pu se terminer. Les représentants provisoires de la commune ne devaient être primitivement en fonctions que pendant un espace de temps très court... Les élections avaient été faites avec lenteur et insouciance, les procès-verbaux d'élections, d'admission ou de rejet des notables furent retardés, et il restait à procéder à l'admission ou au rejet de quarante-six notables élus par trente sections et à choisir quarante-huit officiers municipaux.

Le 10 juin 1793, la Convention nationale décréta que, sur une proclamation de la municipalité de Paris, chaque section sera tenue de s'assembler le dimanche qui suivra la huitaine de cette proclamation et de se conformer en tout, aux dispositions de la loi du 21 mai 1790, relative à l'organisation de la municipalité de cette ville, avec la faculté de recommencer leur opération dans le cas où les sujets par eux désignés ne pourraient plus remplir les fonctions qui leur avaient été désignées. Ce décret fut signé : Garat et contresigné : Gohier.

Enfin le dimanche 29 septembre 1793 (an 2 de la République), eut lieu publiquement dans la salle de la société des amis de la liberté et de l'égalité, dite des Jacobins, rue Saint-Honoré, le scrutin épuratoire de chacun des membres du conseil général du département de Paris.

Les trente-six administrateurs du département de Paris furent désignés comme suit :

1, Lefèvre (Jean-Antoine) ;
2, Lachevardière (Alexandre-Louis) ;
3, Dubois (Pierre) ;
4, Maillard (Etienne-Jean-Baptiste) ;
5, Momoro (Antoine-François) ;
6, Bourgain (Denis-Guillaume) ;
7, Houzeau (Alexis) ;
8, Leblanc (Nicolas) ;
9, Nicoleau (Pierre) ;
10, Crespin (Pierre-Joseph) ;
11, Lemit (Louis) ;
12, Vachard (Jacques-Louis) ;
13, Dufourny (Louis-Pierre) ;
14, Dumas (Jean-Louis) ;
15, Lefèvre (Louis-Marie) ;
16, Dumoulin (Jean-Noël) ;
17, Regnault (Nicolas-François) ;
18, Damoye (Antoine-Pierre) ;
19, Cauconnier (Eustache-François) ;
20, Gomé (Nicolas) ;
21, Bezot (Pierre-Joseph) ;
22, Santerre (Théodore) ;
23, Margotin (François) ;
24, Guiard (Léonard-Georges) ;
25, Peyrard (François) ;
26, Dubois (Louis-François) ;
27, Lemoine (Nicolas) ;
28, Révérand (Jean-Pierre) ;
29, Garnier (Nicolas) ;
30, Concedieu (Ch.-F.-Juste-J.-Michel) ;
31, Damesme (Jean-Louis) ;
32, Lohier (Pierre-Augustin-Marie) ;
33, Dunouy (André-Henri) ;
34, Pelfresne (Charles-François) ;
35, Bruchet (Charles-Quentin) ;
36, X.

. . . .

Bien que le tribunal criminel extraordinaire ait été créé par un vote de la Convention nationale sur la demande de Robespierre, son existence n'en fut pas moins l'œuvre de la commune de Paris dont le grand chef était Danton.

Dans ses séances des 10 au 23 mars 1793, la Convention décréta l'organisation d'un nouveau tribunal criminel extraordinaire siégeant à Paris, composé d'un jury, de cinq juges, d'un accusateur public, de deux substituts et d'une commission de six membres chargée de l'examen des pièces. Les jugements rendus par ce tribunal qui reçut le nom de tribunal révolutionnaire devaient être exécutés sans recours au tribunal de cassation.

La composition première de ce tribunal qui fonctionna jusqu'au 31 mai 1793, fut la suivante : (1)

Membres ayant obtenu la majorité des suffrages :

Juges : Liébaut, du Doubs ; Pesson, juge à Vendôme ; Montané, homme de loi, de la Haute-Garonne ; Desfougères, de la Châtre.

Desmadeleines, d'Alençon ; Grandsire, de Noyon ; Etienne Foucault. Le plus âgé des trois restant juge, les autres suppléants.

Juges suppléants : Champertois, de Paris ; Roussillon, de Paris ; Tartanac, ex-législateur.

---

(1) M. H. Vallon, membre de l'Institut. *Histoire du tribunal révolutionnaire de Paris*. Hachette et Cie, 1880.

Accusateur public : Faure.

Adjoints : Fouquier-Tinville; Verteuil; Floriot. Le plus âgé restant adjoint.

Suppléants : Bellot, commissaire national à Falaise ; Natté, homme de loi, à Paris.

Jurés : Dumont, de la Somme; Brisson, maire de Beauvais; Coppius, de Provins ; Lagrange, commandant de la garde nationale de Saint-Cloud ; Langlier de Feuquière, ex-constituant; Cabanis, médecin ; Jourdeuil, de la section de Marseille ; Fallot, ancien procureur à Saint-Cloud ; Poulain, juge à Chartres ; Gannet, électeur de Paris ; Laroche, maire d'Auteuil ; Fournier, de l'Hôtel J.-J. Rousseau.

Suppléants du jury : Fréteau, ex-constituant; Hattinguais, commissaire national à Meaux ; Leroy, de Coulommiers ; Maignan, du comité de surveillance ; Gaudin, homme de loi ; Brochet, de la section de Marseille ; Chancerel de Courville, père ; Pierre Duplain, de la section de Marseille ; Saintex, médecin ; Chrestien ; Chanteloup ; Grandmaison.

Le renouvellement des jurés eut lieu le 11 juin 1793, de la manière suivante :

Jurés : Boichet (Sarthe) ; Lacrampe (Hautes-Pyrénées) ; d'Herbes Saint-Pons (Basses-Alpes) ; Fualdès (Aveyron) ; Sain (Eure-et-Loir) ; Couturier (Isère) ; Lagrasse (Charente-Inférieure) ; Pagès (Lozère) ; Lagraverent (Ille-et-Vilaine) ; Lapeyre (Gironde).

Suppléants : Blanc (Ain) ; Nourat (Haute-Saône) ; Thourier (Mayenne) ; Guillet (Nièvre).

Après avoir décidé le 5 avril 1793 que les représentants mis en accusation pourraient être traduits devant le tribunal révolutionnaire, la Convention nationale décréta en outre dans la nuit du 6 au 7 du même mois, la formation d'un comité dit de Salut public composé de neuf membres choisis dans son sein, avec mission de surveiller, d'accélérer ou de suspendre l'action du pouvoir exécutif, d'assurer la défense du pays, de comprimer les complots.

Les membres de ce comité nommés par appel nominal furent d'abord les suivants :

1. Barrère, élu par 360 voix ;
2. Delmas, élu par 347 voix ;
3. Bréard, élu par 325 voix ;
4. Cambon, élu par 278 voix ;
5. Danton, élu par 233 voix ;
6. Jean Debry, élu par 227 voix, démissionnaire remplacé par Robert Lindet ;
7. Guyton-Morveau, élu par 202 voix ;
8. Treilhard, élu par 167 voix ;
9. Lacroix, élu par 151 voix.

Ce comité se constitua aussitôt et nomma Guyton-Morveau, président, Bréard, vice-président, Barrère et Robert-Lindet, secrétaires.

Le 12 août 1793, le comité de Salut public fut investi de pouvoirs illimités ; à ce moment il était composé ainsi qu'il suit :

Barrère ;
Jean Bon Saint-André ;
Couthon ;
Saint-Just ;
Robespierre ;
Carnot ;
Prieur (de la Côte-d'Or) ;
Prieur (de la Marne) ;
Robert-Lindet ;
Billaud-Varennes ;
et Collot-d'Herbois.

Robespierre, Couthon et Saint-Just eurent dans leurs attributions la législation, la police et le tribunal révolutionnaire. Deux des membres ci-dessus, Prieur (de la Marne) et Jean Bon Saint-André furent envoyés en mission.

Le régime de la Terreur commença le 31 mai 1793. Pendant cette terrible époque, la guillotine était montée chaque jour, et le travail de l'exécuteur des hautes œuvres était permanent. Le docteur Guillotin avait proposé le 1er décembre 1789 à l'assemblée constituante de substituer à la roue ou à la potence, en usage jusqu'à cette époque, un nouveau mode de supplice pour les condamnés à mort. La machine dont il fut l'inventeur et qui porte son nom fut adoptée, et on s'en servit pour la première fois en avril 1792 pour l'exécution d'un assassin nommé Pelletier. Cette machine fut d'un grand secours pour le tribunal révolutionnaire qui condamnait vite et faisait exécuter promptement les arrêts de mort qu'il prononçait. Le nombre des condamnés à mort durant la période terroriste s'éleva à 18.600, au nombre desquels furent : Bailly, Malesherbes, Thouret, d'Esprémenil, André Chénier (frère du conventionnel), Roucher, Loiserolles, Lavoisier, Loménie de Brienne, etc.

Au mois de mai 1793, la lutte s'engagea entre les Girondins et les Jacobins. Les premiers ayant appris que vingt-deux d'entre eux devaient être assassinés, dénoncèrent les seconds à la Convention et obtinrent la formation d'une commission dite « des douze », chargée de poursuivre les assassins.

Le 2 juin 1793, un rassemblement considérable se forma autour de la Convention. La proscription de vingt-deux députés de la Gironde, et des membres de la commission des douze fut demandée, ainsi que la levée d'une armée révolutionnaire.

A cette séance de la Convention du 2 juin 1793, de Lanjuinais, député de l'Ille-et-Vilaine, proposa à l'assemblée d'adopter une motion concernant les autorités révolutionnaires de Paris. « Je viens, dit-il, vous entretenir des moyens d'arrêter
« les mouvements qui se manifestent dans Paris ; il n'est que trop notoire que,
« depuis trois jours, vous ne délibérez plus avec liberté ; une puissance rivale vous
« commande ; elle vous environne, au-dedans, de ses salariés, au dehors, de ses
« canons. Je sais bien que le peuple déteste l'anarchie et les factieux ; mais il est
« leur instrument forcé. Des crimes que la loi déclare dignes de mort ont été
« commis, une autorité usurpatrice a fait tirer le canon d'alarme ; il semblait
« qu'un voile officieux dût être jeté sur tout ce qui s'est passé, mais le lendemain,

« le désordre continue, le surlendemain, il recommence... Vous voulez assurer la
« liberté de la représentation nationale, lorsqu'un député, un collègue, vient me
« dire à cette tribune : « jusqu'à ce que nous ayons justice des scélérats qui te res-
« semblent, nous remuerons et nous agirons ainsi »... « une assemblée usurpatrice
« non seulement existe, non seulement délibère, mais elle agit, mais elle conspire.
« C'est elle qui a fait sonner le tocsin hier jusqu'à onze heures du soir, c'est elle
« qui l'a fait sonner encore aujourd'hui. Le secret des lettres a été violé et n'est
« pas rétabli. Vous savez quelles odieuses manœuvres ont été employées pour armer
« les citoyens les uns contre les autres. Les comités révolutionnaires des quartiers,
« que vous avez réduits à la simple surveillance des étrangers, ont fait sans scru-
« pule arrêter des citoyens français. Le commandant provisoire nommé par une
« autorité illégale continue ses fonctions et donne des ordres. On présente de
« nouveau une pétition traînée dans la boue des rues de Paris ».

A ces derniers mots, Legendre, député de Paris à la Convention, jette à l'orateur les paroles suivantes : « Retire-toi, ou je t'assomme ». De Lanjuinais lui répond : « Fais d'abord décréter par la Convention que je suis un bœuf » : puis il continue :

« Je ne calomnie pas Paris, Paris est bon, Paris est opprimé par quelques
« scélérats. Je demande que toutes les autorités révolutionnaires de Paris, ainsi
« que tout ce qu'elles ont fait soient cassés. Je demande que le comité de Salut
« public rende compte après demain de l'exécution de ce décret. Je demande enfin
« que tous ceux qui voudront s'arroger une autorité nouvelle ou contraire à la loi
« soient déclarés hors la loi ».

Aussitôt après cette harangue, une députation envoyée par la commune de Paris fut admise à la barre.

« Délégués du peuple, dit l'orateur, depuis quatre jours, le peuple de Paris
« n'a pas quitté les armes ; ses mandataires, auprès desquels il n'a cessé de récla-
« mer ses droits indignement violés, se rient de son calme et de sa persévérance.
« Le flambeau de la liberté a pâli, les colonnes de l'Egalité sont ébranlées, les
« contre-révolutionnaires lèvent la tête. Qu'ils tremblent ! La foudre gronde, elle
« va les pulvériser.

« Représentants, les crimes des factieux de la Convention vous sont connus.
« Nous venons pour la dernière fois vous les dénoncer. Décrétez à l'instant qu'ils
« sont indignes de la confiance de la Nation. Mettez-les en arrestation provisoire ;
« nous en répondons tous sur nos têtes, à leurs départements. Le peuple est las de
« vous voir ajourner son bonheur ; il est encore entre vos mains. Sauvez-le ou il
« se sauvera lui-même ».

Le président Mallarmé répondit et invita les délégués aux honneurs de la séance. Sur la demande de Billaud-Varennes et Tallien la pétition des délégués fut renvoyée au comité de Salut public.

Devant cette décision, la députation de la commune se retira en criant : « Aux armes ! Sauvons la patrie ! »

Le lendemain, Henriot, nommé commandant provisoire de la force armée, fit investir les Tuileries où se tenaient les séances de la Convention, et demanda, *manu militari*, les vingt-deux coupables. Marat l'invita à se retirer et forma lui-même la liste des proscrits.

. . . .

. . . .

Les procès intentés et les arrêts rendus par le tribunal révolutionnaire furent nombreux; il paraît utile de rappeler ici les plus célèbres, parce qu'ils amenèrent la chute de Robespierre et le 9 thermidor.

La Convention nationale après avoir voté les 15-19 janvier 1793 la mort de Louis XVI qui fut exécuté sur la place Louis XV, le 21 du même mois, décréta le 1er août de la même année, que la reine Marie-Antoinette serait mise en jugement. Elle comparut le 14 octobre devant le tribunal révolutionnaire. Fouquier-Tinville l'incrimina, non pas seulement au sujet de ses actes politiques, mais encore relativement à sa conduite personnelle. Marie-Antoinette, qui avait pour défenseurs Chauveau-Lagarde et Tronçon du Coudray, fut condamnée à mort le 16 octobre 1793 et exécutée le même jour (1).

. . . .

Marie-Anne-Charlotte de Corday d'Armont, née à Saint-Saturnin en 1768, fut traduite devant le tribunal révolutionnaire le 17 juillet 1793. Cette jeune fille, âgée de 24 ans, arriva à Paris le 9 juillet, se rendit le 13 chez Marat, qui habitait 20, rue des Cordeliers (aujourd'hui rue de l'Ecole de médecine), et lui fit demander audience sous le prétexte qu'elle avait de graves nouvelles à lui communiquer. Marat était au bain, lorsqu'il la reçut; il s'informa près de la visiteuse de ce qui se passait à Caen. Charlotte Corday lui répondit que les députés se préparaient à marcher sur Paris. Marat lui dit alors qu'il les ferait tous guillotiner. Ces derniers mots furent son arrêt de mort. Charlotte Corday le frappa d'un coup de couteau dont il mourut quelques heures après. La jeune fille avoua être l'auteur de la mort de Marat; elle fut incarcérée à l'Abbaye, jugée par le tribunal révolutionnaire, présidé par Mentané, condamnée à mort et exécutée le 17 juillet 1793.

. . . .

Les 21 députés girondins, dont les noms suivent, furent traduits devant le tribunal révolutionnaire, le 24 octobre 1793 (3 brumaire an II), pour avoir conspiré contre l'unité, l'indivisibilité de la République, contre le bien et la sûreté du peuple français, savoir:

Jean-Pierre Brissot, député d'Eure-et-Loir à la Convention;

---

(1) Le tribunal révolutionnaire qui condamna Marie-Antoinette à mort fut composé comme suit:
Armand-Martial-Joseph Herman, président;
Etienne Foucault, Antoine-Marie Maire, Gabriel Deliège, François-Joseph Denizot, Pierre-Louis Ragmey, Etienne Maçon, juges.
Fouquier-Tinville, accusateur public.

Pierre-Victurnien Vergniaud, député de la Gironde ;
Armand Gensonné, id. ;
Claude Romain Lauze-Duperret, député des Bouches-du-Rhône ;
Jean-Louis Carra, député de Seine-et-Oise ;
Jean-François-Martin Gardien, député d'Indre-et-Loire ;
Charles-Eléonore Dufriche-Valazé, député des Bouches-du-Rhône ;
Jean Duprat, id. ;
Charles-Alexis Brulard-Sillery, député de la Somme ;
Claude Fauchet (évêque), député du Calvados ;
Jean-François Ducos, député de la Gironde ;
Jean-Baptiste Boyer-Fonfrède, id. ;
Marc-David Lasource, député du Tarn ;
Benoît Leterp-Beauvais, député de la Haute-Vienne ;
Gaspard Duchastel, député des Deux-Sèvres :
Pierre Mainvielle, député des Bouches-du-Rhône ;
Jacques Lacaze, député de la Gironde ;
Pierre Lehardy, député du Morbihan ;
Jacques Boileau, député de l'Yonne ;
Charles-Louis Antiboul, député du Var ;
Louis-François-Sébastien Vigée, député de la Mayenne.

Ces vingt et un députés furent condamnés à mort et exécutés le 30 octobre 1793 (9 brumaire an II), sur la place de la Révolution (1).

La Terreur battait son plein ; les autres Girondins furent poursuivis, les uns périrent sur l'échafaud, les autres se donnèrent la mort, et madame Roland fut elle-même exécutée.

. . . .

Le Commune de Paris était dirigée à cette époque par le procureur Chaumette, le substitut Hébert, et Ronsin commandant de l'armée révolutionnaire. A la Convention, deux factions se portaient ombrage, les Hébertistes d'une part, les Dantonistes de l'autre.

Ces deux factions, dénoncées par le triumvirat Robespierre, Saint-Just et Couthon, parurent l'une après l'autre devant le tribunal révolutionnaire.

Les Hébertistes furent accusés de conspiration contre la sûreté et la liberté du peuple français, tendant à troubler l'Etat par la guerre civile, en armant les citoyens les uns contre les autres. Les prévenus, au nombre de vingt, furent les suivants ;

Charles-Philippe Ronsin, général de l'armée révolutionnaire ;
Jean-René Hébert, substitut près la commune de Paris ;
François-Nicolas Vincent, secrétaire général du département de la guerre ;

(1) Actuellement place de la Concorde.

Bonneville del.   Bonnet sculp.

HÉBERT (JACQUES-RENÉ)
Substitut de la Commune (2 décembre 1792).

Antoine-François Momoro, administrateur du département de Paris ;

Frédéric-Pierre Ducrocquet, commissaire aux accaparements ;

Jean-Conrad Rock, banquier ;

Michel Laumur, gouverneur de Pondichéry, général ;

Jean-Charles Bourgeois, employé dans les bureaux de la guerre, commandant la force armée de la section ;

Jean-Baptiste Mazuel, chef d'escadron de l'armée révolutionnaire ;

Jean-Baptiste Laboureau, médecin et premier commis au conseil de santé ;

Jean-Baptiste Aucard, employé au bureau des émigrés ;

Armand-Hubert Leclerc, chef de division au bureau de la guerre ;

Jacob Pereyra, manufacturier de Tabac ;

Marie-Anne Latreille, femme Quétineau, veuve du colonel de ce nom ;

Anacharsis Cloots, député à la Convention nationale ;

François Defieux, marchand de vin, de Bordeaux ;

Antoine Descombes, secrétaire greffier de la section des droits de l'homme ;

Jean-Antoine-Florent Armand, élève en chirurgie ;

Pierre-Ulrich Dubuisson, homme de lettres ;

Pierre-Jean-Berthold Proly, ancien négociant.

Dix-neuf d'entre eux furent condamnés à mort par le tribunal révolutionnaire et exécutés devant plus de cent mille spectateurs le 24 mars 1794 (4 germinal an II). Laboureau fut acquitté et la femme Quétineau qui déclara être enceinte fut épargnée.

Le procès des Hébertistes fut suivi de celui des Dantonistes. Ces derniers furent accusés de vouloir ramener l'obéissance aux lois et à la justice, et d'avoir demandé l'abolition du régime dictatorial, représenté dans la personne de Robespierre, et l'établissement d'un comité de clémence. Danton, il est vrai, s'était prononcé contre les mascarades philosophiques de Chaumette, avait repoussé comme ridicules les fêtes de la Raison et avait réuni, avec Camille Desmoulins et Fabre d'Eglantine, ses amis, les anciens membres du club des Cordeliers qui prit le nom de club des Indulgents, dans le but de faire échec à l'omnipotence de Robespierre.

Ce dernier qui formait avec Couthon et Saint-Just le tout puissant triumvirat de la Convention, proposa conformément à l'avis des comités de salut public et de sûreté générale, le 10 germinal an II (31 mars 1794), la mise en accusation des Dantonistes, et obtint de la Convention le lendemain 11 germinal qu'ils seraient traduits devant le tribunal révolutionnaire, alors composé ainsi qu'il suit :

Hermann, président ;
Masson, Foucault, Denizot, Bravet, juges ;
Fouquier-Tinville, accusateur public ;
Lescot-Fleuriot, substitut ;
Ducray, greffier ;
Renaudin, Desboisseaux, Trinchard, Leroy de Montflobert, Lumière, Ganney, Souberbielle, jurés ;
Chauveau-Lagarde, Laflutterie, Ambroise Pantin, conseil des accusés.

Danton, Lacroix, Camille Desmoulins et Phélippeaux, furent incarcérés au Luxembourg ; Fabre d'Eglantine avait été emprisonné le 12 janvier précédent ; Hérault de Séchelles fut également arrêté.

Les accusés dont les noms suivent parurent devant le tribunal révolutionnaire le 3 avril 1794, savoir :

Georges-Jacques Danton, représentant du peuple, 34 ans ;
Philippe-François-Nazer Fabre d'Eglantine, député à la Convention, 39 ans ;
Benoist-Camille Desmoulins, homme de lettres, 33 ans ;
Jean-François Lacroix, député à la Convention, 40 ans ;
Pierre Phélippeaux, député à la Convention, 35 ans ;
Marie-Jean Hérault de Séchelles, député à la Convention, 34 ans ;
Westermann, ancien commandant des fédérés ; (?)
Claude Bazire, député à la Convention, 29 ans ;
François Chabot, ancien capucin, représentant du peuple, 37 ans ;
Joseph Delaunay, homme de loi, 39 ans ;
Marie-René Sahuet d'Espagnac, ancien abbé, patriote, 41 ans ;
Lullier ; (?)
Junius Frey, 36 ans ;
Emmanuel Frey (frère du précédent), 27 ans ;
Guzman, 41 ans ;
Deisderichen, 51 ans ;

Trois autres Dantonistes, Julien, Benoit et le Baron de Batz, furent jugés par contumace.

Après les débats, le président Hermann soumit aux jurés les deux questions suivantes :

1° « Il a existé une conspiration tendant à rétablir la monarchie, à détruire « la représentation nationale et le gouvernement républicain. Lacroix, Danton, « Desmoulins, Phélippeaux, Hérault de Séchelles et Westerman sont-ils convain- « cus d'avoir trempé dans cette conspiration ? »

2° « Il a existé une conspiration tendant à diffamer et à avilir la représenta- « tion nationale. Fabre d'Eglantine, Delaunay, Chabot, Bazire, d'Espagnac, « Guzman, Lullier, Junius Frey, Emmanuel Frey et Deisderichen sont-ils con- « vaincus d'avoir trempé dans cette conspiration ? »

La réponse des jurés fut affirmative pour tous à l'exception de Lullier.

L'accusateur public Fouquier-Tinville prononça contre eux la sentence de mort et ordonna l'exécution immédiate du jugement qui eut lieu le 5 avril 1794.

Composition du Conseil général de la commune de Paris en 1793

NICOLAS **Chambon** (de Monteaux), élu maire de Paris, le 3 décembre 1792, conserve ses fonctions jusqu'au 13 février 1793, président.

Jean Nicolas **Pache**, élu maire de Paris le 13 février 1793, conserve ses fonctions jusqu'au 21 avril 1794, président.

NOTA. — Lefèvre d'Ormesson fut nommé maire de Paris en 1792, après Chambon, mais il refusa d'occuper cette fonction.

Officiers municipaux formant en 1793 le corps et le bureau municipal et composant, avec les quatre-vingt-seize notables, le conseil général :

Arbeltier (Etienne), homme de lettre.
Avril (Jean-Baptiste), citoyen.
Balzac (Bernard-François), homme de loi.
Baudrais (Jean-Baptiste), homme de lettres.
Bernard (Jean-Claude), ministre du culte catholique.
Berthollon (Joseph), marchand de soie.
Bidermann (Jacques), négociant, administrateur.
Boucher-René (Antoine-René), homme de loi.
Bruslé (Claude-Louis), homme de loi.
Cardot (Didier), ancien marchand de draps.
Concédien (Charles), contrôleur de la comptabilité du Mont-de-Piété.
Couart (Nicolas-François), ancien marchand boucher.
Cousin (Jacques-Antoine-Joseph), professeur au collège de l'Académie des sciences, administrateur.
Daujon (Jean-Pierre-André), prêtre et instituteur.
Desavanne (Guillaume-Jacques), naturaliste.
Destournelles (Louis-Deschamps), directeur de l'enregistrement.
Dorat-Cubière, homme de loi.
Dreue (Louis-Stanislas), prêtre, docteur en Sorbonne.
Dumontier (François), march. tailleur.
Dunoury (Jean-Honoré), ingénieur.
Duroure (Louis-Henry-Scipion-Grimoard-Beauvoir), homme de lettres.
Fallet (Jean-Nicolas), administrateur.
Garin (François-Etienne), ancien boulanger.
Goret (Charles), ancien inspecteur de l'approvisionnement des halles.
Grouvelle (Jean-François), marchand bijoutier.
Guinot (Henry), marchand épicier, administrateur.

Jallier (Claude-Jean-Baptiste), administrateur, architecte.
Jobert (Auguste-Germain), négociant.
Lasisse (Claude), docteur en médecine.
Landragin (Louis-Pierre), commis principal à la caisse de l'extraordinaire.
Lauvin (Edme-Marguerite), homme de loi.
Lecamus (Adrien-Fidèle), ancien marchand de draps, administrateur.
Le Gendre (Jean-Baptiste-Emmanuel), doyen des comptes de quartier.
Lemétayer (Nicolas-Jacques), marchand chandelier.
Leroux (Etienne), négociant.
Lesguilliez (Charles) négociant, administrateur.
Levasseur (Lucien), négociant, administrateur.
Minier (Alexandre), joaillier.
Moelle (Claude-Antoine-François), commis à la caisse d'escompte.
Pecoul (Nicolas), marchand de toile.
Retourna (Ambroise), sculpteur.
Roard (Jean-Louis), homme de loi.
Roulx (Louis), homme de loi.
Roux (Jacques), citoyen.
Sermaire (Guillaume), homme de loi.
Verron (Christophe-Antoine), parfumeur.
Verpy (Louis-François), ancien notaire.
Vigner (Cyr-Jacques), homme de loi.

LISTE GÉNÉRALE DES 144 CITOYENS

ÉLUS A RAISON DE 3 PAR SECTIONS PAR LES 48 SECTIONS ET FORMANT LE CONSEIL GÉNÉRAL, LE CORPS ET LE BUREAU MUNICIPAL DE LA VILLE DE PARIS EN 1793.

Section des Tuileries.

Maubert (Charles).
Froidure (Nicolas-André-Marie), employé à la caisse extraordinaire.
Follope (Georges), apothicaire.

Section des Champs-Elysées.

Cardot (Didier), ancien marchand de draps, officier municipal.
Garin (François-Etienne), ancien boulanger, officier municipal.
Sabarot (Pierre-Fidèle), homme de loi.

Section de la République.

Le Gendre (Claude-Antoine-Simon), homme de lettres.

Devere (Jean), charpentier.
Avril (Jean-Baptiste), officier municipal.

Section de la Butte-des-Moulins.

Lasisse (Claude), docteur en médecine, officier municipal.
Seguy.
Perdry (Charles-Louis), homme de loi.

Section des Piques.

Arthur (Robert-Jean-Jacques), fabricant de papier peint.
Robert (François), fabricant de papier peint.
Le Coq (Louis-Joseph), homme de loi.

*Section
de mil sept cent quatre-vingt-treize.*

Baudrais (Jean-Baptiste) homme de lettres, officier municipal.
Destournelles (Louis-Deschamps), directeur de l'enregistrement, officier municipal.
Delorme (Antoine), ancien négociant.

Section du Mont-Blanc.

L'Huillier (Antoine), ancien caissier.
Bichard - Chauflay (Aimable-Pierre-Louis), inspecteur.
Cavaignac (Jean-Louis).

Section du Louvre.

Le Gendre (Jean-Baptiste-Emmanuel), doyen des comptes de quartier à la poste, officier municipal.
Arbeltier (Etienne), homme de lettres, officier municipal.
Sermaize (Guillaume), homme de loi.

Section des Gardes-Françaises.

Leroux (Etienne), négociant, officier municipal.
Lemétayer (Nicolas-Jacques), marchand chandelier, officier municipal.
Chenaux (Louis-Barthélémy), homme de loi.

Section de la Halle au bled.

Dunouy (André-Henri), marchand quincaillier.
Etienne (Jean-François), marchand épicier.
Marque (Louis-Thomas), homme de loi.

Section du Contrat Social.

Dumontiez (François), marchand tailleur, officier municipal.
Bertollon (Joseph) marchand de soie, officier municipal.
Deslauriers (Claude-François), marchand papetier.

Section du Mail.

Bruneau (Jean), négociant.
Burté (Antoine), commis à la trésorerie nationale.
Peltan (Jean-Gabriel), administrateur de la Compagnie du Sénégal.

Section de Molière et Lafontaine

Roard (Jean-Louis), homme de loi, officier municipal.
Bidermann (Jacques), négociant, officier municipal.
Boullet (Jean-Baptiste), homme de loi.

Section de Bonne-Nouvelle.

Jault (Pierre-Simon-Joseph), artiste.
Hébert (Jacques-René), homme de lettres.
Veron (Christophe-Antoine), officier municipal, parfumeur.

Section des Amis de la Patrie.

Renouard fils (Antoine-Augustin), fabricant de gaz.
Cardot (Alexis), fabricant de gazes.
Lion (Charles-Marcel), peintre.

Section de Bon-Conseil.

Vignier (Cyr-Jacques), homme de loi, officier municipal.

Jon (Alexandre-Jean-Baptiste), marchand épicier.
L'Echenard (Jean-François), tailleur.

Section des Halles.

Jobert (Augustin-Germain), négociant, officier municipal.
Pecoul (Nicolas), marchand de toile, officier municipal.
Michonis (Jean-Baptiste), marchand limonadier.

Section des Lombards.

Lesquilliez (Charles), négociant, officier municipal.
Lequeulx (Jean-François-Marie-Michel), commis au Mont-de-Piété.
Deladreue (Jacques), marchand mercier.

Section des Arcis.

Dreue (Louis-Stanislas), prêtre, officier municipal.
Danjou (Jean-Pierre-André), prêtre, officier municipal.
Passe (François-Auguste), marchand bonnetier.

Section du Faubourg-Montmartre.

Moëlle (Claude-Antoine-François), commis à la caisse d'escompte, officier municipal.
Peyron (Jean), ancien marchand de vin.
Duroure (Louis-Henry-Scipion-Grimoard-Beauvoir), homme de lettres, officier municipal.

Section Poissonnière.

Retourna (Ambroise), sculpteur, officier municipal.
Pelletier (François), marchand de vin.
Ogé (Sylvain-Michel), architecte.

Section de Bondy.

Cally (Pierre-Jacques) homme de loi.
Métiviez (Pierre), fabricant de gazes.
Traverse (Antoine-Thomas), marchand épicier.

Section du Temple.

Figuet (Claude), architecte.
Ragonneau (Artaud-Marie), homme de lettres.
Daprey (Jean), marchand de bois.

Section de Popincourt.

Verpy (Louis-François), ancien notaire, officier municipal.
Fallet (Jean-Nicolas), officier municipal.
Cailleux (François), homme de loi.

Section de Montreuil.

Teurlot (Claude-François), horloger.
Bernard (Jacques-Claude), officier municipal.
Queniat (Pierre-François), ébéniste.

Section des Quinze-Vingts.

Burlot (Jacques), arpenteur.
Cuviliez (Jean-Joseph), maître d'écriture.
Audouard (Antoine-François), praticien.

Section des Gravilliers.

Jallier (Claude-Jean-Baptiste), architecte, officier municipal.
Leclerc (Louis), peintre.
Roux (Jacques), officier municipal.

Section du Faubourg-du-Nord.

Périac (François-Pierre), salpêtrier.
Landragin, commis principal à la Caisse de l'extraordinaire, officier municipal.
Desseules (François-Abraham), professeur.

Section de la Réunion.

Tilhard (Jacques-Nicolas), chirurgien.
Regnault (Nicolas-François), artiste.
Destasne (Jean-Mathieu), médecin.

Section du Marais.

Leduc (Louis-Toussaint), médecin.
Carbonneau (Jean-Pierre-Marie), doreur.
Dufour (Pierre), marchand épicier.

Section des droits de l'homme.

Gatrez (Ambroise-Jean-Baptiste-Pierre-Ignace), défenseur officieux
Balzac (Bernard-François), homme de loi, officier municipal.
Giraud (François), maçon.

Section de la Maison Commune

Roulx (Louis), homme de loi, officier municipal.
Toulan (François-Adrien), employé aux biens nationaux.
Lauvin (Edme-Marguerite), homme de loi.

Section de la place des Fédérés.

Levasseur (Lucien), négociant, officier municipal.
Faure (Etienne), ancien directeur des hôpitaux des armées.
Vincent (Jean-Baptiste), entrepreneur de bâtiments.

Section de l'Arsenal.

Concedieu (Charles-François-Juste-Jean-Michel), contrôleur à la comptabilité du Mont de piété, officier municipal.
Blin (Jacques-Nicolas).
Coru (Jacques-Pierre), marchand grainier.

Section de la Fraternité.

Royer (Pierre-Paul), homme de lettres.
Rouie (Louis), ci-devant Génovéfin.
Dommanger (Louis-Abraham), juge du tribunal du cinquième arrondissement.

Section de la Cité.

Grouvelle (Jean-François), marchand bijoutier.
Brulé (Claude-Louis), homme de loi, officier municipal.
Legrand (Pierre-Jacques), homme de loi.

Section du Pont-Neuf.

Minier (Alexandre), joaillier, officier municipal.
Bodson (Joseph), peintre-graveur.
Cochois (Nicolas-Etienne), tapissier.

Section des Invalides.

d'Herbes (Jean-Joseph), vicaire métropolitain.
Quin (Jean-Baptiste-Nicolas), architecte.
Tessier (Louis-Pierre), marchand mercier.

Section de la Fontaine de Grenelle.

Bourdier.

Rousseau (Jean).
Magendy.

Section des Quatre Nations.

Couar (Nicolas-François), ancien marchand boucher, officier municipal.
Guinot (Henry), marchand épicier, officier municipal.
Dorat-Cubières, homme de lettres.

Section de Marseille.

Chaumette (Pierre-Gaspard-Anaxagoras)
Desavanne (Guillaume-Jacques), naturaliste, officier municipal.
Lebois (Claude), homme de loi.

Section de la Croix-Rouge.

Boucher (René-Antoine), homme de loi, officier municipal.
Douce (Charles-Louis), ouvrier en bâtiment.
Manambras, architecte.

Section du Luxembourg.

Bourgeois (Jean-François), ancien horloger.
Desbordes (François), ciseleur.
Godard (Jean-François), entrepreneur de bâtiments.

Section de Beaurepaire.

Le Camus (Adrien-Fidel), ancien marchand de draps, officier municipal.

Canon (Pierre-Jean), marchand cordonnier.
Le Pourielle (Claude-Philippe), homme de loi.

Section du Panthéon Français.

Cousin (Jacques-Antoine-Joseph), professeur au collège de l'Académie des sciences, officier municipal.
Goret (Charles), ancien inspecteur des approvisionnements des halles, officier municipal.
Mercereau (René-Charles), tailleur de pierres.

Section de l'Observatoire.

Telmon (Jean), vicaire métropolitain.
Le Pitre (Jacques-François), instituteur.
Jaquotot (Antoine-Edme-Nazaire), homme de loi.

Section des Sans-Culotte.

Dunouy (Jean-Honoré), ingénieur, officier municipal.
Bernard (Pierre), prêtre.
Bugniau (Nicolas-Marie-Jean), architecte.

Section du Finistère.

Gency (Antoine), tonnelier.
Mercier (André), libraire.
Maillet (Joseph), graveur.

Procureur de la commune.

Chaumette (Pierre-Gaspard-Anaxagoras).

Substituts-adjoints du procureur de la commune.

Hébert (Jacques-René).
Lebois (Claude).

Les administrateurs de la ville de Paris étaient, sous la surveillance du maire, répartis par départements en 1793, de la manière suivante :

Département des subsistances.

Cousin, Bidermann.

Département de la police.

Albertier, Bruslé, Louis Roux.

Département des domaines et finances.

Lesguillez, Guinot.

Département des établissements et travaux publics.

Fallet, Levasseur, Jallier.

Département des biens nationaux.

Roard, Friry, Paris, Daubancourt.

Composition du conseil général de la commune en 1794 et 1795 (jusqu'au 22 septembre 1795), 1ᵉʳ Vendémiaire, an IV.

Jean-Nicolas **Pache**, élu maire de Paris le 13 février 1793, conserve ses fonctions jusqu'au 21 avril 1794, président.

Jean-Baptiste **Fleuriot-Lescot**, élu maire de Paris le 21 avril 1794, conserva ses fonctions jusqu'au 10 thermidor an II (28 juillet 1794), président.

Officiers municipaux formant le corps et le bureau municipal et composant avec les quatre-vingt-seize commissaires, le conseil général :

Avril, négociant, administrateur.
Beaudrais, homme de lettres, administrateur.
Beauvallet, artiste, administrateur.
Cailleux, fabricant de gazes.
Caillot, homme de loi.
Camus, ancien négociant.
Cazenave, citoyen.
Cellier, défenseur officieux.
Champeaux, administrateur.
Charlemagne, instituteur.
Courtois, parfumeur.
Cresson, ancien marchand.
Daubancourt, coffretier.
Daujon, artiste, administrateur.
Deltroit, ancien meunier.
Dumetz, ingénieur, administrateur.
Dumoutiez, marchand tailleur.
Delépine, entrepreneur de bâtiments, administrateur.
Figuet, architecte, administrateur.
Folloppe, apothicaire.
Friry.
Froidure, administrateur.
Forestier.
Godefroy, négociant, administrateur.
Girardin, éventailliste.
Grenard, négociant.
Godard, entrepreneur de bâtiments.
Grepin, bijoutier.
Jérôme, tourneur.
Jobert, négociant.
Jouquoi, tabletier.
Lasnier, receveur des rentes, administrateur
Leclerc, ébéniste.
Legry, grainier.
Lorinet, médecin.
Levasseur, négociant, administrateur.
Louvet.
Magendie, chirurgien, administrateur.
Marino, marchand de porcelaines.

Massé, menuisier.
Menessier, fayencier, administrateur.
Michel, fabricant.
Minier, joaillier.
Paris, homme de lettres.

Renouard, fabricant de gazes.
Salmon, administrateur.
Leguy, médecin.
Tonellier, peintre.

LISTE GÉNÉRALE DES 144 CITOYENS

ÉLUS PAR LES QUARANTE-HUIT SECTIONS ET COMPOSANT LE CONSEIL GÉNÉRAL, LE CORPS MUNICIPAL ET LE BUREAU MUNICIPAL DE LA VILLE DE PARIS EN 1794, ET 1795

(jusqu'au 22 septembre 1795).

Section des Tuileries.

Viallard, perruquier.
Froidure, employé.
Follope, apothicaire.

Section des Champs-Elysées.

Lubin, artiste.
Salmon, ancien administrateur.

Section de la République.

Deveze, charpentier.
Avril, négociant.
Robin, graveur.

Section de la Montagne (butte des Moulins).

Séguy, médecin.
Marino, marchand de porcelaine.
Berthelin, ancien tapissier.

Section des Piques.

Arthur, fabricant de papier peint.
Beaurieux, horloger.
Grenard, négociant.

Section le Pelletier.

Baudrais, homme de lettres.
Picard, épicier.
Arnaud, citoyen.

Section du Mont-Blanc.

Guérin, ancien adjudant.
Delamatte, pâtissier.

Section du Muséum (ci-devant Louvre).

Le Gendre, doyen des comptes de quartier à la poste.
Deltroit, ancien meunier.
Fleuriot-Lescot (Jean-Baptiste-Edmond).

Section des Gardes Françaises.

Forestier, chirurgien.

Section de la Halle au blé.

Daubancourt, coffretier.
Cresson, ancien marchand.
Benoît, tailleur.

Section du Contrat Social.

Le Pauvre, professeur de mathématiques.

Section de Guillaume Tell, ci-devant le Mail.

Mouret, employé aux messageries.
Friry, employé à l'administration des loteries.
Camus, ancien négociant.

Section de Brutus, ci-devant Molière et Fontaine.

Menessier, fayencier.
Charlemagne, instituteur.
De la Cour, notaire.

Section de Bonne-Nouvelle.

Jault, artiste.
L'Amiral, fruitier.
Véron, professeur, officier de paix.

Section des Amis de la Patrie.

Chrétien, doreur.
Cailleux, fabricant de gazes.
Renouard, fabricant de gazes.

Section de Bonconseil.

Bergot, employé à la halle aux cuirs.
Lechenard, tailleur.
Courtois, professeur.

Section des Marchés ci-devant des Halles.

Jobert, négociant.
Dumoutiez, marchand tailleur.

Section des Lombards.

Le Lièvre, graveur en pierres fines.
Cordas, brodeur.

Section des Arcis.

Passe, marchand bonnetier.
Jérôme, tourneur.
Lépine, entrepreneur de bâtiments.

Section du faubourg Montmartre.

Tonnellier (André), peintre.
Legry, grainier.
Gagnant, peintre.

Section Poissonnière.

Faro, peintre.
Pelletier, marchand de vin.
Renard, citoyen.

Section de Bondy.

Daujon, artiste.
Faineaux, cordonnier.
Beauvallet, artiste.

Section du Temple.

Figuet, architecte.
Talbot, maçon.

Section de Popincourt.

Saret, sculpteur.
Dangé, épicier.
Vilchericht, cordonnier.

Section de Montreuil.

Quenixt, ébéniste.
Teurlot, horloger.
Bernard, ci-devant ministre du culte catholique.

Section des Quinze-Vingts.

Michée, marchand de vin.
Leclerc, ébéniste.

Section des Gravilliers.

Grepin, bijoutier.
Jonquoi, tabletier.
Girardin, éventailliste.

Section du faubourg du Nord.

Gibert, pâtissier.
Barelle, maçon.
Marcelle, entrepreneur de bâtiments.

Section de la Réunion.

Michel, fabricant.
Souard, miroitier.
Cochefer, tapissier.

Section de l'Homme armé.

Louvet, peintre.
Cazenave, citoyen.

Section des Droits de l'homme.

Descombes, maître de langues.
Eude, tailleur de pierres.
Dupaumier, bijoutier.

Section de la Maison commune.

Lauvin, homme de loi, juge.
Quenet, marchand d'avoine.

Section de l'Individualité, ci-devant place des Fédérés.

Levasseur, négociant.
Vincent, entrepreneur de bâtiments.
Remy, citoyen.

Section de l'Arsenal.

Coru, grainier.
Mercier, menuisier.
Henry, buraliste.

Section de la Fraternité.

Boucherie, ancien négociant.
Frémont, mercier.

Section de la Cité.

Lenoir, ingénieur des mines.
Legrand, homme de loi.
Tauchon, graveur.

Section Révolutionnaire, ci-devant du Pont-Neuf.

Minier, joaillier.
Sillaus, apothicaire.
Caillot, homme de loi.

Section des Invalides.

Tessier, mercier.
Gillet-Marie, paveur.
Binet, commis à l'hôtel national des Invalides.

Section de la Fontaine de Grenelle.

Heuflé, fabricant de chocolat.
Magendie, chirurgien.

Section de l'Unité, ci-devant Quatre-Nations.

Champeaux, citoyen.
Paquotte, ciseleur sur métaux.
Massé, menuisier.

Section de Marat, ci-devant de Marseille.

Laurent.
Simon, cordonnier.

Section du Bonnet-Rouge, ci-devant Croix-Rouge.

Devaux, jardinier.
Millier, mercier.
Godefroy, négociant.

Section Mutius-Scœvela, ci-devant Luxembourg.

Godars, entrepreneur de bâtiments.
Lasnier, receveur de rentes.
Soulès, membre de la commune du 10 août.

Section Régénérée, ci-devant Beaurepaire.

Langlois, papetier.

Cellier, défenseur officieux.
Dumez, ingénieur-géographe.

Section du Panthéon français.

Paris, homme de lettres.
Lorinet, médecin.
Gadeau, huissier du juge de paix.

Section de l'Observatoire.

Pain, peintre.
Lecomte, instituteur,

Section des Sans-Culottes.

Félix, professeur de musique.
Guyot, instituteur.

Section du Finistère.

Mercier, libraire.

La municipalité de Paris étant devenue le dépôt des actes de naissances, décès, mariages et divorces des habitants, en vertu de la loi du 20 septembre 1792, le conseil général nomma les six officiers de l'état civil dont les noms suivent et qui furent chargés de recevoir les déclarations y relatives, savoir :

Les citoyens Pierre-Jacques Legrand, Edme-Nazaire Jacquotot, Louis Roure, Louis-Richard Chauslay, Jean-Henri Lenoir, Claude-Antoine Deltroit.

Les administrateurs de la ville de Paris étaient, sous la surveillance du maire, répartis par départements, en 1794 et 1795 (jusqu'au 22 septembre 1795), de la manière suivante, savoir :

Département des subsistances.

Administrateurs : Louvet, Dumez, Champeaux.

Département de la police.

Administrateurs : Beaudrais, Froidure, Soulès, Figuet, Menessier, Godard, Marino, Michel, Cailleux, Gagnant, Heussée, Daugé.

Département du domaine dès finances.

Administrateurs : Salomon, Godefroi, Lasnier.

Département des établissements publics.

Administrateurs : Levasseur, Daujon, Magendie.

Département des travaux publics.

Administrateurs : Beauvalet, Avril, de L'Epine.

La municipalité de Paris sous le Directoire

(DU 27 OCTOBRE 1795 AU 9 NOVEMBRE 1799)

et sous le Consulat

(DU 9 NOVEMBRE 1799 AU 17 FÉVRIER 1800)

DIVISION DU TERRITOIRE DE LA COMMUNE DE PARIS EN 12 MUNICIPALITÉS

Ar un décret de la Convention nationale du 19 vendémiaire de l'an quatrième de la République française (11 octobre 1795), le territoire de la commune de Paris, circonscrit dans les limites désignées par les lois des 21 mai, 27 juin et 17 octobre 1790, forma un canton.

En outre, conformément à l'article 183 de la constitution de l'an III, le canton de Paris fut divisé en douze municipalités avec un bureau central.

Les douze municipalités du canton de Paris furent désignées par ordre numérique, ainsi qu'il suit et comprirent les sections désignées ci-après, savoir :

La première. — Les sections des Tuileries, des Champs-Elysées, de la place Vendôme et du Roule.

La seconde. — Les sections de Lepelletier, du Mont-Blanc, de la butte des Moulins et du Faubourg-Montmartre.

La troisième. — Les sections du Contrat-Social, de Brutus, du Mail et Poissonnière.

La quatrième. — Les sections des Gardes-Françaises, des Marchés, du Muséum et de la Halle au Blé.

La cinquième. — Les sections de Bonne-Nouvelle, du Bon-Conseil, du faubourg du Nord et de Bondi.

La sixième. — Les sections des Lombards, des Gravilliers, du Temple et des Amis de la Patrie,

La septième. — Les sections de la Réunion, de l'Homme-Armé, des Droits de l'Homme et des Arcis.

La huitième. — Les sections des Quinze-Vingts, de l'Indivisibilité, de Popincourt et de Montreuil.

La neuvième. — Les sections de la Fraternité, de la Fidélité, de l'Arsenal et de la Cité.

La dixième. — Les sections de l'Unité, de la Fontaine de Grenelle, de l'Ouest et des Invalides.

La onzième. — Les sections des Thermes, de Mucius-Scœvola, du Théâtre-Français et du Pont-Neuf,

La douzième. — Les sections du Jardin des Plantes, de l'Observatoire, du Finistère et du Panthéon.

La police et les subsistances furent déclarées objets indivisibles dans le canton de Paris et furent en conséquence administrées par le bureau central, conformément à l'article 184 de la constitution de l'an III, en la manière prescrite par les articles X, XI et XII de la loi du 21 fructidor de la troisième année de la République française.

Dans le canton de Paris, les commissaires de police furent, en vertu du même décret de la Convention, nommés et révocables par le bureau central.

La division du canton de Paris en douze municipalités, qui succéda à la subdivision en sections, dura du 19 vendémiaire an IV (11 octobre 1795) au 1ᵉʳ janvier 1860, date à laquelle la ville de Paris fut divisée en vingt arrondissements.

Nota. — Les articles 183 et 184 de la constitution de l'an III (5 fructidor an III, 22 août 1795) sont ainsi conçus :

Art. 183. Dans les communes dont la population excède cent mille habitants, il y a au moins trois administrations municipales. Dans ces communes, la division des municipalités se fait de manière que la population de l'arrondissement de chaque commune n'excède pas cinquante mille individus, et ne soit pas moindre de trente mille. La municipalité de chaque arrondissement est composée de sept membres.

Art. 184. Il y a, dans les communes divisées en municipalités, un bureau central pour les objets jugés indivisibles par le corps législatif. Ce bureau est composé de trois membres nommés par l'administration de département et confirmés par le pouvoir exécutif.

Composition de l'administration centrale et municipale de la commune de Paris

DU Iᵉʳ VENDÉMIAIRE AN IV DE LA RÉPUBLIQUE (22 septembre 1795) AU 28 PLUVIOSE AN VIII (17 février 1800).

E département de la Seine était à cette époque composé de dix-sept cantons dont les chefs-lieux étaient : Belleville, Charenton, Châtillon, Choisy, Clichy, Colombes, Franciade, Le Bourg de l'Egalité, Montreuil, Nanterre, Pantin, Paris, Passy, Pierrefitte, Villejuif, Vincennes et Issy-l'Union.

L'administration centrale, séant à Paris, pendant les années IV, V, VI, VII et VIII, c'est-à-dire du 22 septembre 1795 au 17 février 1800, était composée des citoyens dont les noms suivent, savoir :

AN IV	AN V	AN VI	AN VII	AN VIII
(du 22 septembre 1795 au 22 septembre 1796).	(du 22 septembre 1796 au 22 septembre 1797)	(du 22 septembre 1797 au 22 septembre 1798)	(du 22 septembre 1798 au 22 septembre 1799)	(du 22 septembre 1799 au 17 février 1800)
Nicoleau, président. Guyard, Faure, Joubert, Sotin, administrateurs. Paré, commissaire du pouvoir exécutif. Dupin, secrétaire en chef.	Nicoleau, président. Faure, Joubert, Sotin, Fournier, administrateurs. Moreau, commissaire du pouvoir exécutif. Dupin, secrétaire en chef.	Demeniée, président. Boscheron, Fieffé, Pinon du Coudray, Thiou de la Chaume, administrateurs. Mathieu X., commissaire du pouvoir exécutif. Dupin, secrétaire en chef.	Joubert, président. Picard, Trevilliers, Sauzaye, Gastrez, administrateurs. Dupin, commissaire du pouvoir exécutif. Houdeyer, secrétaire en chef.	Lecouteulx, président. Sabatier, Sauzaye, Davous, Guinebaud, administrateurs. Réal, commissaire du pouvoir exécutif. Houdeyer, secrétaire en chef.

Le bureau central du canton de Paris, établi par l'article 184 de la Constitution, était établi, sous la surveillance de l'autorité immédiate du département, de la manière suivante :

Cousin, Astier, Maisoncelle, commissaires. Bauve, secrétaire-général.	Cousin, Limodin, Bréon, commissaires. Desmousseaux, commissaire du pouvoir exécutif. Bauve, secrétaire-général.	Cousin, Limodin, Bréon, commissaires. Baudin, commissaire du pouvoir exécutif. Bauve, secrétaire-général.	Cousin, Milly, Leffort, commissaires administrateurs. Picquenard, commissaire du pouvoir exécutif. Bauve, secrétaire-général.	Milly, Letellier, Champein, commissaires administrateurs. Lemaire, commissaire du pouvoir exécutif. Meunier, secrétaire en chef. Bauve, secrétaire-adjoint.

Le territoire de la commune de Paris, désigné par les lois des 27 juin et 17 octobre 1790, formait un canton, lequel, conformément à l'article 183 de la constitution, était divisé en douze municipalités.

Ces douze municipalités étaient administrées, du 22 septembre 1795 au 17 février 1800, par les citoyens, au nombre de sept par municipalité, dont les noms suivent, savoir :

AN IV (du 22 septembre 1795 au 22 septembre 1796)	AN V (du 22 septembre 1796 au 22 septembre 1797)	AN VI (du 22 septembre 1797 au 22 septembre 1798)	AN VII (du 22 septembre 1798 au 22 septembre 1799)	AN VIII (du 22 septembre 1799 au 17 février 1800)

Iʳᵉ MUNICIPALITÉ
Maison Latour. — Faubourg Saint-Honoré.
COMPOSÉE DES SECTIONS DES TUILERIES, DES CHAMPS-ÉLYSÉES, DE LA PLACE VENDOME ET DU ROULE.

AN IV	AN V	AN VI	AN VII	AN VIII
Fontaine.	Toutin, président.	Toutin, président.	Brulard, président.	Garnot, président.
Petit, homme de loi.	Bayard.	Alizard.	Margues.	Brulard.
Lubin.	Aubry.	Lindy.	Moussard.	Moussard.
Hadot, épicier.	Lorain.	Lorain.	Laroche.	Bunou.
Gouvelle, orfèvre.	Lindy.	Soisson.	Roblatre.	Santerre.
Marol, ex-commissaire de police.	Soisson.	Périn, officier de l'état civil.	Colard.	Bazelut.
Massal, commissaire du pouvoir exécutif.	Alizard.	Viger, commissaire du pouvoir exécutif.	Mailly.	Roussin.
	Viger, commissaire du pouvoir exécutif.	Pannequin, secrétaire en chef.	Viger, commissaire du directoire exécutif.	Piis, commissaire du pouvoir exécutif.
	Pannequin, secrétaire.	Vidoine, secrétaire de l'état civil.	Pannequin, secrétaire en chef.	Pannequin, secrétaire en chef.
	Fontaine, officier de l'état civil.		Thibault, secrétaire de l'état civil.	Thibault, secrétaire de l'état civil.

IIᵉ MUNICIPALITÉ
Maison Mondragon. — Rue d'Antin.
COMPOSÉE DES DIVISIONS DE LEPELLETIER, DU MONT-BLANC, DE LA BUTTE DES MOULINS ET DU FAUBOURG MONTMARTRE.

AN IV	AN V	AN VI	AN VII	AN VIII
Seguy, ex-officier municipal.	Baleux, président.	Baleux, président.	Touzé, président.	Piron, président.
Piron.	Billecoq.	Billecoq.	Piron, architecte.	Vawroosmalen.
Caron, ex-officier municipal.	Picard.	Picard.	Pons, bijoutier.	Bourlier.
Leclercq.	Bry.	Bry.	Desnoes, fayencier.	Lebeau-Dubignon.
Hannoteau.	Meaux Saint-Marc.	Leclerc.	Lacoste, propriétaire.	Saulnier.
Lahorde.	Leclercq.	Corbin.	Allard, architecte.	Misnier.
Balleu.	Lefebvre.	Lefebvre.	Lescot, pharmacien.	Desnoes.
Collin.	Lardin, commissaire du pouvoir exécutif.	Lardin, commissaire du pouvoir exécutif.	Lauthenas, commiss. du directoire exéc.	Tobie, commissaire du pouvoir exécutif.
Lachevardière.	Lachevardière, secrétaire en chef.	Lachevardière, secrétaire en chef.	Soutoul, secrétaire en chef.	Ravault, secrétaire en chef.
	Duclos, secrétaire de l'état-civil.			

IIIᵉ MUNICIPALITÉ
Place des Victoires nationales.
COMPOSÉE DES DIVISIONS DU CONTRAT SOCIAL, DE BRUTUS, DU MAIL ET POISSONNIÈRE.

AN IV	AN V	AN VI	AN VII	AN VIII
Labadie-Paris.	Labadie-Paris, prés.	Labadie-Paris, prés.	Labadie-Paris, prés.	Véron, président.
Véron.	Charvin.	Charvin.	Charvin.	Charvin.
Bourdin.	Gauthier.	Combert.	Combert.	Huot.
Gauthier.	Combert.	Véron.	Véron.	Regnaudet-Rouzières
Dameme.	Bourdin.	Bourdin.	Gauthier.	Pellé.
Tonnelier.	Véron.	Gauthier.	Bazille.	Ducis, commissaire du pouvoir exécutif.
Renard.	Justinard.	Justinard.	Trancart.	Chartier, secrétaire en chef.
Le Pauvre.	Chartier, commissaire du pouvoir exécutif.	Chartier, commissaire du pouvoir exécutif.	Jean Rivaud, commissaire du directoire exécutif.	
Vaugeois.	Gillet-Lacroix, secrétaire général.	Gillet-Lacroix, secrétaire en chef.	Gillet-Lacroix, secrétaire en chef.	
	Dalbizi, chef de l'état civil.			

AN IV	AN V	AN VI	AN VII	AN VIII
(du 22 septembre 1795 au 22 septembre 1796)	(du 22 septembre 1796 au 22 septembre 1797)	(du 22 septembre 1797 au 22 septembre 1798)	(du 22 septembre 1798 au 22 septembre 1799)	(du 22 septembre 1799 au 17 février 1800)

IVᵉ MUNICIPALITÉ
Maison Grisemois. — Rue Coquillière, n° 29.
COMPOSÉE DES SECTIONS DES GARDES FRANÇAISES, DES MARCHÉS, DU MUSÉUM ET DE LA HALLE AU BLÉ.

Huguet, homme de loi. Beauvallet, artiste statuaire. Christian (Frédéric). Maillot, négociant. Burguburu (Pierre). Aimée, mercier. Martin, homme de lettres. Louis (François). Lebrun, commissaire du pouvoir exécutif.	Huguet, président. Maillot. Buisson. Lemit. Tremeau. Goyenval. Beauvallet. Gourdault, commissaire du pouvoir exécutif. Cellier, secrétaire général. Angot.	Huguet, président. Maillot. Buisson. Lemit. Tremeau. Goyenval. Beauvallet. Julliot. Gourdault, commissaire du pouvoir exécutif. Cellier, secrétaire en chef.	Julliot, président. Goyenval. Lemit. Tremeau. Henriot. Walbrecq. Contencin. Georges Ducis, commissaire du directoire exécutif. Cellier, secrétaire. Monniot, secrétaire de l'état civil.	Leroy, président. Tremeau. Delafontaine. Fleury. Fournera. Daujon, commissaire du pouvoir exécutif. Cellier, secrétaire en chef. Monniot, secrétaire de l'état civil.

Vᵉ MUNICIPALITÉ
Saint-Laurent. — Faubourg Saint-Martin, n° 163.
COMPOSÉE DES SECTIONS DE BONNE-NOUVELLE, DE BON-CONSEIL, DU FAUBOURG DU NORD ET DE BONDI.

Huot. Constant, peintre. Letellier, ex-juge de paix. Mauvage, fabricant d'éventails. Charpentier, entrepreneur de bâtiments. Periac, ex-fonctionnaire public. Terrin, ex-officier municipal. Daumales, homme de lettres.	Comynet, président. Renouard. Roby. Prévost. Duval. Main. Cavaroy. Baudin, commissaire du pouvoir exécutif. Ricou, secrétaire. Prévost, secrétaire de l'état civil.	Comynet, président. Renouard. Boby. Prévost. Duval. Main. Mouchy. Prévost, officier de l'état civil. Baudin, commissaire du pouvoir exécutif. Soutoul, secrétaire général.	Guébert, président. Lesueur. Courtois. Huyot. Porché. Prouteau. Boudin Tobie, commissaire du directoire exécutif. Ricou, secrétaire en chef. Dupont, secrétaire de l'état civil.	Guébert, président. Lesueur. Courtois. Huyot. Prouteau. Vigier, officier de l'état civil. Malassis. Brunot, commissaire du pouvoir exécutif. Ricou, secrétaire en chef. Dupont, secrétaire de l'état civil.

VIᵉ MUNICIPALITÉ
Saint-Martin-des-Champs. — Rue Saint-Martin.
COMPOSÉE DES SECTIONS DES LOMBARDS, DES GRAVILLIERS, DU TEMPLE ET DES AMIS DE LA PATRIE.

Lefebvre, épicier. Crespin. Mothray, bijoutier. Parissot. Guilbot. Lambert. Defrance. Baudin, commissaire du pouvoir exécutif.	Bricogne, président. Lefebvre, officier de l'état civil. Guilhot. Moreau. Lamy. Richard. Boucheron. Souhart, commissaire du pouvoir exécutif. Gallet, secrétaire.	Bricogne, président. Lefebvre. Guilhot. Moreau. Lamy. Richard. Boucheron, chargé des fonctions de l'état civil. Souhart, commissaire du pouvoir exécutif. Gallet, secrétaire général.	Lamy, président. Guilhot. Pillieux. Frappier. Hubard-la-Cour. Danloux. Moreau, chargé des fonctions de l'état civil. Souhart, commissaire du direct. exécutif. Gallet, secrétaire général.	Crété, président. Pagues. Bourgeois, chargé des fonctions de l'état civil. Perdry, commissaire du pouvoir exécutif. Buteau, secrétaire général.

AN IV (du 22 septembre 1795 au 22 septembre 1796)	AN V (du 22 septembre 1796 au 22 septembre 1797)	AN VI (du 22 septembre 1797 au 22 septembre 1798)	AN VII (du 22 septembre 1798 au 22 septembre 1799)	AN VIII (du 22 septembre 1799 au 17 février 1800)

VIIe MUNICIPALITÉ
Maison d'Asnières. — Rue Saint-Avoie, n° 160.
COMPOSÉE DES DIVISIONS DE LA RÉUNION, DE L'HOMME ARMÉ, DES DROITS DE L'HOMME ET DES ARCIS.

AN IV	AN V	AN VI	AN VII	AN VIII
Carnerin, ex-officier municipal, président.	Blondel, président.	Blondel, président.	Guyet, président.	Wulliez, président.
Chenard, ancien négociant.	Chappe.	Fouquet.	Chenard.	Maire.
Mulot-Danger.	Chénard.	Chénard.	Lebelle.	Delaporte.
Phulpin, ex-juge de paix.	Fouquet.	Fournier.	Decourtye.	Naury.
Blondel.	Guérin.	Geoffrenet.	Jeannel.	Chappe, commissaire du pouvoir exécutif.
Pierre Fouquet.	Heuvrard.	Jeannel.	Bousquet.	Lambin, secrétaire en chef.
Dufour, ex-officier municipal.	Jagu.	Laisné.	Martin.	Caron, secrétaire de l'état civil.
Milly, commissaire du pouvoir exécutif.	Milly, commissaire du pouvoir exécutif.	Milly, commissaire du pouvoir exécutif.	Chappe, commissaire du directoire exécutif.	
		Lambin, secrétaire en chef.	Lambin, secrétaire en chef.	
			Caron, secrétaire de l'état civil.	

VIIIe MUNICIPALITÉ
Maison Villedeuil. — Place des Fédérés.
COMPOSÉE DES SECTIONS DES QUINZE-VINGTS, DE L'INVISIBILITÉ, DE POPINCOURT ET DE MONTREUIL.

AN IV	AN V	AN VI	AN VII	AN VIII
Fain, ancien entrepreneur de bâtiments, président.	Fain, entrepreneur, président.	Fain, ex-président du comité civil, président.	Cressent Bernard, président.	Landragin, président.
Moringlaine.	Pinatel, marc. de bois.	Dinesmatin.	Lemarchand.	Rolet.
Dinesmatin, ex-juge de paix.	Dinesmatin, ex-juge de paix.	Pinatel.	Fayolle.	Damoye.
Nubert-Lacour.	Fourcroy, ex-commissaire civil.	Orient, ex-commissaire civil.	Maignet.	Letourneur.
Fourcroy.	Orient, ex-commissaire civil.	Levasseur, administr. des hospices civils.	Michelon.	Mansieaux Chevallier.
Levasseur, ex-officier municipal.	Levasseur, administr. des hôpitaux civils.	Leclerc, homme de loi.	Sabardin.	Hambarger, commissaire du pouvoir exécutif.
Landragin, ex-officier municipal.	Martin Hambarger, commissaire du pouvoir exécutif.	Fayau, rentier.	Girard.	Maréchal, secrétaire en chef.
Martin Hambarger.	Pillas, secrét. en chef.	Hambarger, commiss. du pouvoir exécutif.	Hambarger, commissaire du directoire exécutif.	
		Pillas, secrétaire en chef.	Pillas, secrétaire en chef.	

IX MUNICIPALITÉ
Au presbytère Saint-Jean-en-Grève.
COMPOSÉE DES SECTIONS DE LA FRATERNITÉ, DE LA FIDÉLITÉ, DE L'ARSENAL ET DE LA CITÉ.

AN IV	AN V	AN VI	AN VII	AN VIII
Viollet, président.	Phelippon, président.	Phelippon, président.	Phelippon, président.	Lemoine, président.
Spiman, orfèvre.	Violet.	Nogaret.	Ledru.	Ledru.
Lemoine, ancien négociant.	Nogaret.	Lemoine.	Lemoine.	Denis.
Phelippon, ex-juge de paix.	Virvaux.	Louault.	Denis.	Taine, commissaire du pouvoir exécutif.
Crussière.	Soreau.	Roussel.	Duchesne.	Fredin, secrétaire en chef.
Magin.	Lemoine.	Vergniaux.	Fondard.	
Taisnes.	Magin.	Pulleu.	Neveu.	
	Taine, commissaire du pouvoir exécutif.	Taine, commissaire du pouvoir exécutif.	Taine, commissaire du directoire exécutif.	
	Petitprez, secrétaire en chef.	Virvaux, secrétaire en chef.	Fredin, secrétaire en chef.	

SOUS LA PREMIÈRE RÉPUBLIQUE FRANÇAISE

AN IV (du 22 septembre 1795 au 22 septembre 1796)	AN V (du 22 septembre 1796 au 22 septembre 1797)	AN VI (du 22 septembre 1797 au 22 septembre 1798)	AN VII (du 22 septembre 1798 au 22 septembre 1799)	AN VIII (du 22 septembre 1799 au 17 février 1800)
<td colspan="5" align="center">**Xᵉ MUNICIPALITÉ** *Maison Pourpry. — 374, rue de l'Université.* COMPOSÉE DES SECTIONS DE L'UNITÉ, DE LA FONTAINE GRENELLE, DE L'OUEST ET DES INVALIDES.</td>				
De La Barre, président. Cleff. Perrin. Voisin. Thomas. Lebrun. Pierron.	Godard, président. Deroy. Deschambeaux. Ledoux. Stouff. Jollivet. Duluc. Gastrez, commissaire du pouvoir exécutif. Masson, secrétaire général.	Deroy, président. Deschambeaux. Stouff. Duluc. Jollivet. Lerou. Desanteul. Gastrez, commissaire du pouvoir exécutif. Masson, secrétaire général.	Magendie, président. Rollin. Quin. Cleff. Naigeon. Laboullée. Danjou, commissaire du directoire exécutif. Drujon, secrétaire en chef. Fontanié, secrétaire de l'état civil.	Magendie, président. Quin. Cleff. Laboullée. Contou. Perrin. Fabre. Dubois, commissaire du pouvoir exécutif. Drujon, secrétaire en chef. Fontanié, secrétaire de l'état civil.
<td colspan="5" align="center">**XIᵉ MUNICIPALITÉ** *Rue Mignon. — Maison Nyon, quartier André-des-Arts.* COMPOSÉE DES SECTIONS DES THERMES, DU LUXEMBOURG, DU THÉATRE FRANÇAIS ET DU PONT-NEUF.</td>				
Leblond, président. Violette. Yose. Sillau. Saget. Bonenfan.	Leblond, président. Lecamus. Texier Olivier. D'Haugard. Corbin. Boucher. Lecain. Saget, commissaire du pouvoir exécutif. Bonenfan, secrétaire en chef. Devillers, secrétaire de l'état civil.	Leblond, président. Texier Olivier. D'Haugard. Lecain. Boucher. Lecamus. Duchesne. Saget, commissaire du pouvoir exécutif. Gillet, secrétaire en chef. Devillers, secrétaire de l'état civil.	Gauthier, président. Merigot. Sillau. Cubières. Fabre. Debure. Amory. Delafontaine, commissaire du directoire exécutif. Denhoe, secrétaire en chef. Salomon, secrétaire de l'état civil.	Cubières, président. Merigot. Sillau. Henrion. Julien (de Toulouse). Dumoulin. Rousset. Gaultier, commissaire du pouvoir exécutif. Denhoe, secrétaire en chef. Salomon, chef de l'état civil.
<td colspan="5" align="center">**XIIᵉ MUNICIPALITÉ** *Collège de Lisieux. — Rue Saint-Jean-de-Beauvais.* COMPOSÉE DES SECTIONS DU PANTHÉON FRANÇAIS, L'OBSERVATOIRE, DU JARDIN DES PLANTES ET DU FINISTÈRE.</td>				
Regnaud, président. Gadeau. Lefebvre. Coisnon. Leblond. Le Brigand. Castrez. Gobert. Ribout. Benon.	Regnard, président. Desprez. Tricadeau. Coisnon. Poulin. Collette. Jacquet. Rousseau, commissaire du pouvoir exécutif. Gobert, secrétaire en chef.	Regnard, président. Desprez. Tricadeau. Coisnon. Poulin. Collette. Jacquet. Rousseau, commissaire du pouvoir exécutif. Gobert, secrétaire en chef.	Tricadeau, président. Dupont. Jacquet. Coisnon. Fessard. Delonchamp. Berthelou. Chapuis, commissaire du directoire exécutif. Gobert, secrétaire en chef. Gosse, secrétaire de l'État civil.	Coisnon, président. Lesieur. Viel. Vilmur. Dufour. Chapuis, commissaire du pouvoir exécutif. Gobert, secrétaire en chef. Desbons, secrétaire de l'état civil.

La municipalité de Paris sous le Consulat du 17 février 1800 au 18 mai 1804

CONSTITUTION DE L'AN VIII

DIVISION DU TERRITOIRE. — CRÉATION DES PRÉFECTURES, SOUS-PRÉFECTURES. — INSTITUTION DES CONSEILS GÉNÉRAUX, D'ARRONDISSEMENTS ET MUNICIPAUX.

(LOI DU 28 PLUVIÔSE AN VIII)

ONAPARTE, premier consul, proclama, le 28 pluviôse an VIII (17 février 1800), loi de la République une et indivisible, le décret rendu, sur la proposition faite par le gouvernement, par le corps législatif, concernant la division du territoire et l'administration.

Ce décret divisa le territoire européen de la République en départements et en arrondissements communaux.

L'administration des départements, alors au nombre de quatre-vingt-dix-huit, fut établie sur les bases ci-après indiquées, savoir :

Chaque département sera administré par un préfet, un conseil de préfecture et un conseil général, lesquels rempliront les fonctions exercées précédemment par les administrateurs et commissaires de département.

Le conseil de préfecture sera composé de cinq membres et le conseil général de vingt-quatre dans vingt-neuf départements dont les noms furent désignés et au nombre desquels était celui de la Seine. Le même conseil sera composé de quatre membres et le conseil général de vingt dans dix-neuf autres départements moins importants, et enfin le conseil de préfecture sera composé de trois membres et le conseil général de seize dans les autres départements au nombre de cinquante.

Le préfet sera chargé seul de l'administration.

Le conseil de préfecture prononcera :

Sur les demandes de particuliers tendant à obtenir la décharge ou la réduction de leur cote de contributions directes ;

Sur les difficultés qui pourraient s'élever entre les entrepreneurs de travaux publics et l'administration concernant le sens ou l'exécution des clauses de leur marché ;

Sur les réclamations des particuliers qui se plaindront de torts et dommages procédant du fait personnel des entrepreneurs et non du fait de l'administration ;

Sur les demandes et contestations concernant les indemnités dues aux particuliers, à raison des terrains pris ou fouillés pour la confection des chemins, canaux et autres ouvrages publics ;

Enfin, sur le contentieux des domaines nationaux.

Lorsque le préfet assistera au conseil de préfecture, il présidera ; en cas de partage, il aura voix prépondérante.

Le conseil général de département s'assemblera chaque année ; l'époque de sa réunion sera déterminée par le gouvernement ; la durée de sa session ne pourra excéder quinze jours. Il nommera un de ses membres pour président, un autre pour secrétaire. Il fera la répartition des contributions directes entre les arrondissements communaux du département. Il statuera sur les demandes en réduction faites par les conseils d'arrondissements, les villes, bourgs et villages. Il déterminera, dans les limites fixées par la loi, le nombre de centimes additionnels dont l'imposition sera demandée pour les dépenses de département. Il entendra le compte annuel que le préfet rendra de l'emploi des centimes additionnels qui auront été destinés à ces dépenses. Il exprimera son opinion sur l'état et les besoins du département et l'adressera au ministre de l'Intérieur.

Un secrétaire général de préfecture aura la garde des papiers et signera les expéditions.

L'administration communale fut réglée comme il est indiqué ci-après :

Dans chaque arrondissement communal, il y aura un sous-préfet et un conseil d'arrondissement composé de onze membres.

Le sous-préfet remplira les fonctions exercées précédemment par les administrations municipales et les commissaires de canton, à la réserve de celles qui sont attribuées ci-après au conseil d'arrondissement et aux municipalités.

Le conseil d'arrondissement s'assemblera chaque année ; l'époque de sa réunion sera déterminée par le gouvernement ; la durée de sa session ne pourra excéder quinze jours. Il nommera un de ses membres pour président et un autre pour secrétaire. Il fera la répartition des contributions directes entre les villes, bourgs et villages de l'arrondissement. Il donnera son avis motivé sur les demandes en décharge qui seront formées par les villes, bourgs et villages. Il entendra le compte annuel que le sous-préfet rendra de l'emploi des centimes additionnels destinés aux dépenses de l'arrondissement. Il exprimera son opinion sur l'état et les besoins de l'arrondissement et l'adressera au préfet.

Dans les arrondissements communaux où sera situé le chef-lieu de département, il n'y aura pas de sous-préfet.

Les municipalités furent établies conformément aux indications suivantes :

Dans les villes, bourgs et autres lieux dont la population n'excédera pas deux mille cinq cents habitants, il y aura un maire et un adjoint ; dans les villes de deux mille cinq cents à cinq mille habitants, un maire et deux adjoints ; dans celles de cinq mille à dix mille habitants, un maire, deux adjoints et un commissaire de police. Dans les villes où la population excédera dix mille habitants, il y aura, en outre du maire, des deux adjoints et d'un commissaire de police, un adjoint par vingt mille habitants d'excédant et un commissaire par dix mille habitants d'excédant.

Les maires et adjoints rempliront les fonctions administratives précédemment exercées par l'agent municipal et l'adjoint relativement à la police et à l'état civil ainsi que celles exercées par les administrations municipales de canton, les agents principaux et adjoints.

Dans les villes de cent mille habitants et au-dessus, il y aura un maire et un adjoint à la place de chaque administration municipale ; il y aura, de plus, un commissaire général de police auquel les commissaires de police seront subordonnés et qui sera lui-même subordonné au préfet ; néanmoins, il exécutera les ordres qu'il recevra immédiatement du ministre chargé de la police.

Il y aura un conseil municipal dans chaque ville, bourg ou autre lieu pour lequel il existait un agent municipal et un adjoint. Le nombre de ses membres sera de dix dans les lieux dont la population n'excède pas deux mille cinq cents habitants ; de vingt dans ceux où elle n'excède pas cinq mille habitants ; de trente dans ceux où la population est plus nombreuse. Ce conseil s'assemblera chaque année le 15 pluviose et pourra rester assemblé quinze jours. Il pourra être convoqué extraordinairement par ordre du préfet. Il entendra et pourra débattre le compte des recettes et dépenses municipales qui sera rendu par le maire au sous-préfet qui l'arrêtera définitivement. Il règlera le partage des affouages, pâtures, récoltes et fruits communs, ainsi que la répartition des travaux nécessaires à l'entretien et aux réparations des propriétés qui sont à la charge des habitants. Il délibérera sur les besoins particuliers et locaux de la municipalité, sur les emprunts, sur les octrois ou contributions en centimes additionnels qui pourront être nécessaires pour subvenir à ces besoins, sur les procès qu'il conviendra d'intenter ou de soutenir pour l'exercice et la conservation des droits communs.

A Paris, dans chacun des arrondissements municipaux, un maire et deux adjoints seront chargés de la partie administrative et des fonctions relatives à l'état civil. Un préfet de police sera chargé de tout ce qui concerne la police et aura sous ses ordres des commissaires répartis dans les douze municipalités. A Paris, le conseil de département remplira les fonctions de conseil municipal.

D'autre part, les nominations de ces divers fonctionnaires devront être faites de la manière suivante :

Le premier Consul nommera les préfets, les conseillers de préfecture, les membres des conseils généraux de département, le secrétaire général de préfecture, les sous-préfets, les membres des conseils d'arrondissement, les maires et adjoints des villes de plus de cinq mille habitants, les commissaires généraux de police et le préfet de police dans les villes où il en sera établi.

Les membres des conseils généraux de département et ceux des conseils d'arrondissement communaux seront nommés pour trois ans, ils pourront être continués.

Les préfets nommeront et pourront suspendre de leurs fonctions les membres des conseils municipaux ; ils nommeront et pourront suspendre les maires et adjoints dans les villes dont la population est au-dessous de cinq mille habitants. Les membres des conseils municipaux seront nommés pour trois ans ; ils pourront être renommés.

Enfin, les traitements furent fixés ainsi qu'il suit :

Dans les villes dont la population n'excède pas quinze mille habitants, le traitement du préfet sera de 8.000 fr.

Dans celles de quinze mille à trente mille habitants, il sera de 12.000 fr.

Dans celles de trente mille à quarante-cinq mille habitants, il sera de 16.000 fr.

Dans celles de quarante-cinq mille à cent mille habitants, il sera de 20.000 fr.

Dans celles de cent mille habitants et au-dessus, il sera de 24.000 fr.

A Paris, il sera de 30.000 fr.

Le traitement des conseillers de préfecture sera dans chaque département le dixième de celui du préfet, il sera de 1.200 fr. dans les départements où le traitement du préfet ne sera que de 8.000 fr.

Le traitement des sous-préfets dans les villes dont la population excèdera vingt mille habitants sera de 4.000 fr. et de 3.000 fr. dans les autres.

Le gouvernement fixera, en outre, pour chaque département, la somme des frais de bureau qui sera employée par l'administration.

. . . .

Ce nouveau système d'administration, a dit M. Chaptal, ministre de l'Intérieur, « présentait à la fois force et promptitude pour l'exécution de la loi, facilité, justice et économie pour l'administration. L'exécution de la loi et des actes du gouvernement était ainsi confiée à un seul homme essentiellement responsable dans chaque département, lequel correspondait sans intermédiaire avec les ministres, de telle façon que le préfet ne connaît que le ministre et que le ministre ne connaît que le préfet. Le fonctionnaire, mis de cette façon à la tête de chaque département, ne discute pas les ordres qui lui sont transmis, il les applique et en assure l'exécution, il transmet les ordres au sous-préfet qui les communique lui-même aux maires, de manière que la chaîne d'exécution descend sans interruption du ministre à l'administré.

Ce plan ne laisse, en outre, rien à l'arbitraire, puisqu'il place à côté du préfet et du sous-préfet des conseils qui sont chargés de défendre les intérêts de l'administré. »

. . . .

Un arrêté du 17 ventôse an VIII (8 mars 1800) (article XIV), détermine que :

Les préfets seront vêtus comme il suit : habit bleu, veste, culotte ou pantalon blancs, collet, poches, parements de l'habit brodés en argent, suivant les dessins déterminés pour les habits du gouvernement, écharpe rouge, franges d'argent, chapeau français bordé en argent, une arme ;

Le préfet de police sera vêtu, dans l'exercice de ses fonctions, comme il suit : habit bleu, veste, culotte ou pantalon rouges, collet; poches et parements de l'habit brodés en argent, chapeau français, bordé en argent, une arme.

Par un arrêté du 17 floréal an VIII (7 mai 1800), le costume des sous-préfets fut fixé comme suit : habit bleu, veste, culotte ou pantalon blancs, collet et parements de l'habit seulement brodés en argent, même dessin que les préfets. Les secrétaires généraux auront le même costume que les sous-préfets, avec ceinture bleu ciel à franges d'argent.

Les maires auront un habit bleu et une ceinture rouge à franges tricolores. Les adjoints auront le même habit que les maires et une ceinture rouge à franges blanches.

Ces différents costumes ont reçu, depuis cette époque, de nombreuses modifications.

Par un arrêté du 17 ventôse an VIII (8 mars 1800), les consuls de la République arrêtèrent les villes où seraient établis les préfectures et sous-préfectures. Le département de la Seine fut, en vertu de cet arrêté, divisé ainsi qu'il suit :

Seine, chef-lieu de préfecture : Paris.

Chefs-lieux de sous-préfectures : Saint-Denis, Sceaux, Paris.

En outre, le département de la Seine fut divisé en dix-sept cantons.

1° Saint-Denis (huit cantons) : Pierrefite, Pantin, Belleville, Clichy-la-Garenne, Passy, Nanterre, Colombe, Franciade.

2° Sceaux (huit cantons) : Vincennes, Montreuil, Charenton-le-Pont, Choisy-sur-Seine, Sceaux-l'Unité, Châtillon, Issy-l'Union, Villejuif.

Et Paris (un canton).

Composition de la Municipalité de Paris

(DU 17 FÉVRIER 1800 AU 18 MAI 1804).

A la suite de la promulgation de la loi du 28 pluviôse an VIII (17 février 1800), l'administration municipale de Paris fut constituée, en vertu de divers arrêtés des consuls, de la manière suivante :

I. PRÉFET DE LA SEINE.

Frochot (Nicolas-Thérèse-Benoît), administrateur du département de la Côte-d'Or, nommé préfet de la Seine, par arrêté du 11 ventôse an VIII (2 mars 1800).

II. SECRÉTAIRE GÉNÉRAL DE LA PRÉFECTURE DE LA SEINE.

Mejean (Étienne), nommé secrétaire général de la préfecture de la Seine, le 18 brumaire an VIII (9 novembre 1799), pour compter du 28 pluviôse an VIII (17 février 1800).

III. MEMBRES DU CONSEIL DE PRÉFECTURE (au nombre de 5).

Dumont-Lacharney ; Marchand, commissaire du gouvernement près le premier arrondissement ; Lalouette ; Perdrix, administrateur du département de la Seine ; Champion. Nommés membres du conseil de préfecture du département de la Seine, par arrêté du 18 ventôse an VIII (9 mars 1800). Fain, membre de la commission des contributions directes, nommé le 16 germinal an VIII (3 avril 1800), en remplacement de Lalouette démissionnaire.

IV. MEMBRES DU CONSEIL GÉNÉRAL DU DÉPARTEMENT DE LA SEINE
(au nombre de 24).

1, Quatremère ; 2, Lenormand ; 3, Demautort, ex-administrateur de la Seine ; 4, Rouillé de l'Estang, ex-commissaire de la trésorerie ; 5, Bidermann ; 6, Auson, administrateur des postes ; 7, Raguideau ; 8, Duvidal, inspecteur des postes ; 9, Rougemont ; 10, Perrier, des eaux de Paris ; 11, Belard ; 12, Perrignon ;

13, Dumangin ; 14, Deluynes, ex-constituant ; 15, Harcourt ; 16, Davilliers ; 17, Lefèvre ; 18, Mallet ; 19, Moreau ; 20, Nauroix, directeur de la manufacture des glaces ; 21, Rougemont, directeur de filature de coton ; 22, Sabathier, censeur de la banque ; 23, Petit, de Neuilly ; 24, Godefroy, de Villejuif. Nommés membres du conseil général du département de la Seine, par arrêté du 19 ventôse an VIII (10 mars 1800).

V. PRÉFET DE POLICE.

Dubois, nommé préfet de police par arrêté du 17 ventôse an VIII (8 mars 1800).

VI. SECRÉTAIRE GÉNÉRAL DE LA PRÉFECTURE DE POLICE

Piis, nommé secrétaire général de la préfecture de police par arrêté du 23 ventôse an VIII (14 mars 1800).

Lorsque Frochot, premier préfet de la Seine, fut appelé à ces hautes fonctions, il fut reçu en audience par Bonaparte le 14 ventôse an VIII (5 mars 1800), c'est-à-dire quatre jours avant la signature de l'arrêté confirmant sa nomination. « Je sais qui vous êtes, lui dit le premier Consul, mais, entre tous les motifs qui « m'ont déterminé à vous confier l'importante préfecture de la Seine, il en est un « que je puis rappeler : c'est qu'ayant été assez mal mené par la révolution, vous « n'en êtes pas moins resté constamment attaché à vos principes, et qu'étant admi- « nistrateur de votre pays, vous n'y avez persécuté personne ».

. . . .

Le premier conseil général de la Seine se réunit en séance le 1er thermidor an VIII (20 juillet 1800) ; il inaugura ses travaux par une visite faite le 5 du même mois (thermidor) aux Tuileries, et y fut reçu, préfet en tête, par le premier Consul.

Le 9 Thermidor à l'Hôtel de Ville de Paris

(27 juillet 1794)

.Bonneville del.   Bonnet sculp.
Robespierre (Maximilien)
Député à la Convention nationale.

ROBESPIERRE (Maximilien), représentant de Paris à la Convention, effrayé lui-même du sang qu'il faisait verser, pensa qu'il était opportun de donner au régime de la Terreur une direction nouvelle et institua le culte de l'Etre suprême le 7 mai 1794 (18 floréal an II), la veille du jour où le célèbre Lavoisier, ancien fermier général, fut condamné par le tribunal révolutionnaire. Il ordonna en outre des fêtes en l'honneur de la nature, du genre humain, de la vérité, de la justice, de l'amitié, de la pudeur même, qui eurent lieu le 20 prairial an II (18 juin 1794), et auxquelles il assista en triomphateur. Il était alors omnipotent ; il disposait de la force armée par le commandant en chef Henriot, de la commune, par le maire de Paris Fleuriot-Lescot, et du tribunal révolutionnaire par son président Dumas et son vice-président Coffinhal ; il formait, avec ses deux amis, Couthon et Saint-Just, députés à la Convention, un véritable triumvirat, et n'avait plus qu'un pas à faire pour arriver à la dictature.

Mais cette omnipotence fut de courte durée. On trouva sur un membre du tribunal révolutionnaire, arrêté, une liste de proscription faite par Robespierre contre des membres du comité de Salut public. Le puissant conventionnel avait, à cette époque, des allures mystérieuses qui le rendaient terrible aux yeux de ses contemporains et surtout de ses ennemis personnels. Fouché, représentant du Rhône à la Convention, était au nombre de ces derniers ; il avait été chassé du club des Jacobins parce que, selon l'avis de Robespierre, « sa figure était l'expression du crime ». Le premier était athée, le second croyait que « la mort n'était pas un sommeil éternel ». L'inimitié de ces deux hommes précipitèrent les événements qui amenèrent les 8 et 9 thermidor an II.

Fouché, pour éviter la colère de Robespierre, ne paraissait ni à la Convention ni à sa demeure personnelle, mais il se rendait sous des déguisements le soir chez ses collègues, et rapportait à ses amis les nouvelles récoltées chez les partisans de son ennemi ; les intentions de Robespierre furent dévoilées.

Billaud-Varennes, Collot-d'Herbois et les principaux membres du comité de Salut public prirent ombrage du pouvoir chaque jour croissant du triumvirat, Robespierre, Saint-Just et Couthon ; ils se concertèrent avec les anciens Dantonistes Tallien, Bourdon (de l'Oise) et Legendre, et s'apprêtèrent à la résistance.

Robespierre, jadis qualifié d'incorruptible, et surnommé « Pisistrate » à la suite de son triomphe du 20 prairial an II, se sentit attaqué, et cessa de paraître lui-même à la Convention ; il se décida à y revenir le 8 thermidor et à monter à la tribune pour dénoncer la coalition qui se formait au sein de l'Assemblée sous les auspices des membres du comité de Salut public et de sûreté générale. Son discours menaçant reçut la désapprobation générale. Robespierre furieux, se rendit le soir du même jour au club des Jacobins où il renouvela ses menaces et déclara qu'il était d'ailleurs « prêt à boire la coupe de Socrate ». Billaud-Varennes et Collot-d'Herbois, présents à cette réunion, reprochèrent à Robespierre de n'avoir pas communiqué son discours au comité de Salut public ; mais ils furent l'objet des insultes de l'Assemblée jacobine et se virent dans la nécessité de quitter la salle.

A la séance de la Convention du lendemain, 9 thermidor an II (27 juillet 1794), présidée par Collot-d'Herbois, Saint-Just prit la parole pour faire connaître qu'il n'appartenait à aucune faction et que bien que la tribune puisse être pour lui la « Roche Tarpéienne », il n'en dira pas moins les causes des divisions qui ont éclaté. Il fut aussitôt interrompu par Tallien qui demanda la parole pour une motion d'ordre... « Je dis la même chose que l'orateur qui précède, s'écria Tallien, « je n'appartiens qu'à moi-même et qu'à la liberté... partout on ne voit que divi-

Dessiné par Ch. Monnet.　　Gravé par Helmon.

LE 9 THERMIDOR A L'HOTEL DE VILLE.

« sions… hier, un membre du gouvernement s'est isolé, a prononcé un discours
« en son nom particulier… on vient d'aggraver les maux de la patrie…je demande
« que le voile soit entièrement déchiré ».

Billaud-Varennes succéda à Tallien à la tribune et prononça les paroles suivantes :

« Hier, la société des Jacobins était remplie d'hommes non munis de cartes,
« hier on a développé dans cette réunion l'intention d'égorger la Convention natio-
« nale, hier j'y ai vu des hommes qui vomissaient ouvertement les infamies les
« plus atroces contre ceux qui n'ont jamais dévié de la Révolution ».

« Je vois sur la Montagne un de ces hommes qui menaçaient les représentants
« du peuple (et désignant Robespierre). Le voilà ! »

Arrêtez-le ! Arrêtez-le ! S'écria-t-on de toutes parts… Robespierre fut saisi et entraîné hors de la salle au milieu des applaudissements.

Lebas voulut parler, mais Billaud-Varennes continua ainsi :

« Je demande que tous s'expliquent en cette Assemblée… Vous frémirez
« d'horreur quand vous saurez la situation où vous êtes, quand vous saurez que
« la force armée est confiée à des mains parricides, que le chef de la garde natio-
« nale a été dénoncé au comité de Salut public par le tribunal révolutionnaire
« comme un complice d'Hébert et un conspirateur infâme. Vous aurez une bien
« étrange idée de la dénonciation, quand vous saurez que celui de qui elle part, a
« fait arrêter le meilleur comité révolutionnaire de Paris, celui de la section de
« l'Indivisibilité. Robespierre, après avoir fait dans le comité toutes ses volontés,
« pendant six mois, y a trouvé de la résistance, lorsqu'il voulut faire rendre le
« décret du 22 prairial, qui dans les mains impures où il se trouvait pouvait être
« funeste aux patriotes… sachez, citoyens, que hier le président du tribunal révo-
« lutionnaire a proposé ouvertement aux Jacobins de chasser de la Convention
« tous les hommes impurs, c'est-à-dire tous ceux qu'on veut sacrifier. Mais le
« peuple est là et les patriotes sauront mourir pour sauver la liberté ».

L'orateur termina en dénonçant Robespierre et en demandant que « la permanence des séances de la Convention soit décrétée, jusqu'à ce que le glaive de la loi ait assuré la Révolution et que l'arrestation des coupables soit ordonnée ».

Ces propositions furent aussitôt adoptées et Billaud-Varennes continua : « Il
« est un nommé Boulanger, conspirateur hébertiste, un autre nommé Dumas qui
« empêcha Collot-d'Herbois de parler aux Jacobins, je demande l'arrestation de
« ces deux hommes et d'un troisième nommé Dufraise ».

L'arrestation de ces trois personnages fut décrétée, ainsi que celle d'Henriot.

Robespierre rentra dans la salle et voulut parler, mais il en fut empêché par les cris de : « A bas le tyran ! A bas le dictateur ! » Et les membres de la Convention donnèrent la parole à Barrère qui proposa de voter la motion suivante :

Art. 1er. — Tous grades supérieurs à celui de chef de légion sont supprimés. La garde nationale reprendra son ancienne organisation; en conséquence, chaque chef de légion commandera à son tour.

Art. II. — Le maire de Paris, l'agent national, et celui qui sera en tour de commander la garde nationale, veilleront à la sûreté de la représentation nationale ; ils répondront de leur tête, de tous les troubles qui pourront survenir à Paris.

Ce décret fut adopté et envoyé sur-le-champ au maire de Paris.

Après Vadier et Tallien, Robespierre voulut de nouveau prendre la parole, mais de nouveaux murmures s'élevèrent de toutes parts contre lui. Thuriot venait de remplacer Collot-d'Herbois au fauteuil de la présidence, lorsque Robespierre se tournant vers lui, lui dit : « Président d'assassins, je te demande la parole ». — Thuriot la lui refusa. Plusieurs conventionnels entourèrent Robespierre et l'un d'eux, Garnier de l'Aube, lui dit : « Tais-toi, bourreau, le sang de Danton te coule dans la bouche ; il t'étouffe ».

Et Robespierre brisé par la fatigue et l'émotion se tut.

Louchet demanda le décret d'arrestation contre **Robespierre** aîné. Robespierre jeune s'écria alors : « Je suis aussi coupable que mon frère, je partage ses
« vertus, je demande aussi le décret d'arrestation contre moi ».

L'arrestation de Saint-Just et de Couthon proposée par Billaud-Varennes fut également décrétée.

Lebas dit alors : « Je ne veux pas partager l'opprobre de ce décret. Je demande
« aussi l'arrestation ».

. . . .

Pendant la séance permanente de la nuit du 9 au 10 thermidor, la Convention fut prévenue qu'un rassemblement séditieux avait envahi le Comité de sûreté générale, en avait forcé l'enceinte, avait arraché les conspirateurs mis en état d'arrestation par la Convention et les avaient conduits à l'Hôtel de Ville où le conseil général de la commune avait levé l'étendard de la rebellion, pour les soustraire à l'autorité de la représentation nationale, et avec l'intention d'imposer aux sections de Paris l'ordre de ne communiquer qu'avec lui, de s'armer, de marcher contre la Convention et d'arrêter les commandants et officiers nommés par elle.

Les Jacobins, en effet, à la nouvelle de l'arrestation de Robespierre, firent sonner le tocsin. Henriot, un moment arrêté, puis délivré par son lieutenant Coffinhal, plaça son artillerie en face des Tuileries, où siégeaient les conventionnels. Le Comité d'exécution de la commune composé de Legrand, Lerebourg, Payan et Louvet adressa en outre à la section des Piques, la lettre suivante : « Courage,
« patriotes de la section des Piques, la liberté triomphe. Déjà ceux que leur fermeté
« a rendu formidables aux traîtres sont en liberté. Partout le peuple se montre
« digne de son caractère. Le point de réunion est à la commune dont le brave
« Henriot exécutera les ordres du Comité d'exécution qui est créé pour sauver la
« patrie ».

La Convention mit aussitôt hors la loi tous ceux qui résistaient ou s'opposaient à l'exécution de son décret d'arrestation et choisit dans son sein douze membres pour aller remplir auprès de la garde nationale de Paris les fonctions que les

ROBESPIERRE AU SALUT PUBLIC

représentants du peuple exercent auprès des armées. — « Allez, leur dirent leurs « collègues, et que le soleil ne se lève pas avant que les rebelles et les conspira- « teurs soient remis aux mains de la justice nationale ». — Léonard Bourdon (de l'Oise), arriva le premier avec sa troupe place de Grève, et Barras pénétra dans l'Hôtel de Ville dont il s'empara. Les conspirateurs furent cernés par les conventionnels.

Robespierre écrivit la lettre suivante adressée à Couthon, dont le fac-simile est donné ci-dessous, et dans laquelle il priait ce dernier de rejoindre les patriotes à l'Hôtel de Ville (1).

Coffinhal se jeta sur son chef Henriot et le précipita par la fenêtre en lui disant : « Scélérat, c'est ta lâcheté qui t'a perdu ». Lebas se tua d'un coup de pistolet. Robespierre jeune se jeta du troisième étage et fut transporté dans un hôtel situé derrière l'église Saint-Gervais. Couthon fut blessé d'un coup de sabre, Robespierre aîné se tira ou reçut un coup de pistolet qui le blessa grièvement. Enfin Saint-Just, seul, le plus jeune de tous, resta impassible.

Les conspirateurs arrêtés, au nombre de 22, et dont les noms suivent, furent conduits à la Conciergerie, savoir :

(1) Musée des Archives Nationales. — 1417. — Vitrine 127.

Maximilien Robespierre, né à Arras, le 6 mai 1758, députe à la Convention, âgé de 35 ans ; (1)

Georges Couthon, né à Orcet, près Clermont-Ferrand, en 1756, député à la Convention, âgé de 38 ans ;

L.-J.-B.-T. Lavalette, né à Paris, commandant de bataillon de la section des Gardes-françaises, âgé de 40 ans ;

F. Henriot, né à Nanterre, commandant général de la force armée de Paris, âgé de 33 ans ;

Dumas, né à Lucy (Haute-Saône), président au tribunal révolutionnaire, âgé de 37 ans ;

Antoine Saint-Just, né à Decize (Nièvre), en 1767, député à la Convention, âgé de 26 ans ;

C.-F. Payan, né à Paul-les-Fontaines, agent national de la commune, âgé de 27 ans ;

N.-J. Vivier, né à Paris, juge au tribunal criminel, président de la séance des Jacobins dans la nuit du 9 au 10 thermidor âgé de 50 ans ;

A.-N. Gobeau, né à Vincennes, officier municipal de la commune, âgé de 26 ans ;

J.-B.-L. Fleuriot-Lescot, maire de Paris, né à Bruxelles, âgé de 39 ans ;

A.-P.-J. Robespierre jeune, député à la Convention, âgé de 30 ans ;

J.-C. Bernard, né à Paris, âgé de 34 ans ; A. Gency, né à Reims, âgé de 33 ans ; J.-L.-F. Warmé, âgé de 29 ans ; J.-L. Forestier, fondeur, âgé de 47 ans ; N. Guérin, receveur de rentes ; J.-M.-B. d'Hazard, perruquier ; C. Cochefer, tapissier ; C.-J.-M. Bougon ; J.-M. Quenet, marchand de bois ; A. Simon, cordonnier ; D.-L. Laurent, membres du Conseil général de la commune.

Ces vingt-deux personnages ayant été mis hors la loi, le tribunal révolutionnaire ne fit que constater leur identité. Ils furent exécutés le 10 thermidor sur la place de la Révolution en présence de nombreux citoyens assemblés : les paniers où tombèrent leurs têtes furent déposés, ainsi que leurs restes au cimetière de La Madeleine où se trouvaient ceux de Louis XVI, dont plusieurs avaient voté eux-mêmes la mort. Tristes rapprochements des choses humaines !

L'administration de Paris, dès la prise de l'Hôtel de Ville par les conventionnels vint présenter à la Convention l'adresse suivante :

« C'est à l'époque du nouveau jour qui luit pour le bonheur et la liberté du
« peuple français, que le département de Paris s'empresse de vous féliciter sur les
« mesures sages et vigoureuses par lesquelles vous avez encore une fois sauvé la
« patrie, et déjoué les complots des traîtres qui, sous l'appât de la liberté vous
« proposaient des chaînes ».

(1) Toutefois, Robespierre fut conduit d'abord au Comité de Salut public où l'illustration ci-dessus le représente étendu sur une table.
Cette table se trouve actuellement au musée des Archives nationales.

Les sections parurent elles-mêmes successivement à la barre de la Convention pour lui assurer qu'elle les trouverait prêtes à verser leur sang pour la défendre.

Ces événements mirent fin à la Commune de Paris et au régime de la Terreur.

On dédia à Robespierre l'épitaphe suivante :

> « Passant ne pleure point son sort,
> « Car s'il vivait, tu serais mort ! »

PACHE (JEAN-NICOLAS)

MAIRE DE PARIS (du 13 février 1793 au 21 avril 1794).

PACHE
Maire de Paris
(du 13 février 1793 au 21 avril 1794).

Pache (Jean-Nicolas), fils d'un Suisse devenu concierge de l'hôtel du duc de Castries, naquit à Paris, en 1746. L'instruction qu'il reçut et ses capacités naturelles le firent remarquer du maréchal de Castries qui le choisit pour précepteur de ses enfants. Il devint ensuite secrétaire du ministère de la marine et contrôleur de la maison du Roi et des dépenses diverses sous le ministère Necker. Mais préférant jouir de la liberté et de la tranquillité, il se démit de ses fonctions, quitta Paris et se retira en Suisse.

Lorsque Roland prit en 1792 le portefeuille de l'Intérieur, Pache, dont le talent comme administrateur avait été apprécié autant que la simplicité et l'honnêteté de ses mœurs, fut appelé par le nouveau ministre dont il avait été l'ami, pour être son collaborateur, et revint à Paris. Du ministère de l'Intérieur il passa à celui de la Guerre où il rendit au ministre Servan les mêmes services qu'à Roland, toujours avec le même patriotisme et le même dévouement. Désirant pour la seconde fois rentrer dans la vie privée, il quitta l'administration le 12 juin 1792, et se rendit dans le midi avec son ami Monge. Au retour de ce voyage scientifique, Pache fut nommé ministre de la Guerre, le 18 octobre 1792, par la Convention, grâce à l'influence des Girondins. Mais s'étant prononcé pour les Montagnards, il fut destitué le 2 février 1793.

Lorsque Chambon, maire de Paris, donna sa démission, Pache fut appelé à le remplacer le 13 février 1793. Son amitié pour Chaumette et Hébert faillit lui être funeste, il fut pour ce motif compris dans la condamnation des Hébertistes ; mais on se contenta de le destituer. Il fut remplacé à la mairie de Paris, le 21 avril 1794, par Fleuriot Lescot.

Pache, après avoir été traduit devant le tribunal révolutionnaire d'Eure-et-Loir et avoir été acquitté, s'éloigna définitivement de la vie politique et se retira dans son domaine de Thin-le-Moutier, près de Charleville, où il mourut le 18 novembre 1823.

FLEURIOT LESCOT

MAIRE DE PARIS (DU 21 AVRIL 1794 AU 10 THERMIDOR AN II, 28 JUILLET 1794).

Fleuriot Lescot naquit à Bruxelles; il fut obligé de quitter son pays natal lors des troubles du Brabant et se réfugia à Paris où il exerça sa profession d'architecte. Lorsque la Révolution de 1789 éclata, il se jeta dans le parti des démagogues et devint l'ami de Robespierre, dans la dépendance duquel se trouvait le Comité de Salut public. Fleuriot Lescot devint substitut de l'accusateur public près le tribunal révolutionnaire, et commissaire aux travaux publics. Après avoir été reçu dans le club des Jacobins, il en exclut les membres modérés, et fut nommé maire de Paris le 21 avril 1794, grâce à l'influence de son ami Robespierre, en remplacement de Jean-Nicolas Pache démissionnaire. Sa magistrature fut d'ailleurs effacée pendant cette période troublée par la terreur et prit fin le 9 thermidor an II (27 juillet 1794). Dès qu'il apprit l'arrestation de son ami Robespierre, il montra une certaine fermeté, réunit les officiers municipaux, fit sonner le tocsin, ordonna la fermeture des barrières et fit placer des canons sur la place de Grève. Lorsque Robespierre fut emmené par les gendarmes à l'Hôtel de Ville, il le fit remettre en liberté et asseoir dans son fauteuil, le déclara sauveur de la patrie, fit prêter serment de mourir pour sa défense et envoya des agents dans les sections pour soulever son parti.

La Convention informée de ce qui se passait, mit Robespierre et ses défenseurs hors la loi. Ceux-ci effrayés par ce décret n'osèrent pas s'armer en sa faveur.

Fleuriot Lescot fut condamné à mort et conduit à l'échafaud le 10 thermidor an II (28 juillet 1794), en compagnie de son protecteur mourant et de vingt de ses amis.

Un très beau médaillon au crayon existe de lui au musée Carnavalet.

DANTON

MINISTRE DE LA JUSTICE

DANTON
Membre du Comité du Salut Public ;
Ministre de la justice (10 août 1792).

Danton (Georges-Jacques), qui fut un ardent défenseur de la Révolution et le promoteur de la commune révolutionnaire, naquit à Arcis-sur-Aube le 28 octobre 1759. Il se maria deux fois : en 1787 à Antoine-Gabrielle Charpentier, puis à Marie-Sébastienne-Louise Gely. De sa première femme, il eut deux fils, Antoine et François-Georges. Sa seconde femme épousa Claude Dupain, préfet des Deux-Sèvres. Ses dispositions oratoires se manifestèrent dès son adolescence. Il vint à Paris où il exerça, comme avocat, au conseil du Roi. Il était d'une haute stature, d'une figure mâle et d'une démarche audacieuse ; il joignait à des instincts quelquefois généreux, les passions révolutionnaires les plus extrêmes. Il paya de sa tête les sentiments de modération dont il fit preuve un jour, contrairement à son tempérament naturellement porté à la violence. Lancé dans la révolution dès sa jeunesse, il devint l'orateur des foules qui le surnommèrent le Roi des Halles, l'ami de Mirabeau, qui reconnaissant en lui le talent nécessaire pour enflammer les passions populaires, et le confident de Robespierre et de Marat qui lui inspirèrent la haine de la royauté.

Lorsque Paris fut divisé en districts, Danton fut élu président de celui des Cordeliers qui, sous son égide, devint rapidement un foyer d'agitation. Nommé substitut du procureur aux élections de Paris, il organisa les mouvements insurrectionnels du 20 juin 1792, fit loger la légion des Marseillais aux Cordeliers, et prépara le soulèvement des faubourgs Saint-Antoine et Saint-Marceau, le 10 août 1792.

L'Assemblée législative nomma, le même jour, Danton, ministre de la justice, poste qu'il conserva jusqu'au 4 octobre 1792. Il présida aux élections des conventionnels et prit la parole à la première séance de la Convention (21 septembre 1792), pour déclarer que toutes les propriétés seraient inviolables et pour faire décréter qu'il ne pouvait y avoir d'autre constitution que celle qui serait acceptée par le peuple. Il proposa, en outre, de voter la peine de mort contre quiconque tenterait de détruire l'unité de la République ou d'établir la dictature, le triumvirat ou le tribunat.

Lorsqu'il fut arrêté dans la nuit du 31 mars 1794, Danton s'écria : « C'est moi « qui ai fait instituer le tribunal révolutionnaire, j'en demande pardon à Dieu et aux « hommes. Mais ce n'était pas pour qu'il fût le fléau de l'humanité! »

Emmené sur la charette qui le menait à l'échafaud le 5 avril 1794, il prononça les paroles suivantes : « O ma femme, ô mes enfants, je ne vous reverrai plus. Allons « Danton, point de faiblesse ! » Puis, s'adressant au bourreau : « Tu montreras ma tête « au peuple, elle en vaut bien la peine ! » Il voulut, avant de mourir, embrasser son ami Hérault de Séchelles, mais le bourreau l'en empêcha et, se plaçant sous le couteau, Danton lui dit : « Misérable, tu n'empêcheras pas nos deux têtes de s'embrasser « dans le panier. »

Danton mourut à l'âge de trente-cinq ans.

Le conseil municipal de Paris, dans sa séance du 30 décembre 1887, adopta un projet de délibération instituant un concours entre tous les sculpteurs français pour l'érection d'un monument à la mémoire de Danton et ouvrant un crédit de 60.000 fr. à cet effet. Par suite, la statue en bronze du grand révolutionnaire fut élevée sur le boulevard Saint-Germain, près de l'Ecole de médecine ; elle fut exécutée par le sculpteur Paris et inaugurée le 14 juillet 1891. Danton est représenté debout, la main droite tendue vers l'ennemi; de la main gauche, il s'appuie sur la tribune. A ses pieds se trouve un jeune homme et un enfant du peuple ; le premier a le fusil sur l'épaule, les pieds dans des sabots, la tête et la poitrine nues, le second est coiffé d'un bonnet phrygien, un tambour jeté sur le dos; tous les deux se penchent ardemment vers les lèvres de l'orateur, électrisés par ses paroles.

Les inscriptions suivantes figurent :

Sur la face nord, tournée vers le boulevard Saint-Germain :
A Danton
La ville de Paris, 1889.

Sur la face sud :
Georges-Jacques Danton, 1759-1794
Ministre de la justice, du 10 août au 9 octobre 1792

Sur la face est :

> Pour vaincre les ennemis de la patrie,
> Il faut de l'audace et toujours de l'audace.

Enfin, sur la face ouest :

> Après la paix, l'éducation est le premier besoin du peuple.

Ces inscriptions résument toute l'histoire de Danton qui fut l'homme de la Révolution et de la commune de Paris ; Robespierre et Marat n'en furent que les comparses.

NICOLEAU

PRÉSIDENT DE LA COMMISSION CHARGÉE DE L'ADMINISTRATION DÉPARTEMENTALE ET MUNICIPALE

(DU 22 SEPTEMBRE 1795 AU 22 SEPTEMBRE 1797).

Nicoleau (Pierre), naquit à Saint-Pé (Bigorre) en 1734. Il fut d'abord professeur de rhétorique à Toulon où il remporta plusieurs prix aux jeux floraux ; il dirigea ensuite l'institut académique et militaire des nobles à Angers. De là, il vint à Paris, y fonda une institution du même genre et quitta l'enseignement en 1784.

Pendant la révolution de 1789, Nicoleau devint membre du conseil de la commune, et fut nommé, après le 9 thermidor an II (27 juillet 1794), président de la commission chargée de l'administration départementale de la Seine, et de l'administration municipale de Paris, en vertu de la constitution de l'an III.

Il conserva ce poste jusqu'au 22 septembre 1797, date à laquelle il fut remplacé par Demenié.

Nicoleau fut nommé bibliothécaire de la ville de Paris en remplacement d'Ameilhon et s'efforça de recomposer l'ancienne collection de livres léguée par Moriau. Il est l'auteur de plusieurs ouvrages au nombre desquels sont : « Instruction de la reine « Christine aux souverains », « Orgueil de l'homme confondu », « Traité d'algèbre ».

LECOUTEULX DE CANTELEU

PRÉSIDENT DE LA COMMISSION CHARGÉE DE L'ADMINISTRATION DÉPARTEMENTALE ET MUNICIPALE

(DU 22 SEPTEMBRE 1799 AU 17 FÉVRIER 1800).

Lecouteulx de Canteleu (Jean-Barthélémy), fils d'un premier président de chambre de Normandie, naquit en 1749. Il était premier échevin de la ville de Rouen lorsque la révolution de 1789 éclata. Nommé député aux Etats Généraux par le tiers état du bailliage de Rouen, il s'associa aux projets de Necker, fit un rapport concernant la vente de quatre cents millions de biens du clergé, et proposa l'institution d'une banque coloniale. Au mois d'avril 1790, il appuya un emprunt de quarante millions présenté par Necker, fit décréter l'admission des assignats dans les caisses publiques et voter la suppression des receveurs généraux ainsi que la création des receveurs de districts.

Lecouteulx, qui était très habile dans les questions financières, était aussi très adroit dans ses relations avec ses collègues ; il sut s'attirer l'amitié de chacun de ces derniers et ne fut pas inquiété pendant la Terreur. Il fut élu membre du conseil des Anciens en septembre 1795, par le département de la Seine, et fut nommé secrétaire de ce conseil le 21 janvier 1796, puis président le 20 avril de la même année. Il continua à s'occuper des questions financières, fit un rapport concernant le paiement en numéraire du traitement des fonctionnaires publics, et s'opposa le 31 mars 1797 au rétablissement de la loterie nationale.

Au moment du coup d'Etat du 18 fructidor, il s'opposa à la proscription de ses collègues. Il fut chargé de porter la parole, lorsque le commerce de Paris envoya au Directoire une députation en vue d'être autorisé à ouvrir un emprunt. Il plaida le 9 novembre 1797 la cause des déportés et demanda l'amélioration de leur sort. Ses relations avec la banque de Saint-Charles de Madrid donnèrent lieu à un procès au sujet des fonds qui lui furent versés par l'Espagne au moment de la condamnation de Louis XVI.

Il cessa de faire partie du conseil des Anciens le 20 mai 1799.

Lecouteulx, qui était très apprécié de Bonaparte, fut nommé président de la commission chargée de l'administration départementale de la Seine et de l'administration municipale de Paris le 22 septembre 1799 en remplacement de Joubert ; il conserva ce poste jusqu'au 17 février 1800, c'est-à-dire jusqu'à la promulgation de la constitution de l'an VIII et la création de la préfecture de la Seine.

Il fut ensuite sénateur, puis régent de la Banque de France, et enfin pair de France en 1804.

Lecouteulx de Canteleu, qui n'est guère connu que sous le nom de Lecouteulx, mourut à Paris le 18 septembre 1818.

FROCHOT

PRÉFET DE LA SEINE

(DU 2 MARS 1800 AU 23 DÉCEMBRE 1812)

Frochot (Nicolas-Thérèze-Benoît), naquit à Dijon (Côte-d'Or), le 21 mars 1761. Issu d'une famille sans fortune, il s'éprit à l'âge de vingt-quatre ans de mademoiselle Petit, fille d'un notaire d'Aignay-le-Duc et l'épousa. Il quitta dès lors Dijon pour habiter cette dernière localité où il acquit une charge de notaire. Le 25 mars 1789, il fut élu député aux Etats généraux comme représentant du tiers état ; il était alors âgé seulement de vingt-huit ans. Frochot se rendit à Versailles pour assister à la réunion du 5 mai et fut présent à cette mémorable journée où Mirabeau demanda à faire régler, séance tenante, la question de la vérification des pouvoirs en commun. Il prêta le 3 juin suivant, le serment du Jeu de paume qu'il renouvela à la séance du 23, en présence du roi. Il se lia d'amitié avec Mirabeau, assista aux derniers moments du grand tribun, fut son exécuteur testamentaire, et demanda, en raison de son insolvabilité, que ses funérailles fussent payées par le trésor public. Madame du Saillant, sœur de Mirabeau, s'en offensa, ce qui donna lieu à une rectification au *Moniteur*.

Frochot prononça à l'Assemblée constituante quelques discours qui furent très appréciés, et fut à la dissolution de celle-ci, nommé juge de paix à Aignay-le-Duc. Accusé de royalisme, il fut mis en prison ; mais la chûte de Robespierre le sauva, et il entra dans l'administration de la Côte-d'Or. Il accueillit le 18 brumaire avec joie, fut élu député au Corps législatif, puis préfet de la Seine le 11 ventôse an VIII. Il fut le premier préfet de cet important département qu'il administra pendant douze ans et demie, et s'occupa spécialement de l'établissement du service des prisons et des enfants assistés. Napoléon le nomma grand-officier de la Légion d'honneur le 3 décembre 1809.

Le 22 octobre 1812, le général Malet, aidé de quelques chefs militaires, conspira contre l'Empereur alors en Russie, et fit occuper divers points de la capitale, en annonçant la mort de Napoléon. « Fuit Imperator ». L'ordre fut donné au préfet de la Seine de préparer une salle à l'Hôtel de Ville pour les séances d'un gouvernement provisoire. Frochot, d'abord hésitant, dut céder et fit exécuter cet ordre mais avec lenteur. Malet fut arrêté et fusillé au retour de Napoléon qui se montra très irrité de la conduite du préfet de la Seine. L'empereur crut alors devoir prendre une mesure sévère à son sujet et le destitua le 23 décembre 1812. Frochot fut remplacé le même jour par le comte Chabrol de Volvic, préfet des Bouches-du-Rhône, et se retira en Bourgogne. Au retour de l'Ile d'Elbe, l'Empereur confia à Frochot l'administration des Bouches-du-Rhône, mais la chute de Napoléon termina sa carrière.

Le conseil général de la Seine, voulant rendre hommage à Frochot pour les services rendus par lui au département de la Seine, vota le 16 septembre 1814 en sa faveur une pension de 15.000 francs sur les fonds de la ville de Paris ; ce vote reçut l'approbation de Louis XVIII.

Frochot se retira alors à Etuf où il vécut à la manière de Cincinnatus, loin de toute politique, et ne s'occupant que d'agriculture. Il mourut à sa ferme en 1828, et ses quatre bœufs de prédilection furent attelés à son char funèbre lors de sa sépulture.

FAIN

CONSEILLER DE PRÉFECTURE

M. Fain, né le 25 avril 1747, fut d'abord entrepreneur des bâtiments du Roi, puis président de la huitième administration municipale de Paris, employé auprès du Directoire exécutif et enfin membre de la commission des contributions directes.

Lucien Bonaparte qui était alors ministre de l'Intérieur, écrivit le 14 germinal an VIII (3 avril 1800) au général de division Clarke une lettre par laquelle il lui annonçait que la première place vacante de conseiller de préfecture serait accordée à M. Fain.

Le 21 germinal an VIII, le ministre de l'Intérieur annonça en effet à M. Frochot, préfet de la Seine, que le citoyen Fain, membre de la commission des contributions directes dans le canton de Paris, était nommé conseiller de préfecture du département de la Seine, à la place du citoyen Lalouette démissionnaire, par arrêté du 16 germinal an VIII (5 avril 1800).

M. Fain fut installé dans ses nouvelles fonctions le 25 germinal an VIII.

Il fut pensionné par ordonnance du 14 août 1816.

L'Hôtel de Ville de Paris

SOUS

le premier Empire Français

Napoléon Bonaparte, né à Ajaccio (Corse), le 15 août 1760, deuxième fils de Charles Bonaparte, député de la noblesse à la cour et assesseur à la justice d'Ajaccio, et de Lœtitia Ramolini. — Empereur des Français le 18 mai 1804, sous le nom de Napoléon Ier. — Marié le 18 ventôse an IV (8 mars 1796) à Joséphine-Rose Tascher de la Pagerie, veuve du général de Beauharnais, divorcé en 1809, marié en secondes noces à Vienne le 11 mars 1810, et à Paris le 1er avril suivant, à Marie-Louise, archiduchesse d'Autriche. — Mort prisonnier à Sainte-Hélène, le 5 mai 1821.

(Régna du 18 mai 1804, au 11 avril 1814, jour de son abdication).

Liste des fonctionnaires de l'Hôtel de Ville et officiers municipaux de Paris

PENDANT

LE PREMIER EMPIRE FRANÇAIS

(De 1804 à 1814)

PRÉFETS DE LA SEINE

Frochot (Nicolas-Thérèze-Benoît), préfet de la Seine, du 11 ventôse an VIII (2 mars 1800) au 23 décembre 1812.
De Chabrol de Volvic (Gilbert-Joseph-Gaspard), préfet de la Seine, du 23 décembre 1812 au 20 mars 1815, avec interruption pendant les Cent Jours.

SECRÉTAIRES GÉNÉRAUX DE PRÉFECTURE

Méjean (Etienne), secrétaire général, du 28 pluviôse au VIII (17 février 1800) au 1er vendémiaire an XIV (1805).
Hély d'Oissel, secrétaire général, du 1er vendémiaire an XIV (1805) au 25 février 1809.
Treilhard, secrétaire général, du 25 février 1809 au 13 avril 1812.
Besson, secrétaire général, du 13 avril 1812 au 15 mai 1816.

CONSEILLERS DE PRÉFECTURE

Le Marchand, conseiller de préfecture, du 18 ventôse an VIII (9 mars 1800), au 30 décembre 1823.
Champion de Villeneuve, conseiller de préfecture, 18 ventôse an VIII (9 mars 1800).
Perdry, conseiller de préfecture, du 18 ventôse an VIII (9 mars 1800) au 3 octobre 1810.
Fain, conseiller de préfecture, 16 germinal an VIII (3 avril 1800).
Joubert, conseiller de préfecture, 7 ventôse an IX.
Louis Le Comte, conseiller de préfecture, du 3 octobre 1810 à 1815.

PRÉFETS DE POLICE

Dubois, préfet de police, du 17 ventôse an VIII (8 mars 1800), au 14 octobre 1810.
Baron **Pasquier**, préfet de police, du 14 octobre 1810 au 13 mai 1814.

SECRÉTAIRE GÉNÉRAL DE LA PRÉFECTURE DE POLICE

Piis (Antoine-Pierre-Augustin), secrétaire général, du 23 ventôse an VIII (14 mars 1800) au 4 août 1815.

CONSEILLERS GÉNÉRAUX

Quatremère de Quincy,	nommé avant 1804.	Micoud,	nommé avant 1804.
Demautort,	nommé avant 1804.	Trudon des Ormes,	id.
Rouillé de l'Etang,	id.	Gauthier,	id.
Raguideau,	id.	Lefebre,	nommé en 1805.
Rougemont,	id.	Barthélemy,	nommé en 1808.
Mallet,	id.	Bonommet,	id.
Godefroy,	id.	Lebeau,	id.
Delaitre,	id.	Vial,	id.
Gelot,	id.	Delamalle,	nommé en 1809.
Perrier,	id.	Thibon,	id.
Bellard,	id.	Doyen,	nommé en 1810.
Perignon,	id.	Baron Thibon,	nommé en 1811.
D'Harcourt,	id.	Peugnon,	id.
Boscheron,	id.	Badenier,	id.
Petit,	id.	Delache,	id.
Davilliers,	id.	De Lamoignon,	nommé en 1812.
Daligre,	id.	Morel,	nommé en 1813.
Devaisne,	id.	Et de Vinde,	id.

Rétablissement des armoiries de la Ville de Paris sous le Premier Empire

PAR décrets en date des 30 mars 1805 et 1er mars 1808, Napoléon Ier créa une nouvelle noblesse en faveur des serviteurs de l'Empire. Par un autre décret du 17 mai 1809, les villes de France furent autorisées à reprendre leurs armoiries, et le 12 avril suivant, M. Frochot, préfet de la Seine, invita le Conseil général du département à formuler une délibération concernant la composition des armes de la ville de Paris. La fleur de lys, le bonnet phrygien ne pouvaient en effet figurer dans les nouvelles armoiries de la cité parisienne.

La commission proposa de conserver le navire avec une image de la déesse égyptienne Isis, assise sur la proue, attribuant ainsi à l'origine du navire une sorte de concordance avec le culte de cette déesse, jadis répandu chez les Gaulois. Elle émit en outre le vœu que les fleurs de lys seraient remplacées par des abeilles.

Enfin, sur la demande du conseil municipal, transmise par le préfet de la Seine, et par une décision impériale du 29 janvier 1811, les armoiries de la ville de Paris furent arrêtées comme suit : « *De gueules au vaisseau antique, la proue* « *chargée d'une figure d'Isis, assise, d'argent, soutenu d'une mer de même et* « *adextré d'une étoile d'argent, au chef cousu des bonnes villes de l'Empire* ».

Fête donnée à l'Hôtel de Ville de Paris le 3 décembre 1809

A L'OCCASION DE L'ANNIVERSAIRE DU COURONNEMENT DE NAPOLÉON Ier ET DE LA CONCLUSION DE LA PAIX AVEC L'AUTRICHE

E traité de Vienne, signé le 14 octobre 1809, au nom de Napoléon Ier et de François Ier, empereur d'Autriche, par Nompère de Champagny et le prince Jean de Lichtenstein, mit fin aux hostilités, et fut publié le 29 du même mois par des hérauts d'armes sur toutes les places de Paris. Le soir, tous les édifices publics furent illuminés et l'Empereur, de concert avec la municipalité parisienne, décida qu'une fête serait donnée à l'Hôtel de Ville de Paris, le 3 décembre 1809, à l'occasion de la paix et de l'anniversaire de son couronnement (3 décembre 1804). L'Empereur, après une visite faite à l'église de Notre-Dame, à dix heures du matin, se rendit au Corps législatif. Le soir, à cinq heures et demie, il vint à l'Hôtel de Ville, qui avait été splendidement décoré pour la circonstance. Trois mille six cents invitations avaient été lancées, et pour éviter la confusion et le tumulte, les personnes invitées furent conduites dans les salles du trône, du concert et du bal. Le duc d'Abrantès, gouverneur de Paris et le corps municipal reçurent et conduisirent dans l'appartement qui leur était réservé, les rois de Wurtemberg, de Saxe, de Hollande, de Westphalie, de Naples, les reines d'Espagne, de Hollande, etc., suivies des personnes de leurs cours. Napoléon Ier vint se placer sur le trône qui lui avait été préparé, et M. le conseiller d'Etat, préfet de la Seine, comte Frochot, prononça un discours de bienvenue, auquel l'Empereur répondit:

« Je me fais une fête de venir dans la maison de ma bonne ville, et de lui
« donner un témoignage éclatant de mon amour. Ses habitants doivent m'aimer
« et je crois à la sincérité de tout ce qu'ils me disent, parce que leurs biens, leur
« intérêt et leur félicité sont dans mon cœur. Présent ou éloigné, je pense souvent
« à ma bonne ville pour lui donner tout ce qui lui manque, et la maintenir aussi
« digne de moi et de mon peuple ».

Après les présentations des principaux fonctionnaires municipaux dont plusieurs reçurent des récompenses honorifiques, l'Empereur accompagné de l'impératrice Joséphine, des rois et des reines présentes, pénétra dans la salle du banquet et se mit à table. Les personnes invitées furent admises à circuler autour de la salle du festin. Après le dîner, Napoléon avec sa suite passa dans la salle du concert. Un chant triomphal composé par Catel et dont le livret était dû à M. Arnault, membre de l'Institut, fut exécuté par les pensionnaires du conservatoire. Des chœurs d'Uthal de Méhul, des Danaïdes de Salieri et d'Echo, et Narcisse de Gluck furent entendus.

Le bal fut ensuite ouvert. L'Empereur, accompagné de sa suite, traversa les salons de danse et se retira vers onze heures.

A minuit, un souper, auquel furent admises les personnes invitées, fut servi. Le bal reprit après le souper et continua jusqu'au jour.

Des jeux publics, des illuminations, des feux d'artifices avaient été disposés dans les douze arrondissements municipaux.

L'impératrice Joséphine, dit le président Hainault, dans son Abrégé chronologique de l'Histoire de France, assista à cette fête, avec un air de grande tristesse provoqué par un chagrin secret dont la cause en ce moment inconnue fut publiquement dévoilée quelques jours plus tard.

En effet le 16 du même mois (décembre 1809), Cambacérès, archi-chancelier de l'Empire, et le comte Regnaud de Saint-Jean-d'Angely, soumirent au Sénat la dissolution du mariage contracté entre Napoléon et Joséphine, et le 27 février de l'année suivante (1810), l'Empereur annonça à cette Assemblée son mariage avec l'archiduchesse Marie-Louise, fille de l'Empereur d'Autriche.

Fête de nuit donnée par la Ville de Paris

A L'OCCASION DU MARIAGE DE NAPOLÉON Ier AVEC MARIE-LOUISE, ARCHIDUCHESSE D'AUTRICHE

(10 JUIN 1810) (1).

PRÈS avoir divorcé avec l'impératrice Joséphine, Napoléon Ier annonça au Sénat le 27 février 1810 son prochain mariage avec l'archiduchesse d'Autriche, Marie-Louise, fille aînée de l'Empereur François Ier. Le contrat fait par procuration de l'empereur fut signé à Vienne le 9 mars suivant par l'ambassadeur de France, et le même jour à six heures du soir le mariage fut célébré dans cette ville à l'Eglise des Augustins. La nouvelle impératrice partit aussitôt pour Paris afin d'y rejoindre son illustre époux qui alla à sa rencontre jusqu'à Soissons. La célébration du mariage civil de l'Empereur avec l'archiduchesse Marie-Louise, eut lieu en France le 1er avril 1810 à Saint-Cloud, et la bénédiction nuptiale leur fut donnée le 2 du même mois par le cardinal Fesch dans le grand salon carré de la galerie du Louvre.

Les fêtes qui devaient avoir lieu à l'occasion de ce second mariage de Napoléon furent remises et enfin fixées au 10 juin 1810. De grands préparatifs furent faits pour la circonstance.

L'arc de triomphe de l'Etoile dont la construction s'élevait encore à peine au-dessus du sol fut figuré en charpente recouverte de toiles peintes par M. Laffitte sur les plans et dessins de M. Chalgrin, architecte de l'édifice. Les illuminations des Champs-Elysées jusqu'aux Tuileries, y compris l'Hôtel de la Marine, le temple de la Gloire (La Madeleine), l'arc de triomphe des Tuileries et le palais du Corps Législatif, présentaient un effet merveilleux. Elles continuaient des Tuileries à l'Hôtel de Ville, et les quais étaient éclairés au moyen de réchauds élevés de forme antique qui brûlèrent toute la nuit.

L'empereur et l'impératrice partirent de Saint-Cloud à huit heures du soir, suivis d'un brillant cortège. Ils descendirent l'avenue des Champs-Elysées, la place Louis XV (aujourd'hui place de la Concorde), le jardin et le palais des Tuileries, le Louvre et les quais jusqu'à l'Hôtel de Ville où ils arrivèrent à neuf heures. Le départ de Saint-Cloud fut annoncé par l'ascension d'un aérostat illuminé.

---

(1) Président Hainaut. *Abrégé chronologique de l'Histoire de France.*

Chacune des salles de l'édifice qui avait été agrandi d'une salle circulaire en charpente faisant retour sur la place, était garnie de femmes élégantes derrière lesquelles les hommes se tenaient debout. L'empereur et l'impératrice traversèrent lentement toutes les salles pour se rendre dans la galerie en face du feu d'artifice. La place de l'Hôtel de Ville était encombrée par une foule compacte. Au signal donné par l'empereur et l'impératrice qui mirent le feu à deux dragons, le feu d'artifice fut tiré.

Ce feu d'artifice avait été divisé en trois parties : 1° Une scène militaire ; 2° Le temple de la paix ; 3° Le temple de l'hymen. La première scène représentait l'attaque de deux forts lançant des bombes et des boulets qui en tombant dans la rivière se changeaient en feux ; ces forts parurent tout à coup embrasés ; en ce moment un vaisseau, symbole de la ville de Paris, qui avait été tenu caché, apparut illuminé descendant le courant du fleuve et vint se placer entre deux gerbes d'artifices.

Pendant la seconde scène, la musique qui avait exécuté jusqu'alors des hymnes guerriers, joua des airs d'un caractère plus doux, et le temple de la paix d'une architecture parfaite resplendit brillamment illuminé aux yeux des spectateurs. Enfin le temple de l'hymen d'une brillante décoration succéda au temple de la paix et resta illuminé pendant toute la nuit en verres de couleurs.

Après le feu d'artifice, l'empereur et l'impératrice revinrent dans la salle des Fêtes et dans celle du concert où Dérivis et Mes Duret et Himm exécutèrent une cantate de M. Arnault (Musique de Méhul).

Le bal commença aussitôt après l'exécution de cette cantate, et fut ouvert par les deux quadrilles suivants :

1° L'impératrice Marie-Louise et le roi de Westphalie (prince Jérôme) ; la reine de Naples (Caroline) et le vice-roi d'Italie (prince Eugène) ; la princesse Pauline et le prince Esterhazy ; Mademoiselle Péan de Saint-Gilles et M. Nicolaï ;

2° La reine de Westphalie et le prince Borghèse ; la princesse de Bade et le comte de Metternich ; la princesse Aldobrandini et M. de Montaran ; madame Blaque de Belair et M. Mallet.

Les danses se multiplièrent dans toutes les salles et durèrent jusqu'à cinq heures du matin.

A deux heures un banquet de mille cinq cents couverts fut servi aux dames présentes.

L'Empereur qui parut à cette fête, selon sa propre expression, aussi heureux qu'après une victoire, se retira à minuit.

Des comestibles et du vin furent distribués le lendemain dans les douze arrondissements, et on exécuta, le soir, aux Champs-Elysées, une pantomime à grand spectacle, ayant pour sujet :

« *L'union de Mars et de Flore* ».

M. de Rambuteau, dans son compte-rendu de l'administration du département de la Seine, dit que les fêtes célébrées à l'Hôtel de Ville à l'occasion du mariage de Marie-Louise, coûtèrent. . . . . 2.670.932 fr.

Celles du sacre de l'empereur Napoléon Ier, d'après le même compte s'élevèrent à. . . . . 1.745.646 »

Soit un total de. . . . . 4.416.578 »

Lettres patentes de concession d'Armoiries en faveur de la ville de Paris

(29 janvier 1811) (1).

Armoiries de la Ville de Paris sous le Premier Empire

Napoléon, par la grâce de Dieu, Empereur des Français, Roi d'Italie, etc., à tous présents et à venir, salut :

« Par notre décret du 17 mai 1809, nous avons déterminé que les villes, communes et corporations qui désireraient obtenir des lettres patentes portant concession d'armoiries, pourraient, après s'être fait préa-

(1) *Histoire générale de Paris. Les armoiries de la ville*, tome II, pages 205-206.

lablement autoriser par les autorités administratives compétentes, s'adresser à notre cousin le prince archichancelier de l'Empire, lequel prendrait nos ordres à cet effet.

« En conséquence, les membres du conseil général du département de la Seine, faisant fonctions de conseil municipal de notre bonne ville de Paris, se sont retirés par devant notre cousin le prince, archichancelier de l'Empire, à l'effet d'obtenir nos lettres patentes portant cession d'armoiries. Sur quoi, notre dit cousin le prince, archichancelier de l'Empire, a fait vérifier en sa présence, par notre conseil du sceau des titres, que le conseil général du département de la Seine, dans une délibération à laquelle furent présents les sieurs : Rouillé de l'Etang, président, Montamant, secrétaire, Barthélemy, Bellard, Bonnomet, Boscheron, Daligre, Davillier, Delamolle, Delaître, Demautort, d'Harcourt, Dutremblay, Gauthier, Godefroy, Le Beau, Mallet, Pérignon, Quatremère de Quincy, Thibon, Trudon et Vial, membres du dit conseil, a émis le vœu d'obtenir de notre grâce des lettres patentes portant concession d'armoiries, et que la dite délibération a été approuvée par les autorités administratives compétentes ; et, sur la présentation qui nous a été faite de l'avis de notre conseil du sceau des titres et des conclusions de notre procureur général, nous avons autorisé et autorisons par ces présentes, signées de notre main, notre bonne ville de Paris à porter les armoiries telles qu'elles sont figurées et coloriées aux présentes et qui sont : « *De gueules, au* « *vaisseau antique, la proue chargée d'une figure d'Isis, assise, d'argent sou-* « *tenu d'une mer du même, et adextrée en chef d'une étoile aussi d'argent ;* « *au chef cousu des bonnes villes de notre Empire qui est : de gueules à trois* « *abeilles en face d'or* »

« Voulons que les ornements extérieurs des dites armoiries, ainsi que ceux des autres bonnes villes de notre Empire, consistent : « *en une couronne murale* « *à sept créneaux, sommée d'une aigle naissante d'or, pour cimier, soutenue* « *d'un caducée en fasce du même, auquel sont attachés par des bandelettes de* « *gueules, deux festons servant de lambrequins, l'un à dextre, de chêne, l'autre* « *à senestre d'olivier d'or* ».

« Chargeons notre cousin, archichancelier de l'Empire, de donner communication des présentes au Sénat et de les faire transcrire sur ses registres. Car tel est notre bon plaisir ; et afin que ce soit chose ferme et tenable à toujours, notre cousin le prince, archichancelier de l'Empire, y a fait apposer, par nos ordres, notre grand sceau, en présence du conseil du sceau des titres. »

Donné à Paris, le 29 du même mois de janvier de l'an de grâce 1811.

Signé : NAPOLÉON.

Scellé le 7 février 1811.
Le prince archichancelier de l'Empire,
Signé : CAMBACÉRÈS.

DE CHABROL DE VOLVIC

PRÉFET DE LA SEINE

(DU 23 DÉCEMBRE 1812 AU 20 MARS 1815, PUIS DU 6 JUILLET 1815 AU 30 JUILLET 1830).

De Chabrol de Volvic (Gilbert-Joseph-Gaspard), fils d'un administrateur de Riom (Puy-de-Dôme), naquit en cette ville au mois de septembre 1773. Sorti avec le numéro un de l'Ecole polytechnique, il entra dans les ponts et chaussées, fit l'expédition d'Egypte en qualité de membre de la commission des sciences et arts, et écrivit à cette époque un ouvrage sur les mœurs et les usages des Egyptiens qui obtint un certain succès. Il existe au musée du Louvre une décoration dans le style oriental, peinte par Cogniet, et encadrant le plafond de la première salle du musée Campana, du côté de Saint-Germain-l'Auxerrois, où se trouve inscrit, parmi les noms des officiers et des savants qui s'illustrèrent dans la campagne d'Egypte, celui de Chabrol.

A son retour d'Egypte, Bonaparte, premier consul, nomma de Chabrol sous-préfet de Pontivy (Morbihan), le 11 brumaire an XII, en remplacement de d'Haucourt (Colomban) (1) qui, après avoir occupé ce poste de 1801 à 1803, venait d'être nommé député de ce département.

En prenant possession de son poste, le sous-préfet de Chabrol projeta de faire de Pontivy une ville nouvelle; il en rédigea les plans, dressa ceux d'une caserne, d'un lycée, d'une prison, d'un tribunal et d'une sous-préfecture. Tous ces travaux furent rapidement exécutés. En récompense de ses services, de Chabrol fut appelé à la préfecture de Montenotte (Italie), par décret impérial du 31 janvier 1806. Là, il sut, lors du séjour du pape à Savone, en 1809 et 1810, concilier les convenances dues au souverain pontife à la rigueur de son service.

Quelques jours après la destitution de Frochot, préfet de la Seine, un jeune homme se présenta à l'audience de l'empereur Napoléon. — Votre nom, lui demanda Napoléon. — Chabrol de Volvic, préfet de Montenotte, grâce aux bontés de Votre Majesté, répondit le visiteur. — Pourquoi n'êtes-vous pas à votre poste, je n'aime pas les préfets voyageurs. — Sire, j'ai obtenu un congé et j'en profite pour aller en Hollande rendre visite à mon beau-père le prince Lebrun. — C'est différent. Savez-vous, Monsieur, que vous avez fait un beau mariage. — Cela est vrai, sire, mais

---

(1) Grand père de l'auteur du présent livre.

j'espère m'en rendre digne. Et l'Empereur lui ordonna de rester à Paris quarante-huit heures de plus.

Le lendemain, le ministre de l'intérieur présenta à Napoléon une longue liste de candidats aux fonctions de préfet de la Seine. — J'ai mieux que cela, dit l'Empereur. C'est Chabrol, préfet de Montenotte. — Je n'avais pas cru devoir soumettre sa candidature à Votre Majesté en raison de son âge, répliqua le ministre. — J'étais plus jeune que lui, dit l'Empereur, aux batailles d'Arcole et de Rivoli. De Chabrol était alors âgé de trente-neuf ans. Il fut nommé préfet de la Seine par ordre de l'Empereur à compter du 23 décembre 1812.

Après l'abdication de Napoléon à Fontainebleau et son départ pour l'île d'Elbe, de Chabrol quitta la préfecture de la Seine où il fut remplacé par le comte de Bondy. Il reprit la direction du département de la Seine après les Cent jours. Le 24 septembre 1817, il fut nommé sous-secrétaire d'Etat au département de l'intérieur; il occupa ce poste jusqu'en janvier 1819, et présida en cette qualité le comité du conseil d'Etat attaché à ce département. Louis XVIII le conserva à la tête des affaires de la ville de Paris et du département de la Seine. Quelques personnes s'en étonnèrent; le Roi leur répondit « que Chabrol avait épousé la ville de Paris et qu'il avait aboli le divorce ». Il fut également l'objet de la bienveillance de Charles X qui lui donna le grand cordon de la Légion d'honneur. Pendant son séjour à la préfecture de la Seine, il acheva le canal de l'Ourcq, les canaux Saint-Martin et Saint-Denis, l'entrepôt des vins, les abattoirs et le séminaire de Saint-Sulpice.

Elu député en 1816 par Paris et par Riom (Puy-de-Dôme), il opta pour cette dernière ville et conserva son mandat jusqu'en 1830. Il fut en outre nommé membre de l'Institut en 1820. De Chabrol mourut à Paris le 30 avril 1843.

Par une décision ministérielle du 1er juillet 1822, la rue tracée en exécution d'une ordonnance royale du 29 mai précédent, et commençant à la rue du faubourg Saint-Denis et finissant à la rue Lafayette, reçut le nom de rue de Chabrol.

PIIS (ANTOINE-PIERRE-AUGUSTIN)

SECRÉTAIRE GÉNÉRAL DE LA POLICE

Piis (Antoine-Pierre-Augustin), naquit à Paris le 17 septembre 1755; il était fils de Piis, major du Cap français (île de Saint-Dominique) et était parent d'Antoine Piis, conseiller au parlement de Bordeaux qui fut une des premières victimes de la Révolution. Il fit ses premières études au collège d'Harcourt en 1764 et les acheva au collège Louis-le-Grand. Il se livra dès sa jeunesse à la poésie légère et composa un grand nombre de pièces au nombre desquelles furent :

La bonne Femme ou le Phénix,
    parodie de l'opéra l'*Alceste*.
L'Opéra en province,
    parodie d'*Armide*.
Cassandre oculiste, 1780.
Aristote amoureux, 1780.

Les Etrennes de Mercure, 1781.
Le Printemps, 1781.
Le Gâteau à deux fèves, 1782.
Le Mariage in extremis, 1782.
L'Oiseau perdu, 1782.
Les quatre Coins, 1783.

En 1789, il donna deux opéras comiques : la *Fausse paysanne* et la *Continence de Bayard*.

En 1790, il fit paraître la *Suite des Solitaires de Normandie*.

En 1792, au théâtre du Vaudeville, il donna : *Deux Panthéons*, et fut l'auteur de nombreuses autres pièces de théâtre qui furent jouées au Vaudeville et aux Troubadours.

Il quitta le théâtre pendant la Révolution pour entrer dans l'administration et fut successivement agent de la commune de Chenevières-sur-Marne, puis du premier arrondissement de Paris. Le 18 brumaire (11 novembre 1799), il devint un des cinq administrateurs du bureau central qui, depuis quatre ans, avait remplacé la municipalité de Paris et fut nommé le 14 mars 1800, secrétaire général de la préfecture de police, emploi qu'il conserva jusqu'au 17 mai 1814. Il obtint alors la place d'archiviste de la police.

Pendant les Cent jours, il se retira à Montmorency et fut, au retour du Roi, réintégré dans l'emploi de secrétaire général de la préfecture de police où il fut remplacé le 14 août suivant.

Il se retira en 1829 dans le département du Cher, revint à Paris en 1832, au moment de l'apparition du choléra. Il mourut le 22 mai 1832 à l'âge de 77 ans.

Piis, qui fut décoré de la Légion d'honneur, était en outre peintre et musicien (1).

(1) *Biographie Michaud*, t. XXXIII, p. 322.

L'Hôtel de Ville de Paris

SOUS

La Restauration

PREMIÈRE RESTAURATION

LOUIS XVIII, né le 17 novembre 1755, frère de Louis XVI, quatrième enfant de Louis, Dauphin de France, et de Marie-Josèphe de Saxe, marié le 14 mai 1771 à Marie-Joséphine-Louise de Savoie, fille aînée de Victor-Amédée III, roi de Sardaigne. — Roi de France le 11 avril 1814, suivant le vœu exprimé dans le projet de constitution.

Régna une première fois du 11 avril 1814 au 20 mars 1815.

LES CENT JOURS

NAPOLÉON Ier, empereur des Français.

Régna une deuxième fois du 20 mars 1815 au 28 juillet 1815.

SECONDE RESTAURATION

LOUIS XVIII, roi de France.

Régna une deuxième fois, du 28 juillet 1815 au 16 septembre 1824, jour de sa mort.

CHARLES X, né le 9 octobre 1757, cinquième fils du Dauphin Louis et de Marie-Josèphe de Saxe, et frère de Louis XVI et de Louis XVIII, marié le 16 novembre 1773 à Marie-Thérèse de Savoie, princesse de Sardaigne. — Roi de France le 16 septembre 1824, renversé par la révolution le 29 juillet 1830. — Mort du choléra à Goritz, le 6 novembre 1836.

Régna du 16 septembre 1824 au 29 juillet 1830.

Liste des fonctionnaires de l'Hôtel de Ville et officiers municipaux de Paris

SOUS

LE RÈGNE DE LOUIS XVIII ET LES CENT JOURS
(De 1814 à 1824)

PRÉFETS DE LA SEINE

Gilbert-Joseph-Gaspard de Chabrol de Volvic, préfet de la Seine, du 23 décembre 1812 au 20 mars 1815.

De Bondy (Pierre-Marie-Taillepied comte), préfet de la Seine, du 20 mars au 6 juillet 1815.

Gilbert-Joseph-Gaspard de Chabrol de Volvic, préfet de la Seine, du 6 juillet 1815 au 30 juillet 1830.

SECRÉTAIRES GÉNÉRAUX DE PRÉFECTURE

Besson, maître des requêtes, secrétaire général, du 13 avril 1812 au 5 mai 1816.

Walckenaer, membre de l'Académie des Inscriptions et Belles-lettres, secrétaire général, du 6 mai 1816 au 21 juin 1826.

CONSEILLERS DE PRÉFECTURE

Le Marchand, conseiller de préfecture, du 18 ventôse an VIII (9 mars 1800) au 30 décembre 1823.

Champion de Villeneuve, conseiller de préfecture, le 18 ventôse an VIII (9 mars 1800).

Fain, conseiller de préfecture, du 3 avril 1800 au 8 septembre 1815.

Joubert, conseiller de préfecture, du 7 ventôse an IX au 11 août 1815.

Louis Le Comte, conseiller de préfecture, 5 octobre 1810.

Gauthier, conseiller de préfecture, 8 septembre 1815.

Duclosel, conseiller de préfecture, du 11 août 1815 à 1824.

Montamant, conseiller de préfecture, du 30 décembre 1823 à 1825.

PRÉFETS DE POLICE

Beugnot, directeur général de la police du royaume exerçant les fonctions de préfet de police du 13 mai 1814 au 3 décembre 1814.
D'André, directeur général de la police du royaume exerçant les fonctions de préfet de police du 3 décembre 1814 au 14 mars 1815.
De Bourrienne, préfet de police du 14 mars au 20 mars 1815.
Réal, idem, du 20 mars au 3 juillet 1815.
Courtin, idem, du 3 juillet au 9 juillet 1815.
Decazes, idem, du 9 juillet au 29 septembre 1815.
Anglès, idem, du 29 septembre 1815 au 20 décembre 1821.
Delavau, idem, du 20 décembre 1821 au 6 janvier 1828.

SECRÉTAIRES GÉNÉRAUX DE LA PRÉFECTURE DE POLICE

Piis, secrétaire général, du 14 mars 1800 au 4 août 1815.
De Dionne, idem, du 4 août 1815 au 1er octobre 1815.
De Fortis, idem, du 1er octobre 1815 au 2 mars 1822.
Lambot de Fougères, idem, du 2 mars 1822 au 20 mars 1828.

CONSEILLERS GÉNÉRAUX

Badenier,	nommé avant 1814.	Vial,	nommé avant 1814.
Barthélémy,	id.	Morel de Vindé,	id.
Bellart,	id.	Breton,	nommé en 1815.
Boscheron,	id.	Delarue,	id.
Le Marq d'Aligre,	id.	Comte Molé,	id.
Davillier,	id.	Ollivier,	id.
Delaitre,	id.	Ternaux,	id.
Demautort,	id.	De Tourolles,	id.
Devaines,	id.	Comte de Boisjolin,	nommé en 1817.
Marquis d'Harcourt,	id.	Chevalier Bricogne,	id.
Dutramblay,	id.	Delessert,	nommé en 1818.
Gauthier,	id.	Bonnet,	nommé en 1820.
De Lamoignon,	id.	Baron Leroy,	id.
Le Beau, président,	id.	Marquis de Châteaugiron,	nommé en 1821.
Mallet,	id.		
Montamant, secrétaire,	id.	De Bourgeon,	nommé en 1822.
Pérignon,	id.	De Lapanouse,	id.
Quatremère de Quincy,	id.	Comte Pastoret,	id.
Baron Thibon,	id.	Baron de Nanteuil,	nommé en 1823.

Liste des Fonctionnaires de l'Hôtel de Ville et Officiers municipaux de Paris

SOUS

LE RÈGNE DE CHARLES X
(De 1824 à 1830)

PRÉFET DE LA SEINE

Gilbert-Joseph-Gaspard comte de Chabrol de Volvic, membre de l'Institut, de l'Académie des Beaux-Arts, député du Puy-de-Dôme, préfet de la Seine, du 6 juillet 1815, au 30 juillet 1830.

SECRÉTAIRES GÉNÉRAUX DE PRÉFECTURE

Baron Walckenaer, membre de l'Académie des Inscriptions et Belles-lettres, maître des requêtes, secrétaire général, du 5 mai 1816 au 21 juin 1826.
De Fresne, secrétaire général de préfecture, 21 juin 1826.

CONSEILLERS DE PRÉFECTURE

Champion de Villeneuve, conseiller de préfecture, du 18 ventôse an VIII (9 mars 1800) à 1830.
Louis Le Comte, idem, du 3 octobre 1810 à 1830.
Duclosel, idem, du 11 août 1815 à 1830.
Gauthier, idem, du 8 septembre 1815 à 1830.
Montamant, idem, 30 décembre 1823.
Marquis de La Morélie, idem, mars 1828.

PRÉFETS DE POLICE

Delavau, préfet de police, du 20 décembre 1821 au 6 janvier 1828.
De Belleyme, idem, du 6 janvier 1828 au 13 août 1829.
Mangin, idem, du mois d'août 1829 au 30 juillet 1830.

SECRÉTAIRES GÉNÉRAUX DE LA PRÉFECTURE DE POLICE

Lambot de Fougères, secrétaire général, du 2 mars 1822 au 20 mars 1828.
Locquet de Blossac, idem, du 20 mars 1828 au mois d'août 1830.

CONSEILLERS GÉNÉRAUX

Marquis d'Aligre,	nommé avant 1824.	Ollivier,	nommé avant 1824.
Belland,	id.	Outrequin,	id.
Badenier,	id.	Comte de Pastoret,	id.
Comte de Boisgelin,	id.	Pérignon,	id.
Bonnet,	id.	Quatremère de Quincy,	id.
Boscheron,	id.	Baron de Tourolles,	id.
De Bourgeon,	id.	Vial,	id.
Breton,	id.	Baron Auguste de Villeneuve, nommé en 1825.	
Marquis de Châteaugiron,	id.		
Gauthier,	id.	Jacquinot de Pamplune, nommé en 1825.	
De Lapanouze,	id.	Audenet,	nommé en 1826
Le Beau,	id.	Trudon,	id.
Baron Le Roy,	id.	Baron Cretté de Palluel, nommé en 1827.	
Marquis de Levis Mirepoix,	id.		
Baron Mallet,	id.	Duchanoy,	nommé en 1828.
Montamant,	id.	Tripier,	id.
Baron de Nanteuil,	id.	Baron de Vaux,	id.

Les armoiries de la Ville de Paris sous la Restauration

Armoiries de la Ville de Paris sous Louis XVIII et Charles X

Louis XVIII rendit le 26 septembre 1814 une ordonnance autorisant les villes de France à reprendre les armoiries qu'elles possédaient avant 1789, et fixa les 10 janvier et 1er avril 1816, les formalités à remplir à cet effet.

M. de Chabrol, alors préfet de la Seine, ayant pu retrouver le brevet relatif au blason de Paris, délivré par d'Hozier le 27 février 1699, en vertu d'une ordonnance de Louis XIV, proposa au conseil général le 11 juillet 1816, un projet concernant les armoiries de la ville. Le dessin reproduisait celui du brevet de 1699 ; le navire était un vaisseau de guerre, l'écusson fut surmonté d'une couronne murale, et reçut pour support deux tiges de lys.

Les armoiries de la ville de Paris furent alors déterminées par une lettre-patente de Louis XVIII, en date du 20 décembre 1817, ainsi conçue :

« Voulant donner à nos fidèles sujets des villes et communes de notre
« royaume, un témoignage de notre affection et perpétuer le souvenir que nous
« gardons des services que leurs ancêtres ont rendus aux rois nos prédécesseurs,
« services consacrés par les armoiries qui furent anciennement accordées aux
« dites villes et communes, et dont elles sont l'emblème, nous avons par notre
« ordonnance du 20 septembre 1814, autorisé les villes, communes et corporations
« de notre royaume, à reprendre leurs anciennes armoiries, à la charge de se
« pourvoir à cet effet par devant notre commission des sceaux ; nous réservons
« d'en accorder à celles des villes, communes et corporations qui n'en auraient
« pas obtenues de nos prédécesseurs, et par notre ordonnance du 26 décembre
« suivant, nous avons divisé en trois classes les dites villes, communes et corpo-
« rations. En conséquence, notre amé le comte de Chabrol, préfet du département
« de la Seine, autorisé à cet effet, par délibération du conseil général du dit
« département, faisant fonctions de conseil municipal de notre bonne ville de
« Paris, en date du 11 juillet dernier, s'est retiré par devant notre garde des
« sceaux, ministre, secrétaire d'Etat au département de la justice, ; lequel a fait
« vérifier en sa présence, par notre commission du sceau, que ledit conseil géné-
« ral a émis le vœu d'obtenir de notre grâce des lettres patentes portant confirma-
« tion des armoiries suivantes : « *De gueules au vaisseau d'argent, soutenu d'une*
« *mer de même, au chief d'azur, semé de fleurs de lis d'or sans nombre* »,
« ainsi réglées et fixées en faveur de notre bonne ville de Paris, par ordonnance
« du 27 février 1699, rendue par les commissaires généraux du conseil à ces
« députés ; les dites armoiries surmontées d'une couronne « *murale de quatre*
« *tours* », et accompagnées de deux tiges de lis, formant supports, ornements
« extérieurs déterminés par notre décision spéciale du 10 décembre présent mois.
« Et sur la présentation qui nous a été faite de l'avis de notre commissaire du
« sceau et des conclusions de notre commissaire faisant près d'elle fonctions de
« ministère public, nous avons par ces présentes signées de notre main, autorisé
« et autorisons notre bonne ville de Paris à porter les armoiries ci-dessus énon-
« cées, telles qu'elles sont figurées et coloriées aux présentes. Mandons à nos
« amés et féaux conseillers en notre cour royale à Paris, de publier et enregistrer
« les présentes. Car tel est notre bon plaisir, et afin que ce soit chose ferme et
« stable à toujours, notre garde des sceaux y fait apposer par nos ordres, notre
« grand sceau, en présence de notre commissaire des sceaux.

Signé : Louis ».

La Révolution de 1830

LE DUC D'ORLÉANS A L'HOTEL DE VILLE

Charles-Philippe, comte d'Artois, cinquième enfant issu du second mariage du dauphin Louis de France, fils de Louis XV avec Marie-Josèphe de Saxe, et frère de Louis XVI, monta sur le trône à la mort de son autre frère aîné Louis XVIII, le 16 septembre 1824, sous le nom de Charles X. Il chargea de Villèle, chef des « Ultra-Royalistes » de l'administration de son gouvernement et de former un ministère qui fut composé ainsi qu'il suit :

Comte de Villèle : Finances.
Comte de Peyronnet : Justice.
Baron de Damas : Affaires étrangères.
Comte de Frayssinous, évêque d'Hermopolis : Instruction publique et Affaires ecclésiastiques.
Comte de Corbière : Intérieur.
Comte de Saint-Cricq : Commerce et manufactures.
Baron Capelle : Travaux publics.
Marquis de Clermont-Tonnerre : Guerre.
Comte Chabrol de Crouzol : Marine.
Et duc Doudeauville : Maison du roi.

De Villèle après avoir obtenu le rétablissement du droit d'aînesse qui fut rejeté par les pairs, déposa, puis retira un projet de loi sur la presse qui fut condamné par l'Académie française elle-même, et fit dissoudre la garde nationale après la revue passée par le roi, le 29 avril 1827, pendant laquelle on cria : « Vive le Roi, vive la Charte ! » mais aussi : « A bas les Ministres ! »

Le cabinet de Villèle donna sa démission et fut remplacé par le ministère de Martignac, qui fut formé le 4 janvier 1828, comme suit :

Vicomte de Martignac : Intérieur.
Comte de la Ferronnays : Affaires étrangères.
Vicomte de Caux : Guerre.
Comte de Saint-Cricq : Commerce et colonies.
Comte Portalis : Justice.

Comte Roy : Finances.

Comte Chabrol de Crouzol : Marine (remplacé le 3 mars 1828 par Hyde de Neuville).

Et comte Frayssinous, évêque d'Hermopolis : Instruction publique et Affaires ecclésiastiques.

En outre de Belleyme fut nommé préfet de police en remplacement de Delavau.

De Martignac, pendant son séjour aux affaires, proposa deux projets de loi sur l'organisation communale et municipale, mais il se vit forcé de les retirer; il subit en outre un autre échec par le vote de poursuites contre le comte de Peyronnet et se retira le 8 août 1829.

Ce dernier cabinet fut remplacé, le 9 du même mois, par le ministère de Polignac, composé de la manière suivante :

Prince de Polignac : Affaires étrangères.

Courvoisier : Justice.

Comte de Bourmont : Guerre.

Amiral comte de Rigny : Marine.

Comte de La Bourdonnaye : Intérieur.

Baron de Montbel : Affaires ecclésiastiques et Instruction publique.

Comte Chabrol de Crouzol : Finances.

En outre, Mangin, ancien procureur général, fut nommé préfet de police à la place de de Belleyme.

L'amiral de Rigny, qui s'était couvert de gloire à la bataille de Navarin, le 20 octobre 1827, n'ayant pas accepté le portefeuille de la marine, fut remplacé par le Baron d'Haussey, le 23 août 1829.

Une ordonnance du 17 novembre donne au prince de Polignac le titre de président du conseil. Le comte de La Bourdonnaye démissionna le 18 du même mois, et fut remplacé à l'Intérieur par le baron de Montbel; le portefeuille des Affaires ecclésiastiques et Instruction publique, fut alors donné à Guernon de Ranville.

Si abstraite que puisse paraître cette nomenclature de ministres, il est nécessaire de l'énoncer en raison des rôles joués par chacun de ces cabinets et surtout du dernier au moment de la révolution de 1830.

En entrant aux affaires, le ministère de Polignac prit pour devise : « plus de concessions ». Le combat fut dès lors engagé entre les royalistes et les libéraux,

. . . .

L'ouverture de la session législative eut lieu le 2 mars 1830. Le roi Charles X en fit l'ouverture et prononça un discours dans lequel il s'exprime ainsi qu'il suit :

. . . . . . « La charte a placé les libertés publiques sous la sauve-
« garde des droits de ma couronne. Ces droits sont sacrés ; mon devoir envers
« mon peuple est de les transmettre intacts à mes successeurs ».

« Je ne doute point de votre concours pour opérer le bien que je veux faire.
« Vous repousserez avec mépris les perfides insinuations que la malveillance
« cherche à propager. Si de coupables manœuvres suscitaient à mon gouverne-
« ment des obstacles que je ne peux pas, que je ne veux pas prévoir, je trouverais
« la force de les surmonter dans ma résolution de maintenir la paix publique,
« dans la juste confiance des Français et dans l'amour qu'ils ont toujours montré
« pour leur Roi ».

A la suite de ce discours, la Chambre crut devoir faire rédiger une adresse au roi, par Royer Collard, dans laquelle elle exprimait son peu de sympathie pour le cabinet et déclarait ne pouvoir lui donner son concours. Cette adresse fut votée par 221 membres de la Chambre et remise au roi qui répondit que sa résolution était immuable et que ses ministres feraient connaître ses intentions.

A la suite de ces événements, Charles X prononça la dissolution de la Chambre le 16 mai 1830 et modifia son cabinet le 19 du même mois, de la manière suivante :

De Chantelauze fut nommé à la justice en remplacement de Courvoisier, démissionnaire.

De Montbel passa de l'Intérieur aux Finances, en remplacement de Chabrol de Crouzol, démissionnaire.

De Peyronnet prit le portefeuille de l'Intérieur, en remplacement de de Montbel.

Et Capelle prit celui des Travaux publics.

De nouvelles élections eurent lieu le 23 juin 1830 ; elles eurent pour résultat, malgré les efforts du ministère de porter de 221 à 264 le nombre des députés de l'opposition. Le cabinet vaincu donna sa démission, mais Charles X la refusa, et, se rappelant la faiblesse et la fin tragique de son frère Louis XVI, résolut, de concert avec ses ministres, de résister à la volonté nationale représentée par la Chambre des députés. Il commit la faute de croire qu'il pouvait s'appuyer, pour l'exécution des lois et la sûreté de l'Etat, sur la charte constitutionnelle elle-même, octroyée en 1814 par son prédécesseur, dirigea le coup d'Etat contre la presse et la Chambre et fit paraître le 26 juillet 1830, les ordonnances qu'il avait signées la veille à Saint-Cloud et qui devaient amener sa perte.

Ces ordonnances, rigoureusement tenues secrètes jusqu'à leur insertion au *Moniteur* avaient été rédigées par de Chantelauze, ministre de la justice ; elles étaient précédées d'un long rapport sur la situation politique signé de tous les membres du cabinet Polignac et étaient au nombre de cinq, prescrivant :

La première, la suppression de la liberté de la presse périodique ;

La deuxième, la dissolution de la Chambre des députés récemment élus ;

La troisième, le changement du système électoral, en enlevant aux patentés la qualité d'électeur et en ne laissant sur les listes que les grands propriétaires ;

La quatrième, la convocation des collèges électoraux ainsi reconstitués pour le 13 septembre 1830 ;

La cinquième, l'épurement du conseil d'Etat, en y faisant entrer des Ultra-Royalistes.

Dès l'apparition de ces ordonnances, le signal de la résistance fut donné par la presse dans les bureaux du *National* où une protestation soutenant leurs illégalités fut aussitôt rédigée. Un certain nombre de manufacturiers après avoir fermé leurs ateliers renvoyèrent leurs ouvriers qui se répandirent sur les voies publiques dans la soirée du 26 juillet 1830 et formèrent des rassemblements de mauvais augure.

Le maréchal Marmont, duc de Raguse, dont la conduite avait amené en 1814 l'abdication de Napoléon Ier fut mis à la tête des troupes et chargé de maintenir l'ordre à Paris ; Mangin, préfet de police, qui n'avait été lui-même prévenu des ordonnances que dans la nuit du 25 au 26 juillet, reçut l'ordre de s'entendre avec le duc de Raguse. Les journaux *le National* et *le Temps* parurent sans avoir obtenu d'autorisation et le préfet de police en ordonna la saisie.

Le lendemain 27 juillet, des bandes d'étudiants et d'ouvriers parcoururent les rues en criant « Vive la charte ! » « A bas les ordonnances ! » « A bas les ministres ! » Elles s'emparèrent des armes exposées dans les boutiques des armuriers et s'assemblèrent place du Carrousel et du Palais Royal. Un coup de feu ayant été tiré d'une fenêtre de l'Hôtel royal sur une patrouille commandée par un officier, qui s'avançait vers la rue Saint-Honoré par la rue du duc de Bordeaux, appelé depuis rue du 29 juillet, la troupe riposta par une décharge qui tua trois personnes au nombre desquels se trouvait un américain du nom de Foulks. Ce fut le signal de la résistance ; des barricades s'élevèrent, et plusieurs personnes furent blessées.

Le 28 au matin, toutes les rues où on craignait le passage des troupes du maréchal Marmont furent barricadées. Un certain nombre de polytechniciens se mirent à la tête des ouvriers ; la garde nationale dissoute reparut en uniforme. Le peuple s'empara de l'Arsenal, de la poudrière des deux moulins, et du dépôt d'armes de Saint-Thomas d'Aquin ; il ouvrit les portes de la prison de l'Abbaye, et s'empara de l'Hôtel de Ville au beffroi duquel on arbora le drapeau tricolore recouvert d'un crêpe et où on sonna le tocsin, mais sans qu'aucun désordre fut commis à l'intérieur de la maison commune. Le préfet de la Seine put même mettre en sûreté les papiers de son administration et se retirer à la bibliothèque sans y être autrement inquiété. Lorsque les troupes sortirent de leurs casernes, Paris était entre les mains de l'insurrection ; elles reçurent néanmoins l'ordre d'occuper divers quartiers, et le 15e léger eut la mission de garder la place du Panthéon, le Palais de Justice et l'Hôtel de Ville. Elles arrivèrent trop tard. Des luttes se produisirent alors sur divers points ; la plus sanglante eut lieu sur la place de Grève ; l'Hôtel de Ville fut pris et repris.

Le même jour, Audry de Puyraveau, député, réunit chez lui une vingtaine de ses collègues libéraux comme lui ; six d'entre eux furent envoyés près du maréchal Marmont pour lui offrir de rétablir l'ordre si le roi retirait ses ordonnances et renvoyaient ses ministres. Charles X, en réponse à cette communication, donna l'ordre « de tenir bon et d'agir seulement avec des masses ». La lutte continua jusqu'au soir, et ce fut, en voyant les tristes résultats de la journée que le roi se décida à ordonner la retraite des troupes qui commença à minuit.

Le 29 juillet, le combat recommença. Le Louvre était occupé par deux bataillons suisses, le palais Royal par deux bataillons de la garde et la place Vendôme par deux régiments de ligne ; mais toutes ces troupes semblaient être neutralisées par l'inaction et par une sorte d'entente avec leurs frères révoltés. Une foule de bourgeois et de jeunes gens armés se portèrent sur la place Vendôme ; à leur approche, les deux régiments de ligne (les cinquième et cinquante-troisième) mirent la crosse en l'air, et firent cause commune avec le parti populaire. Le peuple se dirigea alors vers le Louvre abandonné par les Suisses et s'en empara, ainsi que des Tuileries sans trouver de résistance sérieuse. Le maréchal Marmont opéra alors sa retraite définitive vers Saint-Cloud, et la dernière lutte se passa à la caserne des Suisses qui durent céder après plusieurs heures de résistance.

Les députés présents à Paris se réunirent à l'Hôtel de Ville, abandonné la veille au soir par les troupes pour se concerter en vue de remédier aux graves dangers qui menaçaient la sûreté des personnes et des propriétés. Une commission prenant le titre de gouvernement provisoire fut nommée pour veiller aux intérêts de tous dans l'absence de toute organisation régulière ; elle fut composée de :

Audry de Puyraveau ; comte Gérard ; Jacques Laffitte ; comte Lobau ; Mauguin ; Odier ; Casimir Périer et de Schonen. Odilon-Barrot fut choisi comme secrétaire.

Le général Lafayette fut nommé commandant en chef de la garde nationale.

Le 29 au soir vers dix heures, de Semonville, grand référendaire, d'Argout et de Vitrolles, se présentèrent à l'Hôtel de Ville. Ils annoncèrent à la commission que le roi retirait les ordonnances du 25 juillet et venait de nommer un nouveau ministère. Ils furent interrompus par Mauguin qui s'écria : « Il est trop tard ». Pendant ce temps, Charles X nommait le duc de Mortemart président du conseil des ministres en remplacement du prince de Polignac. Il était effectivement trop tard ! La commission nommait le 30 juillet aux divers départements les commissaires provisoires suivants :

Dupont (de l'Eure) à la justice ;
Le baron Bignon, aux affaires étrangères ;
Le lieutenant général comte Gérard, à la guerre ;
Le vice-amiral de Rigny, à la marine ;
Le duc de Broglie, à l'intérieur ;
Guizot, à l'instruction publique ;
Et le baron Louis, aux finances.

Le comte de Laborde fut choisi comme préfet provisoire de la Seine, et Bavoux préfet provisoire de police.

Vingt-quatre heures après, Charles X quittait Saint-Cloud pour Rambouillet et prenait de là le chemin de l'exil.

La commission siégeant à l'Hôtel de Ville, dont les pouvoirs durèrent jusqu'au 9 août 1830, prit plusieurs arrêts et fit afficher plusieurs proclamations.

Les députés présents à Paris adressèrent de leur côté le 31 juillet 1830 la proclamation suivante au peuple français :

« Français, la France est libre Le pouvoir absolu levait son drapeau, l'héroï-
« que population de Paris l'a abattu. Paris attaqué a fait vaincre par les armes la
« cause sacrée qui venait de triompher en vain dans les élections. Un pouvoir
« usurpateur de nos droits, perturbateur de notre repos, menaçait à la fois la
« liberté et l'ordre ; nous rentrons en possession de l'ordre et de la liberté. Plus de
« crainte pour les droits acquis ; plus de barrière entre nous et les droits qui nous
« manquent encore.

« Un gouvernement qui, sans délai, nous garantisse ces biens, est aujourd'hui
« le premier besoin de la patrie. Français, ceux de vos députés qui se trouvent
« déjà à Paris se sont réunis ; et en attendant l'intervention régulière des Cham-
« bres, ils ont invité un Français, qui n'a jamais combattu que pour la France, le
« duc d'Orléans, à exercer les fonctions de lieutenant général du Royaume. C'est à
« leurs yeux le plus sûr moyen d'accomplir promptement par la paix le succès de
« la plus légitime défense.

« Le duc d'Orléans est dévoué à la cause nationale et constitutionnelle ; il en
« a toujours défendu les intérêts et professé les principes. Il respectera nos droits,
« car il tiendra de nous les siens. Nous nous assurerons par des lois toutes les
« garanties nécessaires pour rendre la liberté forte et durable.

« Le rétablissement de la garde nationale, avec l'intervention des gardes
« nationaux dans le choix des officiers ;

« L'intervention des citoyens dans la formation des administrations départe-
« mentales et municipales ;

« Le jury pour les délits de la presse ;

« La responsabilité légalement organisée des ministres et des agents secon-
« daires de l'administration ;

« L'état des militaires légalement assuré ;

« La réélection des députés promus à des fonctions publiques ;

« Nous donnerons enfin à nos institutions, de concert avec le chef de l'Etat,
« les développements dont elle a besoin.

« Français, le duc d'Orléans lui-même a déjà parlé, et son langage est celui
« qui convient à un pays libre : « Les Chambres vont se réunir, vous dit-il ; elles
« aviseront aux moyens d'assurer le règne des lois et le maintien des droits
« de la nation.

« La Charte sera désormais une vérité ».

Cette proclamation fut signée par quatre-vingt-neuf députés.

. . . .

Par ordonnances du 1ᵉʳ août :
1° La nation Française reprit le drapeau et la cocarde tricolores.
2° Furent nommés :

Commissaires : { au département de la justice, Dupont de l'Eure ;
— de la guerre, comte Gérard ;
— de l'intérieur, Guizot ;
— des finances, Baron Louis.

Préfet de police : Girod, de l'Ain.

3° Les chambres des pairs et des députés reçurent avis de leur réunion pour le 5 août 1830.

Le duc d'Orléans, fils de Philippe Egalité, avait pris part aux combats de Valmy et de Jemmapes ; il avait émigré sous l'Empire, était rentré en France après la restauration de Louis XVIII, et passait pour libéral. Il était pour ce dernier motif tout désigné pour prendre les rênes du gouvernement.

Le nouveau lieutenant général du Royaume se rendit à l'Hôtel de Ville, accompagné de nombreux députés et escorté de citoyens et de gardes nationaux. Le général de Lafayette ayant à ses côtés la commission municipale et les élèves de l'Ecole polytechnique s'avança au-devant du prince. Ces deux hommes qui avaient jadis combattu dans les mêmes rangs s'embrassèrent, et furent bientôt entourés par les officiers de toutes armes qui se trouvaient à l'Hôtel de Ville. Viennet, député de l'Hérault, adressa la parole au duc d'Orléans qui lui répondit que toutes les garanties devaient être données au pays. A cette déclaration, la respectable figure de Lafayette s'épanouit et il serra de nouveau les mains du prince.

Le duc d'Orléans s'avança ensuite vers l'une des fenêtres donnant sur la place de l'Hôtel de Ville et agita le drapeau tricolore en présence de la foule assemblée. L'enthousiasme devint alors indescriptible et lorsque le lieutenant général du Royaume sortit, la joie populaire se changea en délire.

La garde nationale fut reconstituée par un arrêté du 31 juillet.

La Chambre des députés et la Chambre des pairs, dans la séance du 7 août 1830, reconnaissant, sur la proposition de Bérard, que le trône de France ne pouvait rester vacant, désignèrent pour s'y asseoir, à la condition que la charte constitutionnelle et les modifications apportées seraient acceptées et observées par le roi, le duc Louis-Philippe d'Orléans, lieutenant général du Royaume, qui fut ainsi nommé roi de France sous le nom de Louis-Philippe Iᵉʳ. Cet appel au trône fut voté à la Chambre des députés par 219 voix contre 33 sur 252 votants. L'acceptation de la couronne eut lieu en présence des deux Chambres assemblées le 9 août.

. . . .

Charles X arriva à Rambouillet le 31 juillet 1830 ; de là il se rendit à Maintenon, puis à Cherbourg où il s'embarqua sur le « Great Britain », sous la garde du capitaine Dumont-d'Urville. Ce roi et son fils le Dauphin Louis-Antoine d'Artois, duc d'Angoulême, qui n'avait pas d'enfants, abdiquèrent le 2 août suivant, en faveur du duc de Bordeaux, fils du duc de Berry, troisième enfant de Charles X, assassiné le 13 février 1820 en sortant de l'Opéra. Telle fut la déchéance de la branche aînée des Bourbons. Charles X mourut le 6 novembre 1836 à Goritz d'une attaque de choléra.

Les membres du cabinet Polignac furent traduits devant la Cour des pairs par décision de la Chambre des députés du 23 septembre 1830. Tous les ministres furent déclarés coupables et condamnés à la prison. Polignac fut en outre déchu de ses titres, grades et ordres, et reconnu mort civilement.

Le nombre des victimes des trois journées, 27, 28 et 29 juillet 1830, fut :
Du côté du peuple : 788 personnes tuées et 4.500 blessées ;
Du côté de la troupe : 250 hommes tués et 500 blessés.

Quatre-vingts cadavres furent ensevelis dans la partie du jardin public se trouvant aujourd'hui entre la colonnade du Louvre et Saint-Germain-l'Auxerrois. Les honneurs furent rendus à ces victimes politiques et on plaça sur leur champ de repos une croix sur laquelle on inscrivit : « Aux Français morts pour la liberté ».

Enfin, en vertu de la loi du 17 décembre 1830, une colonne commémorative de la Révolution de juillet 1830, fut érigée sur la place de la Bastille ; elle fut surmontée d'une statue de la liberté, dite le génie de la Bastille. Alavoine et Duc en furent les architectes, Dumont fut l'auteur de la statue, et Eck fut le fondeur de ce monument, qui fut commencé en 1831 et terminé en 1840.

Les corps d'un grand nombre de citoyens morts pendant les trois journées de juillet surnommées « les trois glorieuses », furent déposés dans des caveaux construits sous la colonne de la Bastille.

Ce monument porte les noms d'environ trois cent soixante citoyens morts et l'inscription suivante : « A la gloire des citoyens qui s'armèrent et combattirent pour la défense des libertés publiques dans les mémorables journées des 27, 28 et 29 juillet 1830 ».

Comte de BONDY (Pierre-Marie Taillepied)

Préfet de la Seine

(DU 20 MARS AU 16 JUILLET 1815 ET DU 24 FÉVRIER 1831 AU 22 JUIN 1833)

Taillepied (Pierre-Marie), comte de Bondy, naquit à Paris, le 7 octobre 1766. En 1792, il fut chargé de diriger la fabrication des assignats et donna sa démission après le 10 août de la même année. Présenté à Napoléon par le prince Eugène, il devint chambellan en 1805 et accompagna ce prince dans plusieurs de ses voyages. A son retour il fut nommé maître des requêtes au conseil d'État (1809), et créé comte de l'Empire. Lorsque Marie-Louise vint en France, le comte de Bondy fut chargé de la recevoir à Carlsruhe et de l'accompagner à Paris. Le 7 août 1810, il fut nommé préfet du Rhône, concourut à la défense de cette ville, contre les Autrichiens, fit construire le quartier Perrache, et conserva ce poste jusqu'à la fin de 1814. Il devint une première fois préfet de la Seine et membre du conseil d'Etat pendant les cent jours (du 20 mars 1815 au 6 juillet de la même année).

Nommé préfet de la Moselle, par ordonnance du 13 juillet 1815, en remplacement du baron de Ladoucette, il se rendit à Metz et fit à ses administrés le 20 du même mois une proclamation par laquelle il leur fit connaître que le gouvernement provisoire n'existait plus, que Louis XVIII avait reçu la soumission du peuple et de l'armée et les invita à prouver au Roi leur fidélité en exécutant les lois.

Le comte de Bondy fut élu député de l'Indre en 1816, 1818 et 1823, et réélu en 1827.

Elu deux fois questeur de la Chambre, il fut un des soixante-trois députés qui protestèrent le 27 juillet 1830, à propos des ordonnances du 25 du même mois, contre le système légal des élections et la liberté de la presse.

Après la révolution de juillet, il succéda le 21 février 1831 à Odilon Barrot comme préfet de la Seine, et occupa cette fonction jusqu'au 22 juin 1833, date à laquelle il fut remplacé par le comte de Rambuteau.

Il mourut à Paris le 2 janvier 1847.

DE FRESNE

SECRÉTAIRE GÉNÉRAL DE LA PRÉFECTURE DE LA SEINE

De Fresne (Marcelin), né le 26 janvier 1793, était chef de division à la préfecture de la Seine, lorsque le comte de Chabrol de Volvic, préfet de la Seine, appréciant les services rendus par ce haut fonctionnaire, le proposa au Roi, le 10 mars 1824, pour la sous-préfecture de Sceaux

Le Roi, alors Monsieur, répondit à ce sujet : « M. de Fresne peut être tranquille, « il n'y perdra rien, il ne tardera pas à être avantageusement placé. J'en fais mon « affaire ».

En effet, De Fresne fut nommé secrétaire général de la préfecture de la Seine, le 21 juin 1826, et installé dans ses nouvelles fonctions le 26 du même mois.

De Fresne fut en outre commissaire délégué par le préfet auprès de S. M. l'Empereur de Russie, puis membre de la commission du monument du duc de Berry, et enfin capitaine d'état-major de la garde nationale de Paris.

DE BOURRIENNE

PRÉFET DE POLICE

(DU 14 AU 20 MARS 1815)

Fauvelet de Bourrienne (Louis-Antoine), naquit à Sens le 9 juillet 1769. Il entra en 1778 à l'école de Brienne où il fit la connaissance de Bonaparte, avec lequel il se lia. Tous les deux d'ailleurs se livrèrent aux études de l'artillerie, mais de Bourrienne dut renoncer à la carrière des armes et se dirigea vers celle de la diplomatie. Il se rendit à Vienne sous la recommandation du marquis de Noailles, puis à Leipzick et Varsovie, revint à Vienne et de là à Paris où il retrouva Bonaparte. Il fut nommé secrétaire d'ambassade à Stuttgard, mais le renversement de Louis XVI lui fit perdre cette place. Partisan de la révolution, il fut arrêté et après trois mois d'emprisonnement, il retourna à Leipzick où il se maria en 1794. Il revint l'année suivante à Paris, où il mena une vie retirée. Son ami Bonaparte, nommé général de division le 13 vendémiaire, et commandant en chef de l'armée d'Italie, invita de Bourrienne à se rendre au quartier général de Gratz. Il le suivit à Rastadt, puis en Egypte, fut un des acteurs du 18 brumaire, et logea aux Tuileries. Le premier consul ayant eu connaissance de certains bruits défavorables qui coururent sur son secrétaire, relativement à ses relations avec la maison d'équipement militaire Coulon frères, l'envoya à Hambourg comme chargé d'affaires près le cercle de Basse-Saxe, et ensuite en Angleterre pour observer les démarches et les rapports secrets des agents royalistes et ceux des différents continents avec l'Angleterre. Après la chute de Napoléon, de Bourrienne fut nommé administrateur général des postes (1er avril 1814), en remplacement de Lavalette. Louis XVIII lui enleva brusquement ces fonctions pour les confier à Ferrand. Au retour d'Elbe, Napoléon nomma de Bourrienne préfet de police où il ne resta que quelques jours. Il fut obligé de s'enfuir en Belgique pour se soustraire au ressentiment de son ancien ami Napoléon. Il revint à Paris avec Louis XVIII, et fut alors nommé conseiller et ministre d'Etat. Il fut, en outre, élu député par le département de l'Yonne.

Ses affaires devinrent si mauvaises, qu'il fut obligé de quitter la France. Il se retira en Belgique. Lorsque Charles X fut renversé en 1830, il en fut si peiné qu'il tomba malade et vint mourir près de Caen (Normandie), le 7 février 1834.

L'Hôtel de Ville de Paris

SOUS

le règne de Louis-Philippe Ier

LOUIS-PHILIPPE Ier, né le 6 octobre 1773, fils de Louis-Philippe-Joseph d'Orléans (Philippe-Egalité), marié le 25 novembre 1809 à Marie-Amélie fille de Ferdinand Ier, roi des deux Siciles, roi de France le 9 août 1830, se réfugia, au mois de février 1848, en Angleterre, où il mourut le 26 août 1850.

Régna du 9 août 1830 au 24 février 1848.

Liste des fonctionnaires de l'Hôtel de Ville et officiers municipaux de Paris

SOUS

LE RÈGNE DE LOUIS-PHILIPPE Ier

PRÉFETS DE SEINE

Le Comte Delaborde, préfet provisoire de la Seine, par acte de la commission municipale de Paris, du 30 juillet 1830 au 20 août 1830.
Odilon Barrot, préfet de la Seine, du 20 août 1830 au 21 février 1831.
Comte de Bondy, préfet de la Seine, du 21 février 1831 au 22 juin 1833.
Le comte Philippe de Rambuteau, préfet de la Seine du 22 juin 1833 au 24 février 1848.

SECRÉTAIRES GÉNÉRAUX DE PRÉFECTURE

Taschereau, 23 août 1830.
De Jussieu (Laurent), député de Paris, maître des requêtes, secrétaire général, du 31 décembre 1830 au 9 décembre 1845.
Parran, secrétaire général, du 9 décembre 1845 au 24 février 1848.

CONSEILLERS DE PRÉFECTURE

Marquis de Lamorélie, conseiller de préfecture, de mars 1828 à 1848.
Laffon de Ladébat, conseiller de préfecture, 18 septembre 1830.
Chevalier de Maupas, conseiller de préfecture, du 4 octobre 1830 au 25 juillet 1848.
Lucas-Montigny, conseiller de préfecture, du 31 décembre 1830 au 5 octobre 1848.
Fleury, conseiller de préfecture, 1er novembre 1838.
Molin, député, conseiller de préfecture, du 18 octobre 1839 à 1848.

PRÉFETS DE POLICE

Bavoux, préfet de police, du 30 juillet au 1er août 1830.
Girod (de l'Ain), idem, du 1er août au 7 novembre 1830.
Treilhard, idem, du 7 novembre au 26 décembre 1830.
Baude, idem, du 26 décembre 1830 au 21 février 1831.

Vivien, préfet de police, du 21 février au 17 septembre 1831.
Saulnier, idem, du 17 septembre au 15 octobre 1831.
Gisquet, secrétaire général de la préfecture de police, préfet par intérim du 15 octobre 1831 au 26 novembre 1831, préfet de police du 26 novembre 1831 au 10 septembre 1836.
Delessert (Gabriel), préfet de police, du 10 septembre 1836 au 24 février 1848.

SECRÉTAIRES GÉNÉRAUX DE LA PRÉFECTURE DE POLICE

De Billy, secrétaire général, en août 1830.
Malleval a rempli les fonctions de secrétaire général de la préfecture de police, à titre provisoire, en 1830).
Gisquet, secrétaire général, du 17 septembre au 16 ovembre 1831.
Malleval, idem, du 16 novembre 1831 au 30 avril 1844.
Pinel, idem, du 30 avril 1844 au 17 mars 1848.

CONSEILLERS GÉNÉRAUX DE LA SEINE

FAISANT EN MÊME TEMPS FONCTIONS DE CONSEILLERS MUNICIPAUX

(D'abord au nombre de 24)

1. Aubé, ancien président du tribunal de commerce, conseiller général, de 1831 à 1848.
2. Benoist, négociant et chef de la garde nationale de Saint-Denis, idem, de 1831 à 1834.
3. Besson, idem, de 1831 à 1848.
4. Bourgeois, idem, de 1831 à 1834.
5. Cochin, avocat, idem, de 1831 à 1842.
6. Marquis de Châteaugiron, idem, de 1831 à 1834.
7. Comte de Laborde (Alexandre), idem, de 1831 à 1834.
8. Delessert (François), banquier, idem, en 1831.
9. Ferron, banquier, idem, de 1831 à 1848.
10. Ganneron, président du tribunal de commerce, idem, de 1831 à 1848.
11. Gisquet, négociant, idem, en 1831.
12. Lafaulotte, négociant, idem, de 1831 à 1848.
13. Lafond, idem, en 1831.
14. Lebeau, avocat général à la cour de cassation, idem, de 1831 à 1841.
15. Lefebvre, banquier, idem, de 1831 à 1834.
16. Manie-Glatigny, ancien notaire, idem, de 1831 à 1834.
17. Odier, banquier, idem, de 1831 à 1834.
18. Parquin, avocat, idem, de 1831 à 1838.
19. Perier (Joseph), banquier, idem, de 1831 à 1848.

20. Say (professeur d'économie politiqué au Conservatoire des Arts et Métiers), conseiller général, en 1831.
21. Baron de Schonen, procureur général à la cour des comptes, idem, de 1831 à 1834.
22. Baron Seguier, premier président de la cour royale, idem, de 1831 à 1832.
23. Comte de Tascher, idem, de 1831 à 1834.
24. Tripier, président à la cour royale, idem, de 1831 à 1833.

Conseillers généraux nommés de 1831 à 1834.

Baron Delaire, conseiller d'Etat, directeur du contentieux au ministère des Finances, conseiller général, de 1832 à 1834.
Dupin, aîné, procureur général près la cour de cassation, idem, de 1832 à 1834.
Baron de Fréville, conseiller d'Etat, idem, en 1832.
Lahure, ancien notaire, idem, de 1832 à 1848.
Sanson-Davillier, négociant, idem, de 1832 à 1834.
Lehon, notaire, idem, de 1833 à 1842.
Marcellot, négociant, idem, de 1833 à 1848

Le nombre des conseillers généraux est porté à trente-six en 1835.
(de 1835 à 1848)

Arago, député, idem, de 1835 à 1848.
Beau (Alexis), idem, de 1835 à 1848.
Boulay (de la Meurthe), idem, de 1835 à 1848.
Bouvattier, idem, de 1835 à 1846.
De Cambacérès, idem, de 1835 à 1844.
Galis, idem, de 1835 à 1848.
Gatteaux, idem, de 1835 à 1848.
Girard, idem, de 1835 à 1837.
Grillon, idem, de 1835 à 1848.
Hérard, idem, de 1835 à 1848.
Husson, idem, de 1835 à 1848.
Jouet (aîné), idem, de 1835 à 1848.
Laffitte (Jacques), député, idem, de 1835 à 1839.
Lambert de Sainte-Croix, idem, de 1835 à 1844.
Lanquetin, idem, de 1835 à 1848.
Ladvocat, idem, de 1835 à 1844.
Legentil, idem, de 1835 à 1837.
Michau (David), idem, de 1835 à 1848.
Moreau (Frédéric), idem, de 1835 à 1848.
Orfila, idem, de 1835 à 1844.

Perret, conseiller général, de 1835 à 1848.
Preschez, idem, de 1835 à 1844.
Thayer, idem, de 1835 à 1848.
Vincent, idem, de 1835 à 1837.
Say (Hector) (deuxième fois), idem, de 1838 à 1848.
Coltier, idem, de 1840 à 1841.
Legros, idem, de 1840 à 1846.
Sanson-Davillier (deuxième fois), idem, de 1840 à 1848.
Ternaux (Mortimer), idem, de 1840 à 1848.
Boutron-Chalsarlard, idem, de 1841 à 1848.
Gillet, idem, de 1841 à 1848.
Journet, idem, de 1842 à 1848.
Pelassy de l'Ousle, idem, de 1842 à 1848.
Considérant (Victor), idem, de 1844 à 1848.
Meder, idem, de 1844 à 1848.
Panis, idem, de 1844 à 1848.
Robinet, idem, de 1844 à 1848.
Baron Armand Séguier, idem, de 1844 à 1848.
Thierry, idem, de 1844 à 1848.
Pellassy de l'Ousle, idem, de 1844 à 1848.
Bayvet, idem, de 1846 à 1848.
Dupérier, idem, de 1846 à 1848.
Chevalier, idem, de 1847 à 1848.
Glandaz, idem, de 1847 à 1848.
Ségalas, idem, de 1847 à 1848.

L'Hôtel de Ville de Paris sous Louis-Philippe

(1837)

'HOTEL DE VILLE de Paris, commencé sous le règne de François Ier, agrandi et terminé sous celui de Henri IV, avait paru insuffisant dès la fin du XVIIe siècle. A plusieurs reprises, il fut question de l'agrandir et même de le déplacer ; diverses études furent entreprises, mais il ne fut donné suite à aucun de ces projets et l'administration dut se contenter de louer des maisons voisines afin d'y installer ses bureaux. Pour remédier à ces inconvénients, Frochot, premier préfet de la Seine, proposa à la municipalité de Paris, d'élever un vaste édifice dont la façade serait tournée vers la Seine. Le plan de ce projet fait par l'architecte Molinos, ne put être exécuté, en raison des événements politiques qui se passèrent à la chûte de Napoléon Ier.

Lorsque le comte de Bondy fut nommé préfet de la Seine en 1831, il chargea l'architecte Godde de lui présenter un plan de construction d'un nouvel Hôtel de Ville avec façade sur la Seine, comme celui de Molinos. Ce projet fut écarté par le conseil municipal, comme étant trop dispendieux.

M. de Rambuteau, qui succéda au comte de Bondy en 1833, adjoignit à M. Godde, l'architecte Lesueur, dont le talent était déjà connu et qui devint plus tard membre de l'Institut. Ce dernier prit la direction générale de la construction des nouveaux édifices à élever. Ces travaux, approuvés par le conseil municipal en 1837, consistaient dans l'élévation d'un bâtiment du côté du quai, où devaient être installés les salons de réception, d'un autre bâtiment à l'aile gauche, et enfin de la façade sur la rue de la Tixeranderie. L'édifice exécuté précédemment devait être conservé dans toute son intégralité. A cette époque, du reste, l'Hôtel de Ville n'était pas isolé, et tenait encore à l'hospice du Saint-Esprit et à l'église Saint-Jean.

Les nouvelles constructions exécutées par MM. Lesueur et Godde ne furent terminées qu'en 1846, et coûtèrent douze millions. Les travaux d'art furent accomplis en 1848 ; et le tout fut achevé en 1853. M. de Rambuteau s'installa dès l'année 1842 dans les appartements réservés au préfet de la Seine.

L'Hôtel de Ville se trouva dès lors complètement isolé. Chacune des deux façades allant de l'est à l'ouest avait cent vingt mètres de longueur; celle du nord et celle du sud avaient chacune quatre-vingts mètres. La façade principale donnait sur la place de Grève à laquelle on donna le nom de place de l'Hôtel de Ville ; celle exposée au nord, sur la rue de Rivoli, celle du sud, sur le quai de la Grève, et celle de l'est sur la rue Lobau.

L'édifice avait quatre pavillons, un à chaque angle ; son architecture, dans la partie centrale, était du style du XVIe siècle, les autres parties étaient du style de la Renaissance.

Par suite des divers agrandissements qui furent effectués depuis l'achat de la maison de Jean d'Auxerre par Etienne Marcel le 7 juillet 1357 jusqu'à la fin du règne de Louis-Philippe, les anciens bâtiments disparus sont les suivants (1) :

Eglise Saint-Jean-en-Grève (chapelle baptismale de Saint-Gervais), reconstruite en 1326, restaurée en 1724, vendue par le domaine national le 17 nivôse an VIII. La chapelle dite de la communion fut démolie en 1837 pour la construction de l'Hôtel de Ville ;

Hôpital du Saint-Esprit, fondé en 1362. Les prêtres du Saint-Esprit furent supprimés par un décret du 5 avril 1792. Les bâtiments furent démolis en 1798. On construisit sur leur emplacement en 1810 des bâtiments servant d'hôtel au préfet de la Seine, qui disparurent eux-mêmes pour l'agrandissement de l'Hôtel de Ville ;

Chapelle et hôpital des Haudriettes. La chapelle fut bâtie par Etienne Haudri, pannetier de Philippe le Bel. L'hôpital fut donné antérieurement par ce roi à Milly, en 1306. L'emplacement où se trouvait cet hôpital fait aujourd'hui partie de l'Hôtel de Ville.

En outre les rues des Haudriettes, des Vieilles-Garnisons, du Martroi, de la Mortellerie et de la Tixeranderie ont disparu pour faire place aux bâtiments et à la place de l'Hôtel de Ville.

(1) Louis et Félix Lazare. *Dictionnaire administratif et historique des rues de Paris et de ses monuments.*

COMTE DE LABORDE

PRÉFET DE LA SEINE

(30 JUILLET AU 20 AOUT 1830)

Le comte de Laborde (Alexandre-Louis-Joseph), naquit à Paris le 15 septembre 1774. Son père, le marquis de Laborde (Jean-Joseph), né à Jacca (Aragon), en 1724, appartenait à une famille du Béarn établie à Bielle et était à la tête d'une maison de commerce importante faisant des affaires avec l'Inde et l'Espagne. Il fut en outre banquier de Louis XV pendant la guerre de Sept ans, prêta douze millions à l'Etat, fut arrêté pour ses opinions monarchiques en 1793, à son château de Meréville, condamné à mort par le tribunal révolutionnaire et guillotiné le 18 avril 1794.

Alexandre de Laborde eut trois frères ; l'aîné, le marquis de Laborde Meréville (François-Louis-Joseph), fit la guerre d'Amérique et mourut à Londres en 1801 ; les deux autres, de Laborde Bouterville et de Laborde de Marchainville firent partie de l'expédition de Lapérouse et périrent victimes de leur dévouement en portant secours à des naufragés dans la baie des Français en Californie.

Alexandre de Laborde se destina d'abord à la marine, entra à l'Ecole de Juilly, se rendit en Autriche près de l'empereur Joseph II, où il servit comme chef d'escadron. Il revint après le traité de Campo-Formio (1797), et voyagea en Angleterre, en Hollande, en Italie et en Espagne. Il rentra en France en 1808, fut nommé auditeur au Conseil d'Etat, maître des requêtes et chevalier de la légion d'honneur en 1809, et présida en 1810 la commission de liquidation des comptes de la grande armée. Il remplaça de Toulongeon en 1813 comme membre de l'Institut (Académie des Inscriptions et belles lettres), et reçut de Louis XVIII la croix de Saint-Louis et celle d'officier de la légion d'honneur. Elu député en 1820, il quitta le Conseil d'Etat pendant le ministère de Villèle, y revint avec le cabinet de Martignac, et se montra hostile au ministère de Polignac. Lors des événements de Juillet 1830, il se mit du côté de la résistance et fut nommé préfet de la Seine le 30 du même mois, poste qu'il occupa seulement jusqu'au 20 août de la même année, date à laquelle il devint général de la garde nationale et aide de camp de Louis-Philippe. Réélu député en 1831, il remplit à la Chambre les fonctions de questeur, et fut de nouveau député d'Etampes en 1837.

Le comte Alexandre de Laborde mourut en 1842.

ODILON BARROT

PRÉFET DE LA SEINE

(20 AOUT 1830 AU 21 FÉVRIER 1831)

Odilon Barrot (Camille-Hyacinthe), naquit à Villefort (Lozère), le 19 juillet 1791, fit ses études au prytanée de Saint-Cyr et les termina au Lycée Napoléon. Il était fils du conventionnel Jean-André Odilon Barrot, qui siégea au Conseil des Cinq-Cents, puis au Corps législatif et vota contre la mort de Louis XVI et pour l'appel au peuple.

Avocat à la Cour de cassation à l'âge de 23 ans, Camille Odilon Barrot accepta la restauration, avec la pensée qu'elle apporterait des idées de liberté qu'il ne reconnaissait pas à l'Empire ; mais déçu dans son espérance, il ne tarda pas à se jeter dans l'opposition. Il plaida à cette époque dans plusieurs causes qui le rendirent célèbre.

Camille Odilon Barrot prit une part active aux événements de juillet 1830; il fut nommé secrétaire de la commission municipale qui remplit pendant quelques jours les fonctions de gouvernement provisoire, conseilla à de Lafayette de refuser la présidence de la République et contribua à le faire arrêter. Il fut avec le maréchal Maison un des trois commissaires désignés pour conduire jusqu'à Cherbourg le roi déchu. Au retour de cette mission, il fut nommé préfet de la Seine le 20 août 1830 en remplacement de de Labordé, et n'occupa cette haute fonction que six mois pendant lesquels il se trouva en opposition presque constante avec M. Guizot, ministre de l'Intérieur. Il fut remplacé comme préfet de la Seine, par de Bondy, le 21 février 1831.

Camille Odilon Barrot fut élu député, se prononça contre le ministère Casimir Périer, et combattit tous les ministères excepté celui de M. Thiers. En 1847, il devint le héros des banquets réformistes, et fut chargé le 10 décembre 1848 de former le premier ministère nommé par Louis-Napoléon, se réservant le portefeuille de la justice et la garde des sceaux. Il prit en cette qualité la défense de l'expédition de Rome, présenta divers projets contre la presse et le droit de réunion, et fut remplacé par Rouher après le coup d'Etat du 2 décembre 1851 contre lequel il protesta.

Odilon Barrot rentra dès lors dans la vie privée. Il avait épousé la petite-fille de Labbey de Pompiéres, et avait été président de la société « Aide-toi, le ciel t'aidera ».

DE RAMBUTEAU

PRÉFET DE LA SEINE

(DU 22 JUIN 1833 AU 24 FÉVRIER 1848)

LE COMTE DE RAMBUTEAU
Préfet de la Seine
(du 22 juin 1833 au 24 février 1848).

Le comte de Rambuteau (Claude-Philibert-Barthelot), naquit le 9 novembre 1781 à Charnay, près Mâcon (Saône-et-Loire). Issu d'une ancienne famille de la Bourgogne, dont plusieurs ont payé de leur vie, l'honneur de servir leur pays, il était petit-fils d'un officier général estimé, qui avait mangé une partie de sa fortune pour soutenir son régiment. Son père, qui avait épousé Mlle de la Vieilville-Vignacourt, fille du maréchal de camp de ce nom, commanda longtemps le régiment de Conti-cavalerie et reçut, à l'âge de dix-neuf ans, la croix de St-Louis.

Claude de Rambuteau épousa en 1808 Mlle de Narbonne-Lara, fille de l'ancien ministre de la guerre et ambassadeur à Vienne, fut nommé chambellan de l'Empereur en 1809, et fait comte de l'Empire en 1810. L'année suivante, il fut envoyé en mission, lors de la naissance du Roi de Rome, auprès du Roi de Westphalie. Par décret du 12 mars 1813, le comte de Rambuteau fut nommé préfet du département du Simplon, en remplacement de M. Derville Maléchard. Appelé à la préfecture de la Loire en remplacement de M. Helvoet, il déploya dans ce poste la plus grande activité, leva en huit jours la conscription de 1815 et forma quatre bataillons de garde nationale qu'il conduisit lui-même au général Augereau. Lorsque les Autrichiens se présentèrent devant Roanne, le 7 février 1814, avec huit cents hommes, le préfet de Rambuteau organisa les moyens de défense et tint l'ennemi en échec. Il fit confectionner en quelques jours à la manufacture de Saint-Etienne 22.000 fusils qui furent expédiés à Paris. Mais le 9 août 1814, le général Aldeerk se présenta devant Roanne avec seize mille hommes et trente-deux pièces de canons. Le comte de Rambuteau s'y était renfermé avec l'intention de résister et sauva la ville par une capitulation honorable.

La Restauration maintint le comte de Rambuteau à son poste ; il fut successivement nommé le 6 avril 1815 préfet de l'Allier, le 20 avril de la même année, préfet de l'Aude, et le 15 mai, préfet de Tarn-et-Garonne. Il fut, en outre, élu membre de la Chambre des représentants en 1815 et membre du conseil général de Saône-et-Loire en mai 1819. La seconde Restauration le destitua, le 14 juillet 1815, il se retira alors à Charnay.

Au mois de novembre 1827, la ville de Mâcon choisit pour la représenter à la Chambre des députés le comte de Rambuteau qui fut réélu en 1830 et 1831. Il fut nommé préfet de la Seine le 22 juin 1833, en remplacement de M. le comte de Bondy, et conserva ce poste jusqu'au 24 février 1848. Pendant son séjour à la préfecture de la Seine, il donna une grande impulsion à la bâtisse, fit commencer les boulevards extérieurs, transforma les quartiers en autorisant la construction des hôtels des Champs-Élysées, restaura l'Hôtel de Ville, la Sainte-Chapelle, la Madeleine et le Collège de France.

Il fut nommé chevalier de la légion d'honneur en 1814, promu officier en 1835, et grand officier en 1844 ; par une décision du 14 septembre 1848, il obtint une pension de six mille francs.

Son nom fut donné à une des principales rues de Paris.

Il mourut en 1869.

DELESSERT (GABRIEL)

PRÉFET DE POLICE

(DU 10 SEPTEMBRE 1836 AU 24 FÉVRIER 1848).

Delessert (Gabriel-Abraham-Marguerite), descendant d'une famille protestante qui s'était établie à l'étranger à la suite de la révocation de l'Edit de Nantes, et qui était revenue se fixer à Paris en 1735, naquit dans la capitale le 17 mars 1786. Il était fils du financier Etienne Delessert et frère de Benjamin Delessert, le grand philanthrope qui fonda, le 15 novembre 1818, avec le duc de La Rochefoucauld-Liancourt, les caisses d'épargne.

Gabriel Delessert servit d'abord dans la garde nationale avec le grade de capitaine-adjoint, puis comme adjudant-commandant sous les ordres de Moncey, de Masséna et du général Durosnel. Il se fit remarquer aux combats de Saint-Cloud et de Paris, livrés le 30 mars 1814 contre les Allemands, Autrichiens, et troupes alliées. Nommé maire de Passy à l'avènement de la Monarchie de juillet, il combattit à la tête de la garde nationale les émeutes des 5 et 6 juin 1832. Il fut nommé préfet de l'Aube le 12 février 1834, et le 27 novembre de la même année, il passa à la préfecture d'Eure-et-Loir, à Chartres, où il se fit remarquer par sa belle conduite lors de l'incendie de la cathédrale et reçut en récompense une médaille faite avec le bronze des cloches fondues par le feu.

Delessert fut nommé préfet de police le 10 septembre 1836, en remplacement de Gisquet; il occupa ce poste jusqu'au 24 février 1848, et eut pour successeur Sobrier, délégué du maire de Paris au département de la police. Il devint pair de France le 24 mars 1844 et mourut à Passy en 1858. Il eut un fils, Edouard Delessert né en 1828, qui accompagna de Saulcy dans son expédition dans la mer Rouge.

BILLIG

SECRÉTAIRE GÉNÉRAL DE LA PRÉFECTURE DE POLICE

Lorsque M. Odilon Barrot accepta la préfecture de la Seine, il sentit le besoin d'avoir pour secrétaire général un homme rompu aux affaires, dévoué au travail et ayant une longue expérience pratique de l'administration. Il désigna par une note adressée au Ministre de l'Intérieur et présentée au Conseil des ministres, le 2 janvier 1831, M. Billig, secrétaire général de la préfecture de police, comme paraissant remplir toutes ces conditions.

M. Guizot avait jugé à propos de donner à M. Odilon Barrot un homme politique entièrement étranger à l'administration, M. Taschereau. Le préfet de la Seine dut se résigner. M. Taschereau avait de la bonne volonté, de l'intelligence et il lui fut très utile

M. Odilon Barrot savait que les services rendus à la préfecture de police par M. Billig étaient nécessaires; mais il fit observer au Ministre de l'Intérieur qu'il était entré à cette préfecture comme ami de M. Treilhard. Les rapports de confiance et d'intimité qui existaient entre eux pouvaient dès lors rendre les relations entre le nouveau préfet de police et le secrétaire général plus difficiles. Les capacités de M. Billig paraissaient d'autre part plus propres à l'administration civile qu'à une direction de police qui exige de la jeunesse et une grande activité.

Le préfet de la Seine fit en outre observer que M. de Jussieu, qui venait d'être nommé secrétaire général de la préfecture de la Seine, était frère du sous-préfet de

Sceaux, et il pouvait y avoir des inconvénients dans la position si rapprochée de deux hauts fonctionnaires.

Ce fut pour ces raisons que M. Odilon Barrot proposa M. Billig pour occuper le poste de secrétaire général de la préfecture de la Seine.

M. Laffitte, secrétaire d'Etat des Finances écrivit le 2 janvier 1831 au Ministre de l'Intérieur une lettre appuyant la demande de M. Odilon Barrot.

Mais le Ministre de l'Intérieur répondit au Ministre des Finances que M. Baude, préfet de police, ayant manifesté un vif désir de conserver M. Billig comme secrétaire général de la police, il n'avait pas cru devoir s'y opposer.

Ce fut pour cette raison que M. Billig ne fut jamais secrétaire général de la préfecture de la Seine.

L'Hôtel de Ville de Paris

sous

la deuxième République Française

Après l'insurrection du 24 février 1848, qui fut la conséquence du refus du gouvernement de Louis-Philippe d'autoriser la réforme électorale, et après le départ du Roi qui abdiqua en faveur de son petit-fils, le comte de Paris, un gouvernement provisoire fut proclamé, le même jour à l'Hôtel de Ville de Paris. Il fut composé ainsi qu'il suit :

Dupont (de l'Eure), président.

Lamartine,	Garnier-Pagès,	Louis Blanc,
Crémieux,	Marie,	Ferdinand Flocon,
François Arago,	Armand-Marrast,	Et Albert, ouvrier.
Ledru-Rollin,		

Pagnerre, secrétaire général.
Barthélemy-Saint-Hilaire, chef du secrétariat.

Ce gouvernement provisoire, dura légalement du 24 février au 18 mai 1848.

L'Assemblée nationale constituante, élue au suffrage universel, se réunit le 4 mai 1848, proclama la République et nomma le 11 du même mois, une commission exécutive, composée de :

| Arago (François), | Garnier-Pagès, | Ledru-Rollin, |
| Marie, | Lamartine, | Et Pagnerre, secrétaire. |

Cette commission fonctionna du 15 mai au 24 juin 1848.

Lorsque l'insurrection du 23 juin éclata, l'Assemblée nationale constituante se déclara en permanence ; elle reçut le lendemain, 24 juin, la démission collective des membres de la commission exécutive, et délégua tous les pouvoirs au général Eugène Cavaignac qui, après avoir réprimé la révolte le 28 juin, déposa l'autorité qui lui avait été confiée ; mais l'Assemblée nationale la lui conféra de nouveau avec le titre de président du conseil des ministres, chargé du pouvoir exécutif. Le général Cavaignac conserva ces hautes fonctions jusqu'au 20 décembre 1848.

Louis-Napoléon Bonaparte, qui avait été nommé représentant à l'Assemblée nationale constituante, fut élu président de la République française, le 10 décembre 1848, et proclamé le 20 du même mois.

Le plébiscite des 21 et 22 novembre 1852 dont le résultat fut connu le 1er décembre suivant mit fin à cette dernière date au gouvernement de la seconde République qui dura :

du 4 mai 1848 au 1er décembre 1852.

Liste des fonctionnaires de l'Hôtel de Ville et officiers municipaux de Paris

PENDANT

LA DEUXIÈME RÉPUBLIQUE FRANÇAISE
(Du 24 février 1848 au 1ᵉʳ décembre 1852)

Dès le 24 février 1848, les fonctionnaires de l'ancien régime se retirèrent et la municipalité parisienne fut constituée de la manière suivante :

MAIRES DE PARIS

Garnier-Pagès, maire de Paris, du 24 février au 12 mars 1848.
Marrast (Armand), maire de Paris, du 12 mars au 19 juillet 1848.

ADJOINTS AUX MAIRES DE PARIS

Guinard, adjoint, du 24 février au 25 février 1848.
Buchez, idem, du 25 février au 2 mars 1848.
Duclerc, idem, du 2 mars au 10 mars 1848.
Adam, idem, du 10 mars au 19 juillet 1848.

SECRÉTAIRE GÉNÉRAL

Flottard, secrétaire général, du 24 février au 20 juillet 1848.

DÉPARTEMENT DE LA POLICE

Sobrier, délégué du maire de Paris au département de la police, du 24 février au 28 février 1848.
Caussidière, délégué du maire de Paris au département de la police, du 24 février au 28 février 1848 (avec Sobrier). Seul délégué du 28 février au 15 mars 1848.

PRÉFETS DE POLICE

Caussidière, préfet de police, du 15 mars 1848 au 18 mai 1848.
Trouvé-Chauvel, préfet de police, du 18 mai au 19 juillet 1848.

La préfecture de la Seine fut rétablie au mois de juillet 1848, conformément à la loi du 18 pluviôse de l'an VIII. Les fonctionnaires de la municipalité de Paris à partir de cette époque furent les suivants :

PRÉFETS DE LA SEINE

Trouvé-Chauvel, préfet de la Seine, du 19 juillet au 27 octobre 1848.
Recurt, idem, du 27 octobre au 20 décembre 1848.
Berger, idem, du 20 décembre 1848 au 22 juin 1853.

SECRÉTAIRES GÉNÉRAUX DE LA PRÉFECTURE DE LA SEINE

Adam, secrétaire général, du 21 juillet 1848 au 27 avril 1849.
Merruau, idem, du 27 avril 1849 au 27 avril 1861.

CONSEILLERS DE PRÉFECTURE EN 1848

Flottard, conseiller par arrêté du 25 juillet 1848, en remplacement du citoyen de Maupas, admis à faire valoir ses droits à la retraite.
Loysel (Achille), conseiller par arrêté du 5 octobre 1848, en remplacement du citoyen Lucas-Montigny, admis à la retraite.

PRÉFETS DE POLICE

Ducoux, préfet de police, du 19 juillet 1848 au 14 octobre 1848.
Gervais (de Caen), idem, du 14 octobre 1848 au 20 décembre 1848.
Colonel Rebillot, idem, du 20 décembre 1848 au 8 novembre 1849.
Carlier, idem, du 8 novembre 1849 au 26 octobre 1851.
De Maupas, idem, du 26 octobre 1851 au 22 janvier 1852.
Blot (Sylvain), secrétaire général de la préfecture de police, préfet de police par intérim, du 22 janvier au 27 janvier 1852.
Piétri (P.), préfet de police, du 27 janvier 1852 au 16 février 1858.

SECRÉTAIRES GÉNÉRAUX DE LA PRÉFECTURE DE POLICE

Monier, secrétaire général, du 17 mars au 1er août 1848.
O'Reilly, idem, du 1er août au 26 décembre 1848.
Godeaux, idem, du 26 décembre 1848 au 17 novembre 1849.
Reyre (Clément), idem, du 17 novembre 1849 au 12 novembre 1851.
Blot (Sylvain), idem, du 12 novembre 1851 au 2 avril 1852.
Bourgeois d'Orvannes, idem, du 2 avril 1852 au 22 mai 1852.

Le 14 juillet 1848, le conseil général et municipal de la Seine fut remplacé par une commission départementale et municipale.

Les membres de cette commission municipale et départementale, nommés par arrêté du pouvoir exécutif, étaient au nombre de trente-six, savoir :

D'Argout,	Manceaux,
Bixio, représentant,	Moreau (de la Seine),
Boissel,	Moreau (Ernest),
Bonjean,	Moreau (Auguste),
Boulatignier,	Pelouze,
Bourdon (Adolphe),	Périer, vice-président,
Chevalier,	Peupin, représentant,
Delaroche (Paul),	Ramond de la Croizette,
Delestre,	Riant,
Devinck (secrétaire),	De Riberolles,
Didot (Ambroise-Firmin),	Say (Horace), secrétaire,
Dupérier,	Ségalas,
Eck	Ternaux (Mortimer),
Fleury,	Thayer (Edouard),
Flon,	Thibaut (Germain),
Galis,	Thierry (vice-président),
Lanquetin, président,	Trouchon,
Legendre,	Vavin, représentant.

Ces trente six membres, nommés pour défendre les intérêts de la ville de Paris, formaient alors le conseil municipal de cette ville. Quant au conseil général, il se composait également de ces trente-six membres auxquels étaient adjoints huit autres membres nommés par les arrondissements de Saint-Denis et de Sceaux.

La Révolution de 1848

PROCLAMATION DE LA DEUXIÈME RÉPUBLIQUE FRANÇAISE A L'HOTEL DE VILLE

Louis-Philippe, proclamé roi des Français le 9 août 1830, à la suite des événements de juillet de la même année, prit successivement pour chefs de ses divers cabinets, le banquier Laffitte, Casimir-Périer, le maréchal Soult, duc de Dalmatie, et enfin Thiers, qui devint président du conseil, ministre, secrétaire d'Etat au département des affaires étrangères dans le ministère constitué le 1er mars 1840.

Au nombre des faits intéressants qui se passèrent pendant cette période de dix ans se trouve l'attentat dirigé contre Louis-Philippe, le 28 juillet 1834. Paris était en fête à l'occasion de l'anniversaire des trois journées glorieuses de 1830 ; le roi devait passer une revue de la garde nationale échelonnée sur les grands boulevards depuis la Madeleine jusqu'à la Bastille ; il était entouré d'un brillant état-major, composé des ducs d'Orléans, de Joinville, de Nemours, du maréchal Mortier duc de Trévise, du comte Lobau, du maréchal Maison, du comte Molitor, des généraux Exelmans, Flahaut, Schramm, du comte de Rambuteau, préfet de la Seine, etc. Au moment où le cortège royal passait devant le Jardin Turc, sur le boulevard du Temple, une effroyable détonation se fit entendre. Près du roi, qui ne fut pas atteint, une cinquantaine de personnes gisaient à terre, au nombre desquelles se trouvaient le maréchal Mortier, le général de Vérigny, le colonel Raffé, le lieutenant-colonel Rieussec et plusieurs autres.

Cette explosion était partie d'une des fenêtres de la maison portant le n° 50 du boulevard du Temple, où avait été installée la machine destinée à tuer le roi. On entoura cette maison, et on s'empara d'un homme gravement blessé qui était l'auteur de cet attentat, et qui déclara se nommer Fieschi, né à Murato (Corse), le 13 décembre 1790.

Dix-neuf personnes furent tuées ; au nombre des morts furent le maréchal Mortier, duc de Trévise, le capitaine d'artillerie Villatte, le général Lachasse de Vérigny, le colonel Raffé, un vieillard de soixante-dix ans nommé Labrouste et une jeune fille de seize ans, Sophie Rémy.

Le 15 octobre 1840, le roi faillit de nouveau être victime d'un nouvel attentat. Il sortait des Tuileries dans la matinée avec la reine et sa sœur Adélaïde, pour se rendre au château de Saint-Cloud, lorsqu'une détonation se fit entendre au moment où sa voiture débouchait sur la place de la Concorde. Un coup de pistolet venait d'être tiré sur lui par un homme nommé Marius Darmès qui, se disant conspirateur et exterminateur des tyrans, fut condamné à mort et exécuté. A la suite de cet événement qui rappelait l'effroyable attentat de Fieschi, Thiers crut devoir sévir et faire exécuter des perquisitions chez les écrivains démocrates, au nombre desquels furent de Lamennais et Louis Blanc. Ces actes réputés arbitraires, mirent le ministère dans une fausse position et le cabinet démissionna le 28 octobre 1840.

Le Roi chargea alors Guizot de former un nouveau ministère qui fut composé, le lendemain 29 octobre, ainsi qu'il suit :

Maréchal Soult, duc de Dalmatie, à la Guerre, en remplacement de Despans Cubières ;

Martin (du Nord), à la Justice et aux Cultes, en remplacement de Vivien ;

Guizot, aux Affaires étrangères, en remplacement de Thiers ;

Amiral Baron Duperré, à la Marine et aux Colonies, en remplacement du baron Roussin ;

Duchâtel, à l'Intérieur, en remplacement de de Rémusat ;

Cunin-Gridaine, au Commerce et à l'Agriculture, en remplacement de Gouin ;

Teste, aux Travaux publics, en remplacement du comte Joubert ;

Villemain, à l'Instruction publique, en remplacement de Cousin ;

Et Humann, aux Finances, en remplacement du baron Pelet de la Lozère.

La mission de ce cabinet, qui fut appuyé au début par de Lamartine, fut de combattre les idées révolutionnaires de l'époque. Il fit condamner le démocrate Lamennais à un an de prison et deux mille francs d'amendes ; mais de son côté le parti anti-monarchique commença à se remuer sérieusement. En effet, dès le mois de mai précédent, un ancien député de l'opposition, de Golbery, fit un rapport sur un certain nombre de pétitions tendant à la réforme électorale, dont les unes réclamaient le suffrage universel ou l'extension du droit de vote à tous les gardes nationaux, et les autres demandaient seulement l'adjonction de diverses catégories de citoyens à la liste des électeurs. Le rapporteur proposa de repousser les premières et de renvoyer les secondes à l'examen du ministre de l'Intérieur. François Arago et Garnier-Pagès prirent la défense du suffrage universel ; le premier y greffa la question sociale et reçut à l'Observatoire une délégation d'ouvriers qui vinrent le remercier d'avoir défendu leurs intérêts et leurs souffrances. Alors commença la campagne des banquets réformistes ; le premier eut lieu le 2 juin 1840 dans le dixième arrondissement, sous la présidence de Charles Thomas, directeur du « *National* », le deuxième fut donné par la garde nationale du douzième arrondissement. La situation du cabinet du 28 octobre 1840 devint dès lors difficile, et après s'être relevé à propos de la loi sur les fortifications de Paris, il continua à se débattre dans une majorité souvent incertaine. L'opinion publique manifesta son mécontentement à la suite de certaines fautes commises, telles que l'arrestation de deux rédacteurs de la « *France* », les poursuites contre Ledru-Rollin, après son discours aux électeurs du Mans, et la condamnation de Dupaty, écrivain démocrate. Dès l'ouverture de la session de 1843, de Lamartine attaqua la monarchie de juillet, Guizot défendit les traités de 1831 et 1833, et ces deux hommes, à la session de 1844, se trouvèrent constamment en opposition.

A la session de 1844, le cabinet inquiet de l'avenir, opéra quelques changements dans son sein ; l'amiral Roussin qui avait succédé à l'amiral Duperré fut remplacé par de Mackau, et Dumon prit les travaux publics à la place de Teste. La Chambre, ayant appris que Guizot s'était rendu à Gand pour rendre visite à Louis XVIII, lui en fit un reproche, mais le ministre triompha encore en cette circonstance par un vote de confiance. En avril 1845, de Salvandy remplaça Villemain à l'instruction publique ; à la suite des mesures prises contre les jésuites en août de la même année, la situation du cabinet devint plus critique et un manifeste fut adressé contre lui par la gauche constitutionnelle, à la tête de laquelle se trouvait Odilon Barrot. Après un troisième attentat exécuté le 16 avril 1846 contre la vie du roi sur lequel deux coups de feu furent tirés sans qu'il fut atteint, par un garde de chasse nommé Lecomte, en revenant d'une promenade dans la forêt de Fontainebleau, et la condamnation à mort du coupable, un quatrième crime du même genre fut encore commis contre le roi le 29 juillet suivant, au moment où ce dernier apparut sur le balcon des Tuileries pour saluer la foule le dernier jour des fêtes commémoratives de la Révolution de juillet. Deux coups de pistolet furent tirés sur Louis-Philippe par un nommé Joseph Henri qui expia sa faute par une condamnation aux travaux forcés à perpétuité. Tous ces crimes étaient une preuve du peu de sympathie qu'inspirait la personne du souverain.

D'autre part, Guizot remplaça au ministère de la justice Martin du Nord, mort subitement le 11 mars 1847 par Hébert, procureur général près la cour de Paris, homme hostile à toute réforme.

Le parti anti-dynastique s'efforça alors de réunir toutes ses forces sur deux questions, la réforme électorale et les incompatibilités parlementaires. La première, qui avait pour but l'établissement du suffrage universel, fut mise à l'ordre du jour, à propos de l'élection d'un nommé Drouillard, banquier à Paris, comme député de Quimperlé et qui avait payé cent cinquante mille francs les voix de ses électeurs. Le député de Genoude proposa, à cette occasion, en mars 1847, la réforme électorale, et Duvergier de Hauranne demanda la prise en considération. Duchâtel, ministre de l'intérieur, posa la question de cabinet, espérant ainsi la faire repousser. Le ministère remporta encore la victoire en obtenant un vote de 252 voix contre 154. La discussion de la proposition relative aux incompatibilités parlementaires eut lieu le 14 avril 1847 ; elle fut également repoussée par 219 voix contre 170. Le cabinet triomphant restait donc sur la brèche, avec la ferme résolution de ne pas céder.

Cependant, depuis le commencement de l'année 1847, des émeutes avaient éclaté dans certains départements, et des meurtres avaient été commis dans plusieurs autres contre des hommes en vue ; le prix du pain avait augmenté, et une foule affamée parcourait la campagne demandant à manger. Trois hommes accusés d'assassinat furent exécutés sur la place de Buzançais. En outre, des affaires scandaleuses et des tripotages furent dénoncés par des publicistes au nombre desquels était de Girardin. Le ministre Duchâtel lui-même, fut accusé d'avoir vendu au prix de cent mille francs le privilège d'un théâtre. Guizot se résigna alors à modifier son cabinet. De Montebello remplaça de Mackau à la marine, Jayr, préfet du Rhône, remplaça aux travaux publics Dumon, qui prit le portefeuille des finances à la place de Lacave-Laplagne, et le général Trézel fut nommé ministre de la guerre.

Enfin, devant l'obstination ministérielle de ne vouloir opérer aucune des réformes demandées, il fut décidé, dans une réunion tenue en juillet 1847, et à laquelle assistaient Odilon Barrot, Thiers, Duvergier de Hauranne, Garnier-Pagès, Carnot et les députés réformistes, qu'on inviterait le pays à provoquer par voie de pétition, la réforme de la loi du 19 avril 1831 dans ses dispositions électorales. Cette pétition, rédigée par Pagnerre, signalait les vices du mode électoral et fut transmise aux comités. Il fut, en outre, convenu à cette assemblée, que le peuple serait convié sur toute la surface du territoire à des banquets pendant lesquels des orateurs lui feraient connaître la nécessité de la réforme électorale.

Le premier de ces banquets eut lieu à Paris le 10 juillet 1847 au Château-Rouge ; douze cents électeurs y prirent part sous la présidence de de Lasteyrie ; le second eut lieu à Mâcon le 18 du même mois sous la présidence de Lamartine qui y prononça un discours sur la nécessité de la réforme. Des banquets réformistes furent donnés dans presque tous les départements, à Colmar, Périgueux, Soissons, à Meaux où Odilon Barrot prit la parole, à Saint-Quentin, à Orléans.

Le maréchal Soult, duc de Dalmatie, qui avait la présidence nominale du cabinet, donna sa démission le 17 septembre 1847 et fut remplacé dans ce poste par le ministre Guizot. Les banquets continuèrent à Coulommiers, Cosne, Lille, Avesnes, Dijon, etc. La campagne réformiste devenait ardente ; à Montpellier, Garnier-Pagès reprocha aux gouvernants d'avoir traversé le champ de bataille de Waterloo avec l'étranger, les pieds dans le sang des soldats français ; à Neubourg, Dupont de l'Eure revendiqua impérieusement la réforme ; à Châlons, Ledru-Rollin prononça un discours véhément, enfin dix-huit cents convives assistèrent au banquet de Rouen. La révolution couvait et n'attendait que le moment propice pour éclater. Guizot débordé et inquiet se rendit près du roi pour lui rendre compte de la situation ; Louis-Philippe le supplia de défendre jusqu'au bout sa politique. Un banquet fut fixé à Paris au 19 janvier 1848 ; le ministre de l'intérieur Duchâtel le défendit. Quelques jours après, le paragraphe de l'adresse relative aux banquets fut discuté à la Chambre ; un amendement de Desmousseaux de Givré proposant d'effacer du texte les paroles irritantes empruntées au discours de la couronne, fut repoussé par 222 voix contre 189.

L'agitation dans tout le pays devenait de plus en plus grande, et selon l'expression formulée à cette époque, on « dansait sur un volcan ». Il suffisait d'inviter le peuple à prendre les armes pour faire naître immédiatement la révolution ; de son côté, le gouvernement avait pris ses dispositions pour la combattre ; la capitale était gardée par trente mille hommes auxquels devaient se joindre au premier signal les garnisons de Vincennes et du Mont-Valérien. Le 22 février 1848, le peuple se porta en masse dans différents quartiers en criant : « Vive la réforme ! A bas Guizot », ce qui n'empêchait pas ce dernier de rester à son poste. En outre, un acte d'accusation contre le ministère fut rédigé par Odilon Barrot, Duvergier de Hauranne et Garnier-Pagès, et signé de cinquante-cinq députés ; enfin, des barricades s'élevèrent dans les rues de Rivoli et de Saint-Honoré et des collisions eurent lieu entre la troupe et le peuple. Le lendemain 23, la Chambre fut gardée par la troupe ; de nouvelles barricades furent construites sur la place des Victoires où la garde nationale qui réclamait elle-même la réforme, s'interposa entre la troupe et le peuple.

Alors seulement, Louis-Philippe se décida à congédier son ministère, mais il était trop tard ; la foule n'en continua pas moins à parcourir la ville en chantant la Marseillaise et le chant des Girondins. Un nouveau choc se fit entre l'armée et une de ces bandes ; un soldat ayant été tué, le commandant du bataillon ordonna malheureusement le feu ; une centaine d'hommes furent atteints et trente-cinq d'entre eux tombèrent pour ne plus se relever. On ramassa leurs cadavres et on les porta à travers la ville.

Le roi néanmoins chargea Thiers et Odilon Barrot de former un ministère. Ces deux personnages firent aussitôt afficher que l'ordre de suspendre le feu était donné, que la Chambre allait être dissoute, que le général de Lamoricière était nommé commandant en chef de la garde nationale, et qu'enfin Odilon Barrot, Thiers, Duvergier de Hauranne, étaient nommés ministres ; mais rien ne pouvait plus arrêter la révolution.

Le château des Tuileries était lui-même menacé. De Rémusat et Duvergier de Hauranne vinrent porter au roi leurs craintes à cet égard. Le roi revêtit aussitôt son costume de général, passa la revue des hommes de sa garde, insuffisants pour le défendre, lorsqu'une vive fusillade se fit entendre sur la place du Palais Royal. Une collision, en effet, venait d'avoir lieu entre la troupe et le peuple. Emile de Girardin engagea alors Louis-Philippe à abdiquer ; le roi suivit ce conseil et signa son abdication en faveur de son petit-fils le comte de Paris, fils du duc d'Orléans, le 24 février 1848. Pendant la signature de cette abdication, un combat sérieux eut lieu au Château d'Eau, et des coups de fusils retentirent sur la place du Carrousel. Le départ du roi et de sa famille fut alors décidé ; trois voitures de place les attendaient place de la Concorde près de l'Obélisque ; le roi accompagné de la reine

Marie-Amélie, des deux fils de la princesse Clémentine, d'un des fils du duc de Nemours, du duc de Montpensier et de la duchesse de Nemours, quitta Paris, partit pour Dreux, puis pour Trouville, et finalement s'embarqua au Havre pour se rendre en Angleterre, au château de Claremont, propriété de son gendre le roi des Belges, où il mourut le 2 août 1850.

Ainsi se termina le règne de Louis-Philippe, fils du duc d'Orléans, Philippe-Egalité, qui vota la mort de Louis XVI. Dupin annonça à la Chambre, le 24 février, l'abdication du roi en faveur du comte de Paris avec la régence de la duchesse d'Orléans. Mais en raison des événements des 22, 23 et 24 février, et de la disposition des esprits, Lamartine monta à la tribune pour demander la formation d'un gouvernement provisoire qui fut, séance tenante, composé de Dupont (de l'Eure), de Lamartine, Arago, Garnier-Pagès, Marie, Ledru-Rollin et Crémieux.

Lamartine proposa, en outre, d'aller installer le gouvernement provisoire à l'Hôtel de Ville au milieu du peuple. Dupont (de l'Eure) et Arago montèrent dans une voiture de place, suivis à pied par de Lamartine, et entourés de quelques membres de l'Assemblée et se dirigèrent vers la place de Grève où Crémieux les rejoignit à la tête de six cents citoyens. Ce fut avec beaucoup de peine qu'ils arrivèrent jusqu'à la maison commune. En effet, quai de la Mégisserie, leur marche fut entravée par des barricades, et sur la place, la foule était si nombreuse qu'il était extrêmement difficile de la traverser. Enfin, aux mots plusieurs fois répétés de : « Place aux membres du gouvernement », ceux-ci purent arriver jusqu'à l'Hôtel de Ville qui depuis plusieurs heures se trouvait envahi par des hommes armés.

Quatre gouvernements provisoires s'étaient d'ailleurs constitués à Paris, le premier à la Chambre des députés, le second dans les bureaux du « *National* », le troisième dans une des grandes salles de l'Hôtel de Ville, et le quatrième à la préfecture de police. Ces quatre gouvernements se confondirent en un seul qui fut aussitôt composé ainsi qu'il suit :

Dupont (de l'Eure), président,

De Lamartine,	**Armand Marrast,**
Arago,	**Garnier-Pagès,**
Marie,	**Louis Blanc,**
Crémieux,	**Albert** (ouvrier),
Ledru-Rollin,	Et **Flocon.**

Il était de toute nécessité de faire reconnaître par le peuple le gouvernement provisoire, ce qui n'était pas chose facile, en l'absence de toute autorité et au milieu d'une foule houleuse, qui avait déjà fait usage de ses armes. Flottard, employé de la préfecture de la Seine, put conduire dans un cabinet meublé d'une table et de quelques chaises les membres ci-dessus désignés, auxquels se joignirent de nombreux députés. La distribution des portefeuilles se fit séance tenante de la manière suivante ;

Dupont (de l'Eure), fut nommé président du conseil et du gouvernement provisoire.

De Lamartine,	id.		ministre des Affaires étrangères.
Ledru-Rollin,	id.	id.	de l'Intérieur.
Bethmont,	id.	id.	du Commerce et de l'Agriculture.
Crémieux,	id.	id.	de la Justice.
Marie,	id.	id.	des Travaux publics.
Arago (Dominique-Fr.),	id.	id.	de la Marine.
Le général **Subervie,**	id.	id.	de la Guerre.
Goudchaux,	id.	id.	des Finances.
Carnot,	id.	id.	de l'Instruction publique.

Marrast, Flocon, Pagnerre et **Louis Blanc,** furent désignés comme secrétaires du gouvernement provisoire.

Pagnerre demeura seul secrétaire du conseil et prit pour secrétaire-adjoint **Barthélemy-Saint-Hilaire.**

Buchez et **Recurt** furent chargés d'organiser la mairie de Paris, et de **Courtais,** député, ancien officier de la garde royale, fut nommé commandant général de la garde nationale.

Aux cris mille fois répétés par la foule de « Vive la République », un drapeau tricolore fut fixé à la fenêtre du cabinet où siégeaient les membres du gouvernement, et des centaines de petits morceaux de papiers sur lesquels étaient inscrits les mots : « La république est proclamée », furent jetés sur la place de l'Hôtel de Ville.

Malgré cet échange de communications et d'idées, l'insurrection devenait plus grave et plus menaçante ; des coups de fusils se faisaient entendre de toutes parts et de nombreux blessés gisaient à terre dans l'intérieur de l'Hôtel de Ville et sur la place. Une fourmilière d'individus, portant les costumes les plus excentriques et les armes les plus diverses remplissait les vestibules, les escaliers, et les cours du bâtiment; des mourants se trouvaient çà et là, sans secours et sans aide, des cris et des clameurs retentissaient de tous côtés, des orateurs discouraient sans être écoutés au milieu du bruit et du tapage. Lamartine espérant calmer le peuple se présenta à lui, au milieu des baïonnettes et des imprécations de la foule ; et fut forcé de se retirer aux cris de : « A bas Lamartine »; il revint presque aussitôt sur ses pas, harangua le peuple sur l'estrade de la salle Saint-Jean et proclama la République sur la demande réitérée des assistants en ajoutant qu'il fallait qu'elle soit sanctionnée par le suffrage universel. Des applaudissements ayant accueilli ces paroles, le gouvernement provisoire put rentrer en séance et passa la nuit à l'Hôtel de Ville.

Le lendemain 25 février 1848, la foule de la veille se présenta de nouveau à l'Hôtel de Ville, demandant qu'on leur donnât des armes et que l'on arbora le drapeau rouge. Lamartine, calme comme la veille malgré les menaces dont il fut l'objet et les dangers qu'il courut, adressa au peuple les paroles suivantes :

« Citoyens, leur dit-il, je vous ai parlé jusqu'ici en citoyen, maintenant
« écoutez en moi votre ministre des Affaires étrangères. Si vous m'enlevez le dra-
« peau tricolore, vous m'ôtez la moitié de la force extérieure de la France, car
« l'Europe ne reconnaît que le drapeau de ses défaites et de nos victoires, dans le
« drapeau de la République et de l'Empire. En voyant le drapeau rouge, elle ne
« verra que le drapeau d'un parti. C'est le drapeau de la France, c'est le drapeau
« de nos armées victorieuses, c'est le drapeau de nos triomphes qu'il faut relever
« devant l'Europe. La France et le drapeau tricolore, c'est une même pensée, un
« même prestige, une même terreur, au besoin pour nos ennemis. Songez com-
« bien de sang il vous faudrait verser pour la renommée d'un pareil drapeau. Le
« drapeau rouge, d'ailleurs, je ne l'accepterai jamais, et je vais vous dire, dans

LAMARTINE HARANGUANT LE PEUPLE A L'HOTEL DE VILLE DE PARIS

(25 février 1848)

« un seul mot, pourquoi je m'y oppose de toutes les forces de mon patriotisme,
« c'est que le drapeau tricolore, citoyens, a fait le tour du monde avec vos libertés
« et vos gloires, et que le drapeau rouge n'a fait que le tour du Champ-de-Mars,
« traîné dans le sang du peuple ».

En prononçant ces patriotiques et électrisantes paroles, Lamartine remporta la plus belle victoire qui puisse être gagnée par le général le plus brave et le plus audacieux. La fureur populaire céda, le peuple se calma, et le sang fut épargné.

Dès ce moment, le gouvernement provisoire commença ses travaux et de Girardin l'aida de tout son pouvoir dans son journal « *La Presse* ». La Révolution, selon l'expression même de Lamartine, devant être une victoire et non une vengeance, le départ des ministres et de la famille royale fut facilité par le gouvernement lui-même. Lamartine proposa l'abolition de la peine de mort en matière politique comme devant être un don de joyeux avènement à la démocratie. Dès que le décret fut signé, les membres du gouvernement revêtus de leur ceinture tricolore, ayant à leur tête le drapeau aux trois couleurs, sortirent de l'Hôtel de Ville et Lamartine proclama cette abolition en présence du peuple qui, plein de confiance, rentra dans le devoir et la paix. La proclamation de la République eut lieu solennellement le même jour, 25 février 1848, sur la place de la Bastille, la garde nationale et la troupe défilèrent devant la colonne de Juillet aux acclamations du peuple assemblé.

Lamartine, qui prit son poste au ministère des Affaires étrangères, le 27 février, fit paraître le 6 mars suivant un manifeste relatif aux relations de la France avec les puissances étrangères, à la manière dont la République entendait l'exécution des traités de 1815, et à la création d'un comité de défense dont firent partie les généraux Lamoricière, Oudinot et Bedeau, et qui fut présidé par le général Subervie, ministre de la guerre.

Le 5 mars 1848, Goudchaux, ministre des Finances, fut remplacé par Garnier-Pagès. Le gouvernement sur un rapport du nouveau ministre, décréta le 16 du même mois, un impôt de quarante-cinq centimes sur le total des quatre contributions directes payable immédiatement, pour faire face aux exigences du Trésor.

Les élections eurent lieu le 27 avril 1848, la nouvelle assemblée vota la constitution républicaine, et il fallut procéder à l'élection d'un président de la République. Dès que la proclamation de la République fut connue à Londres, le prince Louis-Napoléon Bonaparte rentra en France ; mais, ayant reçu l'avis de se tenir éloigné jusqu'à la réunion de l'assemblée nationale, il écrivit le 29 février au gouvernement provisoire la lettre suivante :

« Après trente ans d'exil et de persécution, je croyais avoir acquis le droit de
« retrouver un foyer sur le sol de la patrie. Vous pensez que ma présence à Paris
« est maintenant un sujet d'embarras ; je m'éloigne donc momentanément. Vous
« verrez dans ce sacrifice la pureté de mes intentions et la sincérité de mon
« patriotisme ».

Dans l'intervalle, Louis-Napoléon fut élu représentant du peuple dans la Charente-Inférieure, grâce à M. de Persigny, et fut admis à siéger après la discussion de son élection.

La date de l'élection du président de la République par le suffrage universel fut fixée au 10 décembre 1848.

Le nombre des votants dans les quatre-vingt-six départements, non compris l'Algérie, fut de 7.449.471
Celui des suffrages exprimés. 7.426.252
Et la majorité de. 3.713.127

La répartition des suffrages fut la suivante :

Louis-Napoléon Bonaparte	5.534.520	
Général Eugène Cavaignac	1.448.302	
Ledru-Rollin	371.431	
Raspail	36.964	7.426.252
Lamartine	17.914	
Général Changarnier	4.687	
Voix diverses	12.434	

Bulletins blancs ou inconstitutionnels 23.219
Total égal au nombre des votants. 7.449.471

Louis-Napoléon fut élu, par suite, Président de la République et prêta serment de fidélité au gouvernement. Néanmoins, de concert avec le duc de Morny, le général de Saint-Arnaud, Fleury, de Maupas et Mocquart, le prince président exécuta le coup d'Etat du 2 décembre 1851, qui provoqua l'insurrection pendant laquelle le représentant Baudin fut tué sur une barricade du faubourg Saint-Antoine (1) :

Les pouvoirs de Louis-Napoléon furent ensuite prorogés pour dix ans le 14 décembre 1851.

Enfin le peuple français fut de nouveau convoqué dans ses comices les 21 et 22 novembre 1852 pour accepter ou rejeter le projet de plébiscite suivant :

« Le peuple français veut le rétablissement de la dignité Impériale dans « la personne de Louis-Napoléon Bonaparte, avec hérédité dans sa descendance « directe, légitime ou adoptive, et lui donne le droit de régler l'ordre de succes- « sion au trône dans la famille Bonaparte, ainsi qu'il est prévu au sénatus- « consulte du 22 novembre 1852 ».

---

(1) En vertu d'une délibération du conseil municipal du 14 mai 1878, et en exécution d'un décret du Président de la République du 25 mai 1879, l'inscription suivante fut posée sur la maison portant le numéro 151 du faubourg Saint-Antoine, devant laquelle périt Baudin, savoir :

Devant cette maison
est tombé glorieusement
JEAN-BAPTISTE-ALPHONSE-VICTOR BAUDIN,
représentant du peuple pour le département de l'Ain,
tué le 3 décembre 1851 en défendant
la Loi et la République.

(*Recueil des Inscriptions parisiennes* publiées par les soins des Travaux historiques de Paris, 1891, Paul Le Vayer, inspecteur).

Le Corps législatif fut convoqué le 25 novembre, afin de constater la régularité des votes, d'en faire le recensement et d'en déclarer le résultat.

Le recensement des votes émis donna les résultats suivants le 1er décembre 1852, savoir :

      Nombre des votants 8.140.660
      Votes pour OUI 7.284.189
      Votes pour NON. 253.145
      Bulletins nuls 6.326

En conséquence, le prince Louis-Napoléon Bonaparte fut élu Empereur des Français, sous le nom de Napoléon III, à la date du 1er décembre 1852.

ARAGO (DOMINIQUE-FRANÇOIS)

MEMBRE DU GOUVERNEMENT PROVISOIRE

(24 février 1848).

Arago (Dominique-François), naquit le 25 février 1786 à Estagel, près de Perpignan (Pyrénées-Orientales). Admis à l'Ecole polytechnique à l'âge de dix-sept ans, il fut, à sa sortie de cette école, attaché à l'Observatoire de Paris, en qualité de secrétaire du bureau des longitudes. Il fut chargé, en 1806, de rechercher de concert avec l'astronome Biot, la mesure la plus exacte de l'arc du méridien terrestre et se rendit à cet effet en Catalogne. Après un voyage plein de péripéties et de dangers, Arago revint en 1809, fut reçu à l'Académie française, à l'âge de vingt-trois ans, en récompense de ses travaux et fut en même temps nommé professeur à l'Ecole polytechnique.

En 1830, François Arago entra dans la lice politique; il fut nommé député des Pyrénées-Orientales et prit place à l'extrême-gauche, près de Laffitte et de Dupont (de l'Eure). Pendant les journées de juillet, il arrêta l'effusion du sang, grâce à son intervention près du maréchal Marmont. Elu membre du conseil général de la Seine, il présida ce conseil pendant plusieurs années.

Nommé membre du Gouvernement provisoire, le 24 février 1848, et ministre de la guerre et de la marine, François Arago fit partie de la commission exécutive, le 4 mai suivant. Il fut partisan du drapeau tricolore contre le drapeau rouge, et pendant les journées de juin, marcha contre les barricades à la tête des troupes.

Arago fut un des plus grands savants de son siècle. Il adopta la théorie de l'ondulation dans le phénomène de la vision et découvrit celui de la polarisation. Il fut conduit par ses recherches scientifiques à fournir des données positives sur la constitution du soleil et des comètes; il s'occupa de l'électro-magnétisme et construisit de nombreux appareils utiles aux sciences astronomiques et physiques.

En 1831, Arago succéda à Fourier comme secrétaire perpétuel de l'Académie des sciences. Ami de Humboldt et du savant abbé Moigno, il faisait partie de presque toutes les Académies savantes de l'Europe.

Il perdit la vue dans les dernières années de sa vie, ce qui ne l'empêcha pas de prendre part avec une précision admirable aux nombreux travaux de l'Académie où il siégea pendant près d'un demi-siècle.

Arago mourut le 2 octobre 1853 à six heures du soir, après une longue maladie.

Par ordre de l'empereur Napoléon III, le maréchal Vaillant, grand-maître du palais fut désigné avec le ministre de la Marine Ducos, pour assister à ses obsèques qui eurent lieu le 5 du même mois à l'église Saint-Jacques-du-Haut-Pas. Il fut inhumé au Père-Lachaise où des discours furent prononcés par l'amiral Baudin, ami du défunt, au nom du bureau de longitudes, par Barral au nom de l'ancien conseil municipal et par Flourens. Sa devise fut : Découvrir, inventer et perfectionner, *Invenit et perfecit*.

GARNIER-PAGÈS

MAIRE DE PARIS

(DU 25 FÉVRIER AU 12 MARS 1848).

Garnier-Pagès (Louis-Antoine), naquit à Marseille (Bouches-du-Rhône), le 16 février 1803. Son père, Simon Pagès, ancien professeur de rhétorique au collège de Sorrèze, maître de pension à Marseille, avait épousé la veuve du chirurgien de marine Garnier (Jean-François), qui avait eu de son premier mariage un fils appelé Etienne-Joseph-Louis Garnier, né le 27 décembre 1801. Ces deux frères utérins se lièrent d'une si grande amitié fraternelle qu'ils résolurent de porter le même nom et prirent tous les deux celui de Garnier-Pagès.

Garnier-Pagès (Louis-Antoine), courtier de commerce à Paris, assidu aux réunions des sociétés secrètes sous la restauration, prit part à la révolution de juillet 1830, et organisa la résistance dans le quartier Saint-Avoye qu'il habitait. A la mort de son frère (23 juin 1841), il quitta les affaires commerciales pour se livrer à la politique, et se porta à la députation dans le deuxième collège de l'Eure (Verneuil) aux élections du 9 juillet 1842. Il fut élu et prit place sur les bancs de la gauche, élabora la loi sur les sucres et soutint la proposition faite par M. Gouin, concernant la conversion des rentes. Après un voyage fait en Espagne et un autre en Algérie, il prit à la Chambre une part active aux discussions concernant les chemins de fer et obtint une réduction sur la durée des concessions consenties par l'Etat aux compagnies.

Réélu député le 1er août 1846, Garnier-Pagès se prononça pour la réforme électorale et fut un des plus ardents promoteurs de la campagne des banquets réformistes. Au banquet de Montpellier il proposa cette maxime : « Rien pour toi, tout pour la Patrie » et se fit applaudir en donnant aux mesures sanglantes de la Terreur le nom de « nécessités douloureuses qui devaient sauver le pays ». Il fut un des députés qui persistèrent dans l'intention de se rendre au banquet du douzième arrondissement de Paris, malgré l'interdiction du ministère.

Le 24 février 1848, Garnier-Pagès fut désigné par la Chambre des députés comme membre du gouvernement provisoire. Il se rendit avec ses collègues à l'Hôtel de Ville où il fut proclamé maire de Paris. Il remplit ces fonctions jusqu'au 12 mars de la même année, date à laquelle il prit le portefeuille des finances à la place de Goudchaux (décret du 5 mars), et fut remplacé à la mairie de Paris par Marrast. Malgré les embarras financiers du moment, il rejeta le conseil qui lui fut donné par la haute banque, de déclarer la banqueroute de l'Etat, mais en raison de la situation, il se vit forcé d'adopter certaines mesures nécessaires, au nombre desquelles fut l'impôt des quarante-cinq centimes qui souleva contre lui dans les campagnes un torrent d'imprécations.

Elu représentant de la Seine à l'Assemblée constituante, le 23 avril 1848, dans la Seine et l'Eure, il opta pour le premier de ces départements, soumit à l'assemblée un compte rendu de sa gestion financière qui fut approuvée, fut nommé membre de la commission exécutive du gouvernement de la République et fut remplacé au ministère des finances par Duclerc. N'ayant pas été réélu à l'Assemblée législative, il vécut dans la retraite jusqu'aux élections du 22 juin 1857, époque à laquelle il fut présenté par l'opposition démocratique, dans la quatrième circonscription de Paris, mais il se désista au deuxième tour de scrutin en faveur d'Emile Ollivier. Il fut élu, le 20 mars 1864, dans la cinquième circonscription de la Seine en remplacement de Jules Favre qui avait opté pour Lyon, et fut condamné à cinq cents francs d'amende dans le procès des Seize. Réélu député le 24 mars 1869 dans la même circonscription au deuxième tour de scrutin et à la suite de l'option de Raspail pour le département des Bouches-du-Rhône, il vota contre la déclaration de la guerre à la Prusse.

Le 4 septembre 1870, Garnier-Pagès fit partie, en sa qualité de député de Paris, du gouvernement de la défense nationale proclamé à l'Hôtel de Ville.

Les élections du 8 février 1871, ne l'ayant pas renvoyé siéger à l'Assemblée nationale, il rentra dans la vie privée et se retira à Cannes. Il mourut à Paris le 30 octobre 1878.

Garnier-Pagès a publié différents ouvrages au nombre desquels sont : « *Episode de la Révolution de 1848* » ; « *Histoire de la Révolution de 1848* » ; « *Histoire de la commission mixte* ; « *L'opposition et l'Empire* ».

MARRAST

MAIRE DE PARIS

(DU 12 MARS AU 19 JUILLET 1848)

Marrast (Armand), fils d'un avoué, naquit à Saint-Gaudens (Haute-Garonne), le 5 juin 1801. Après avoir fait ses premières études dans sa ville natale, et les avoir terminées au collège d'Orthez, il fut nommé en 1822 régent au collège de Saint-Sever, où il se trouva en relations avec le général Lamarque qui l'engagea à se rendre à Paris. Il suivit ce conseil, devint maître d'études d'abord dans une institution particulière, puis au collège Louis-le-Grand et enfin à l'Ecole normale. Sa carrière dans l'instruction paraissait devoir devenir brillante, lorsqu'elle fut subitement interrompue. Manuel, procureur de la commune en 1792, venait de mourir à Maisons, le 20 août 1827, et sa famille demanda à faire transporter ses restes à son domicile à Paris, rue des Martyrs, et de les faire enterrer ensuite au Père-Lachaise. Le gouvernement de Charles X crut devoir défendre l'entrée du cortège dans Paris et ordonna de le faire passer par les boulevards extérieurs. Mais, les étudiants se portèrent à la barrière des Martyrs et choisirent pour organiser leur réunion un certain nombre de commissaires au nombre desquels se trouva Marrast, qui fut signalé par la police et se vit dans la nécessité de quitter ses fonctions de maître d'études à l'Ecole normale. Après avoir été professeur du fils de M. Aguado, il venait d'ouvrir un cours de philosophie à l'Athénée des arts, lorsque la révolution de juillet 1830 contre le gouvernement des Bourbons de la branche aînée éclata. Marrast contribua, à cette époque, à la rédaction de deux journaux l'un « La Tribune », dont les véhéments articles donnèrent lieu à de nombreux procès, l'autre « Le National », dans lequel écrivait Armand Carrel. En 1833, « La Tribune » ayant traité de « prostituée » la Chambre des députés, cette assemblée cita en justice M. Lionne, gérant, Armand Marrast et Godefroy Cavaignac, rédacteurs. Le gérant fut condamné à trois ans d'emprisonnement et à dix mille francs d'amende. L'année suivante, Marrast fut emprisonné à Sainte-Pélagie, mais il réussit à s'échapper ; il se rendit en Angleterre, d'où il adressait au « National » sa correspondance politique, et où il épousa une spirituelle et charmante femme du nom de Lady Fitz-Clarence. Il alla ensuite en Espagne, rentra secrètement en France et prit une part active au « National » à la mort d'Armand Carrel.

Au 24 février 1848, Armand Marrast fut élu membre du gouvernement provisoire et fut chargé de l'administration des biens de l'ancienne liste civile, qu'il fit mettre sous séquestre. Le 9 mars suivant, il fut appelé aux fonctions de maire de Paris, dont il fut investi le 12 du même mois, en remplacement de Garnier-Pagès, nommé ministre des Finances le 5 mars, et qu'il conserva jusqu'au 19 juillet suivant, jour où il fut élu président de l'Assemblée constituante. En sa qualité de maire de Paris, il organisa les bureaux de l'Hôtel de Ville et fit preuve d'autant d'énergie que de calme pendant les sanglantes journées de juin 1848.

Nommé député par les départements des Basses-Pyrénées, de la Haute-Garonne, de la Sarthe et de la Seine, il opta pour ce dernier département, devint président de la Chambre, proclama en cette qualité, sur la place de la Concorde, la constitution républicaine, le 19 novembre, et reçut, le 20 décembre, le serment de Louis-Napoléon, président de la République.

N'ayant pas été réélu à l'Assemblée législative, il se retira de la politique et vécut dans la vie privée jusqu'au 10 mars 1852, jour de sa mort.

TROUVÉ-CHAUVEL

PRÉFET DE LA SEINE

(DU 19 JUILLET AU 27 OCTOBRE 1848)

Trouvé-Chauvel (Ariste), naquit à La Suze (Sarthe), en 1805; il se destina aux affaires commerciales, alla dans ce but au Havre, et de là en Angleterre et en Ecosse, puis revint au Mans où il se fixa et dirigea d'abord un magasin de draperie. Il créa ensuite dans cette ville une banque qui rendit de grands services aux habitants du département, fut nommé conseiller, et devint maire de la localité. Lors du passage du duc de Nemours, Trouvé-Chauvel prononça un discours qui fit sensation et lui valut d'être destitué par le gouvernement; il n'en fut pas moins réélu membre du conseil à une forte majorité, malgré les efforts faits en faveur de la candidature officielle.

Après la chute de Louis-Philippe, Trouvé-Chauvel fut de nouveau maire du Mans et commissaire général de la République dans les départements de Maine-et-Loire et de la Mayenne. Il fut nommé représentant à la Constituante par les électeurs du Mans, succéda à Caussidière, après la journée du 15 mai 1848, comme préfet de police, fut remplacé le 19 juillet par Ducoux, devint le même jour préfet de la Seine, poste qu'il occupa jusqu'au 27 octobre, date à laquelle il reçut du général Cavaignac le portefeuille des Finances qu'il conserva jusqu'à l'avènement de Louis-Napoléon Bonaparte à la présidence de la République.

A partir de cette époque, Trouvé-Chauvel rentra dans la vie privée.

RECURT

PRÉFET DE LA SEINE

(DU 27 OCTOBRE AU 20 DÉCEMBRE 1848)

Recurt (Adrien-Barnabé-Athanase), naquit le 9 juin 1797 à Lassalle, canton de Castelnau-Magnoac (Hautes-Pyrénées). Il suivit les cours de la Faculté de médecine de Montpellier, fut reçu docteur le 21 juillet 1822 et se fixa à Paris dans le faubourg Saint-Antoine où il exerça la profession de médecin. Républicain fervent, il lutta contre la Restauration et le gouvernement de Louis-Philippe, se trouva compromis dans le complot d'avril 1834, mais fut acquitté. Pendant les épidémies cholériques qui sévirent en 1832 et 1849, le docteur Recurt se fit remarquer dans l'exercice des soins qu'il prodigua aux malades. Il fut nommé adjoint au maire de Paris le 24 février

1848, fut élu à la Constituante en avril 1848 par les départements de la Seine et des Hautes-Pyrénées, opta pour ce dernier et fut élevé le 5 mai à la vice-présidence de cette assemblée.

Le 11 mai 1848, le gouvernement provisoire lui confia le portefeuille de l'Intérieur. Le général Cavaignac le nomma ministre des Travaux publics, le 28 juin de la même année. Il occupa ce dernier poste jusqu'au 13 octobre suivant, et succéda le 27 du même mois à Trouvé-Chauvel, comme préfet de la Seine. Il donna sa démission le 20 décembre suivant, pour reprendre ses fonctions de médecin dans le faubourg Saint-Antoine, et fut remplacé par Berger à la préfecture de la Seine.

CAUSSIDIÈRE (MARC)

PRÉFET DE POLICE

(DU 15 MARS AU 18 MAI 1848)

Dans la grande Encyclopédie, M. Louis Lucipia, conseiller municipal, actuellement Président du Conseil, fait de Caussidière, la biographie suivante :

Caussidière (Marc), homme politique français, né à Genève, le 18 mai 1808, mort à Paris, le 27 janvier 1861. La première fois qu'il apparaît dans la vie publique c'est comme accusé de participation à l'insurrection de Lyon de 1834. Il était à cette époque employé dans une maison de soieries de Saint-Etienne. La Cour des pairs le déclara coupable et le condamna à vingt années de détention qu'il commença à subir au mont Saint-Michel. L'amnistie générale de 1839 le fit mettre en liberté. Il s'établit alors commissionnaire en vins et eaux-de-vie, sans cesser de prendre une part active aux manifestations de l'opposition républicaine. Il fut l'un des combattants du 24 février 1848, et à la suite de la victoire populaire, désigné pour administrer la préfecture de police conjointement avec Sobrier, qui ne resta que fort peu de temps son collaborateur. Il supprima le corps des sergents de ville et les remplaça par les gardiens de Paris. Il avait, en outre, institué, sous le nom de Montagnards, une garde spéciale pour la préfecture. Cette garde était composée d'anciens détenus politiques, d'anciens affiliés aux sociétés secrètes. C'est en parlant de cette garde que Caussidière dit à la Chambre : « Je faisais de l'ordre avec les éléments de désordre ». Lors de la journée du 15 mai, la Constituante accusa Caussidière d'avoir pactisé avec l'émeute, il donna sa démission de préfet de police et de représentant du peuple pour solliciter un nouveau mandat que les électeurs parisiens lui donnèrent d'ailleurs à une grande majorité. A l'occasion de l'émeute de juin 1848, il fut compris dans les poursuites intentées aux vaincus, mais parvint à se réfugier à Londres, où il publia ses mémoires (1848, 2 vol.) et reprit son commerce de vins en gros. Il ne profita pas de l'amnistie de 1859 et ne rentra en France que pour mourir.

L'Hôtel de Ville de Paris

SOUS

le deuxième Empire Français

NAPOLÉON III (Charles-Louis-Napoléon-Bonaparte), deuxième fils de Louis-Bonaparte, Roi de Hollande et d'Hortense de Beauharnais, né le 20 avril 1808. — Président de la République le 10 décembre 1848. — Empereur des Français le 1er décembre 1852. — Marié le 29 janvier 1853 à Eugénie-Marie de Montijo de Gusman, comtesse de Téba, née à Grenade le 5 mai 1826. — Mort à Chislehurst (Angleterre), le 9 janvier 1873.

La déchéance de Napoléon III et de sa dynastie fut proclamée par l'Assemblée nationale le 4 septembre 1870, à la suite de la capitulation de Sedan (1er septembre 1870).

Régna du 1er décembre 1852 au 4 septembre 1870.

Liste des Fonctionnaires de l'Hôtel de Ville et Officiers municipaux de Paris

PENDANT

LE DEUXIÈME EMPIRE

(de 1852 à 1870).

PRÉFETS DE LA SEINE

Berger, préfet de la Seine, du 20 décembre 1848 au 22 juin 1853.
Baron Haussmann, préfet de la Seine, en remplacement de M. Berger, nommé sénateur, du 22 juin 1853 au 5 janvier 1870.
Henri Chevreau, sénateur, en remplacement de M. Haussmann, relevé de ses fonctions, du 5 janvier au 4 septembre 1870.

SECRÉTAIRES GÉNÉRAUX DE PRÉFECTURE

Merruau, secrétaire général, du 27 avril 1849 au 27 février 1861.
Segaud, id. du 27 février 1861 au 4 novembre 1865.
Alfred Blanche, id. du 4 novembre 1865 au 4 septembre 1870.

CONSEILLERS DE PRÉFECTURE

De 1853 à 1865, le conseil de préfecture de la Seine fut composé comme il suit, savoir :

Laffon de Ladebat, de 1853 à 1859.
Loysel, du 5 octobre 1848 à 1865.
Marie (Sylvain), du 14 février 1850 à 1865.
Sébire, du 10 avril 1851 à 1865.
De Mauroy, du 11 janvier 1851 à 1859.
Varcollier, le 28 juin 1856.
Noyon, du 7 mai 1859 à 1865.
Lançon, du 5 avril 1860 à 1865.
Marguerie, du 22 juin 1863 à 1865.

De 1865 à 1870, la composition du conseil de préfecture fut la suivante :

Dieu, président du conseil, du 17 mars 1863 à 1870.
Loysel, président de section, de 1865 à 1870.
Marie (Sylvain), id. en 1865.
Sébire, conseiller, de 1865 à 1866.
Noyon, id. de 1865 à 1868.
Lançon, id. de 1865 à 1869.
Marguerie, id. de 1865 à 1870.
Domergue, id. du 23 octobre 1865 à 1870.
Jarry, id. du 5 janvier 1867 à 1870.
Tronchon, id. du 19 janvier 1867 à 1870.
Larreguy de Civrieux, id., le 23 février 1870.

PRÉFETS DE POLICE

Piétri (P.), préfet de police, du 27 janvier 1852 au 16 janvier 1858.
Boittelle, id. du 16 mars 1858 au 21 février 1866.
Piétri (J.-M.), id. du 21 février 1866 au 4 septembre 1870.

SECRÉTAIRES GÉNÉRAUX DE LA PRÉFECTURE DE POLICE

Collet-Meygret, secrétaire général, du 22 mai 1852 au 4 mars 1853.
De Saulxure, id. du 4 mars 1853 au 19 mars 1858.
De Chevremont (A.), id. du 19 mars 1858 au 13 septembre 1859.
Jarry, id. du 13 septembre 1859 au 12 mai 1866.
Louis Duvergier, id. du 12 mai 1866 au 4 septembre 1870.

Commission municipale et départementale

ETTE commission, dont les membres étaient au nombre de trente-six, conformément à l'art. 14 de la loi du 5 mai 1855 sur l'organisation municipale, formait le conseil municipal de Paris. Lorsqu'elle se réunissait en qualité de commission départementale, elle était composée, en plus des trente-six membres de la commission municipale, de huit autres membres pour les arrondissements de Sceaux et de Saint-Denis.

Le nombre des membres de cette commission fut porté, ainsi qu'il est dit à l'article 3 de la loi du 16 juin 1859, de trente-six à soixante en 1860, et reçut le titre de conseil municipal de Paris et de commission départementale.

Pendant la période comprise entre 1853 et 1870, c'est-à-dire sous l'Empire, les membres de cette commission furent les suivants :

André Ernest,	en 1853	Lamy,	de 1853 à 1870
Comte d'Argout,	de 1853 à 1857	Legendre,	de 1853 à 1871
Bayvet,	de 1853 à 1871	Moreau (de la Seine),	de 1853 à 1855
Billaud,	de 1853 à 1871	Moreau (Ernest),	de 1853 à 1871
Boissel,	de 1853 à 1855	Noël (Casimir de),	de 1853 à 1865
Bonjean,	de 1853 à 1855	Pécourt,	de 1853 à 1866
Boulatinier,	de 1853 à 1871	Pelouze,	de 1853 à 1867
Chaix d'Est-Ange,	de 1853 à 1871	Perier,	de 1853 à 1864
Chevalier,	de 1853 à 1855	Peupin,	de 1853 à 1855
Delangle,	de 1853 à 1857	Ségalas,	de 1853 à 1870
Delacroix,	de 1853 à 1862	Thayer,	de 1853 à 1860
Devinck,	de 1853 à 1871	Thibaut (Germain),	de 1853 à 1871
Didot,	de 1853 à 1870	Thierry,	de 1853 à 1859
Dupérier,	de 1853 à 1854	Tronchon,	de 1853 à 1855
Eck,	de 1853 à 1864	Fouché-Lepelletier,	de 1854 à 1864
d'Eichthal,	de 1853 à 1854	Le Dagre,	de 1854 à 1857
Fleury,	en 1853	De Royer,	de 1854 à 1857
Foucher,	de 1853 à 1866	Comte de Breteuil, sénateur,	de 1855 à 1865
Frémyn,	de 1853 à 1861		
Hermann,	de 1853 à 1863	Dumas, sénateur,	de 1855 à 1871

Barrot (Ferdinand),	de 1856 à 1871	Onfroy, imprimeur,	de 1860 à 1871
Denière,	de 1856 à 1871	Paillard de Villeneuve,	
Dubarle,	de 1856 à 1870	avocat,	de 1860 à 1871
Dutilleul,	de 1856 à 1865	Picard, ancien maire,	de 1860 à 1871
Fère,	de 1856 à 1871	Possoz, ancien maire,	de 1860 à 1871
Marquis de Pastoret,		Rattier, manufacturier,	de 1860 à 1871
sénateur,	en 1856	Ravaut,	de 1860 à 1871
Rouland,	en 1856	Scribe, membre de l'Ins-	
Varin,	de 1856 à 1870	titut,	de 1860 à 1861
Vaisse,	de 1857 à 1858	Teissonnière, négociant,	de 1860 à 1871
Cochin,	de 1858 à 1859	Decaux, ingénieur civil,	de 1861 à 1870
Cornudet,	de 1858 à 1871	Kœnigswaster, député,	de 1861 à 1871
Flourens,	de 1858 à 1868	Merruau, conseiller	
Oudot,	de 1858 à 1871	d'Etat,	de 1861 à 1871
Lemoine,	de 1859 à 1871	Dubois, doyen honoraire	
Monnin Japy,	de 1859 à 1871	de la faculté de méde-	
Poumet, notaire,	de 1859 à 1865	cine,	de 1862 à 1865
Artaud, vice-recteur		Thiboumery,	de 1862 à 1871
d'Académie,	de 1860 à 1862	Arnaud-Jeauti, ancien	
Auger, ancien maire		maire de Paris,	de 1865 à 1871
de Pantin,	de 1860 à 1869	Colette de Baudicour,	
Avril, inspecteur général		juge au tribunal civil	
des ponts et chaussées,	de 1860 à 1871	de la Seine,	de 1865 à 1871
Caristie, de l'Institut,	de 1860 à 1863	Robert-Fleury, de l'Ins-	
Dillais,	de 1860 à 1871	titut,	de 1865 à 1871
Gauthier de Charnacé,		Tardieu, doyen de la fa-	
vice-président du tri-		culté de médecine,	de 1865 à 1871
bunal de commerce,	de 1860 à 1870	Duban, de l'Institut,	de 1865 à 1870
Gouin, constructeur,	de 1860 à 1871	Ducloux, notaire,	de 1865 à 1870
Hébert, ancien maire,	de 1860 à 1871	Desfossés, fabricant,	de 1865 à 1871
Juliany,	de 1860 à 1863	Garnier, négociant,	de 1865 à 1871
Langlais,	de 1860 à 1866	Dumont, propriétaire,	de 1865 à 1871
Lebaudy, raffineur,	de 1860 à 1870	Winnert, fabricant,	de 1865 à 1871
Leblanc, ancien magis-		Périlleux, ancien ma-	
trat,	de 1860 à 1865	nufacturier,	de 1865 à 1871
Chevalier Le Frotter de		Poisson, ancien manu-	
la Garenne,	de 1860 à 1865	facturier,	de 1865 à 1871
Lenoir, ancien maire,	de 1860 à 1871	Poisson, ancien officier	
Le Verrier, sénateur,		d'artillerie,	de 1865 à 1869
membre de l'Institut,	de 1860 à 1861	Bon Michel de Tretaigne,	
Lozouet,	de 1860 à 1871		

ancien médecin des armées,	de 1865 à 1871	Buglet,	de 1870 à 1871
		Picard,	de 1870 à 1871
Mancel,	de 1865 à 1871	Durand,	de 1870 à 1871
Boucher,	de 1870 à 1871	Boullée,	de 1870 à 1871
Servant,	de 1870 à 1871	Puteaux,	de 1870 à 1871
Bucquet,	de 1870 à 1871	Lemarchand,	de 1870 à 1871
Drouin,	de 1870 à 1871	D'Origny,	de 1870 à 1871
Sébert,	de 1870 à 1871	Hellot,	de 1870 à 1871
Gilbert,	de 1870 à 1871	Martin,	de 1870 à 1871

En outre, de 1863 à 1871, le bureau de la commission municipale et départementale fut composé ainsi qu'il suit :

Dumas, président.
Barrot et Chaix d'Est-Ange, vice-présidents.
Merruau, secrétaire.
Ernest Moreau et Denière, vice-secrétaires.
Thibaut (Germain), syndic.

Extension des limites de Paris

FIXATION ET DÉNOMINATION DES ARRONDISSEMENTS. COMPOSITION DU CONSEIL MUNICIPAL ET DE LA COMMISSION DÉPARTEMENTALE

A loi du 16 juin 1859 sur l'extension des limites de Paris est conçue comme il suit :

Les limites de Paris sont portées jusqu'au pied du glacis de l'enceinte fortifiée.

En conséquence, les communes de Passy, Auteuil, Batignolles-Monceau, Montmartre, La Chapelle, La Villette, Belleville, Charonne, Bercy, Vaugirard et Grenelle, sont supprimées.

Sont annexés à Paris, les territoires ou portions de territoire de ces communes et des communes de Neuilly, Clichy, Saint-Ouen, Aubervilliers, Pantin, Pré-Saint-Gervais, Saint-Mandé, Bagnolet, Ivry, Gentilly, Montrouge, Vanves et Issy, compris dans les limites fixées par le § 1er.

Les portions de territoires d'Auteuil et de Passy, Batignolles-Monceau, Montmartre, La Chapelle, Charonne et Bercy, qui restent au delà de ces limites, sont réunies, savoir :

Celles provenant d'Auteuil et de Passy, à la commune de Boulogne.

Celle provenant de Batignolles-Monceau, à la commune de Clichy.

Celle provenant de Montmartre, à la commune de Saint-Ouen.

Celle provenant de La Chapelle, partie à la commune de Saint-Ouen, partie à la commune de Saint-Denis et partie à la commune d'Aubervilliers.

Celle provenant de Charonne, partie à la commune de Montreuil, partie à la commune de Bagnolet.

Celle provenant de Bercy, à la commune de Charenton.

Le tout conformément au plan joint à la présente loi.

La nouvelle commune de Paris est divisée en vingt arrondissements formant autant de cantons de justice de paix.

Le conseil municipal de Paris se composera désormais de soixante membres qui seront nommés par l'Empereur, conformément à la loi du 5 mai 1855. Deux membres au moins seront pris dans chacun des arrondissements; ils devront y être domiciliés ou y posséder un établissement. Chaque arrondissement municipal aura un maire et deux adjoints.

A partir du 1er janvier 1860, le régime de l'octroi de Paris sera étendu jusqu'aux nouvelles limites de cette ville.

Un décret du 1er novembre 1859 fixa en outre la dénomination des vingt arrondissements de Paris de la manière suivante, savoir :

Les vingt arrondissements municipaux de la ville de Paris, créés par la loi du 16 juin 1859, seront dénommés ainsi qu'il suit :

1er Louvre.
2e Bourse.
3e Temple.
4e Hôtel de Ville.
5e Panthéon.
6e Luxembourg.
7e Palais-Bourbon.
8e Elysée.
9e Opéra.
10e Enclos Saint-Laurent.
11e Popincourt.
12e Reuilly.
13e Gobelins.
14e Observatoire.
15e Vaugirard.
16e Passy.
17e Batignolles-Monceau.
18e Buttes-Montmartre.
19e Buttes-Chaumont.
20e Ménilmontant.

L'Hôtel de Ville de Paris et la Place de Grève en 1855

BERGER

PRÉFET DE LA SEINE

(DU 20 DÉCEMBRE 1848 AU 23 JANVIER 1853)

Berger (Jean-Jacques), fils de Pierre-Jacques Berger, fabricant de papiers, naquit à Thiers (Puy-de-Dôme) le 21 juin 1790. Après avoir étudié le droit, il exerça pendant quelques années la profession d'avoué à Paris. Il combattit pour la révolution de juillet, fut décoré et nommé maire du deuxième arrondissement; mais il fut destitué de ses fonctions municipales pour s'être éloigné du gouvernement, et ne les reprit qu'en 1847.

Berger fut élu membre de la Chambre des députés le 4 novembre 1837 par le sixième collège électoral du Puy-de-Dôme, puis réélu le 9 juillet 1842 et le 1er août 1846; il siégea dans le groupe opposé à la dynastie et fut nommé secrétaire de la Chambre. Il était devenu très populaire, et se donnait lui-même le surnom de « Maire des Barricades ». A la fin du règne de Louis-Philippe, il fut mêlé à la campagne des banquets réformistes, assista à celui du Château-Rouge, signa le 21 février 1848 l'acte d'accusation dirigé contre le ministère Guizot et se mit même à la tête d'une colonne composée d'Auvergnats qui se rendit en armes à dix heures du matin de la Bastille aux Tuileries. Il fut maintenu dans ses fonctions par le gouvernement provisoire, fut élu, le quinzième sur trente-quatre, représentant du peuple par le département de la Seine, et proposa, le 4 mai 1848 à l'Assemblée constituante, un projet de proclamation par laquelle cette assemblée déclara au nom du peuple français et à la face du monde entier que la République, proclamée le 24 février 1848, resterait la forme du gouvernement de la France.

Berger fut nommé préfet de la Seine le 20 décembre 1848 par Louis-Napoléon Bonaparte dont il avait favorisé l'élection à la présidence de la République. Sous son administration préfectorale, les travaux de canalisation de la Seine furent commencés, le Palais de Justice fut achevé, l'Hôtel de Ville fut isolé, et l'empierrement des quais et des boulevards fut exécuté.

Nommé représentant du Puy-de-Dôme le 13 mai 1849, il défendit la politique du gouvernement présidentiel et concourut au coup d'Etat de 1851. Lorsque le prince Louis-Napoléon fut reçu à l'Hôtel de Ville en 1852, le préfet Berger lui adressa la parole en ces termes : « Cédez, monseigneur, aux vœux d'un peuple tout entier. La

« Providence emprunte sa voix pour vous dire de terminer la mission qu'elle vous a
« confiée, en reprenant la couronne de l'immortel fondateur de votre dynastie ».

Berger fut nommé sénateur le 23 janvier 1853, et fut remplacé à la même date par le baron Haussmann à la préfecture de la Seine. Il mourut le 8 novembre 1859.

BARON HAUSSMANN

PRÉFET DE LA SEINE

(DU 22 JUIN 1853 AU 5 JANVIER 1870)

Haussmann (Georges-Eugène), naquit à Paris le 27 mars 1809. Fils de Nicolas-Valentin Haussmann, né à Versailles le 21 octobre 1787, rédacteur au *Moniteur de l'Armée*, il était en outre petit-fils du conventionnel Haussmann né en 1761, mort à Chaville le 21 janvier 1848, marchand de toile à Versailles, député de Seine-et-Oise à l'Assemblée nationale en 1791, qui, après avoir été compris au nombre de ceux qui votèrent la mort de Louis XVI, fit rectifier l'erreur commise au sujet de son vote dans le *Moniteur* du 12 janvier 1793.

Après avoir été élève du Conservatoire, Georges Haussmann travailla dans une étude de notaire et se fit recevoir avocat; il entra dans l'administration après la révolution de 1830, fut nommé secrétaire général de la Haute-Vienne en 1831, puis sous-préfet à Issingeaux en 1832, à Nérac en 1833, à Saint-Girons en 1840, et à Blaye en 1842. Sa carrière fut momentanément interrompue par la révolution de 1848. Sous la présidence de Louis-Napoléon, Georges Haussmann occupa successivement les préfectures du Var, en 1849, où il resta dix-huit mois, de l'Yonne et de la Gironde. Le Président, lors de son voyage à Bordeaux, ayant remarqué les aptitudes de Haussmann, l'appela à la préfecture de la Seine en remplacement de Berger le 22 juin 1853. L'année suivante il installa la caisse de la boulangerie.

Ce fut sous l'administration du préfet de la Seine Haussmann que furent exécutés les nombreux travaux qui ont fait de Paris la plus coquette et la plus belle ville de l'Europe, et dont les principaux furent les suivants :

Parc à l'anglaise du bois de Boulogne ;
Embellissement du bois de Vincennes ;
Création des parcs des Buttes-Chaumont et de Montsouris ;
Prolongation de la rue de Rivoli ;
Percement des boulevards Sébastopol, Saint-Michel, et Haussmann.

En outre, il créa les quartiers de la Chaussée-d'Antin, de la rue de la Paix et de la Bourse, les squares de la tour Saint-Jacques, des Arts et Métiers et du Temple, fit vouter le canal Saint-Martin et le transforma en promenades ; il agrandit et isola les casernes Napoléon et du prince Eugène, les halles centrales, les abattoirs de la Villette, la préfecture de police ; il fit réédifier en pierre ou en fer douze des ponts de Paris, élever les églises de Saint-Augustin, de la Trinité, de Saint-Ambroise, déplacer les théâtres Lyrique, de la Gaieté, du Vaudeville, et enfin construire le grand Opéra, l'Hôtel-Dieu et le Tribunal de commerce, dont la commission départementale vota l'érection en 1860, et qui fut remis aux présidents de ce tribunal et des prud'hommes le 26 décembre 1865, en présence de l'empereur.

Pour l'exécution de ces immenses travaux qui donnèrent à Paris une face nouvelle, la ville fut autorisée à emprunter d'abord 250 millions en 1865, et ensuite 260 autres millions en 1869. Les dépenses qui en résultèrent, donnèrent lieu à la Chambre à de vifs débats, et furent l'objet des attaques de la presse. La Cour des comptes signala quelques irrégularités, tels que des emprunts déguisés faits au Crédit foncier. Le baron Haussmann demanda alors que le budget de la ville de Paris fut réglé par le Corps législatif ; sa discussion eut lieu en 1869, et eut pour résultat l'autorisation d'un nouvel emprunt de 260 millions.

A l'avènement du cabinet Ollivier, Haussmann refusa de donner sa démission de préfet de la Seine qui lui avait été demandée ; il fut relevé de ses fonctions par décret du 5 janvier 1870, et remplacé par Chevreau. Peu de temps après, il se retira à Nice.

Le baron Haussmann fut nommé sénateur le 9 juin 1857 ; il remplaça Fould comme membre libre de l'Académie des Beaux-Arts le 7 décembre 1867 ; décoré en 1847, il fut promu officier de la légion d'honneur le 11 juin 1856 et fut élevé à la dignité de grand'croix le 8 septembre 1862, à l'occasion du baptême du prince impérial. Il fut nommé directeur du Crédit mobilier le 3 septembre 1871, et fut élu député de la Corse le 14 octobre 1877 contre le prince Napoléon. Le baron Haussmann mourut subitement à Paris le 11 janvier 1891.

CHEVREAU

PRÉFET DE LA SEINE

(DU 5 JANVIER 1870 AU 10 AOUT 1870)

Chevreau (Henri), fils d'un maître de pension de Saint-Mandé devenu député au Corps législatif, naquit le 28 avril 1825 à Belleville (Seine). En 1848, il se présenta aux élections pour l'Assemblée constituante, mais il ne put être élu parce qu'il lui manquait quelques jours pour avoir atteint l'âge d'exigibilité. Il prit une part active à la candidature du prince Louis-Napoléon à la présidence, et fut nommé en récompense de ses services préfet de l'Ardèche le 10 janvier 1851. Après le coup d'Etat du 2 décembre 1851, il suivit la politique qui en fut la conséquence et fut nommé secrétaire général du ministère de l'intérieur, de l'agriculture et du commerce, et directeur général du personnel. Il fut en outre à la même époque élu membre du conseil général de l'Ardèche. En 1853, il eut pour mission, en sa qualité de conseiller d'Etat hors sections, de soutenir le projet de budget devant le Corps législatif ; mais il se vit dans la nécessité de quitter le ministère à la suite de certaines divergences d'opinions qu'il eut avec le ministre de Persigny. Il fut appelé la même année à la préfecture de la Loire-Inférieure ; le 12 septembre 1864, il remplaça Vaisse à la préfecture du Rhône, et fut élevé à la dignité de sénateur le 15 mars 1865.

Après la constitution du ministère Ollivier, Chevreau fut nommé préfet de la Seine le 5 janvier 1870, en remplacement du baron Haussmann. Afin de pouvoir solder les dépenses faites sous l'administration de son prédécesseur et terminer les travaux commencés, le nouveau préfet de la Seine proposa un emprunt de 250 millions qui fut porté à 650 millions par le conseil municipal.

Quand le cabinet Ollivier dut céder la place au ministère Palikao, le 10 août 1870, Henri Chevreau fut nommé ministre de l'intérieur, *sans qu'il fût pourvu à son remplacement à la préfecture de la Seine*. Comme ministre, il organisa la garde mobile, les compagnies des francs-tireurs, et porta à soixante le nombre des bataillons de la garde nationale.

Après la désastreuse capitulation de l'empereur Napoléon III à Sedan, et la proclamation de la République le 4 septembre 1870, Chevreau se retira à Bruxelles d'où il rejoignit l'impératrice Eugénie en Angleterre. Il revint plus tard en France, et fut élu député de l'Ardèche le 4 octobre 1885.

Chevreau fut nommé chevalier de la Légion d'honneur en 1850, promu officier en 1852, commandeur le 18 août 1855 et grand-officier le 13 août 1861.

BOITTELLE

PRÉFET DE POLICE

(DU 16 MARS 1858 AU 21 FÉVRIER 1866)

Boittelle (Symphorien-Casimir-Joseph), naquit à Fontaine-Notre-Dame (Nord), en 1813. Il sortit de l'Ecole de Saint-Cyr et fut nommé sous-lieutenant d'infanterie en 1835. Deux ans après, en 1837, il entra dans un régiment de lanciers et démissionna en 1845.

Après le coup d'état du 2 décembre 1851, Boittelle fut appelé à diriger la sous-préfecture de Saint-Quentin ; de là il passa à la préfecture de l'Aisne en 1853 et devint préfet de l'Yonne en 1856.

Nommé préfet de police le 16 mars 1858, en remplacement de Piétri (P.), il céda ce poste à Piétri (Joachim) le 21 février 1866, fut nommé sénateur et rentra dans la vie privée au 4 septembre 1870.

Boittelle mourut le 23 novembre 1897 d'une hémorragie cérébrale à l'âge de 84 ans, à son domicile, 45, rue Raynouard.

Il fut promu grand-officier de la Légion d'honneur en 1862.

PIÉTRI (JOACHIM-MARIE)

PRÉFET DE POLICE

(DU 21 FÉVRIER 1866 AU 4 SEPTEMBRE 1870)

Piétri (Joachim-Marie), naquit à Sartène (Corse), vers 1820 ; il fit ses études de droit à Paris, et exerça la profession d'avocat dans sa ville natale. Lorsque Louis Bonaparte fut nommé président de la République, Piétri, grâce à la recommandation de son frère, fut nommé successivement sous-préfet de Brest, préfet de l'Ariège, du Cher, et de l'Hérault. Ses aptitudes et son zèle l'appelèrent à la préfecture du Nord, et de là à la préfecture de police de Paris où il entra en fonctions le 21 février 1866, en remplacement de M. Boittelle. Il réprima les manifestations qui se produisirent à la tombe de Baudin le 2 novembre 1867, et à l'occasion de la défense de Renan prise par Sainte-Beuve au Sénat. Il s'opposa aux troubles qui eurent lieu au théâtre du Châtelet lors des explications d'Emile Ollivier sur sa conversion à l'empire, puis à l'enterrement de Victor Noir (13 décembre 1869), et enfin lors de l'arrestation de Rochefort au mois de février 1870.

Au moment de la proclamation de la République, M. Piétri quitta la France et se rendit en Angleterre. Par un décret du mois d'avril 1873, il reçut sur sa demande une pension de 6.000 francs.

Il fut nommé commandeur de la Légion d'honneur le 11 août 1864, et promu grand-officier le 13 août 1867. Il fut élevé à la dignité de sénateur le 27 juillet 1870, mais la guerre empêcha la promulgation du décret.

Elu sénateur de la Corse le 22 juin 1879, il échoua au renouvellement le 25 janvier 1885.

Joachim Piétri était le frère de Piétri (P.) qui exerça les fonctions de préfet de police pendant les premières années de l'empire (du 27 janvier 1852 au 16 mars 1858). Entre les deux préfets de police portant le nom de Piétri et qui étaient frères, il n'y eut que le préfet de police Boittelle qui occupa cette fonction du 16 mars 1858 au 21 février 1866.

L'Hôtel de Ville de Paris

SOUS

la troisième République Française

(du 4 septembre 1870 au 1ᵉʳ janvier 1900)

GOUVERNEMENT DE LA DÉFENSE NATIONALE
(DU 4 SEPTEMBRE 1870 AU 17 FÉVRIER 1871)

Pouvoir exécutif de la République Française :

M. THIERS

Chef du pouvoir exécutif, du 17 février au 29 août 1871.

Présidents de la République Française :

1º M. THIERS

Du 31 août 1871 au 24 mai 1873.

2º M. Le Maréchal de MAC-MAHON

Du 25 mai 1873 au 29 janvier 1879.

3º M. GRÉVY

Du 30 janvier 1879 au 2 décembre 1887.

4º M. CARNOT

Du 3 décembre 1887 au 25 juin 1894.

5º M. CASIMIR-PÉRIER

Du 27 juin 1894 au 16 janvier 1895.

6º M. FÉLIX FAURE

Du 17 janvier 1895 au 16 février 1899.

7º M. LOUBET

Le 18 février 1899. . . . .

Du 4 septembre 1870 au 1ᵉʳ janvier 1900.

Liste des Fonctionnaires de l'Hôtel de Ville et Officiers municipaux de Paris

PENDANT

LA TROISIÈME RÉPUBLIQUE FRANÇAISE
(Du 4 septembre 1870 au 1ᵉʳ janvier 1900).

MAIRES DE PARIS
MM.

Etienne Aragó, nommé maire de Paris par décret du 4 septembre 1870.

Floquet, Brisson, Clamageran et Em. Durier, nommés adjoints par décrets des 4 et 7 septembre 1870.

Jules Ferry, membre du gouvernement, délégué par le gouvernement et le ministre de l'Intérieur, par décret du 6 septembre, près l'administration du département de la Seine.

PRÉFETS DE LA SEINE
MM.

Say (Léon), membre de l'Assemblée nationale, 5 juin 1871.

Calmon, sous-secrétaire d'Etat de l'intérieur, 7 décembre 1872, en remplacement de M. Léon Say, nommé ministre des Finances.

Duval (Ferdinand), 28 mai 1873, en remplacement de M. Calmon, démissionnaire.

Hérold (Ferdinand), 25 janvier 1879, en remplacement de M. Ferdinand Duval, mis en disponibilité.

Floquet (Charles), 5 janvier 1882, en remplacement de M. Hérold, décédé.

Oustry (Louis), 31 octobre 1882, en remplacement de M. Floquet, démissionnaire.

Poubelle (Eugène), 19 octobre 1883, en remplacement de M. Oustry, appelé sur sa demande à d'autres fonctions.

De Selves, directeur général des postes et télégraphes, 23 mai 1896, en remplacement de M. Poubelle, nommé ambassadeur à Rome. . . . .

SECRÉTAIRES GÉNÉRAUX DE LA PRÉFECTURE DE LA SEINE
MM.

Husson (Jean-Christophe-Armand), membre de l'Institut, 10 juin 1871.

Laurent (Emile), en remplacement de M. Husson démissionnaire, 10 février 1873.

MM.

Tambour (Emile-Ernest), 9 juin 1873.

Vergniaud (Jules-Gabriel), auditeur de première classe, au conseil d'Etat, en remplacement de M. Tambour, mis en disponibilité sur sa demande, 15 février 1879.

Bourgeois (Léon-Victor-Auguste), 19 octobre 1883.

Favalelli (Charles), 28 novembre 1885.

Boufflot (Alexis-Gabriel), 18 octobre 1887.

Laurenceau (André), 20 juin 1888.

Grélot (Félix), 22 décembre 1891.

Bruman (Léon), du 31 juillet 1894 au 1er janvier 1900. . . . .

CONSEILLERS DE PRÉFECTURE

MM. Présidents. 1.
- Loysel, 12 novembre 1871.
- Emile Laurent, 1er novembre 1878.
- Fournier, 6 octobre 1894, *actuellement en fonctions*.

CONSEILLERS

MM.

2.
- Larreguy de Civrieux, 23 février 1870.
- Baron Normand, 8 mai 1874.
- Belin, 6 avril 1878.
- Brousse, 18 octobre 1884, *actuellement en fonctions*.

3.
- Remter, 14 septembre 1870.
- Langlois, 3 février 1874.
- Leroy, 22 mai 1885.
- Lavallée, 8 juin 1891, *actuellement en fonctions*.

4.
- Aubin, 18 décembre 1870.
- Laty, 22 mai 1885, *actuellement en fonctions*.

5.
- Mouton-Duvernet, 22 mai 1872.
- Fabret de Tuite, 12 janvier 1880 (pour compter du 12 mars 1880).
- Paupelyn, 24 janvier 1885, *actuellement en fonctions*.

6.
- Bidault, 30 juillet 1873.
- De Clausonne, 22 mai 1885, *actuellement en fonctions*.

MM.
7. {
O'neil de Tyrone, 30 janvier 1873.
Febray, 21 février 1877.
Frédéric Thomas, 12 janvier 1880.
Merlin, 5 septembre 1881.
Maruéjouls, 31 octobre 1881.
Sabatier, 31 octobre 1889.
Bonnet, 11 juillet 1893.

8. {
Sanial de Fay, 3 février 1874.
Lançon, 16 décembre 1874.
De Ferron, 12 janvier 1880.
Fournier, 24 janvier 1885
Pelisse, 18 novembre 1890, *actuellement en fonctions*.

9. Emploi créé en vertu de la loi du 23 mars 1878. {
Pasquier, 6 avril 1878.
Fabre (Louis), 27 janvier 1881.
Pichon, 21 octobre 1895, *actuellement en fonctions*.
Lesvier (Jules), 14 décembre 1895.
Estellé, 18 octobre 1898.
Cauro, 31 mars 1899, *actuellement en fonctions*.

COMMISSAIRES DU GOUVERNEMENT

MM.
1. {
Lestiboudois, 6 janvier-14 juillet 1871.
De Moüy, 22 mai 1885.
Menant, 21 juillet 1886.
Jonnart, 29 décembre 1887
Blondot, 10 mai 1890.
Pion, 4 novembre 1895 (non installé).
Blondot, 14 novembre 1895 (maintenu).

2. {
Thirria, 22 novembre 1869-14 juillet 1871.
Labarthe, 28 novembre 1885, *actuellement en fonctions*.

3. {
Lavallée d'Iray, 12 février 1870-14 juillet 1871.
Martinet, 8 juin 1891.
Pion, 25 juin 1896, *actuellement en fonctions*.

4. Emploi créé en vertu de la loi du 28 juillet 1881. {
Jagerschmitt, 10 novembre 1881.
Chauvel-Bize, 26 avril 1882.
Grenier (Gaston), 29 juin 1886.
Godefroy, 23 mai 1896.

4 (*suite*). Emploi créé en vertu de la loi du 28 juillet 1881.
MM.
- Maringer, 15 janvier 1898.
- Cahen (Edmond), 16 juillet 1898, *actuellement en fonctions*.
- Devisse (Fernand-Albert) 21 octobre 1898, *actuellement en fonctions*.

PRÉFETS DE POLICE
MM.

Comte de Kératry, préfet de police, du 4 septembre au 11 octobre 1870.
Adam (Edmond), id. du 11 octobre au 2 novembre 1870.
Cresson (Ernest), id. du 2 novembre 1870 au 11 février 1871.
Choppin, chef du cabinet du préfet de police, préfet de police par intérim, du 11 février au 15 mars 1871.
Valentin (Général), préfet de police, du 15 mars au 18 novembre 1871 (1).
Renault (Léon), id. du 18 novembre 1871 au 10 février 1876.
Voisin (Félix), chargé des fonctions de préfet de police, du 10 février au 8 mars 1876.
Voisin (Félix), préfet de police, du 8 mars 1876 au 17 décembre 1877.
Gigot (Albert), id. du 17 décembre 1877 au 3 mars 1879.
Andrieux (Louis), id. du 3 mars 1879 au 18 juillet 1881.
Camescasse (Ernest), id. du 18 juillet 1881 au 26 avril 1885.
Gragnon (Arthur), id. du 26 avril 1885 au 17 novembre 1887.
Bourgeois (Léon), id. du 17 novembre 1887 au 9 mars 1888.
Lozé (Henri), id du 9 mars 1888 au 11 juillet 1893.
Lépine (Louis), id. du 11 juillet 1893 au 14 octobre 1897.
Blanc (Charles), id. du 14 octobre 1897 au 23 juin 1899.
Lépine (Louis), id. le 23 juin 1899. . . . .

SECRÉTAIRES GÉNÉRAUX DE LA PRÉFECTURE DE POLICE
MM.

Dubost (Antonin), secrétaire général de la préfecture de police, du 4 septembre au 17 octobre 1870.
Ponchet (Georges), id. du 17 octobre au 4 novembre 1870.
Renault (Léon), id. du 4 nov. 1870 au 13 juillet 1871.
Fouquier (Michel-Alexandre), id. du 13 juillet 1871 au 23 sep. 1872.
Routier de Bullemont (Marie-Alexandre-Lucien), idem, du 23 septembre 1872 au 26 janvier 1879.

---

(1) La préfecture de police fut transférée à Versailles, du 19 mars au 23 mai 1871. Pendant cette période s'installèrent dans les bureaux de la préfecture de police à Paris : E. Duval, général commandant en qualité de délégué militaire, et Raoul Rigault, en qualité de délégué civil.

Vergniaud (Jean-Gabriel), auditeur de 1re classe au conseil d'Etat, chargé provisoirement des fonctions de secrétaire général de la préfecture de police, en remplacement de M. Routier de Bullemont, du 26 janvier au 19 février 1879.

Cambon (Jules), secrétaire général de la préfecture de police, du 19 février 1879 au 28 février 1882.
Vel Durand, id. du 28 février 1882 au 29 novembre 1883.
Gragnon (Arthur-Jean), id. du 29 novembre 1883 au 25 avril 1885.
Lozé (Henri-Auguste), id. du 25 avril 1885 au 11 novembre 1886.
Lépine (Louis), id. du 11 novembre 1886 au 16 mai 1891.
Soinoury (Henri-Edouard), id. du 16 mai 1891 au 4 mars 1892.
Laurent (Emile-Henri), id. le 4 mars 1892. . . . .

Présidents du Conseil général de la Seine

(DE 1871 A 1900)

MM. **Vautrain** (Joseph), de 1871 à 1874.
Outin (Pierre), en 1875.
Léveillé (Jules), en 1875-1876.
Lefèvre (Ernest), en 1876-1877.
Engelhard (Maurice), en 1878.
Mathé (Henri), en 1878-1879.
Réty (Léon), en 1879-1880.
Thorel (Ernest), en 1881-1882.
Forest (Barthélemy), en 1882-1883.
Thorel (Ernest), en 1884.
Martin (Georges), en 1884.
Rousselle (Ernest), en 1885-1886.
Darlot (Alphonse), en 1886-1887.
Jacques (Edouard), de 1887 à 1889.
Viguier (Paul-Louis), en 1890-1891.
Péan (Anselme), en 1891-1892.
Deschamps (Louis), en 1892-1893.
Patenne (Adolphe), en 1893-1894.
Bassinet (Athanase), en 1894-1895.
Lucipia (Louis), en 1895-1896.
Gervais (Auguste-Louis-Joseph), le 17 juin 1896.
Dubois (Emile-Jules), le 2 avril 1897.
Thuillier (Alfred), le 15 juin 1898.
Piettre (Léon-Marie), le 31 mai 1899.

Conseillers généraux

ES conseillers généraux, élus pour 6 ans et renouvelables par moitié tous les 3 ans, pour les 8 cantons des arrondissements de Saint-Denis et de Sceaux, formant avec les 80 conseillers municipaux de Paris le conseil général de la Seine furent, de 1871 à 1893 les suivants, savoir :

Elections des 8 et 15 octobre 1871

Cantons de
- Saint-Denis. MM. Littré.
- Courbevoie. Lesage.
- Neuilly... Codur.
- Pantin... Houdard.
- Sceaux... MM. Hussebelle.
- Charenton. Béclard.
- Vincennes. Sueur.
- Villejuif.. Pompée.

Elections de 1874

Cantons de
- Saint-Denis...... MM. Moreau.
- Neuilly......... Villeneuve.
- Pantin......... Jacquet.
- Villejuif....... Raspail.

Elections de 1877

Cantons de
- Saint-Denis. MM. Leven.
- Courbevoie. Blanche.
- Neuilly... Villeneuve.
- Pantin... Jacquet.
- Sceaux... MM. Gagnière.
- Charenton. Béclard.
- Vincennes.. Lefèvre (Al.).
- Villejuif.. Raspail.

Elections de 1880

Cantons de
- Charenton....... MM. Decorse, docteur-médecin
- Sceaux......... Ruben de Couder.

Election de 1881

Canton de { Neuilly. . . . . M. Allaire.

Elections des 18 et 25 mai 1884

Cantons de
{ Saint-Denis. MM. Stan. Leven.   Sceaux . . . MM. Léopold (A.).
  Courbevoie.   Weber.   Charenton .   Decorse.
  Neuilly. . . .   Lefoullon.   Vincennes .   Lefèvre (Al.).
  Pantin. . .   Jacquet.   Villejuif . .   Em. Raspail.

Elections des 23 et 30 mai 1886

Canton de { Charenton . . . . . . M. Baulard.

Elections des 12 et 19 décembre 1886

Cantons de
{ Sceaux . . . . MM. Jallon.
  Courbevoie . . . . . .   Bailly.

Elections des 8 et 15 mai 1887

Cantons de
{ Saint-Denis. MM. Stan. Leven.   Sceaux . . . MM. Jallon.
  Courbevoie.   Bailly.   Charenton .   Baulard.
  Neuilly. . .   Allaire..   Vincennes ..   Lefèvre (Al.).
  Pantin. . .   Péan.   Villejuif . .   Levèque.

Elections des 27 avril et 5 mai 1890

Cantons de
{ Saint-Denis. MM. Stan. Leven.   Sceaux . . . MM. Jallon.
  Courbevoie.   Bailly.   Charenton .   Laffont.
  Neuilly. . .   Lefoullon.   Vincennes .   Lefèvre (Al.).
  Pantin. . .   Péan.   Villejuif . .   Levèque.

LISTE DES CONSEILLERS GÉNÉRAUX

ÉLUS POUR TROIS ANS, POUR LES VINGT-ET-UN CANTONS DES ARRONDISSEMENTS DE SAINT-DENIS ET DE SCEAUX, FORMANT AVEC LES QUATRE-VINGTS CONSEILLERS MUNICIPAUX DE PARIS, LE CONSEIL GÉNÉRAL DE LA SEINE, DE 1893 AU 1ᵉʳ JANVIER 1900.

ARRONDISSEMENT DE SAINT-DENIS

Cantons de :	MM.	Elections des :
1. Boulogne.	Demartial.....	7 et 17 mai 1893.
	Barbier.......	17 mai 1896.
2. Neuilly.	Lefoullon.....	7 mai 1893.
	Archain.......	21 et 28 oct. 1894.
	Rigaud........	17 mai 1896.
	Cherest.......	4 et 11 déc. 1898.
3. Levallois-Perret.	Trébois.......	7 et 14 mai 1893.
	Lex...........	17 mai 1896.
4. Clichy.	Renou	7 et 14 mai 1893.
	Marquez	17 mai 1896.
5. Courbevoie.	Bailly (*).....	7 mai 1893.
	Ferrand (*)...	17 et 24 mai 1896.
	Parisot........	4 et 11 déc. 1898.
6. Puteaux.	Chenu.........	7 et 14 mai 1893.
	Féron.........	17 et 24 mai 1896.
7. Asnières.	Laurent-Cély	7 et 14 mai 1893.
	Laurent-Cély..	17 mai 1896.
8. Saint-Denis.	Stanisl. Leven.	7 mai 1893.
	Stanisl. Leven.	17 mai 1896.
9. Saint-Ouen.	Basset.........	7 et 14 mai 1893.
	Basset.........	17 mai 1896.
10. Aubervilliers	Domart	7 mai 1893.
	Domart	17 mai 1896.
11. Pantin.	Jacquemin	7 et 14 mai 1893.
	Jacquemin	17 mai 1896.
12. Noisy-le-Sec.	Collardeau	7 et 14 mai 1893.
	Collardeau ..	17 mai 1896.

ARRONDISSEMENT DE SCEAUX

Cantons de :	MM.	Elections des :
13. Vincennes.	Gibert.........	10 et 17 mai 1891.
	Gibert.........	7 et 14 mai 1893.
	Gibert.........	17 mai 1896.
14. Montreuil-sous-Bois.	Hémard	7 et 14 mai 1893.
	Pinet	17 et 24 mai 1896.
	Hémard	17 octobre 1897.
15. Charenton-le-Pont.	Barrier	7 mai 1893.
	Barrier	17 mai 1896.
16. Nogent-sur-Marne.	Gamain	7 et 14 mai 1893.
	Blanchon.....	23 juillet 1893.
	Blanchon.....	17 mai 1896.
17. Saint-Maur.	Piettre........	7 et 14 mai 1893.
	Piettre........	17 mai 1896.
18. Villejuif.	Reulos........	7 et 14 mai 1893.
	Reulos........	17 mai 1896.
	Thomas.......	14 février 1897.
19. Ivry.	Levêque	7 mai 1893.
	Levêque	17 mai 1896.
20. Sceaux.	Champeaux...	7 mai 1893.
	Carmignac....	17 mai 1896.
21. Vanves.	Gervais.	7 et 14 mai 1896.
	Gervais (*)...	17 mai 1896.
	Beaudoin.....	4 et 11 déc. 1898.

(*) Elu député aux élections législatives des 8 et 22 mai 1898.

Présidents du Conseil municipal de Paris

MM. **Vautrain** (Joseph)	en 1871-1872-1873-1874.	Né à Nancy (Meurthe), élu conseiller municipal le 23 juillet 1871.
Thulié (Jean-Baptiste-Henri)	en 1875 (janvier).	Né le 30 juillet 1832 à Bordeaux (Gironde), élu conseiller municipal les 26 novembre 1871, 6 décembre 1874, 6 janvier 1878, 9 janvier 1881.
Floquet (Thomas-Charles)	en mai 1875.	Né le 2 octobre 1828 à Saint-Jean-Pied-de-Port (Basses-Pyrénées), élu conseiller municipal les 28 avril 1872, 29 novembre 1874.
Clémenceau (Georges-Benjamin)	le 29 novembre 1875.	Né le 28 septembre 1841 à Mouilleron-en-Pareds (Vendée), élu conseiller municipal les 30 juillet 1871, 29 novembre 1874.
Harant (Henri-Raphaël-Auguste)	le 22 février 1876	Né le 6 septembre 1821 à Perpignan (Pyrénées-Orientales), élu conseiller municipal les 29 novembre 1874, 6 janvier 1878.
Hérisson (Charles)	le 4 juillet 1876.	Né le 12 octobre 1831 à Surgy (Nièvre), élu conseiller municipal les 26 novembre 1871, 4 juin 1876 et 6 janvier 1878.
Bonnet-Duverdier (Edouard-Guillaume)	le 20 février 1877.	Né le 13 septembre 1824 à Cadouin (Dordogne), élu conseiller municipal le 29 novembre 1874.
Outin (Jean-Pierre)	le 5 juillet 1877.	Né le 12 août 1804 à Moulins (Allier), élu conseiller municipal le 6 décembre 1874.
Hérisson (Charles)	le 19 février 1878 (2me fois).	

MM.

Thulié
(Jean-Baptiste-Henri)
le 9 juillet 1878 (2ᵐᵉ fois).

Castagnary
(Jules-Antoine)
le 18 février 1879.
Né le 11 avril 1830 à Saintes (Charente-Inférieure), élu conseiller municipal les 29 novembre 1874, 6 janvier 1878.

De Hérédia
(Sévériano)
le 1ᵉʳ août 1879.
Né le 8 novembre 1836 à La Havane (Cuba), naturalisé français, élu conseiller municipal les 13 avril 1873, 29 novembre 1874, 6 janvier 1878, 9 janvier 1881.

Cernesson
(Léopold-Camille)
le 12 février 1880.
Né le 21 janvier 1832 à Juvilly (Yonne), élu conseiller municipal les 5 janvier 1878, 9 janvier 1881, 11 mai 1887.

Thulié
(Jean-Baptiste-Henri)
le 1ᵉʳ mai 1880 (3ᵐᵉ fois).

Cernesson
(Léopold-Camille)
le 2 novembre 1880 (2ᵐᵉ fois).

Lacroix
(Sigismond-Julien-Adolphe)
le 15 février 1881.
Né le 2 avril 1835 à Toulouse (Haute-Garonne), élu conseiller municipal les 6 décembre 1874, 6 janvier 1878, 9 janvier 1881.

Engelhard
(Louis-Maurice)
le 4 novembre 1881.
Né le 21 mars 1819 à Strasbourg (Bas-Rhin), élu conseiller municipal les 11 octobre 1875, 6 janvier 1878, 9 janvier 1881.

Songeon
(Jacques-Nector-Lucien)
le 8 février 1882.
Né le 3 septembre 1848 à Bourgoin (Isère), élu conseiller municipal les 28 mai 1876, 6 janvier 1878, 9 janvier 1881, 4 mai 1884.

De Bouteiller
(Jean-Charles)
le 23 octobre 1882.
Né le 26 janvier 1840 à Nantes (Loire-Inférieure), élu conseiller municipal les 12 octobre 1879, 9 janvier 1881, 11 mai 1884, décédé le 6 septembre 1885.

Mathé
(Henri)
le 9 mai 1883.
Né le 27 mai 1837 à Moulins (Allier), élu conseiller municipal les 29 novembre 1874, 6 janvier 1878, 9 janvier 1881, 4 mai 1884.

MM. **Boué** (Lucien)	le 22 octobre 1884.	Né le 12 décembre 1832 à Latoué (Haute-Garonne), élu conseiller municipal les 6 janvier 1878, 9 janvier 1881, 4 mai 1884, 8 mai 1887.
Michelin (Joseph-Henri)	le 20 mai 1885.	Né le 3 mai 1847 à Paris, élu conseiller municipal les 2 juillet 1882, 4 mai 1884.
Maillard (Pierre-Marie-Guillaume)	le 4 novembre 1885.	Né le 22 août 1823 à Brive (Corrèze), élu conseiller municipal les 6 janvier 1878, 9 janvier 1881, 4 mai 1884.
Hovelacque (Alexandre-Abel)	le 15 février 1886.	Né le 14 novembre 1843 à Paris, élu conseiller municipal les 6 janvier 1878, 9 janvier 1881, 31 janvier 1886, 8 mai 1887.
Mesureur (Gustave-Emile)	le 18 octobre 1896.	Né le 2 avril 1847 à Marc en Barœul (Nord), élu conseiller municipal les 16 juillet 1881, 4 mai 1884, 8 mai 1887.
Hovelacque (Alexandre-Abel)	le 1er juin 1887 (2me fois).	
Darlot (Alphonse)	le 27 février 1888.	Né le 3 septembre 1828 à Seignelay (Yonne), élu conseiller municipal les 6 janvier 1878, 9 janvier 1881, 4 mai 1884, 8 mai 1887, 27 avril 1890.
Chautemps (François-Emile)	le 20 février 1889.	Né le 2 mai 1850 à Vallery (Haute-Savoie), élu conseiller municipal les 11 mai 1884, 4 mai 1887.
Rousselle (Ernest-Henri)	le 4 novembre 1889.	Né le 5 octobre 1836 à Nangis (Seine-et-Marne), élu conseiller municipal les 16 janvier 1881, 4 mai 1884, 8 mai 1887, 4 mai 1890, 23 mai 1890, 3 mai 1896.
Darlot (Alphonse)	le 3 mars 1890 (2me fois).	
Richard (Emile-Paulin-Charles)	le 2 juin 1890.	Né le 7 avril 1843 à Paris, élu conseiller municipal les 7 février 1886, 8 mai 1887, 4 mai 1890, décédé le 27 décembre 1890.

MM.		
Levraud (Adam-Léonce)	le 23 février 1891.	Né le 27 avril 1843 à Paris, élu conseiller municipal les 28 mai 1876, 6 janvier 1878, 9 janvier 1881, 11 mai 1884, 8 mai 1887, 4 mai 1890, 16 avril 1893, 3 mai 1896.
Sauton (Frédéric-Jean)	le 9 mars 1892.	Né le 6 décembre 1844 à Paris, élu conseiller municipal les 5 août 1883, 4 mai 1884, 8 mai 1887, 4 mai 1890, 16 avril 1893, 3 mai 1896.
Humbert (Alphonse-Jean-Joseph)	le 31 mai 1893.	Né le 21 février 1844 à Paris, élu conseiller municipal le 12 octobre 1879 (élection annulée), réélu le 7 février 1886, puis élu les 8 mai 1887, 4 mai 1890, 23 avril 1893.
Champoudry (Paul)	le 28 février 1894.	Né le 1er janvier 1847 à Montrouge (Seine), élu conseiller municipal les 8 mai 1887, 4 mai 1890, 16 avril 1893, 10 mai 1896.
Rousselle (Ernest-Henri)	le 4 mars 1895. (2me fois).	Décédé le 15 mai 1896.
Baudin (Pierre)	le 3 juin 1896.	Né à Nantua (Ain), le 21 août 1864, élu conseiller municipal les 4 mai 1890, 16 avril 1893, 3 mai 1896.
Sauton (Frédéric-Jean)	le 3 mars 1897. (2me fois).	
Navarre (Auguste-Louis)	le 4 mars 1898.	Né à Condé (Nord), le 27 avril 1853, élu conseiller municipal les 22 et 29 mars 1885, 8 mai 1887, 27 avril et 4 mai 1890, 16 et 23 avril 1893, 3 mai 1896.
Lucipia (Louis-Adrien)	le 1er mars 1899.	Né à Nantes, le 18 novembre 1843, élu conseiller municipal les 27 avril et 4 mai 1890, 16 avril 1893, 3 mai 1896.

SYNDICS

MM. Léon Ohnet . . .	1871-1873.
Louis Watel. . .	1873-1874.
Ernest Deligny. .	1875-1878.
Maurice Bixio . .	1878-1880.
Frédéric Hattat. .	1880-1881.
Henri Rouzé. . .	1881.
Joseph Cussot. . .	1881-1882.
Gustave Mesureur.	1882-1884.
Henri Rouzé. . .	1884-1886.
Gustave Mayer . .	1886-1890.
Adolphe Maury. .	1890-1896.
Léopold Bellan . .	1896-1900. . . . .

LISTE GÉNÉRALE DES CONSEILLERS MUNICIPAUX DE PARIS
ÉLUS AUX DIFFÉRENTES ÉLECTIONS, GÉNÉRALES OU PARTIELLES, QUI ONT EU LIEU DU 23 JUILLET 1871 A 1900.

Premier arrondissement (LOUVRE)

QUARTIERS.	MM.	ÉLUS AUX ÉLECTIONS MUNICIPALES DES
St-GERMAIN-L'AUXERROIS.	Prestat, notaire	23 juillet 1871.
	Tenaille-Saligny	28 novembre 1874.
	Rety	28 mai 1876 ; 6 janvier 1878 ; 16 janvier 1881 ; 4 et 11 mai 1884.
	Saint-Martin.	8 et 15 mai 1887 ; 27 avril 1890 ; 4 mai 1890.
	Gibert (1), ancien commerçant, maire du 1ᵉʳ arrondissement.	16 et 23 avril 1893 ; 3 et 10 mai 1896.
HALLES.	Adam (Adolphe), négociant . .	23 juillet 1871.
	Lamouroux, doc en médecine.	20 et 27 octobre 1872 ; 29 novembre 1874 ; 6 janvier 1878 ; 9 janvier 1881 ; 4 mai 1884 ; 8 et 15 mai 1887 ; 27 avril 1890 ; 4 mai 1890 ; 16 avril 1893 ; 3 et 10 mai 1896.
PALAIS-ROYAL.	Bouruet-Aubertot, négociant .	23 juillet 1871.
	Forest	29 novembre 1874 ; 6 janvier 1878 ; 9 janvier 1881.
	Muzet *	4 et 11 mai 1884 ; 8 et 15 mai 1887 ; 27 avril et 4 mai 1890 ; 16 et 23 avril 1893 ; 3 mai 1896.
	Levée.	16 et 23 octobre 1898.

(1) Décédé le 6 septembre 1899.
(*) Elu député aux élections législatives des 8 et 22 mai 1898.

QUARTIERS		ÉLUS AUX ÉLECTIONS MUNICIPALES DES
PLACE VENDOME.	MM. Bernard, juge au tribunal de Commerce	23 juillet 1871 ; 29 novembre 1874 ; 6 janvier 1878.
	Despatys (Baron), ancien substitut près du tribunal de la Seine.	16 janvier 1881 ; 4 mai 1884 ; 8 mai 1887 ; 27 avril 1890 ; 16 avril 1893 ; 3 mai 1896.

Deuxième arrondissement (BOURSE)

GAILLON.	Joubert, directeur de la Banque de Paris	23 juillet 1871 ; 29 novembre 1874.
	Masse	6 janvier 1878.
	Gamard	9 janvier 1881 ; 4 mai 1884 ; 8 mai 1887 ; 27 avril 1890.
	Blachette, représentant de commerce	4 et 11 septembre 1892 ; 16 avril 1893 ; 3 et 10 mai 1896.
VIVIENNE.	Louvet, négociant	23 juillet 1871.
	Outin	29 novembre et 6 décembre 1874.
	Cusset	6 janvier 1878 ; 9 janvier 1881 ; 4 mai 1884 ; 8 mai 1887.
	Caron, avocat	27 avril et 4 mai 1890 ; 16 avril 1893 ; 3 mai 1896.
MAIL.	Thorel, propriétaire	23 juillet 1871 ; 29 novembre 1874 ; 6 janvier 1878 ; 9 janvier 1881.
	Leclerc	4 et 11 mai 1884 ; 8 mai 1887.
	Duplan	26 février et 4 mars 1888 ; 27 avril et 4 mai 1890.
	Bellan, commerçant	16 et 23 avril 1893 ; 3 mai 1896.
BONNE-NOUVELLE.	Loiseau-Pinson, teinturier	23 juillet 1871 ; 29 novembre 1874.
	Marais	16 et 23 juillet 1876.
	Mesureur	16 janvier 1881 ; 4 mai 1884 ; 8 mai 1887.
	Maury, ancien commerçant	24 et 31 juillet 1887 ; 27 avril 1890 ; 16 avril 1893.
	Rebeillard	3 et 10 mai 1896.

Troisième arrondissement (TEMPLE)

ARTS ET MÉTIERS.	Murat (Charles), bijoutier	23 et 30 juillet 1871 ; 29 novembre 1874 ; 6 janvier 1878 ; 9 janvier 1881.
	Chautemps	4 et 11 mai 1884 ; 8 mai 1887.
	Blondel, ancien fonctionnaire de l'Université et journaliste.	27 avril et 4 mai 1890 ; 16 avril 1893 ; 3 mai 1896.
ENFANTS ROUGES.	Bouvalet, négociant	23 juillet 1871.
	Cléray	6 avril 1873 ; 29 novembre 1874 ; 6 janvier 1878.
	Rouzé	16 janvier 1881 ; 4 mai 1884 ; 8 mai 1887.
	Lucipia, journaliste	27 avril et 4 mai 1890 ; 16 avril 1893 ; 3 mai 1896.
ARCHIVES.	Ferré, fabricant	23 et 30 juillet 1871 ; 29 novembre 1874.
	Frère	6 janvier 1878 ; 9 janvier 1881 ; 4 et 11 mai 1884.
	Foussier, négociant	8 et 15 mai 1887 ; 27 avril 1890 ; 16 avril 1893 ; 3 mai 1896.
	Achille	17 octobre 1897.

QUARTIERS.		ÉLUS AUX ÉLECTIONS MUNICIPALES DES
	MM	
SAINTE-AVOIE.	Leleux, confectionneur	23 juillet 1871.
	Guyot (Yves)	29 novembre 1874.
	Darlot	6 janvier 1878; 9 janvier 1881; 4 mai 1884; 8 mai 1887; 27 avril 1890.
	Puech, sculpteur *	16 et 23 avril 1893; 3 mai 1896.
	Th. Breno	16 octobre 1898.

Quatrième arrondissement (HOTEL DE VILLE)

SAINT-MERRI.	Desouches, marchand de bois	23 et 30 juillet 1871; 29 novembre 1874.
	Heuricy	6 janvier 1878.
	Lainé	16 janvier 1881.
	Chassaing	4 et 11 mai 1884; 8 mai 1887.
	Opportun, ancien capitaine de la Garde nationale	27 avril et 4 mai 1890; 16 et 23 avril 1893; 3 et 10 mai 1896.
SAINT-GERVAIS.	Loiseau, docteur en médecine	23 juillet 1871; 29 novembre 1874; 6 janvier 1878; 16 janvier 1881.
	Piperaud, ancien professeur	4 mai 1884; 8 mai 1887; 27 avril et 4 mai 1890; 16 et 23 avril 1893; 3 mai 1896.
ARSENAL.	Callon, ingénieur	23 juillet 1871.
	Harant	29 novembre 1874: 6 janvier 1878.
	De Ménorval	9 janvier 1881; 4 et 11 mai 1884; 8 mai 1887.
	Hervieu, ancien président de section au tribunal de commerce, décédé le 10 octobre 1897	27 avril et 4 mai 1890; 16 et 23 avril 1893; 3 et 10 mai 1896.
	Vaudet	28 novembre et 5 décembre 1897.
NOTRE-DAME.	Vautrain, avocat	23 juillet 1871.
	Delpire	29 novembre 1874.
	Martin (Ch.)	6 janvier 1878.
	Guyot (Yves)	9 janvier 1881.
	Ruel	4 mai 1884.
	Jeaud	31 octobre et 7 novembre 1886.
	Ruel, commerçant	8 et 15 mai 1887; 27 avril 1890; 16 avril 1893; 3 et 10 mai 1896.

Cinquième arrondissement (PANTHÉON)

SAINT-VICTOR.	Lavocat, notaire	23 et 30 juillet 1871.
	Talandier	29 novembre 1874.
	Bourneville	28 mai 1876; 6 janvier 1878; 9 janvier 1881.
	Sauton, ancien adjoint au maire du cinquième arrondissement	29 juillet et 6 août 1883; 4 mai 1884; 8 mai 1887; 23 avril 1890; 16 avril 1893; 3 mai 1896.

(*) Elu député aux élections législatives des 8 et 22 mai 1898.

QUARTIERS.	MM.	ÉLUS AUX ÉLECTIONS MUNICIPALES DES
JARDIN DES PLANTES.	Collin, sous-chef aux Gobelins.	23 et 30 juillet 1871 ; 29 novembre 1874 ; 6 janvier 1878 ; 9 janvier 1881 ; 4 mai 1884 ; 8 et 15 mai 1887 ; 27 avril et 4 mai 1890.
	Attout-Tailfer, industriel	16 et 23 avril 1893.
	Gras *	3 et 10 mai 1896.
	Desplats	16 et 23 octobre 1898.
VAL-DE-GRACE.	Leveillé, professeur à l'École de droit, maître des requêtes au Conseil d'Etat	23 et 30 juillet 1871 ; 29 novembre 1874.
	Caubet	6 janvier 1878.
	Rey (Aristide)	20 avril 1879 ; 9 janvier 1881 ; 4 mai 1884.
	Carle	31 janvier et 6 février 1886 ; 8 et 15 mai 1887.
	Lampué, premier adjoint au maire du cinquième arrondissement	27 avril et 4 mai 1890 ; 16 et 23 avril 1893 ; 3 et 10 mai 1896.
SORBONNE.	Dubief, directeur de l'Institution Sainte-Barbe	23 juillet 1871.
	Massol	29 novembre 1874.
	Engelhard	11 octobre 1875 ; 6 janvier 1878 ; 9 janvier 1881.
	Deschamps, ancien médecin de l'armée	4 mai 1884 ; 22 mars 1885 ; 8 et 15 mai 1887 ; 27 avril et 4 mai 1890 ; 16 et 23 avril 1893.
	Lefèvre	3 et 10 mai 1896.

Sixième arrondissement (LUXEMBOURG)

LA MONNAIE.	Breton	23 et 30 juillet 1871.
	Hérisson, avocat au Conseil d'État et à la Cour de cassation	25 novembre 1871.
	Lauth	29 novembre 1874 ; 6 janvier 1878.
	De Lanessan	20 avril 1879 ; 16 janvier 1881.
	Robinet	11 décembre 1881 ; 4 mai 1884 ; 8 mai 1887.
	Pétrot	16 et 23 octobre 1887 ; 27 avril et 4 mai 1890 ; 16 avril 1893.
	Berthelot *, agrégé d'histoire et de géographie	18 et 25 février 1894 ; 3 mai 1896.
	Paul Bernier	16 et 23 octobre 1898.
ODÉON.	Rondelet, négociant	23 et 30 juillet 1871.
	Germer-Baillière	29 novembre 1874 ; 6 janvier 1878 ; 9 janvier 1881.
	Desprès	4 mai 1884 ; 8 et 15 mai 1887.
	Alpy, docteur en droit, ancien substitut	27 avril et 4 mai 1890 ; 16 et 23 avril 1893 ; 3 mai 1896.
NOTRE-DAME DES CHAMPS.	Beudant, professeur à l'École de droit	23 et 30 juillet 1871 ; 29 novembre 1874 ; 14 février 1875.
	Hérisson	6 janvier 1878.
	Delabrousse	2 mars 1879 ; 9 janvier 1881 ; 4 mai 1884.
	Deville, avocat	8 et 15 mai 1887 ; 27 avril et 4 mai 1890 ; 16 avril 1893 ; 3 mai 1896.

(*) Elu député aux élections législatives des 8 et 22 mai 1898.

QUARTIERS.		ÉLUS AUX ÉLECTIONS MUNICIPALES DES
	MM.	
St-GERMAIN-DES-PRÉS.	Depaul, professeur à la Faculté de médecine.	23 juillet 1871.
	Bixio.	29 novembre 1874; 6 janvier 1878.
	Depasse.	16 janvier 1881; 4 et 11 mai 1884; 8 et 15 mai 1887.
	Prache (*).	27 avril et 4 mai 1890; 16 avril 1893; 3 mai 1896.
	Vivien (Paul).	20 et 27 novembre 1898.

Septième arrondissement (PALAIS-BOURBON)

SAINT-THOMAS-D'AQUIN.	Tranchaut, secrétaire général de la Compagnie des Messageries maritimes.	23 juillet 1871.
	De Germiny.	29 novembre 1874.
	Liouville.	6 janvier 1878.
	Bartholoni.	22 et 29 février 1880; 9 janvier 1881; 4 et 11 mai 1884.
	Duval (Ferdinand), avocat.	8 mai 1887; 27 avril 1890; 16 avril 1893.
	Rendu.	3 mai 1896.
INVALIDES.	Frémyn, notaire.	23 juillet 1871; 29 novembre 1874.
	Delpech.	18 mai 1876; 6 janvier 1878.
	Cochin (Denys).	9 janvier 1881; 4 mai 1884; 8 mai 1887; 27 avril 1890; 16 avril 1893.
	Lambelin, ancien capitaine d'infanterie de marine.	15 et 22 avril 1894; 3 mai 1896.
ÉCOLE MILITAIRE.	Delzant, propriétaire.	23 et 30 juillet 1871; 29 novembre 1874.
	Hovelacque.	6 janvier 1878; 9 janvier 1881.
	Lerolle, avocat (*).	4 et 11 mai 1884; 8 mai 1887; 27 avril 1890; 16 avril 1893; 3 mai 1896.
	Mithouard.	13 novembre 1898.
GROS-CAILLOU.	Frébault, docteur en médecine.	23 et 30 juillet 1871; 29 novembre 1874.
	Morin.	28 mai 1876; 6 janvier 1878.
	Révillon.	16 janvier 1881.
	Poulet (Marius).	11 décembre 1881.
	Dreyfus (Camille).	17 et 24 décembre 1882; 4 mai 1884.
	Lopin (Arsène).	31 janvier et 7 février 1886; 8 mai 1887; 27 avril et 4 mai 1890; 16 et 23 avril 1893; 3 et 10 mai 1896.

Huitième arrondissement (ELYSÉE)

CHAMPS-ÉLYSÉES.	Férot, ingénieur civil.	23 juillet 1871.
	Potier.	6 avril 1873; 29 novembre 1874.
	Breslay.	6 et 13 janvier 1878
	Martin (Marius).	14 décembre 1879; 9 janvier 1881; 4 mai 1884; 8 mai 1887.
	Quentin-Bauchart, publiciste, petit-fils du représentant du peuple en 1848.	27 avril et 4 mai 1890; 16 avril 1893; 3 mai 1896.

(*) Elu député aux élections législatives des 8 et 22 mai 1898.

QUARTIERS.	MM.	ÉLUS AUX ÉLECTIONS MUNICIPALES DES
FAUBOURG DU ROULE.	Binder, père, ancien juge au tribunal de Commerce	23 juillet 1871; 29 novembre 1874; 6 janvier 1878; 9 janvier 1881.
	Binder, fils	4 mai 1884; 8 mai 1887; 27 avril 1890; 16 avril 1893.
	Daguilhon-Pujol, avocat à la Cour d'appel de Paris	15 et 22 avril 1894.
	Chassaigne-Goyon	3 mai 1896.
LA MADELEINE.	Watel, entrepreneur de travaux publics	23 juillet 1871; 29 novembre 1874; 6 janvier 1878; 9 janvier 1881.
	Dufaure	4 mai 1884; 8 mai 1887.
	Froment-Meurice, officier de réserve d'artillerie,	27 avril 1890; 16 avril 1893; 3 mai 1896.
L'EUROPE.	Riant, propriétaire	23 et 30 juillet 1871; 29 novembre 1874.
	Goudchaux	6 et 13 janvier 1878.
	Riant, ingénieur civil	3 août 1879; 9 janvier 1881; 4 mai 1884; 8 mai 1887; 27 avril 1890; 16 avril 1893; 3 mai 1896.
	Mill	4 et 11 avril 1897.

Neuvième arrondissement (OPÉRA)

QUARTIERS.	MM.	ÉLUS
St-GEORGES.	Prétet, chef d'institution	23 et 30 juillet 1871; 29 novembre 1874; 6 janvier 1878; 16 janvier 1881.
	Stupuy	4 et 11 mai 1884; 8 et 15 mai 1887; 27 avril et 4 mai 1890.
	Escudier, avocat	16 et 23 avril 1893; 3 mai 1896
CHAUSSÉE-D'ANTIN.	Meunier, négociant	23 juillet 1871; 29 novembre et 6 décembre 1874.
	Vauzy	6 et 13 janvier 1878.
	Hervé	9 janvier 1881.
	Berry	4 et 11 mai 1884; 22 mars 1885; 8 mai 1887; 27 avril 1890 (élection annulée); 4 mai 1890; 16 avril 1893.
	Vincent (Max), avocat à la Cour d'appel	15 et 22 avril 1894; 3 mai 1896.
FAUBOURG-MONTMARTRE.	Perrin (Emile), administrateur général du Théâtre Français.	23 juillet 1871.
	Viollet-Leduc	29 novembre 1874; 6 janvier 1878.
	Leven	26 octobre et 2 novembre 1879; 16 janvier 1881; 4 mai 1884.
	Daumas	8 et 15 mai 1887.
	Laurent (Charles)	27 avril et 4 mai 1890; 16 et 23 avril 1893 (élection annulée).
	Cornet, président du Syndicat de la Boulangerie	18 et 25 février 1894; 3 et 10 mai 1896.
ROCHECHOUART.	Ohnet, architecte	23 et 30 juillet 1871.
	Dubois (Paul)	29 novembre 1874; 6 janvier 1878; 9 janvier 1881.
	Strauss, publiciste	26 août et 2 septembre 1883; 4 mai 1884; 8 mai 1887; 27 avril 1890; 16 avril 1893; 3 mai 1896.
	Paris	28 novembre et 5 décembre 1897.

Dixième arrondissement (ENCLOS SAINT-LAURENT)

QUARTIERS.	MM.	ÉLUS AUX ÉLECTIONS MUNICIPALES DES
St-VINCENT-DE-PAUL.	Dehaynin (Félix), négociant.	23 et 30 juillet 1871.
	Degouve-Denuncques.	29 novembre 1874.
	Martin (Antide).	6 janvier 1878 ; 9 janvier 1881.
	Fiaux.	2 et 8 juillet 1882.
	Hervieux	4 et 11 mai 1884 ; 8 et 15 mai 1887.
	Villain (Georges), publiciste.	27 avril et 4 mai 1890 ; 16 et 23 avril 1893 ; 3 mai 1896.
PORTE SAINT-DENIS.	Saglier, négociant.	23 juillet 1871.
	Clavel	29 novembre 1874.
	Hattat, fabricant	6 janvier 1878 ; 9 janvier 1881, 6 novembre 1881 ; 4 mai 1884 ; 8 mai 1887 ; 27 avril 1890 ; 16 avril 1893 ; 3 mai 1896.
PORTE SAINT-MARTIN.	Christofle, fabricant d'orfévrerie.	23 juillet 1871.
	Grimaud.	23 novembre 1874 ; 6 janvier 1878 ; 16 janvier 1881.
	Armengaud.	4 et 11 mai 1884.
	Paillot (*)	8 et 15 mai 1887.
	Thuillier, ancien vice-président et arbitre, entrepreneur et rapporteur près le tribunal de commerce	27 avril et 4 mai 1890 ; 16 avril 1893 ; 3 mai 1896.
	Houdé	30 juillet et 6 août 1899.
HOPITAL SAINT-LOUIS.	Séraphin, constructeur-mécanicien.	23 et 30 juillet 1871.
	Dujarrier	29 novembre 1874 ; 6 janvier 1878 ; 9 janvier 1881 ; 4 mai 1884.
	Faillet, ancien instituteur libre.	31 octobre et 7 novembre 1886 ; 8 mai 1887 ; 27 avril 1890 ; 16 avril 1893 ; 3 mai 1896.

Onzième arrondissement (POPINCOURT)

QUARTIERS.	MM.	ÉLUS AUX ÉLECTIONS MUNICIPALES DES
FOLIES-MÉRICOURT.	Mottu (Jules)	23 et 30 juillet 1871.
	Cadet, négociant	26 novembre et 3 décembre 1871 ; 29 novembre 1874, 6 janvier 1878 ; 9 janvier 1881.
	Michelin.	2 juillet 1882 ; 4 mai 1884.
	Lefebvre-Roncier	31 janvier et 7 février 1886 ; 8 mai 1887 ; 16 et 23 octobre 1887.
	Péan.	27 avril et 4 mai 1890.
	Weber	16 et 23 avril 1893.
	Paris.	3 et 10 mai 1896.
St-AMBROISE.	Mottu (Jules)	23 et 30 juillet 1871.
	Floquet	28 avril 1872 ; 29 novembre 1874.
	Levraud (*), doct. en médecine.	28 mai 1876 ; 6 janvier 1878 ; 9 janvier 1881 ; 4 et 11 mai 1884 ; 8 mai 1887 ; 27 avril et 4 mai 1890 ; 16 avril 1893 ; 3 mai 1896.
	Gelez.	16 et 28 octobre 1898.

(*) Elu sénateur.
(*) Elu député aux élections législatives des 8 et 22 mai 1898.

QUARTIERS.		ÉLUS AUX ÉLECTIONS MUNICIPALES DES
	MM.	
LA ROQUETTE.	Lockroy, publiciste	23 et 30 juillet 1871.
	Mathé	29 novembre 1874; 6 janvier 1878; 9 janvier 1881, 4 mai 1884.
	Louguet	31 janvier et 7 février 1886; 8 mai 1887; 27 avril et 4 mai 1890.
	Fourest, vétérinaire	23 avril 1893; 3 et 10 mai 1896.
SAINTE-MARGUERITE.	Ranc, homme de lettres	23 et 30 juillet 1871.
	Bonnet-Duverdier	29 novembre 1874.
	Parent (Ulysse)	6 janvier 1878.
	Dupont	16 janvier 1881.
	Mayer	4 mai 1884; 8 mai 1887.
	Petitjean	27 avril et 4 mai 1890.
	Chausse, ancien conseiller prud'homme	16 et 23 avril 1893; 3 mai 1896.

Douzième arrondissement (REUILLY)

BEL-AIR.	Piat, sculpteur	23 juillet 1871.
	Marsoulan, industriel et inventeur	29 novembre 1874; 6 janvier 1878; 9 janvier 1881. 4 mai 1884; 8 mai 1887; 27 avril et 4 mai 1890; 16 et 23 avril 1893; 3 et 10 mai 1896.
PICPUS.	Denizot, affineur d'or et d'argent	23 et 30 juillet 1871; 29 novembre 1874.
	Boué	6 janvier 1878; 9 janvier 1881; 4 mai 1884; 8 mai 1887.
	Caumeau	27 avril et 4 mai 1890; 16 avril 1893.
	Labusquière	3 et 10 mai 1896.
BERCY.	Dumas, négociant	23 juillet 1871; 29 novembre 1874; 6 janvier 1878.
	Roche (Jules)	4 mai 1879; 9 janvier 1881.
	Lyon-Alemand, banquier	11 décembre 1881; 4 mai 1884; 8 mai 1887; 27 avril et 4 mai 1890; 16 et 23 avril 1893.
	Colly	3 et 10 mai 1896.
QUINZE-VINGT.	Perrinelle, propriétaire	23 et 30 juillet 1871; 29 novembre 1874.
	Hamel	6 janvier 1878; 9 janvier 1881; 4 mai 1884.
	Benon	8 et 15 mai 1887.
	Baudin (Pierre), (*) avocat	27 avril et 4 mai 1890; 16 avril 1893; 3 mai 1896.
	Morel	16 et 23 octobre 1898.

Treizième arrondissement (GOBELINS)

SALPÊTRIÈRE.	Trélat, médecin à la Salpétrière	23 juilet 1871.
	Lacroix (Sigismond)	29 novembre 1874.
	Krzyzanoswki	14 février 1875.
	Lacroix (Sigismond)	6 janvier 1878; 9 janvier 1881.
	Pichon	29 juillet et 6 août 1883; 4 mai 1884.
	Hovelacque	31 janvier 1886; 8 mai 1887.
	Morane	27 avril et 4 mai 1890.
	Bernard (Paul).(*) avocat	16 et 23 avril 1893; 3 mai 1896.
	Mossot	16 et 23 octobre 1898.

(*) Élu député aux élections législatives des 8 et 22 mai 1898.

SOUS LA TROISIÈME RÉPUBLIQUE FRANÇAISE

QUARTIERS.	MM.	ÉLUS AUX ÉLECTIONS MUNICIPALES DES
LA GARE.	Paymal, marchand de bois	23 et 30 juillet 1871.
	Martin (Georges)	29 novembre 1874; 6 janvier 1878; 9 janvier 1881; 4 et 11 mai 1884.
	Navarre, docteur-médecin	22 et 29 mars 1885; 8 mai 1887; 27 avril et 4 mai 1890; 16 et 23 avril 1893; 3 mai 1896.
MAISON-BLANCHE.	Bouvery, notaire	23 et 30 juillet 1871.
	Combes (Louis)	29 novembre 1874; 6 janvier 1878.
	Rouselle	16 janvier 1881; 4 mai 1884; 8 mai 1887; 27 avril et 4 mai 1890; 16 et 23 avril 1893; 3 mai 1896.
	Rouselle (Henri)	21 juin 1896.
CROULEBARBE.	Combes (François), instituteur	23 et 30 juillet 1871; 29 novembre 1874; 6 janvier 1878; 9 janvier 1881; 4 et 11 mai 1884.
	Soens (Simon)	8 et 15 mai 1887.
	Dervillers, vice-président du Conseil des prud'hommes	27 avril et 4 mai 1890; 16 avril 1893.
	Moreau (Alfred)	3 mai 1896.

Quatorzième arrondissement (OBSERVATOIRE)

QUARTIERS.	MM.	ÉLUS AUX ÉLECTIONS MUNICIPALES DES
MONTPARNASSE.	Gille, fabricant de produits chimiques	23 et 30 juillet 1871.
	Deberle	29 novembre 1874.
	Colonel Martin	6 janvier 1878.
	Martin (Charles)	9 janvier 1881.
	Hubard	4 et 11 mai 1884.
	Richard (Emile)	31 janvier et 7 février 1886; 8 mai 1887; 27 avril et 4 mai 1890.
	Lazies, entrepreneur de travaux publics	15 et 22 février 1891; 16 avril 1893.
	Ranson	3 et 10 mai 1896.
LA SANTÉ.	Baudoin, fabricant	23 et 30 juillet 1871.
	Asseline	29 novembre 1874.
	Graux	6 janvier 1878.
	Manier	4 mai 1879; 9 janvier 1881.
	Davoust	4 et 11 mai 1884.
	Dubois (*), médecin	8 et 15 mai 1887; 27 avril et 4 mai 1890; 16 avril 1893; 3 mai 1896.
	Henaffe	16 et 23 octobre 1898.
PETIT-MONTROUGE.	Gavrel, ancien maire du quatrième arrondissement	23 et 30 juillet 1871.
	Leneveux	24 novembre 1872; 29 novembre 1874; 6 janvier 1878.
	Monteil (Edgar)	16 janvier 1881; 4 et 11 mai 1884.
	Champoudry	8 et 15 mai 1887; 27 avril et 4 mai 1890; 16 avril 1893; 3 et 10 mai 1896.
PLAISANCE.	Jacques, négociant	23 et 30 juillet 1871; 29 novembre 1874; 6 janvier 1878; 9 janvier 1881; 4 mai 1884; 8 mai 1887.
	Girou (Georges) (*)	27 avril et 4 mai 1890; 16 et 23 avril 1893; 3 mai 1896.
	Pannelier	16 et 23 octobre 1898.

(*) Elu député aux élections législatives des 8 et 22 mai 1898.

Quinzième arrondissement (VAUGIRARD)

QUARTIERS.	MM.	ÉLUS AUX ÉLECTIONS MUNICIPALES DES
St-LAMBERT.	Maublanc, avocat	23 et 30 juillet 1871 ; 29 novembre et 6 décembre 1874.
	Hubbard	6 janvier 1878.
	Delhomme, artiste peintre et conseiller prud'homme	16 janvier 1881 ; 4 et 11 mai 1884, 8 et 15 mai 1887, 27 avril et 4 mai 1890, 16 et 23 avril 1893.
	Chérioux	3 mai 1896.
NECKER.	Jobbé-Duval, peintre d'histoire.	23 et 30 juillet 1871, 29 novembre 1874, 6 janvier 1878, 16 janvier 1881, 4 mai 1884.
	Bassinet (*), administrateur du bureau de bienfaisance	8 et 15 mai 1887, 27 avril et 4 mai 1890, 16 et 23 avril 1893, 3 mai 1896.
	Chautard, adjoint du 15ᵉ arrond.	30 avril et 7 mai 1899.
GRENELLE.	Chevalier (Henri), publiciste	23 et 30 juillet 1871 ; 29 novembre 1874.
	Maillard	6 janvier 1878 ; 9 janvier 1881 ; 4 mai 1884.
	Humbert	31 janvier et 7 février 1886 ; 8 mai 1887 ; 27 avril et 4 mai 1890 ; 16 et 23 avril 1893.
	Moreau, conseiller prud'homme.	13 et 22 avril 1894 ; 3 et 10 mai 1896.
JAVEL.	Thomas, fabricant de produits chimiques	23 et 30 juillet 1871.
	Castagnary	29 novembre 1874 ; 6 janvier 1878.
	Humbert	5 et 12 octobre 1879.
	Curé	9 janvier 1881 ; 4 et 11 mai 1884 ; 8 et 15 mai 1887.
	Chauvière	5 mai 1888 ; 27 avril 1890 ; 16 avril 1893.
	Daniel, mécanicien	18 et 23 février 1894 ; 3 et 10 mai 1896.

Seizième arrondissement (PASSY)

QUARTIERS.	MM.	ÉLUS AUX ÉLECTIONS MUNICIPALES DES
AUTEUIL.	Leclerc, négociant	23 et 30 juillet 1871.
	Dietz-Monin	29 novembre 1874.
	Cernesson	6 janvier 1878 ; 9 janvier 1881 ; 4 mai 1884 ; 8 et 15 mai 1887.
	Perrichont, constructeur de travaux	21 et 28 octobre 1888 ; 27 avril et 4 mai 1890 ; 16 et 23 avril 1893.
	Le Breton	3 et 10 mai 1896.
LA MUETTE.	Blanche, docteur en médecine.	23 et 30 juillet 1871.
	Thulié, docteur en médecine	26 novembre 1871 ; 26 novembre et 6 décembre 1874 ; 6 janvier 1878 ; 9 janvier 1881.
	Aclocque	1ᵉʳ et 9 juillet 1883.
	Millerand	4 et 11 mai 1884.
	Donnat	31 janvier et 7 février 1886 ; 8 mai 1887.
	Caplain, artiste peintre	4 mai 1890 ; 16 avril 1893 ; 3 mai 1896 ; 16 et 23 octobre 1898.

(*) Elu sénateur.

SOUS LA TROISIÈME RÉPUBLIQUE FRANÇAISE

QUARTIERS. — ÉLUS AUX ÉLECTIONS MUNICIPALES DES

MM.

PORTE DAUPHINE.
- Dehaynin, négociant . . . . 23 juillet 1871.
- Deligny . . . . 29 novembre 1874 ; 6 janvier 1878 ; 9 janvier 1881, 4 et 11 mai 1884 ; 8 et 15 mai 1887 ; 27 avril et 4 mai 1890.
- Gay (Ernest), publiciste . . 16 et 23 avril 1893 ; 3 mai 1896.

CHAILLOT.
- Marmottan, doct^r en médecine . 23 et 30 juillet 1871 ; 29 novembre 1874.
- Clamageran . . . . 28 mai 1876 ; 6 janvier 1878.
- De Bouteiller (Jehan) . . . 5 et 12 octobre 1879 ; 9 janvier 1881 ; 4 et 11 mai 1884 ; 31 janvier et 7 février 1886 ; 8 mai 1887.
- Davrillé des Essards, avocat à la Cour d'appel de Paris . 27 avril et 4 mai 1890 ; 16 et 23 avril 1893.
- Astier (*) . . . . 3 et 10 mai 1896.
- Fortin . . . . 16 et 23 octobre 1898.

Dix-septième arrondissement (BATIGNOLLES-MONCEAU)

LES TERNES.
- Raynal, notaire . . . . . 23 juillet 1871.
- De Hérédia . . . . 6 et 13 avril 1873 ; 29 novembre 1874 ; 6 janvier 1878 ; 9 janvier 1881.
- Level (Emile) . . . . . . 11 décembre 1881.
- Viguier (Paul), colonisateur . 4 et 11 mai 1884 ; 8 mai 1887 ; 27 avril et 4 mai 1890 ; 16 et 23 avril 1893 ; 3 et 10 mai 1896.

PLAINE MONCEAU.
- Rigaut, propriétaire . . . . 23 et 30 juillet 1871 ; 29 novembre 1874 ; 6 janvier 1878.
- Villard . . . . 9 janvier 1881 ; 4 mai 1884.
- Bompard (*), docteur en droit . 8 et 15 mai 1887 ; 27 avril et 4 mai 1890 ; 16 avril 1893 ; 3 mai 1896.
- Beurdeley . . . . 16 et 23 octobre 1898.

BATIGNOLLES.
- Puteaux, propriétaire . . . 23 juillet 1871.
- Level . . . . 29 novembre 1874 ; 6 janvier 1878 ; 16 janvier 1881.
- Gaufrès . . . . 4 et 11 mai 1884 ; 8 et 15 mai 1887 ; 27 avril et 4 mai 1890.
- Clairin, avocat . . . . . . 16 et 23 avril 1893 ; 3 mai 1896.

EPINETTES.
- Gouin, constructeur . . . . 23 et 30 juillet 1871.
- Lefèvre (Ernest) . . . . . 29 novembre 1874 ; 8 janvier 1878.
- Maret (Henry) . . . . . . 6 octobre 1878 ; 9 janvier 1881.
- Desmoulins . . . . 18 décembre 1884.
- Brousse, docteur en médecine . 8 et 15 mai 1887 ; 27 avril 1890 ; 16 avril 1893 ; 3 mai 1896.

Dix-huitième arrondissement (BUTTES-MONTMARTRE)

GRANDES CARRIÈRES.
- Arrault (Henri), fabricant de produits chimiques . . . 23 et 30 juillet 1871.
- Lafout . . . . 29 novembre et 6 décembre 1874 ; 6 janvier 1878 ; 9 janvier 1881.
- Joffrin . . . . 30 avril et 7 mai 1882.
- Simonneau . . . . 4 et 11 mai 1884 ; 8 mai 1887 ; 27 avril et 4 mai 1890.
- Gros, ancien adjoint au maire du dix-huitième arrondissement 16 et 23 avril 1893.
- Veber . . . . 3 et 10 mai 1896.

(*) Élu député aux élections législatives des 8 et 22 mai 1898.

QUARTIERS.	MM.	ÉLUS AUX ÉLECTIONS MUNICIPALES DES
CLIGNANCOURT.	Clémenceau, docteur en médecine et publiciste	23 et 30 juillet 1871 ; 29 novembre 1874.
	Songeon	28 mai 1876 ; 6 janvier 1878 ; 9 janvier 1881 ; 4 mai 1884.
	Joffrin	31 janvier et 7 février 1886 ; 8 mai 1887.
	Rouanet	27 avril et 4 mai 1890 ; 16 et 23 avril 1893.
	Fournière (*), publiciste	18 et 25 février 1894 ; 3 mai 1896.
	Le Grandais	16 et 23 octobre 1898.
GOUTTE D'OR.	Vauthier, ingénieur des ponts et chaussées	23 et 30 juillet 1871 ; 29 novembre 1874 ; 6 janvier 1878 ; 9 janvier 1881 ; 4 mai 1884.
	Lavy	8 et 15 mai 1887 ; 27 avril 1890.
	Heppenheimer	15 et 22 février 1891.
	Breuillé	16 et 23 avril 1893 ; 3 mai 1896.
LA CHAPELLE.	Cantagrel, ingénieur civil	23 et 30 juillet 1871 ; 29 novembre 1874.
	Manet	16 juillet 1876 ; 6 janvier 1878.
	Boll	16 janvier 1881 ; 4 et 11 mai 1884 ; 22 et 29 mars 1885 ; 8 et 15 mai 1887 ; 27 avril et 4 mai 1890.
	Blondeau, conseill. prud'homme	16 et 23 avril 1893 (élection annulée) ; 2 juillet 1893 ; 3 mai 1896.

Dix-neuvième arrondissement (BUTTES-CHAUMONT)

LA VILLETTE.	Richard, fabricant d'instruments de précision	23 et 30 juillet 1871.
	Delattre	29 novembre 1874 ; 6 janvier 1878 ; 9 janvier 1881.
	Guichard	18 décembre 1881 ; 4 mai 1884 ; 8 mai 1887.
	Vorbe, bibliothécaire	27 avril et 4 mai 1890 ; 16 avril 1893 ; 3 et 10 mai 1896.
PONT DE FLANDRES.	Dupuy, ingénieur civil	23 et 30 juillet 1871 ; 26 novembre 1871 ; 29 novembre 1874.
	Bonnard	28 mai 1876 ; 6 janvier 1878.
	Reygeal	29 février 1880 ; 9 janvier 1881 ; 4 mai 1884.
	Paulard	8 et 15 mai 1887.
	Prunières	27 avril 1890 (élection annulée); 15 et 22 février 1891.
	Brard	16 et 23 avril 1893 ; 3 et 10 mai 1896.
AMÉRIQUE.	Allain-Targé, publiciste, ancien préfet de la Gironde	23 et 30 juillet 1871 ; 29 novembre 1874.
	Hérisson	28 mai et 4 juin 1876.
	Cattiaux	6 janvier 1878 ; 9 janvier 1881 ; 4 mai 1884 ; 8 mai 1887 ; 27 avril et 4 mai 1890.
	Picau	16 et 23 avril 1893.
	Bos (*)	3 et 10 mai 1896.
	Rozier	16 et 23 octobre 1898.
COMBAT.	Mallet	23 juillet 1871 ; 29 novembre 1874 ; 6 janvier 1878.
	Royer	16 janvier 1881.
	Chabert	4 mai 1884 ; 8 mai 1887 ; 27 avril 1890.
	Grébauval, journaliste	7 et 14 décembre 1890 ; 16 avril 1893 ; 3 mai 1896.

(*) Elu député aux élections législatives des 8 et 22 mai 1898.

Vingtième arrondissement (MÉNILMONTANT)

ÉLUS AUX ÉLECTIONS MUNICIPALES DES

MM.

- Braleret, propriétaire . . . 23 juillet 1871 ; 29 novembre 1874 ; 6 janvier 1878 ; 16 janvier 1881 ; 4 et 11 mai 1884.
- Dumay . . . . 8 mai 1887.
- Berthaut, facteur de pianos . . 27 avril et 4 mai 1890 ; 16 avril 1893 ; 3 mai 1896.
- Métivier, docteur en médecine . 23 et 30 juillet 1871 ; 29 novembre 1874 ; 6 janvier 1878.
- Voisin . . . . 9 janvier 1881 ; 4 mai 1884.
- Réties . . . . 8 et 15 mai 1887 ; 27 avril et 4 mai 1890 ; 16 et 23 avril 1893.
- Archain, correcteur et publiciste . . . . 21 et 28 octobre 1894 ; 3 mai 1896.
- Mottu (Jules) . . . . . . 23 et 30 juillet 1871.
- Nadaud, entrepreneur de travaux . . . . 26 novembre 1871 ; 24 novembre 1874.
- Brisson . . . . 28 mai et 4 juin 1876.
- Quentin (Charles) . . . . . 6 janvier 1878.
- Trinquet . . . . 13 et 20 juin 1880.
- Rabagny . . . . 16 janvier 1881.
- Vaillant . . . . 4 et 11 mai 1884 ; 8 mai 1887 ; 27 mai 1890 ; 16 avril 1893.
- Landrin, ouvrier ciseleur . . 18 et 25 février 1894 ; 3 mai 1896.
- Topart, aîné, fabric. perles . . 23 et 30 juillet 1871.
- Hérold . . . . 24 novembre et 1ᵉʳ décembre 1872 ; 29 novembre 1874.
- Calvinhac . . . . 16 juillet 1876.
- Véran . . . . 6 janvier 1878.
- Sick . . . . 17 mars 1878 ; 9 janvier 1881.
- Amouroux . . . . 30 octobre 1881 ; 4 mai 1884.
- Patenne, graveur lithographe . 28 juin et 5 juillet 1885 ; 8 mai 1887 ; 27 avril et 4 mai 1890 ; 16 avril 1893 ; 3 mai 1896.

Déchéance de l'Empire au Corps législatif et Proclamation de la République à l'Hôtel de Ville

(4 SEPTEMBRE 1870)

A journée à jamais mémorable du 4 septembre 1870 fut une de celles qui méritent dans l'histoire une mention toute spéciale. Le soleil s'était levé radieux comme pour un jour de fête, et on ne se doutait guère le matin des importants événements qui devaient se produire avant son coucher.

Cependant la chère patrie était en deuil depuis les tristes débuts de la guerre déclarée à la Prusse. On était plus que jamais anxieux; on craignait de nouvelles infortunes. Ces appréhensions n'étaient malheureusement que trop fondées ; en effet, dans la nuit du 3 au 4 septembre 1870, la terrible nouvelle de la capitulation de Sedan et de la reddition par Napoléon III de son épée au roi Guillaume parvint à Paris, où elle jeta la consternation et la stupeur.

La Chambre des députés se réunit aussitôt en une séance de nuit où la proposition suivante fut déposée au nom de la gauche républicaine :

« Art. 1ᵉʳ. Louis-Napoléon Bonaparte et sa dynastie sont déclarés déchus des « pouvoirs que leur a conférés la constitution.

« Art. 2. Il sera nommé par le corps législatif une commission de gouvernement « qui sera investie de tous les pouvoirs et qui aura pour mission expresse de ré- « sister à outrance à l'invasion et de chasser l'ennemi du territoire.

« Art. 3. Le général Trochu est maintenu dans ses fonctions de gouverneur « général de la ville de Paris ».

La Chambre s'ajourna ensuite au lendemain, sans avoir pris de décision.

. . . .

Lorsque les Parisiens apprirent dans la matinée du 4 septembre, le désastre de Sedan, ils se portèrent en masse dans les rues et se joignant aux gardes nationaux, se dirigèrent vers le palais Bourbon, qui était occupé par la troupe.

M. Schneider prit place au fauteuil présidentiel, à une heure, et déclara la séance ouverte.

M. Thiers déposa aussitôt le projet suivant signé par quarante-sept députés :

« Vu les circonstances, la Chambre nommera une commission de gouverne-
« ment et de défense nationale. Une Constituante sera nommée dès que les
« circonstances le permettront ».

M. de Kératry, prit le premier la parole et demanda que l'assemblée n'eut autour d'elle que la garde nationale.

Le général, comte de Palikao, ministre de la Guerre, s'exprima ensuite ainsi qu'il suit :

« Je viens au milieu des circonstances douloureuses dont je vous ai rendu
« compte hier, circonstances que l'avenir peut encore aggraver, bien que nous
« espérons le contraire, vous dire que le gouvernement a cru devoir apporter
« certaines modifications aux conditions actuelles du pouvoir, et qu'il m'a chargé
« de vous soumettre un projet de loi ainsi conçu :

« Art. Ier. Un conseil de gouvernement et de la défense nationale est institué.
« Ce conseil est composé de cinq membres. Chaque membre de ce conseil est
« nommé à la majorité absolue du corps législatif.

« Art. 2. Les ministres sont nommés sous le contre-seing des membres de ce
« conseil.

« Art. 3. Le général comte de Palikao est nommé lieutenant-général de ce
« conseil ».

Il y eut donc trois propositions, la première émanant de la gauche républicaine, la deuxième déposée par M. Thiers, la troisième présentée par le Gouvernement. Le neuvième bureau, chargé d'examiner ces propositions, se retira aussitôt pour délibérer.

Il était alors deux heures. La foule qui stationnait place de la Concorde, impatiente, avait envahi le péristyle de la Chambre, et la salle des députés elle-même, en criant les mots : « Déchéance, vive la France, vive la République ». Un grand nombre de députés quittèrent alors leur place. Gambetta se présenta à la tribune à côté de M. Crémieux qui l'occupait déjà, et s'exprima en ces termes :

« Citoyens, dans le cours de l'allocution que je vous ai adressée tout à l'heure,
« nous sommes tombés d'accord en reconnaissant que les conditions premières de
« l'émancipation d'un peuple, sont l'ordre et la régularité. Voulez-vous tenir ce
« contrat? Voulez-vous que nous fassions des choses régulières? Puisque ce sont-là
« les choses que vous voulez, puisque ce sont là les choses qu'il faut que la France
« veuille avec nous, il y a un engagement solennel qu'il faut prendre avec la
« résolution de ne pas le violer à l'instant même, c'est de laisser la délibération
« qui va avoir lieu se poursuivre en toute liberté ».

De nouveaux groupes pénétrèrent dans les tribunes portant un drapeau tricolore avec l'inscription : soixante-treizième bataillon, sixième compagnie, douzième arrondissement, et tous demandèrent la République. Le tumulte augmenta et le président Schneider déclarant que toute délibération devenait impossible dans de telles conditions, leva la séance.

A ce moment Gambetta monta de nouveau à la tribune et prononça les paroles suivantes :

« Citoyens, attendu que la patrie est en danger,

« Attendu que tout le temps nécessaire a été donné à la représentation nationale pour prononcer la déchéance ;

« Attendu que nous sommes et que nous constituons le pouvoir régulier issu « du suffrage universel libre ;

« Nous déclarons que Louis-Napoléon Bonaparte et sa dynastie ont à jamais « cessé de régner en France ».

Ces paroles furent accueillies par un tonnerre d'applaudissements et le peuple présent demanda à outrance et exigea la proclamation immédiate de la République.

Jules Favre alors, de sa voix de stentor, s'exprima ainsi qu'il suit :

« Puisque tous désirent la guerre aux Prussiens seulement, il faut que nous « constituions immédiatement un gouvernement provisoire. Ce gouvernement « prendra en main les destinées de la France, il combattra résolument l'étranger, « il sera avec nous, et chacun de ses membres jure de se faire tuer jusqu'au dernier... Mais pas de journée sanglante ! Ne forcez pas de braves soldats à tourner « les armes contre vous... Soyons tous unis dans une même pensée de patriotisme « et de démocratie... La République que tous vous demandez, ce n'est point ici que « nous devons la proclamer... *C'est à l'Hôtel de Ville*... Suivez-moi, j'y marche à « votre tête ».

Cette proposition fut accueillie par la foule avec enthousiasme et la plupart des assistants, précédés de Jules Favre, d'Emile de Kératry et de Jules Ferry, se rendirent à l'Hôtel de Ville, où Picard, Gambetta, Jules Simon, Pelletan, Emmanuel Arago et Crémieux les rejoignirent.

Une multitude considérable occupait l'ancienne place de Grève, et la grande salle Saint-Jean fut bientôt envahie par la foule. Il importait de se hâter pour éviter des malheurs... La République fut aussitôt proclamée au nom du peuple français... On tomba d'accord pour que le nouveau gouvernement fut composé des députés de Paris qui est le cœur de la France et dont la représentation du suffrage universel est la plus grande.

Quelques instants après on annonça une députation du corps législatif dont plusieurs membres s'étaient réunis dans la salle à manger de la présidence pour entendre le rapport de la commission nommée à l'effet d'examiner les diverses propositions faites à la séance précédente, présidée par Alfred Le Roux. Cette députation, composée de Garnier-Pagès, Lefebvre-Pontalis, Martel, Grévy, Guiraud, Cochery, Johnson et Barthélémy-Saint-Hilaire, avait reçu la mission de tenter et de faciliter la conciliation entre les deux fractions séparées de la Chambre. M. Grévy annonça à ses collègues que l'assemblée avait adopté la proposition qui avait été envoyée dans les bureaux et qu'une commission de gouvernement avait été nommée sans en déterminer le nombre des membres. Le corps législatif, ajouta-t-il, tient compte des faits qui viennent de s'accomplir, et son désir serait de les concilier avec sa propre action.

Jules Favre répondit à M. Grévy qu'il ne pouvait lui laisser ignorer que dans sa pensée, sa démarche ne pouvait aboutir à aucun résultat et il fut convenu que l'on rendrait réponse au corps législatif à la séance de huit heures.

Jules Favre et Jules Simon se présentèrent en conséquence au nom des députés siégeant à l'Hôtel de Ville, à la séance du soir du 4 septembre 1870, et furent introduits près de leurs collègues qui s'étaient réunis au palais Bourbon, sous la présidence de M. Thiers, en l'absence du président et des vice-présidents de la Chambre.

Jules Favre prit la parole en ces termes :

« Nous venons vous remercier de la démarche que vos délégués ont faite « auprès de nous... En ce moment, il y a des faits accomplis : un gouvernement « issu de circonstances que nous n'avons pas pu prévoir, gouvernement dont « nous sommes devenus les serviteurs, vient de s'imposer. Nous y avons été « entraînés par un mouvement supérieur qui a, je l'avoue, répondu au sentiment « intérieur de notre âme.

« Du reste, nous ne pouvons rien changer à ce qui vient d'être fait. Si vous « voulez y donner votre ratification, nous vous en serons reconnaissants. Si, au « contraire, vous la refusez, nous respecterons les décisions de votre conscience, « nous garderons la liberté entière de la nôtre.

« Voilà ce que je suis chargé de vous dire de la part du gouvernement provi- « soire de la République, dont la présidence a été offerte au général Trochu qui « l'a acceptée. Vous connaissez les autres noms. Notre illustre collègue qui vous « préside n'en fait pas partie, parce qu'il n'a pas cru pouvoir accepter cette offre. « Quant à nous, hommes d'ordre et de liberté, nous avons cru en l'acceptant « accomplir une mission patriotique ».

Lorsque Jules Favre et Jules Simon se furent retirés, M. Thiers, président, prononça les paroles suivantes :

« Messieurs, mon motif pour ne pas adresser de question à MM. Jules Favre et « Jules Simon a été que, si j'en faisais, c'était reconnaître le gouvernement qui « vient de naître. Avant de le reconnaître, il faudrait résoudre des questions de « fait et de principes qu'il ne nous convient pas de traiter actuellement ; le com- « battre aujourd'hui serait une œuvre antipatriotique. Ces hommes doivent avoir « le concours de tous les citoyens contre l'ennemi ».

M. Thiers leva ensuite la séance en disant : « Je proteste contre la violence « que nous avons subie aujourd'hui ; mais ce n'est pas le moment de donner cours « aux ressentiments. Est-il possible de nous mettre en hostilité avec le gouverne- « ment provisoire en ce moment suprême ! En présence de l'ennemi, je crois que « nous n'avons qu'une chose à faire, nous retirer avec dignité ».

* * * * * * * *

Pendant que ces événements se passaient, le Sénat remit sa première séance au lendemain et sans s'inquiéter davantage de la situation critique du pays se sépara.

Les derniers mots qui retentirent dans l'enceinte sénatoriale furent les suivants : « Vive l'Empereur, Vive l'Impératrice ! » prononcés par M. de Ségur et le prince Poniatowski.

Le même jour, 4 septembre 1870, l'impératrice Eugénie, accompagnée de Mme Lebreton, quitta les Tuileries, suivit la galerie du bord de l'eau, pénétra dans le Louvre, et de là gagna la place Saint-Germain-l'Auxerrois où elle monta en voiture. Elle prit ensuite une chaise de poste qui l'emmena vers la côte où elle s'embarqua pour l'Angleterre.

. . . .

En résumé, la déchéance de l'Empire fut décidée au corps législatif, la République fut proclamée à l'Hôtel de Ville, et un gouvernement de défense nationale composé de onze membres, tous députés de Paris, fut constitué et ratifié par l'acclamation populaire. Ces membres furent :

Emmanuel Arago,	**Gambetta,**	**Picard,**
Crémieux,	**Garnier-Pagès,**	**Rochefort,**
Jules Favre,	**Glais-Bizoin,**	**Et Jules Simon.**
Jules Ferry,	**Pelletan,**	

Le général **Trochu** fut à la fois maintenu dans ses fonctions de gouverneur de Paris, et nommé ministre de la guerre.

En outre, **Etienne Arago** fut nommé maire de Paris, et prit possession de l'Hôtel de Ville d'où sont toujours partis les grands mouvements patriotiques en 1792, en 1830, en 1848. Il adressa cette vibrante allocution aux parisiens en leur disant :

« Comme nos pères l'ont crié en 1792, je vous crie : Citoyens, la Patrie est en
« danger ! Serrez-vous autour de cette municipalité parisienne où siège aujour-
« d'hui un vieux soldat de la République ! »

Ch. Floquet, Henri Brisson, Clamageran et Durier furent élus adjoints au maire de Paris et Jules Mathias fut désigné pour remplir les fonctions de secrétaire général de la mairie.

Le nouveau gouvernement annonça son avènement par quatre proclamations adressées : la première à la nation, la deuxième à Paris, la troisième à la garde nationale, la quatrième à l'armée ; elles étaient conçues dans les termes suivants :

Français !

Le peuple a devancé la Chambre qui hésitait.

Pour sauver la Patrie en danger, il a demandé la République.

Il a mis ses représentants non au pouvoir, mais au péril.

La République a vaincu l'invasion en 1792 ; la République est proclamée.

La révolution est faite au nom du droit du salut public.

Journal l'Illustration.

Proclamation de la République a l'Hôtel de Ville de Paris
(4 septembre 1870).

Citoyens, veillez sur la cité qui vous est confiée ; demain vous serez avec l'armée, les vengeurs de la Patrie !

Hôtel de Ville, 5 septembre 1870.

Citoyens de Paris !

La République est proclamée.

Un gouvernement a été nommé d'acclamation.

Il se compose des citoyens :

Emmanuel Arago,	**Gambetta,**	**Picard,**
Crémieux,	**Garnier-Pagès,**	**Rochefort,**
Jules Favre,	**Glais-Bizoin,**	**Jules Simon,**
Jules Ferry,	**Pelletan,**	

représentants de Paris.

Le général **Trochu** est chargé des pleins pouvoirs militaires pour la défense nationale. Il est appelé à la présidence du gouvernement.

Le gouvernement invite les citoyens au calme ; le peuple n'oubliera pas qu'il est en face de l'ennemi.

Le gouvernement est avant tout un gouvernement de défense nationale.

A la Garde Nationale.

Ceux auxquels votre patriotisme vient d'imposer la mission redoutable de défendre le pays, vous remercient du fond du cœur de votre courageux dévouement.

C'est à votre résolution qu'est due la victoire civique rendant la liberté à la France.

Grâce à vous cette victoire n'a pas coûté une goutte de sang.

Le pouvoir personnel n'est plus.

La nation entière reprend ses droits et ses armes. Elle se lève prête à mourir pour la défense du sol. Vous lui avez rendu son âme, que le despotisme étouffait.

Vous maintiendrez avec fermeté l'exécution des lois, et rivalisant avec notre noble armée, vous nous montrerez ensemble le chemin de la victoire.

A l'Armée.

Quand un général a compromis son commandement, on le lui enlève.

Quand un gouvernement a mis en péril, par ses fautes, le salut de la Patrie, on le destitue.

C'est ce que la France vient de faire.

En abolissant la dynastie qui est responsable de nos malheurs, elle a accompli d'abord, à la face du monde, un grand acte de justice.

Elle a exécuté l'arrêt que toutes vos consciences avaient rendu.

Elle a fait en même temps un acte de salut.

Pour se sauver la nation avait besoin de ne plus relever que d'elle-même et de ne compter désormais que sur deux choses : sa résolution qui est invincible, votre héroïsme qui n'a pas d'égal, et qui au milieu de revers immérités, fait l'étonnement du monde.

Soldats! en acceptant le pouvoir dans la crise formidable que nous traversons, nous n'avons pas fait œuvre de parti.

Nous ne sommes pas au pouvoir, mais au combat.

Nous ne sommes pas le gouvernement d'un parti, nous sommes le gouvernement de la défense nationale.

Nous n'avons qu'un but, qu'une volonté : le salut de la Patrie, par l'armée et par la nation groupées autour du glorieux symbole qui fit reculer l'Europe il y a quatre-vingts ans.

Aujourd'hui, comme alors, le nom de République veut dire :

Union intime de l'armée et du peuple pour la défense de la Patrie !

Paris, le 6 septembre 1870.

L'Hôtel de Ville de Paris fut donc en réalité le berceau de la troisième République française, c'est là qu'elle est née, et c'est là qu'elle fut défendue par ses plus ardents et ses plus dévoués serviteurs.

Description de l'Hôtel de Ville de Paris avant l'incendie du 24 mai 1871

Ainsi qu'il a été dit plus haut, l'Hôtel de Ville fut achevé sous le second Empire. Les quatre pavillons d'angle avaient chacun trois étages et étaient ornés de colonnes et surmontés de lucarnes. Les bâtiments centraux étaient élevés de deux étages en arcades ; ceux du côté des rues de Rivoli et Lobau avaient, les premiers treize travées d'arcades séparées par des colonnes, et les autres quinze. Quatre-vingt-quatorze niches à fronton devaient recevoir les statues d'un même nombre de grands hommes. Un certain nombre de ces statues avaient été placées sur les pavillons nord et sud et sur la façade principale ; c'étaient celles des personnages dont les noms suivent, savoir :

	HOMMES CÉLÈBRES	SCULPTEURS		HOMMES CÉLÈBRES	SCULPTEURS
	Perronet.	A. Moyne.		Monthyon.	Gayiard.
	Voyer-d'Argenson.	Valcher.		Monge.	Gruyère.
	Mansard.	Fauginet.		Gros.	Millet.
	Le Brun.	Raunois.	PAVILLON NORD	Voltaire.	Husson.
	Le Sueur.	Chenillon.		d'Alembert.	Dieboldt.
	Saint Vincent de Paul.	Ramus.		Buffon.	Déligand.
	Jean de la Vacquerie.	Auvray.		Ambroise Paré.	Ramus.
	Philibert Delorme.	Fauginet.		Papin.	Calmels.
	L'Evêque Gozlin.	Grevenich.		Harlay (le Président de)	Barre.
	Pierre Lescot.	Brun.			
	Jean Goujon.	Chardigny.			
	Etienne Boileau.	Huguenin.		Lavoisier.	Toussaint.
	Hugues Aubriot.	Lequien.		Condorcet.	Carrier.
FAÇADE CENTRALE (1)	Saint-Landry.	Debay fils.		La Fayette.	Chenillon.
	Maurice de Sully, évêq.	Desprez.	PAVILLON SUD	La Reynie.	Protat.
	Juvénel des Ursins.	Dantan aîné.		Colbert.	Mercier.
	Pierre de Viole.	Duseigneur.		Catinat.	Demesmay.
	Michel de Lallier.	A. Moyne.		De Thou.	Petit.
	Guillaume Budé.	Brian.		Boileau-Despréaux.	Maindron.
	François Miron.	Jaley.		Molière.	Ottin.
	Robert Estienne.	Lescorné.			
	J. Aubry.	Gayiard.			
	Mathieu Molé.	Droz.			
	Rollin.	Caillouette.			
	L'abbé de l'Epée.	Préault.			
	Turgot.	Foyatier.			
	Sylvain Bailly.	Husson.			
	Frochot.	Desprez.			

(1) Le Roux de Lincy, *Histoire de l'Hôtel-de-Ville de Paris*, p. 94.

Des statues allégoriques en terre cuite représentant le commerce, la science, les arts et l'industrie avaient été posées sur les corniches des pavillons d'angle et de la façade sur la rue Lobau. Quatre bas-reliefs, deux représentant l'éloquence et la philosophie, sculptés par Ottin, et deux figurant la peinture et la musique, exécutés par Jouffroy, ornaient la façade principale. D'autres travaux d'architecture extérieure furent faits en 1840 par Simart, Seurre et Brian jeune. Les armes de la ville de Paris soutenues par deux génies avaient été placées au-dessous du campanile, ainsi qu'une statue de femme symbolisant la ville de Paris. Deux autres statues exécutées en 1852 par Cavelier et représentant la Seine et la Marne encadraient l'horloge. La statue bas-relief de Henri IV, en bronze sur marbre blanc, exécutée par Lemaire, membre de l'Institut, fut placée au-dessus de la porte d'entrée en 1838. Enfin, la statue en bronze de Louis XIV exécutée par Coysevox, et érigée en signe de réconciliation entre la royauté et la municipalité et en souvenir de la visite que ce monarque fit à l'Hôtel de Ville le 30 janvier 1689, avait été placée primitivement au centre de la cour vitrée de l'édifice. Elle fut déplacée lors de la construction de l'escalier d'honneur et mise à droite entre deux colonnes. Ces deux statues sont actuellement au musée Carnavalet.

Un escalier en fer à cheval, exécuté par Baltard et Max Vauthier conduisait à la cour d'honneur ; il était soutenu par des colonnes construites par Lechesne.

Salle Saint-Jean. — Galerie des Fêtes.

La salle Saint-Jean qui formait vestibule conduisant aux escaliers de la galerie des Fêtes, avait quarante mètres de longueur et sept mètres de hauteur. Les grands escaliers par lesquels on accédait de la salle Saint-Jean pour aller dans la galerie des Fêtes étaient ornés de figures en bas reliefs personnifiant les vertus, les arts et les sciences. Les arcs-boutants étaient décorés de figures allégoriques exécutées par Duret. Quatre grandes statues figurant l'Europe, l'Asie, l'Afrique et l'Amérique sculptées par Brian, Dantan aîné, Gombard et Debay, étaient placées dans des niches entre colonnes. La galerie des Fêtes mesurait quarante-huit mètres de longueur sur treize mètres de largeur et douze d'élévation. Elle était éclairée sur la rue Lobau par treize grandes baies en arcades, accostées de trente-deux colonnes. Des figures représentant la chevalerie, les sciences et l'industrie étaient fixées aux volutes. Vingt-huit pendentifs et vingt-huit pénétrations, peints par Henri Lehmann faisaient de cette galerie des fêtes une véritable merveille.

Les pendentifs portaient les indications latines suivantes :

1. Humanum oritur genus
2. Pugnat contra feras
3. In manu pecudes
4. Laborebus urgetur variis
5. Et vestes et tecta parant
6. Placantur Hostia Dii.
7. Ditans agricolam messis
8. Dissipat evius curas
9. Concordant carmina plectro
10. Menses et sidera signat
11. Committit pelago rates
12. Industria objice acrior
13. Flet scena ridetque bifrons
14. Mente Homo numen adit
15. Confirmat doctrina fidem
16. Rerum inquisit causas
17. Scelerum ultrix Dea
18. Res bene gesta Ditio

19. Metitur in orbe omnia
20. Sic bella ingruunt cruenta
21. Clio gesta canens
22. Sanantur medicina morti
23. Virtus deo proxima caritas
24. Permovet, delectat, docet
25. Tres una vigent artes
26. Ad tibiœ cautus chorea
27. Diffundit fruges copia
28. Ostendit adastra viam.

A ces sujets décoratifs, il y a lieu d'ajouter les panneaux exécutés par Schopin et Laurent Jean.

Salle des Cariatides.

La salle des cariatides dont le plafond avait été peint par Gosse, fut décorée par Léon Benouville. Cet artiste avait figuré le printemps, l'été, l'automne et l'hiver, l'astronomie, l'abondance et l'agriculture. L'illustre Cabanel avait représenté dans les voussures les douze mois de l'année.

Salle du Trône.

La salle du trône, achevée en 1613, ainsi qu'il a été dit précédemment, était ornée de deux cheminées monumentales, l'une exécutée en 1613 par Pierre Biart et par David de Villiers, sculpteurs du roi ; l'autre construite en 1617 et 1618 par Thomas Boudin. Six cariatides soutenaient une table de trois mètres de long, sur laquelle étaient placées deux figures en pierre sculptée, Junon et Minerve. Dans la salle du trône se trouvait le portrait de Napoléon III, à cheval, peint par Horace Vernet, ainsi que quatre autres tableaux représentant Paris à diverses époques de son histoire, œuvres de Sechan.

Salon de la Paix.

La décoration du salon de la paix avait été exécutée par Delacroix ; elle consistait dans :

Un plafond circulaire de huit mètres de circonférence ;
Huit caissons allongés autour de cette composition ;
Et onze tympans demi-circulaires au-dessus des portes et fenêtres.

Le plafond représentait la terre éplorée levant les yeux au ciel pour en obtenir la fin de ses malheurs. Les onze sujets de la vie d'Hercule dont la désignation suit, formaient comme une sorte de frise autour de la salle, savoir :

Hercule allaité par Junon ;
— entre le vice et la vertu ;
— écorchant le lion de Nemée ;
— emportant le sanglier d'Érymanthe ;
— délivrant Hésione ;
— étouffant Antée ;

Hercule vainqueur d'Hippolyte ;
— enchaînant Persée ;
— tuant le Minotaure ;
— rendant Alceste à son mari ;
— aux colonnes d'Hercule.

Salons des Arts. — Salons des Prévôts.

Deux salons, appelés des arts, reçurent leur nom de leur décoration allégorique exécutée par Landelle, et figurant la peinture, l'architecture et la sculpture. Le plafond représentait une allégorie relative aux évènements du 2 décembre 1851.

Deux autres salons portaient le nom de salons des Prévôts en raison des cinquante-six bustes qui les ornaient et qui représentaient les anciens Prévôts de la ville de Paris depuis J. Morin (1524) jusqu'à et y compris Trudaine (1716). Le plafond exécuté par Muller représentait l'affranchissement des communes en 1110.

Salon de l'Empereur.

Le plafond circulaire de ce salon peint par Ingres, mesurait quatre mètres de diamètre ; l'artiste fit l'apothéose de Napoléon Ier. Au bas de cette œuvre magistralement dessinée, on lisait sur les marches du trône les mots suivants :
In Nepote redivimus.

Salon du Zodiaque.

Le salon du Zodiaque prit son nom de la représentation allégorique en sculpture sur bois des douze signes du zodiaque, dont l'auteur est resté inconnu. Quatre charmantes compositions dues au pinceau de Cogniet et représentant les quatre saisons, entouraient le plafond central.

Il y avait en outre, le salon à arcades et le salon du plébiscite décorés par Schoppin, la salle à manger peinte par Jadin en 1851, la salle du conseil municipal dont la décoration fut exécutée par Yvon, enfin la galerie du secrétariat où avaient été placés les tableaux suivants :

Saint-Denis et Saint-Ouen	de Lecointe.
Cascade du bois de Boulogne	de Paul Flandrin.
Chatillon et Clamart.	de Desgoffe.
Saint-Cloud.	de Desgoffe.
Sceaux et Aulnay.	de Desgoffe.
Arcueil	de Bellel.

Le pont de Champigny sur la Marne. . .	de Bellel.
Buttes-Montmartre, panorama de Paris. .	de Hédouin.
Vincennes (château et donjon).	de Hédouin.

Ainsi qu'on peut le voir d'après ce qui précède, les plus grands artistes, peintres ou sculpteurs, avaient apporté leur talent dans l'ornementation et l'embellissement de l'Hôtel de Ville depuis le jour où le prévôt Viole avait posé la première pierre de cet édifice.

Ce splendide bâtiment, qui avait été élevé à grands frais à travers les âges, et qui, après avoir remplacé la modeste maison aux piliers d'Etienne Marcel, avait été le témoin de tant de gloires passées et le berceau de tant de projets conçus dans l'intérêt de la démocratie parisienne, devait, dans un moment d'aberration populaire, devenir la proie des flammes et disparaître de la scène du monde.

Mais de ses cendres devait bientôt aussi naître un édifice plus beau et plus vaste encore, dans la construction duquel les lumières de la seconde moitié du dix-neuvième siècle ont étalé tout ce qu'il est possible de concevoir de luxe, de bon goût et de confortable.

La Commune à l'Hôtel de Ville

(DU 18 MARS AU 24 MAI 1871)

ES terribles événements de la guerre, déclarée à la Prusse le 19 juillet 1870, se succédaient avec une rapidité effrayante. Strasbourg, Sedan, et la plupart des places fortes qui séparaient le cœur de la France de la frontière étaient tombées entre les mains de l'ennemi qui s'avançait vers Paris. La capitale elle-même fut entourée par les Prussiens le 19 septembre et complètement isolée du reste du pays. Le gouvernement de la Défense nationale institué le 4 septembre, s'était réfugié à Tours le 14 du même mois, puis à Bordeaux le 19 décembre, et les Parisiens se trouvaient livrés à eux-mêmes, sans recevoir aucun secours de leurs frères d'armes de la province.

Après un siège de cent trente-deux jours (du 19 septembre 1870 au 28 janvier 1871), pendant lequel les habitants de la grande cité furent admirables d'abnégation et de patriotisme, il fallut céder devant le cercle de fer qui les entourait. La garde nationale ne pouvait soutenir le siège plus longtemps ; les vivres manquaient et la mortalité était devenue considérable (8.238 morts en novembre, et 12.885 en décembre).

Dès que la capitulation de Paris fut connue, des groupes se formèrent sur la place de l'Hôtel de Ville, aux cris de : « A bas Trochu ! » « Vive la commune ! » « A bas Thiers ! » Pas d'armistice ! » « Résistance à mort ! »

La foule pénétra dans l'intérieur de l'Hôtel de Ville, où un gouvernement provisoire se forma sous la présidence de M. Dorian, et composé de Louis Blanc, Félix Pyat, Victor Hugo, Blanqui, Gustave Flourens et Delescluze.

La confusion était générale dans les salles envahies ; la déchéance du gouvernement de la Défense nationale fut déclarée, ainsi que la levée en masse, le refus de toute armistice et l'établissement immédiat de la commune révolutionnaire. Les émeutiers se répandirent de là dans les divers quartiers où l'alarme et la terreur succédèrent à la stupéfaction et à la crainte.

La mésintelligence régnait en outre entre les chefs militaires au nombre desquels se trouvaient plusieurs révolutionnaires qui ne cherchaient que le moment favorable pour compromettre encore davantage la situation. Jean-Baptiste Sérisier, l'un d'eux, qui commandait le cent-unième bataillon se présenta à la tête de sa

Proclamation du scrutin du 26 mars 1871 a l'Hôtel de Ville de Paris
(28 mars 1871)

troupe le 22 janvier 1871 devant l'Hôtel de Ville avec l'intention de l'occuper; une émeute fut en outre suscitée le même jour et au même lieu par un commandant du nom de Sapia qui tomba mortellement frappé d'une balle, quelques instants après cette tentative.

Lorsque l'armistice de vingt-et-un jours fut signé le 28 janvier 1871, la garde nationale ne fut pas désarmée; elle avait vaillamment combattu dans plusieurs rencontres avec l'ennemi, notamment à Buzenval où fut tué le jeune peintre H. Regnaud, et elle fut exaspérée en apprenant la capitulation de Paris et la reddition des forts. Dans l'état de surexcitation générale où la population se trouvait, le parti révolutionnaire proposa de fédérer les bataillons de la garde nationale, et dans une réunion tenue le 24 février 1871, cent quatorze de ces bataillons adhérèrent à cette fédération, et acceptèrent l'ordre du jour suivant :

« Au premier signal de l'entrée des Prussiens dans Paris, tous les gardes « nationaux s'engagent à se rendre immédiatement en armes au lieu habituel de « leur réunion, pour se porter ensuite contre l'ennemi envahisseur ».

Or, dans la capitulation de Paris, l'armée allemande s'était réservée le droit d'occuper certains quartiers de la ville, si cela lui semblait nécessaire au maintien de l'ordre.

L'exaspération était d'ailleurs à son comble; tous les sacrifices faits jusqu'à ce jour avaient été inutiles; on se méfiait les uns des autres et on voyait des traîtres partout, même chez des gens inoffensifs. Le 26 février, un inspecteur de la police nommé Vincenzini, fut appréhendé comme tel sur la place de la Bastille, roué de coups et jeté dans le canal Saint-Martin où il périt.

En raison de ces faits, quelques troupes allemandes pénétrèrent dans Paris où elles restèrent du 1er au 2 mars, sans que personne ne songea d'ailleurs à s'y opposer. Mais des clubs se formèrent et l'effervescence politique alimentée par les orateurs augmenta chaque jour. Un jeune homme du nom de Henri (Lucien), qui devint quelques jours après le général Henri de la Commune, fit dans le quartier du Maine, une propagande révolutionnaire effrénée. Le gouvernement voulut alors agir et le général Vinoy, qui avait succédé au général Trochu, comme gouverneur de Paris, donna aux chefs de corps des ordres en conséquence. Le résultat de la résistance fut nul au point de vue du rétablissement de l'ordre et amena au contraire le triste épisode de l'assassinat des généraux Lecomte et Clément Thomas, rue des Rosiers à Montmartre.

Enfin, un comité central se réunit rue Basfroi. Des mesures furent prises aussitôt par les chefs des bataillons fédérés en vue de prendre les canons que le gouvernement avait eu le tort de laisser à Montmartre, et tout un plan de campagne fut établi pour se rendre maître de Paris.

Il fut convenu que Bergeret occuperait Montmartre, s'emparerait des canons qui s'y trouvaient et que Varlin, après avoir pris les Batignolles, rejoindrait le premier place Vendôme, où ils se maintiendraient.

Fallot reçut l'ordre de s'emparer des ministères de la rive gauche et de l'Hôtel des télégraphes.

Duval fut chargé de se rendre maître de la préfecture de police.

Pindy devait prendre possession de l'Hôtel de Ville et Eudes reçut la mission d'occuper la caserne Napoléon.

L'armée de la Commune était d'environ 140.000 hommes, commandée par 7.933 officiers ; elle possédait 1.047 pièces de canons de divers calibres ; à cette masse imposante, il faut ajouter les corps francs composés de onze mille hommes.

Le plan de bataille ci-dessus fut mis à exécution le 18 mars et réussit complètement. Paris fut dès lors à cette date entre les mains des fédérés. Le 19 mars Lullier, ancien officier de marine, occupa l'Hôtel de Ville où il installa le comité central, et le 29 du même mois, ce comité se retira aux Magasins réunis et céda sa place à la Commune dont les principaux actes, après avoir couvert d'une draperie rouge la statue d'Henri IV, furent les suivants :

29 mars. — Abolition de la conscription.

2 avril. — Reconnaissance de la garde nationale comme seule force armée de Paris.

2 avril. — Mise en accusation de MM. Thiers, Favre, Picard, Dufaure, Simon et Pothuau.

2 avril. — Nomination du citoyen Cluseret en qualité de délégué à la guerre.

12 avril. — Démolition de la colonne Vendôme, comme étant un monument de barbarie, un symbole de force brutale et de fausse gloire.

27 avril. — Nomination du citoyen Raoul Rigault en qualité de procureur général de la commune.

1er mai. — Organisation d'un comité de salut public.

9 mai. — Etablissement de la cour martiale.

10 mai. — Destruction de l'Hôtel de M. Thiers, situé place Saint-Georges.

La France eut dès lors deux gouvernements, l'un installé à l'Hôtel de Ville de Paris, l'autre à Versailles.

La Commune fixa les élections communales de Paris au 22 mars ; mais elles furent remises au 26 du même mois.

Les quatre-vingt-quatorze conseillers nommés furent les suivants :

ARRONDISSEMENTS	NOMS DES ÉLUS
1er	Adam, Méline, Rochard, Barré.
2e	Brelay, Loiseau-Pinson, Tirard, Choron.
3e	Demay, A. Arnaud, Pindy, Murat, Dupont.
4e	Lefrançais, A. Arnaud, Clémence, Gérardin, Amouroux.
5e	Régère, Jourde, Tridon, Blanche, Ledroit.
6e	Albert Leroy, Goupil, Varlin, Beslay, Dr Robinet.
7e	Dr Parisel, Ernest Lefebvre, Urbain, Brunel.
8e	Raoul Rigault, Vaillant, A. Arnould, Jules Allix.

La Commune de 1871 a l'Hôtel de Ville de Paris
(Cour Louis XIV).

9⁰	Ranc, Desmarests, Ulysse Parent, E. Ferry, André.
10⁰	Gambon, Félix Pyat, Fortuné Henry, Champy, Babicq, Rastoul.
11⁰	Mortier, Delescluze, Protot, Assi, Eudes, Avrial, Verdure.
12⁰	Varlin, Geresme, Fruneau, Theisz.
13⁰	Léo Meillet, Duval, Chardon.
14⁰	Billioray, Martelet, Descamps.
15⁰	Vallès, Clément, Langevin.
16⁰	Dʳ Marmottan, de Bouteiller.
17⁰	Varlin, Clément, Gérardin, Chalain, Malon.
18⁰	Dereure, Theisz, Blanqui, J.-B. Clément, Th. Ferré, Vermorel, Paschal Grousset.
19⁰	Audet, Pujet, Delescluze, Cournet.
20⁰	Ranvier, Bergeret, Blanqui, Flourens.

La proclamation des élus eut lieu le 28 mars sur la place de l'Hôtel de Ville ; le nombre des conseillers fut réduit à quatre-vingt-cinq par suite des doubles élections.

Sur ces quatre-vingt-cinq membres, les vingt et un dont les noms suivent, donnèrent immédiatement leur démission, savoir :

Adam	Ferry	Méline
Barré	Fruneau	Murat
Brelay	Goupil	Parent Ulysse
de Bouteiller	Lefebvre	Ranc
Beslay	Leroy	Robinet
Choron	Loiseau-Pinson	Rochard
Desmarests	Marmottan	Tirard

Le ministère de la commune fut constitué ainsi qu'il suit :

Guerre.	Cluseret
Finances	Jourde
Subsistances	Viard
Relations extérieures .	Paschal Grousset
Enseignement . . .	Vaillant
Justice.	Protot
Sûreté générale. . .	Raoult Rigault
Travail et échange. .	Léo Frankel
Services publics . .	Andrieu

Enfin de nombreuses mutations et nominations eurent lieu pendant la commune dans ces diverses commissions, et en résumé les membres de la commune qui siégèrent à l'Hôtel de Ville du 18 mars au 24 mai 1871, furent les suivants (1) :

(1) Les condamnations prononcées contre les membres de la commune se trouvent indiquées à la suite de leurs noms, tous les autres furent contumax.

Allix (Jules), né le 9 septembre 1818 à Fontenay-le-Comte (Vendée).

Amouroux (Charles), né le 20 décembre 1845 à Chalabre (Aude). Condamné aux travaux forcés à perpétuité.

Andrieu (Jules), membre de la commission exécutive.

Arnaud (Antoine), né le 20 avril 1831 à Lyon, membre du comité du salut public.

Arnold (Georges), né en 1839 à Lille, architecte, membre de la commission de la guerre. Condamné à enceinte fortifiée.

Arnould (Charles-Auguste-Edmond-Arthur), né le 17 avril 1833 à Dieuze (Meurthe), membre de la commission des relations extérieures.

Assi (Adolphe-Alphonse), né le 27 avril 1841 à Roubaix (Nord), membre de la commission de sûreté générale. Condamné à enceinte fortifiée.

Avrial (Augustin), né le 20 novembre 1840 à Revel (Haute-Garonne), membre de la commission exécutive, directeur général du matériel d'artillerie.

Babick (Jules-Nicolas), né en 1820 à Paris, membre de la commission de justice et de la commission des services publics.

Bergeret (Henry-Jules-Marius), né le 14 juin 1830 à Gap (Hautes-Alpes), commandant de la place de Paris le 5 avril, commandant de la brigade de réserve le 6 mai.

Beslay (Charles-Victor), né le 4 juillet 1795 à Dinan (Côtes du Nord), membre de la commission des finances, délégué à la banque de France.

Billioray (Alfred-Edmond), né en 1840 à Naples (Italie), membre de la commission des finances et du comité de salut public. Condamné à enceinte fortifiée.

Blanqui (Auguste-Louis), né le 1er février 1805 à Puget-Théniers (Alpes-Maritimes), élu dans le XXe arrondissement, détenu hors Paris pendant la commune.

Brunel (Paul-Magloire-Antoine), né le 12 mars 1830 à Chalmoux (Saône-et-Loire), journaliste.

Casse (Sixte), né le 3 août 1822 à Cabanes (Ariège), membre de la commission des subsistances.

Chalain (Louis-Désiré), né le 11 janvier 1845 à Plessis-Dorin (Loir-et-Cher), membre de la commission de sûreté générale.

Champy (Henri-Louis), né en 1845 à Clamart (Seine), membre de la commission des subsistances. Condamné à enceinte fortifiée.

Chardon (Jean-Baptiste), né le 9 juillet 1839 à Savigny (Allier), membre de la commission de sûreté générale, commandant militaire de la préfecture de police.

Clémence (Hippolyte-Adolphe), né le 9 novembre 1838 à Paris, membre de la commission de justice.

Clément (Léopold-Emile), né le 5 février 1826 à Maugis (Seine-et-Marne), membre de la commission des subsistances, puis du comité de sûreté générale. Condamné à la déportation simple.

Clément (Jean-Baptiste), né en 1837 à Boulogne-sur-Mer, membre de la commission des services publics, délégué aux ateliers de fabrication des munitions de guerre.

Clément (Jean-Victor), né le 3 décembre 1824 à Poligny (Jura), membre des commissions des finances, d'enseignement et de subsistances, et du conseil de révision des jugements de la cour martiale. Condamné à trois mois de prison.
Cluseret (Gustave-Paul), né le 13 juin 1825 à Paris, délégué à la guerre, 4 avril, membre de la commission exécutive.
Courbet (Désiré-Jean-Gustave), né en 1819 à Ornans (Doubs), peintre, membre de la commission d'enseignement et de la commission de fédération des artistes. Condamné à six mois de prison.
Cournet (Frédéric-Etienne), né le 25 décembre 1839 à Paris, membre de la commission de sûreté générale et de la commission exécutive, délégué à la sûreté générale, 25 avril.
Decamps (Baptiste), né le 29 avril 1836 à Figeac (Lot), élu dans le XIV° arrondissement. Acquitté.
Delescluze (Louis-Charles), né le 2 octobre 1809 à Dreux (Eure-et-Loire), journaliste, membre de la commission des relations extérieures, de la commission de la guerre, du comité de salut public. Délégué civil à la guerre, 11 mai. Tué le 26 mai 1871.
Demay (Antoine-Mathieu), né le 22 décembre 1822 à Paris, sculpteur, membre de l'enseignement.
Dereure (Simon), né le 1er décembre 1838 à La Palisse (Allier), membre des commissions des subsistances, de justice, du conseil de révision des jugements de la cour martiale ; délégué à l'armée de Dombrowski.
Dupont (Auguste-Augustin-Jean-Martial), né en 1814 à Saint-Thomas de Cognac (Charente), membre de la commission de sûreté générale. Condamné aux travaux forcés à perpétuité.
Dupont (Clovis-Joseph), né le 25 février 1830 à Neufmaison (Aisne), membre de la commission du travail et de l'échange. Condamné à vingt ans de travaux forcés.
Durant (Jacques-Louis), né le 20 août 1817 à Pézénas (Hérault), membre de la commission de justice.
Duval (Emile), né le 27 novembre 1830 à Paris, membre de la commission militaire. Fusillé le 3 avril 1871.
Eudes (Emile-François-Désiré), né le 12 septembre 1843 à Roncey (Manche), garçon pharmacien, membre de la commission exécutive et de la commission militaire, 2 avril. Commandant des forts du sud, 16 avril, commandant de la 2e brigade de réserve, 6 mai. Membre du comité du salut public, 10 mai.
Ferré (Théophile-Charles-Gilles), né le 6 mai 1844 à Paris, comptable, substitut du procureur de la commune, 5 mai, délégué à la sûreté générale, 14 mai. Condamné à mort et exécuté.
Flourens (Gustave), né en 1839 à Paris, membre de la commission militaire. Tué le 3 avril 1871.

Franckel (Léon), né le 28 février 1844 à Buda-Pesth (Hongrie), membre de la commission des travaux des finances et de la commission exécutive.

Gambon (Ferdinand-Charles), né le 19 mars 1820 à Bourges (Cher), ex-juge suppléant, adjoint à la commission de la justice, membre du comité de salut public.

Gérardin (Charles-Emile), né en 1841 à Vitry-le-François (Marne), membre de la commission du travail.

Gérardin (Eugène-François), né le 20 novembre 1839 à Herbigny (Ardennes), membre des commissions de sûreté générale, des relations extérieures, et du comité de salut public. Déportation simple.

Géresme (Jean-Baptiste-Hubert), né le 26 janvier 1828 à Vauciennes (Marne), délégué à la commission de justice, 4 avril, membre de la commission militaire. Condamné aux travaux forcés à perpétuité.

Grousset (Paschal-Jean-François), né le 7 avril 1844 à Corté (Corse), journaliste membre de la commission des relations extérieures, et de la commission exécutive. Condamné à enceinte fortifiée (actuellement député de Paris).

Johannard (François-Auguste), né le 14 décembre 1837 à Beaune (Côte-d'Or), membre de la commission des relations extérieures.

Jourde (François), né le 4 juillet 1843 à Chassagne (Puy-de-Dôme), membre de la commission des finances, délégué aux finances, 21 avril, membre de la commission exécutive. Condamné à la déportation simple.

Langevin (Pierre-Camille), né le 14 février 1844 à Bordeaux (Gironde), membre de la commission de justice.

Ledroit (Charles), né en 1818, membre de la commission de justice et de la commission militaire.

Le Français (Gustave-Adolphe), né le 30 janvier 1824 à Angers (Maine-et-Loire), journaliste, membre de la commission exécutive du travail et des finances.

Lonclas (Alphonse), né en 1841 à Paris, membre de la commission du travail.

Longuet (Charles-Félix-César), né le 14 février 1839 à Caen (Calvados), membre de la commission du travail et du conseil de révision des jugements de la cour martiale.

Malon (Benoit), né en 1841 à Brétieux (Loire), membre de la commission du travail.

Martelet (Jules), né le 27 septembre 1843 à Courcelles (Marne), membre de la commission des services publics.

Meillet (Nicolas-Cécile-François-Léo-Célestin), né en 1838 à Sérignac (Dordogne), clerc d'avoué, membre de la commission de justice, des relations extérieures, du conseil de révision des cours martiales et du comité de salut public. Gouverneur de Bicêtre, délégué à l'armée de Wrobleski.

Miot (Jules), né en 1809 à Autun (Saône-et-Loire), pharmacien, membre de la commission d'enseignement.

Mortier (Henri-Joseph), né le 17 avril 1843 à Paris, commis architecte, membre de la commission des services publics.
Ostyn (François-Charles-Auguste), né le 22 octobre 1823 à Paris, membre des commissions des subsistances et des services publics.
Parisel (François-Louis), né le 15 octobre 1841 à Lyon, docteur en médecine, délégué au ministère du commerce, 3 avril, membre de la commission des subsistances.
Philippe (Jean-Louis), (dit Ferrouillat), né en 1829 à Bordeaux, délégué à la mairie du 12me arrondissement. Condamné à mort, exécuté.
Pillot (Jean-Jacques), né le 9 août 1808 à Faux-la-Valette (Charente), médecin homœopathe, délégué à la mairie du 1er arrondissement. Condamné à la réclusion perpétuelle.
Pindy (Jean-Louis), né en 1840 à Brest, menuisier, membre de la commission militaire, gouverneur de l'Hôtel de Ville, 30 mars.
Pottier (Eugène-Edme), né à Paris, membre de la commission des services publics.
Pourille (Jean-Baptiste-Stanislas-Xavier), (dit Blanchet), né le 26 août 1833 à Troyes (Aube), membre de la commission de justice.
Protot (Charles-Eugène-Louis), né le 27 février 1839 à Carisey (Yonne), avocat, membre de la commission de justice, délégué à la justice, 17 avril, membre de la commission exécutive.
Puget (Alfred-Ernest), né le 27 mars 1826 à Laigneville (Oise), comptable, membre de la commission du travail.
Pyat (Félix), né en 1814 à Vierzon (Cher), auteur dramatique, membre des commissions exécutive, des finances et du comité de salut public.
Ranvier (Gabriel) né le 8 juillet 1828 à Baugé, membre des commissions militaires, de la guerre, du comité de salut public.
Rastoul (Paul-Emile-Barthélémy-Philémon), né le 1er octobre 1835 à Thézan (Hérault), docteur en médecine, membre de la commission des services publics, inspecteur général du service des ambulances. Condamné à la déportation simple.
Régère (Dominique-Théophile), né le 15 avril 1816 à Bordeaux, vétérinaire, membre de la commission des finances, délégué à la mairie du cinquième arrondissement. Condamné à enceinte fortifiée.
Rigault (Raoul-Adolphe-Georges), né le 16 septembre 1846 à Paris, étudiant, membre de la commission de sûreté générale, 30 mars, délégué à la préfecture de police, procureur général de la commune, 27 avril. Fusillé le 24 mai 1871.
Serraillier (Auguste), né en 1841 à Draguignan (Var), membre de la commission du travail.
Sicard (Auguste-Alexandre), né le 18 avril 1829 à Albi (Tarn), délégué à la fabrication des munitions de guerre, membre de la commission militaire.

Theiz (Albert-Frédéric-Jules), né le 19 février 1839 à Boulogne-sur-Mer, membre de la commission du travail, délégué à la direction des postes.

Tridon (Gustave-Edme-Marie), né le 1er janvier 1841 à Châtillon-sur-Seine (Côte-d'Or), avocat membre des commissions exécutive, de la guerre, chargé du contrôle de la manutention.

Trinquet (Alexis-Louis), né le 6 août 1835 à Valenciennes (Nord), membre de la commission de sûreté générale. Condamné aux travaux forcés à perpétuité.

Urbain (Raoul), né le 22 septembre 1836 à Condé-sur-Noireau (Calvados), instituteur, membre des commissions d'enseignement et militaire. Condamné aux travaux forcés à perpétuité.

Vaillant (Edouard-Florimond-Marie), né le 26 janvier 1840 à Vierzon (Cher), ingénieur civil, membre de la commission exécutive, délégué à l'enseignement, 21 avril.

Vallès (Jules-Joseph-Louis), né en 1832 au Puy (Haute-Loire), journaliste, membre des commissions des relations extérieures, du conseil de révision des jugements de la cour martiale.

Varlin (Louis-Eugène), né le 5 octobre à Claye (Seine-et-Marne), membre des commissions des finances et des munitions, directeur de la manutention, 4 mai, adjoint à la commission de la guerre, délégué à l'intendance. Fusillé le 28 mai 1871.

Verdure (Augustin), né le 5 mars 1825 à Reuilly (Pas-de-Calais), comptable, membre de la commission de l'enseignement. Condamné à enceinte fortifiée.

Vermorel (Auguste-Jean-Marie), né le 21 juillet 1831 à Dénué (Rhône), journaliste, membre des commissions de justice, exécutive et de sûreté générale. Mort de ses blessures.

Vésinier (Pierre), né en 1823 à Mâcon (Saône-et-Loire), journaliste, membre de la commission des services publics, directeur du *Journal officiel*, 13 mai.

Viard (Pompée-Auguste-Vincent), né en 1839 à La-Chappelle-aux-Pots (Oise), délégué aux subsistances, membre de la commission exécutive.

La dernière séance des membres de la commune eut lieu en réalité le 21 mai sous la présidence de Jules Vallès. Quelques-uns d'entre eux, toutefois, se réunirent encore les 22, 23 et même le 24 mai ; mais, bien que l'Hôtel de Ville fut encore jusqu'à cette dernière date entre les mains de la Commune, on peut dire que ce régime n'existait plus à compter du 22 mai, jour de l'entrée des troupes régulières dans Paris.

Incendie de l'Hôtel de Ville de Paris

DE SES ARCHIVES ET DE SA BIBLIOTHÈQUE

HISTORIQUE DE CETTE DERNIÈRE

(24 MAI 1871)

OMME on l'a vu précédemment, Paris était gouverné depuis le 18 mars 1871, par la Commune révolutionnaire dont les actes devenaient chaque jour, de plus en plus arbitraires. On arbora le drapeau rouge sur la croix de l'église Sainte-Geneviève; on pilla les églises et on incarcéra les gens suspects. Enfin monseigneur Darboy, archevêque de Paris, l'abbé Deguerry, curé de la Madeleine, et le président Bonjean furent enfermés à la Roquette, ainsi qu'un certain nombre de religieux.

Le gouvernement de la défense nationale, qui siégeait à Versailles, ne pouvait laisser plus longtemps la capitale de la France entre les mains de la Commune, qui opposait d'ailleurs toute résistance aux sollicitations qui lui étaient faites de se rendre. Un choc était inévitable; il eut lieu le 2 avril 1871. Les troupes de ligne et les fédérés se rencontrèrent en effet, à cette date, pour la première fois, dans l'avenue de Courbevoie. Le chirurgien en chef de l'armée Pasquier voulut parlementer et se présenta avec la croix de Genève; mais, il tomba percé d'une balle et fut tué, ce fut le signal de la déclaration de guerre et le maréchal de Mac-Mahon fut chargé de s'emparer de la capitale qui subit un deuxième siège, encore plus terrible que le premier; car, cette fois, la lutte devait avoir lieu entre Français.

L'armée de Versailles, se dirigea à l'impromptu sur Paris le dimanche 21 mai vers trois heures et demie du soir par la porte de Saint-Cloud. A la nouvelle de cette marche sur la capitale, les représentants de la Commune résolurent d'anéantir Paris.

Delescluze, Régère, Ranvier, Johannard, Vésinier, Brune et Dombrowski signèrent l'arrêté suivant :

« Le citoyen Millière à la tête de cent cinquante fuséens incendiera les mai-
« sons suspectes et les monuments publics de la rive gauche ;

« Le citoyen Dereure avec cent fuséens est chargé des premier et deuxième
« arrondissements.

« Le citoyen Billioray avec cent hommes est chargé des neuvième, dixième
« et vingtième arrondissements.

« Le citoyen Vésinier avec cinquante hommes est spécialement chargé des
« boulevards de la Madeleine à la Bastille.

« Ces citoyens devront s'entendre avec les chefs des barricades pour s'assurer
« de l'exécution des ordres reçus »

Le dimanche 21 mai 1871, l'armée versaillaise occupa le Point-du-Jour, Passy, la porte Maillot, pénétra dans la manutention, les Champs-Elysées et la caserne de la Pépinière.

Le lundi 22 mai, Paris fut réveillé au son du tocsin et de la générale battue dans les rues. Les Versaillais s'avancèrent vers le centre de Paris et des engagements sérieux eurent lieu à Montrouge, rue de Rennes, à la Croix-Rouge et à Saint-Germain-des-Prés. Le ministère des Finances fut incendié le 22 mai par les amazones de la Commune, vulgairement appelées « *pétroleuses* ».

Dans la matinée du 23, les bataillons fédérés se mirent en marche vers le boulevard Saint-Michel et construisirent des barricades rues Royer-Collard et Gay-Lussac.

Le 24 mai, le combat s'engagea au centre même de la ville ; les rues se remplirent de fédérés, le canon retentit de tous côtés. Raoul Rigault procureur général de la Commune, fut fusillé sur la barricade de la rue Royer-Collard. La place du Panthéon et le quartier des Gobelins furent pris par les Versaillais. Le feu fut mis aux Tuileries par un nommé Auguste-Adolphe Girardot.

Jusqu'au 24 mai, l'Hôtel de Ville ne semblait pas menacé et restait la citadelle de la Commune ; ses membres s'étaient rendus dans leurs arrondissements respectifs. Delescluze et Ferré délégués, le premier à la Guerre, le second à la sûreté générale, s'étaient établis à la mairie du onzième arrondissement, avec un certain nombre de membres du comité de salut public. Ce fut là qu'ils signèrent l'ordre d'exécuter les otages. On s'arrêta au nombre de six et leur désignation fut la suivante :

Monseigneur Darboy, archevêque de Paris.

L'abbé Deguerry, curé de la Madeleine.

Le président Bonjean.

Et les pères Clerc, Allard et Ducoudray.

Ces six otages, aussi respectables qu'innocents, furent conduits rue Haxo où ils furent fusillés.

Quant à l'Hôtel de Ville, il était à peu près désert le 24 mai. G. Ranvier, Hippolyte Parent, Dudach et quelques hommes du cent soixante-quatorzième bataillon fédéré et de la compagnie des Vengeurs de Flourens, seuls, sous les ordres du commandant Pindy l'occupaient, épiant l'arrivée des Versaillais et attendant le moment convenu pour l'incendier.

Tout du reste fut préparé à l'avance pour l'accomplissement de ce crime ; on avait, en effet, préalablement placé des barils de poudre de distance en distance qui alternaient avec des bonbonnes de pétrole, et on avait versé de l'huile le long des couloirs et sur le plancher des salles, afin que l'incendie puisse se propager le plus rapidement possible. Pindy veillait en outre dans le campanile du splendide bâtiment pour donner le signal de l'arrivée des soldats réguliers et l'ordre de mettre le feu aux poudres, dès qu'il les apercevrait dans la rue de Rivoli à la hauteur des Halles. Il était dix heures du matin lorsque cet acte de vandalisme fut commis.

L'Hôtel de Ville fut incendié en quelques instants et avec lui disparurent les chefs d'œuvres artistiques qu'il contenait.

Pindy, menuisier, devenu commandant, occupera dans l'histoire la place qui a été réservée à Erostrate, qui pour acquérir une triste célébrité, mit le feu au temple de Diane à Ephèse (336 ans avant l'ère chrétienne).

Malheureusement à la perte matérielle de l'édifice et de toutes les splendeurs qui s'y trouvaient, il faut ajouter la disparition des archives de la cité et de la bibliothèque de la ville qui furent la proie des flammes.

La bibliothèque de Paris, sans avoir l'importance de celle d'Alexandrie qui eut le même sort, possédait des livres et des documents rares, des Martène, des Montfaucon, des d'Achery, des albums et des plans, etc., et enfin le missel de Juvenel des Ursins, évêque de Beauvais, précieux document dont il a été déjà parlé dans le présent ouvrage.

Il a paru utile de donner ici l'historique de cette bibliothèque qui remontait à 1760, ainsi que le prouve une décision prise par les magistrats de la ville le 2 septembre de la même année.

Antoine Moriau, décédé le 20 mai 1759, procureur du roi et de la ville, légua à la ville de Paris, par testament des 11 et 14 mai 1759, son importante bibliothèque composée de manuscrits, recueils, pièces, estampes et dessins ; mais l'Hôtel de Ville, ne pouvant donner l'hospitalité à ces documents dont le nombre était considérable, il fut décidé que la ville renouvellerait pour neuf ans le bail de l'Hôtel de Lamoignon, rue Pavée, où était mort Antoine Moriau, et où se trouvait sa bibliothèque, afin de l'y conserver et de la rendre publique.

Le 18 août 1763, le bureau de la ville prit une autre délibération en vertu de laquelle l'acquisition de la bibliothèque personnelle du bibliothécaire Bonamy serait faite moyennant six cents livres de pension viagère.

Par une délibération en date du 15 septembre 1768, la ville accepta, d'autre part, le don fait à la ville de sa bibliothèque, par Tauxier, avocat au parlement.

Une convention fut signée le 23 septembre 1772 entre la ville et le prieuré royal de Saint-Louis-de-la-Culture, pour la jouissance du local de sa bibliothèque rue Saint-Antoine, à l'effet d'y installer la bibliothèque de la ville, qui fut transportée en 1773 dans l'ancien collège des Jésuites, et ouverte au public le 16 juin de la même année. Entre ces deux dates une donation de livres très importants fut faite à cette bibliothèque par l'évêque de Callinique, Lapinte de Livry.

Le 28 fructidor an V (8 septembre 1796), il fut décidé que cette bibliothèque qui s'agrandissait chaque jour, serait transférée au Louvre, et mise à la disposition de l'Institut.

Le 15 vendémiaire an VI, Molinos fit un rapport ayant pour objet de maintenir l'installation du matériel de la bibliothèque à Saint-Louis-de-la-Culture, et cet agencement servit à l'Ecole centrale de Paris.

Mais un arrêté du 8 pluviôse an XI (29 janvier 1803), ayant ordonné que les bibliothèques centrales, supprimées en 1802, seraient mises à la disposition des municipalités, Frochot, préfet de la Seine, forma le projet de reconstituer la bibliothèque de l'Hôtel de Ville et signa, le 4 germinal an XII, l'arrêté suivant :

Le conseiller d'Etat, préfet du département de la Seine,

Vu l'arrêté du gouvernement, en date du 8 pluviôse an XI, qui met à la disposition et sous la surveillance des municipalités les bibliothèques des écoles centrales supprimées :

Art. 1.

La bibliothèque faisant partie de l'Ecole centrale de la rue Saint-Antoine, qui a été supprimée par l'arrêté du 23 fructidor an XI, portera à l'avenir le titre de bibliothèque de la ville de Paris.

Art. 2.

La conservation en sera confiée à un bibliothécaire nommé par le préfet.

Art. 3.

Il y aura, en outre, pour le service de l'établissement un garçon de bibliothèque qui sera présenté par le bibliothécaire et nommé par le préfet.

Art. 4.

Il sera fait un règlement particulier pour l'ordre intérieur de la bibliothèque. La bibliothèque de la ville ainsi établie, fut installée à l'ancien hôtel de Viviers, rue Saint-Antoine 287. Plus tard, elle fut transférée dans les bâtiments dépendant de l'ancienne église Saint-Jean, puis ensuite quai d'Austerlitz, en attendant que les locaux qui étaient destinés à la recevoir fussent terminés dans les combles de l'Hôtel de Ville.

En 1817, pour l'alimenter, le préfet de Chabrol fit allouer une somme annuelle de sept mille francs, et en 1841 la commission municipale vota de nouveaux crédits ; mais, en 1848, elle prit une importance considérable et ne fit que s'accroître jusqu'au jour où disparurent dans l'incendie du 24 mai 1871, les quatre vingt mille volumes qu'elle comprenait.

. . . .

Lorsque le général Daguerre s'avança vers la place de l'Hôtel de Ville, tout était en flammes et déjà à peu près détruit ; l'incendie, mis à dessein en plusieurs endroits à la fois, avait fait son œuvre avec une rapidité effrayante.

. . . .

Un détail curieux fut plus tard remarqué par les visiteurs des ruines de l'Hôtel de Ville, au nombre desquels se trouvait Théophile Gauthier qui en fut impressionné. Le campanile municipal qui avait été léché par les flammes avait après l'incendie, vu du milieu de l'avenue Victoria, la forme à peu près exacte d'un sphinx. Cette singulière et fantastique sculpture, œuvre du feu, aurait pu être conservée et déposée au musée Carnavalet, à côté de la statue équestre de Henry IV. Elle aurait pu servir de leçon aux générations futures et leur inspirer, sous cette forme allégorique l'horreur du vandalisme né des révolutions inutiles.

Reconstruction de l'Hôtel de Ville de Paris

(25 mai 1872)

À la suite des terribles et inutiles incendies de la commune, Paris se trouva privé de son Hôtel de Ville, témoin de tant de gloire, mais aussi de tant d'orages politiques. Les administrations préfectorale et municipale durent, dès le rétablissement de l'ordre, chercher des bureaux provisoires et furent installées momentanément au Palais du Luxembourg. Il était, en conséquence, important de remédier au plus tôt aux désastres passés et de donner à la première ville du monde son antique splendeur, en faisant disparaître, avec les ruines encore fumantes, le souvenir des jours néfastes. Le premier édifice à réédifier devait être tout naturellement l'Hôtel de Ville, cette maison commune où se discutent les intérêts généraux de la cité et que chacun regarde comme la sienne.

Ce fut dans ce but et avec cette intention que le préfet de la Seine adressa au conseil municipal de Paris une demande à la suite de laquelle il fut décidé qu'un premier crédit de trois millions de francs serait tout d'abord inscrit au tableau de l'emploi des fonds de l'emprunt de 1871, pour la reconstruction de l'Hôtel de Ville.

Le bon accueil fait par la population parisienne à cette première décision fut immense... tous, administrateurs et administrés reconnaissaient la nécessité absolue de la reconstruction de ce monument qui avait été le berceau de la municipalité parisienne.

Le préfet de la Seine soumit l'étude de la question au conseil d'architecture du département, et M. Duc, rapporteur, définit la solution ainsi qu'il suit :

1° Faut-il relever l'Hôtel de Ville tel qu'il était avant l'incendie du 24 mai, c'est-à-dire de manière à ce qu'il puisse contenir, réunis comme par le passé, les grands appartements de réception, l'appartement privé du préfet, le conseil municipal, ainsi que tous les services ?

Faut-il, au contraire, en conservant religieusement toutes les parties de l'ancien Hôtel de Ville de François Ier, réunies à celles que l'on conservera de l'œuvre de MM. Godde et Lesueur, composer un édifice historique principalement consacré aux fêtes et aux réceptions municipales ?

Ces questions furent soumises à la séance du 6 septembre 1871 au conseil municipal de Paris qui, après discussion, accepta à l'unanimité l'avis rejetant le projet de l'Hôtel de Ville restreint et approuva l'autre projet consistant à réédifier cet édifice, dans les conditions primitives, mais en y apportant les modifications jugées nécessaires pour le compléter.

2° L'exécution du projet des travaux à faire pour la reconstruction de l'Hôtel de Ville doit-elle être le résultat d'un concours ?

Le conseil consulté écarta l'idée d'un concours, soit restreint, soit public, et décida de confier la désignation de l'architecte qui serait chargé de la réédification à un jury nommé par le conseil municipal, qui choisirait entre tous les candidats qui se présenteraient pour obtenir ce travail, celui d'entre eux dont les œuvres passées et les aptitudes connues offriraient les meilleures garanties d'exécution.

La dépense de la reconstruction de l'Hôtel de Ville tel qu'il était, fut d'abord évaluée à quinze millions de francs, et celle résultant des modifications qu'on pouvait y apporter, tant pour la bonne harmonie des bâtiments que pour la parfaite installation des services administratifs, fut estimée un million.

Les membres des deux commissions des beaux-arts et des travaux historiques auxquels ces diverses propositions furent soumises, furent d'accord pour accepter le programme tendant à réunir les modifications contenues dans le second projet et le résumèrent ainsi qu'il suit :

1° Reconstruire l'Hôtel de Ville en y comprenant les appartements du préfet et les salles ou locaux nécessaires au conseil municipal et aux services administratifs ;

2° Restituer dans son intégrité première l'antique maison de François Ier, rechercher les moyens de la mettre plus en honneur et en faire valoir le caractère et les exquises proportions ;

3° Conserver l'œuvre de MM. Godde et Lesueur en façade sur la place Lobau, comme beau spécimen de l'architecture du règne de Louis-Philippe.

Ce fut à la suite d'un rapport du conseil d'architecture en date du 6 septembre 1871, d'un autre rapport de la commission des beaux-arts et travaux historiques du 13 octobre de la même année, et d'un mémoire du préfet de la Seine du 28 octobre 1871, que le conseil municipal, saisi officiellement de la reconstitution de l'Hôtel de Ville, chargea la cinquième commission de l'examiner, et M. Binder, conseiller du Faubourg-du-Roule, fut chargé de présenter le rapport.

Dans la séance du conseil municipal du 26 décembre 1871, présidée par M. Vautrain, conseiller du quartier de Notre-Dame, M. Binder, au nom de la cinquième commission, fit connaître que son rapport était prêt et qu'il le déposait au secrétariat. Lecture en fut donnée à la séance du 5 janvier 1872.

La cinquième commission à l'unanimité fut d'avis de reconstruire l'Hôtel de Ville et le rapport fit connaître que le conseil d'architecture du département de la Seine, ainsi que la commission des beaux-arts s'étaient, de leur côté, prononcés en faveur de la reconstruction de cet édifice tel qu'il existait avant l'incendie, tout en exprimant le vœu de voir la façade centrale primitive du Boccador, spécimen remarquable de l'architecture de la Renaissance, être mise mieux en relief qu'elle ne l'avait été dans l'œuvre complémentaire de MM. Godde et Lesueur. Quelques autres modifications, consistant principalement dans l'élargissement des pavillons d'angles et des corps de bâtiments sur le quai et sur la rue de Rivoli, seraient en outre apportées au plan primitif en vue d'une meilleure organisation des services. Le rapport, après discussion des objections présentées par la commission des beaux-arts contre la mise au concours de la réédification projetée, conclut, contrairement à l'avis de cette commission, à la mise au concours sur un programme à établir par une commission dans laquelle entreraient dix membres du conseil.

Le conseil municipal, après avoir voté l'impression de ce rapport, en fixa la discussion à la séance du mercredi suivant.

Cette discussion commença en effet le 13 janvier 1872 et fut renvoyée au 20 du même mois. A cette dernière séance, une commission d'enquête, composée de dix membres fut nommée, pour constater quelles parties de l'ancien édifice pouvaient être utilisées ; elle fut constituée comme suit :

MM. Ohnet, conseiller du quartier Rochechouart ;
Vauthier, idem du quartier de la Goutte-d'Or ;
Watel, idem du quartier de la Madeleine ;
Nadaud, idem du quartier du Père-Lachaise ;
Binder, idem du quartier du Faubourg du Roule ;

MM. Cantagrel, conseiller du quartier de la Chapelle ;
Delzant, idem du quartier de l'Ecole militaire ;
Callon, idem du quartier de l'Arsenal ;
Dupuy, idem du quartier du Pont de Flandres :
Férot, idem du quartier des Champs-Elysées.

Dans la séance du 30 avril 1872, M. Jobbé-Duval, conseiller du quartier Necker, demanda à quelle époque pourra être discutée la question de la reconstruction de l'Hôtel de Ville, étant donnée l'urgence de terminer cette affaire à l'ordre du jour. A la suite de cette demande, M. Ohnet invité à faire connaître au conseil quand il sera en mesure de lire ses conclusions sur l'état des fondations, répondit que son rapport était prêt et qu'il pourra être très prochainement déposé, c'est-à-dire dès que la commission l'aura approuvé.

Enfin, l'ordre du jour de la séance du 25 mai 1872 appela la discussion sur la reconstitution de l'Hôtel de Ville. M. Ohnet, au nom de la commission spéciale nommée le 20 janvier précédent pour l'évaluation des parties de l'Hôtel de Ville qui pourraient être utilisées, donna lecture du rapport de cette commission fixant à 6.715.285 francs la valeur de ces parties.

M. Binder, président de la commission, rappela que l'administration avait saisi le conseil d'un rapport émanant de la commission des beaux-arts et dans lequel était formellement exprimée la nécessité d'apporter des améliorations considérables dans l'édifice à relever. Il fit observer, d'autre part, que l'évaluation à six millions des constructions subsistantes était trop élevée, qu'il ne fallait pas réédifier l'Hôtel de Ville tel qu'il était, qu'il y avait intérêt à faire appel à toutes les intelligences et mettre la reconstruction de l'Hôtel de Ville au concours. Il faut, dit-il, que le premier conseil municipal élu donne à la ville de Paris un édifice digne de cette grande capitale et qui soit en même temps convenablement approprié aux services administratifs dont il est le siège.

M. Piat, conseiller du quartier Bel-Air, dit ensuite que, dans la question pendante, il était important de donner la priorité à la partie artistique, et à l'aménagement intérieur nécessaire pour les services administratifs; il ne faut pas, ajouta-t-il, qu'il soit dit que l'on ait subordonné d'aussi grands intérêts à une question d'argent d'une importance secondaire. Pour atteindre ce but, M. Piat exprima l'opinion qu'il y avait lieu de procéder à une démolition presque complète, en ne conservant, abstraction faite des pavillons d'angles, qu'une partie de la façade de la place Lobau, plus les fondations affectées à l'édifice du seizième siècle. Selon lui, la valeur des restes qu'il serait possible de conserver n'était pas supérieure à trois millions et demi de francs. Selon l'orateur, en renonçant à faire cette économie, on trouverait d'importantes compensations, au cas d'une démolition presque totale, dans les économies qu'il serait possible d'introduire en reconstruisant l'édifice. M. Piat fit en outre remarquer que la partie de l'Hôtel de Ville de 1837, de MM. Godde et Lesueur, n'atteignait en aucune façon, tant au point de vue architectural qu'au prix de revient, le but qu'il fallait se proposer pour une œuvre de ce genre.

L'œuvre si gracieux du Boccador, ajouta M. Piat, a été englobé dans la masse produite par le prolongement des lignes, qui a détruit les proportions primitives, et a effacé le caractère du monument; en outre, le style Renaissance adopté par MM. Godde et Lesueur est le plus onéreux, en raison de ses ressauts, pans coupés, statues et détails de toute sorte. Il ne faut donc pas s'engager dans la même voie, parce que ce qui a coûté 12 millions en 1837 coûterait le double en 1872.

M. Piat proposa, par suite, de reconstituer intégralement l'œuvre du Boccador et de l'encadrer dans des constructions du style du douzième siècle qui procède exclusivement par grandes lignes et a pour avantage de ne faire appel aux détails que très sobrement contrairement au style de la Renaissance.

L'orateur termina en disant qu'il considérerait comme très heureux le choix de cette époque du douzième siècle, où s'est manifesté si vivement le réveil de l'esprit municipal, ou celui du style Louis XIII, quoique moins simple, mais réunissant des avantages précieux; l'œuvre du seizième siècle s'y découperait franchement et l'ensemble formerait un tout harmonieux. M. Piat invita le conseil à ouvrir un concours sur ces bases.

M. Jobbé-Duval, après avoir fait observer que diverses parties de l'édifice, telles que la salle Saint-Jean, les égouts et les fondations, pouvaient être utilisées émit l'avis qu'il était impossible de conserver les trois façades de la rue de Rivoli, du quai et de la place de l'Hôtel de Ville, qu'elles ne pourraient supporter les planchers et que le premier acte de l'architecte serait de les démolir.

M. Tranchant, conseiller du quartier Saint-Thomas d'Aquin, défendit l'idée du concours ainsi que le principe de la conservation aussi large que possible des bâtiments existant encore et du devoir moral de conserver un édifice qui avait un caractère profondément original et qui tient tant de place dans les souvenirs de la population parisienne; il résuma son opinion dans la proposition suivante :

« La restauration de l'Hôtel de Ville sera mise au concours sur les données « suivantes ;

« Les constructions subsistantes seront utilisées dans la plus large mesure « possible ;

« Les plans nouveaux devront comprendre, en ce qui concerne la distribution « intérieure, toutes les améliorations dont l'expérience avait indiqué l'opportunité.

« Les anciennes galeries des fêtes seront, sauf ce qui serait jugé nécessaire « pour les réceptions de la préfecture, affectées au service des bureaux.

« L'administration rédigera, sauf approbation du conseil, les détails du pro- « gramme du concours ».

M. Vauthier demanda alors de préciser la question et ramena la discussion sur l'évaluation des trois façades qu'il y aurait, selon lui, économie à abattre.

Le directeur des travaux fit connaître que l'évaluation des façades n'avait pu être faite qu'après le déblaiement et l'action du temps, et que c'était de là que provenait la différence entre l'estimation première (10.848.000) et la seconde (6.715.000).

M. Féré, conseiller du quartier des Archives, fit alors observer que la question était de savoir si l'on pouvait économiser six millions en conservant les restes, ou si, en réalité, les parties à détruire ne valaient pas six millions.

M. Ohnet, rapporteur, répondit en disant que le débat devait se circonscrire dans cette question : Les ruines de l'Hôtel de Ville ont-elles une valeur suffisante pour entrer en ligne de compte dans la reconstruction ?

Après quelques observations de MM. Nadaud, Lavocat et Baudoin, M. Binder fit ressortir les inconvénients de l'ancienne disposition de l'Hôtel de Ville, disposition qu'il faudrait maintenir, si l'on conservait intégralement les ruines actuelles. « Plus de quatre mille mètres sur huit mille cinq cents, dit l'orateur, étaient « absorbés en dégagements, en murs, en appartements, et ainsi enlevés au service « des bureaux. Le concours ne peut que remédier à ces défauts, tout en utilisant « autant que possible ce qui existe ». M. Binder déposa en conséquence, la proposition suivante :

1° L'Hôtel de Ville sera reconstruit sur le périmètre actuel, en prenant pour base les anciennes fondations, sur lesquelles, en vue d'économie, les nouvelles constructions devront être élevées.

2°. La reconstruction de l'Hôtel de Ville sera mise au concours.

Après une nouvelle observation de M. Nadaud, la clôture de la discussion fut demandée et le président M. Vautrain mit aux voix les deux propositions déposées par MM. Binder et Tranchant. Mais M. Binder se rallia à la proposition de M. Tranchant qui lut une nouvelle rédaction de sa proposition, dès lors ainsi conçue : « La restauration de l'Hôtel de Ville de Paris sera mise au concours sur « la donnée suivante : Les constructions subsistantes seront utilisées dans la plus « large mesure possible. L'administration rédigera, sauf approbation du conseil « municipal, les détails du programme du concours ».

M. Callon proposa d'y ajouter que tout projet serait accompagné d'un devis. M. Martial Bernard, conseiller du quartier de la place Vendôme, insista sur la nécessité, dans l'intérêt des finances de la ville, d'imposer une limite aux projets des artistes, puisqu'il était admis que bien des parties de l'ancien édifice pourraient être conservées. Cette proposition n'était pas exclusive du concours, puisque l'on pouvait mettre une restauration au concours comme une construction entière et sur des plans nouveaux.

Lorsque la clôture de la discussion fut prononcée, le conseil municipal consulté décida que le vote de la proposition de M. Tranchant aurait la priorité sur celle de M. Martial Bernard.

La proposition de M. Tranchant, avec l'addition présentée par M. Callon, mise aux voix, fut adoptée.

En conséquence, le conseil prit la délibération suivante :

« La restauration de l'Hôtel de Ville sera mise au concours sur la donnée « suivante : Les constructions existantes seront utilisées dans la plus large mesure « possible. L'administration est chargée de rédiger, sauf approbation du conseil, « le détail du programme du concours qui devra contenir l'obligation, pour les « concurrents, de joindre aux projets présentés un détail estimatif. »

Arrêté fixant les conditions du concours public pour la reconstruction de l'Hôtel de Ville de Paris

COMPOSITION DU JURY CHARGÉ DE L'EXAMEN DES PROJETS PRÉSENTÉS PAR LES ARCHITECTES COMPTE RENDU DE CE JURY ET CHOIX DU PLAN PRÉSENTÉ PAR LES ARCHITECTES BALLU ET DE PERTHES.

E 25 mai 1872, à la suite de la délibération prise par le conseil municipal de Paris, M. Léon Say, membre de l'Assemblée nationale, préfet de la Seine, détermina par un arrêté du 23 juillet 1872 les conditions du concours pour la reconstruction de l'Hôtel de Ville, ainsi qu'il suit, savoir :

Art. 1. — Il est ouvert un concours public pour la reconstruction de l'Hôtel de Ville. Ce concours sera clos le 31 janvier 1873.

Art. 2. — Le nouvel édifice sera élevé sur le périmètre indiqué par le plan n° 1 annexé au présent programme, et autant que possible, sur les substructions de l'ancien Hôtel de Ville.

La façade principale sera maintenue dans l'axe de l'avenue Victoria, et devra reproduire exactement l'ancienne façade du Boccador.

L'administration rappelle aux concurrents les termes de la délibération du conseil municipal en date du 25 mai 1871, ainsi conçue : « La restauration de « l'Hôtel de Ville sera mise au concours sur la donnée suivante : Les constructions « existantes seront utilisées dans la plus large mesure possible. »

Il sera remis à chaque concurrent des feuilles de dessin indiquant l'état actuel des parties de l'édifice qui n'ont pas été détruites par l'incendie.

Art. 3. — Les bâtiments de l'Hôtel de Ville comprendront :

1° Les appartements de réception et le logement particulier du préfet, avec ses dépendances, écuries, remises, cuisines, etc.

2° Les salles destinées aux réunions du conseil municipal, de ses commissions, et au service de son secrétariat ; la salle destinée aux réunions du conseil général et du conseil municipal devant être disposée de manière à y admettre le public, s'il y a lieu ;

3° Les salles destinées aux réunions du conseil de préfecture et au service de son greffe et de son secrétariat ;

4° Deux grandes salles de réunion publique au moins ;
5° Le cabinet du préfet de la Seine et les services qui y seront annexés ;
6° Le cabinet du secrétaire général et les bureaux du secrétariat général ;
7° Les cabinets des quatre directeurs ; des affaires générales, des travaux publics, des eaux et égouts, de l'enseignement, et les bureaux nécessaires à ces directions ;
8° Les cabinets des trois inspecteurs d'architecture et les bureaux de l'architecte chargé de l'Hôtel de Ville et de ses annexes ;
9° Les locaux nécessaires aux caisses municipales, aux souscriptions et aux paiements de coupons, comprenant une vaste cour couverte pour contenir le public ayant à recevoir ou à verser aux diverses caisses ;
10° Le logement du chef du matériel et des quatre hommes de peine attachés à son service ;
11° Un bureau de poste, de télégraphie, deux corps de garde, trois loges de concierge ;
12° Une bibliothèque administrative pouvant contenir dix mille volumes, avec un cabinet pour le bibliothécaire ;
13° Des écuries pour le service des estafettes, indépendantes de celles qui sont destinées au service du préfet.

Art. 4. — Un état approximatif des surfaces et du nombre des pièces nécessaires à chaque service sera annexé au présent programme et distribué aux concurrents. Ils devront s'astreindre à donner aux bureaux un accès facile, de l'air et de la lumière et à les faire déboucher sur de grandes galeries où le public puisse attendre commodément.

Les ouvertures des façades seront disposées de manière à ce que les pièces destinées à contenir les bureaux reçoivent le jour directement.

Le mode d'aménagement des locaux destinés aux bureaux sera celui qui est en usage aujourd'hui dans les administrations des grandes sociétés industrielles, et qui consiste à réunir en commun, autant que possible, tous les employés d'un même service, travaillant sous l'œil d'un chef, isolé seulement par des cloisons à jour, vitrées ou grillées dans leur partie supérieure.

Art. 5. — Chaque projet devra comprendre :
1° Un plan d'ensemble du sous-sol et de chaque étage ;
2° Une élévation de chaque façade ;
3° Des coupes longitudinales et transversales donnant les élévations de toutes les façades des cours intérieures.

Les plans, coupes et élévations seront produits à l'échelle de cinq millimètres par mètre, sauf la coupe longitudinale et l'élévation de la façade principale, qui devront être à l'échelle d'un centimètre.

Le montant de la dépense devant être un des éléments décisifs du choix à faire entre les projets, chaque concurrent devra produire un devis descriptif, estimatif et étudié avec le plus grand soin. Ces devis seront vérifiés par des reviseurs choisis par le jury dont il va être parlé à l'article suivant.

Les artistes pourront, du reste, joindre aux pièces exigées, celles qui leur paraîtront utiles pour l'intelligence de leur projet.

Art. 6. — Le jury sera composé ainsi qu'il suit :

Dix membres nommés par le conseil municipal et pris dans son sein ;

Dix membres nommés par le préfet, le jour de la clôture du concours, et pris dans l'administration ou dans la commission des Beaux-arts et des travaux historiques de la préfecture de la Seine.

Dix membres nommés par les concurrents.

Ce jury sera présidé par le préfet. Il désignera lui-même son vice-président.

Art. 7. — Une exposition publique de tous les projets présentés aura lieu. La durée en sera de vingt jours.

Le jury fera ensuite un premier choix des vingt meilleurs projets, lesquels, rangés selon l'ordre alphabétique des noms de leurs auteurs, seront de nouveau publiquement exposés.

Le jury procédera alors au classement définitif des projets par ordre de mérite.

L'auteur du projet qui sera reconnu non seulement comme étant le meilleur du concours, mais comme répondant dignement à toutes les conditions voulues au point de vue de l'art de la construction et de l'économie, sera chargé de l'exécution de ce projet et de la direction des travaux.

Il devra toutefois se prêter à toutes les modifications de détail qui seraient jugées nécessaires et qui lui seraient indiquées par le jury ou l'administration.

Les auteurs des projets classés aux 2e 3e 4e 5e et 6e rangs recevront des primes de 15.000, 12.000, 10.000, 8.000 et 5.000 francs.

Tous les projets primés appartiendront à l'administration, qui se réserve le droit de puiser dans chacun d'eux les éléments qui seraient à sa convenance.

Dans le cas où le jury déciderait qu'aucun projet ne remplit complètement les conditions du programme, il ne serait pas donné de premier prix et l'administration conserverait toute sa liberté d'action quant à la rédaction du projet définitif. Toutes les primes resteront acquises aux auteurs des cinq projets qui seront classés en première ligne.

Une indemnité de 2.500 francs sera accordée à chacun des artistes dont les projets compris dans le premier choix fait par le jury n'auront pas reçu l'ordre des primes ci-dessus énoncées.

Art. 8. — Les projets tendus sur chassis, et les pièces à l'appui devront être déposés le 31 janvier 1873, avant quatre heures du soir, à la préfecture de la Seine, au palais du Luxembourg (cabinet du directeur des travaux de Paris), ou dans tout autre local qui serait ultérieurement désigné.

Un état de ces pièces, indiquant le nombre des feuilles de plans et de devis, sera remis par chaque concurrent et portera sa signature, ses nom, prénoms et adresse, avec cette inscription : « Projet de reconstruction de l'Hôtel de Ville. » Chaque feuille de plan devra être signée. Il sera délivré un récépissé de ces pièces.

L'élection des dix jurés à nommer par les concurrents aura lieu le 1er février 1873, à midi, dans la salle des commissions de la direction des travaux de Paris, sous la présidence du préfet ou de son délégué et en présence des autres membres du jury formant le bureau d'élection.

L'élection devra avoir lieu, au premier tour de scrutin, à la majorité absolue, et au second tour, à la majorité relative.

Les artistes concurrents ne recevront pas d'autre convocation que celle qui est indiquée dans ce programme.

Ils apporteront les pièces nécesssaires, pour que le bureau puisse, au besoin, constater leur identité.

Art. 9. — Le présent arrêté sera publié et affiché dans la forme prescrite pour les actes administratifs. Il en sera délivré des exemplaires à tous les artistes qui en feront la demande au 1er bureau de la 3e division de la direction des travaux de Paris.

Art. 10. — Le directeur des travaux de Paris est chargé de l'exécution du présent arrêté dont ampliation sera adressée à la direction de la comptabilité, à la direction d'architecture et à la division des Beaux-arts de la direction des travaux.

Conformément à l'arrêté préfectoral du 23 juillet 1872, le jury chargé d'examiner les différents projets présentés par les architectes pour la reconstruction de l'Hôtel de Ville, fut composé des trente membres désignés ci-après, savoir :

DIX MEMBRES ÉLUS PAR LE CONSEIL MUNICIPAL

DANS SA SÉANCE DU 30 JANVIER 1873, PAR VOIE D'APPEL NOMINAL AU SCRUTIN

Nombre de votants . . . 71
Majorité absolue 36

MM. **Emile Perrin**, conseiller municipal . . 56 voix.
Piat, ... id. 44
Jobbé-Duval, . . id. 40
Ohnet, ... id. 39
Binder, ... id. 39
Thorel, ... id. 39
Hérold, ... id. 37
Vauthier, . . . id. 37
Delzant, . . . id. 36
Callon, ... id. 36

DIX MEMBRES NOMMÉS PAR LE PRÉFET DE LA SEINE

MM. **Husson**, de l'Institut, secrétaire général de la préfecture de la Seine.
Alphand, inspecteur général des ponts et chaussées, directeur des travaux de Paris.
Ch. Blanc, de l'Institut, membre de la commission des Beaux-arts;
Bailly, . . . id. . . . . id.
Duc, ... id. . . . . id.
Guillaume, . id. . . . . id.
Labrouste, . id. . . . . id.
De Longpérier, id. . . . . id.
Vitet, . . . id. . . . . id.
Croiseau, chef de la comptabilité des travaux d'architecture.

DIX MEMBRES CHOISIS PAR LES CONCURRENTS LE 1ᵉʳ FÉVRIER 1873

MM. **Millet**, . . . architecte.   MM. **Garnier**, . architecte.
Ginain, . . id.   **Lefuel**, . . . id.
André, . . id.   **Abadie**, . . . id.
Louvet, . . id.   **Lesueur**, . . id.
Lebouteux, . id.   **Violet-le-Duc**, id.

SECRÉTAIRES

MM. Michaux, chef de division.
Mensat, id.

SECRÉTAIRES-ADJOINTS

MM. Tisserand, chef de division.
Babut, . id.

M. Alphand

Inspecteur général des ponts et chaussées, directeur des travaux de Paris.

NOTA. — On a cru intéressant de faire figurer ici un portrait de M. Alphand, qui fut élu membre de la Commission du jury chargé de l'examen des plans de l'Hôtel de Ville, parce que ce personnage dirigea avec une compétence remarquable les nombreux travaux exécutés dans Paris pendant la troisième République française et qu'il fut une des sommités de l'Administration municipale.

M. Alphand, né à Grenoble le 26 octobre 1817, est décédé en décembre 1891, à l'âge de 74 ans, après avoir consacré 37 années de sa vie au service de la ville de Paris.

Compte rendu du jury

CHARGÉ DE L'EXAMEN DES PROJETS DE RECONSTRUCTION DE L'HÔTEL DE VILLE
CHOIX DU PLAN PRÉSENTÉ PAR LES ARCHITECTES BALLU ET DE PERTHES

 la suite de la délibération prise par le conseil municipal de Paris, le 25 mai 1872, et de l'arrêté du 23 juillet de la même année déterminant les conditions du concours pour la reconstruction de l'Hôtel de Ville, et la composition du jury, chargé de l'examen des projets présentés, soixante-neuf projets furent déposés le 31 janvier 1873, avant la date de la clôture du concours.

Une élimination de trente sept d'entre eux fut d'abord faite en complet accord par les membres du jury, mais il y eut des divergences d'opinions en ce qui concernait les douze autres éliminations à opérer.

Après un sérieux examen et une discussion équitable, le jury, dans sa séance du 25 mars 1873, classa, à la suite de scrutins successifs, les vingt autres projets, par ordre de mérite, ainsi qu'il suit :

Nombre de votants . . . 31
Majorité 16

Projet classé au 1ᵉʳ rang, 1ᵉʳ tour de scrutin : { MM. Ballu et de Perthes obtinrent . . 20 voix et furent proclamés architectes chargés de l'exécution des travaux.

Projet classé au 2ᵉ rang, au 2ᵉ tour de scrutin : { M. Royer obtint . . . . 23 voix 1ʳᵉ prime (15.000 fr).

Projet classé au 3ᵉ rang, au 2ᵉ tour de scrutin : { M. Davioud obtint . . . . 17 voix 2ᵉ prime (12.000 fr.).

Projet classé au 4ᵉ rang, au 1ᵉʳ tour de scrutin : { M. Vaudremer obtint . . . . . . 16 voix 3ᵉ prime (10.000 fr.).

Projet classé au 5ᵉ rang, au 1ᵉʳ tour de scrutin : { M. Magne père obtint . . . . . . 16 voix 4ᵉ prime (8.000 fr.).

Projet classé au 6ᵉ rang, au 2ᵉ tour de scrutin : { MM. Moyaux et Lafforgue obtinrent . 19 voix 5ᵉ prime (5.000 fr.).

Aux termes de l'arrêté organisant le concours, les auteurs des quatorze projets classés après les six désignés ci-dessus, reçurent une indemnité uniforme de 2.500 fr. ; de ce nombre furent les dénommés ci-après, savoir :

Projets N° 7 MM. Roguet et Meujot de Dammartin.
        N° 8 M. Baltard.
        N° 9 M. Lheureux.
        N° 10 M. Crépinet.
        Nos 11-12-13 ex-œquo. MM. Escalier, Gérhard, Labulle.
        N° 18 M. Leclerc.
        Nos 19-20 ex-œquo. MM. Calinaud et Rozier, et enfin MM. Chardonet et Lambert.

. . . .

Les travaux de démolition de l'ancien Hôtel de Ville commencèrent le 9 août 1873, et ceux de la construction du nouvel édifice se continuèrent sans interruption du 16 février 1874 au mois de juillet 1882, époque à laquelle il fut inauguré. Au cours des terrassements on rencontra deux piliers de l'ancienne maison commune ; mais il n'a été dit nulle part que la première pierre de l'ancien Hôtel de Ville qui fut posée par le prévôt des marchands de Paris, Pierre Viole, le 15 juillet 1533, sous le règne de François Ier, ait été retrouvée. Cela est regrettable, car la place d'un tel souvenir historique était toute désignée au musée Carnavalet.

Le nouvel Hôtel de Ville occupe une superficie de quatorze mille cinq cent soixante-six mètres dont dix mille cinq cent soixante-dix mètres en bâtiments et trois mille neuf cent quatre-vingt-seize en cours, jardins et fossés. La longueur de la façade principale est de cent quarante-trois mètres vingt, celle des façades latérales de quatre-vingts mètres vingt-cinq, la hauteur au-dessus du sol moyen de la place à la corniche de huit mètres soixante-quinze, et celle des pavillons d'angle de vingt-six mètres trente. La hauteur du campanile est de cinquante mètres. La longueur de la grande salle des fêtes est de cinquante mètres trente sur douze mètres quatre-vingts, sa hauteur est de treize mètres.

ÉTAT RÉCAPITULATIF
des dépenses faites pour la réédification de l'Hôtel de Ville de Paris

ES dépenses faites pour la réédification de l'Hôtel de Ville de Paris, en vertu des arrêtés pris les
10 novembre 1873 ;
19 mars et 9 juin 1874 ;
29 juillet 1875 ;
22 février, 18 avril, 21 juin et 10 août 1879 ;
30 avril, 9 juillet, 19 novembre et 29 décembre 1880 ;
18 et 24 janvier, 9 février, 8 mars, 24 mai, 16 juin, 1er septembre, 6 octobre, 9 et 15 novembre 1881 ;
8 mai, 22 et 28 juin, 23 et 25 août, 6 septembre, 23 et 24 octobre et 11 décembre 1882 ;
9 et 12 février, 22 mars, 10 avril, 4 et 5 mai, 13 et 20 juin, 11 juillet, 7 et 17 août, 8, 12 et 21 septembre, 17, 24 et 31 décembre 1883 ;
25 janvier, 22 février, 17 mars, 12, 15 et 28 avril, 14 mai, 4 et 25 juin, 7 et 27 août et 20 octobre 1884 ;
25 février, 30 mars, 14 avril, 6 mai, 13 juin, 1er juillet, 16 octobre et 12 novembre 1885 ;
Et 11 mai et 6 novembre 1888,
non compris les honoraires et frais d'agences qui ont fait l'objet d'un compte spécial conformément à la délibération du 30 décembre 1891, sont les suivantes :

NOMS DES ENTREPRENEURS, FOURNISSEURS, ARTISTES, ETC.	TRAVAUX, FOURNITURES, ETC.	SOMMES PAYÉES
Vergnaud, Riffaud et Cie	Terrasse et maçonnerie.	12.096.138 f. 73
Sabarly	Charpente.	646.517 »
Mesureur et Mauduit fils	Couverture et plomberie.	683.188 »
Lecœur et Cie	Menuiserie.	1.404.782 66
Mazaroz	Menuiserie décorative et sculpture en bois.	14.900 »
Righetti	Fumisterie.	19.670 »
	A reporter...	14.865.196 f. 39

NOMS DES ENTREPPENEURS, FOURNISSEURS, ARTISTES, ETC.	TRAVAUX, FOURNITURES, ETC.	SOMMES PAYÉES
	Report...	14.865.196 f. 39
Compagnie des Asphaltes de France......	Pavage et granit.	146.915 »
Lemoro et Bellant.....................	Peinture.	652.350 »
Couve...............................	Vitrerie.	2.847 »
Belloir et Vazelle.....................	Tentures.	44.318 »
Seguin et Cie.........................	} Marbrerie et statues.	465.382 »
Drouet-Langlois et Lozier-Langlois......		7.600 »
Hte Boulanger et Cie...................		24.175 »
Bex..................................		3.998 »
Divers................................	Sculpture d'ornement.	1.923.599 19
Trioullier.............................	} Bronzes et vitraux d'art.	4.480 »
Oudinot..............................		24.000 »
Préant, frères........................	Serrurerie, fer, quincaillerie de luxe.	3.006.120 »
Baudrit..............................	} Grilles et rampes en fer forgé.	20.094 »
Grauv-Marly.........................		6.800 »
Préant, frères........................		34.278 »
Trioullier.............................		26.370 40
Paris et Cie...........................	Mosaïque.	15.000 »
Divers................................	Sculpture statuaire (y compris les statues extérieures).	1.217.000 »
Geneste, Herscher et Cie...............	Chauffage et ventilation.	1.079.899 75
Henri Lepaute, fils....................	} Horloge.	23.127 »
Frais de timbre et d'enregistrement.....		2.257 20
Sabarly...............................		2.770 »
Lecœur et Cie.........................		422 »
Lemoro et Bellant.....................		549 »
Guifard...............................	} Peinture décorative.	95.763 »
Lameire..............................		22.636 »
Campan..............................		18.116 »
Dupuis...............................		6.009 »
Frechon..............................		5.405 »
Lemoro et Bellant.....................	Miroiterie.	13.688 »
Divers................................	Travaux en régie.	819.757 80
Divers................................	Modèles pour l'Exposition de 1878.	30.000 »
Mesureur et Mauduit fils, Lacarrière frères.	} Canalisation d'eau et de gaz et d'appareils d'éclairage.	386.104 »
Delatour et Cie........................		30.530 »
Divers................................	Dépenses pour fêtes d'inauguration.	116.991 16
Mildé fils et Cie.......................	Travaux complémentaires d'électricité et travaux téléphoniques.	28.679 »
Biffaud et Cie.........................	} Achèvement du gros œuvre des salons.	3.000 »
Préant frères.........................		18.056 »
Lecœur et Cie.........................		44.431 »
Divers................................		13.018 71
	Total...................	25.251.732 f. 60
	Le montant des dépenses autorisées était de........	25.164.935 78
	L'excédant définitif s'éleva donc à..........	86.796 f. 82

Cet excédant de dépenses fut d'ailleurs régularisé par un arrêté en date du 22 février 1892, approuvant une délibération du 27 janvier précédent, par laquelle le Conseil municipal de Paris fixa le montant des travaux d'architecture, sculpture statuaire, etc., exécutés pour la reconstruction de l'Hôtel de Ville, non compris les frais d'agence et honoraires y afférents, à la somme totale de 25.251.732 fr. 60.

Aux dépenses relatées ci-dessus s'élevant au total de.................................. 25.251.732 f. 60
il convient en outre d'ajouter les suivantes qui furent autorisées par les délibérations du Conseil municipal et les arrêtés préfectoraux ci-après, savoir :

Délibération du 27 juillet 1883. — Arrêté préfectoral du 6 septembre 1883.

Mobilier fixe (Menuiserie, etc.)... 611.964 »

Délibération du 29 décembre 1883. — Arrêté préfectoral du 22 février 1884.

1° Eclairage de la place qui n'a pas été exécuté en totalité et parvis, lequel a été fait et dont la sculpture seule a coûté 58.000 fr.. 410.404 95
2° Ameublement décoratif... 795.000 »
    Peinture, laquelle n'a pas été faite par suite du changement d'affectation du crédit qui a été divisé de la manière suivante par délibération du 26 avril 1884, savoir :
    Sculpture d'art....................................... 60.000 » ⎱ 300.000 »   1.095.000 »
    Peinture historique................................. 240.000 »
    Enfin une autre délibération du 6 août 1885 a définitivement affecté ces 240.000 à la sculpture statuaire.

Délibération du 12 décembre 1884. — Arrêté du 21 mars 1885.

Erection de la statue d'Etienne Marcel et aménagement du square de l'Hôtel-de-Ville.
    Bronze....................... 30.000 »
    Square....................... 22.000 »   118.000 »
    Piédestal, etc.............. 66.000 »

Délibération du 4 février 1885. — Arrêté du 6 mars 1885.

Acquisition du matériel permanent des fêtes... 115.000

Délibération du 30 juillet 1885. — Arrêté du 26 octobre 1885.

Travaux complémentaires dans les salons des fêtes (lustres, électricité, etc.).......... 445.000 »

Délibération du 20 décembre 1888. — Arrêté du 29 janvier 1889.

Décoration picturale intérieure dont le détail est donné ci-après dans le présent ouvrage....... 2.500.000 »

                    Total général .... 30.547.101 f. 55

Si on ajoute à cette somme les dépenses faites en honoraires, frais d'agence, etc., on peut dire que le nouvel Hôtel de Ville de Paris a coûté en somme ronde trente et un millions de francs.

Inauguration du nouvel Hôtel de Ville de Paris

(13 juillet 1882)

L'humble maison aux piliers où prirent naissance nos premières libertés n'existe plus ; l'ancienne maison commune qui la remplaça et qui fut le témoin de tant de glorieux événements, elle-même a disparu ; il ne reste plus de l'une et de l'autre que le souvenir impérissable ; à leur place s'élève aujourd'hui le nouvel Hôtel de Ville de Paris qui, renaissant de ses cendres, paraît plus majestueux que jamais sur l'antique place de Grève. Que sa prospérité future soit aussi grande que sa gloire passée, et que sa devise « Fluctuat nec mergitur » lui porte constamment bonheur !

L'inauguration du nouvel Hôtel de Ville de Paris fut fixée au 13 juillet 1882. Le programme en fut préalablement déterminé par les membres du conseil municipal et de la commission des fêtes ; il consistait dans la décoration du bâtiment à l'intérieur et à l'extérieur, ainsi que de la place et des rues voisines et en deux banquets, l'un donné au Président de la République, aux ministres, et aux représentants des puissances étrangères, l'autre aux jeunes gens des bataillons scolaires. Une grande soirée devait en outre terminer cette fête toute communale.

Dès le matin, la place de l'Hôtel de Ville splendidement pavoisée fut envahie par les curieux qui se succédèrent ou y stationnèrent toute la journée. Le préfet de police Camescasse prit, par une ordonnance du 8 juillet, les dispositions nécessaires en la circonstance. La circulation des voitures fut interdite à partir de cinq heures dans toutes les rues avoisinantes.

Le bataillon scolaire, composé de six cents enfants, venant de la place Monge, arriva à cinq heures du soir et fut reçu, aux applaudissements de la foule, par le conseil municipal, la commission des bataillons scolaires et les préfets de la Seine et de police, placés sur les marches de l'Hôtel de Ville. Après le défilé, ces jeunes et futurs défenseurs de la patrie furent conduits dans la salle Saint-Jean où un banquet leur fut servi. La musique du 31ᵉ régiment d'infanterie exécuta plusieurs morceaux et à la fin du banquet, Jules Ferry, ministre de l'Instruction publique, leur adressa une chaleureuse allocution.

A six heures, M. Grévy, président de la République, accompagné de sa mai-

L'Hôtel de Ville de Paris

(1899)

Lévy, phot.

son civile et militaire, fut reçu par les commissaires et conduit dans la salle du conseil et de là dans celle des fêtes où eut lieu le banquet. La table d'honneur fut occupée par le Président de la République ayant:

A sa droite : MM. Songeon, président du conseil municipal.
Le Royer, président du sénat.
Lord Lyons, ambassadeur d'Angleterre.
Essad-Pacha, ambassadeur de Turquie.
De Freycinet, président du conseil des ministres, ministre des Affaires étrangères.
Léon Say, ministre des Finances.
Baron de Beyens, ministre de Belgique.
Général Billot, ministre de la Guerre.

A sa gauche MM. Floquet, préfet de la Seine.
Brisson, président de la chambre des députés.
Prince de Hohenlohe, ambassadeur d'Allemagne.
Duc de Fernan-Nunez, ambassadeur d'Espagne.
Comte de Wimpffen, ambassadeur d'Autriche-Hongrie.
Goblet, ministre de l'Intérieur.
Comte de Molke-Hvitfeld, ministre de Danemark.
Jauréguiberry, ministre de la marine.

Pendant le festin, la musique de la garde républicaine se fit entendre.

A la fin du banquet, M. Songeon, se levant, prononça le toast suivant :

« Au nom du conseil municipal de la ville de Paris, je salue respectueuse-
« ment en vous, Monsieur le Président, l'homme éminent que sa haute raison,
« son noble caractère ont fait placer à la tête de la République.

« A vos côtés siègent les ambassadeurs des puissances, les représentants des
« premières villes de l'Europe, les présidents, les membres des bureaux du
« sénat et de la chambre des députés, les ministres de votre conseil.

« Qu'ils acceptent ici, avec vous, les remerciements et l'hommage de Paris.

« Dans cette enceinte, aujourd'hui trop étroite, nous nous sommes efforcés de
« réunir les chefs de la magistrature, de l'armée, des Académies, de toutes les
« institutions de l'Etat et de la cité.

« Nous avons convié les maires des villes de France, les délégués des Ecoles,
« maîtres et élèves, des chambres syndicales, patronales et ouvrières, ces repré-
« sentants de l'intelligence et de l'industrie parisienne, dont l'incessant labeur
« traduit, sous toutes les formes de la production, les aspirations du génie natio-
« nal. Que ceux-là aussi reçoivent le salut cordial et fraternel de Paris.

« Demain, 14 juillet, toutes les communes fêteront la fête de la Nation.

« Aujourd'hui, c'est la fête de Paris.

« Paris inaugure son Hôtel de Ville. Il s'élève en face de l'île de la Cité,
« berceau primitif de la grande métropole. Il sculpte à son fronton le vieux navire,

« son emblême, qui battu de siècle en siècle par maintes tempêtes, est demeuré à
« flot à travers les écueils, toujours orienté vers la liberté et le progrès. Il s'élance
« aujourd'hui plus confiant que jamais vers les voies nouvelles que la République
« ne peut manquer de lui ouvrir.

« Dans cette solennité municipale, sous les auspices des idées de paix, de travail
« et de liberté qui l'ont inspirée, je porte un toast au Président de la République
« et aux hôtes illustres de la ville de Paris ».

Ce discours fut accueilli par les applaudissements des auditeurs.

M. Floquet, préfet de la Seine, porta ensuite au nom de l'administration centrale le toast suivant :

« Messieurs, au nom de la ville de Paris, je dois parler encore après le
« discours éloquent que vous venez d'entendre, non seulement au nom des privi-
« légiés qui la représentent dans ce banquet et qui ont été choisis parmi les plus
« éminents et parmi les plus humbles, mais aussi au nom de tous ceux qui la
« servent au dehors, qui donnent avec un désintéressement admirable leur temps,
« leur science, leur dévouement à leurs concitoyens et qui sont trop nombreux à
« la peine pour qu'il fut possible de les appeler tous à l'honneur. Mais ils sont
« tous présents à notre mémoire et nous n'avons pas besoin de les signaler à la
« reconnaissance publique.

« Je suis fier d'être en ce moment l'organe de tous ces fidèles serviteurs de
« Paris. En leur nom, je salue les hôtes dont la présence donne à cette fête une
« consécration éclatante, nos législateurs, mandataires de la nation souveraine,
« le chef loyal et vénéré et les membres du gouvernement de la République, les
« représentants des puissances et des municipalités étrangères, les délégués de
« nos départements. C'est-à-dire que je bois à la France une et indivisible, à la
« paix, à la concorde patriotique. Puisse cette splendide demeure où nous entrons
« aujourd'hui, cet édifice que d'illustres artistes ont fait renaître de ses ruines, qui
« sera longtemps encore pour le génie français un sujet fécond d'inspirations et
« une source de renommée, puisse cet Hôtel de Ville, qui a été agité par tant de
« révolutions, qui a été le témoin de tant de gloire et de tant de désastres, rester
« désormais l'asile inviolé de Paris libre, dans la France forte et respectée ».

Ces patriotiques paroles furent également accueillies par d'unanimes applaudissements.

M. Grévy, président de la République répondant à ces discours prononça ensuite le toast suivant :

« Messieurs, je remercie M. le Président du conseil municipal et M. le préfet
« de la Seine, des paroles bienveillantes qu'ils m'ont adressées. Je les remercie
« aussi de l'honneur qu'ils m'ont fait en me conviant à cette fête toute parisienne
« où je suis heureux de voir assis à la même table, les représentants les plus émi-
« nents de la France et nos illustres hôtes, MM. les ambassadeurs des puissances
« étrangères, tous réunis ici dans un commun sentiment de sympathie pour la
« grande cité qui est fière de les posséder.

« M'associant à ces sentiments, messieurs, je porte un toast à la ville de
« Paris. Je la félicite de voir sortir de ses ruines avec une nouvelle splendeur, son
« vieil Hôtel de Ville, maison paternelle de la cité, antique berceau des
« libertés municipales, théâtre souvent glorieux, orageux quelquefois, et toujours
« attachant, des dramatiques événements qui remplissent son émouvante his-
« toire.

« A Paris qui a pris une si brillante part à l'épanouissement de la civilisa-
« tion française !

« A ce foyer de vive lumière, à cette patrie des lettres, des sciences, des beaux-
« arts, sublimes productions du génie, qui font le charme de la vie des hommes,
« et la vraie grandeur des nations :

« A la ville de Paris ! »

Après ce discours la musique de la garde républicaine entonna la Marseillaise
qui fut religieusement écoutée.

. . . .

A huit heures les invités du banquet se rendirent dans les autres salons et
dans la salle du conseil où le café fut servi. Pendant ce temps on procéda à la
transformation de la salle des fêtes pour la réception des invités à la soirée. Vers
neuf heures et demie, cette salle, complètement débarrassée de tout ce qui figurait
au festin, fut ouverte de nouveau aux personnages politiques qui avaient assisté au
dîner ainsi qu'aux autres invités. La musique de la garde républicaine et les
chœurs de l'Opéra, se firent entendre tour à tour à cette belle soirée qui se prolon-
gea pendant une grande partie de la nuit et dont les Parisiens se souviendront
longtemps.

A l'extérieur, les habitants de la grande cité voulurent attester par leur présence la part qu'ils prenaient à l'inauguration de leur Hôtel de Ville, ils stationnèrent sur la place toute la soirée, se réjouissant dans leur admiration du
somptueux édifice, d'avoir une nouvelle maison commune où leurs revendications
et leurs intérêts devaient être défendus par leurs représentants au conseil municipal de Paris et au conseil général de la Seine, avec tout l'intérêt que leurs édiles
n'ont jamais cessé de leur porter.

Liste des statues des grands hommes et des femmes illustres, médaillons, bustes

ORNANT LES FAÇADES EXTÉRIEURES ET INTÉRIEURES DE L'HOTEL DE VILLE DE PARIS

LEUR POSITION EXACTE SUR L'ÉDIFICE ET LE PRIX DE REVIENT DE CHACUN D'EUX
TOTAL DE LA DÉPENSE

FAÇADE PRINCIPALE

I. *Parvis*

PRIX

Statue (Bronze). — La Science (figure assise), 2 m. 15 de hauteur, de Jules Blanchard. Commandée en 1885. Piédestal de la balustrade, à gauche de l'entrée. Statue exposée au Salon de 1886.. 9.000 f. »

L'Art (figure assise), 2 m. 15 de hauteur, de Laurent Marquest. Piédestal de la balustrade, à droite de l'entrée. Statue exposée au Salon de 1887............. 9.000 »

Groupe (Bronze). — Deux groupes d'enfants de 2 mètres de hauteur, de J. Allard. 12.000 »

Décoration des candélabres du parvis de Le Maire (Lacarrière et Delatour, fondeurs).. 8.000 »

Fonte de candélabres et canalisation du gaz............................... 17.800 »

55.800 »

II. *Partie latérale de gauche*

9 statues d'hommes célèbres (pierre). { Bailly, Ledru-Rolin, Pigalle, d'Alembert, P. L. Courrier, Fagon, Richelieu, Lesueur, Sauval (à 4.000 fr. l'une)............ 68.000 »

8 statues de ville (pierre). { Amiens, Rouen, Le Havre, Caen, Le Mans, Rennes, Brest, Nantes (à 4.000 fr. l'un).............

68.000 »

17

III. *Partie centrale dite Façade Boccador*

24 statues d'hommes célèbres (pierre). { Molière, Turgot, Lavoisier, Voltaire, Michel de Lallier, J. Goujon, Guillaume Budé, Pierre de Montreuil, A. de Harlay, Jean Bullant, Dumoulin, H. Estienne, Pierre de Viole, F. Miron, Mathieu Molé, Pierre de l'Estoile, Etienne Boileau, Boccador, Pierre Lescot, Germain Pilon, Mansart, de Thou, Pasquier, Le Nôtre (à 4.000 fr. chacune)............................ 96.000 »

96.000 »

Total général à reporter.......... 219.800 f. »

		Report général..........	219.800 f. »
4 figures de Renommées (bas-reliefs)........................		6.000 »	
2 statues (pierre).	La Seine (côté gauche du fronton, encadrant l'horloge).....................	8.000 »	
	La Marne (côté droit du fronton, encadrant l'horloge)..........................	8.000 »	
2 groupes (pierre).	L'Instruction (à gauche de l'horloge)......	12.000 »	
	Le Travail (à droite de l'horloge).........	12.000 »	
1 statue (pierre).	La Ville de Paris (au milieu de la partie supérieure du motif de l'horloge)......	6.000 »	87.000 » } 87.000 »
2 statues (pierre).	La Vérité...........................	7.000 »	
	La Vigilance........................	7.000 »	
4 figures de Renommées...		6.000 »	
4 statues (bronze). — Chimères à figures humaines, placées aux quatre angles du piédestal du Campanile.		7.000 »	
6 statues (bronze). — Chevaliers, sur la crête du comble.........		8.000 »	
(Dans ce prix de 8.000 fr. est compris celui des quatre autres statues de chevaliers qui sont posées sur les deux pavillons centraux (deux sur chacun).			

IV. *Partie latérale de droite*

9 statues d'hommes célèbres (pierre).	Fourcroy, Michelet, Pache, La Bruyère, Hérold, David, Rollin, Tourville, Catinat (à 4.000 fr. l'une)........	68.000 » } 68.000 »
8 statues de villes (pierre).	Bourges, Orléans, Tours, Poitiers, Limoges, Bordeaux, Toulouse, Montpellier (à 4.000 fr. l'une)............	

17

FAÇADE SUR LE QUAI

I. *Pavillon de gauche*

9 statues d'hommes et de femmes célèbres (pierre).	Mme Roland, Mme de Sévigné, Georges Sand, Béranger, Beaumarchais, d'Argenson, Charles Perrault, Boucher, Charles Lebrun (à 4.000 fr. l'une)............	36.000 »

II. *Partie centrale*

12 statues figuratives (pierre).	La Science, l'Histoire, la Poésie, la Musique, la Tragédie, la Comédie, la Sculpture, l'Architecture, la Gravure, la Peinture, l'Agriculture, l'Industrie (4.000 fr. chacune)..	48.000 »	196.600 »

III. *Pavillon de droite*

9 statues de personnages célèbres (pierre).	Mme Vigée Lebrun, Mme de Staël, Mme Geoffrin Lenoir, E. Delacroix, A. de Musset, Fréret, Marivaux, La Rochefoucauld (à 4.000 fr. l'une).............	36.000 »

IV. *Jardin de l'Hôtel-de-Ville*

Statue équestre (bronze).	Etienne Marcel, élevé au centre de la balustrade circulaire entourant le jardin.		76.600 »
	Modèle en plâtre...................	40.000 »	
	Travaux accessoires................	6.600 »	
	Reproduction en bronze...........	30.000 »	

	Total général à reporter....................	571.400 »

FAÇADE LOBAU

Report général.......... 571.400 f. »

I. Partie latérale de gauche

6 statues d'hommes célèbres (pierre).	Gros, Talma, Boileau, Saint-Simon, Gabriel, Arnaud (à 4.000 fr. l'une)................................	24.000	»
3 groupes (pierre).	Figures de génie avec attributs symbolisant les Beaux-Arts, les Sciences et les Lettres (à 6.000 fr. l'un)....	18.000	»

II. Partie centrale

2 lions assis à gauche et à droite de la porte d'entrée du pavillon sud.	Modèles en plâtre............... 12.000 » Reproduction en bronze .... 9.200 »	21.200	»	
5 statues d'hommes célèbres (pierre).	Barye, Jacquemont, H. Regnaud, Scribe, Th. Rousseau (à 4.000 fr. chacune)........................	20.000	»	
2 bas-reliefs en pierre figurant	La Vapeur, le Gaz (à 2.000 fr. chacun)............	4.000	»	
3 statues d'hommes célèbres (pierre).	Halévy, Cassini, Le Kain (à 4.000 fr. chacune).......	12.000	»	
2 bas-reliefs en pierre figurant	L'Architecture, la Peinture (à 2.000 fr. chacun)	4.000	»	
1 statue d'homme célèbre (pierre).	Picard	4.000	»	
14 statues de villes (pierre).	Nice, Marseille, Nîmes, Grenoble, Chambéry, Saint-Etienne, Clermont, Lyon, Besançon, Dijon, Troyes, Nancy, Reims, Lille (à 4.000 fr. chacune)..........	56.000	»	274.400 »
2 lions assis à gauche et à droite de la porte d'entrée du pavillon nord.	Modèles en plâtre............... 12.000 » Reproduction en bronze .... 9.200 »	21.200	»	
4 statues d'hommes célèbres (pierre).	Decamp, Villemain, Cochin, Burnouf (à 4.000 fr. chacune).....................................	16.000	»	
2 bas-reliefs en pierre figurant	La Photographie, l'Electricité (à 2.000 fr. chacun)	4.000	»	
3 statues d'hommes célèbres (pierre).	Daubigny, Sedaine, Chardin (à 4.000 fr. chacune).....	12.000	»	
2 bas-reliefs en pierre figurant	La Peinture, la Musique (à 4.000 fr. chacun)	8.000	»	
2 statues d'hommes célèbres (pierre).	Regnard, Malebranche (à 4.000 fr. chacune)..........	8.000	»	

III. Partie latérale de droite

3 groupes en pierre figurant des génies symbolisant	Le Génie civil, l'Industrie, l'Agriculture (à 6.000 fr. l'un).	18.000	»
6 statues d'hommes célèbres (pierre).	Camus, Billot, Lancret, Quinault, Clairault, Bougainville (à 4.000 fr. l'une).........................	24.000	»

Total général à reporter.......... 845.800 f. »

FAÇADE RIVOLI

Report général.......... 845.800 f. »

I. *Pavillon de gauche*

9 statues d'hommes célèbres (pierre).	Firmin Didot, Berryer, Foucault, Perronnet, Hérault de Séchelles, Boule, Ballin, Paul Delaroche, Bachelier (à 4.000 fr. l'une)..................	36.000 »	72.000 »

II. *Pavillon de droite*

9 statues d'hommes célèbres (pierre).	Godefroy Cavaignac, Viollet-le-Duc, Tronchet, Horace Vernet, Eugène Süe, Wilhem, Corot, Sylvestre de Sacy, D'Anville (à 4.000 fr. l'une).............	36.000 »	

COUR DU NORD

I. *Guichet Boccador*

Niches	dans la 1re travée à gauche. Archer du xve siècle. dans la 1re travée à droite. Archer du xve siècle. dans la 2e travée à gauche. Hallebardier du xive siècle. dans la 2e travée à droite. Sergent d'armes du xive siècle.	Modèles en plâtre 5.000 fr. l'un.	Fonte en bronze deux à 2.500 fr. l'un et deux à 2.600 fr l'un	30.200 »

II. *Façade Ouest*

8 médaillons d'hommes célèbres (pierre).	Poinsot, Duperrey, Percier, Brongniard, Lassus, H. Labrouste, Thouin, Couypel (à 600 fr. l'un).......................... 4.800	7.800 »	67.200 »
2 médaillons (pierre).	2 figures de Renommées placées aux écoinçons du tympan de la lucarne du comble. 3.000		

III. *Façade Est*

4 statues d'hommes célèbres (pierre).	Legendre, Lemoine, Hotman, Pierre Charon (à 4.000 fr. l'une)................ 16.000 »	23.200 »	
2 médaillons d'hommes célèbres (pierre).	Adam, Léon Cogniet (à 600 fr. l'un....... 1.200 »		
Statues (pierre). Tourelle de l'escalier.	4 cariatides à génies, 2 figures de femmes et 2 figures d'hommes alternées.......... 6.000 »		

IV. *Façade Sud*

2 bas-reliefs (pierre) au rez-de-chaussée.	L'Automne, l'Hiver..........................	6.000 »

Total général à reporter.......... 985.000 f. »

COUR CENTRALE

Report général.......... 985.000 f. »

I. Façade Ouest

2 bas-reliefs (pierre) dans le grand vestibule des escaliers Henri II.	Les Arts et les Sciences, l'Industrie et le Commerce (à 3.000 fr. l'un)...............................	6.000	»

II. Façade Nord

5 bas-reliefs (pierre) dans l'encastrement de l'œil de bœuf surmontant la porte.	La Chasse et la Pêche, la Sculpture et la Peinture, l'Eau et la Terre, la Sécurité et la Vigilance, le Printemps et l'Automne (à 3.000 fr. l'un)...............	15.000	»

36.000 »

III. Façade Sud

5 bas-reliefs (pierre) dans l'encastrement de l'œil de bœuf surmontant la porte.	L'Atelier et l'Ecole, le Jour et la Nuit, la Guerre et la Paix, la Moisson et la Vendange, la Récolte des fruits (à 3.000 fr. l'un)........................	15.000	»

COUR DU SUD

I. Guichet Boccador

		Modèle en plâtre 5.000 fr. l'un.	Fonte en bronze		
Niches	dans la 1re travée à gauche. Hérault d'armes du XVIe siècle.............			2.800	»
	dans la 1re travée à droite, Sergent du parloir aux bourgeois du XVIe siècle.			3.000	»
	dans la 2e travée à gauche. Hérault d'armes du XVIIe siècle...............			3.500	»
	dans la 2e travée à droite. Officier de ville du XVIIIe siècle................			3.200	»
		20.000 fr.		12.500 f. »	

32.500 »

46.300 »

II. Façade Ouest

8 médaillons d'hommes célèbres (pierre).	Dufresny, Lemercier, de Quincy, Berton, Hippolyte Lebas, Guérin, Cauchy, La Condamine à 600 fr. l'un).......................	4.800	»
2 médaillons (pierre).	2 figures de Renommées placées aux écoinçons du tympan de la lucarne du comble.	3.000	»

7.800 »

III. Façade Nord

2 bas-reliefs (pierre) au rez-de-chaussée.	L'Eté, le Printemps.......................	6.000	»

Total général à reporter............ 1.067.300 f. »

Report général.......... 1.067.300 f. »

IV. *Façade Est*

4 statues d'hommes célèbres (pierre).	Trudaine, Favart, Largillière, Patru, (à 4.000 fr. l'une)................ 16.000 »	17.200 »	
2 médaillons de personnages célèbres (pierre).	Samson, Mlle Mars (à 600 francs l'un).... 1.200 »		17.200 »
	4 cariatides à gaines, 2 figures de femmes et 2 figures d'hommes alternées. (Prix compris dans la cariatide de la cour nord).		

Salle des Prévôts

2 hauts reliefs (pierre) l'un à la porte de gauche, l'autre à la porte de droite.	Le Commmerce et l'Industrie, la Peinture et la Sculpture (à 4.000 fr. l'un)......................................	8.000 »

Salle Saint-Jean

4 statues (pierre) représentant	Le Suffrage universel, à gauche de la porte donnant sur le guichet de la conr du nord (à 6.000 fr. l'un)...........................	
	L'Education, à droite de la porte donnant sur le guichet de la cour du nord (à 6.000 fr. l'un)................................	24.000 »
	La Guerre, à gauche de la porte donnant sur le guichet de la cour du sud (à 6.000 fr. l'un)................................	
	La Paix, à droite de la porte donnant sur le guichet de la cour du sud (à 6.000 fr. l'un)...............................	

Sculpture intérieure

Escalier d'honneur..	117.700 »	
Vestibule intérieur des grands escaliers.................................	20.000 »	
Grands escaliers des fêtes..	60.000 »	
Salon d'introduction..	65.400 »	
Salon des cariatides..	5.000 »	503.750 »
Grande salle des fêtes..	46.300 »	
Portiques à arcades à gauche et à droite de la salle des fêtes............	52.000 »	
Grande salle à manger...	89.350 »	
Salon de réception sur le quai...	48.000 »	

Total général.......... 1.620.250 f. »

Cette dépense de 1.620.250 fr. est comprise dans la somme de 30 millions 547.161 fr. 55, montant du prix total de la construction de l'Hôtel de Ville de Paris.

Décoration picturale de l'Hôtel de Ville

Lorsque le gros œuvre de l'Hôtel de Ville fut achevé, il fallut s'occuper de le décorer intérieurement de peintures dignes de ce splendide et vaste monument. Le Conseil municipal, s'inspirant de cette pensée, autorisa par une délibération du 20 décembre 1888, dans la limite d'une dépense de 2.500.000 fr., imputable sur les fonds d'emprunts et payable en 7 annuités de 355.000 fr., chacune à partir de 1889, la décoration picturale intérieure de l'Hôtel de Ville.

Cette dépense fut divisée de la manière suivante :

Travaux commandés directement	1.341.200 f. »
Travaux mis au concours libre (y compris les primes et frais de concours)	480.000 »
Échafaudages, marouflage, dorure et travaux accessoires	510.000 »
Réserve pour dépenses imprévues	168.800 »
Total égal	2.500.000 f. »

M. Poubelle, préfet de la Seine, prit par suite, le 20 janvier 1889, un arrêté approuvant la délibération dont il s'agit, et autorisant, dans la limite de 2.500.000 fr., le crédit des dépenses à effectuer pour la décoration picturale intérieure de l'Hôtel de Ville, ainsi que la division indiquée plus haut.

En conséquence, les artistes dont les noms suivent furent chargés de l'exécution des travaux ci-après énumérés montant à la somme de 1.341.200 fr., savoir :

SALLE DES FÊTES	3 plafonds (Benjamin Constant; Gervex et Morot) à	20.000 f. l'un	60.000 fr.	122.200 f. »
	2 plafonds (Gabriel Ferrier) à	7.500 —	15.000 »	
	16 figures (Humbert; Paul Milliet; H. Bertaux et Wertz) à	2.500 —	40.000 »	
	6 camaïeux (Aublet) à	1.200 —	7.200 »	
	PRIX POUR UN ESCALIER			
GRANDS ESCALIERS DES FÊTES	4 panneaux à	5.000 —	20.000 »	71.000 »
	6 pénétrations à	1.500 —	9.000 »	
	3 travées de la nef à	1.000 —	3.000 »	
	2 arcs doubleaux composés de 10 caissons — Olivier Merson à	500 —	5.000 »	
	8 travées bas côtés à	1.500 —	12.000 »	
	4 petits arcs doubleaux à	500 —	2.000 »	
	1 coupole — Joseph Blanc à	12.000 —	12.000 »	
	4 pendentifs de la coupole à	2.000 —	8.000 »	
	Même répétition pour l'autre escalier dont les travaux ont été attribués à Olivier Merson moyennant le prix de	51.000 —	51.000 »	71.000 »
	et dont la coupole et les 4 pendentifs ont été confiés à Schouner, au prix de	20.000 —	20.000 »	

Total général à reporter........ 264.200 f. »

Aimé Morot, peintre. Lévy, phot.

LA DANSE A TRAVERS LES SIÈCLES

(Cette peinture orne le plafond de la grande salle des fêtes de l'Hôtel de Ville actuel).

		Report général..........	264.200 f.	»
GALERIES LATÉRALES AUX DEUX ESCALIERS.	16 paysages (Bernier, Victor Binet, E. Breton, Busson, Charnay, Demont, Gosselin, Hanoteau, Lelièvre, E. Michel, Pointelin, Raffaëlli, Vayson, de Vuillefroy, Yon, Zuber)......à	5.000 f. l'un		80.000 »
GALERIES DONNANT SUR LES COURS NORD ET SUD.	5 grands paysages (Jules Breton, Harpignies, Damoye, Pelouze, Rapin)................à	8.000 —		40.000 »
SALLE DES CARIATIDES.	7 tympans..... ⎫ 12 pénétrations. ⎬ Cabanel..............à 8 voussures.... ⎭ à à	3.000 — 2.000 — 3.000 —	21.000 » 24.000 » 24.000 »	69.000 »
GALERIE LOBAU, LATÉRALE A LA SALLE DES FÊTES.	2 grands panneaux (Baudouin et Cazin).....à 4 panneaux à l'entrée des bureaux de la Loggia (Blanchon, Delahaye, Clairin, Ehrmann)........................à 2 petits portiques à arcades (Barrias-Levy)...à	10.000 — 5.000 — 15.000 —	20.000 » 20.000 » 30.000 »	40.000 » 30.000 »
SALON LATÉRAL D'INTRODUCTION COTÉ SUD.	Décoration d'ensemble (Puvis de Chavannes)...			60.000 »
SALON LATÉRAL D'INTRODUCTION COTÉ NORD.	Décoration d'ensemble (Roll).............			60.000 »
ESCALIER D'HONNEUR.	1 plafond............................ 15 compositions (tympans et voussures) (Elie Delaunay)........................à	25.000 — 4.000 l'une	25.000 » 60.000 »	85.000 »

Grands Salons à arcades

SALON DES ARTS.	1 plafond.............. ⎫ Bonnat. ⎧ à 2 petits plafonds latéraux. ⎭ ⎩ ensemble 2 frises (Léon Glaize)..............ensemble 12 écoinçons (Chartran).................à 4 médaillons (Rivey)....................à 4 panneaux de figures (Tony-Robert, Fleury, Dagnant-Bouveret, Ranvier, Layrand).....à 4 panneaux de paysages (Gustave Colin, Français, Bellel, Lapostolet)...............à	20.000 — 5.000 — 25.000 — 1.250 l'un 500 l'un 7.000 l'un 5.000 l'un	20.000 » 5.000 » 25.000 » 15.000 » 2.000 » 28.000 » 20.000 »	115.000 »
SALON DES LETTRES.	1 plafond............. ⎫ Jules ⎧ à 2 petits plafonds latéraux. ⎭ Lefebvre ⎩ ensemble 2 frises d'ensemble (Cormon).............. 12 écoinçons (Albert Maignan)............à 4 médaillons (X) (1)....................à 2 dessus de portes (Urbain Bourgeois).......à 4 panneaux de figures (E. Thirion, H. Leroux, Henner, G. Callot).....................à 4 panneaux de paysages (Henri Saintin, Lansyer, Guillemet, X) (2)................à	20.000 — 5.000 — 25.000 — 1.250 l'un 500 3.000 l'un 7.000 5.000 —	20.000 » 5.000 » 25.000 » 15.000 » 2.000 » 6.000 » 28.000 » 20.000 »	121.000 »
		Total général à reporter.........	964.200 f.	»

(1) Travail confié ultérieurement à Mlle Forget.
(2) Travail confié ultérieurement à Berthelon.

			Report général.......	964.200 f. »
SALON DES SCIENCES.	1 plafond.............} Besnard..{ à 2 petits plafonds latéraux.} ensemble 2 frises (Lerolle)................ensemble 12 écoinçons (Carrière)..........à 4 médaillons (Marchal)...........à 2 dessus de portes (Duez)..........à 4 panneaux de figures (Jeanniot, Buland, Armand Berton, Rixens)...........à 4 panneaux de paysages (John Levis Brown, Lépine, Pierre Vauthier, Luigi Loir)....à	20.000 — 5.000 — 25.000 — 1.250 l'un 500 l'un 3.000 l'un 7.000 l'un 5.000 l'un	20.000 » 5.000 » 25.000 » 15.000 » 2.000 » 6.000 » 28.000 » 20.000 »	121.000 »
GALERIE LATÉRALE AUX SALONS A ARCADES.	13 travées, y compris la dorure et la peinture, accessoires évaluées à 50.000 fr. } Galland.{ à 2 pignons............................} { à	8.000 l'une 8.000 l'un	104.000 » 16.000 »	120.000 »
SALON D'ANGLE, PLACE LOBAU.	Décoration d'ensemble (Jean-Paul Laurens)...à	80.000 —	80.000 »	80.000 »
GRANDE SALLE A MANGER.	8 dessins de portes (Vollon)..............à	3.000 l'un	24.000 »	24.000 »
VESTIBULE COTÉ DU SALON DES LETTRES.	1 grand panneau (Lhermitte).............. 2 dessus de portes (Mouginot, Quost)......à	10.000 — 3.000 l'un	10.000 » 6.000 »	16.000 »
VESTIBULE COTÉ DU SALON DES SCIENCES.	1 grand panneau (Tattegrain)..............à 2 dessus de portes (Jeannin, Cesbron)......	10.000 — 3.000 l'un	10.000 » 6.000 »	16.000 »
			Total général.............	1.341.200 f. »

Les conditions réciproques entre la ville et les artistes furent les suivantes :

Chaque artiste devait, en ce qui concernait les emplacements, le choix des sujets, le mode d'exécution et autres questions d'application, se conformer aux décisions prises par la commission spéciale de l'Hôtel de Ville, telles qu'elles étaient consignées dans les procès-verbaux annexés au rapport général présenté par cette commission. Il devait en outre se conformer aux décisions ultérieures que pourrait prendre la commission sur les points non encore réglés.

Les commandes ne devaient être définitives qu'après acceptation par la dite commission des esquisses peintes, que les artistes ci-dessus désignés devaient établir, selon le cas, au dixième, au cinquième ou au quart de l'exécution, lorsqu'une échelle plus élevée devait donner une esquisse de dimensions par trop réduites.

Des acomptes pouvaient être payés aux artistes au fur et à mesure de l'avancement de la commande à eux confiée, sans que toutefois le montant des dits acomptes put dépasser les deux tiers de la valeur du travail effectué.

Le solde du prix alloué ne devait être accordé qu'après l'acceptation définitive du travail par la dite commission de l'Hôtel de Ville.

Après l'achèvement des travaux, les esquisses acceptées devaient être rendues à l'administration municipale, pour prendre place dans le musée des collections artistiques de la ville de Paris.

Gervex, peintre. — Lévy, phot.

LA MUSIQUE A TRAVERS LES SIÈCLES

(Cette peinture orne le plafond de la grande salle des fêtes de l'Hôtel de Ville actuel).

La ville se réservant la propriété exclusive des œuvres d'art qu'elle commande ou acquiert, aucune reproduction ne pouvait être faite sans autorisation spéciale.

Sur la somme importante de. . . . . . . 2.500.000 fr., il n'avait été payé au 1ᵉʳ janvier 1897 que celle de. . . . . . 1.484.347 , il restait donc à cette époque une somme de. . . . . 1.015.653 fr. à dépenser.

Depuis cette époque, un certain nombre d'artistes ont reçu, sur ce reliquat, le prix de quelques œuvres dont l'exécution postérieure a été la conséquence de commandes partielles.

En exécution de l'arrêté préfectoral du 27 janvier 1889 et à la suite des commandes et des concours qui en furent la conséquence, la décoration picturale de l'Hôtel de Ville se trouve actuellement telle qu'elle est décrite ci-après :

Grands Escaliers des Fêtes.
(CÔTÉ NORD)

COTÉ NORD	Décoration d'ensemble (en cours d'exécution), comprenant : 4 panneaux, 6 pénétrations, 3 travées de la nef ; 2 arcs doubleaux composés de 10 caissons, 8 travées bas côtés et 4 petits arcs doubleaux...................	Oliv. Merson.	51.000 fr.	71.000 »
PALIER SUPÉRIEUR DE L'ESCALIER NORD.	1 coupole : les mois républicains, 4 pendentifs : figures allégoriques (en cours d'exécution)...	Joseph Blanc.	20.000 »	

POURTOUR DES GRANDS ESCALIERS

COTÉ-GALERIE DES TOURELLES.	Vue de la plaine Saint-Denis.................	Raffaelli.....	5.000 »	
	Vue prise au bois de Chaville................	E. Breton....	5.000 »	
	Vue prise au boulevard des Invalides.........	Zuber.......	5.000 »	
	Paris vu des hauteurs de Bellevue............	Busson......	5.000 »	40.000 »
	Vue prise au square Cluny...................	Demont......	5.000 »	
	Vue prise au jardin d'acclimatation...........	Vayson......	5.000 »	
	Vue prise au jardin du Luxembourg.........	Le Liepvre-..	5.000 »	
	Vue de la fontaine du Châtelet...............	V. Binet.....	5.000 »	
CÔTÉ DE LA SALLE DES FÊTES.	Vue prise à l'île du Bas Meudon.............	Yon.........	5.000 »	
	Vue de la Seine à Billancourt................	Bernier......	5.000 »	
	Les bords de la Seine.......................	Hanoteau....	5.000 ».	
	Panneau (en cours d'exécution).............	De Vuillefroy.	5.000 »	40.000 »
	Vue prise au parc de Montsouris............	Pointelin....	5.000 »	
	Panneau (en cours d'exécution).............	Charnay.....	5.000 »	
	Un coin de la traversée de la Bièvre.........	Gosselin.....	5.000 »	
	Vue prise de l'étang de Villebon............	E. Michel....	5.000 »	
SALON DES CARIATIDES.	7 tympans..... (travail primitivement confié à 12 pénétrations. { Cabanel, décédé avant de 8 voussures.... (l'avoir commencé, et remis à.	Dubufe	21.000 » 24.000 » 24.000 »	69.000 »
SALON D'ARRIVÉE NORD.	Les joies de la vie (panneau décoratif) .... Deuxième panneau (en cours d'exécution)..... Quatre écoinçons id.	Roll	60.000 »	60.000 »
GALERIE DES TOURELLES NORD.	Vue prise d'Issy........................	Damoye.....	8.000 »	
	Vue de la Seine au pont de Solférino.........	Billotte......	8.000 »	24.000 »
	Vue du grand lac du bois de Boulogne (en cours d'exécution).............................	Lagarde.....	8.000 »	
ESCALIER D'HONNEUR.	Décoration des coupoles (en cours d'exécution).	Dubufe	85.000 »	85.000 »

Total général à reporter.......... 389.000 f. »

Georges Bertrand, peintre.
L'HYMNE DE LA TERRE AU SOLEIL
Lévy, phot.

(Cette peinture orne le plafond de la salle à manger de l'Hôtel de Ville actuel).

SOUS LA TROISIÈME RÉPUBLIQUE FRANÇAISE

			Report général	389.000 f. »
SALON D'ENTRÉE NORD.	Plafond : la Nature inspiratrice et éducatrice... 1re frise : les exercices physiques............ 2e frise : les exercices intellectuels.......... 4 écoinçons : physique, chimie, philosophie, astronomie .... Décoration ornementale.................	Bonis....... Mouré.......		
PORTIQUE NORD.	3 coupoles. 2 demi-coupoles. (Scènes de fêtes)..	F. Barrias...	15.000 »	15.000 »

Grande Salle des Fêtes.

PLAFOND.	La musique à travers les âges............... Les parfums................................ La ville de Paris conviant le monde à ses fêtes. Les fleurs................................. La danse à travers les âges.................	Gervex...... G. Ferrier... Benjamin Constant... G. Ferrier... Aimé Morot..	20.000 » 7.500 » 20.000 » 7.500 » 20.000 »	
VOUSSURES NORD.	La Flandre................................ La Picardie................................	Weerts......	2.500 » 2.500 »	
VOUSSURES EST.	Le Berry................................. La Champagne........................... La Bretagne.............................. La Bourgogne............................ L'Auvergne.............................. La Lorraine...............................	Ehrmann (au lieu de H. Bertaux)...	15.000 »	
VOUSSURES OUEST	L'Algérie................................. Le Lyonnais.............................. Le Languedoc............................. La Gascogne.............................. La Provence............................... La Guyane...............................	F. Humbert..	15.000 »	122.200 »
VOUSSURES SUD.	La Normandie............................. Le comté de Nice.........................	Milliet......	2.500 » 2.500 »	
HAUTS RELIEFS DANS LES VOUSSURES.	Décoration ornementale d'ensemble de la salle des Fêtes................................. Cariatides d'angles......................... Groupe de figures assises...................	Lavastre..... Carpezat..... Guifard..... Blanchard... Desbois...... Croisy.......	1.200 » 1.200 » 1.200 » 1.200 » 1.200 » 1.200 »	

Galerie Lobau.

COUPOLES.	Fête champêtre aux environs de Paris........ Panneau (en cours d'exécution).............. Panneau (en cours d'exécution).............. Le Rêve, la Naissance de Paris, la Lutte, la Renaissance, la Poésie, la Philosophie, 1790, L'histoire, 1889, la Science, l'Art, l'Industrie, la Paix, le Réveil .... Travaux d'établissement d'un square......... Panneau (en cours d'exécution).............. Le soir à Paris	Clairin...... H. Bertaux... Cazin....... Picard et Risler........ Blanchon.... Delahaye..... P. Beaudoin..	5.000 » 5.000 » 10.000 » 5.000 » 5.000 » 10.000 »	40.000 »

Total général à reporter.......... 566.200 f. »

			Report	566.200 f. »
PORTIQUE SUD.	3 coupoles, 2 demi-coupoles : Les heures de jour et de nuit..................	Henry Lévy..		15.000 »
SALON D'ENTRÉE SUD.	Plafond : Apollon et les Muses............... 1re frise : La peinture, la littérature......... 2e frise : La musique, la sculpture, l'architecture. 4 écoinçons : Lyrisme, harmonie, histoire, contemplation.....	H. Martin....		
	Tympans et décoration ornementale d'ensemble (en cours d'exécution)...............	Rigaux......		

Grande salle à manger

Plafond central : Hymne de la terre au soleil... Plafonds latéraux : La moisson et la Vendange.	G. Bertrand..		24.000 »
Décoration ornementale d'ensemble..........	Compan		

Salon Lobau (1)

Louis VI octroyant aux Parisiens leur première charte.............. Étienne Marcel protégeant le dauphin........ Répression de la révolte des Maillotins....... Henri II et Anne Dubourg................ Arrestation du conseiller Broussel........... Louis XVI à l'Hôtel de Ville................	Jean Paul Laurens		80.000 »
Décoration ornementale du plafond..........	Guifard.....		

Salon de passage

1 grand panneau : Entrée de Louis XI à Paris.	Tattegrain...	10.000 »		
Dessus de porte : Fleurs et attributs	Jeannin......	3.000 »		16.000 »
Dessus de porte : Fleurs et attributs	Cesbron	3.000 »		
Décoration ornementale d'ensemble..........	Guifard.....			

Salon des Sciences

1 plafond central ...	L'apothéose des sciences................	Bernard.....	20.000 »	
2 plafonds latéraux..	La météorologie, l'électricité...............		5.000 »	
2 frises............	L'enseignement de la science...............	Lerolle.....	25.000 »	
	La glorification de la science..............			
12 écoinçons.......	Figures symbolisant la science............	Carrière.....	15.000 »	
4 médaillons	Arago, Ampère, Cuvier, Lavoisier...........	Marchal	2.000 »	
2 dessus de porte ...	La physique............................	Duez.......	6.000 »	121.000 »
	La botanique...........................			
	L'air..................................	Jeanniot.....		
4 panneaux de figures.	Le feu................................	Rixens......	28.000 »	
	L'eau................................	A. Berton....		
	La terre..............................	Buland......		
	Vue du Val-de-Grâce, prise de la rue de la Santé	Luigi Noir...		
4 panneaux de paysages..........	Vue du bassin de l'Arsenal	P. Vauthier..	20.000 »	
	Vue du petit bras de la Seine au Pont-Neuf....	Lépine		
	Vue prise de l'île de la Grande-Jatte.........	E. Barau....		
	Décoration ornementale d'ensemble..........	Guifard.....		
		A reporter.........		822.200 f. »

(1) Les portraits de Pache et de Turgot qui devaient primitivement figurer dans ce salon furent remplacés ultérieurement par deux autres toiles.

Héraut d'armes sculpté par M. E. Frémiet et placé au bas de l'escalier d'honneur

			Report	822.200 f. »

Salon des Arts.

1 plafond central...	Le triomphe de l'art............	Bonnat......	20.000 »	
2 plafonds latéraux.	L'idéal, la vérité................		5.000 »	
2 frises............	La musique.......................	Léon Glaize..	25.000 »	
	La danse			
12 écoinçons......	Figures symbolisant les arts......	Chartran	15.000 »	
4 médaillons.......	P. Puget, Philibert Delorme, Poussin, Rameau..	Rivey.......	2.000 »	
	La sculpture...................	Layraud.....		115.000 »
	La musique....................	Ranvier......		
4 panneaux de figures	L'architecture.................	T. Robert-Fleury....	28.000 »	
	La peinture	Dagnan - Bouveret.....		
	Vue du pont Saint-Nicolas........	Lapostollet...		
4 panneaux de paysages	Vue prise à Bougival	Français....	20.000 »	
	Vue prise au Bas-Meudon	G. Colin....		
	La Marne au pont de Champigny...	Bellel.......		
	Décoration ornementale d'ensemble..........	Guifard		

Salon des Lettres.

1 plafond central....	Les muses.......................	J. Lefebvre...	20.000 »	
2 plafonds latéraux..	L'inspiration, la méditation........		5.000 »	
2 frises............	Histoire de l'écriture (temps anciens, temps modernes).......	Cormon	25.000 »	
12 écoinçons.......	Figures symbolisant les grandes œuvres littéraires........	Maignan.....	15.000 »	
4 médaillons.......	Molière, Victor Hugo, Michelet, Descartes.....	Mlle Forget..	2 000 »	
	La philosophie.................	G. Callot....		121.000 »
4 panneaux de figures	La poésie.....................	R. Collin....	28.000 »	
	L'éloquence...................	H. Le Roux..		
	L'histoire....................	Thirion......		
	Vue de la fontaine Médicis........	Guillemet....		
4 panneaux de paysages	Vue prise de l'île Saint-Denis	Berthelon...	20.000 »	
	Vue des Vieilles carrières d'Arcueil	H. Saintin...		
	Vue de la place de la Concorde......	Lansyer.....		
2 dessus de portes ..	L'histoire recueillant les leçons du passé......	Urb. Bourgeois.....	6.000 »	
	La philosophie affranchit la pensée			
	Décoration ornementale d'ensemble..........	Guifard.....		

Salon de passage.

1 grand panneau ...	Les Halles.....................	L'Hermite ...	10.000 »	
2 dessus de portes ..	Fleurs.........................	Quost.......	6.000 »	16.000 »
		Monginet....		

Salon d'angle de la place de l'Hôtel de Ville et du quai
(CABINET DU PRÉFET)

Paysage..........	Le siège de Paris................	Binet.......		

			A reporter........	1.074.200 f. »

			Report........	1.074.200 f. »

Galerie de la Cour du Sud
LONGEANT LES SALONS DES SCIENCES, DES ARTS ET DES LETTRES

Décoration d'ensemble comprenant 15 coupoles; chaque coupole renfermant 2 sujets symbolisant des métiers parisiens..............	Galland.....		120.000 »
Décorations des piliers.....................	J. Galland...		

Galerie des tourelles sud

Vue prise aux environs de Jumièges..........	Pelouze......	8.000 »	16.000 »
Vue prise au jardin du Luxembourg..........	Harpignies...	8.000 »	
Panneau (en cours d'exécution).............	Montemard ..		

Salon d'arrivée sud
(APPELÉ AUSSI SALON LATÉRAL D'INTRODUCTION COTÉ SUD)

1 panneau décoratif.	L'Été.................................	Puvis de Chavannes....		60.000 »
1 panneau décoratif.	L'Hiver...............................			

Palier supérieur de l'escalier sud

1 coupole...........	Les Chansons des rives de la Seine..........	Schommer...		20.000 »
4 pendentifs........	Figures allégoriques,.....................			

Grand escalier des fêtes

2 décorations d'ensemble (en cours d'exécution) comprenant : 4 panneaux, 6 pénétrations, 3 travées de la nef, 2 arcs doubleaux composés de 10 caissons, 8 travées bas côtés et 4 petits arcs doubleaux.....................	Olivier Merson......		51.000 »

			Total............	1.341.200 f.»

Au bas de l'escalier d'honneur conduisant au cabinet du Préfet de la Seine se trouve une statue en bronze représentant un héraut d'armes porte-lumière sculpté par M. Frémiet, dont une reproduction est donnée à la page précédente.

Inauguration de la statue d'Etienne Marcel

(15 juillet 1888)

N décret du 4 décembre 1882, signé par le Président de la république Grévy, autorisa l'érection d'une statue équestre en bronze d'Etienne Marcel dans un des squares de la capitale. Un concours fut aussitôt ouvert et l'exposition des modèles fournis eut lieu du 26 juin au 5 juillet 1883 au pavillon de la ville de Paris. Il fut en outre décidé que la statue du grand prévôt serait érigée le plus près possible de la place de Grève et de l'ancienne maison aux piliers qui fut sa demeure ; et c'est sur le côté gauche du somptueux palais municipal moderne, en avant du jardin qui borde le quai qu'elle fut dressée. Etienne Marcel à cheval, recouvert de son chaperon, fait face à la Seine et à l'ancienne cité ; il tient de la main gauche la bride de son coursier et de la main droite étendue, une épée et un rouleau déployé, sur lequel est gravée la grande ordonnance de 1357.

Cette majestueuse statue fut commandée au jeune sculpteur Idrac qui mourut avant d'avoir terminé son œuvre, et exprima le désir qu'elle fût achevée par son ami et collègue Marqueste. Elle est placée sur un socle en pierre de huit mètres de haut, dû à MM. Ballu père et fils, sur lequel est gravée l'inscription suivante :

**La ville de Paris
à Etienne Marcel
Prévôt des marchands
Mort en 1358**

L'inauguration de cette statue eut lieu le 15 juillet 1888 à neuf heures et demie du matin. A droite et à gauche du monument furent dressées deux estrades ; en face, le pavé avait été recouvert d'un plancher sur lequel furent rangées des banquettes réservées aux invités. Au nombre des assistants, étaient : MM. Poubelle, préfet de la Seine, Lozé, préfet de police, Pascal, représentant le président du conseil des ministres, Millerand, Achard, Rey, Bourneville, Hervieu et un grand nombre de conseillers municipaux et de maires des chefs lieux de canton venus à Paris à l'occasion de la fête du 14 juillet.

Aussitôt que la statue fut débarrassée de son voile, M. Darlot, président du conseil municipal monta à la tribune qui avait été dressée devant le monument et prononça un discours dans lequel il qualifia Etienne Marcel du nom de précurseur de la révolution française, dont le pays devait l'année suivante célébrer pompeusement le centenaire. Il représenta ce prévôt des marchands de Paris comme un homme extraordinaire, aux idées larges, aux vues supérieures, qui, en plein moyen

Statue équestre d'Etienne Marcel
Prévôt des Marchands de Paris
(Erigée le 15 juillet 1888).

âge, alors que ses contemporains courbaient la tête sous la puissance royale, avait dû les étonner par la hardisse de ses conceptions.

Il le montra comme restant seul debout et ne désespérant pas de son pays, alors qu'après la défaite de Poitiers, précédée de celle de Crécy, le roi était prisonnier avec la plus grande partie de la noblesse, alors que la France était envahie par les Anglais et les Navarrais, que des bandes de brigands la dévastaient et la pillaient et qu'enfin le découragement le plus complet s'était répandu dans tous les esprits.

M. Darlot rappela qu'Etienne Marcel convia Paris et la France, comme le fit plus tard en un jour sinistre, l'illustre Gambetta, à résister à l'ennemi, que sa plus grande préoccupation fut aussitôt de mettre Paris à l'abri d'un coup de main, de construire de nouveaux murs pour protéger la capitale, insuffisamment abritée par l'enceinte de Philippe-Auguste. Le président du Conseil municipal ajouta qu'Etienne Marcel leva des milices bourgeoises, qu'il présenta au Dauphin des réformes utiles, mais aussi que ce dernier, ombrageux, promettant, se retranchant sans cesse, rassembla une armée non pour défendre le pays, mais pour s'opposer en réalité aux idées d'indépendance du peuple parisien, chez lequel naissait déjà, sous l'inspiration de son chef, les germes de la liberté.

L'orateur termina son discours en répétant les dernières paroles prononcées par Etienne Marcel avant de mourir :

« Pourquoi voulez-vous me tuer, ce que j'ai fait, je l'ai fait pour le bien de
« tous, pour maintenir l'œuvre des Etats que vous-mêmes me fîtes jurer de main-
« tenir de tout mon pouvoir. »

M. Poubelle, préfet de la Seine, prit ensuite la parole :

« La statue d'Etienne Marcel, dit-il, est élevée sur l'emplacement même que
« Louis le Jeune concéda à perpétuité aux bourgeois de sa bonne ville, il y a
« 747 ans, c'est-à-dire en 1141.

« Etienne Marcel mit Paris à l'abri des ennemis du dehors et se trouva bien-
« tôt à la tête de vingt mille hommes armés.

« L'ordonnance votée par les Etats-généraux en 1357, sous l'inspiration
« d'Etienne Marcel et de l'évêque Robert le Coq, fut l'œuvre des trois ordres. Elle
« réclamait le bon ordre dans les finances, la sincérité des monnaies, l'abolition
« des commissions judiciaires, la formation d'une milice, une plus juste répar-
« tition des impôts, toutes mesures sages.

« Les hésitations, les erreurs, les fautes commises par Etienne Marcel
« doivent être imputées au malheur des temps et à la violence des circonstances. »

La statue élevée à Etienne Marcel qui peut être considéré comme le premier maire de Paris, est une des plus belles de la capitale.

Le conseil municipal de Paris, voulant encore honorer la mémoire d'Etienne Marcel, donna en outre son nom à une des plus belles rues de la cité parisienne. Un décret du 26 juillet 1883, déclara d'utilité publique dans le premier et deuxième arrondissement de la ville, le prolongement de la rue Etienne Marcel, entre les rues d'Argout et la place des Victoires, avec raccordement à cette place.

Réception des officiers et marins de l'escadre russe de la Méditerranée à l'Hôtel de Ville de Paris

(LES 17, 19, 20 ET 24 OCTOBRE)

Lorsque le Czar eut décidé que la visite faite par la flotte française à Cronstadt en 1891 serait rendue par une flotte russe à Toulon, le conseil municipal de Paris, dans sa séance du 12 septembre 1893, proposa d'envoyer à ce port français une délégation composée de MM. Humbert, président, Blondel et A. Muzet, vice-présidents, Hervieu Gros et Bernard, secrétaires, et Girou, membre du Conseil, pour inviter les officiers et marins russes à assister aux fêtes que la municipalité parisienne avait l'intention d'organiser en leur honneur.

Dans sa séance du 22 septembre 1893, le conseil fixa le programme des fêtes ainsi qu'il suit :

1° Invitation officielle à présenter aux officiers russes à Toulon ;
2° Réception à leur arrivée et séjour à Paris ;
3° Fêtes à l'Hôtel de Ville ;
4° Visite de la capitale ;
5° Souvenirs à leur offrir.

Les fêtes de l'Hôtel de Ville comprenaient un dîner de six cents couverts, analogue à ceux de l'inauguration de ce palais et de l'ouverture de l'exposition de 1889. Ce dîner devait être suivi d'une retraite aux flambeaux défilant sous les yeux des invités placés dans une marquise-salon installée sur le parvis de la façade.

La visite de la capitale comprenait un déjeuner au bois de Boulogne et le soir un bal dans les salons de l'Hôtel de Ville.

Le conseil décida en outre qu'une somme de 150.000 francs serait distribuée aux pauvres à l'occasion de la visite des officiers de l'escadre russe, et qu'une plaque de marbre serait posée, en commémoration de cette visite, sur la maison bâtie rue de la Cerisaie 10, sur l'emplacement de l'Hôtel Lesdiguières où descendit Pierre le Grand en 1717.

L'administration de la ville de Paris était composée au moment de la visite des officiers russes, ainsi qu'il suit, savoir :

	MM.
Préfet de la Seine	**Poubelle.**
Secrétaire général de la préfecture de la Seine.	**Félix Grelot.**
Préfet de police	**Lépine.**
Secrétaire général de la préfecture de police .	**Laurent.**

	Président	**Alphonse Humbert.**
	Vice-présidents. . . .	**Blondel.** / **Alexis Muzet.**
Conseil municipal.	Secrétaires	**Hervieu.** / **Paul Bernard.** / **Gros.** / **Caumeau.**
	Syndic.	**A. Maury.**
	Président	**Patenne.**
	Vice-président	**Bassinet.** / **Gibert.**
Conseil général. .	Secrétaires	**Laurent Cély,** / **Puech.** / **Davrillé des Essarts.** / **Picau.**

L'escadre russe, sous les ordres de l'amiral **Avelan** était composée des bâtiments désignés ci-après :

L'Empereur Nicolas Ier, cuirassé à tourelles, 604 hommes d'équipage, commandé par le capitaine de vaisseau **Diecker** ;

L'Amiral Nakhimoff, croiseur cuirassé, 567 hommes d'équipage, commandé par le capitaine de vaisseau **Lavrof** ;

Le Souvenir d'Azow, croiseur cuirassé, 525 hommes d'équipage, commandé par le capitaine de vaisseau **Tchoukine** ;

Le Rynda, croiseur de 1re classe, 322 hommes d'équipage, commandé par le capitaine de vaisseau **Krieger** ;

Le Téretz, canonnière de 1re classe, commandé par le capitaine de frégate **Lotschinsky.**

Cette flotte arriva à Toulon le 13 octobre 1893.

. . . .

Dès que la flotte russe fut signalée, un canot mena la délégation municipale de

Paris à bord de *l'Empereur Nicolas I*ᵉʳ, où l'invitation fut faite à l'amiral Avelan de venir assister aux fêtes que la capitale de la France préparait en son honneur.

Le 17 octobre, les officiers russes arrivèrent à Paris, gare de Lyon, où ils furent reçus par le président du conseil municipal et les préfets de la Seine et de police. Un cortège de vingt-deux voitures les mena au Cercle militaire par la rue de Lyon, la place de la Bastille, les grands boulevards et la place de l'Opéra. L'ovation faite par la foule fut prodigieuse, et les cris de : « *Vive le Czar ! vive la Russie !* » se firent entendre tout le long du parcours. Un déjeuner leur fut offert au Cercle militaire ; le lendemain, 18 octobre, ils furent reçus dans l'après-midi à l'ambassade de Russie et le soir ils assistèrent à un dîner suivi de bal au ministère de la guerre.

Le 19 octobre eut lieu le dîner offert par la municipalité dans la salle des fêtes de l'Hôtel de Ville qui fut décoré de la manière suivante :

Sur les deux terres-pleins de la place, on construisit deux nefs en forme de galère antique, ornementées et portant les statues de la République française et de la ville de Paris ; elles se faisaient face l'une à l'autre, étaient figurées sur la mer et devaient recevoir des musiques militaires et des choristes ; des lustres à verres blancs illuminaient ces groupes.

Devant l'Hôtel de Ville, au centre du bâtiment, une grande loggia couverte donnait accès dans la salle des prévôts.

L'avenue Victoria fut décorée de mâts supportant trois rangées de lustres et formant au-dessus de la voie, un velum lumineux terminé par un immense soleil de feu.

Des trophées maritimes formés de mâts de trente mètres de hauteur et ornés d'attributs et de drapeaux, étaient entourés de navires symboliques.

La décoration intérieure, qui fit l'admiration des officiers russes et des invités consistait en une large plate-bande de gazons et de fleurs entourant la cour en plantes vertes, en tentures d'or et en guirlandes.

Le nombre des invités présents au dîner fut de cinq cent quarante deux. Le banquet fut présidé par M. Carnot, président de la République, près duquel prirent place à la table d'honneur faisant face à la salle :

MM.

A sa droite
{
Le président du conseil municipal, Humbert ;
Le baron de Mohrenheim, ambassadeur de Russie ;
Challemel-Lacour, président du Sénat ;
Dupuy, président du conseil ;
De Giers, conseiller de l'ambassade de Russie ;
Guérin, ministre de la justice ;
Diecker, capitaine de vaisseau, commandant *l'Empereur Nicolas I*ᵉʳ ;
Le général Loizillon, ministre de la guerre ;
Krieger, capitaine de vaisseau commmandant *le Rynda* ;
Poincarré, ministre de l'Instruction publique et des Beaux-Arts.

RÉCEPTION DE L'AMIRAL RUSSE AVELANE A L'HOTEL DE VILLE DE PARIS

(Retraite aux flambeaux).

MM.

A sa gauche
- Le préfet de la Seine, Poubelle.
- L'amiral Avelan.
- Casimir Périer, président de la Chambre des députés.
- Develle, ministre des affaires étrangères.
- Le général Friederickz, attaché militaire russe.
- Peytral, ministre des finances.
- Tchoukine, capitaine de vaisseau, commandant le *Souvenir d'Azow*.
- L'amiral Rieunier, ministre de la marine.
- Lotschinsky, capitaine de frégate, commandant le *Téretz*.
- Viette, ministre des travaux publics.

Le dîner fut commandé à la maison Potel et Chabot ; le menu imprimé sur papier vélin, portait à l'angle supérieur les armoiries de la ville de Paris.

Les illuminations commencèrent à cinq heures et demie ; les sociétés chorales dont les membres étaient habillés en matelots se placèrent dans les nefs. A sept heures dix, les officiers russes arrivèrent par l'avenue Victoria ; à sept heures un quart, le président de la République fit son entrée dans le palais municipal, qui en ce jour de réjouissance était absolument féerique.

Des toasts furent portés d'abord par le président de la République à la santé de l'Empereur Alexandre III et de l'Impératrice de Russie, et au grand-duc Csarewitch, ensuite, par le baron de Mohrenheim, au président de la République, et à la ville de Paris, et enfin par le président du conseil municipal, aux nobles hôtes de la cité parisienne, à la Russie et à la France.

L'amiral Avelan, très ému, répondit à ces sympathiques manifestations en levant son verre à Paris la ville la plus hospitalière du monde.

Après le dîner, les invités se rendirent sur la loggia où se trouvaient déjà de nombreuses dames dans de splendides toilettes, afin de voir défiler la retraite aux flambeaux.

Un concert fut ensuite donné sous la direction de Taffanel, chef d'orchestre de l'Opéra ; une poésie d'Armand Sylvestre fut lue par mademoiselle du Minil de la Comédie Française ; le *ludus pro patria* d'Augusta Holmès fut récité par Mounet-Sully ; la marche héroïque d'Henri Regnault, musique de Saint-Saëns, et la Marseillaise terminèrent la soirée.

. . . .

Le vendredi 20 octobre, les officiers russes visitèrent les divers quartiers de la capitale.

Le premier itinéraire de cette promenade fut le suivant :

Départ du Cercle militaire à huit heures trente. — Bourse du commerce. — Halles centrales. — Conservatoire des arts et métiers. — Parc des Buttes-Chaumont. — Marché et abattoirs de la Villette. — Place de Clichy. — Place de la Concorde. — Parc Monceau. — Eglise russe. — Porte dauphine. — Jardin zoologique d'acclimatation.

Le deuxième itinéraire fût fixé comme suit :

Départ du jardin zoologique à deux heures. — Pont de l'Alma. — Lycée Buffon. — Place de Rennes. — Manufacture nationale des Gobelins. — Entrepôts. Place de la Bastille. — Palais de justice. — Sorbonne. — Place du Panthéon. — Palais du Luxembourg. — Palais royal et rentrée au Cercle militaire à cinq heures quarante-cinq.

Les officiers russes furent accompagnés dans cette visite par MM. Humbert, Blondel, Muzet, Hervieu, Paul Bernard, Gros, Caron, Maury, Levraud, Roussel, Sauton, Lamouroux, Cochin, Binder, Strauss, Hattat, Champoudry, Perrichont, Patenne et Vorbe.

Vingt-trois landaus formèrent ce cortège ; dans le premier, se trouvait l'amiral Avelan ayant près de lui le président du conseil municipal, le préfet de la Seine et le général Chanoine, président du Cercle militaire.

Un déjeuner fut offert aux officiers russes dans le palmarium du jardin zoologique d'acclimatation.

Un bal eut lieu le 20 octobre 1893 dans les salons de l'Hôtel-de-Ville ; la salle des prévôts fut réservée pour des divertissements spéciaux comprenant des danses anciennes exécutées par le ballet de l'Opéra, sous la direction de son chef, Edouard Mangin, et de vieilles chansons interprétées par madame Amel, de la Comédie Française. A une heure du matin, un groupe de tziganes russes remplacèrent les artistes français et exécutèrent des danses avec chants jusqu'à la fin du bal.

Le 21 octobre, les officiers de l'escadre russe assistèrent à un déjeuner à l'ambassade de Russie ; le lendemain 22, jour des obsèques nationales du maréchal de Mac-Mahon, ancien président de la République, les fêtes cessèrent afin de s'associer au deuil de la France ; le 23, les Russes déjeunèrent au ministère de la guerre, assistèrent dans la journée à un carrousel dans la galerie des machines au Champ de Mars, et le soir à un dîner dans la galerie de trente mètres organisé par la presse parisienne.

Le 24 octobre, jour du départ des officiers russes, le président de la République leur donna, au palais de l'Elysée, un déjeuner d'adieu.

Enfin les fêtes furent terminées par une représentation de gala à l'Opéra, où se trouva réunie l'élite de la société parisienne et dont le programme fut le suivant :

Ouverture du *Roi de Lahore*, de Massenet ;
Quatrième acte d'*Hamlet*, d'Ambroise Thomas ;
Hymne à Victor Hugo, de Saint-Saëns ;
Salambo (scène de la terrasse), de Reyer ;
Danse du ballet de *Patrie*, de Paladilhe ;
Cinquième acte de *Faust*, de Gounod ;
Entr'acte et final de la *Vie pour le Czar*, de Glinka ;

Cette brillante soirée fut terminée par des danses polonaises et circassiennes et par le chant de l'*Hymne Russe*.

. . . .

Les hôtes de Paris quittèrent la capitale le même soir, en deux trains, à 1 heure 35 et 1 heure 50.

Au nombre des cadeaux qui furent donnés aux officiers et marins russes figuraient les suivants : Une reproduction de la paix armée, de Coutan, en argent, donnée à l'amiral Avelan, et 5 autres reproductions de cette œuvre exécutées en bronze, destinées à être placées dans le carré des officiers de chacun des bâtiments de l'escadre russe. Chaque officier reçut en outre une reproduction du bas relief de la *Pensée* de Chopin, qui fut exécutée au nombre de 130. Cette œuvre remarquable représente une femme assise qui soulève un voile au-dessus de la tête et regarde au loin, et chaque marin emporta en souvenir de son voyage en France une épingle enfermée dans un écrin et portant l'inscription suivante : La ville de Paris aux marins de l'escadre russe — Octobre 1893.

En souvenir des fêtes franco-russes, l'Empereur Alexandre III, désirant témoigner sa gratitude à l'accueil fait à ses marins par la ville de Paris, lui fit remettre un vase monumental en jaspe de l'Oural qui est actuellement placé dans les salons du Palais municipal, au centre de la salle des cariatides, en haut du double escalier conduisant au salon des Fêtes.

. . . .

Les visites qu'échangèrent entre elles les flottes française et russe, la première à Cronstadt et Saint-Pétersbourg, la seconde à Toulon et Paris, furent les premiers actes politiques faits en face de l'Europe, qui précédèrent l'alliance franco-russe, désirée dès 1887 par M. Katkoff, ami de madame Adam, et M. le général Vannowsky, et poursuivie diplomatiquement par MM. de Giers, Freycinet et Ribot en 1892, à Aix-les-Bains. Cette double alliance est la contre-partie de la triplice et maintient, avec la paix universelle, l'équilibre européen.

Réception de l'Empereur et de l'Impératrice de Russie à l'Hôtel de Ville de Paris

(7 OCTOBRE 1896)

ès que le voyage en France et à Paris de l'Empereur et de l'Impératrice de Russie fut officiellement décidé et que la nouvelle en fut connue, tout fut préparé à l'avance afin de les recevoir le plus dignement et le plus splendidement possible.

Le Président de la République, Félix Faure, quitta Paris le dimanche 4 octobre pour aller à Cherbourg, au-devant du Czar Nicolas II et de l'Impératrice Alix, qui, embarqués sur l'*Etoile polaire*, devaient arriver dans ce port le lundi 5 octobre. Le chef de l'Etat était accompagné du président du Sénat Loubet, du président de la Chambre Brisson, du président du conseil Méline, du ministre des affaires étrangères Hanotaux, et de l'amiral Besnard, ministre de la marine. En outre, le baron de Mohrenheim et tout le personnel de l'ambassade russe, ainsi que le comte de Montebello, ambassadeur à Saint-Pétersbourg, le général de Boisdeffre, et les vice-amiraux Gervais et Salandrouze de Lamornaix, se rendirent également à Cherbourg dans le train présidentiel.

Le lundi 5 octobre, à trois heures, le yacht impérial l'*Etoile polaire* accosta le ponton de débarquement, et leurs majestés reçues par le président de la République et sa suite mirent le pied sur le sol français. Le Czar et l'Impératrice s'embarquèrent ensuite sur l'*Elan*, passèrent la revue de l'escadre du Nord, visitèrent le *Hoche* et dînèrent à la préfecture maritime.

Le départ pour Paris s'effectua le même jour à huit heures et demie du soir et le train impérial y arriva le 6 octobre à dix heures du matin. Paris était féerique en ce jour; la grande cité avait revêtu ses plus beaux atours; les monuments publics et les maisons étaient ornés de drapeaux et d'oriflammes aux couleurs française et russe, les arbres des Champs-Elysées avaient été couverts de fleurs artificielles, la population parisienne toute entière s'était portée à la rencontre de l'Empereur et de l'Impératrice de Russie. Le splendide cortège fut acclamé sur son parcours par de frénétiques vivats et se rendit à l'ambassade de Russie où leurs majestés descendirent.

A trois heures, le Czar vint rendre visite au président de la République, et à sept heures et demie un grand dîner de deux cent vingt-cinq couverts eut lieu à l'Elysée.

Le 7 au matin, leurs majestés visitèrent les principaux monuments de Paris ; Notre-Dame, le Palais de justice, le Panthéon, la Monnaie, l'Académie française où le président Legouvé leur souhaita la bienvenue. Dans l'après-midi, elles procédèrent à la pose de la première pierre du pont Alexandre III et se dirigèrent ensuite à l'Hôtel de Ville où elles arrivèrent à cinq heures et demie.

Journal l'Illustration.

RÉCEPTION DU CZAR A L'HOTEL DE VILLE
(7 octobre 1896).

L'administration municipale, grande organisatrice de la décoration de Paris, avait tenu à se surpasser dans l'appareil extraordinaire qui fut déployé pour la réception de nos illustres hôtes à l'Hôtel de Ville. A l'intérieur du palais, un escalier monumental fut improvisé pour conduire les souverains dans les salons qui avaient été décorés avec une profusion inouïe de lumières et de fleurs. A l'extérieur, des faisceaux de drapeaux ornaient la belle façade du monument, la porte centrale avait été garnie d'une marquise richement ornementée. Sur la place, on avait construit deux hémicycles à colonnades d'un élégant dessin, destinés aux chœurs, et se faisant face ; aux angles, on avait planté des colonnes rostrales aux armes de la ville, et des mâts enguirlandés de fleurs et surmontés de l'aigle russe.

Reçues au pied de la marquise du parvis par le président du conseil municipal entouré des membres du bureau et assisté du préfet de la Seine, leurs majestés impériales accompagnées du Président de la République, s'arrêtèrent au seuil de l'Hôtel de Ville dans la salle des Prévôts, où se trouvaient rassemblés les membres du conseil municipal, le corps diplomatique en grande tenue, les présidents du Sénat et de la Chambre, les ministres, etc., et là, le président du conseil municipal Pierre Baudin, prononça les paroles suivantes :

« J'ai l'honneur de présenter à vos majestés le conseil municipal de Paris et
« de leur offrir, avec ses souhaits de bienvenue dans cet Hôtel de Ville, les vœux
« que forme la grande cité pour leur bonheur et pour la prospérité de la Russie.

« Le peuple de Paris qui acclame en votre majesté, sire, son hôte et l'allié de
« la République française, s'est arrêté dans son labeur pour rendre à votre majesté
« et à sa majesté l'Impératrice, l'hommage que lui commandent ses traditions,
« l'amour de la patrie et sa foi dans les destinées des deux grandes nations
« unies ».

Après avoir assisté au concert donné dans la salle des Fêtes, l'Empereur et l'Impératrice de Russie et le Président de la République visitèrent les salons du palais municipal. En quittant l'Hôtel de Ville, le Czar remercia le président du conseil municipal de l'accueil dont sa majesté, l'Impératrice et lui, avaient été l'objet de la part de la population parisienne et de ses élus.

. . . .

Le 8 octobre, dans la matinée, leurs majestés se rendirent au musée du Louvre, dont elles parcoururent les salles ; à deux heures, elles se rendirent à Versailles par les Champs-Elysées et s'arrêtèrent en route à la manufacture de Sèvres. Arrivées à quatre heures au palais de Versailles, elles firent le tour du parc en voiture et visitèrent le château. A sept heures et demie eut lieu dans la galerie des Batailles, un dîner offert par le Président de la République. L'Empereur et l'Impératrice, accompagnés du Président Félix Faure, partirent à onze heures pour le camp de Châlons où ils assistèrent à une revue de l'armée. Après un déjeuner donné sous une tente au centre du camp, le train impérial ramena leurs majestés à la frontière.

Le Czar en quittant Paris remit cent mille francs pour les pauvres de la capitale.

. . . .

L'alliance franco-russe, qui fut préméditée lors des visites de la flotte française à Cronstadt et de la flotte russe à Toulon, fut d'abord confirmée au moment de celle du Czar à Paris, puis reconnue solennellement et effectivement pendant le voyage du président de la République française en Russie.

Félix Faure partit de Paris le 18 août 1897 pour se rendre à Cherbourg où il s'embarqua sur le *Pothuau*, débarqua à Péterhoff le 23 du même mois, se rendit à Saint-Pétersbourg, assista à l'inauguration du pont Troitsky, à la revue et au défilé de l'armée russe à Krasnoïé-Selo.

Au moment de son départ de Russie, le Président de la République donna à l'Empereur de Russie à bord du *Pothuau*, un déjeuner d'adieu où les toasts suivants furent portés :

1° Par le Président Faure :

« Je remercie Votre Majesté impériale et Sa Majesté l'Impératrice d'avoir si « gracieusement accepté de venir passer quelques instants sur un des bateaux de « notre flotte. J'en suis d'autant plus heureux qu'il m'est possible de leur dire, à « l'ombre de nos couleurs, combien je suis touché de l'hospitalité qu'elles nous ont « offerte et jusqu'à quel point nous sommes reconnaissants au peuple russe de « l'accueil grandiose qu'il a fait au Président de la République française. Votre « Majesté a voulu arriver en France escortée par les marins russes et français, « c'est au milieu d'eux qu'avec une profonde émotion je salue la Russie avant mon « départ. »

« La marine française et la marine russe doivent être fières de la part qu'elles « ont prise dès le premier jour dans le grand événement qui a fondé l'intime « amitié de la France et de la Russie. Elles ont rapproché des mains qui se tendaient « et permis à deux nations *amies et alliées*, guidées par un idéal commun de civi-« lisation, de droit et de justice, de s'unir fraternellement dans la plus sincère et la « plus loyale des étreintes. Je lève mon verre en l'honneur de Votre Majesté, de Sa « Majesté l'Impératrice. Au moment de me séparer d'Elles, je les prie de recevoir « les vœux ardents que je forme pour leur bonheur et celui de la famille impé-« riale. Au nom de la France, je bois à la grandeur de la Russie. »

2° Par l'Empereur de Russie :

« Les paroles que vous venez de m'adresser, monsieur le Président, trouvent « un vif écho dans mon cœur et répondent entièrement aux sentiments qui « m'animent ainsi que la Russie toute entière. Votre séjour parmi nous crée un « nouveau lien entre nos deux nations *amies et alliées*, également résolues à « contribuer de toute leur puissance au maintien de la paix du monde dans un « esprit de droit et d'équité. »

Les mots *nations amies et alliées* prononcés avec une intention réciproque par les chefs des nations Française et Russe, furent considérés aux yeux de l'Europe comme étant une preuve certaine de l'alliance franco-russe.

ARAGO (ÉTIENNE)

MAIRE DE PARIS

(4 SEPTEMBRE 1870)

Le nom d'Arago aussi cher à la science qu'à la démocratie, fut d'abord honorablement porté par un caissier de la Monnaie, habitant Perpignan (Pyrénées-Orientales). Ce modeste fonctionnaire eut quatre enfants :

Arago (Dominique-François), savant illustre, membre du gouvernement provisoire en 1848.

Arago (Jean), général au service du Mexique.

Arago (Jacques), homme de lettres.

Et Arago (Etienne-Vincent), maire de Paris, le 4 septembre 1870.

Arago (Etienne-Vincent) naquit à Perpignan le 9 février 1803, fit ses études au collège de sa ville natale, et fut admis à l'Ecole polytechnique en qualité de préparateur de chimie. Mais il quitta bientôt cette situation pour se faire vaudevilliste et acheta en 1829, à de Guerchy, le théâtre du Vaudeville qu'il dirigea jusqu'à l'incendie de cette salle en 1838. Dès sa jeunesse, il se lança dans les luttes politiques et entra dans la Charbonnerie. Il fit fermer les portes de son théâtre le 27 juillet 1830, distribua sur les barricades les armes qui étaient en réserve dans le garde-meuble du Vaudeville et donna le signal de la révolte contre les ordonnances de Charles X parues au *Moniteur* du 26 du même mois, et en vertu desquelles la liberté de la presse était suspendue, la chambre dissoute et une nouvelle loi électorale établie. Il combattit contre les troupes royales commandées par le maréchal Marmont, les 27, 28 et 29 juillet, installa le général Dubourg à l'Hôtel de Ville où il conduisit le général de Lafayette et accepta le commandement des jeunes gens qui se portèrent à Montrouge contre le duc de Chartres qu'il sut préserver du danger qui le menaçait.

Arago (Etienne) prit également part aux insurrections de juin 1832 et d'avril 1834; mais il put se soustraire aux accusations dont il fut l'objet et défendit même la cause de ses amis incarcérés à Sainte-Pélagie. Il fonda à cette époque le journal la *Réforme*, se vit enlever le privilège de son théâtre et fut rédacteur au *Siècle* et au *National*. Après avoir été l'ami de Balzac, il devint celui de Ledru-Rollin, se lança dans la campagne des banquets réformistes, en 1847, et assista aux engagements les plus vifs pendant les journées de février 1848. Il s'empara de l'hôtel des postes dont il prit la direction générale par décret du gouvernement provisoire et conserva ces fonctions jusqu'à la fin de la présidence du général Cavaignac. Nommé représentant du peuple à l'Assemblée constituante par le département des Pyrénées-Orientales, il fit une vive opposition à la politique de l'Elysée, et signa la mise en accusation du prince Louis-Napoléon, Président de la République et de ses ministres à l'occasion du siège de Rome. Il ne fut pas réélu à l'Assemblée législative. A la suite de l'insurrection du 13 juin 1849 et de l'échauffourée des Arts et Métiers, il se réfugia en Belgique, fut condamné à la déportation par contumace, voyagea dans diverses contrées de l'Europe et rentra en France en 1859, où il vécut en s'occupant d'œuvres littéraires.

Lorsque les tristes événements de 1870 arrivèrent, Arago Etienne reparut sur la scène politique ; il fut nommé maire de Paris le 4 septembre par le gouvernement de la défense nationale, se fit remarquer dans ce poste difficile par son activité et provoqua une souscription pour acheter des canons. Afin d'éviter une émeute, il promit, le 31 octobre 1870, au nom du gouvernement, que les élections municipales auraient lieu au plus tôt. Cette promesse donna lieu à de vifs débats à la suite desquels il donna sa démission de maire dont il ne voulut pas recevoir le traitement.

Elu représentant à l'Assemblée nationale, le 8 février 1871, dans le département des Pyrénées-Orientales, il donna sa démission et rentra dans la vie privée.

Etienne Arago, qui était célibataire, était l'ami intime du président Grévy, il avait à l'Elysée ses grandes et petites entrées. Après avoir exercé les fonctions d'architecte de l'Ecole des Beaux-Arts, il fut nommé conservateur du musée du Luxembourg le 1er mars 1879. Etienne Arago mourut le 6 mars 1892 et fut remplacé en qualité de délégué dans les fonctions de conservateur au Luxembourg par Léonce Benedite, le 1er avril 1892.

ARAGO (FRANÇOIS-EMMANUEL-VICTOR)

MEMBRE DU GOUVERNEMENT PROVISOIRE ET DU GOUVERNEMENT DE LA DÉFENSE NATIONALE

(4 SEPTEMBRE 1870)

Arago (François-Emmanuel-Victor), fils de l'illustre astronome Dominique-François Arago, qui fut membre du gouvernement provisoire en 1848, et neveu d'Etienne-Vincent Arago qui fut maire de Paris le 4 septembre 1870, naquit à Paris le 6 août

1812. Reçu avocat en 1836, il se fit inscrire au barreau de Paris et plaida en 1839 en faveur de Barbès et de Martin Bernard poursuivis devant la Cour des pairs pour participation à l'insurrection du 12 mai 1839.

Lorsque la Chambre fut envahie le 24 février 1848, François-Emmanuel Arago y pénétra, protesta contre le projet de régence de la duchesse d'Orléans et lorsque la République fut proclamée, il fut nommé commissaire général du nouveau gouvernement à Lyon. Elu représentant des Pyrénées-Orientales, le 23 avril 1848 il fut presqu'aussitôt après nommé ministre plénipotentiaire à Berlin, et se démit de ces dernières fonctions le 10 décembre de la même année, date de l'élection du prince Louis-Napoléon Bonaparte à la présidence de la République, pour reprendre son siège à la Constituante. Réélu le 13 mai 1849 à l'Assemblée législative, il s'associa aux votes de la gauche républicaine contre la politique de l'Elysée.

Emmanuel Arago se retira de la vie politique au coup d'Etat du 2 décembre 1851, reprit sa robe d'avocat et défendit Berezowski, qui avait tiré en 1867 un coup de pistolet sur l'Empereur de Russie, et Delescluze qui s'était fait le promoteur de la souscription Baudin. Rentré au corps législatif comme député de la Seine, à l'élection du 22 novembre 1869, en remplacement de Jules Simon, il opta pour la Gironde et vota contre le ministère Ollivier, le plébiscite et la déclaration de guerre à l'Allemagne.

Après le désastre de Sedan et l'envahissement de la Chambre par la garde nationale et le peuple, il fut proclamé le 4 septembre 1870, à l'Hôtel de Ville, en sa qualité de député de Paris, membre du gouvernement provisoire et du gouvernement de la défense nationale. Lorsqu'une délégation fut envoyée en province, il fut chargé de la partie politique du ministère de la Justice. Il se trouvait à l'Hôtel de Ville au moment du mouvement insurrectionnel du 31 octobre, fut fait prisonnier par les envahisseurs et fut délivré par la garde nationale.

Après l'armistice, François Arago se rendit à Bordeaux avec Pelletan, Jules Simon, Garnier-Pagès, et fut chargé par décret du 6 février 1871, de l'intérim des ministères de l'Intérieur et de la Guerre lorsque Gambetta démissionna. Il cessa ces fonctions intérimaires les 12 et 19 du même mois lorsque le général Leflo, ministre de la Guerre, arriva à Bordeaux et qu'Ernest Picard prit le portefeuille de l'Intérieur. Elu député à l'Assemblée nationale par les Pyrénées-Orientales, le 8 février 1871, il soutint la politique de M. Thiers, combattit celle du 24 mai, et vota les lois constitutionnelles de 1875.

Elu sénateur des Pyrénées-Orientales aux élections du 30 janvier 1876, il fut réélu à celles du 8 janvier 1882. Nommé ambassadeur de la République française à Berne (Suisse), en 1880, il fut mis en disponibilité en avril 1894, et vint prendre sa place dans les rangs de la gauche démocratique du Sénat.

François-Emmanuel-Victor Arago mourut le 26 novembre 1896 à Paris. Son fils François Arago, secrétaire à l'ambassade de France, annonça la mort de son père aux autorités fédérales qui lui envoyèrent ainsi qu'à sa mère, un télégramme de **condoléances**.

SAY (LÉON)

PRÉFET DE LA SEINE

DU 5 JUIN 1871 AU 7 DÉCEMBRE 1872)

Say (Jean-Baptiste-Léon), fils d'Horace-Emile Say et d'Anne-Victorine Cheuvreux, et petit-fils de Jean-Baptiste Say, membre du tribunat, naquit à Paris, le 6 juin 1826. Issu d'une famille protestante originaire de Nîmes qui fut exilée en 1685, lors de la révocation de l'Edit de Nantes par Louis XIV, Léon Say s'occupa dès sa jeunesse d'économie politique et écrivit plusieurs ouvrages dont l'un est intitulé : « Examen critique de la situation financière de la ville de Paris ».

Elu député à l'Assemblée nationale le 8 février 1871, par les départements de la Seine et de Seine-et-Oise, il opta pour le premier de ces départements. Lorsque Jules Ferry donna sa démission de maire de Paris, le 5 juin 1871, Léon Say fut nommé préfet de la Seine. Il organisa en cette qualité les services municipaux des mairies de Paris sur un plan uniforme, réforma l'administration centrale, proposa un emprunt qui eut un grand succès, s'occupa avec intérêt des grandes questions touchant l'instruction publique et fit reconstruire les actes de l'état civil brûlés pendant la Commune. Après un voyage à Londres, accompli avec M. Vautrain, président du conseil municipal, Léon Say fut nommé ministre des Finances par M. Thiers, le 7 décembre 1872, en remplacement de M. de Goulard, et donna sa démission le 24 mai 1873. Il fut alors élu président du centre gauche à la Chambre des députés et se montra partisan de la République conservatrice. Lors de la discussion du budget de 1874, il fit un remarquable rapport concernant le paiement de l'indemnité de guerre et fut de nouveau nommé ministre des Finances dans le cabinet du 10 mars 1875 présidé par M. Buffet en remplacement de M. Bodet (Mathieu). A la suite de divergences d'opinions avec M. Buffet, il donna sa démission de ministre qui fut refusée par le maréchal de Mac-Mahon, président de la République, et fut nommé sénateur le 30 janvier 1876. Il conserva son portefeuille dans le cabinet du 9 mars 1876, présidé par M. Dufaure, et dans celui du 12 décembre 1876, présidé par Jules M. Simon et enfin se retira le 16 mai 1877. Après la victoire du parti républicain, il reprit le portefeuille des Finances le 13 décembre 1877, présidé par M. Dufaure, en remplacement de M. Dutilleul, et le conserva jusqu'au 3 février 1879. Ce fut sous son administration que le tarif postal des lettres fut abaissé à quinze centimes, et qu'eut lieu l'émission de cent treize millions de trois pour cent amortissable. Léon Say fut de nouveau ministre des Finances dans le cabinet du 4 février 1879, présidé par M. Waddington, et donna sa démission le 26 décembre de la même année, pour reprendre sa place au Sénat sur les bancs du centre gauche. Après avoir occupé le poste d'ambassadeur en Angleterre (30 avril 1880), il fut élu président du Sénat le 25 mai 1880.

Réélu sénateur de Seine-et-Oise, le 8 janvier 1882, Léon Say redevint président de la Chambre haute, fut appelé à reprendre le portefeuille des finances pour la sixième fois dans le cabinet du 30 janvier 1882 présidé par M. de Freycinet, en remplacement de M. Allain-Targé, et donna sa démission le 29 juillet suivant.

Directeur du *Journal des Débats*, libre-échangiste et conservateur libéral, Léon Say fut élu membre libre de l'Académie des sciences morales et politiques, le 12 décembre 1874, puis membre titulaire le 24 avril 1880, en remplacement de Michel Chevalier ; il fut nommé membre de l'Académie française le 11 février 1886, en remplacement d'Edmond About.

Léon Say était en outre président de la Société d'horticulture de France, depuis 1892. Il est mort le 21 avril 1896.

CALMON (MARC-ANTOINE)

PRÉFET DE LA SEINE

(DU 7 DÉCEMBRE 1872 AU 25 MAI 1873)

Calmon Marc-Antoine), fils d'un directeur général de l'enregistrement qui fut député du Lot de 1821 à 1848, naquit à Tamniès (Dordogne) le 3 mars 1815. Il fit son droit à Paris et entra au Conseil d'Etat en 1836, comme auditeur de deuxième classe. Nommé auditeur de première classe en 1836, il devint maître des requêtes en 1842, poste qu'il occupa jusqu'en 1852, époque à laquelle il se retira pour ne pas prêter serment.

En 1840, Calmon fut élu conseiller général du Lot pour le canton de La Bastide ; en 1862, il rentra dans le conseil pour le canton de Peyrac, fut de nouveau nommé, le 8 octobre 1871, pour les cantons de Peyrac et de Gourdon, et devint président du conseil général du département. Après avoir été député en 1846, il cessa de faire partie des assemblées politiques pendant la République de 1848 et l'Empire.

Lorsque M. Thiers, dont Calmon était l'ami intime, vint au pouvoir, il le nomma sous-secrétaire d'Etat au Ministère de l'Intérieur, le 23 février 1871. Il signa en cette qualité, l'arrêté d'expulsion du prince Jérôme-Napoléon Bonaparte qui était entré en France sans autorisation.

A la chute du cabinet Victor Lefranc, le sous-secrétaire d'Etat Calmon se retira le 30 novembre 1872, et fut nommé préfet de la Seine le 7 décembre de la même année en remplacement de M. Léon Say, nommé ministre des Finances. Il donna sa démission de préfet de la Seine le 25 mai 1873, lendemain du jour où M. Thiers quitta la présidence de la République pour la céder au maréchal de Mac-Mahon, et fut remplacé par M. Ferdinand Duval, le 28 du même mois.

Calmon entra le 14 décembre 1873 à l'Assemblée nationale comme député de Seine-et-Oise, et prit place au centre gauche dont il devint le vice-président.

Lors des élections des soixante-quinze sénateurs inamovibles par l'Assemblée nationale, Calmon fut élu au quatrième tour de scrutin, le 13 décembre 1875 par 349 voix sur 691 votants. Il fut nommé membre libre de l'Académie des sciences morales et politiques en remplacement de Pellat le 4 février 1872.

Calmon mourut le 12 octobre 1890 dans le département du Lot. Il publia divers ouvrages au nombre desquels sont :

« Les impôts avant 1789 ».

« William Pitt », étude financière et parlementaire.

« Histoire parlementaire des finances de la Restauration ».

DUVAL (ÉMILE-GUSTAVE-FERDINAND)

PRÉFET DE LA SEINE

(DU 28 MAI 1873 AU 25 JANVIER 1879)

Duval (Émile-Gustave-Ferdinand) naquit à Paris le 20 avril 1827, y fit son droit et se fit inscrire au barreau en 1853. Il fut secrétaire de M. Dufaure et fit partie de la rédaction du *Courrier du dimanche*.

Pendant la guerre de 1870-71, Duval fut nommé capitaine de la garde nationale où il se fit remarquer par la hauteur extraordinaire de sa taille, et fut décoré par le général Trochu, en raison des services qu'il rendit.

Malgré ses opinions orléanistes, M. Thiers lui confia en février 1871, la préfecture de la Gironde, qu'il administra jusqu'au 24 mai 1873 avec autant de zèle que d'habileté.

Lorsque le gouvernement du maréchal de Mac-Mahon succéda à celui de M. Thiers, le 25 mai 1873, Duval fut nommé, le 28 du même mois, préfet de la Seine en remplacement de M. Calmon. Il soutint contre le conseil municipal, qui ne lui fut jamais sympathique, des luttes fréquentes qu'il eut toujours le bon esprit de rendre les moins aigües possible. Il fut remplacé le 25 janvier 1879, par M. Ferdinand Hérold.

Pendant son séjour à la préfecture de la Seine, Duval administra les finances de la ville avec prudence, s'occupa beaucoup des travaux de voiries, d'assainissement, de restauration et d'embellissement de la ville. Il fut nommé conseiller municipal du quartier de Saint-Thomas-d'Aquin, 7e arrondissement (Palais-Bourbon), le 8 mai 1887, prit rang dans le groupe de la droite, et fut réélu les 27 avril 1890 et 16 avril 1893.

Duval fut promu officier de la Légion d'honneur le 6 mai 1874. Il mourut le 26 avril 1896.

HÉROLD (FERDINAND)

PRÉFET DE LA SEINE

(DU 25 JANVIER 1879 AU 1er JANVIER 1882)

Hérold (Ferdinand), fils du célèbre compositeur auquel le théâtre doit les charmants opéras *Zampa* et *Le Pré aux Clercs*, naquit à Ternes, le 16 octobre 1828. Après de brillantes études de droit, il fut reçu docteur et se fit inscrire au barreau de Paris. Au mois d'avril 1854, il acheta une charge d'avocat au conseil d'Etat à la cour de cassation, où il acquit rapidement la réputation d'un jurisconsulte distingué et devint membre du conseil de l'ordre. Il prit une part active à l'opposition contre le gouvernement impérial et fut compris dans le procès des Treize qui aboutit à une condamnation de cinq cents francs d'amende des prévenus. Il fut élu syndic du conseil de l'ordre des avocats à la cour de cassation en 1865.

Il publia de 1856 à 1862 divers articles de jurisprudence dans la *Revue politique du droit français*, dans le *Siècle* et le *Journal des Economistes*, prit part à la fondation du journal *La Tribune*, en 1868, et publia, en 1869, un ouvrage intitulé : « Le droit électoral devant la cour de cassation ».

Hérold (Ferdinand) fut nommé secrétaire du gouvernement de la défense nationale, le 4 septembre 1870, puis secrétaire général du ministère de la Justice et enfin, ministre de l'Intérieur par intérim, le 1er février 1871 ; il présida en cette dernière qualité aux élections générales du 8 du même mois. En avril 1871, il fut choisi par M. Thiers pour faire partie de la commission qui tenait lieu de conseil d'Etat.

Elu conseiller municipal en novembre 1872 par le quartier de Charonne, il fut réélu par le même quartier, le 29 novembre 1874, et fut choisi comme vice-président par le nouveau conseil en 1875.

Après avoir été nommé sénateur aux élections générales, Hérold devint préfet de la Seine le 25 janvier 1879, en remplacement de M. Duval. Pendant son administration préfectorale, sa préoccupation des intérêts communaux fut constante et l'aménité de ses relations fut appréciée de tous. Républicain et libre-penseur, ses actes furent en conformité de ses convictions.

Il dépensait dans ses fonctions une grande activité et travaillait nuit et jour, malgré la maladie dont il souffrait depuis longtemps. Herold mourut en activité de services, le 1er janvier 1882, à six heures du matin. Le jour de sa mort le *Journal Officiel* annonça sa nomination au grade d'officier de la Légion d'honneur. Selon ses volontés, ses obsèques furent purement civiles, et la ville de Paris en prit les frais à sa charge. Elles eurent lieu le 4 janvier 1882. Il fut enterré au Père-Lachaise. Hérold laissa deux fils, Ferdinand et Alphonse ; sa sœur avait épousé M. Clamageran qui fut ministre dans le cabinet du 6 avril 1885. Hérold fut remplacé à la préfecture de la Seine par M. Floquet le 5 janvier 1882.

FLOQUET (CHARLES)

PRÉFET DE LA SEINE

(DU 5 JANVIER AU 31 OCTOBRE 1882)

Floquet (Charles-Thomas), fils d'un officier comptable d'administration qui avait épousé Mlle Etcheverry, nièce du maréchal Harispe, naquit à Saint-Jean-Pied-de-Port (Basses-Pyrénées), le 2 octobre 1828. Il venait de terminer ses études au lycée Saint-Louis à Paris, lorsque la révolution de 1848 éclata. Reçu docteur en droit en 1851, il se lança dès sa jeunesse dans la politique, fit une énergique opposition à l'Empire et fut compris, en 1864, dans le procès des Treize avec Hérold, Jules Ferry, Garnier-Pagès, etc. Lorsque le Czar Alexandre II visita l'Exposition universelle de 1867, Floquet en robe d'avocat, le salua en lançant à son adresse les mots suivants : « Vive la Pologne, monsieur ». Bien qu'ayant figuré parmi les défenseurs dans le procès du complot de l'Opéra-comique et dans celui de Tibaldi, le meurtre de Victor Noir par Pierre Bonaparte, en 1870, lui permit d'offrir, dans cette circonstance, la virginité de son éloquente parole. A partir du 4 septembre 1870, son rôle politique devint plus actif. Nommé adjoint au maire de Paris, il substitua l'écharpe tricolore à l'écharpe rouge dont le maire Etienne

Arago s'était revêtu spontanément à la première heure, mit le soir même les scellés sur la salle des séances du Sénat, où il ne trouva d'ailleurs que deux membres, donna sa démission d'adjoint le 31 octobre suivant à la suite du refus du gouvernement de procéder immédiatement aux élections municipales, s'engagea dans le bataillon d'artilleurs commandé par Schœlcher et assista à la bataille de Champigny.

Le 8 février 1871, Floquet fut élu membre de l'Assemblée nationale, le vingt-neuvième sur quarante-trois, par le département de la Seine. Au lendemain de l'insurrection du 18 mars, il signa la protestation des députés de la Seine, s'occupa de tentatives de conciliation entre Paris et Versailles, donna sa démission de député, fut arrêté et enfin incarcéré pendant un mois au château de Pau, comme étant soupçonné d'avoir entretenu des relations avec la Commune. Il fut élu conseiller municipal dans le onzième arrondissement le 28 avril 1872, puis réélu le 29 novembre 1874, et nommé président du conseil municipal de Paris en mai 1875.

Le 20 février 1876, Floquet, élu député de Paris dans le onzième arrondissement, siégea à l'union républicaine, fut un des trois cent soixante trois membres qui se prononcèrent contre le cabinet de Broglie-Fourtou, fut réélu par le même arrondissement le 14 octobre 1877, devint vice-président de la Chambre en 1881, et fut de nouveau député de Paris à l'élection du 21 août 1881. Par décret du 5 janvier 1882, il fut nommé préfet de la Seine en remplacement de M. Hérold décédé, et donna sa démission de député. Dès son entrée dans l'administration préfectorale, il se déclara partisan de la mairie centrale de Paris, quitta la préfecture en juillet 1882, à la suite de l'annulation d'un ordre du jour du conseil municipal de Paris tendant à l'institution de cette mairie centrale, rentra quelques jours après sur un ordre du jour du même conseil l'invitant à conserver son poste, donna finalement sa démission et fut remplacé par M. Oustry le 31 octobre 1882. Il rentra à la Chambre le 22 octobre 1882 comme député des Pyrénées-Orientales, siégea à la gauche radicale, et fut élu président de la Chambre le 8 avril 1885. Aux élections du 4 octobre 1885 il fut nommé député par la Seine et les Pyrénées-Orientales et opta pour ce dernier département ; il redevint président de la Chambre à la session de 1886, et conserva ce poste d'honneur jusqu'au 3 avril 1888, date à laquelle il accepta la présidence du conseil des ministres avec le portefeuille de l'intérieur.

Charles Floquet fut un des plus grands adversaires du mouvement boulangiste. Le général Boulanger étant venu le 4 juin pour la première fois à la Chambre, afin d'y lire un manifeste, le président du conseil lui répondit par un discours qui eut les honneurs de l'affichage, et dans cette discussion s'adressant à son adversaire, lui dit : « A votre âge, Monsieur, Bonaparte était mort ». Le 12 juillet suivant, le général Boulanger, député du Nord, ayant proposé de dissoudre la Chambre, le président du conseil fit observer que le droit de dissolution était exercé par le Président de la République sous la responsabilité des ministres, mais que ces derniers n'étaient nullement résolus à le solliciter. Puis il ajouta : « Vous nous dites que nous faisons la guerre
« aux idées nouvelles et vous ne craignez pas vous que nous n'avons jamais connu

« dans nos rangs, vous qui avez passé des sacristies dans les antichambres... » Ces paroles soulevèrent un tumulte indescriptible. Le général Boulanger s'écria alors : « Dans une réponse amère qu'il a essayé de rendre spirituelle et qui me semble « échappée à la bouche d'un pion de collège mal élevé... ». . . . .

A la suite de cette séance orageuse, Floquet chargea MM. Clémenceau et Georges Périn de demander une réparation par les armes. MM. Laisant et Le Hérissé furent choisis comme témoins par le général Boulanger. La rencontre eut lieu le vendredi 13 juillet 1888 dans la propriété du comte de Dion. Le général reçut une blessure assez grave à la gorge.

Floquet donna sa démission de président du conseil et de ministre de l'intérieur le 14 février 1889, à la suite de la discussion sur la révision des lois constitutionnelles demandée par le gouvernement, et du vote d'ajournement indéfini de cette révision.

Nommé député de Paris aux élections de 1889, et réélu président de la Chambre, il dut céder ces fonctions au mois de janvier 1893 à M. Casimir Périer, à la suite des affaires du Panama.

Il fut élu sénateur de la Seine en 1894.

Floquet, qui avait épousé mademoiselle Kestner, fille du grand industriel alsacien de ce nom, mourut le 18 janvier 1896 des suites d'une congestion pulmonaire. Il éveillait, par ses paroles, par son extérieur et jusque dans sa mise, le souvenir des grands conventionnels qu'il prit pour modèles. Il se faisait volontiers l'égal de Mirabeau dont il invoqua un jour le nom en disant « Mirabeau et moi ». Quelques-uns de ses contemporains l'ont comparé à Saint-Just, et d'autres l'ont regardé comme étant le type du plus pur mais aussi du plus raffiné des Jacobins.

OUSTRY (LOUIS)

PRÉFET DE LA SEINE

(DU 31 OCTOBRE 1882 AU 19 OCTOBRE 1883)

M. Oustry (Louis), né à Rodez (Aveyron), ancien avocat au barreau de sa ville natale et bâtonnier de l'ordre, entra après les événements politiques du 4 septembre 1870 dans l'administration préfectorale où il obtint un avancement rapide dû aux services exceptionnels qu'il rendit dans les différentes préfectures qu'il administra. Il était préfet du Rhône lorsqu'il fut appelé, le 31 octobre 1882, à la préfecture de la Seine en remplacement de M. Floquet, démissionnaire.

M. Oustry n'était pas un personnage politique, et ce fut par une stricte application de l'avancement hiérarchique qu'il fut mis à la tête de la préfecture de la Seine. Le cabinet, en appelant à cette haute fonction un administrateur qui n'avait jamais été mêlé aux luttes parlementaires, voulut insinuer qu'elle ne devait pas être donnée exclusivement à des hommes politiques. Lorsque le nouveau préfet se présenta au conseil municipal de Paris le 6 novembre 1882, il était inconnu de la plupart de ses membres. Il leur déclara que sa vie politique commencée en 1848, avait eu la République pour mobile et pour but. Il fut en effet un de ceux qui essayèrent en 1851 de résister au coup d'Etat et subit à cette époque la transportation. Il quitta les fonctions publiques pendant les périodes des 24 mai 1873 et 16 mai 1877. Pendant son séjour dans le département du Rhône où il fut remplacé par M. Massicault, préfet de la Somme, il sut obtenir les sympathies de la démocratie lyonnaise et fut un défenseur ardent de la liberté.

En prenant son service à la préfecture de la Seine, M. Oustry demanda au conseil municipal de l'honorer de la cordialité de rapports qui avait rendu leur tâche facile à ses prédécesseurs et déclara qu'il espérait que l'amour du bien public, le dévouement à la République et à la patrie, établiraient entre le conseil et lui des liens sympathiques et durables.

M. de Bouteiller, président, remercia le nouveau préfet de ses paroles courtoises et le salua cordialement, en exprimant toutefois le regret que le gouvernement, rompant avec la tradition, ait choisi le « préfet-maire » en dehors des anciens élus de la capitale, ayant vécu de la vie parisienne et pénétrés de son esprit.

M. Oustry, pendant son séjour à la préfecture de la Seine, sut, dans plusieurs circonstances difficiles, maintenir les droits de l'administration sans porter préjudice aux intérêts de la démocratie. Il fut nommé chevalier de la légion d'honneur le 30 juillet 1878, promu officier le 12 juillet 1880 et commandeur le 12 juillet 1882. Il quitta les fonctions préfectorales le 19 octobre 1883, fut remplacé par M. Poubelle et nommé trésorier-payeur général du département de l'Eure-et-Loir.

M. Oustry mourut le 18 mars 1888.

POUBELLE (EUGÈNE-RENÉ)

PRÉFET DE LA SEINE

(DU 19 OCTOBRE 1883 AU 23 MAI 1896)

M. Poubelle (Eugène-René), né à Caen le 15 avril 1831, d'une ancienne famille normande, fit ses études et son droit dans sa ville natale. Reçu agrégé, puis docteur en 1859, il fut d'abord attaché à la faculté de droit de Caen, fut ensuite envoyé en disgrâce à celle de Grenoble comme chargé de cours, pour avoir refusé de signer une adresse de félicitations à l'empereur en 1859, lors de la signature de la paix de Villafranca, et fut de là envoyé à Toulouse pour occuper la chaire de code civil.

Au commencement de la guerre de 1870, M. Poubelle s'engagea comme artilleur dans une batterie de l'Ecole polytechnique, assista aux batailles du Bourget, de Champigny et de Buzenval. Il fut décoré le 8 février 1871 de la médaille militaire en récompense de sa belle conduite. Après la guerre, M. Thiers le nomma préfet de la Charente le 1er avril 1871 ; il passa de là à la préfecture de l'Isère, puis en Corse au 24 mai 1875 ; il donna sa démission de préfet et reprit sa chaire à la faculté de Toulouse.

Sous la présidence de M. Grévy, M. Poubelle fut successivement nommé préfet du Doubs en 1878, des Bouches-du-Rhône en 1879, et de la Seine, en remplacement de M. Oustry le 19 octobre 1883, poste qu'il occupa jusqu'au 23 mai 1896.

M. Poubelle monta à la tribune du conseil municipal le 22 octobre 1883 pour la première fois et s'exprima ainsi qu'il suit : « Bien que la nuit du 4 août ait emporté tous les privilèges, il en est un qui persiste et que je me contente d'envier. Je voudrais être Parisien, Parisien de naissance, tandis que je ne puis l'être que de sympathie et d'admiration. Me pardonnerez-vous cette tache originelle? Je ferais tout mon possible pour la faire oublier. »

M. Poubelle a largement tenu sa promesse ; il a fait pour Paris tout ce qui était en son pouvoir ; il sut traverser les orages de la tribune en conservant l'estime de tous. Pendant la durée de ses fonctions préfectorales, il fut souvent en contradiction avec le conseil municipal de Paris ; il apporta quelquefois aux décisions des représentants de la cité, une certaine opposition qui fut d'ailleurs toujours accompagnée de la plus grande réserve et du plus grand calme. Il s'occupa beaucoup du service des eaux dans lequel il apporta les plus utiles améliorations. Ce fut sous son administration, que s'élevèrent l'hôtel des postes, la bourse du commerce, la nouvelle Sorbonne, et que de nombreuses rues furent percées ou élargies.

M. Poubelle fut chargé en 1889, par le président Carnot, de se rendre à Magdebourg, lors de l'exhumation des restes de Lazare Carnot ramenés en France pour être déposés au Panthéon.

M. Poubelle en quittant la préfecture de la Seine fut nommé ambassadeur à Rome et remplacé à la tête de ce département par M. de Selves, directeur des postes et télégraphes. Il est actuellement en retraite et est rentré dans la vie privée depuis la mort de sa femme.

M. Poubelle fut nommé chevalier de la légion d'honneur le 12 juillet 1880, promu officier le 9 juillet 1883, et commandeur le 20 décembre 1886.

DE SELVES (JUSTIN)

PRÉFET DE LA SEINE

(DU 23 MAI 1896 ACTUELLEMENT EN FONCTIONS)

M. de Selves (Justin-Germain-Casimir), naquit à Toulouse le 19 juin 1848 ; il venait de terminer son droit et d'accomplir sa vingt-deuxième année, lorsque la guerre de 1870 fut déclarée à la Prusse. Sa première préoccupation fut de se mettre à la disposition de son pays pour le défendre contre l'envahissement de l'ennemi ; il partit comme lieutenant dans le bataillon des mobiles du Lot-et-Garonne, et fut nommé capitaine en récompense de sa belle conduite dans la bataille qui eut lieu devant Chartres. Il fut chargé par le gouvernement de la défense nationale de diriger les services administratifs du ministère de la guerre et se rendit à Bordeaux où on lui confia la sous-intendance de Toulouse, Montauban et Aurillac. M. de Selves s'acquitta des charges qui lui furent confiées avec un zèle et une compétence qui le firent remarquer et attirèrent l'attention du gouvernement. Malgré ses succès, il rentra dans la vie civile à la signature de la paix, et se fit inscrire au barreau de Montauban, et y fut bâtonnier des avocats.

En 1880, M. de Selves fut nommé préfet de Tarn-et-Garonne, poste qu'il occupa jusqu'en 1882 ; il passa de là à la préfecture de l'Oise, puis à celle de Meurthe-et-Moselle, et enfin à celle de la Gironde à Bordeaux où il resta jusqu'en 1890, date à laquelle il fut appelé à la direction générale des postes et télégraphes. Ce fut en cette qualité qu'il présida la conférence internationale télégraphique qui se tint à Paris du 1er mai au 15 juin 1890. L'année suivante il représenta la France au congrès postal universel de Vienne. Il fit en outre de nombreuses et utiles réformes dans le service des postes et télégraphes.

Par un décret du 23 mai 1896, M. de Selves fut nommé préfet de la Seine, en remplacement de M. Poubelle, auquel fut confié à la même date le poste d'ambassadeur près du Saint-Siège à Rome. A son arrivée à la préfecture de la Seine, M. de Selves donna de fréquentes réceptions tant à sa table que dans ses salons aux hauts fonctionnaires de son administration ; les municipalités de la ville de Paris lui offrirent en retour un banquet qui eut lieu le 11 décembre 1896, et les maires des communes suburbaines en donnèrent un autre en son honneur le 21 mars 1897.

M. de Selves fut nommé chevalier de la légion d'honneur en 1882, promu officier en 1885, commandeur le 10 juillet 1890 et élevé à la dignité de grand-officier le 18 janvier 1899. Il est en outre officier de l'instruction publique.

CAMESCASSE (JEAN-LOUIS-ERNEST)

PRÉFET DE POLICE

(18 juillet 1881 au 12 avril 1885)

M. Camescasse (Jean-Louis-Ernest), fils d'un ancien conseiller à la cour de cassation, naquit à Brest (Finistère), le 23 septembre 1838. Il se fit recevoir avocat et en raison de ses opinions ne voulut occuper aucune fonction publique sous l'empire. Le gouvernement de la République, sachant qu'il trouverait en lui un fonctionnaire aussi sûr que dévoué, le nomma préfet du Finistère en 1870, puis préfet du Loir-et-Cher et du Cher. A la chute de M. Thiers il donna sa démission. M. Camescasse fut réintégré dans l'administration comme préfet de la Haute-Saône et fut révoqué le 16 mai 1877. En décembre de la même année, il fut appelé à la préfecture du Pas-de-Calais, et trois ans après il devint directeur des affaires communales et départementales au ministère de l'intérieur et conseiller d'Etat en service extraordinaire.

Le 18 juillet 1881 M. Camescasse succéda à M. Andrieux comme préfet de police et occupa ce poste jusqu'au 26 avril 1885, date à laquelle il fut remplacé par M. Gragnon. Il fut élu député de Brest le 4 septembre 1881. Aux élections de 1885, il se porta simultanément dans le Pas-de-Calais et le Finistère, mais il échoua dans l'un et l'autre de ces départements. En 1886, la mort de M. Dussausoy ayant laissé une vacance de député dans le Pas-de-Calais, M. Camescasse fut élu et siégea jusqu'en 1889. Il devint sénateur de ce département au renouvellement sénatorial du 4 janvier 1891.

Pendant son séjour à la préfecture de police, M. Camescasse se trouva souvent en désaccord avec le conseil municipal; il sut maintenir l'ordre dans les rues, notamment aux enterrements de Blanqui et de Gambetta, et se montra particulièrement sévère pour les anarchistes qu'il poursuivit sans merci, et dont il prévint quelquefois les complots.

Lorsque les Chambres furent saisies d'un projet d'extension de l'article 435 du Code pénal, concernant les dynamiteurs, M. Camescasse fut nommé rapporteur de la commission sénatoriale chargée d'examiner ce projet.

On lui doit d'avoir fait entrer dans le service de la sûreté l'anthropométrie dont les importants résultats sont si utiles à la police. Lors du choléra de 1883, il élabora, de concert avec le conseil d'hygiène de la Seine, les mesures prophylactiques nécessaires en cette circonstance, et grâce auxquelles le terrible fléau put être enrayé. Il fut, à cette occasion, promu commandeur de la légion d'honneur.

M. Camescasse mourut le 8 juin 1897 à son domicile, 17, rue de Phalsbourg, à Paris, à l'âge de 59 ans.

LÉPINE (LOUIS)

PRÉFET DE POLICE

(DU 11 JUILLET 1893 AU 14 OCTOBRE 1897)
(ET LE 23 JUIN 1899.....)

M. Lépine (Louis), naquit à Lyon en 1846 ; il fit ses études au lycée de sa ville natale et vint les achever à Paris au lycée Louis-le-Grand. Lorsque la guerre de 1870 éclata, il s'engagea dans les mobiles du Rhône, fut désigné au moment du siège de Belfort, pour faire partie, comme sous-officier, du bataillon d'éclaireurs organisés par le colonel Denfert-Rochereau, fut blessé d'une balle prussienne et reçut la médaille militaire en récompense de sa courageuse conduite. Après la guerre, il s'inscrivit au barreau de Lyon et fut nommé successivement sous-préfet à La Palisse en 1877, à Montbrison en 1879, à Langres en 1880, et à Fontainebleau en 1881. Appelé à administrer la préfecture de l'Indre en 1885, M. Lépine devint secrétaire général de la préfecture de police à Paris le 20 novembre 1886, puis préfet de la Loire en 1891. Il se signala dans ce dernier poste par son intervention conciliante au moment des grèves de Rive-de-Gier. Il venait de passer de la préfecture de la Loire à celle de Seine-et-Oise depuis quelques jours, lorsque le gouvernement lui confia le 11 juillet 1893 la préfecture de police à Paris, en remplacement de M. Lozé.

A l'arrivée de M. Lépine à la préfecture de police, le conseil municipal de Paris renoua avec ce haut fonctionnaire les relations rompues avec son prédécesseur depuis le 5 juin 1893, à la suite des troubles du quartier latin et de la mort de Nuger.

M. Lépine fut nommé gouverneur général de l'Algérie le 1er octobre 1897 en remplacement de M. Lozé, non acceptant, et eut pour successeur à la préfecture de police, M. Charles Blanc, directeur de la sûreté générale, nommé par décret le 14 octobre 1897.

M. Lépine ne fut pas seulement un administrateur ferme et habile, il fut, pour le conseil municipal, un véritable collaborateur, il eut la sagesse de réclamer le contrôle de ce conseil pour l'établissement du budget de la préfecture de police. Il réglementa, en tenant compte des besoins de l'époque, la navigation et la circulation sur les voies publiques. Il prouva, ainsi qu'il le dit lui-même, en faisant ses adieux au conseil municipal, qu'en dépit des divergences politiques, des intransigeances de principe, on finissait toujours par s'entendre entre gens d'honneur qui se respectent et s'estiment, et que l'amour de la patrie constituait un terrain neutre où les mains se serrent et où les cœurs se rapprochent. Il a su faire aimer la police par la population parisienne parce qu'il les aimait lui-même également l'une et l'autre.

Il fut décoré de la légion d'honneur comme préfet de l'Indre, et promu officier le 1er janvier 1893; nommé commandeur le 31 décembre 1895, il fut élevé à la dignité de grand-officier le 6 février 1897.

M. Lépine fut de nouveau chargé de la préfecture de police le 23 juin 1899 en remplacement de M. Charles Blanc, à la suite des incidents qui survinrent aux champs de courses d'Auteuil et de Longchamp à l'occasion des grands-prix de l'année.

M. Lépine exerce actuellement ces fonctions.

CHARLES BLANC

PRÉFET DE POLICE

(DU 14 OCTOBRE 1897 AU 23 JUIN 1899)

M. Charles Blanc, fils de Xavier Blanc, ancien sénateur des Hautes-Alpes, naquit à Gap en 1857, fit ses études à Paris où il fut reçu docteur et se fit inscrire au barreau de cette ville. Il entra dans l'administration comme sous-chef de cabinet du ministre de l'agriculture, et passa au ministère du commerce lors de la formation du cabinet présidé par Gambetta.

M. Charles Blanc fut ensuite nommé sous-préfet aux Sables-d'Olonne en 1884, puis à Hazebrouck et à La Flèche. En 1889, M. Poubelle, préfet de la Seine, le choisit comme chef de son cabinet. Dans ce poste il sut se concilier la sympathie du conseil municipal de Paris qui lui conféra le titre de directeur du cabinet et lui vota un traitement spécial. En 1894, M. Charles Blanc fut appelé à diriger la préfecture des Deux-Sèvres et le 25 juin 1896, le ministre de l'intérieur M. Barthou, le nomma directeur de la sûreté générale, en remplacement de M. Poirson, appelé à la préfecture de la Manche. Enfin le 14 octobre 1897, M. Charles Blanc fut désigné pour remplacer à la préfecture de police de la Seine M. Lépine, nommé à la même date gouverneur de l'Algérie.

M. Charles Blanc est officier de la légion d'honneur depuis le 14 juillet 1897, et l'Empereur de Russie Nicolas II l'a promu grand'croix de Saint-Stanislas lors de son voyage à Paris. M. Charles Blanc quitta la préfecture de police en 1899 à la suite des événements qui eurent lieu aux champs de courses d'Auteuil et de Longchamp et fut remplacé par M. Lépine.

THÉODORE BALLU

ARCHITECTE DE L'HÔTEL DE VILLE

M. Théodore Ballu, qui obtint, en 1872, le numéro 1 dans le classement fixé par la commission chargée d'examiner les plans présentés par les architectes pour la reconstruction de l'Hôtel-de-Ville actuel, naquit à Paris le 8 juin 1817. Il devint élève de l'École des beaux-arts, se rendit en Italie et en Grèce pour étudier l'architecture ancienne, obtint le grand prix de Rome en 1840, et fut, à son retour, attaché en qualité d'inspecteur aux travaux de la ville de Paris.

Au nombre des nombreux travaux qu'il exécuta, il faut citer :

L'église de Sainte-Clotilde, en 1851-1854 ; l'église d'Argenteuil, en 1853-1856 ; la restauration de la tour Saint-Jacques la Boucherie, en 1853-1856 ; l'église de la Trinité, en 1867 ; le temple du Saint-Esprit, en 1862-1865 ; les églises Saint-Ambroise, en 1865-1869 ; Saint-Joseph, en 1868-1872, et enfin la tour de la mairie du premier arrondissement, en 1858-1864.

M. Théodore Ballu fut nommé chevalier de la légion d'honneur en 1857 et promu officier en 1869 ; il commanda, pendant le siège de Paris, en 1870-71, une compagnie du génie, et devint membre de l'Institut en 1872 en remplacement de M. Veaudoyer.

Il fut élevé au grade de commandeur de la Légion d'honneur lors de l'inauguration de l'Hôtel de Ville.

Les fatigues résultant des multiples travaux qu'il dirigea furent la cause de la maladie dont il mourut le 22 mai 1885, avant d'avoir vu terminé le splendide Hôtel de Ville que les Parisiens doivent à son génie.

Un modeste buste en marbre de M. Théodore Ballu, dû au ciseau de Barrias, a été placé au pied de l'escalier de l'Hôtel de Ville qui mène dans les bureaux de la préfecture de la Seine, près du héraut d'armes en bronze de M. Frémiet.

Liste des principaux ouvrages consultés

Jacques-Auguste de Thou	*Histoire universelle de Paris*	1543-1607
Jacques du Breul	*Théâtre des antiquités de Paris*	1639
Michel Félibien	*Histoire de la ville de Paris* (Mise à jour par D. Guy-Alexis Lobineau). Guillaume Desprez et Jean Desessartz, imprimeurs	1725
Alexandre de Laborde	*Paris municipe ou tableau de l'administration de la ville de Paris.* Firmin-Didot, éditeurs	1833
Président Hénault	*Abrégé chronologique de l'histoire de France, depuis Clovis jusqu'à la mort de Louis XVI,* continué jusqu'en 1830 par M. Michaud, de l'Académie des sciences	1836
G.-B. Depping	*Règlements sur les arts et métiers de Paris rédigés au XIIIe siècle et connus sous le nom du livre des métiers d'Etienne Boileau.* Crapelet, éditeurs	1838
M.-J. de Gaulle	*Nouvelle histoire de Paris et de ses environs.* Pourrot, éditeur	1839
J.-A. Dulaure	*Histoire de Paris*	1845
Le Roux de Lincy	*Histoire de l'Hôtel de Ville de Paris.* Dumoulin, éditeur	1846
	Biographie universelle (Michaud), ancienne et moderne, revue, corrigée et augmentée par une Société de gens de lettres et de savants. Mme C. Desplaces, Michaud, éditeurs	1854
Henri Bordier et Edouard Marton	*Histoire de France*	1859
	Nouvelle biographie générale depuis les temps les plus reculés jusqu'à nos jours, publiée par Firmin-Didot, frères, sous la direction de M. le Dr Hoefer	1855
Félix et Louis Lazarre	*Dictionnaire administratif et historique des rues et monuments de Paris*	1855-1879

Mortimer-Ternaux	*Histoire de la Terreur.* Michel Lévy, frères, éditeurs	1863
De la Chenaye, Dubois et Badier . .	*Dictionnaire de la noblesse.* Schlesinger, éditeur	1873
Histoire générale de Paris (Collection de documents publiés sous les auspices de l'édilité parisienne).	*Les jetons de l'échevinage parisien,* par feu A. d'Affry de La Monnoye. Imprimerie Nationale. MDCCCLXXVIII (1878). *La première bibliothèque de l'Hôtel de Ville de Paris.* Imprimerie Nationale (1873). *Etienne Marcel, Prévôt des Marchands, 1354-1358,* par F.-T. Perrens, inspecteur de l'Académie de Paris. Imprimerie Nationale (1874).	
Histoire de Paris	*Les métiers et corporations de la ville de Paris,* xiiie siècle. *Le livre des métiers d'Etienne Boileau,* publié par René de Lespinasse et François Bonnardot, anciens élèves de l'Ecole des Chartes. Imprimerie Nationale (1874).	
Charles Merruau	*Souvenirs de l'Hôtel de Ville de Paris,* E. Plon et Cie, éditeurs	1875
Edouard Fournier, A. de Montaiglon, A. Bonnardot, Jules Cousin, etc.	*Paris à travers les âges.* Firmin-Didot, éditeurs	1875
H. Wallon, membre de l'Institut. .	*Histoire du tribunal révolutionnaire de Paris.* Hachette et Cie, éditeurs. . . .	1880
P. Robiquet	*Histoire municipale de Paris*	1880
Charles Yriarte	*Histoire de Paris. Ses transformations successives.* Rothschild, éditeur.	1882
Marius Vachon.	*Hôtel de Ville de Paris, 1533-1871.* A. Quantin, imprimeur-éditeur.	1882
Histoire générale de Paris (Collection de documents publiés sous les auspices de l'édilité parisienne).	*Registre des délibérations du bureau de la ville de Paris,* par François Bonnardot, ancien élève de l'Ecole des Chartes. Imprimerie Nationale (1883).	
De Ménorval	*Paris depuis ses origines jusqu'à nos jours.* Firmin-Didot, éditeurs	1889-1892
P. Robiquet	*Paris et la Ligue sous le règne de Henri III.*	1886
Etienne Charavay	*Assemblée électorale de Paris,* 18 novembre 1790-15 juin 1891. Maison Quantin . .	1890
Paul Le Vayer, inspecteur des travaux historiques.	*Recueil des inscriptions parisiennes,* publié par les soins du service des travaux historiques	1891
Georges Veyrat	*Statues de l'Hôtel de Ville de Paris.* May et Motteroz	1892

G. Vapereau, inspecteur de l'instruction publique.	*Dictionnaire des contemporains.* Hachette et Cie, éditeurs	1893
Sigismond-Lacroix.	*Actes de la commune de Paris pendant la Révolution.* Maison Quantin.	1894
Jehan de la Cité	*L'Hôtel de Ville et la Grève à travers les âges,* d'après Ed. Fournier. Firmin-Didot et Cie, éditeurs	
Ernest Gay.	*Nos Ediles.* Nouvelle revue française illustrée	1895

LISTE DES ERRATA

Qui se sont glissés dans cet ouvrage, pendant le cours de son impression.

PAGES	LIGNES	AU LIEU DE	IL FAUT LIRE
6	15	que es magistrats.	que ces magistrats.
26	2	Jehan Arrode, 1282.	Jehan Arrode, 1289.
27	14	établi un parloër.	établi au parloër.
30	17	Philippe.	Philippe IV.
51	5 et 6	prince noir, à cause de la couleur de son armure, avec une armée de huit mille appelé le hommes.	appelé le prince noir, à cause de la couleur de son armure, avec une armée de huit mille hommes.
56	11	de 1356. Robert.	de 1356, Robert.
60	9	qui l'avait.	qui l'avoient.
68	40	31 juillet 1385.	31 juillet 1358.
91	12	11 janvier 1382.	11 janvier 1383.
96	14	de Pierre de Navarre.	Pierre de Navarre.
108	15	octroyés.	octroyé.
119	1	s'aggrandir.	s'agrandir.
143	1	des machands.	des marchands.
180	19	qu'un offre.	qu'une offre.
229	»	de Bragelongue.	de Bragelongne.
244	3	testamentaire.	testamentaires.
256	32	1589. Les	1589, les
270	8	reconstitués.	reconstituées.
272	22	Hellé.	Hallé.
363	29	et des deux compagnies.	et les deux compagnies.
378	4	installé.	installée.
386	»	251 dizeniers.	256 dizeniers.
391	2	15 avril.	13 avril.
416	30	petit-fils.	arrière-petit-fils.
491	2	(28 juillet).	(27 juillet).
496	12	cours alliés.	cours alliées.
566	31	qui reconnaissant.	qui reconnaissait.
567	30	se trouve.	sont.
577	16	de Naples, les reines.	de Naples ainsi que les reines.
577	28	des rois et des reines présentes.	des reines et des rois présents.
595	33	et surtout du dernier.	et surtout par ce dernier.

NOTA. — Plusieurs mots tels que :
Gallerie . . . . page 356
l'a dit. . . . . page 356
le droit de la nature et des gens obligent . . . . page 497

ont été ainsi reproduits, comme étant ainsi écrits dans le texte cité, savoir : les deux premiers dans la délibération de la ville; le troisième à l'*Officiel* du 3 août 1792.

TABLE DES ILLUSTRATIONS

PREMIÈRE PARTIE

Héraut d'armes (de M. Frémiet).. (*sur la couverture*)

	PAGES
Frontispice de l'armorial des prévôts des marchands et échevins de la ville de Paris, gravé par Beaumont, en 1740..	1
Sigillum mercatorum aquæ Parisius. — Sceau de MCC...........................	6
Saint Louis rend la justice, etc., fixe les corporations, etc. (A. Cabanel.).............	8-9
Fac-simile de la première page du Recueil des Ordonnances, etc., de la ville de Paris, de 1371 à 1547..	14-15
Bataille de Mons-en-Puelle (Larivière)..	32-33
Etienne Marcel sauvant le Dauphin (J.-P. Laurens).............................	62-63
La maison aux Piliers (Offbauer)...	71
Partie d'une tapisserie reproduisant la grève et l'Hôtel de Ville de Paris............	73
Entrée d'Isabeau de Bavière à Paris...	97
Hôtel des Ursins (XVIIIe siècle)...	109
Procession de la Fête-Dieu passant sur la place de Grève (XVe siècle)..............	111
Famille de Jean Juvenel des Ursins (XVe siècle)...............................	112-113
Portrait de Jean Bureau, prévôt des marchands.................................	126
Les échevins portant le dais lors de l'entrée de Louis XI à Paris...................	135
Entrée de Louis XI à Paris (Tattegrain).......................................	136-137
Portrait de Guillaume Budé, prévôt des marchands.............................	201
Anne du Bourg et Henri II à la séance du Parlement du 15 juin 1559 (J.-F. Laurens).....	224-225
Tournoi dans lequel Henri II fut mortellement blessé par Montgomery.............	226
Portrait de Christophe de Thou, prévôt des marchands..........................	228
La Saint-Barthélemy (estampe de la collection Hennin).........................	237
Assassinat de l'amiral de Coligny et aspect de la rue de Rivoly le jour de la Saint-Barthélemy (gravure du temps)..	240-241
La ligue sortant de l'Hôtel de Ville..	253
Entrée d'Henri IV à Paris..	270-271
L'Hôtel de Ville sous Henri IV. — Feu de la Saint-Jean.........................	273
Portrait de Jean Luillier, prévôt des marchands................................	274
L'Hôtel de Ville sous Louis XIII..	287
Entrée de Louis XIII à Paris, après la victoire de la Rochelle....................	291
Portrait d'Henri de Mesmes, prévôt des marchands.............................	297
Portrait de Nicolas de Bailleul, id.	299
Portrait du conseiller Pierre de Broussel......................................	311
Arrestation du conseiller de Broussel (J.-P. Laurens)...........................	312-313
Le cardinal de Retz et la Fronde..	314-315
Le corps municipal de Paris recevant le modèle de la statue de Louis XIV commandée au sculpteur Coysevox, en souvenir du banquet du 30 janvier 1687................	322-323
Offrande d'un tableau à l'église Sainte-Geneviève (Largillière)..................	324-325
Tableau représentant les magistrats de Paris de 1646 à 1650 (Philippe de Champaigne)...	328-329

	PAGES
Portrait d'Alexandre de Sève, prévôt des marchands	332
Le corps municipal de Paris recevant Louis XV à son retour de Metz	356-357
L'Hôtel de Ville de Paris au xviii® siècle, vu de l'hôtel des Ursins	359
Inauguration de la statue de Louis XV	368-369
Le corps municipal de Paris recevant l'annonce du traité de paix de Paris (Noël Hallé)	370-371
Portrait de Pierre-Antoine de Castagnère, prévôt des marchands	372
Portrait de Michel-Etienne Turgot, prévôt des marchands	374
Portrait de Jean-Baptiste-François de la Michodière, prévôt des marchands	380
Camille Desmoulins au Palais-Royal	397
Prise de la Bastille (14 juillet 1789)	401
Mort de Flesselles, prévôt des marchands	405
Bal donné sur l'emplacement de la Bastille	407
Arrestation de de Launey, gouverneur de la Bastille	409
Portrait de Jacques de Flesselles, prévôt des marchands	415

DEUXIÈME PARTIE

Frontispice de l'armorial de Beaumont	419
Vue extérieure de l'Hôtel de Ville de Paris en 1789 (arrivée de Louis XVI sur la place de Grève le 17 juillet)	481
Louis XVI entrant dans l'Hôtel de Ville (17 juillet 1789) (voûte d'acier), J.-P. Laurens	485
Une séance de la Commune de Paris en 1792 (d'après Prieur)	500
Portrait de Bailly, maire de Paris	504
Portrait de Pétion de Villeneuve, maire de Paris	506
Portrait de Manuel, procureur de la Commune	508
Portrait d'Anaxagore Chaumette, procureur de la Commune	515
Portrait d'Hébert, substitut de la Commune	523
Portrait de Robespierre (Maximilien), député à la Convention nationale	553
Le 9 thermidor à l'Hôtel de Ville	555
Robespierre au Salut Public (27 juillet 1794)	559
Fac-simile de la dernière lettre écrite par Robespierre, par laquelle il invite Couthon à rejoindre les patriotes à l'Hôtel de Ville	561
Portrait de Pache, maire de Paris	564
Portrait de Danton, membre du Salut public	566
Armoiries de la ville de Paris sous le premier Empire	582
Armoiries de la ville de Paris sous la Restauration	592
Portrait du comte de Rambuteau, préfet de la Seine	614
Lamartine haranguant le peuple à l'Hôtel de Ville de Paris (25 février 1848)	631
L'Hôtel de Ville de Paris et la place de Grève en 1855	648
Proclamation de la République à l'Hôtel de Ville de Paris (4 septembre 1870)	687
Proclamation du scrutin du 26 mars 1871 à l'Hôtel de Ville de Paris (28 mars 1871)	697
La Commune de 1871 à l'Hôtel de Ville de Paris (Cour Louis XIV)	701
Portrait de M. Alphand, inspecteur général des ponts et chaussées, directeur des travaux de Paris	725
L'Hôtel de Ville de Paris en 1899	732-733
La danse à travers les siècles (Aimé Morot)	743
La musique à travers les siècles (Gervex)	747
L'hymne de la terre au soleil (Georges Bertrand)	751
Héraut d'armes (statue équestre. E. Frémiet)	755
Statue équestre d'Etienne Marcel	760
Réception de l'amiral russe Avelane à l'Hôtel de Ville de Paris (retraite aux flambeaux)	764-765
Réception du Czar à l'Hôtel de Ville (7 octobre 1896)	769
Armes de la ville de Paris	(verso de la couverture)

TABLE GÉNÉRALE DES MATIÈRES

PREMIÈRE PARTIE

Articles préliminaires. — Histoire par règne de la Prévôté des marchands et de l'Hôtel de Ville de Paris, de 1263 au 14 juillet 1789

PAGES

Lutèce. — Le Parloir aux Bourgeois. — Les premiers magistrats de Paris.................. 3
Etienne Boileau et les Corporations. — Elections et fonctions des divers magistrats de Paris. — Division de Paris en Quartiers...................................... 7
Les Armoiries de la Ville de Paris jusqu'à la Révolution de 1789 14

L'HOTEL DE VILLE DE PARIS SOUS LES RÈGNES DE

Louis IX	Liste des prévôts des marchands et échevins....	18
	Biographies id. ...	19
Philippe III le Hardi	Liste des prévôts des marchands et échevins....	22
	Biographies id.	23
Philippe IV le Bel	Liste des prévôts des marchands et échevins....	26
	Biographies id. ...	27
	Les trois Gentiens, bourgeois de Paris.........	31
Louis X le Hutin	Liste des prévôts des marchands et échevins....	36
	Biographies id. ...	37
Philippe V dit le Long et Charles IV	Liste des prévôts des marchands et échevins....	40
	Biographies id. ...	41
Philippe VI de Valois	Liste des prévôts des marchands et échevins....	44
	Tournoi donné par les bourgeois de Paris......	45
Jean II dit le Bon et Charles V	Liste des prévôts des marchands et échevins....	50
	Nouvelle guerre entre la France et l'Angleterre. — Bataille de Poitiers.....................	51
	Réunion des Etats Généraux de 1357..........	55
	Etats Généraux de 1358	60
	Conduite du régent et d'Etienne Marcel. — La Jacquerie. — Mort d'Etienne Marcel.........	64
	La maison aux Piliers........................	71
	Privilège accordé par Charles V aux bourgeois de Paris....................................	74
	Officiers municipaux de Paris du 31 juillet 1358 à 1383	76
	Biographie d'Etienne Marcel	78
	Biographie de Charles le Mauvais.............	81
Charles VI	Liste des prévôts des marchands et échevins:....	86
	Révolte des Maillotins........................	88
	Entrée d'Isabeau de Bavière à Paris...........	96

		PAGES

L'HOTEL DE VILLE DE PARIS SOUS LES RÈGNES DE

Charles VI (suite)
- Assassinat du duc d'Orléans. — Révolte des Cabochiens.................................. 100
- Explications et rectifications relatives à certains officiers municipaux de Paris sous les règnes de Charles VI et de Charles VII............ 105
- Biographie de Jean Juvenel des Ursins........ 108

Charles VII
- Liste des prévôts des marchands et échevins... 114
- Constitution du Guet...................... 116
- Suspension de la juridiction municipale à Paris. 118
- Ordonnance relative aux élections des prévôts des marchands, échevins et conseillers (1450).................................. 120
- Biographies de prévôts et échevins.......... 124

Louis XI
- Liste des prévôts des marchands et échevins... 132
- Entrée de Louis XI à Paris................... 134
- Privilèges accordés par Louis XI aux bourgeois de Paris.................................. 137
- Biographie d'Hesselin, prévôt des marchands... 140

Charles VIII
- Liste des prévôts des marchands et échevins... 142
- Conduite du prévôt des marchands Jean du Drac lors de la réclamation de la couronne de France par Maximilien d'Autriche.......... 143

Louis XII
- Liste des prévôts des marchands et échevins... 146
- Ecroulement du pont Notre-Dame............. 148
- Elections du prévôt des marchands et des échevins du 17 août 1500..................... 151
- Liste des Conseillers et Quarteniers en 1500.... 152
- Fêtes données en l'honneur de l'entrée à Paris d'Anne de Bretagne....................... 154
- Transport de Blois à Paris du corps de Charles duc d'Orléans............................ 157
- Décisions prises par le bureau de la ville concernant les fortifications.................. 159
- Transport des restes d'Anne de Bretagne, de Blois à Saint-Denis....................... 160
- Entrée de Marie d'Angleterre à Paris.......... 162

François Ier
- Liste des prévôts des marchands et échevins... 166
- Funérailles de Louis XII. — Avènement de François Ier............................... 170
- Réception à Paris de la reine Claude, femme de François Ier............................ 172
- Mesures prises par la ville de Paris après la défaite de Pavie.......................... 174
- Traité entre la régente Louise de Savoie et Henri VIII, roi d'Angleterre................ 177
- Délivrance des enfants de François Ier, retenus captifs à Madrid, part contributive de la ville de Paris pour leur rançon................. 180

			PAGES
L'HOTEL DE VILLE DE PARIS SOUS LES RÈGNES DE	François Ier (suite)	Ordonnance relative aux élections des quarteniers, cinquanteniers et dizeniers...........	183
		Construction du quai du Louvre..............	186
		Fêtes données à l'occasion du couronnement à Saint-Denis et de l'entrée à Paris de la reine Eléonore d'Autriche.......................	187
		Construction de l'Hôtel de Ville. — Pose de la première pierre..........................	191
		Réception de Charles-Quint à Paris...........	196
		Décisions relatives à la construction de l'Hôtel de Ville.................................	199
		Biographies de prévôts des marchands et échevins....................................	201
	Henri II et François II	Liste des prévôts des marchands et échevins....	210
		Mort et funérailles de François Ier............	212
		Entrée de Henri II et de Catherine de Médicis à Paris...................................	215
		Un souper royal à l'Hôtel de Ville............	220
		Mariage du Dauphin François avec Marie Stuart, reine d'Ecosse......................	222
		Supplice d'Anne du Bourg sur la place de Grève....................................	224
		Biographies de prévôts des marchands et d'échevins....................................	228
	Charles IX	Liste des prévôts des marchands et échevins...	232
		La Saint-Barthélémy à l'Hôtel de Ville.........	234
		Biographies de prévôts des marchands et d'échevins....................................	242
	Henri III	Liste des prévôts des marchands et échevins...	246
		La ligue à l'Hôtel de Ville. — Journée des Barricades..................................	248
		Biographies de prévôts des marchands et d'échevins....................................	257
	Henri IV	Liste des prévôts des marchands et échevins...	266
		Reddition de la ville de Paris. — Entrée d'Henri IV................................	268
		L'Hôtel de Ville sous Henri IV (1606)..........	271
		Biographies de prévôts des marchands et d'échevins....................................	274
	Louis XIII	Liste des prévôts des marchands et échevins...	282
		Maintien des prévôts des marchands et échevins par la régente Catherine de Médicis.....	285
		L'Hôtel de Ville sous Louis XIII..............	286
		Bal masqué donné à l'Hôtel de Ville sous Louis XIII................................	289
		Entrée de Louis XIII à Paris à son retour de la Rochelle.................................	290

			PAGES
L'HOTEL DE VILLE DE PARIS SOUS LES RÈGNES DE	Louis XIII (suite)	Biographies de prévôts des marchands et d'échevins	293
	Louis XIV	Liste des prévôts des marchands et échevins	306
		Arrestation du conseiller de Broussel. — La Fronde à l'Hôtel de Ville	311
		L'Hôtel de Ville sous Louis XIV	319
		Création de la lieutenance de police par Louis XIV	320
		Visite de Louis XIV à l'Hôtel de Ville	321
		Offrande d'un tableau à l'église Ste-Geneviève	324
		Biographies de prévôts des marchands et d'échevins	327
	Louis XV	Liste des prévôts des marchands et échevins	348
		Visite faite au czar Pierre Ier de Russie par les magistrats de Paris	353
		Entrée de Louis XIV à Paris	357
		Entrée de Louis XV et de Marie Leczinska à Paris	362
		Le corps municipal de Paris à l'inauguration de la statue de Louis XV	367
		Annonce du traité de paix de Paris entre la France et l'Angleterre	369
		Biographies de prévôts des marchands et d'échevins	371
	Louis XVI	Liste des prévôts des marchands et échevins	382
		Publication à Paris du traité de paix de Versailles entre la France et l'Angleterre	384
		Composition du bureau de la ville de Paris au 1er janvier et au 15 juillet 1789, ainsi que de la juridiction de la prévôté de Paris	386-387
		Règlement du 13 avril 1789, divisant la ville de Paris en soixante districts	388
		Convocation des électeurs des soixante districts pour la nomination des députés du Tiers Etat	392
		Prise de la Bastille. — Evénements qui l'ont précédée et suivie. — Mort de de Flesselles, dernier prévôt des marchands	393
		Biographies des prévôts des marchands et d'échevins	412

DEUXIÈME PARTIE

Histoire de l'Hôtel de Ville de Paris, par règne ou gouvernement, du 15 juillet 1789 au 1ᵉʳ janvier 1900

PAGES

Article préliminaire.. 421

L'HÔTEL DE VILLE DE PARIS SOUS

Les trois dernières années du règne de Louis XVI

- Les administrateurs de la ville de Paris : du 15 juillet 1789 au 1ᵉʳ janvier 1790........ 425
- La municipalité de Paris en 1790 et décret de l'Assemblée nationale du 27 juin 1790........ 446
- La municipalité de Paris en 1791............. 454
- Nomination de Manuel en qualité de procureur de la commune........................... 459
- La municipalité de Paris en 1792............. 460
- Liste des soixante-seize citoyens élus par les 48 sections................................ 462
- Proclamation et réception des officiers municipaux élus par les sections. — Installation du Conseil général de la commune............ 465
- Désignation des administrateurs dans les divers départements........................... 467
- Installation du tribunal criminel de Paris au Palais................................... 468
- Installation du tribunal de commerce......... 470
- Commune de Paris de 1792. — Liste des commissaires des 48 sections....................... 471
- Description picturale de l'Hôtel de Ville avant la Révolution de 1789...................... 480
- Visite de Louis XVI à l'Hôtel de Ville de Paris.. 484
- Réception des soldats du régiment de Châteauvieux.................................. 488
- La Commune du 10 août 1792, son installation à l'Hôtel de Ville....................... 491
- Biographies des magistrats de Paris........... 504

la première République française

- Les administrateurs de la ville de Paris sous la Convention et la Commune de 1793. — Tribunal révolutionnaire. — Ses jugements........... 513
- Composition du Conseil général de la commune de Paris en 1793............................ 526
- Composition du Conseil général de la commune en 1794 et 1795 (jusqu'au 22 septembre 1795), 1ᵉʳ vendémiaire an IV...................... 533
- La municipalité de Paris sous le Directoire (du 27 octobre 1795 au 9 novembre 1799 et sous le Consulat du 9 novembre 1799 au 17 février 1800). Division du territoire de la commune de Paris en 12 municipalités.................. 539
- Composition de l'administration centrale et

			PAGES
L'HOTEL DE VILLE DE PARIS SOUS	la première République française (suite)	municipale de la commune de Paris (du 22 septembre 1795 au 17 février 1800)	541
		La municipalité de Paris sous le Consulat du 17 février 1800 au 18 mai 1804. Constitution de l'an VIII...............................	546
		Composition de la municipalité de Paris du 17 février 1800 au 18 mai 1804...............	551
		Le 9 thermidor à l'Hôtel de Ville de Paris (27 juillet 1794).............................	553
		Biographies de divers magistrats et fonctionnaires de l'Hôtel de Ville....	564
	le premier Empire français	Liste des fonctionnaires de l'Hôtel de Ville et officiers municipaux de Paris	574
		Rétablissement des armoiries de la ville de Paris sous le premier Empire...................	576
		Fête donnée à l'Hôtel de Ville de Paris le 3 décembre 1809, à l'occasion de l'anniversaire du couronnement de Napoléon Ier et de la conclusion de la paix avec l'Autriche.............	577
		Fête de nuit donnée par la ville de Paris à l'occasion du mariage de Napoléon Ier avec Marie-Louise, archiduchesse d'Autriche	579
		Lettres patentes de concession d'armoiries en faveur de la ville de Paris (29 janvier 1811)..	582
		Biographies de divers fonctionnaires de l'Hôtel de Ville.........................	584
	la Restauration	Liste des fonctionnaires de l'Hôtel de Ville et officiers municipaux de Paris sous le règne de Louis XVIII............................	588
		Liste des fonctionnaires de l'Hôtel de Ville et officiers municipaux de Paris sous le règne de Charles X...............................	590
		Les armoiries de Paris sous la Restauration....	592
		La Révolution de 1830. — Le duc d'Orléans à l'Hôtel de Ville.........................	594
		Biographie de divers fonctionnaires de l'Hôtel de Ville	602
	le règne de Louis-Philippe Ier	Liste des fonctionnaires de l'Hôtel de Ville et officiers municipaux de Paris..............	606
		L'Hôtel de Ville de Paris sous Louis-Philippe...	610
		Biographie de divers fonctionnaires de l'Hôtel de Ville	612
	la deuxième République française	Liste des fonctionnaires de l'Hôtel de Ville et officiers municipaux de Paris..............	621
		La Révolution de 1848. — Proclamation de la deuxième République française à l'Hôtel de Ville de Paris...........................	624
		Biographies de divers fonctionnaires de l'Hôtel de Ville	635

TABLE DES MATIÈRES

PAGE

L'HOTEL DE VILLE DE PARIS SOUS

le deuxième Empire français

- Liste des fonctionnaires de l'Hôtel de Ville et officiers municipaux de Paris........... 642
- Commission municipale et départementale..... 644
- Extension des limites de Paris. Fixation et dénomination des arrondissements. Composition du Conseil municipal et de la commission départementale.......................... 647
- Biographies de divers fonctionnaires de l'Hôtel de Ville 649

la troisième République française

- Liste des fonctionnaires de l'Hôtel de Ville et officiers municipaux de Paris........... 656
- Présidents du Conseil général de la Seine (de 1871 à 1900)................................ 661
- Conseillers généraux (de 1871 à 1893)......... 662
- Liste des Conseillers généraux (de 1893 au 1er janvier 1900)........................... 664
- Présidents du Conseil municipal de Paris...... 665
- Syndics (de 1871 à 1900).................... 669
- Liste générale des Conseillers municipaux de Paris (du 23 juillet 1871 à 1900)......... 669-681
- Déchéance de l'Empire au Corps législatif et Proclamation de la République à l'Hôtel de Ville 4 septembre 1870)................... 682
- Description de l'Hôtel de Ville de Paris avant l'incendie du 24 mai 1871.. 691
- La Commune à l'Hôtel de Ville (du 18 mars au 24 mai 1871)............................... 696
- Incendie de l'Hôtel de Ville de Paris, de ses archives et de sa bibliothèque (Historique de cette dernière) 24 mai 1871 709
- Reconstruction de l'Hôtel de Ville de Paris (25 mai 1872)............................... 714
- Arrêté fixant les conditions du concours public pour la reconstruction de l'Hôtel de Ville de Paris... 720
- Compte rendu du Jury, chargé de l'examen des projets de reconstruction de l'Hôtel de Ville. — Choix du plan présenté par les architectes Ballu et de Perthes...................... 727
- Etat récapitulatif des dépenses faites pour la réédification de l'Hôtel de Ville de Paris..... 729
- Inauguration du nouvel Hôtel de Ville de Paris (13 juillet 1882)........................... 732
- Liste des statues des grands hommes et des femmes illustres, médaillons, bustes ornant les façades extérieures et intérieures de l'Hôtel de Ville de Paris.............................. 736
- Décoration picturale de l'Hôtel de Ville........ 742
- Inauguration de la statue d'Etienne Marcel (15 juillet 1888)................................. 759

			PAGES
L'HOTEL DE VILLE DE PARIS SOUS	la troisième République française (suite)	Réception des officiers et marins de l'Escadre russe de la Méditerranée à l'Hôtel de Ville (les 17, 19, 20 et 24 octobre)	762
		Réception de l'Empereur et de l'Impératrice de Russie à l'Hôtel de Ville de Paris (7 octobre 1896)	768
		Biographies de divers fonctionnaires et officiers municipaux de Paris	772

Liste des principaux ouvrages consultés 789
Liste des Errata 792
Table des illustrations 793
Table générale des matières 795

FIN.

Laval. — Imprimerie parisienne L. BARNÉOUD & Cⁱᵉ

www.ingramcontent.com/pod-product-compliance
Lightning Source LLC
Chambersburg PA
CBHW071427300426
44114CB00013B/1343